Max-Planck-Institut für ausländisches öffentliches Recht und Völkerrecht

Beiträge zum ausländischen öffentlichen Recht und Völkerrecht

Begründet von Viktor Bruns

Herausgegeben von
Armin von Bogdandy · Rüdiger Wolfrum

Band 216

Tobias Darge

Kriegsverbrechen im nationalen und internationalen Recht

Unter besonderer Berücksichtigung des Bestimmtheitsgrundsatzes

War Crimes in National and International Law With Special Regard to the Principle of Specificity

(English Summary)

Springer
the language of science

ISSN 0172-4770
ISBN 978-3-642-11641-4 e-ISBN 978-3-642-11642-1
DOI 10.1007/978-3-642-11642-1
Springer Heidelberg Dordrecht London New York

Die Deutsche Nationalbibliothek verzeichnet diese Publikation in der Deutschen Nationalbibliografie; detaillierte bibliografische Daten sind im Internet über http://dnb.d-nb.de abrufbar.

Einbandentwurf: WMXDesign GmbH, Heidelberg

Gedruckt auf säurefreiem Papier

Springer ist Teil der Fachverlagsgruppe Springer Science+Business Media (www.springer.com)

Meiner Mutter

Vorwort

Die vorliegende Arbeit wurde im Wintersemester 2008/2009 von der Juristischen Fakultät der Ruprecht-Karls-Universität Heidelberg als Dissertation angenommen. Die Arbeit selbst wurde Anfang des Jahres 2008 abgeschlossen. Vereinzelt wurden Rechtsprechung und Literatur bis Anfang des Jahres 2009 berücksichtigt. Relevante Änderungen in der Sache ergaben sich dadurch jedoch nicht.

An dieser Stelle möchte ich vielerlei herzlichen Dank aussprechen, an prominentester Stelle meinem verehrten Doktorvater und akademischen Lehrer Herrn Professor Dr. Dr. h.c. Rüdiger Wolfrum, der mir stets mit Rat und Tat zur Seite stand, sodann meinem Zweitkorrektor, Herrn Professor Dr. Gerhard Dannecker. Beständige Unterstützung erfuhr ich durch die Mitarbeiter der juristischen Fakultät der Universität Heidelberg und des Max-Planck-Instituts für ausländisches öffentliches Recht und Völkerrecht, namentlich – und ganz besonders – Frau Yvonne Klein, die sich um die administrativen Aspekte meines Vorhabens stets verdient gemacht und es so erheblich erleichtert haben. Dasselbe gilt von den Mitarbeitern der Bibliothek des Max-Planck-Instituts. In der Tat dürfte sich eine derart vorbildliche Begleitung eines Promotionsvorhabens an nur wenigen anderen Orten finden lassen. Abermals Herrn Professor Dr. Dr. h.c. Rüdiger Wolfrum und Herrn Professor Dr. Armin von Bogdandy gebührt als Direktoren des Max-Planck-Instituts für ausländisches öffentliches Recht und Völkerrecht und Herausgebern der „Beiträge zum ausländischen öffentlichen Recht und Völkerrecht" Dank für die freundliche Aufnahme der Arbeit in diese Reihe.

All jenen, die auf vielfältige Weise zum Gelingen der vorliegenden Arbeit beigetragen haben, gilt mein bester Dank. Namentlich sind dies meine Freunde und Diskussionspartner Marco Erndt, Dr. Solveig Haß, Tobias Knott, Dr. Manolis Laskaridis, Dr. Andreas Menke und Florian Schiermeyer sowie die Kollegen in der Rechtsabteilung des Generalsekretariats der Organisation für Sicherheit und Zusammenarbeit in Europa Sabine Bauer, Sonya Brander, Laura Noriega Martin, Maria Amor Martin Estebanez, Matthew Thomas Bailey und Charles E. Ehrlich sowie Polina Khoumeri, Geraldine Gallagher und Sheila Rosenthal. Ganz besonders hervorheben möchte ich meine Dankbarkeit gegenüber Herrn Dr. Michael Heil, nicht nur für die Korrektur des Manuskripts, sondern auch für eine langjährige Freundschaft seit der gemeinsamen Schulzeit.

Last but not least möchte ich meiner Familie, namentlich meinen Eltern Hannjörg und Gabriele Darge herzlich danken. Ohne ihre vielfältige und umfassende Unterstützung hätte diese Arbeit (wie auch meine gesamte Ausbildung) nicht oder gewiss nur unter weit weniger komfortablen Umständen entstehen können. Hierbei ist meiner Mutter besonders zu danken, die sich durch Korrekturlesen mittlerweile wohl selbst umfassende Kenntnisse im Recht der Kriegsverbrechen angeeignet hat. Ihr ist diese Arbeit gewidmet.

Heidelberg, im Februar 2009 Tobias Darge

Inhaltsübersicht

Inhaltsverzeichnis

Abkürzungsverzeichnis

AA	Auswärtiges Amt
A.A.	Anderer Ansicht
a.a.O.	am angegebenen Ort
Abs.	Absatz
AC	Appeals Chamber
a.E.	am Ende
a.F.	alte Fassung
AIDP	Association Internationale de Droit Pénal
AJIL	American Journal of International Law
AJP	Aktuelle Juristische Praxis
AllgEMR	Allgemeine Erklärung der Menschenrechte
ALR	Allgemeines Landrecht für die Preußischen Staaten
AMRK	Amerikanische Menschenrechtskonvention
Anm.	Anmerkung/Anmerkungen
AO	Abgabenordnung
AöR	Archiv des öffentlichen Rechts
Art.	Artikel/Article
ASIL Proc.	American Society of International Law – Proceedings
AVR	Archiv des Völkerrechts
BayVerfGHE	Entscheidungen des Bayerischen Verfassungsgerichtshofes
Begr.	Begründer
Bf.	Beschwerdeführer
BGB	Bürgerliches Gesetzbuch
BGBl.	Bundesgesetzblatt
BGH	Bundesgerichtshof
BGHSt	Entscheidungen des Bundesgerichtshofes in Strafsachen
BMVg	Bundesministerium der Verteidigung

BR	Bundesrat
BRAK	Bundesrechtsanwaltskammer
BT-Drucks.	Drucksache des Deutschen Bundestages
BVerfG	Bundesverfassungsgericht
BVerfGE	Entscheidungen des Bundesverfassungsgerichts
BYIL	British Yearbook of International Law
bzw.	Beziehungsweise
ca.	circa
CAHWCA	Crimes against Humanity and War Crimes Act
Cal. L.R.	California Law Review
Cal. W. Int'l L.J.	California Western University International Law Journal
CAP.	caput
CARICOM	Caribbean Community
CCC	Constitutio Criminalis Carolina
CENTCOM	United States Central Command
chap.	chapitre
CLF	Criminal Law Forum
Contemp. Probs.	Contemporary Problems
DDR	Deutsche Demokratische Republik
ders.	derselbe
d.h.	das heißt
Doc.	Document
DoD	Department of Defense
DÖV	Die Öffentliche Verwaltung (Zeitschrift)
DR	Democratic Republic
DRiZ	Deutsche Richterzeitung
DRK	Deutsches Rotes Kreuz
ECHR	European Court of Human Rights
EGMR	Europäischer Gerichtshof für Menschenrechte
Einl.	Einleitung
EJIL	European Journal of International Law
ELSA	European Law Students' Association
EMRK	Europäische Menschenrechtskonvention

ENMOD	Environmental Modification (Convention)
et al.	et alia
etc.	et cetera
EUCOM	United States European Command
EuGRZ	Europäische Grundrechtszeitschrift
f.	die nächstfolgende
FAZ	Frankfurter Allgemeine Zeitung
ff.	die nächstfolgenden
FM	Field Manual (US Army/US Marine Corps)
Fn.	Fußnote
FS	Festschrift
GA	Genfer Abkommen
GA	Goltdammer's Archiv für Strafrecht
GA I	I. Genfer Abkommen vom 12. August 1949 zur Verbesserung des Loses der Verwundeten und Kranken der Streitkräfte im Felde
GA II	II. Genfer Abkommen vom 12. August 1949 zur Verbesserung des Loses der Verwundeten, Kranken und Schiffbrüchigen der Streitkräfte zur See
GA III	III. Genfer Abkommen vom 12. August 1949 über die Behandlung der Kriegsgefangenen
GA IV	IV. Genfer Abkommen vom 12. August 1949 zum Schutze von Zivilpersonen in Kriegszeiten
GBA	Generalbundesanwalt
GG	Grundgesetz
GVG	Gerichtsverfassungsgesetz
Harv. Int'l L.J.	Harvard International Law Journal
HLKO	Haager Landkriegsordnung
h.M.	herrschende Meinung
HRLJ	Human Rights Law Journal
HRQ	Human Rights Quarterly
Hrsg.	Herausgeber
HuV-I	Humanitäres Völkerrecht – Informationsschriften
ICC	International Criminal Court
ICJ	International Court of Justice

ICL	International Criminal Law
ICLQ	International and Comparative Law Quarterly
ICLR	International Criminal Law Review
ICRC	International Committee of the Red Cross
ICTY	International Criminal Tribunal for the former Yugoslavia
IDF L.R.	Israel Defence Force – Law Review
i.e.	id est
I.G.	Interessen-Gemeinschaft
IGH	Internationaler Gerichtshof
IKRK	Internationales Komitee vom Roten Kreuz
ILC	International Law Commission
ILM	International Legal Materials
ILR	International Law Reports
IMT	International Military Tribunal
IMTFE	International Military Tribunal for the Far East
Int'l	International
IPbpR	Internationaler Pakt über bürgerliche und politische Rechte
IRRC	International Review of the Red Cross
ISISC	Istituto Superiore Internazionale di Scienze Criminali
IStGH	Internationaler Strafgerichtshof
i.V.m.	in Verbindung mit
J.	Journal
JAG	Judge Advocate General
JDW	Jane's Defence Weekly
Jhd.	Jahrhundert
JIAÖR	Jahrbuch für internationales und ausländisches öffentliches Recht
JICJ	Journal of International Criminal Justice
JIL	Journal of International Law
JLS	Journal of Legal Studies (United States Air Force Academy)

JR	Juristische Rundschau
JSS	Journal of Strategic Studies
JStGH	Jugoslawien-Strafgerichtshof
JuS	Juristische Schulung
JW	Juristische Wochenschrift
JZ	Juristenzeitung
Kap.	Kapitel
KJ	Kritische Justiz
KRG	Gesetz des alliierten Kontrollrates in Deutschland
KritV	Kritische Vierteljahresschrift für Gesetzgebung und Rechtswissenschaft
KWKG	Kriegswaffenkontrollgesetz
L.	Law
LG	Landgericht
LIB.	liber (Buch)
lit.	litera (Buchstabe)
liv.	livre
L.J.	Law Journal
LK	Leipziger Kommentar
LN	League of Nations
L.R.	Law Review
LRTWC	Law Reports of Trials of War Criminals
MDR	Monatszeitschrift für Deutsches Recht
Mil. L.R.	Military Law Review
MStGB	Militärstrafgesetzbuch des Deutschen Reiches
MüKo	Münchener Kommentar
m.w.N.	mit weiteren Nachweisen
NATO	North Atlantic Treaty Organisation
n.F.	neue Fassung
NJW	Neue Juristische Wochenschrift
No.	Nummero
Nr.	Nummer
NStZ	Neue Zeitschrift für Strafrecht
NZZ	Neue Zürcher Zeitung

o.ä.	oder ähnliches
OKW	Oberkommando der Wehrmacht
OLG	Oberlandesgericht
OTP	Office of the Prosecutor (ICTY)
para/paras	Paragraph/Paragraphen
PCIJ	Permanent Court of International Justice
PrepCom	Preparatory Commission
R./Rev.	Review
RAF	Royal Air Force
RBDI	Revue belge de droit international
RCADI	Receuil des Cours de l'Académie de Droit International
RG	Reichsgericht
RGBl.	Reichsgesetzblatt
RICR	Revue Internationale de la Croix-Rouge
RIDC	Revue Internationale de Droit Comparé
Rn.	Randnummer
ROE	Rules of Engagement
Rspr.	Rechtsprechung
RStGB	Strafgesetzbuch des Deutschen Reiches
RStGH	Ruanda-Strafgerichtshof
RuSHA	Rasse- und Siedlungshauptamt (der SS)
RV	Reichsverfassung 1871
S.	Seite/Satz
SAYIL	South African Yearbook of International Law
SC Res.	Security Council Resolution
SCSL	Special Court for Sierra Leone
Sec.	Section
Ser	Series
SJZ	Süddeutsche Juristen-Zeitung
SS	Schutzstaffel
S.S.	Steamship
StGB	Strafgesetzbuch
StIGH	Ständiger Internationaler Gerichtshof

StPO	Strafprozessordnung
StV	Strafverteidiger (Zeitschrift)
SZ	Süddeutsche Zeitung
TC	Trial Chamber
Transnat'l L.	Transnational Law
TWC	Trials of War Criminals
u.a.	und andere
UN/UNO	United Nations/United Nations Organisation
UN Doc.	United Nations Document
UNWCC	United Nations War Crimes Commission
UNYB	(Max Planck) Yearbook of United Nations Law
US/USA	United States/United States of America
USD	US Dollar
usw.	und so weiter
v.	versus
VGH	Verwaltungsgerichtshof
vgl.	vergleiche
VN	Vereinte Nationen
Vorb./Vorbem.	Vorbemerkungen
VStGB	Völkerstrafgesetzbuch
VVDStRL	Veröffentlichungen der Vereinigung der Deutschen Staatsrechtslehrer
wistra	Wirtschaftsstrafrecht (Zeitschrift)
WVK	Wiener Übereinkommen über das Recht der Verträge
YIHL	Yearbook of International Humanitarian Law
YHR	Yearbook on Human Rights
ZaöRV	Zeitschrift für ausländisches öffentliches Recht und Völkerrecht
z.B.	zum Beispiel
ZDv	Zentrale Dienstvorschrift (der deutschen Bundeswehr)
ZfRV	Zeitschrift für Rechtsvergleichung
ZG	Zeitschrift für Gesetzgebung

ZP I	Zusatzprotokoll zu den Genfer Abkommen vom 12. August 1949 über den Schutz der Opfer internationaler bewaffneter Konflikte vom 08. Juni 1977 (Erstes Protokoll)
ZP II	Zusatzprotokoll zu den Genfer Abkommen vom 12. August 1949 über den Schutz der Opfer nicht internationaler bewaffneter Konflikte vom 08. Juni 1977 (Zweites Protokoll)
ZP III	Zusatzprotokoll zu den Genfer Abkommen vom 12. August 1949 über die Annahme eines zusätzlichen Schutzzeichens vom 08. Dezember 2005 (Drittes Protokoll)
ZRP	Zeitschrift für Rechtspolitik
ZStW	Zeitschrift für die gesamte Strafrechtswissenschaft

Siehe für weitere Abkürzungen das Standardwerk „Abkürzungsverzeichnis der Rechtssprache“ von Hildebert Kirchner und Cornelie Butz (5. Auflage, Berlin 2003).

„... if international law is, in some ways, at the vanishing point of law, the law of war is, perhaps even more conspicuously, at the vanishing point of international law."

Hersch Lauterpacht,

The Problem of the Revision of the Law of War, BYIL 29 (1952), 360, 382

„Wir haben die Gerechtigkeit zu suchen, zugleich die Rechtssicherheit zu beachten, da sie selber ein Teil der Gerechtigkeit ist ..."

Gustav Radbruch,

Gesetzliches Unrecht und übergesetzliches Recht, SJZ 1946, 105, 108

Erster Teil: Einleitung, Begriffsklärung und Aufgabenstellung sowie historischer Überblick

1. Kapitel: Einleitung, Begriffsklärung und Aufgabenstellung

A. Einleitung

Vier Jahre nach Beendigung des Zweiten Weltkrieges hieß es im ersten Bericht der *International Law Commission* an die Generalversammlung der Vereinten Nationen:

> „It was suggested that, war having been outlawed, the regulation of its conduct had ceased to be relevant. [...] The majority of the Commission declared itself opposed to the study of the problem at the present stage. It was considered that if the Commission, at the very beginning of its work, were to undertake this study, public opinion might interpret its action as showing lack of confidence in the efficiency of the means at the disposal of the United Nations for maintaining peace."[1]

Der in dieser Aussage zum Ausdruck kommende Optimismus sollte unbegründet bleiben. Vielmehr hat sich der Krieg bislang als eine anthropologische Konstante erwiesen. Die verständliche Neigung, in den großen Konflikten des 20. Jahrhunderts jeweils den *war to end all wars* zu sehen, wurde wiederholt enttäuscht. Weder das Gewaltverbot der Charta der Vereinten Nationen noch die sich verändernde Natur des bewaffneten Konfliktes weg von Staatenkrieg und offener Konfrontation hin zu Bürgerkrieg und Anwendung terroristischer Methoden haben die rechtliche Reglementierung des Krieges überflüssig oder unbedeutend gemacht.

Vom „ersten afrikanischen Weltkrieg" im Herzen des Kontinents über die Balkankriege der 1990er Jahre bis zu den noch immer existenten

[1] Report of the ILC to the General Assembly, in: Yearbook of the ILC 1949, 278, 281.

T. Darge, *Kriegsverbrechen im nationalen und internationalen Recht*: Beiträge zum ausländischen öffentlichen Recht und Völkerrecht 216, DOI 10.1007/978-3-642-11642-1_1,

Staatenkriegen etwa in der Region des Persischen Golfs und einer unüberschaubaren Vielzahl an (teilweise internationalisierten) Bürgerkriegen gehen keine Signale aus, die für die Zukunft eine Entwicklung zum *Kantschen* Ideal des ewigen Friedens erwarten lassen. Die Millionen Opfer der bislang mehr als 200 bewaffneten Konflikte seit 1945 legen hiervon stummes Zeugnis ab. Die Opferzahl eines Konfliktes, wiewohl vielfach plakativ verwendet, sagt allerdings *per se* nichts darüber aus, ob die Bestimmungen des Kriegsrechts eingehalten wurden oder nicht, denn ein jedes Opfer[2] hätte auch in einer rechtmäßigen Kriegshandlung getötet werden können. Somit ist es bedeutsam, jede Kriegshandlung isoliert zu untersuchen, denn noch nicht einmal die Tötung von Zivilpersonen ist nach geltendem Völkerstrafrecht zwingend ein Kriegsverbrechen, wie beispielsweise Art. 8 Abs. 2 (b) (iv) des Statuts des Internationalen Strafgerichtshofes (IStGH-Statut) und § 11 Abs. 1 Nr. 3 Völkerstrafgesetzbuch (VStGB) zeigen.[3] Allerdings gibt eine hohe Zahl an zivilen Opfern ein starkes Indiz für das Vorliegen eines Kriegsverbrechens, denn bei den vorgenannten Regelungen handelt es sich um solche der *Verhältnismäßigkeit* zwischen kollateral verursachter ziviler Opferzahl und dem durch den Angriff erwarteten militärischen Vorteil.[4]

---

[2] Der Begriff des „Opfers“ wird sowohl im Strafrecht verwendet, um denjenigen zu bezeichnen, zu dessen Lasten eine Straftat verübt wurde (so in § 66 Abs. 1 Nr. 3 StGB), als auch im Völkerrecht, um denjenigen zu bezeichnen, der unter einem bestimmten Zustand leidet, ohne dass damit ausgesagt wird, dass ein Verstoß gegen das Kriegsrecht oder gar ein völkerstrafrechtlich relevanter Tatbestand vorliegt (so in den Titeln der beiden Zusatzabkommen zu den Genfer Abkommen vom 08. Juni 1977: „... über den Schutz der Opfer ...“). Dabei mag es sich um einen vergleichsweise unbedeutenden Punkt handeln, allerdings veranschaulicht dieses Beispiel, dass wir uns in einem Rechtsgebiet bewegen, welches auch durch die unterschiedlichen Konzeptionen von Völkerrechtlern und Strafrechtlern gekennzeichnet ist.

[3] Art. 8 IStGH-Statut und §§ 8-12 VStGB sind abgedruckt unter *Anhang: Texte* (als Nr. *5.* und *6.*).

[4] So waren nach Schätzungen zu Anfang des 20. Jhd. noch ca. 80-90 % der Kriegstoten Militärs während am Ende des 20. Jhd. ca. 80-90 % der Kriegstoten Zivilisten waren, das Verhältnis hatte sich also in etwa umgekehrt; *Ball*, War Crimes and Justice, S. XV und 1; *Möller*, Völkerstrafrecht und Internationaler Strafgerichtshof, S. 353 m.w.N.; *Münkler*, Der Wandel des Krieges, S. 216.

I. Zur Rolle des Kriegsvölkerstrafrechts in der internationalen Ordnung

Auch das Vorliegen einer Aggression und damit selbst der eklatante Verstoß gegen das Gewaltverbot der UN-Charta und die Begehung eines der schwersten Verbrechen gegen das Völkerrecht machen die einzelne in diesem Rahmen von Truppen des Angreifers vorgenommene Kriegshandlung noch nicht im Sinne eines Automatismus unrechtmäßig und zu einem Kriegsverbrechen. Vielmehr bleiben sowohl Angreifer als auch Verteidiger stets gleichermaßen an die Regeln des Kriegsrechts, zumindest was den Regelbestand des humanitären Völkerrechts betrifft, gebunden.[5] Die vom französischen Anklagevertreter im Nürnberger Hauptkriegsverbrecherprozess vertretene Ansicht, wonach sämtliche im Rahmen einer Aggression vorgenommenen Kriegshandlungen verbrecherische Handlungen eines „Räuberunternehmens" seien,[6] wurde we-

---

5 TWC, Band XI, S. 1247 (US v. *List u.a.* – „Südost-Generäle"); *Ambos*, Internationales Strafrecht, S. 230; *Dahm*, Zur Problematik des Völkerstrafrechts, S. 72; *Dinstein*, Harvard J. of Law and Public Policy 27 (2004), 877, 881 f.; *Jescheck*, Die Verantwortlichkeit der Staatsorgane nach Völkerstrafrecht, S. 180; *Maurach*, Deutsches Strafrecht – Besonderer Teil, S. 24 m.w.N.; *Meyrowitz*, Le principe de l'égalité des belligérents devant le droit de la guerre, S. 252 ff.; *Mosler*, JIAÖR 1 (1948), 335, 344. Vgl. *Fenrick*, Columbia J. of Transnational Law 37 (1999), 767, 783.

6 IMT, Der Prozess gegen die Hauptkriegsverbrecher, Band V, S. 436. Ohne die Folgen dieser Ansicht konsequent zu ziehen, soll sich der Täter aber darauf zurückziehen können, dass die Rechtmäßigkeit des jeweiligen Befehls für ihn nicht überprüfbar war (IMT, Band V, S. 437), was allerdings keine Frage des objektiven Tatbestandes, sondern allenfalls eine Frage der Schuld ist; dazu *Mosler*, a.a.O. Dem nicht unähnlich heißt es im „Final Report to the Prosecutor by the Committee Established to Review the NATO Bombing Campaign against the Federal Republic of Yugoslavia" vom 08. Juni 2000, ICTY-OTP, para 30 (www.un.org/icty/pressreal/nato061300.htm*; auch abgedruckt bei *Wall*, Legal and Ethical Lessons of NATO's Kosovo Campaign, S. 484 ff.): „... a person convicted of a crime against peace may, potentially, be held criminally responsible for all of the activities causing death, injury or destruction during a conflict ..."; dazu *David*, Principes de droit des conflits armés, S. 80. Auch hieraus wurden aber keine praktischen Konsequenzen gezogen. Vgl. bereits *Kelsen*, California L.R. 31 (1943), 531, 549.

* *Anmerkung: Sämtliche in dieser Arbeit aufgeführten Internetquellen wurden letztmals am 18. Februar 2009 besucht, befinden sich also auf diesem Stand.*

der im Nürnberger Urteil bestätigt noch stellt sie in Rechnung, dass das Kriegsrecht immer nur eine notdürftige Auffangstellung bereithalten kann, denn sobald es greift, liegt bereits ein bewaffneter Konflikt vor. Das Vorliegen eines bewaffneten Konfliktes ist aber seinerseits das sichere Zeichen für das Versagen eines zentralen Völkerrechtssatzes, nämlich des Gewaltverbotes[7] (im internationalen bewaffneten Konflikt) bzw. zumindest für den Kollaps innerstaatlicher Strukturen (im nichtinternationalen bewaffneten Konflikt). Das Kriegsrecht und mit ihm das Recht der Kriegsverbrechen hat aber nicht die Aufgabe, den einmaligen Verstoß gegen das Gewaltverbot *ad infinitum* zu perpetuieren. Verbot des Angriffskrieges und *ius in bello* regeln den Gegenstand des Krieges „zu zwei verschiedenen Zeiten und unter verschiedenen Gesichtspunkten".[8]

Wesentliche Zielsetzung des *ius in bello* ist die Einhegung des Krieges und die Sicherung eines zivilisatorischen und humanitären Minimalstandards in der Kriegsführung. Dieser Aufgabe könnte es nicht gerecht werden, wenn der Angreifer – einmal ins Unrecht gesetzt – fürchten müsste, dass eine jede seiner Handlungen als Kriegsverbrechen gewertet werde, denn dann könnte er sich von jeglicher Regel frei fühlen und seinen Angriff zügellos führen, sähe er sich doch so oder so einem völkerstrafrechtlichen Vorwurf für jede seiner Handlungen ausgesetzt. Der Angreifer würde umso verbissener kämpfen, denn nur der Sieg gäbe ihm die Möglichkeit, sich *de facto* der Strafverfolgung auch wegen Kriegsverbrechen zu entziehen.

Hinzu kommt noch, dass die Täterkreise des Aggressionsverbrechens und der Kriegsverbrechen sich vielfach nicht überschneiden. Während sich des Aggressionsverbrechens *ausschließlich* Personen in der höchsten politischen und militärischen Führung schuldig machen können,[9] so sind Täter der Kriegsverbrechen vielfach *auch* unterhalb dieser Ebene zu finden, vom General über den Stabsoffizier bis hinab zu dem Führer einer Kompanie oder einer Gruppe und dem einfachen Soldaten. Gerade diese durchaus wesentlichen Personenkreise würde man aber für die

---

[7] Vgl. *Ipsen*, Völkerrecht, S. 49.

[8] *Mosler*, JIAÖR 1 (1948), 335, 345.

[9] TWC, Band XI, S. 486 (Prozess gegen das Oberkommando der deutschen Wehrmacht); *Dahm/Delbrück/Wolfrum*, Völkerrecht, S. 1050; *Werle*, Völkerstrafrecht, Rn. 1308 f. m.w.N.

Idee des Völkerstrafrechts wohl verlieren,[10] wenn ihre Kriegshandlungen undifferenziert *in toto* als Kriegsverbrechen definiert würden.

Was also die scharfe Unterscheidung zwischen Aggressionsverbrechen und Kriegsrecht samt dem Recht der Kriegsverbrechen angeht, kann nach wie vor die Bemerkung *Bluntschlis* Geltung beanspruchen: „Aber auch für einen ungerechten, bloss aus selbstsüchtiger Absicht unternommenen Krieg sind die Vorschriften des Völkerrechts über die Art der Kriegsführung Massgebend [sic!].“[11]

Die Schwierigkeiten bei der Definition des Aggressionsverbrechens und seine Nichtaufnahme in das Statut des Internationalen Strafgerichtshofes und die entsprechenden nationalen Kodifikationen[12] sind in diesem Zusammenhang allerdings völkerrechtspolitisch bedenklich,[13] denn während in der Gegenwart mittlerweile von einem hinreichenden Instrumentarium zur Verfolgung von Kriegsverbrechen gesprochen werden kann, so bleibt das Instrumentarium zur Durchsetzung des Verbotes des Angriffskrieges unzureichend.

Eine andere Auffassung, von der aus man versuchte sich der Thematik des Kriegsrechts zu nähern, besagte, gewissermaßen als anderes theoretisches Extrem, dass der Anwendungsbereich des Kriegsrechts und dem folgend das Recht der Kriegsverbrechen ein möglichst kleiner sein sollte. Dies wurde damit begründet, dass die Leiden des Krieges nur unnötig verlängert würden, falls nicht nahezu alle Methoden und Mittel zu

---

[10] Vgl. *Triffterer*, ZStW 114 (2002), 321, 334 f.

[11] *Bluntschli*, Das moderne Kriegsrecht der civilisirten Staaten, Nr. 10 (S. 2); vgl. *Mosler*, JIAÖR 1 (1948), 335, 356 f. mit dem entsprechenden Zitat aus der zweiten Auflage.

[12] Die §§ 80 und 80a StGB (Vorbereitung eines Angriffskrieges, Aufstacheln zum Angriffskrieg) sind hingegen gerade keine völkerstrafrechtlichen Normen. Sie sind national orientiertes Staatsschutzrecht und daher auch systematisch im Ersten Abschnitt des Besonderen Teils des StGB („Friedensverrat, Hochverrat und Gefährdung des demokratischen Rechtsstaates“) eingeordnet; *Gropengießer/Kreicker*, Grundlagen der Strafverfolgung völkerrechtlicher Verbrechen in Deutschland, S. 242 ff.; *Werle*, Völkerstrafrecht, Rn. 1321. In das VStGB wurde hingegen das Aggressionsverbrechen gerade nicht aufgenommen, da es auf internationaler Ebene nach wie vor an einer tragfähigen Definition fehlt. Die Aufnahme einer Definition in das IStGH-Statut ist frühestens 2009 möglich (vgl. Art. 123 Abs. 1 IStGH-Statut), eine Einigung aber zweifelhaft; vgl. *Kittichaisaree*, International Criminal Law, S. 217.

[13] Vgl. *Cassese*, International Criminal Law, S. 111 ff.

seiner schnellen und siegreichen Beendigung eingesetzt würden.[14] Namentlich im wilhelminischen Deutschland wurde die Auffassung vertreten, es existiere neben dem verbindlichen und eng gefassten Kriegsrecht ein umfassender Bereich im Kriege, der keinen derart festen Regeln unterliegt („Kriegsmanier“, „Kriegsgebrauch“ oder „Kriegsbrauch“) und in dem folglich Kriegshandlungen auch sehr weitgehend je nach militärischer Notwendigkeit vorgenommen werden dürfen.[15]

Diese Differenzierung ist heute nicht mehr vertretbar. Zum einen hat seither das Kriegsrecht und namentlich sein humanitärer Aspekt eine Fortentwicklung in Inhalt und Verbindlichkeit erfahren, zum anderen ist angesichts fortschreitender Waffentechnologie und damit einhergehender Vernichtungskraft sowie sich ändernder Charakteristika des Krieges (dazu unten *III. 2.*) eine konsequente Implementierung des Kriegsrechts mindestens ebenso wichtig wie in der Vergangenheit.

Das *ius in bello* wird daher seine bedeutende Rolle nicht verlieren, bleibt es doch bei realistischer Betrachtung die einzige Möglichkeit, bewaffnete Konflikte einzuhegen und ihre Folgen zu begrenzen.

Anderenfalls müsste man von der permanent enttäuschten Friedenserwartung zum anderen Extrem eines nihilistischen Zynismus überschwenken und in Bausch und Bogen erklären, der Krieg sei ein rechtsfreier Zustand. Da nun aber jedwede menschliche Unternehmung einer gewissen Komplexität der Regelung bedarf und den Kriegsopfern – und potentielle Opfer sind auch die Kriegsführenden selbst – mit einem *silent leges inter arma* am wenigsten gedient wäre, ist dieser Zustand der am wenigsten wünschenswerte.

---

[14] Exemplarisch hierfür war die Ansicht des Generalfeldmarschalls *von Moltke* (der Ältere), wie sie in seinem Briefwechsel mit dem Völkerrechtler *Bluntschli* zum Ausdruck kam: „Die grösste Wohlthat [sic!] im Kriege ist die schnelle Beendigung des Krieges, und dazu müssen alle nicht geradezu verwerflichen Mittel freistehen.“; *Bluntschli*, Denkwürdiges aus meinem Leben, Band 3, S. 472.

[15] Vgl. *Ascensio/Decaux/Pellet*, Droit international pénal, S. 14; *Hankel*, Die Leipziger Prozesse, S. 240 ff. („Kriegsräson geht vor Kriegsmanier“, S. 241); *Holland*, The Laws of War on Land, S. 12 f. Die „militärische Notwendigkeit“ führt heute nur in denjenigen Fällen zum Ausschluss der Strafbarkeit, in denen sie bereits als Tatbestandsmerkmal vorgesehen ist und die entsprechenden Voraussetzungen erfüllt sind, etwa in Art. 8 Abs. 2 (a) (iv) IStGH-Statut, siehe auch die korrespondierende Regelung in § 9 Abs. 1 VStGB. Dazu noch *Werle*, Völkerstrafrecht, Rn. 573 mit weiteren Beispielen.

Obgleich sich das Recht des Krieges als (weniger dem Inhalt denn der Zielsetzung nach, i.e. der Bändigung des Krieges und der Einschränkung seiner Folgen) weitgehend beständig gezeigt hat, so gibt es hinsichtlich der *Durchsetzungsmechanismen* in der jüngeren und jüngsten Zeit Neuigkeiten zu vermelden.

Die Regeln des Kriegsrechts richten sich seit jeher direkt an den einzelnen Kämpfer und nicht lediglich an den Staat, hinter dem der einzelne Mensch vollständig zurücktritt. Dieser Pflichtenbegründung direkt nach Völkerrecht entspricht das Völkerstrafrecht als Durchsetzungsmechanismus.

II. Die „Renaissance" des Völkerstrafrechts

In einer der berühmtesten Passagen des Nürnberger Urteils gegen die Hauptkriegsverbrecher heißt es dementsprechend (zwar auf den Angriffskrieg gemünzt, aber auf die anderen Völkerrechtsverbrechen übertragbar): „Verbrechen gegen das Völkerrecht werden von Menschen und nicht von abstrakten Wesen begangen, und nur durch Bestrafung jener Einzelpersonen, die solche Verbrechen begehen, kann den Bestimmungen des Völkerrechts Geltung verschafft werden."[16]

1. Der Bedeutungsverlust anderer Durchsetzungsmechanismen und der korrespondierende Bedeutungsgewinn des Völkerstrafrechts

Es ist zu beobachten, dass der Grundsatz der persönlichen Pflichtenbegründung[17] und korrespondierenden individuellen Verantwortlichkeit für die Verbrechen gegen das Völkerrecht seit den 1990er Jahren eine „Renaissance" erlebt.

Diese auffällige Wiederbelebung der nach dem Zweiten Weltkrieg geschaffenen Präzedenzfälle geht neben dem Ende des insoweit blockierend wirkenden Kalten Krieges nicht zufällig mit dem teilweisen Niedergang der Rechtsfiguren der Gegenseitigkeitserwartung und der Re-

---

[16] IMT, Urteil von Nürnberg, S. 91.

[17] Dazu *Ipsen*, Völkerrecht, S. 100; vgl. bereits *Dahm*, Zur Problematik des Völkerstrafrechts, S. 14 ff. Parallel greift gegebenenfalls die völkerrechtliche Verantwortlichkeit eines Staates, vgl. *Ipsen*, S. 615.

pressalie im Kriegsrecht zusammen, denn die gewaltsame Repressalie, also die völkerrechtswidrige Reaktion auf ein völkerrechtswidriges Handeln der Gegenseite mit Waffengewalt,[18] beispielsweise durch den Einsatz verbotener Kampfmittel, wird mehr und mehr als suspekt angesehen und ist nur noch in engen Grenzen zulässig.[19] Namentlich gilt eine Vielzahl kriegsrechtlicher Repressalienverbote aus letztlich vor allem menschenrechtlichen Erwägungen im Genfer Recht.[20] Der Strafgerichtshof für das ehemalige Jugoslawien führte diese Entwicklung rezipierend zur Kriegsrepressalie aus:

> „It should be added that while reprisals could have had a modicum of justification in the past, when they constituted practically the only effective means of compelling the enemy to abandon unlawful acts of warfare and to comply in future with international law, at present they can no longer be justified in this manner. A means of inducing compliance with international law is at present more widely available and, more importantly, is *beginning* [Hervorhebung vom Verfasser] to prove fairly efficacious: the prosecution and punishment of war crimes and crimes against humanity by national or international courts."[21]

---

[18] Parallel zu Repressalie gibt es zudem den faktischen Einwand des *tu quoque*. Dieser zielt darauf, dass stillschweigend völkerrechtswidriges Handeln der Gegenseite geduldet wird, da man selbst so verfährt. Aus diesem Grunde wurde beispielsweise Großadmiral *Dönitz* im Nürnberger Prozess gegen die Hauptkriegsverbrecher nicht wegen Führung des uneingeschränkten U-Boot-Krieges verurteilt, denn laut des amerikanischen Admirals *Nimitz* verfuhren die USA im Pazifikkrieg auf dieselbe Art und auch die britische Admiralität hatte entsprechende Befehle für die Nordsee ausgegeben; IMT, Urteil von Nürnberg, S. 223; vgl. *Jescheck*, JICJ 2 (2004), 38, 52. Nach heutiger Rechtslage wird der Einwand des *tu quoque* nicht mehr anerkannt; JStGH, Urteil vom 14. Januar 2000 (*Kupreškić et al.*, TC), paras 511, 515 ff.; *Dahm/Delbrück/Wolfrum*, Völkerrecht, S. 1128 f.; *Werle*, Völkerstrafrecht, Rn. 576 m.w.N.

[19] *Dzida*, Zum Recht der Repressalie im heutigen Völkerrecht, S. 58; *Lüder/Vormbaum*, Materialien zum Völkerstrafgesetzbuch, S. 28 f.; *Werle*, Rn. 572 m.w.N. Vgl. *Cassese*, International Law, S. 341.

[20] Beispielsweise in Art. 51 ff. ZP I, Art. 46 f. GA I; *Cassese*, EJIL 9 (1998), 2, 3 f.; *Ipsen*, Völkerrecht, S. 1265; *Provost*, BYIL 65 (1994), 383, 413 ff.; *Vitzthum*, Völkerrecht, S. 687 m.w.N.; *Wolfrum*, in: *Fleck*, Handbuch des humanitären Völkerrechts in bewaffneten Konflikten, Nr. 1206.

[21] JStGH, Urteil vom 14. Januar 2000 (*Kupreškić et al.*, TC), para 530. Die Rechtsprechung der Gerichtshöfe für das ehemalige Jugoslawien und für Ruan-

Die Entwicklung im humanitären Völkerrecht zeigt jedenfalls eine Tendenz in die Richtung einer sehr weitgehenden, möglicherweise gänzlichen Unzulässigkeit von Kriegsrepressalien.[22] Die Erwartung der Gegenseitigkeit (Reziprozität), die dem Konzept der Repressalie letztlich zugrunde liegt,[23] geht davon aus, dass die Parteien eines Konfliktes sich konkludent darauf verständigen, der jeweilige Gegner werde sich an kriegsrechtliche Regeln halten, wenn man dies selbst auch tue. Damit geht dieser Grundsatz aber von einer gewissen Gleichordnung (Symmetrie) aus, die im Staatenkrieg noch zumeist jedenfalls *grosso modo* angenommen werden konnte, allerdings zumindest in den nichtinternationalen bewaffneten Konflikten der Gegenwart vielfach nicht mehr gegeben ist (Asymmetrie; siehe noch unten, *III. 2.*).[24]

Da Repressalie und Gegenseitigkeitserwartung aber ein bedeutsames Mittel waren (und es in den bestehenden Grenzen immer noch sind), die Einhaltung des Kriegsrechts durch den Gegner zu erzwingen, ist es nicht nur wünschenswert, sondern nachgerade unabdingbar, dass parallel zu ihrem jedenfalls partiellen Wegfall ein anderer Durchsetzungsmechanismus ihnen ergänzend zur Seite tritt.[25]

Dabei ist keineswegs zwingend, dass es sich um ein Individualvölkerstrafrecht handelt. Ebenso könnte die Staatenverantwortlichkeit diese Aufgabe übernehmen, und man könnte sogar daran denken, den Staat zum völker*straf*rechtlichen Haftungsverband zu erklären. Allerdings steht dem entgegen, dass die Durchführung einer Kollektivhaftung etwa

---

da und des Internationalen Strafgerichtshofes ist vollständig im Internet dokumentiert, www.un.org/icty, www.ictr.org, www.icc-cpi.int.

[22] *Bothe*, in: FS *Ipsen*, S. 23; *Lüder/Vormbaum*, Materialien zum Völkerstrafgesetzbuch, S. 29; *Provost*, BYIL 65 (1994), 383, 404 ff. und 413 ff.; *Werle*, Völkerstrafrecht, Rn. 572.

[23] Vgl. *Abbott*, AJIL 93 (1999), 361, 369; *Wolfrum*, in: *Fleck*, Handbuch des humanitären Völkerrechts in bewaffneten Konflikten, Nr. 1202.

[24] Vgl. *Abbott*, AJIL 93 (1999), 361, 370; *Münkler*, Der Wandel des Krieges, S. 11; *Pfanner*, HuV-I 2005, 165, 166 und 171; *Vitzthum*, Völkerrecht, S. 705.

[25] Kritisch *Dzida*, Zum Recht der Repressalie im heutigen Völkerrecht, S. 58 f. m.w.N. und *Provost*, BYIL 65 (1994), 383, 454. Die Strafandrohung könne die Repressalie nicht ersetzen, nur ergänzen. Insoweit ist dem nach heutigem Stand beizupflichten. Allerdings gehen wir in der Gegenwart noch von einem unvollkommenen, aber sich entwickelnden Völkerstrafrechtssystem aus, welches in der Zukunft wirksamer in der Lage sein könnte, die Kriegsrepressalie zu ersetzen.

für Kriegsverbrechen nicht minder dubios ist als die bewaffnete Repressalie, denn entweder führt ein Vorgehen etwa in Gestalt einer „Strafexpedition“ zum weitgehend undifferenzierten Leiden der Bevölkerung, was die Wirkung einer Repressalie möglicherweise noch übertrifft, oder gerade die Täter werden bei einem entsprechend milden Vorgehen kaum von der Gegenmaßnahme tangiert. Abgesehen davon ist der bewaffnete Konflikt unter Beteiligung eines Staates mittlerweile zumindest nicht mehr die Regel, so dass vielfach auch ein Ansatzpunkt für diese Art der Haftung fehlen wird.

Zudem ist jedenfalls im Bereich der Kriegsverbrechen die Individualstrafbarkeit für schwere Verstöße traditionell anerkannt und es ist auch nicht einzusehen, weswegen gerade die Täter derjenigen Verbrechen gegen das Völkerrecht, die in einer internationalen Dimension stehend das Wohl der Menschheit am meisten tangieren, nicht vom „scharfen Schwert“ des Strafrechts getroffen werden sollten. Wenn das Mittel des Strafrechts im Grundsatz nur als *ultima ratio* angewendet werden soll, so besteht gerade bei den Völkerrechtsverbrechen keine Veranlassung, darauf zu verzichten.

Von den Anfängen über die Nürnberger und Tokioter Prozesse bis zu der noch andauernden Tätigkeit der *ad hoc*-Gerichtshöfe für das ehemalige Jugoslawien und Ruanda hat sich das Völkerstrafrecht zu einem hochkomplexen und gereiften Rechtssystem entwickelt, welches in der Errichtung[26] und Arbeitsaufnahme[27] des ständigen Internationalen

---

[26] Das Statut des Internationalen Strafgerichtshofes von 1998 wurde auf einer Staatenkonferenz in Rom von 120 Staaten angenommen und trat am 01. Juli 2002 in Kraft, nachdem die gemäß Art. 126 IStGH-Statut erforderliche Anzahl von 60 Ratifikationen erreicht war; *Werle*, Völkerstrafrecht, Rn. 65. Zum Stand 18. Juli 2008 hatten 139 Staaten unterzeichnet und 108 hatten das Statut ratifiziert, www.iccnow.org.

[27] Der IStGH nahm 2003 seine Arbeit auf und führt mittlerweile Ermittlungen im Nordosten Ugandas, in der Demokratischen Republik Kongo, in der Zentralafrikanischen Republik und in der sudanesischen Provinz Darfur durch. Siehe www.icc-cpi.int. Vgl. NJW-Spezial 2005, S. 524; *Kaul*, AJIL 99 (2005), 370, 370 ff., 375; *Kirsch*, in: *Beulke/Müller*, FS Strafrechtsausschuss der BRAK, S. 277. Die Ermittlungen über die Lage in Darfur wurden dem IStGH durch Sicherheitsratsbeschluss (SC Res. 1593) übertragen, wobei bemerkenswert ist, dass sich die dem IStGH kritisch gegenüberstehenden ständigen Mitglieder China und USA der Stimme enthielten; näher und kritisch zum politischen Preis für den amerikanischen Veto-Verzicht *Condorelli/Ciampi*, JICJ 3 (2005), 590, 591 ff. und 597 f.

Strafgerichtshofes (IStGH) seinen vorläufigen Höhepunkt gefunden hat. Namentlich liegen mit dem Internationalen Strafgerichtshof nunmehr zwei Faktoren vor, die zuvor nicht oder nur beschränkt gegeben waren: Auf *Permanenz* angelegte Institutionalisierung und in Gestalt des Römischen Statuts (Art. 6 bis 8) eine *detaillierte* Zusammenstellung der Völkerrechtsverbrechen. Im Zusammenspiel mit dem sogleich zu thematisierenden Beitrag der IStGH-Vertragsstaaten auf nationaler Ebene ist das Gesamtsystem des Völkerstrafrechts damit erstmals *de iure* in der Lage, eine effektive Verfolgung der Kernverbrechen gegen das Völkerrecht (noch abgesehen vom Aggressionsverbrechen) in einem theoretisch annähernd geschlossenen System zu gewährleisten. Damit einhergehen muss aber verstärkt der Wille, von diesen Möglichkeiten auch *de facto* Gebrauch zu machen. Der Schlusspunkt dieser Entwicklung wäre die Schaffung eines weltweiten Systems des Völkerstrafrechts, welches erstmals eine umfassende Koordination der aus Völkerrecht resultierenden Strafansprüche schafft und die regelmäßige Straflosigkeit derjenigen Verbrechen, welche die Sicherheit und das Wohl der Menschheit am meisten bedrohen, beendet.[28]

2. *Der wachsende nationale Beitrag zur Durchsetzung des Völkerstrafrechts*

Der Institutionalisierung in Gestalt des IStGH zur Seite tritt eine an seinem Statut[29] orientierte nationale Gesetzgebung, die zum Ziel hat, eine eigene, gegenüber der Verfolgung auf internationaler Ebene vorrangige Verfolgungsmöglichkeit des Nationalstaates zu schaffen. Die Schaffung nationaler Kodifikationen zur Verfolgung der Verbrechen gegen das Völkerrecht ist im IStGH-Statut vorgesehen. Demnach soll der IStGH nur ergänzend neben der einzelstaatlichen Strafgewalt tätig werden (Art. 1 und 12-19 IStGH-Statut, Grundsatz der Komplementarität oder Subsidiarität). Das Statut ermuntert die Vertragsstaaten zur

---

28 Vgl. Abs. 3 ff. Präambel IStGH-Statut.

29 ILM 37 (1998), S. 1002 ff.; http://untreaty.un.org/cod/icc/statute/romefra.htm; BGBl. 2002 II, S. 1393 ff.; auch abgedruckt bei *Schindler/Toman*, The Laws of Armed Conflicts, No. 111.

Anpassung des nationalen Rechts an das Recht des Statuts,[30] verpflichtet sie aber nicht dazu. In der Aufforderung in der Präambel kann man eine Obliegenheit der Staaten sehen, deren Nichterfüllung damit verbunden sein kann, dass die komplementäre Zuständigkeit des IStGH eintritt.[31] Der wesentliche Beitrag der Bundesrepublik Deutschland zu diesem „zweistufigen" Konzept der Verfolgung von Völkerrechtsverbrechen ist das Völkerstrafgesetzbuch (VStGB).[32]

Es regelt in einem konzisen Allgemeinen Teil (§§ 1-5 VStGB) nur wenige Besonderheiten, namentlich die Anwendung des Weltrechtsprinzips für die in ihm pönalisierten Verbrechen[33] gegen das Völkerrecht (§ 1 VStGB; dazu näher im *3. Kapitel C. II.* und *III.*), das Handeln auf Befehl oder Anordnung (§ 3 VStGB), die Vorgesetztenverantwortlichkeit (§ 4 VStGB) und die Unverjährbarkeit der genannten Verbrechen (§ 5 VStGB). Ansonsten gilt das Allgemeine Strafrecht (§ 2 VStGB).

Der Schwerpunkt des VStGB liegt auf dem Besonderen Teil und dort wiederum auf den Kernverbrechen[34] gegen das Völkerrecht, also Völkermord (§ 6 VStGB), Verbrechen gegen die Menschlichkeit (§ 7 VStGB) und Kriegsverbrechen (§ 8-12 VStGB). Erstmals[35] wird damit eine Strafverfolgung anhand dieser Tatbestände in Deutschland durch deutsche Gerichte möglich gemacht.

---

[30] Abs. 6 Präambel IStGH-Statut: „*Recalling* that it is the duty of every state to exercise its criminal jurisdiction over those responsible for international crimes" und auch Abs. 4. Vgl. *Swaak-Goldman*, ICLQ 54 (2005), 691, 697 f.

[31] Siehe nur *Gropengießer/Kreicker*, Grundlagen der Strafverfolgung völkerrechtlicher Verbrechen in Deutschland, S. 64 und 440 m.w.N.; *Zimmermann*, ZRP 2002, 97, 98.

[32] Vom 26. Juni 2002, BGBl. I, S. 2254 ff.

[33] Im „technischen" Sinne des § 12 Abs. 1 StGB. Alle Straftaten nach dem VStGB außer den „sonstigen Straftaten" der §§ 13, 14 VStGB sind mit einer Mindestfreiheitsstrafe von einem Jahr oder darüber bedroht und damit „Verbrechen" im Sinne des § 12 Abs. 1 StGB.

[34] Das Aggressionsverbrechen wurde nicht aufgenommen, siehe dazu bereits oben, S. 5.

[35] Abgesehen von der kurzlebigen Anwendung des KRG 10 in der Nachkriegszeit; *2. Kapitel B. II. 4.*

Eine Verfolgung von Kriegsverbrechen war bereits vor In-Kraft-Treten des VStGB auf der Grundlage des Strafgesetzbuches und des Wehrstrafgesetzes möglich.[36]

Demnach konnte eine schwere Verletzung des humanitären Völkerrechts zwar nicht explizit als Kriegsverbrechen verfolgt werden, sehr wohl aber anhand der auf den Sachverhalt passenden Tatbestände, beispielsweise konnten verbotene Tötungshandlungen (z.B. Art. 8 Abs. 2 (a) (i) IStGH-Statut, § 8 Abs. 1 Nr. 1 VStGB) unter §§ 211 ff. StGB gefasst werden, eine Vergewaltigung (z.B. Art. 8 Abs. 2 (b) (xxii) Var. 1 IStGH-Statut, § 8 Abs. 1 Nr. 4 Var. 2 VStGB) unter § 177 StGB und das Nehmen von Geiseln (z.B. Art. 8 Abs. 2 (a) (viii) IStGH-Statut, § 8 Abs. 1 Nr. 2 VStGB) unter § 239b StGB, usw.[37]

Diese Art der Verfolgung von Kriegsverbrechen durch Tatbestände, die nicht im eigentlichen Sinne dafür geschaffen wurden, bringt zwei wesentliche Nachteile mit sich:

Erstens bringt die Verurteilung anhand der Tatbestände des Strafgesetzbuches nicht den mit einem Kriegsverbrechen verbundenen Unwertgehalt ausreichend zur Geltung; dies gilt jedenfalls für die schwereren Fälle der Kriegsverbrechen. Somit wird bei einer Verurteilung nicht deutlich, dass die Tat ihren gesteigerten Unwertgehalt auch gerade dadurch erlangt, dass sie sich gegen das Völkerrecht richtet. Dementsprechend vermag eine Verurteilung wegen des jeweiligen Tatbestandes des auf normale Kriminalitätsstrukturen ausgerichteten Strafgesetzbuches auch nicht zu einer entsprechenden Bewusstseinsbildung für das Völkerstrafrecht beizutragen.

Zweitens verbleiben Lücken, da es im Kriegsrecht völkerstrafrechtlich relevante Verhaltensweisen gibt, für die das nationale Strafrecht überhaupt keine Entsprechung bereithält. So ist beispielsweise die Verwendung von sogenannten Dum-Dum-Geschossen (Geschosse, „die sich

---

[36] Das StGB ist im Übrigen noch immer taugliche Grundlage auch für die Verfolgung von Verbrechen gegen das Völkerrecht. Vielfach wird nunmehr aber alleine das VStGB als *lex specialis* anwendbar sein, seltener Tateinheit (§ 52 StGB) anzunehmen sein; Bundesratsvorlage vom 18. Januar 2002 (BR Drucksache 29/02), in: *Lüder/Vormbaum*, Materialien zum Völkerstrafgesetzbuch, S. 24.

[37] *Jescheck*, ZStW 65 (1953), 458, 464 f.; *Wolfrum*, in: *Fleck*, Handbuch des humanitären Völkerrechts in bewaffneten Konflikten, Nr. 1210; dort auch weitere Beispiele. Siehe *Kreß*, Vom Nutzen eines deutschen Völkerstrafgesetzbuchs, S. 12 f.

leicht im Körper des Menschen ausdehnen oder platt drücken, derart wie die Geschosse mit hartem Mantel, der den Kern nicht ganz umhüllt oder mit Einschnitten versehen ist")[38] nach dem Strafgesetzbuch oder dem Wehrstrafgesetz nicht strafbar. Die Tötung oder schwere Verwundung einer nach dem humanitären Völkerrecht zu schützenden Person mit dieser Munitionsart wurde durch das deutsche Strafrecht zwar noch erfasst,[39] die bloße *Verwendung* der Munitionsart gegen Kombattanten konnte hingegen nicht erfasst werden.[40] In diesem Zusammenhang bedarf es des Hinweises, dass man für die Tötung eines feindlichen Kombattanten durch eine verbotene Waffe §§ 211 ff. StGB nach richtiger Ansicht nicht zur Anwendung bringen darf. Soweit dies vertreten wird, also der Tatbestand der §§ 212, 211 StGB als erfüllt angesehen und die Rechtswidrigkeit durch das völkerrechtliche Waffenverbot begründet wird, so wird dabei übersehen, dass die Tötungstatbestände hier eindeutig „überschießenden" Charakter haben und nicht anwendbar sind.[41] Es ist nämlich durch das Völkerrecht erlaubt, den Kombattanten im Gefecht zu töten, lediglich die Art und Weise dieser Tötung wird durch das Völkerrecht nicht freigestellt und dementsprechend wird nach Völkerrecht auch nicht die Tötung als solche bestraft, sondern nur die Verwendung der verbotenen Waffe.[42] Daher passen §§ 212, 211 StGB weder dem Tatbestande noch der viel zu schweren Sanktionierung nach auf einen derartigen Sachverhalt. Wir wollen es bei diesem Beispiel bewenden lassen.

---

[38] Erklärung betreffend das Verbot von Geschossen, die sich leicht im menschlichen Körper ausdehnen oder platt drücken vom 29. Juli 1899, RGBl. 1901, S. 478 ff.; *Schindler/Toman*, The Laws of Armed Conflicts, No. 11. Der Name „Dum-Dum-Geschoss" geht zurück auf das *Dum Dum-Arsenal* bei Kalkutta, wo dieses Teilmantelgeschoss erstmals im 19. Jhd. von den Briten hergestellt wurde.

[39] Vgl. *Wolfrum*, in: *Fleck*, Handbuch des humanitären Völkerrechts in bewaffneten Konflikten, Nr. 1210; jetzt strafbar nach § 12 Abs. 2 i.V.m. Abs. 1 Nr. 3 VStGB.

[40] Jetzt strafbar nach § 12 Abs. 1 Nr. 3 VStGB als abstraktes Gefährdungsdelikt.

[41] *Jescheck*, Die Verantwortlichkeit der Staatsorgane nach Völkerstrafrecht, S. 460 f.; *Kreß*, Vom Nutzen eines deutschen Völkerstrafgesetzbuchs, S. 17; *Werle/Nerlich*, HuV-I 2002, 124, 133.

[42] *Kreß*, a.a.O. Eben diese Wertungen werden nunmehr in § 12 VStGB nachvollzogen.

Die Regelungsmaterie des VStGB entstammt dem Völkerrecht, sie wurde jedoch in die deutsche Gesetzgebungstechnik übernommen, so dass das VStGB von *Weigend* treffend als „nationale Kodifikation internationalen Rechts" bezeichnet werden konnte.[43]

Dies ist allerdings nicht in dem Sinne zu verstehen, dass es sich um eine „bloße Ausführungsgesetzgebung" handele, die *ausschließlich* aus Gründen einer „formellen Rechtsstaatlichkeit" entstehe.[44] Zum einen ergeben sich bei den Regelungen über Kriegsverbrechen zwischen VStGB und IStGH-Statut nicht unerhebliche Unterschiede, insbesondere was die weitestgehende Gleichstellung des internationalen mit dem nichtinternationalen bewaffneten Konflikt im VStGB angeht, während das IStGH-Statut sich noch weitgehend alleine auf den internationalen bewaffneten Konflikt bezieht. Zum anderen geht der Inhalt des Bestimmtheitsgrundsatzes (§ 1 StGB, Art. 103 Abs. 2 GG) jedenfalls in der kontinentaleuropäischen Ausprägung über formelle Belange hinaus und stellt auch Mindestanforderungen an den materiellen Gehalt einer Norm und die Auslegungsfähigkeit ihrer Begrifflichkeiten (zu diesen Aspekten weiterführend unten *C. I.* sowie ausführlich im *5.* und *6. Kapitel*). Daher konnte sich der deutsche Gesetzgeber auch nicht damit bescheiden, das Römische Statut blind zu übernehmen, um seine Zielvorstellungen zu verwirklichen.

Diese Zielvorstellungen sind im Einzelnen:

- Erfassung des spezifischen Unrechts der Verbrechen gegen das Völkerrecht,
- Förderung von Rechtsklarheit und Handhabbarkeit der Rechtsmaterie durch die Zusammenfassung in einem einzigen Regelwerk,
- Sicherstellung der nationalen Verfolgungszuständigkeit gegenüber dem IStGH im Hinblick auf den Grundsatz der Komplementarität,
- Förderung und Verbreitung des humanitären Völkerrechts.[45]

---

43 *Weigend*, in: Gedächtnisschrift *Vogler*, S. 197.

44 In diesem Sinne aber *Tomuschat*, EuGRZ 1998, 1, 3 über eine nationale Umsetzung des ILC-Entwurfs eines *Code of Crimes against the Peace and Security of Mankind*.

45 Bundesratsvorlage vom 18. Januar 2002 (BR Drucksache 29/02), in: *Lüder/Vormbaum*, Materialien zum Völkerstrafgesetzbuch, S. 23. Einige Merkmale der deutschen Strafgesetzgebungstechnik sind auf die Notwendigkeit der Einhaltung des Bestimmtheitsgrundsatzes zurückzuführen.

Die Bundesrepublik steht mit dem VStGB nicht alleine, auch andere Staaten verfügten entweder schon vor dem Römischen Statut über die Möglichkeit Kriegsverbrechen als solche, und nicht nur als Tatbestandsverwirklichung des sonstigen Strafrechts, zu verfolgen oder haben wie die Bundesrepublik nunmehr entsprechende Möglichkeiten geschaffen oder sind zumindest auf dem Weg hierzu.

3. Damit einhergehender Bedeutungsverlust internationaler Gerichte?

Die zentrale (direkte) Durchsetzung des Völkerstrafrechts durch internationale Gerichte wird in Zukunft bei konsequenter Anwendung des Grundsatzes der Komplementarität die Ausnahme bleiben. Dies gilt umso mehr, da die Zuständigkeit der Gerichtshöfe für das ehemalige Jugoslawien und Ruanda von vornherein eingeschränkt war und diese Gerichtshöfe in absehbarer Zeit ihre Tätigkeit einstellen werden.[46] Die Ansicht, dass der „natürliche Weg zur Ahndung internationaler Verbrechen" ein Verfahren vor einem internationalen Gericht ist,[47] hat aber einiges für sich. Insbesondere entspricht eine Bestrafung durch ein internationales Gericht dem Charakter des Verbrechens gegen das Völkerrecht als eine Straftat, die gerade in die internationale Dimension getreten ist.[48] Explizit für die Tatbestände der Kriegsverbrechen wird die Zu-

---

[46] Nach der Sicherheitsratsresolution 1503 ist für den JStGH der Abschluss der erstinstanzlichen Verfahren für Ende 2008, der Abschluss der Berufungsverfahren für Ende 2010 vorgesehen. Auch der RStGH soll seine Verfahren bis Ende 2010 abgeschlossen haben. Es ist noch nicht absehbar, ob diese Termine eingehalten werden können, insbesondere da – den JStGH betreffend – nach Verhaftung von *Radovan Karadžić* im Juli 2008 eine Ergreifung von *Ratko Mladić* noch aussteht. Dann noch offene Verfahren des JStGH sollen an nationale Gerichte des ehemaligen Jugoslawien verwiesen werden; *Ambos*, Internationales Strafrecht, S. 102 und 104; *Jäger*, Das Internationale Tribunal über Kriegsverbrechen im ehemaligen Jugoslawien, S. 17 f.; *Schabas*, The UN International Criminal Tribunals, S. 24; *Werle*, Völkerstrafrecht, Rn. 266 ff.; *Zoglin*, HRQ 27 (2005), 41, 42 ff.

[47] *Dahm*, Zur Problematik des Völkerstrafrechts, S. 17. Ebenso *Cassese*, International Law, S. 268.

[48] *Wolfrum*, in: FS *Eser*, S. 981. Zwar steht auch hinter dem gleichgerichteten dezentralen Tätigwerden der Staaten die Idee internationaler Ächtung und flächendeckender Pönalisierung (*Wolfrum*, S. 979). Das nationale *Forum* kommt dem internationalen aber nicht gleich. A.A. *Hoyer*, GA 2004, 321, 324.

ständigkeit internationaler Gerichte damit begründet, dass der Heimatstaat wohl „übertriebene Milde“, der verletzte Staat aber „Rache und unangemessene Strenge“[49] üben werde. Zudem würden Verbrechen gerade der Staats- und Militärführung durch den eigenen Staat kaum je abgeurteilt, allenfalls infolge einer revolutionären Umwälzung.[50] Dieser letztgenannte Einwand wird aber kaum je praktisch werden, da das Fehlen eines derartigen Regimewechsels *in praxi* auch der Strafverfolgung durch ein internationales Gericht entgegenstehen wird, denn der „Panzer der Souveränität“ bliebe ja in jedem Falle faktisch erhalten und ein Interventionswille der Staatengemeinschaft wird sich mehr an der Schwere der Taten orientieren, denn an der Frage der Gerichtszuständigkeit.

Eine Konstellation mit vorrangiger nationaler Zuständigkeit bringt überdies den Nachteil mit sich, dass der Nationalstaat bei der Abwägung, ob er eine Strafverfolgung nach dem Weltrechtsprinzip (§ 1 VStGB) gegen Staatsangehörige dritter Staaten durchführen werde, eigene Interessen – etwa diplomatischer, politischer oder wirtschaftlicher Art – zu berücksichtigen hat, während ein internationaler Gerichtshof hier in der Entscheidung freier sein wird.[51] Diese Problematik folgt aus dem staatlichen Willen zur möglichst weitgehenden Erhaltung nationaler Souveränität und der derzeitige Zustand steht „einer weitergehenden Lösung, die allein systemgerecht gewesen wäre“[52] – also einer stärkeren Rolle des IStGH – nunmehr bis auf weiteres im Wege. Dagegen ist auch das

---

[49] *Dahm*, Zur Problematik des Völkerstrafrechts, S. 18 f.

[50] *Dahm*, a.a.O.

[51] Das Weltrechtsprinzip des § 1 VStGB wird möglicherweise durch die Einstellungsmöglichkeit des § 153f StPO faktisch konterkariert werden. Zudem gibt es den Ruf nach Schaffung einer weiteren Einstellungsmöglichkeit, nach welcher einer Strafverfolgung nach dem Weltrechtsprinzip die Schädigung außenpolitischer Interessen der Bundesrepublik Deutschland soll entgegenstehen können, was im Rahmen des § 153c Abs. 3 und 4 StPO bereits für die sonstige Kriminalität möglich ist. Lehrreich ist in diesem Zusammenhang das Schicksal des Weltrechtsprinzips im *loi belge sur les crimes de guerre* (Moniteur Belge vom 05. August 1993, S. 17751 ff.), welches letztlich auf Druck der USA weitgehend im Nachfolgegesetz (Moniteur Belge vom 07. August 2003, S. 40506 ff.) „entschärft“ werden musste, nachdem politisch inopportune Verfahren in Aussicht standen; *Ratner*, AJIL 97 (2003), 888, 889 ff.; *Rau*, HuV-I 2003, 212, 212 ff.; *Vandermeersch*, JICJ 3 (2005), 400, 402 ff. Siehe *3. Kapitel C. III. 2.*

[52] *Wolfrum*, in: FS *Eser*, S. 987.

Argument, dass nationale Strafverfolgungsorgane besser aufgestellt seien, Ermittlungen vorzunehmen, nur beschränkt richtig, nämlich soweit sie sich im territorialen Rahmen ihres eigenen Staates bewegen.

In der Tat ist also erwartbar, dass die Verfolgung von Kriegsverbrechen auf internationaler Ebene die Ausnahme bleiben wird. Umso bedeutender ist es, die nationalen Rechtssysteme auf die Verfolgung von Völkerrechtsverbrechen einzustellen, um – wenn schon aus der Not keine Tugend zu machen – die negativen Effekte des Prinzips der Komplementarität wenigstens zu begrenzen.

III. Die „Wirklichkeitsnähe" des Völkerstrafrechts, besonders des Kriegsvölkerstrafrechts

Ein Leitmotiv des Kriegsrechts und Kriegsvölkerstrafrechts ist, was man als seine Wirklichkeitsnähe bezeichnen könnte. Das heißt, gerade dieses Rechtsgebiet ist darauf angewiesen, von den Akteuren – den Konfliktparteien und den Kombattanten bzw. Kämpfern – angenommen zu werden und kann daher keine unrealistischen Forderungen stellen. Das Kriegsvölkerstrafrecht nimmt wie gesagt mehr und mehr die Rolle ein, die in der Vergangenheit von Repressalie und Gegenseitigkeitserwartung ausgefüllt wurde. Damit ist aber auch einsichtig, dass es, sollen die Akteure die Selbstdurchsetzung der Regeln des humanitären Völkerrechts aus der Hand geben, eines funktionierenden, theoretisch in sich geschlossenen und vor allem auch praktisch operablen Systems bedarf.

Daher ist das Kriegsvölkerstrafrecht immer ein Kompromiss zwischen einem ideellen Optimum und praktischen militärischen Notwendigkeiten.[53] Sich dies bewusst zu machen bedeutet zugleich einzuräumen, dass dem Kriegsrecht jeweils partiell eine Gewalt legitimierende Funktion und eine Gewalt delegitimierende Funktion zukommt.[54] Dem entspricht

---

[53] Über diese permanente Grundkonstante bereits für das Kriegsvölkerrecht im Jahre 1908 *Holland*, The Laws of War on Land, S. 13. Siehe noch *Bothe*, HuV-I 1997, 206, 206; *Quéguiner*, RICR 2003, 271, 309. Vgl. zum Begriff der „besonderen Wirklichkeitsnähe" *Krüger*, in: FS *Spiropoulos*, S. 265 ff.

[54] *Vitzthum*, Völkerrecht, S. 686; vgl. *Carnahan/Robertson*, AJIL 90 (1996), 484, 485.

es, dass für die rechtmäßige Kriegshandlung ein im nationalen Recht zu beachtendes Bestrafungsverbot direkt nach Völkerrecht folgt.[55]

Das Völkerstrafrecht ist noch immer in einer frühen Phase seiner Entwicklung und wenn auch zu konzedieren ist, dass das Teilgebiet der Kriegsverbrechen der älteste Bereich hierin ist, so ist auch dieses auf einen hinreichend geschlossenen Durchsetzungsmechanismus angewiesen, welcher letztlich alleine in der Lage sein wird, die mannigfaltige Kritik verstummen zu lassen.

1. Durchsetzungsdefizit und problematische strafrechtstheoretische Bereiche

Bereits *Kant* stand der Effektivität des Völkerrechts skeptisch gegenüber, jedenfalls hinsichtlich des „Kriegsangriffes" bezweifelte er seine einhegende Wirkung.[56]

Das Völkerstrafrecht sieht sich auch in der Gegenwart beständig dem Vorwurf der Ineffektivität ausgesetzt („culture of impunity").[57] Dies

---

[55] Siehe bereits *Dahm*, Zur Problematik des Völkerstrafrechts, S. 52 und *Verdross*, Die völkerrechtswidrige Kriegshandlung und der Strafanspruch der Staaten, S. 26. Nach der Konzeption des deutschen Strafrechts tritt Rechtfertigung ein; *Bremer*, Strafverfolgung internationaler Verbrechen gegen das humanitäre Völkerrecht, S. 152 m.w.N.; *Fischer*, in: *Fischer/Lüder*, Völkerrechtliche Verbrechen vor dem Jugoslawien-Tribunal, nationalen Gerichten und dem Internationalen Strafgerichtshof, S. 194 f.; *Maurach*, Deutsches Strafrecht – Besonderer Teil, S. 20 m.w.N. Anders *Dahm*, Zur Problematik des Völkerstrafrechts, S. 72 (für „Sozialadäquanz" und damit ein Entfallen bereits der Tatbestandsmäßigkeit), ähnlich *Mosler*, JIAÖR 1 (1948), 335, 343 („Rechtmäßige Kriegshandlungen dagegen stehen nur in der Sphäre des Völkerrechts; sie haben ihrem Wesen nach nichts mit Straftaten gemein.").

[56] „Bei der Bösartigkeit der menschlichen Natur, die sich im freien Verhältnis der Völker unverhohlen blicken lässt [...] ist es doch zu verwundern, dass das Wort Recht aus der Kriegspolitik noch nicht als pedantisch ganz hat verwiesen werden können [...]; denn noch werden Hugo Grotius, Pufendorf, Vattel u.a.m. (lauter leidige Tröster), obgleich ihr Kodex, philosophisch oder diplomatisch abgefasst, nicht die mindeste gesetzliche Kraft hat, oder auch nur haben kann [...] immer treuherzig zur Rechtfertigung eines Kriegsangriffs angeführt, ohne daß es ein Beispiel giebt [sic!], daß jemals ein Staat durch mit Zeugnissen so wichtiger Männer bewaffnete Argumente wäre bewogen worden, von seinem Vorhaben abzustehen." *Kant*, Zum ewigen Frieden, Zweiter Definitivartikel zum ewigen Frieden.

führt bis hin zu Behauptungen, wonach das Völkerstrafrecht den Charakter von „Glasperlenspielen einer internationalen Juristensekte" habe.[58] Hinter solchen bewusst pointierten Formulierungen verbergen sich allerdings durchaus ernstzunehmende Einwände, die zudem gleichermaßen für die zentralen Durchsetzungsbemühungen auf internationaler Ebene wie für die dezentralen Ansätze auf nationaler Ebene gelten. Diesen Einwänden zu begegnen ist zwar nicht explizit Gegenstand der vorliegenden Arbeit, dennoch hat man sie implizit stets mitzudenken, denn letzter Sinn aller systematisch orientierten Arbeiten im Bereich des Kriegsvölkerstrafrechts kann nur sein, einen weiteren Stein ins Gesamtmosaik eines sich entwickelnden Systems des Völkerstrafrechts zu setzen, welches sowohl geschlossen als auch implementierbar ist.

a) Zur behaupteten Ineffizienz des Völkerstrafrechts

Zum einen wird ein tatsächlicher Einwand erhoben: Es wird bezweifelt, dass gegen eine staats- und machtverstärkte Kriminalität immensen Ausmaßes ein effektives Vorgehen mit den Mitteln des Strafrechts, sei es Völkerstrafrecht im engeren Sinne, sei es rein nationales Strafrecht, überhaupt möglich ist, so dass Straflosigkeit noch immer die Regel sei.[59] Auswertungen der bisherigen Verfolgungs- und Verurteilungspraxis scheinen diesem Befund jedenfalls *prima facie* nicht entgegenzustehen. Exemplarisch sei der JStGH genannt, der binnen der ersten zehn Jahre seiner Tätigkeit (1993-2003) lediglich neun Strafverfahren gegen 20 Beschuldigte zum Abschluss bringen konnte.

Bei den anderen *core crimes* gegen das humanitäre Völkerrecht mag diese Argumentation in höherem Maße greifen. Völkermord, Verbrechen gegen die Menschlichkeit und auch Aggressionsverbrechen lassen sich oftmals leichter identifizieren als das Vorliegen eines Kriegsverbrechens.

---

[57] *Werle*, Völkerstrafrecht, Rn. 95. Vgl. *Ambos*, Internationales Strafrecht, S. 177 ff.

[58] So noch 1994 *Quaritsch*, Nachwort zu *Schmitt*, Das internationalrechtliche Verbrechen des Angriffskrieges und der Grundsatz „Nullum crimen, nulla poena sine lege", S. 219. Siehe aber auch die 1985 von *Triffterer* geäußerte positive Einschätzung in FS *Jescheck*, S. 1485.

[59] *Grewe*, in: FS *Doehring*, S. 237 ff.; *Koller*, Harvard Int'l L.J. 46 (2005), 231, 263. Kritisch zum JStGH *Jäger*, Das Internationale Tribunal über Kriegsverbrechen im ehemaligen Jugoslawien, S. 169 ff.

Der bewaffnete Konflikt aber ist ein hochkomplexes und schnelllebiges Handlungskonglomerat mit einer sehr großen Zahl einzelner Kriegshandlungen.

Zwar ist das Vorliegen des bewaffneten Konfliktes, wie bereits festgestellt, schon ein Versagen auch völkerrechtlicher Mechanismen, allerdings noch kein Versagen des *ius in bello*. Erst durch Anwendung des Kriegsvölkerstrafrechts auf die einzelne Kriegshandlung und die damit einhergehende Beantwortung rechtlicher Fragestellungen und Überwindung tatsächlicher Schwierigkeiten, kann die einzelne Kriegshandlung danach eingeordnet werden, ob sie den objektiven Tatbestand eines Kriegsverbrechens erfüllt oder nicht. Diese Beurteilung darf aber nicht vorschnell oder vorurteilsbehaftet erfolgen. Die verständliche Empörung über Zerstörungen, Verletzte und Tote im bewaffneten Konflikt führt mitunter in der allgemeinen Wahrnehmung auch zur pauschalen Qualifizierung eines Tatbestandes als Kriegsverbrechen, obwohl eine rechtmäßige Kriegshandlung vorliegt.[60]

Zudem lässt sich die Wirkung von Kriegsrecht und Kriegsvölkerstrafrecht vielfach schwer einschätzen, denn soweit diese Rechtsmaterien korrekt zur Anwendung kamen und die Konfliktparteien sich von ihnen beeindrucken ließen und damit Kriegsverbrechen *nicht begingen*,

---

[60] Ein Beispiel mag dies illustrieren: Im Zweiten Weltkrieg wurden deutsche Fallschirmjäger im Rahmen der Luftlandeoperation gegen Kreta („Merkur") während des Absprunges von britischen Verteidigern beschossen und reichten daher Beschwerde bei der zuständigen Wehrmachtsstelle ein, da sie das Verhalten der Briten für vom Kriegsrecht verboten hielten. Man hätte erst auf sie feuern dürfen, als sie gelandet waren; *de Zayas*, Die Wehrmacht-Untersuchungsstelle, S. 116. Die Untersuchungsstelle kam allerdings zu dem Ergebnis, dass das Verhalten der britischen Soldaten völkerrechtsgemäß war, denn erfolgt eine Luftlandung zu Angriffszwecken, so sind die Luftlandetruppen nicht als „wehrlos" zu bezeichnen; *de Zayas*, *ibid*. Die Luftlandung erfolgt gerade zur Schädigung des Gegners. Auch solange sich Fallschirmjäger noch in der Luft befinden, dürfen sie beschossen werden; siehe auch *Vitzthum*, Völkerrecht, S. 697; *Maurach*, Deutsches Strafrecht – Besonderer Teil, S. 25. Vgl. auch Art. 42 Abs. 3 ZP I. Da sich selbst „diejenigen, die es angeht" über die Regeln des Kriegsrechts mitunter irren, ist klar, dass gerade in der breiteren Wahrnehmung umso mehr Irrtümer auftreten können. Andere Beispiele finden sich etwa im Rahmen des schwer von der erlaubten Kriegslist abgrenzbaren Perfidieverbotes. Vgl. *Ambos*, NJW 2002, 3068, 3070; *Dunlap*, ASIL Proc. 1999, S. 7; *Parks*, Chicago JIL 4 (2003), 493, 496.

so findet dies weder große Aufmerksamkeit noch wird es hervorgehoben.[61] Man kann wohl jedenfalls bei regulären Armeen davon ausgehen, dass die Einhaltung des Kriegsrechts die Regel ist, nicht die Ausnahme; bei weniger gut organisierten Verbänden wird man eher den Einzelfall zu betrachten haben.

b) Zur behaupteten Überforderung strafrechtstheoretischer Strukturen

Zum anderen werden Einwände erhoben, die sich eher den Bereichen Straftheorie und Kriminologie zuordnen lassen. Kriegsvölkerrechtsverbrechen treten in aller Regel nicht „als isolierte Tat und punktuelles Ereignis"[62] auf, sondern geschehen zumeist im Rahmen eines durchorganisierten und komplexen Verhaltens mit einer großen Zahl an Beteiligten und zudem immer im Kontext eines bewaffneten Konfliktes, dem ein hohes Maß an Unberechenbarkeit, Dynamik und widrigen Umständen immanent ist.[63] Zudem werden Verantwortlichkeiten in Unrechtsregimen auch gezielt verwischt, so dass erhebliche Probleme bestehen, das jeweilige Geschehnis auf den einzelnen Täter herunter zu brechen und für eine justizielle Aufarbeitung anhand rechtsstaatlicher Maßstäbe vorzubereiten.[64] Diesem faktischen Argument kann man entgegenhalten, dass sicherlich ein hohes Maß an tatsächlicher Komplexität

---

[61] Vgl. *Wolfrum*, in: *Fleck*, Handbuch des humanitären Völkerrechts in humanitären Konflikten, Nr. 1201, wonach das humanitäre Völkerrecht „in vielen Fällen großes Leid verhindert oder verringert" hat.

[62] *Jäger*, StV 1988, 172, 175; vgl. *Kaiser*, Kriminologie, S. 431.

[63] Siehe bereits *Clausewitz*, Vom Kriege, S. 100 ff., der den Begriff der „Friktion" geprägt hat.

[64] Zusammenfassend zum Problem der Zurechnung *Ambos*, Der Allgemeine Teil des Völkerstrafrechts, S. 518 ff. Der IStGH verfolgt daher die Strategie, sich auf einzelne klar definierte Taten zu konzentrieren, die sich vergleichsweise gut zurechnen und beweisen lassen (sogenannte „focussed investigations"). Damit stellt sich das Problem, dass eine umfangreiche Aufarbeitung unterbleiben kann und nur selektiv verfolgt wird. Angesichts der Vielzahl der Delikte und der beschränkten Mittel verdient diese Strategie aber dennoch Zustimmung. Vgl. *Möller*, Völkerstrafrecht und Internationaler Strafgerichtshof, S. 303 ff. zum JStGH. Beim IStGH ist eine Vorauswahl anhand Sachkriterien bereits dadurch gewährleistet, dass insbesondere eine Gerichtsbarkeit über Kriegsverbrechen besteht, die begangen wurden „as part of a plan or policy or as part of a large-scale commission of such crimes"; Art. 8 Abs. 1 IStGH-Statut.

die Zurechnung und auch bereits die Aufklärung eines konkreten Geschehensablaufes immer erheblich erschwert,[65] allerdings ergeben sich schwierige Fragen in diesem Bereich auch in anderen hochkomplexen Systemen, so beispielsweise in der Wirtschafts- und Steuerkriminalität, ohne dass in diesem Zusammenhang der Schluss gezogen würde, das Strafrecht sei hier überfordert und solle sich zurückziehen, ganz im Gegenteil wird hier mitunter auch der „Prüfstein" für das Strafrechtssystem gesehen und die Komplexität als faktische und rechtliche Herausforderung angenommen.[66] Sieht man im Schutz erheblicher finanzieller und fiskalischer Interessen eine zentrale Aufgabe des Strafrechts, so kann beim Schutz elementarster humanitärer und zivilisatorischer Errungenschaften nichts Geringeres gelten.

Im Bereich des Schuldgrundsatzes, wonach Strafe nur darauf gegründet werden darf, dass die Tat dem Täter persönlich zum Vorwurf gemacht werden kann,[67] können fehlendes Unrechtsbewusstsein und gruppenpsychologische Einflüsse Probleme bereiten, da Täter vielfach in Machtapparate und Kollektive eingebunden sind, die ihre verbrecherischen Handlungen positiv besetzen und ideologisch aufladen.[68]

Der schärfste Einwand zielt aber auf Sinn und Zweck der Strafe selbst. Er richtet sich gegen das System der Strafzwecke, die im Angesicht von Völkerrechtsverbrechen immensen Ausmaßes versagten und hilflos seien.[69]

Jenseits der sogleich anzusprechenden general- und spezialpräventiven Strafzwecke kommt dem Völkerstrafrecht *auch* ein vergeltender Aspekt

---

[65] Vgl. auch *Hillenkamp*, JZ 1996, 179, 182 f.; *Möller*, S. 330 m.w.N.

[66] *Dannecker*, in: *Wabnitz/Janovsky*, Handbuch des Steuer- und Wirtschaftsstrafrechts, S. 14.

[67] Siehe z.B. *Jescheck/Weigend*, Lehrbuch des Strafrechts – Allgemeiner Teil, S. 23. Es kommt ausschließlich der unverfälschte strafrechtliche Schuldbegriff in Betracht; *Jescheck*, Die Verantwortlichkeit der Staatsorgane nach Völkerstrafrecht, S. 242.

[68] Vgl. hierzu *Jäger*, StV 1988, 172, 175; *Kaiser*, Kriminologie, S. 432; *Naucke*, Strafjuristische Privilegierung staatsverstärkter Kriminalität, S. 20 ff.

[69] Siehe die Zusammenstellung bei *Werle*, Völkerstrafrecht, S. 40 f., dortige Fn. 182; kritisch auch *Jäger*, StV 1988, 172, 176; *ders.*, Makroverbrechen als Gegenstand des Völkerstrafrechts, in: *Hankel/Stuby*, Strafgerichte gegen Menschheitsverbrechen, S. 325, 339 ff. und *Ambos/Steiner*, JuS 2001, 9, 13.

zu,[70] der nicht an die Stelle der anderen Strafzwecke treten kann, ihnen aber zur Seite steht.

Im Einzelnen wird gegen die vier üblicherweise genannten Strafzwecke folgendes eingewendet:[71]

- Die positive Generalprävention (Stärkung des Rechtsbewusstseins und des Vertrauens der Allgemeinheit in die Rechtsordnung) werde durch die mangelnde Durchsetzung des Völkerstrafrechts geschwächt. Ein Rechtsbewusstsein für das Völkerstrafrecht könne nicht entstehen, wenn regelmäßige Straflosigkeit der Völkerrechtsverbrechen bestehe.
- Die negative Generalprävention (Abschreckung anderer potentieller Täter) leide ebenfalls unter diesen Durchsetzungsdefiziten, kann doch ein prospektiver Täter bei Einschätzung des Sanktionierungsrisikos kühl kalkulierend zu dem Ergebnis kommen, das Risiko einer Bestrafung sei tragbar.[72]
- Die positive Spezialprävention (Besserung des Täters) soll bei Völkerrechtsverbrechen vielfach nicht notwendig sein, da sich die Täter in Friedenszeiten als gut integrierbar und völlig rechtstreu zeigten und nur situativ und organisatorisch in einen Machtapparat eingebunden gefährlich seien.[73] Für absurd wird der Gedanke gehalten, ehemalige Staatsmänner seien zu resozialisieren, denn diese seien immer in optimaler Weise angepasst gewesen.[74]

---

[70] Jedenfalls nach der ständigen Rechtsprechung des JStGH; dazu ausführlich *Möller*, Völkerstrafrecht und internationaler Strafgerichtshof, S. 443 ff. m.w.N.

[71] Zusammenfassende Darstellung der einzelnen Präventionstheorien jeweils bei *Ambos/Steiner*, JuS 2001, 9, 12; *Jescheck/Weigend*, Lehrbuch des Strafrechts – Allgemeiner Teil, S. 67 ff.; *Wessels/Beulke*, Strafrecht – Allgemeiner Teil, Rn. 12a.

[72] So völlig zu Recht auch *Neubacher*, NJW 2006, 966, 968 f. Vgl. *Bothe*, in: FS *Ipsen*, S. 26 f.

[73] Siehe *Möller*, Völkerstrafrecht und internationaler Strafgerichtshof, S. 473 ff. m.w.N.

[74] *Möller*, Völkerstrafrecht und internationaler Strafgerichtshof, S. 477; *Naucke*, Die strafjuristische Privilegierung staatsverstärkter Kriminalität, S. 31.

- Derselbe Einwand kann auch gegen die negative Spezialprävention (Sicherung vor dem Täter durch dessen Einschließung) vorgebracht werden.[75]

Man mag dem noch hinzufügen, dass auch bei einer realistischen Strafandrohung die Wirkung eintreten kann, dass Konflikte umso rücksichtsloser ausgefochten werden, da Mitglieder einer Partei zu der Überzeugung gelangen können, nur durch einen Sieg könnten sie der drohenden Bestrafung entgehen.[76] Indessen liegt in dieser Überlegung auch ein gewisser Widerspruch zu der behaupteten Ineffektivität des Völkerstrafrechts, denn wäre dieses tatsächlich weitgehend hilflos, so wäre von ihm ja nichts zu befürchten.[77] Es wird behauptet, die Täter des völkerrechtlichen Delikts ließen sich nicht abschrecken, die Rechts- und Moralvorstellungen des „Nahraumes", also der normalen menschlichen Erfahrungswerte, versagten oder würden gar umgewertet.[78]

Ebenso wie diese Einwände im vorliegenden Rahmen bei weitem nicht ausschöpfend behandelt werden konnten, seien mögliche Antworten auch nur skizziert:

Der Wert der soeben angerissenen Einwände gegen das Völkerstrafrecht ist eher gering. Insbesondere verblassen sie neben dem Eindruck, den schwerwiegende Verbrechen gegen das Völkerrecht hinterlassen. Zudem scheint eine Durchsetzung des Völkerstrafrechts weitgehend alternativ-

---

[75] Allerdings kann dies nicht oder nur eingeschränkt gelten, wenn Täter nach dem Konflikt in Machtstellungen verbleiben, seien diese offizielle Posten oder nur faktischer Natur; so richtigerweise *Möller*, S. 482 f.

[76] Ähnlich *Jescheck*, Die Verantwortlichkeit der Staatsorgane nach Völkerstrafrecht, S. 195.

[77] Dass dem nicht so ist, zeigt ein Beispiel, welches nur auf den ersten Blick bloß anekdotischen Wert hat: In afrikanischen Bürgerkriegsgebieten wird die Arbeit von Mitarbeitern des Internationalen Komitees vom Roten Kreuz dadurch erschwert, dass die englische Abkürzung ICRC (für *International Committee of the Red Cross*) oftmals mit der englischen Abkürzung ICC (für *International Criminal Court*) verwechselt wird; *Bleisch*, Management in Krisenzeiten – Zu Besuch im Hauptquartier der IKRK-Delegation in Uganda, NZZ vom 16. August 2006, S. 32. Vgl. Die ZEIT vom 12. Juli 2007, S. 11.

[78] *Jäger*, StV 1988, 172, 175; *Kaiser*, Kriminologie, S. 432. *Akhavan*, AJIL 95 (2001), 7, 10 ff.; *Eisenberg*, Kriminologie, S. 944, 218 und *Neubacher*, JICJ 4 (2006), 787, 792 ff. nennen in diesem Zusammenhang den Einsatz von „Neutralisierungstechniken", die das Opfer bzw. insbesondere die Opfergruppe abwerten und dem Täter sein Unrechtsbewusstsein nehmen.

los, wenn man berücksichtigt, dass einerseits eine Rückkehr zur weitergehenden Zulässigkeit der Kriegsrepressalie nicht wünschenswert ist, aber andererseits das Völkerrecht keine Weltregierung kennt, die eine zentrale Durchsetzung organisieren oder womöglich den Krieg bannen könnte. Der in vielerlei Hinsicht unvollkommene Mittelweg des Völkerstrafrechts ist zum einen durch die Strafzwecke des staatlichen Strafrechts ebenso sehr legitimiert, wie dieses selbst,[79] denn die Verbrechen gegen das Völkerrecht schützen die im staatlichen Recht geschützten Individualgüter ebenfalls, was sich nicht zuletzt daran zeigt, dass das sonstige staatliche Strafrecht gegenüber den nationalen Regelungen der Verbrechen gegen das Völkerrecht erst auf dem Konkurrenzwege zurücktritt und nicht etwa bereits seine Anwendbarkeit ausgeschlossen ist, sobald ein bewaffneter Konflikt vorliegt, in dem die Regeln des Kriegsrechts verletzt werden. Im Vordergrund steht *im derzeitigen Entwicklungsstadium des Völkerstrafrechts* die positive Generalprävention, die Erzeugung und Bestätigung des internationalen Normbewusstseins.[80]

Dass die Strafzwecke des Völkerstrafrechts den gleichen Einwänden ausgesetzt sind wie im staatlichen Recht, liegt nahe. Da Kriegsverbrechen, Verbrechen gegen die Menschlichkeit und Völkermord jedenfalls in Ländern, die eine längere Friedensphase genießen, die praktischen Erfahrungen ungleich mehr übersteigen als die sonstige Kriminalität, sich also gleichsam auf einer scheinbar abstrakteren Ebene befinden, ist das Völkerstrafrecht diesen Einwänden umso stärker ausgesetzt.[81]

---

[79] „… in general, retribution and deterrence are the main purposes to be considered …“; JStGH, Urteil vom 14. Januar 2000 (*Kupreškić et al.*, TC), paras 848 f. m.w.N.; siehe ebenfalls JStGH, Urteil vom 31. März 2003 (*Naletilic* und *Martinovic*, TC), para 739.

[80] JStGH, Urteil vom 24. März 2000 (*Aleksovski*, AC), para 185 mit zahlreichen w.N.; *Ambos/Steiner*, JuS 2001, 9, 13; *Dahm/Delbrück/Wolfrum*, Völkerrecht, S. 994 f.; *Werle*, Völkerstrafrecht, Rn. 96.

[81] Bestätigt wird diese Ansicht etwa durch das mitunter verlangte Erfordernis einer Tatbegehung „unter rechtsstaatlichen Umständen“, so etwa *Jakobs*, in: *Isensee*, Vergangenheitsbewältigung durch Recht, S. 39; *Zielke*, KJ 1990, 460, 464; siehe *Möller*, Völkerstrafrecht und Internationaler Strafgerichtshof, S. 322 ff. Demnach soll eine Tat nur nach rechtsstaatlichen Grundsätzen bestraft werden, wenn sie auch unter rechtsstaatlichen Bedingungen begangen wurde. Abgesehen davon, dass das Kriegsvölkerrecht ausschließlich Ausnahmetatbestände zum Gegenstand hat, zeugt dies auch von einem bedenklichen Rückzug in einen vermeintlich ungestörten nationalen Kokon. Wohl nicht zufällig konnte diese

Einigen der Einwände konnte mittlerweile bereits durch die Rechtsprechung des JStGH und des RStGH die Spitze genommen werden. So ist der 1994, also im Jahr nach der Einsetzung des JStGH, erhobene Einwand, der JStGH sei nur „eine normative Drohgeste, um die Angehörigen der Kriegs- und Bürgerkriegsparteien von weiteren Greulen [sic!] abzuhalten, eine nostalgische Geste symbolischer Politik, die der Enttäuschung über das Versagen der Weltorganisation wie der europäischen Staaten begegnen soll"[82] durch die Arbeit des Tribunals seither als widerlegt anzusehen.

Am bedeutendsten scheint aber, dass wir es im (Kriegs-)Völkerstrafrecht mit einem Rechtsgebiet womöglich nicht mehr *in statu nascendi*, wohl aber in den „Kinderschuhen" zu tun haben, so dass alle Einwände gegen eine angebliche Ineffizienz und verfehlte Struktur des Rechtsgebietes alleine aus diesem Grunde ihr Ziel vielfach verfehlen. Zudem werden auch die Kritiker einräumen müssen, dass eine tragfähige Alternative für die Idee des Völkerstrafrechts fehlt und auch das Völkerstrafrecht eine *Sollensordnung* darstellt, die nicht bereits durch den Verweis auf Verstöße, also das „Sein" entwertet wird, vielmehr Normanordnung und Normbefolgung zu trennen sind.[83]

2. Zum Kriegsrecht in den „neuen Kriegen"

Im klassischen Staatenkrieg – und die Mehrzahl der kriegsrechtlichen Regelungen sieht diesen noch immer als Archetyp des bewaffneten Konfliktes[84] – war das Kriegsziel die Unterwerfung des Gegners mit

Ansicht Anfang der 1990er Jahre – noch vor den Ereignissen auf dem Balkan und in Ruanda – entstehen.

82 *Quaritsch*, in: *Schmitt*, Das internationalrechtliche Verbrechen des Angriffskrieges und der Grundsatz „Nullum crimen, nulla poena sine lege", S. 228.

83 Der Geltungsanspruch also bestehen bleibt; *Larenz*, Methodenlehre, S. 189 f.

84 Das Kriegsvölkerrecht in seiner heutigen Form ist ein über Jahrhunderte gewachsenes System (vgl. *2. Kapitel*) und der Staatenkrieg war über lange Zeit die dominierende Form des Konfliktes in Europa. Beispielsweise war zum Zeitpunkt der Genfer Abkommen von 1949 unter dem Eindruck des Zweiten Weltkrieges noch nicht absehbar, dass der zukünftige bewaffnete Konflikt vielfach nicht nur Staaten als Beteiligte kennen würde. Dabei ist das Kriegsvölkerrecht auch ein Sicherungsmittel für die „symmetrische" Kriegsführung; *Münkler*, Der Wandel des Krieges, S. 61, 153 und 277.

dem Ziel, ihm den eigenen Willen aufzuzwingen[85] (zum Zwecke territorialer Ausdehnung, wirtschaftlicher Ausbeutung, militärischer Dominanz oder der Durchsetzung eines Kronprätendenten, etc.).

Hingegen ist nicht wenigen Konflikten des ausgehenden 20. und beginnenden 21. Jahrhunderts gemein, dass sie noch nicht einmal ein konkretes Ziel – und sei dieses auch verwerflich – haben, vielmehr ist einziges „Ziel", dass der bewaffnete Konflikt weitergeht und sich auch in Zukunft fortsetzt, damit im Schatten des Krieges die jeweiligen Interessen weiterverfolgt werden können, die oftmals in vielfach differenzierter Vorteilsnahme aus dem Kriegzustand bestehen. Damit werden aber gängige Begrifflichkeiten verlassen, so ist eigentlicher Kern des Begriffes der „militärischen Notwendigkeit" die „*submission of the enemy at the earliest possible moment* with the least possible expenditure of personnel and resources".[86]

Im bewaffneten Konflikt der Gegenwart kann nicht mehr davon ausgegangen werden, dass nur reguläre Armeen beteiligt sind. Man wird in Rechnung stellen müssen, dass vergleichbar den Söldnern des 16. und 17. Jhd. private Akteure ohne territorialen oder mit nur geringem territorialen Bezug im Spiel sind, die weder in der Lage noch auch nur Willens sind, den Konflikt zu Ende zu bringen.

Hinzu kommt eine eigentümliche Mischung aus Formen der Kriegführung, die sich einerseits auf archaische Muster, einfach zu beschaffende leichte Waffen und terroristische Methoden stützt, andererseits aber alle Möglichkeiten moderner Technologien ausschöpft.[87] Diesen Entwick-

---

85 *Von Clausewitz*, Vom Kriege, S. 15: „Der Krieg ist also ein Akt der Gewalt um den Gegner zur Erfüllung unseres Willens zu zwingen."

86 *Watkin*, IDF L.R. 1 (2003), 69, 71. Hervorhebung vom Verfasser.

87 *Dunlap*, ASIL Proc. 1999, S. 13; *Münkler*, RICR 2003, 7, 15 ff. und *ders.*, Der Wandel des Krieges, S. 221 ff. Vgl. Department of the Army, Counterinsurgency, 1-1 ff. Zugleich bieten manche Elemente der *Revolution in Military Affairs*, z.B. die zunehmende Präzision sogenannter „intelligenter" Waffen, auch die Chance zwischen Kämpfern und Zivilisten wieder mehr zu unterscheiden, als dies bei den unpräzisen Bombardements der Vergangenheit möglich war; *Dinstein*, The Conduct of Hostilities under the Law of International Armed Conflict, S. 80; *Doswald-Beck*, in: *Schmitt/Green*, The Law of Armed Conflict: Into the Next Millennium, S. 44; *Lisher*, IDF L.R. 2 (2005-2006), 149, 168 f.; *Münkler*, Der Wandel des Krieges, S. 70; *Schmitt*, Yale Human Rights & Development L.J. 2 (1999), 143, 144 ff.

lungen wird sich das Kriegsvölkerrecht stellen müssen; die sich entwickelnde Gleichstellung von internationalem und nichtinternationalem bewaffneten Konflikt geht bereits in diese Richtung.

Für das Kriegsvölkerstrafrecht ist diese Entwicklung nicht durchweg von Nachteil, so werden private Akteure mitunter nicht derart von Staaten protegiert werden, wie dies bei staatlichen Funktionsträgern oder gar Machthabern der Fall ist.

Das Kriegsrecht als Garant eines humanitären Mindeststandards im bewaffneten Konflikt ist ferner auch für nichtstaatliche Akteure beachtenswert, denn es diente und dient stets auch den Interessen der Kämpfenden, denen dieser Mindeststandard ja ebenso zugute kommt. In lange schwelenden *low intensity conflicts* ist dieses Interesse sogar noch verstärkt, denn da vielfach eine schnelle Entscheidung nicht möglich oder erwünscht sein wird, ist zum einen der schlussendliche Ausgang ungewiss und denkbare Racheakte des Siegers für frühere Gräueltaten sind nicht unwahrscheinlich, zum anderen ist es dieser Art des Konfliktes nicht immanent, dass eine schnelle Entscheidung um jeden Preis gesucht werden muss, wie dies noch die Auffassung *von Moltkes* und anderer Strategen der Vergangenheit war (oben, Fn. 14).

B. Der Begriff des Völkerstrafrechts und der Kriegsverbrechen

Bislang wurden *termini technici* wie „Völkerstrafrecht", „Kriegsrecht", „Kriegsverbrechen" usw. verwendet, ohne dass sie in der Einleitung bereits definiert wurden. Bevor in der Arbeit jedoch eine Analyse *en détail* vorgenommen wird, ist es von Bedeutung, sich wichtiger Begriffe zu versichern. Bereits der Titel der Arbeit gibt hier das Programm vor: Zentral ist der Begriff der „Kriegsverbrechen". Um zu bestimmen, was ein Kriegsverbrechen ist, hat man sich gleichzeitig mit den Begriffen „Kriegsrecht" und „humanitäres Völkerrecht" zu befassen. Da das Recht der Kriegsverbrechen ein Teilgebiet des „Völkerstrafrechts" ist, werden aber zunächst dieser Begriff und seine Synonyme erhellt. Eine Arbeit, die den Bestimmtheitsgrundsatz besonders berücksichtigt, kommt natürlich nicht umhin, zahlreiche weitere Begriffe zu elaborieren, denn zentrales Element des Bestimmtheitsgrundsatzes ist ja die Erlangung von Bedeutungsklarheit. Dies kann allerdings nicht an dieser Stelle „vorab" erfolgen, sondern wird an der jeweils passenden Stelle in der weiteren Arbeit vorgenommen werden, so dass vorläufig auch noch

Begriffe gebraucht werden, die später unter dem Aspekt des Bestimmtheitsgrundsatzes näher zu betrachten sind, beispielsweise „bewaffneter Konflikt“, „Verhältnismäßigkeit“, „humanitäre Hilfsmission“, usw.

I. Internationales Strafrecht im weiteren und engeren Sinn

Erstmals verwendet wurde der Begriff „Völkerstrafrecht“ von *Beling* im Jahre 1896.[88] Im Bereich der deutschen Rechtssprache hat er sich seit den Nürnberger Prozessen durchgesetzt.[89] Soweit eingewendet wird, er könne dahin missverstanden werden, dass die Völker und nicht das Individuum bestraft würden,[90] so teilt er letztlich eine Eigenart der deutschen Rechtssprache, die auch dem Begriff „Völkerrecht“ (im Gegensatz zu *international law*, *droit international*) entgegengehalten werden kann, denn im Völkerrecht sind die primär Handelnden die Staaten als politische Organisationsform der Völker, nicht die Völker selbst.[91] Ohne Not sollte nicht von diesen eingebürgerten und bewährten Begriffen abgewichen werden,[92] zumal diejenigen, die mit der Thematik befasst sind, die Begriffe verinnerlicht haben.

Der Begriff des Völkerstrafrechts wird für die Zwecke dieser Arbeit synonym mit dem Begriff „internationales (materielles) Strafrecht“ (*international criminal law in the material sense of the word*) verwendet. Damit ist klar, dass gerade nicht der weiter gefasste Sinngehalt des „internationalen Strafrechts“ als Straf*anwendungs*recht (in Deutschland geregelt durch §§ 3-7 StGB, auch § 1 VStGB) gemeint sein kann.

---

[88] *Beling*, Die strafrechtliche Bedeutung der Exterritorialität, S. 41. Dazu und zur weiteren Rezeption des Begriffes *Jescheck*, Die Verantwortlichkeit der Staatsorgane nach Völkerstrafrecht, S. 8 m.w.N. und noch *Triffterer*, Dogmatische Untersuchungen zur Entwicklung des materiellen Völkerstrafrechts nach Nürnberg, S. 25 ff.

[89] *Möller*, Völkerstrafrecht und Internationaler Strafgerichtshof, S. 6; *Triffterer*, Dogmatische Untersuchungen zur Entwicklung des materiellen Völkerstrafrechts seit Nürnberg, S. 25.

[90] *Hoffmann*, Strafrechtliche Verantwortlichkeit im Völkerrecht, S. 22.

[91] Vgl. *Ipsen*, Völkerrecht, S. 3.

[92] *Van Heeck*, Die Weiterentwicklung des formellen Völkerstrafrechts, S. 27.

Der Begriff dient der Bezeichnung derjenigen Regeln des Strafrechts, deren *ursprüngliche* Rechtsquelle das Völkerrecht ist – unabhängig davon, ob die individuelle strafrechtliche Verantwortlichkeit im Einzelfalle direkt aus Völkerrecht resultiert oder indirekt aus nationalem Recht.[93] Nach anderer Ansicht sind unter dem Völkerstrafrecht im engen Sinne nur die aus Quellen des Völkerrechts entstandenen Normen zu verstehen, die unmittelbar eine Strafbarkeit natürlicher Personen nach Völkerrecht begründen.[94] Da jedoch die Tatbestände dieses Rechtsgebietes insbesondere mangels konkreter Strafandrohung kaum je *self-executing* sind, bedürfen sie nahezu durchweg einer Ergänzung durch nationales Recht[95] und mitunter auch der Präzisierung.

Der *Durchsetzbarkeit* individueller strafrechtlicher Verantwortlichkeit direkt nach Völkerrecht steht beispielsweise in Deutschland auch das Erfordernis einer *lex scripta* entgegen (dazu sogleich unten *C. I. 2.*), so dass bei Zugrundelegung des eng verstandenen Begriffes des Völkerstrafrechts dieses nur eine nicht operationalisierbare Begriffshülle bliebe. Auch der Grundsatz der Komplementarität stützt die hier vertretene Ansicht, wonach die strafrechtliche Verantwortlichkeit auch aus nationalem Recht zu resultieren vermag. Die Vertragsstaaten des Internationalen Strafgerichtshofes werden durch das Römische Statut angehalten, selbst nationale Regelungen zu schaffen, um die vorrangige Verfolgbarkeit von Völkerrechtsverbrechen durch die Staaten zu gewährleisten. Damit ist dem gegenwärtigen Verfolgungssystem immanent, dass diese Verbrechen auf zwei verschiedenen Ebenen ausgestaltet werden, es sich aber auf beiden Ebenen um Völkerstrafrecht handeln soll.

Indes steht es dem nationalen Gesetzgeber *nicht* frei, von sich aus den Kreis der Verbrechen gegen das Völkerrecht zu erweitern. Der Nationalstaat kann Tatbestände der Völkerrechtsverbrechen in sein Strafgesetz übernehmen und dabei auch hinter dem Stand der Regelungen auf internationaler Ebene zurückbleiben – etwa aus Rücksicht auf einen im nationalen Recht strengeren Bestimmtheitsgrundsatz – er vermag aber

---

[93] *Dahm/Delbrück/Wolfrum*, Völkerrecht, S. 994, auch 998; *Vitzthum*, Völkerrecht, S. 598 f.

[94] In diesem Sinne bereits *Dahm*, Zur Problematik des Völkerstrafrechts, S. 47; *Ipsen*, Völkerrecht, S. 661 und 664; *Stuckenberg*, GA 2007, 80, 80 m.w.N.; wohl auch *Werle*, Völkerstrafrecht, Rn. 81 f.

[95] *Dahm/Delbrück/Wolfrum*, S. 994 und 1153; *Dahm*, Zur Problematik des Völkerstrafrechts, S. 67.

nicht durch eine isolierte nationale Kodifikation ein Völkerrechtsverbrechen zu kreieren. Einer über den Stand der Regelungen des Völkerrechts hinausgehenden nationalen Strafbestimmung stünde sogar ein Bestrafungsverbot direkt nach Völkerrecht entgegen, wenn sie etwa eine erlaubte Kriegshandlung pönalisierte (oben, *A. III.*). Sie kann für sich alleine betrachtet nicht dergestalt auf das Völkerrecht zurückwirken, dass auf internationaler Ebene ein neuer Tatbestand entstünde. Einschränkend ist freilich zu sagen, dass eine Vielzahl gleichartiger nationaler Regelungen als Ausdruck völkerrechtlichen Gewohnheitsrechts oder als allgemeiner Rechtsgrundsatz im Sinne von Art. 38 Abs. 1 lit. c) IGH-Statut angesehen werden können und somit zu einer „Rückkoppelung" auf die völkerrechtliche Ebene führen.

Dies ändert aber nichts daran, dass ein Tatbestand etwa eines Kriegsverbrechens nicht von einem nationalen Gesetzgeber oder Gericht „erfunden" werden kann, der Tatbestand kann allenfalls im Völkerrecht *„gefunden"* und ins nationale Recht transponiert werden. In diesem Sinne ist also das Erfordernis zu verstehen, dass *ursprüngliche* Quelle des Tatbestandes das Völkerrecht ist. Klassischer Gegenstand und älteste Ausdrucksform des Völkerstrafrechts sind die Tatbestände der Kriegsverbrechen.

II. Der Begriff des Kriegsverbrechens

Der Begriff des Kriegsverbrechens (*war crime*, *crime de guerre*) wurde erstmals von *Lassa Oppenheim*, einem englischen Völkerrechtler deutscher Herkunft, 1906 in der Erstausgabe seines *„International Law"* Band 2: *War and Neutrality*) verwendet.[96] *Oppenheim* teilte die Kriegsverbrechen in vier Kategorien ein: Verletzungen von anerkannten Kriegsregeln durch Kombattanten, Vornahme von Kriegshandlungen durch Nichtkombattanten, Spionage und Kriegsverrat, sowie Marodieren.[97] Diese Einteilung fand samt der Begrifflichkeit Eingang in zwei Handbücher des britischen *War Office*: zum einen in das offiziöse *Land*

---

[96] Siehe *Hankel*, Die Leipziger Prozesse, S. 163; *Vöneky*, ZaöRV 62 (2002), 423, 450; *Zander*, Das Verbrechen im Kriege, S. 21.

[97] Ebenso die zweite Auflage: *Oppenheim*, International Law, Band 2, § 251 (S. 310).

Warfare, zum anderen in das *Manual of Military Law*[98] von 1914. Sie wurde auch in den USA übernommen (*Rules of Land Warfare*).[99]

Die Verwendung des Begriffes, welche erst nach dem Zweiten Weltkrieg häufig und allgemein wurde, ist uneinheitlich,[100] so wurden auch das „Verbrechen des Krieges", also der Angriffskrieg und der heutige Komplex der Verbrechen gegen die Menschlichkeit, soweit im Zusammenhang mit Kriegshandlungen stehend, als Kriegsverbrechen im weiteren Sinne der Bedeutung aufgefasst.[101]

Zunächst sind die Kriegsverbrechen im uns interessierenden Sinne strikt vom Aggressionsverbrechen zu unterscheiden. Die Regeln des Kriegsrechts ändern sich auch nicht, wenn der Krieg als solcher ein verbotener Angriffskrieg ist und damit selbst einen völkerstrafrechtlich relevanten Tatbestand erfüllen sollte.[102] Diese bedeutende Abgrenzung von einem anderen Verbrechen nach Völkerrecht wurde bereits oben (*A.*) eingehend vorgenommen. Sodann sind die Tatbestände der Kriegsverbrechen von den Regelungsgehalten des Militärstrafrechts zu unterscheiden. Die Bestrafung wegen Kriegsverbrechen dient zwar auch der Erhaltung der Disziplin und Moral der Truppe,[103] allerdings doch nur als Nebenziel. Das Militär- oder Wehrstrafrecht dient aber ausschließlich diesem Zweck. Des Weiteren sind auch Spionage und Kriegsverrat, die *Oppenheim* noch unter die Kriegsverbrechen fassen wollte, keine Kriegsverbrechen, sondern lediglich *riskante Kriegshandlungen*, die nicht durch

---

[98] Abdruck in den relevanten Auszügen bei *Verdross*, Die völkerrechtswidrige Kriegshandlung und der Strafanspruch der Staaten, S. 94 ff.

[99] *Hankel*, Die Leipziger Prozesse, S. 164. Die Regeln zum Seekriegsrecht waren allerdings in den *Rules* nicht enthalten.

[100] Zahlreiche unterschiedliche abstrahierende Definitionen sind aufgeführt bei *Zander*, Das Verbrechen im Kriege, S. 6 ff. Vgl. *Kelsen*, California L.R. 31 (1943), 530, 531 f.

[101] *Schmitt*, Das Verbrechen des Angriffskrieges und der Grundsatz „Nullum crimen, nulla poena sine lege", S. 15 ff.; *Werle*, Völkerstrafrecht, Rn. 900 m.w.N.

[102] Anders noch *Schmitt*, Das Verbrechen des Angriffskrieges und der Grundsatz „Nullum crimen, nulla poena sine lege", S. 15: „Solche Regeln [des *ius in bello*] setzen den Krieg als erlaubt und legal voraus. Sie müssen sich wesentlich ändern, wenn der Krieg selbst verboten oder gar ein Verbrechen wird."

[103] *Wolfrum*, in: *Fleck*, Handbuch des humanitären Völkerrechts in bewaffneten Konflikten, Nr. 1205.

das Völkerrecht untersagt sind, aber von der Gegenseite bei Entdeckung dennoch bestraft werden können.[104]

Nach dieser negativen Abgrenzung soll nun versucht werden, eine tragfähige Definition des Kriegsverbrechens zu finden. Dazu sollte man sich zuerst der Begriffe vergewissern, um derentwillen das Recht der Kriegsverbrechen existiert, also das „humanitäre Völkerrecht" bzw. das „Kriegsrecht" oder „Kriegsvölkerrecht".

In der deutschen Rechtssprache werden „Kriegsvölkerrecht" und „Kriegsrecht" als Synonyme verwendet, die beide denselben völkerrechtlichen Normenkomplex zum Gegenstand haben.[105] Nicht ganz so verhält es sich mit dem Begriffspaar „Kriegsrecht" und „humanitäres Völkerrecht". Der letztere Begriff ist der engere, ersterer der weitere. Der Bereich des Kriegsrechts, der humanitäres Völkerrecht genannt wird, dient auch – aber nicht nur – dem Schutz der Menschenrechte und bezeichnet dabei denjenigen Bereich des Kriegsrechts, der humanitäre Gesichtspunkte betrifft. Da dies jedoch zugleich der bei weitem umfassendste Bereich des Kriegsrechts ist, werden die Begriffe des humanitären Völkerrechts (*international humanitarian law*, *droit international humanitaire*) und des Rechts des bewaffneten Konfliktes (*law of armed conflict*, *droit des conflits armés*) mitunter ausdrücklich oder stillschweigend synonym verwendet.[106]

Die Tatbestände der Kriegsverbrechen sind *sekundäre Normen*, denen stets die Verletzung einer Primärnorm zugrunde liegen muss, nämlich einer Regel des humanitären Völkerrechts, also des „Haager Rechts" oder des „Genfer Rechts".[107]

---

[104] Vgl. Art. 29 bis 31 HLKO. Ausführlich *Schätzel*, in: FS *Thoma*, S. 184 ff. Vgl. auch *Demarest*, Denver J. Int'l Law & Policy 24 (1995), 321, 331 ff.

[105] *Ipsen*, Völkerrecht, S. 1197. Hiervon ist der angelsächsisch geprägte Begriff des Kriegsrechts im Sinne des „martial law" zu unterscheiden, dessen Gegenstand der (national geregelte) Ausnahmezustand ist. Der entsprechende Gegenbegriff ist das völkerrechtliche „law of war"; *Ipsen*, a.a.O.

[106] Vgl. *David*, Principes de droit des conflits armés, S. 34; *Pfanner*, HuV-I 2005, 165, 171; *Watkin*, IDF L.R. 1 (2003), 69, 70.

[107] *Bothe*, in: *Cassese/Gaeta/Jones*, Rome Statute: A Commentary, Band 1, S. 381; *Cassese*, International Criminal Law, S. 47; *Kittichaisaree*, International Criminal Law, S. 129.

Sie sind mithin akzessorisch.[108] Dabei sind die Regeln des *ius in bello*, also die Regeln über die Kriegsführung, ungleich älter als die individuelle Pönalisierung von schweren Verstößen gegen diese Regeln.[109] Diese Akzessorietät unterscheidet zusammen mit dem Kontextelement des bewaffneten Konfliktes ungeachtet einer Vielzahl denkbarer Überschneidungen das Recht der Kriegsverbrechen von den Tatbeständen des Völkermordes und – insbesondere – der Verbrechen gegen die Menschlichkeit.

Nicht *jede* Verletzung des humanitären Völkerrechts im bewaffneten Konflikt ist aber *per se* schon als Kriegsverbrechen zu klassifizieren.[110] Der Bereich des humanitären Völkerrechts enthält nämlich eine Vielzahl an technischen Regelungen,[111] deren Verletzung nicht einem Kriegsverbrechen gleichkommt. Mit anderen Worten entsteht „durch die Übertretung der Gesetze und Gebräuche des Krieges" gerade noch nicht der Tatbestand des Kriegsverbrechens im Sinne eines Automatismus.[112] Hinzutreten muss zu der Verletzung der sich aus Völkergewohnheitsrecht oder Vertragsrecht ergebenden Primärnorm ein gewisser Schweregrad[113] und die Strafbarkeit der Verletzung nach Völker-

---

[108] *Ambos*, Internationales Strafrecht, S. 240; *Satzger*, Internationales Strafrecht, § 15 Rn. 53.

[109] *Dahm/Delbrück/Wolfrum*, Völkerrecht, S. 1052; *Triffterer*, ZStW 114 (2002), 321, 338 f.; *Wolfrum*, Israel YHR 24 (1994), 183, 189. Siehe noch unten *2. Kapitel A.*

[110] JStGH, Beschluss vom 02.10.1995 (*Tadić*, AC), para 94; *Abi-Saab*, in: International Law in the Post-cold War World, S. 112; *Ascensio/Decaux/Pellet*, Droit pénal international, S. 278; *Cassese*, International Criminal Law, S. 51; *Kreicker*, Völkerstrafrecht im Ländervergleich, S. 113.

[111] *Arnold*, HuV-I 2002, 134, 135; *Dinstein*, in: *Schmitt/Green*, The Law of Armed Conflict: Into the Next Millennium, S. 21; *Werle*, Völkerstrafrecht, Rn. 930.

[112] So aber *Mosler*, JIAÖR 1 (1948), 344, 348. Anders zu Recht *Dahm*, Zur Problematik des Völkerstrafrechts, S. 50; *ders.*, Völkerrecht, S. 298; *Lauterpacht*, BYIL 21 (1944), 58, 77 f.

[113] Der JStGH prägte im *Tadić*-Verfahren (a.a.O., Fn. 110) das Beispiel, wonach die Aneignung etwa eines Brotlaibes in einer besetzten Siedlung trotz Verstoßes gegen Art. 46 Abs. 1 HLKO und die entsprechende Regel des Gewohnheitsrechts gerade keinen schwerwiegenden Verstoß darstellen kann.

recht.[114] Dem entspricht es, dass nach den Genfer Abkommen (Art. 49, 50 GA I, Art. 50, 51 GA II, Art. 129, 130 GA III, Art. 146, 147 GA IV) nur bestimmte „schwere Verletzungen“ unter Strafe zu stellen sind.

Ein Kriegsverbrechen ist demnach der *schwerwiegende und nach Völkerrecht strafbare Verstoß gegen eine Regel des humanitären Völkerrechts in bewaffneten Konflikten*, wiederum mag die individuelle strafrechtliche Verantwortlichkeit im Einzelfalle aus Völkerrecht oder aus nationalem Recht resultieren.

Soweit vereinzelt gefordert wird, der Begriff des Kriegsverbrechens sei zu ungenau, „da nicht alle Handlungen gegen geltendes Kriegsrecht eine Bezeichnung als *Verbrechen* rechtfertigen“, sondern wie im nationalen Recht zwischen Verbrechen und Vergehen unterschieden werden müsse,[115] so ist diese Diskussion zwar durch das Völkerstrafgesetzbuch weitgehend obsolet geworden, da sämtliche Tatbestände der Kriegsverbrechen in §§ 8-12 VStGB mit einer Mindestfreiheitsstrafe von einem Jahr bedroht sind, es sich also durchweg um Verbrechen im Sinne des § 12 Abs. 1 StGB handelt. Selbst wenn dies aber nicht der Fall wäre, so ist der Begriff des Kriegsverbrechens doch ein *terminus technicus*, der im Völkerrecht wurzelt und der nicht anhand der jeweiligen nationalen Klassifizierung unterteilt werden sollte.

Die Anwendung und durchgängige Verwendung des Begriffes ist bereits angezeigt, da es jedem Kriegsverbrechen immanent ist – sei es auch im Vergleich zu anderen Kriegsverbrechen weniger schwerwiegend, etwa eine völkerrechtswidrige Beschlagnahme von Sachen der gegnerischen Partei, die der Gewalt der eigenen Partei unterliegen im erheblichen Umfang (§ 9 Abs. 1 VStGB) gegenüber der Tötung einer nach humanitären Völkerrecht zu schützenden Person (§ 8 Abs. 1 Nr. 1 VStGB) – dass die Tat in eine internationale Dimension gerückt wird.

---

[114] *Bantekas/Nash*, International Criminal Law, S. 5; *Werle*, Völkerstrafrecht, Rn. 930 f.

[115] *Ahlbrecht*, Geschichte der völkerrechtlichen Strafgerichtsbarkeit im 20. Jhd., S. 34 in Bezug auf die Kriegsverbrechensdefinition nach dem Ersten Weltkrieg.

III. Zur Begriffsverwendung in dieser Arbeit

Es ist festzustellen, dass der Begriff „Recht des bewaffneten Konfliktes" den Begriff des „Kriegsrechts" bzw. des „Kriegsvölkerrechts" mehr und mehr verdrängt,[116] obgleich damit nur eine unterschiedliche Formulierung einhergeht und zumeist keine sachliche Unterscheidung. Allenfalls liegt ein gewisser Vorteil in der Entscheidung für diese Formulierung darin, dass eine klare Abgrenzung zum rein innerstaatlichen Kriegsrecht als Recht des Ausnahmezustandes im Sinne des *martial law* gegeben werden kann (was freilich bereits gegenüber dem Begriff „Kriegs-*völker*recht" nicht gilt) und mit dem Begriff des Krieges noch die Vorstellung des reinen Staatenkrieges verbunden sein kann.

Indessen sollte man auch nicht übersehen, dass die vielfach gewählte neuere Begrifflichkeit geneigt ist, den Begriff des Krieges überhaupt zu vermeiden und ihn vielfach zu substituieren bemüht ist. Für die Verwendung des Begriffes „bewaffneter Konflikt" spricht immerhin, dass er in der Statuts- bzw. Gesetzessprache verwendet wird. Als gleichbedeutend verwendet werden auch die Begriffe „Völkerrecht" und „internationales Recht" – sie bilden den begrifflichen Gegenpart zum „nationalen" Recht. Synonym gebraucht werden schließlich noch die Begriffe des *ius in bello*, des Rechts der bewaffneten Konflikte und des Kriegsrechts sowie des Kriegsvölkerrechts, wobei stets die humanitärrechtlichen Aspekte und Gehalte der Begriffe im Vordergrund stehen, entsprechend der Natur der Kriegsverbrechen als akzessorisches Recht und Schutzmechanismus des humanitären Völkerrechts in bewaffneten Konflikten.

C. Aufgabenstellung, Zielsetzung und Gang der Arbeit

Eine Hauptschwierigkeit bei der Schaffung eines umfassenden Völkerstrafrechtssystems entlang der Linie der Komplementarität liegt in den unterschiedlichen Anforderungen, die von internationaler und nationaler Rechtsordnung gestellt werden. Diese reichen von Problemen bei der exakten sprachlichen Erfassung des Tatbestandes bei Übertragung vom Völkerrecht ins nationale Recht bis hin zu komplexen verfassungs-

---

[116] Vgl. *Bothe*, in: *Beyrau/Hochgeschwender/Langewiesche*, Formen des Krieges, S. 474.

rechtlichen Fragen. Überdies stellen sich diese Probleme in einer Vielzahl von Staaten mit teilweise gänzlich unterschiedlichen Rechtskulturen. Am Augenfälligsten ist die Trennung zwischen dem angelsächsischen *common law* und dem kontinentaleuropäisch geprägten *civil law* oder Kodifikationssystem.

I. Aufgabenstellung

Die Frage, wie das Recht der Kriegsverbrechen vom internationalen Recht in das deutsche Recht transponiert wurde, steht im Zentrum der vorliegenden Arbeit. Gerade in diesem Bereich laufen die Regelungsgehalte vielfach auseinander – anders als bei Verbrechen gegen die Menschlichkeit und dem Tatbestand des Völkermordes. Dabei wird durchaus eine umfassende Betrachtung angestrebt. Das Hauptaugenmerk richtet sich auf Fragen der Übertragung der Normen vom Völkerrecht ins nationale Recht, mithin werden mehr die Unterschiede zwischen dem Recht der Kriegsverbrechen in IStGH-Statut sowie Völkergewohnheitsrecht und dem VStGB herausgearbeitet werden, denn die Gemeinsamkeiten betont.

Die Arbeit wird eine Untersuchung dahingehend unternehmen, wie die Tatbestände der Kriegsverbrechen ins nationale Recht transponiert wurden und wie völkerrechtsnahe Auslegung und nationale Verfassungsbestimmungen bei der Übertragung und Interpretation der Tatbestände zusammenspielen – oder auch in Konflikt geraten. Gerade bei den Kriegsverbrechen ist eine solche Betrachtung angezeigt, da sich diese Tatbestände bei der Umsetzung vom internationalen ins nationale Recht teilweise nicht in dem Maße erhalten haben, wie die Tatbestände des Völkermordes und der Verbrechen gegen die Menschlichkeit, die im Wesentlichen 1:1 vom internationalen Recht ins nationale Recht übernommen wurden.

Im Einzelnen wird es ebenso um Fragen der Tatbestandsfassung wie um Probleme bei der angestrebten „Deckungsgleichheit" der Tatbestände gehen. Besondere Berücksichtigung wird dabei die Quelle vielerlei Schwierigkeiten im Bereich der Transponierung finden, nämlich das unterschiedliche Verständnis des Bestimmtheitsgrundsatzes als spezifischer Ausschnitt aus dem Grundsatz *nullum crimen, nulla poena sine lege* im Völkerrecht und im deutschen Recht.

Damit ist aber gleichzeitig gesagt, dass sich die angesprochene umfassende Betrachtung im Wesentlichen auf die Transponierung des objektiven Tatbestandes beschränkt. Fragen des subjektiven Tatbestandes, der *defences* und anderer Elemente des Allgemeinen Teils müssen weitgehend anderen Arbeiten vorbehalten bleiben, womit nicht negiert werden soll, dass sich wesentliche Deckungsungleichheiten nicht nur auf der Ebene des objektiven Tatbestandes manifestieren können, sondern beispielsweise auch eine unterschiedliche Definition des Vorsatzes zu einer unterschiedlichen Tatbestandserfassung auf nationaler und internationaler Ebene führen kann.

En passant werden auch andere nationale Regelungen der Kriegsverbrechen beleuchtet, wo dies einen Erkenntnisgewinn für unseren Problemkreis verspricht, denn da der jeweilige nationale Gesetzgeber erstens nicht frei ist, Kriegsverbrechenstatbestände zu kreieren und zweitens Zielrichtung des Völkerstrafrechtssystems, wie es sich nach Gründung des IStGH darstellt, die umfassende Parallelität der Tatbestände im internationalen Recht und den nationalen Rechtssystemen ist, kann die Analyse einschlägiger Regelungen anderer Staaten erhellend wirken.

1. Kriegsverbrechen im internationalen Strafrecht

Mittlerweile sind die wesentlichen Tatbestände der Kriegsverbrechen auf internationaler Ebene in Art. 8 Abs. 2 IStGH-Statut zusammengefasst. Dabei handelt es sich aber nicht um eine abschließende Zusammenfassung des Rechts der Kriegsverbrechen. An einigen Stellen geht das IStGH-Statut über Gewohnheitsrecht hinaus, zumeist verfolgt es aber einen konservativen Ansatz und bleibt hinter Entwicklungen des Völkergewohnheitsrechts zurück.[117] Dem Völkergewohnheitsrecht verbleibt also nach wie vor ein eigenständiger Anwendungsbereich.[118] Beispielsweise ordnet das IStGH-Statut eine weitgehende Nichtanwendbarkeit seiner Tatbestände auf den nichtinternationalen bewaffneten Konflikt an, was dem Stand des Völkergewohnheitsrechts wohl nicht mehr entspricht.[119] Bereits der JStGH ging davon aus, auch schwere

---

117 *Dörmann*, Max Planck UNYB 7 (2003), 341, 345; *Werle*, Völkerstrafrecht, Rn. 932 und 152.

118 *Cassese*, International Criminal Law, S. 54 und 59 ff.

119 *Lüder/Vormbaum*, Materialien zum Völkerstrafgesetzbuch, S. 40; siehe dazu auch noch *Werle/Nerlich*, HuV-I 2002, 124, 127 m.w.N.

Verletzungen des gemeinsamen Art. 3 der vier Genfer Abkommen vom 12. August 1949 nichtinternationale bewaffnete Konflikte betreffend aburteilen zu können, auch ohne ausdrückliche Erwähnung im JStGH-Statut.[120]

Darüber hinaus ist zu erwarten, dass die Rechtsprechung des JStGH und des RStGH zu den Kriegsverbrechen auch vom Internationalen Strafgerichtshof in weitem Umfange rezipiert wird. Die vergleichsweise – gegenüber den meisten Tatbeständen des rein nationalen Rechts – geringe Anzahl an verfolgten und abgeurteilten Fällen im Recht der Kriegsverbrechen führt dazu, dass den Präzedenzfällen eine gesteigerte Bedeutung zukommen muss, ist doch in erster Linie[121] auf diese Weise zu gewährleisten, dass strittige Fragen und auslegungsbedürftige Begriffe einigermaßen kohärent angegangen werden.

2. *Kriegsverbrechen im nationalen Strafrecht und Art. 103 Abs. 2 GG*

Das VStGB ist dem Ansatz des IStGH-Statuts, internationale und nichtinternationale bewaffnete Konflikte unterschiedlich zu behandeln, nicht gefolgt, obgleich es ansonsten erklärtes Ziel des VStGB ist, den Inhalt des Statuts zu „spiegeln" und die völkerrechtlichen Normen auch im innerstaatlichen Recht operabel zu machen; mit der Zielsetzung zum einen der Aufforderung in der Präambel zu genügen und zum anderen, um eine etwaige Strafverfolgung von Kriegsverbrechen schon dezentral/indirekt auf nationaler Ebene vornehmen zu können.

Diesen Zielvorgaben entspricht es, dass das VStGB in weitem Umfange der völkerrechtsnahen und -freundlichen Auslegung bedarf. Die Regelungen des VStGB sind zwar Bestandteil der deutschen Rechtsordnung, haben aber ihren Ursprung im Völkerrecht. Der Wille des Gesetzgebers, die Tatbestände des IStGH-Statuts in deutsches Recht umzusetzen, führt im Rahmen der teleologischen und historischen Auslegung zwangsläufig zur Berücksichtigung von Völkerrecht. Bei Übertragung des Wortlautes ist diese Notwendigkeit bereits auf Ebene der grammatischen Auslegung hergestellt, im Hinblick auf die systematische Ausle-

---

[120] Grundlegend JStGH, Beschluss vom 02. Oktober 1995 (*Tadić*, AC), paras 128 ff.

[121] Eine Hilfestellung geben dem IStGH insoweit auch die *elements of crimes* nach Art. 9 IStGH-Statut.

gung ist zu beachten, dass das Römische Statut qua Vertragsgesetz Bestandteil der deutschen Rechtsordnung ist.[122]

Diese enge Verzahnung zwischen Völkerrecht und nationalem Recht bleibt allerdings nicht ohne Friktionen. Die Tatbestände der §§ 8-12 VStGB müssen mit Völkerrecht und nationalem (Verfassungs-)Recht zwei Herren dienen, deren Vorgaben durchaus divergieren können.

Bereits die Notwendigkeit eines Völkerstrafgesetzbuches resultiert nicht aus Völkerrecht, sondern ausschließlich aus Verfassungsrecht. Völkerrechtlich wäre es nicht zu beanstanden gewesen, eine Strafverfolgung schon aufgrund gewohnheitsrechtlich geltender Normen vorzunehmen, wie sie im IStGH-Statut ja im Wesentlichen kodifiziert wurden. Eine solche Norm hätte auch über Art. 25 GG innerstaatliche Geltung. Da aber das Völkerrecht – ebenso wie andere Rechtsordnungen, namentlich des *common law*-Rechtskreises – jedenfalls auf den ersten Blick wesentlich geringere Anforderungen an die Bestimmtheit einer Norm stellt[123] und die meisten Tatbestände darüber hinaus nicht *self-executing* sind, ergibt sich ein direkter Konflikt mit dem Prinzip *nullum crimen, nulla poena sine lege* (*scripta, stricta, certa, praevia*).

Dieses gilt in Deutschland in seiner strengen kontinentaleuropäischen Ausprägung als einfachgesetzliche Gewährleistung über § 1 StGB und als verfassungsrechtliche Gewährleistung über Art. 103 Abs. 2 GG nach allgemeiner Auffassung in seinen vier Ableitungen:[124]

- Die erste Ableitung (*lex scripta*) ist das Verbot des Gewohnheitsrechts. Zu Lasten des Täters kann staatliches Strafrecht ausschließlich auf der Grundlage eines geschriebenen Gesetzes angewendet werden.
- Die zweite Ableitung (*lex certa*) ist das Bestimmtheitsgebot. Jeder Straftatbestand muss hinreichend exakt beschrieben sein, damit der

[122] IStGH-Statutgesetz vom 04.12.2000, BGBl. 2000 II, S. 1393 ff.; *Werle*, Völkerstrafrecht, Rn. 313.

[123] *Ahlbrecht*, Geschichte der völkerrechtlichen Strafgerichtsbarkeit im 20. Jhd., S. 17 f.; *Jescheck*, Zur Verantwortlichkeit der Staatsorgane nach Völkerstrafrecht, S. 230 ff.; *Liebscher*, ZfRV 20 (1979), 41, 44.

[124] *Bremer*, Nationale Strafverfolgung internationaler Verbrechen gegen das humanitäre Völkerrecht, S. 148 ff.; *Cassese*, International Criminal Law, S. 141 f.; *Dannecker*, in: LK StGB, § 1 Rn. 108 ff.; *Krivec*, Von Versailles nach Rom, S. 15 ff.; *Kuhlen*, in: FS *Otto*, S. 89 f.; *Nolte*, in: *von Mangoldt/Klein/Starck*, GG, Art. 103 Abs. 2 Rn. 97 ff.; *Schulze-Fielitz*, in: *Dreier*, GG, Art. 103 II Rn. 13.

Normadressat voraussehen kann, durch welche Handlungen er die inkriminierte Tat verwirklicht, so dass er sich in seinem Verhalten dementsprechend darauf einstellen kann.

- Die dritte Ableitung (*lex stricta*) ist das Analogieverbot. Eine nach geschriebenem Strafrecht strafbare Handlung darf nicht über die notwendige Auslegung hinaus durch Analogie auf Handlungen übertragen werden, die den Tatbestand nicht erfüllen.
- Die vierte Ableitung schließlich ist das Rückwirkungsverbot (*lex praevia*). Im Gegensatz zu den zuletzt genannten Ableitungen bezieht es sich nicht auf den Inhalt, sondern auf die zeitliche Geltung der Strafnorm.

Während in der Vergangenheit eben dieses Rückwirkungsverbot im Völkerstrafrecht eine zentrale Rolle spielte, es vor allem im Rahmen der Strafbarkeit des Angriffskrieges nach beiden Weltkriegen umstritten war (dazu *2. Kapitel B. I. 6.* und *II. 3.*), spielt es angesichts des erreichten dogmatischen Standes und der allgemeinen Anerkennung der Tatbestände namentlich durch das Rom-Statut und die entsprechenden nationalen Kodifikationen keine erkennbare Rolle mehr.

3. Der Bestimmtheitsgrundsatz

Die aktuellen Herausforderungen an das Kriegsvölkerstrafrecht liegen in der Elaborierung eines kohärenten Rechtssystems und der damit einhergehenden Schaffung eines geschlossenen Durchsetzungssystems. Dieses hat zu berücksichtigen, dass eine nationale Regelung des Kriegsvölkerstrafrechts zum einen natürlich nationales Strafrecht, gleichzeitig aber auch die Kodifizierung völkerrechtlicher Gehalte ist.

Da die Grundsätze des Gewohnheitsrechtsverbotes und des Bestimmtheitsgebotes in der kontinentaleuropäischen und der deutschen Ausprägung ein geschriebenes Gesetz und darüber hinaus eine hinreichend exakte Normierung der Tatbestände und Rechtsfolgen verlangen, mithin also die direkte Anwendung völkergewohnheitsrechtlicher Tatbestände von Verfassung wegen grundsätzlich ausgeschlossen ist, bedarf es eines formellen Gesetzes nach der Regel *lex scripta*.[125]

---

[125] Statt aller: *Blanke/Molitor*, AVR 39 (2001), 142, 165; *Engelhart*, Jura 2004, 734, 742 f.; *Gropengießer/Kreicker*, Grundlagen der Strafverfolgung völkerrechtlicher Verbrechen in Deutschland, S. 55 f. und 79 ff.; *Steinberger*, in: *Isen-*

Dieser formellen Seite des *nullum crimen*-Satzes ist vergleichsweise einfach zu genügen und mit Erlass des VStGB kann eine Beanstandung in dieser Richtung nicht mehr erfolgen.

Allerdings ist damit noch nicht gesagt, dass auch alle Tatbestände der Kriegsverbrechen, wie sie im VStGB formuliert wurden, dem Bestimmtheitsgrundsatz genügen. Das VStGB ist nationales Strafrecht und wird grundsätzlich nicht von den Erfordernissen, die generell an Strafgesetze zu stellen sind – namentlich der Beachtung des Bestimmtheitsgrundsatzes – suspendiert.

Für die Tatbestände der Kriegsverbrechen wird allerdings mit unterschiedlichen Begründungen vertreten, dass in diesem Bereich Lockerungen des Bestimmtheitsgrundsatzes in Betracht kämen. So wird vorgebracht, dass man es durchweg mit im Kriegsrecht geschulten Soldaten zu tun habe, an die höhere Anforderungen gestellt werden könnten als an den „gewöhnlichen" Bürger.[126] Dem zugrunde liegt unausgesprochen letztlich die – vorsichtig anzuwendende – Regel: „Je kundiger der Adressatenkreis, desto niedriger die Bestimmtheitsanforderungen".[127]

An dieser Stelle[128] mag es genügen darauf hinzuweisen, dass gerade die als fortschrittlich angesehene weitestgehende Gleichstellung von internationalem und nichtinternationalem bewaffneten Konflikt in den §§ 8 ff. VStGB gegen diese Auffassung spricht, da man gerade im Bürgerkrieg davon ausgehen muss, dass die Mehrzahl der Kämpfer militärische Laien sind, denen eine fundierte Ausbildung auch im Bereich des Kriegsrechts ebenso fehlt wie eine Führung, die in der Lage ist sicherzustellen, dass diese Regeln eingehalten werden.[129] Bereits 1948 meint

---

see/Kirchhof, Handbuch des Staatsrechts, Band 7, § 173 Rn. 58; *Werle/Jeßberger*, JZ 2002, 725, 730; *Wilkitzki*, ZStW 99 (1987), 455, 461.

[126] *Werle/Jeßberger*, JZ 2002, 725, 730.

[127] *Nolte*, in: *von Mangoldt/Klein/Starck*, GG, Art. 103 Abs. 2 Rn. 146; vgl. BVerfGE 48, 48, 57.

[128] Näher insbesondere unter *6. Kapitel A. II. 3.*

[129] So weist beispielsweise *Möller*, Völkerstrafrecht und Internationaler Strafgerichtshof, S. 267 ff. völlig zu Recht darauf hin, dass gerade der Bürgerkrieg davon geprägt ist, dass bereits vor seinem Ausbruch „Desensibilisierungsprozesse" stattfinden. Damit ist nicht etwa gemeint, dass eine militärische Ausbildung vorgenommen wird, wie dies in einer regulären Armee der Fall ist. Vielmehr wird der spätere Gegner herabgewürdigt und die Hemmschwellen gegenüber Verletzungen des Kriegsrechts werden gezielt gesenkt. Demgegenüber ist die reguläre Armee der Ausbildung der Soldaten im Kriegsrecht verpflichtet

von Mangoldt:[130] „... es ist nicht zu erwarten, daß Normen, bei deren Auslegung schon der erfahrene Jurist oft auf so große Schwierigkeiten stößt, wie das bei den völkerrechtlichen Normen der Fall ist, dem Soldaten immer in ihrer ganzen Bedeutung erfassbar sein werden." Inwieweit dem wiederum eine seither erreichte Präzisierung der Tatbestände im Allgemeinen und des Kriegsvölkerstrafrechts im Speziellen entgegensteht, wird näherer Betrachtung bedürfen. Man mag dem noch hinzufügen, dass auch die – diametral entgegengesetzt wirkende – Regel: „Je schwerer die angedrohte Strafe, desto höher die Bestimmtheitsanforderungen"[131] wohl gegen eine solche Lockerung zu wirken vermag, denn die Tatbestände der Kriegsverbrechen nach §§ 8-12 VStGB sind durchweg Verbrechen (§ 12 Abs. 1 StGB) und vielfach mit lebenslanger oder langer zeitiger Freiheitsstrafe bedroht.

II. Zielsetzung, Fragestellungen

Diese Arbeit widmet sich der Untersuchung, inwieweit es gelungen ist, die gewünschte Parallelität zwischen IStGH-Statut und VStGB die Tatbestände der Kriegsverbrechen (Art. 8 Abs. 2 IStGH-Statut, §§ 8-12 VStGB) betreffend, herzustellen. Dabei werden nicht nur Konflikte zwischen Völkerrecht und deutschem Recht in den Blick zu nehmen sein, sondern es wird auch zu klären sein, in welchem Maße die Regelungen des VStGB über diejenigen des IStGH-Statuts hinausgehen oder hinter ihnen zurückbleiben und worauf eine solche etwaige Deckungsungleichheit beruht.

Die wichtigsten Fragestellungen lauten demgemäß wie folgt:

– Erstens: Inwieweit ist es gelungen, das geltende Recht der Kriegsverbrechen durch das Völkerstrafgesetzbuch ins nationale Recht zu übertragen und dabei die gewünschte Parallelität zum internationa-

(vgl. Art. 47 GA I, Art. 48 GA II, Art. 127 GA III, Art. 144 GA IV, Art. 83 ZP I), versucht also auch eine *Sensibilisierung* vorzunehmen; vgl. noch *Vitzthum*, Völkerrecht, S. 652.

[130] *Von Mangoldt*, JIAÖR 1 (1948), 283, 308.

[131] *Nolte*, in: *von Mangoldt/Klein/Starck*, GG, Art. 103 Abs. 2 Rn. 145 m.w.N.; BVerfGE 75, 329, 342. Vgl. *Schmidt-Aßmann*, in: *Maunz/Dürig*, GG, Art. 103 Rn. 189.

len materiellen Strafrecht, wie es sich namentlich im IStGH-Statut manifestiert, herzustellen?

- Zweitens: Wo bleibt das VStGB bei den Tatbeständen der Kriegsverbrechen hinter dem Völkerrecht zurück, wo geht es über das Völkerrecht hinaus?
- Drittens: Wie wirkt das nationale Verfassungsrecht (und namentlich der Bestimmtheitsgrundsatz, Art. 103 Abs. 2 GG) auf die Regelung der Kriegsverbrechen im VStGB ein und hält die vorgenommene Regelung durchweg den Anforderungen des Bestimmtheitsgrundsatzes stand? In diesem Zusammenhang: Ist eine Lockerung des nationalen Gehalts des Bestimmtheitsgrundsatzes bei den Kriegsverbrechen angezeigt und zulässig?
- Viertens: Wie wird das zentrale Spannungsfeld zwischen der Notwendigkeit völkerrechtsnaher Interpretation und weitgehender Übernahme der Regelungen des Völkerrechts (auch im Hinblick auf Art. 25 GG) einerseits und der Einhaltung der nationalen verfassungsrechtlichen Gewährleistungen andererseits aufgelöst?
- Fünftens: Wie sind die Tatbestände der Kriegsverbrechen auszulegen und wo sind die Grenzen der Auslegung im Hinblick auf das Bestimmtheitsgebot? Insbesondere: Inwieweit vermag eine völker*straf*rechtsfreundliche Auslegung der Tatbestände wirksam zu werden?

Ein wesentlicher Aspekt im Zusammenhang mit der Regelung der Kriegsverbrechen nicht nur im IStGH-Statut, sondern auch im sonstigen Völkerstrafrecht und den zugrunde liegenden Regeln des humanitären Völkerrechts wird sein, wie diese über die völkerrechtsfreundliche Auslegung in das VStGB fortwirken, und wie das Verfassungsgebot der völkerrechtsfreundlichen Auslegung[132] sich mit dem Verfassungsgebot der Normbestimmtheit (Art. 103 Abs. 2 GG) verträgt.

[132] Ein Gebot der völkerstrafrechtskonformen Auslegung kann sich sowohl aus Völkerrecht, vor allem aber aus Verfassungsrecht ergeben, siehe *Gropengießer/Kreicker*, Grundlagen der Strafverfolgung völkerrechtlicher Verbrechen in Deutschland, S. 80 ff. m.w.N.; vgl. BGHSt 46, 292, 298 ff. und insbesondere BVerfG, NJW 2001, 1848, 1850, wonach der Tatbestand des Völkermordes „im Lichte des völkerrechtlichen Normbefehls" zu interpretieren sei, was das Analogieverbot betrifft.

Zu beachten ist auch, dass einzelne Tatbestände des Römischen Statuts (etwa Art. 8 Abs. 2 (b) (iv), die „Mutternorm" von § 11 Abs. 1 Nr. 3 und Abs. 3 VStGB) bereits im Hinblick auf das vergleichsweise sehr lockere und sich erst entwickelnde *völkerrechtliche* Bestimmtheitsgebot kritisch erscheinen.

III. Gang der Arbeit

An rechtshistorisch ausgerichteten Arbeiten zum Völkerstrafrecht ist kein Mangel,[133] indessen ist diese Darstellungsweise angesichts der erreichten Regelungsdichte im Kriegsvölkerstrafrecht heute nur noch bedingt angezeigt. Auch für eine Arbeit, die einen systematisierenden Ansatz verfolgt, bleibt es dennoch unabdingbar, einen historischen Überblick zu geben, ist das heutige Recht doch nur als Reaktion auf geschichtlich und zeitgeschichtlich erkannte Defizite zu verstehen und nur vor diesem Hintergrund sinnvoll anwendbar. Nach diesem einleitenden ersten Kapitel wird sich daher das zweite Kapitel den rechtsgeschichtlichen Hintergründen widmen.

Das erste und zweite Kapitel bilden zusammen den ersten Teil, auf den zwei Hauptteile zu je vier Kapiteln folgen, die sich gewissermaßen anhand der Trennlinie „Allgemeiner Teil" und „Besonderer Teil" auseinander halten lassen, was in diesem Zusammenhang nicht allzu technisch zu verstehen ist, sondern in der generellen Bedeutung der Begriffe heißt, dass vom Allgemeinen zum Besonderen fortgeschritten werden soll.

Das dritte Kapitel wird die Kriegsverbrechen im internationalen Recht behandeln, also die Regelungen in den Statuten der *ad hoc*-Tribunale und die einschlägige Rechtsprechung, das Römische Statut und die *„elements of war crimes"* sowie den Bereich des Völkergewohnheitsrechts und der allgemeinen Rechtsgrundsätze. Im dritten Kapitel wird auch der Grundsatz der Komplementarität behandelt.

Die zentralen Kapitel vier, fünf und sechs sind den soeben angedeuteten Spannungen zwischen Kriegsvölkerstrafrecht und Grundgesetz sowie dem Lösungsansatz des VStGB gewidmet. Sie werden namentlich die

---

[133] Siehe exemplarisch die Literaturangaben bei *Dahm/Delbrück/Wolfrum*, Völkerrecht, S. 1043 f. und bei *Werle*, Völkerstrafrecht, Rn. 1, sowie die zitierte Literatur in dieser Arbeit unter 2. *Kapitel B.*

Bereiche des Bestimmtheitsgebotes im internationalen und nationalen Recht und der völkerstrafrechtsfreundlichen Auslegung behandeln.

Das siebte Kapitel beschäftigt sich mit den übergreifenden Voraussetzungen und dem „Konzept" des Rechts der Kriegsverbrechen, die Kapitel acht und neun sodann mit einzelnen problematischen Tatbeständen anhand Systematik und Regelungsgehalt des VStGB, womit auch eine konkrete Anwendung der im zweiten Teil ausgearbeiteten Grundsätze auf die im Hinblick auf den Bestimmtheitsgrundsatz problematischen Tatbestände vorgenommen werden wird.

Das zehnte Kapitel befasst sich damit, wie Regelungsgehalte jenseits des objektiven Tatbestandes auf die zu untersuchenden Deckungsungleichheiten einwirken können. Dieses Kapitel kann im Gegensatz zu den vorangegangenen Kapiteln der Hauptteile kaum Anspruch auf Vollständigkeit erheben und geht über das Kernthema der Arbeit genau besehen hinaus. Dennoch scheint eine Arbeit über „Kriegsverbrechen im nationalen und internationalen Recht" unvollständig, wenn nicht zumindest Einwirkungen und Rückkopplungen anderer Regelungsgehalte auf die objektiven Tatbestände der Kriegsverbrechen in den Grundzügen aufscheinen.

In erster Linie wird es um die objektiven Tatbestände der Kriegsverbrechen und ihre Einpassung vom Völkerrecht in die nationale Rechtsordnung gehen.

Allenfalls exkursorische Natur haben Betrachtungen der Regelungen in den „like-minded states" Belgien,[134] Australien,[135] und Kanada.[136] Ein Erkenntnisgewinn kann darin liegen, Erfahrungen dieser Staaten in den

---

[134] Moniteur belge, 07. August 2003, S. 40506 ff. Nunmehr Art. 136*bis* ff. Code pénal. Vgl. zur a.F. mit umfassendem Weltrechtsprinzip (Art. 7) *Sassòli/Bouvier*, Un droit dans la guerre?, Band 2, S. 769 ff.

[135] *International Criminal Code (Consequential Amendments) Act 2002*; http://scaleplus.law.gov.au/html/comact/11/6514/pdf/0422002.pdf.; auch abgedruckt bei *Biehler/Kerll*, Nationale Strafverfolgung völkerrechtlicher Verbrechen in Australien, S. 89 ff.

[136] *Crimes Against Humanity and War Crimes Act*; Canada Gazette, Part III, 09. August 2000, c. 24 und 13. Februar 2002, c. 32; http://laws.justice.gc.ca/en/C-45.9 und http://laws.justice.gc.ca/fr/C-45.9; auch abgedruckt bei *Gut/Wolpert*, Nationale Strafverfolgung völkerrechtlicher Verbrechen in Kanada, S. 70 ff. und *Sassòli/Bouvier*, Un droit dans la guerre?, Band 2, S. 755 ff.

Blick zu nehmen, da sie Deutschland gegenüber bereits höhere Erfahrungswerte bei der Verfolgung von Kriegsverbrechen aufweisen.

Die Beschränkung auf diese drei Staaten hat einen theoretischen und einen pragmatischen Grund: Australien, Belgien und Kanada standen auf der Staatenkonferenz von Rom wie Deutschland federführend auf der Seite der gerichtshoffreundlichen Staaten[137] und haben anschließend nationale Regelungen erlassen, um eine nationale Verfolgungsmöglichkeit parallel zum IStGH-Statut zu schaffen. Diese Staaten stellen, zusammen mit der eingehenden Betrachtung der deutschen Regelung in §§ 8-12 VStGB einen gewissen, wenn auch durchaus nicht repräsentativen Querschnitt durch die verschiedenen Möglichkeiten der Transponierung von Normen des internationalen materiellen Strafrechts ins nationale Recht dar. Die Begrenzung auf eine geringe Zahl von anderen Regelungen hat ihren Grund in einer notwendigen Selbstbeschränkung um im Rahmen der Arbeit den Schwerpunkt nicht zu verlagern.

Der vierte und letzte Teil steht unter dem Titel „Zusammenfassung, Ausblick und Ergebnis" und umfasst zwei Kapitel: das elfte gibt eine Zusammenfassung, das zwölfte schließt die Arbeit in aller Kürze ab.

---

[137] Die Gruppe dieser *like-minded states* umfasste während der Staatenkonferenz in Rom vom 15. Juni bis 18. Juli 1998 eine wachsende Gruppe von 50 bis 60 Staaten (aus insgesamt 160 Teilnehmerstaaten), *Kaul*, VN 46 (1998), 125, 126; insbesondere: Ägypten, Australien, Argentinien, Belgien, Chile, Dänemark, Deutschland, Finnland, Griechenland, Guatemala, Irland, Italien, Kanada, Kroatien, Lesotho, Neuseeland, die Niederlande, Norwegen, Österreich, Portugal, Samoa, Schweden, die Schweiz, die Slowakei, Südafrika, Trinidad und Tobago (das 12 Staaten der CARICOM repräsentierte), Uruguay, Ungarn und Venezuela; *Bassiouni*, Legislative History of the International Criminal Court, Band 1, S. 74. Vgl. die Auflistung bei *Schabas*, Introduction to the International Criminal Court, S. 16.

2. Kapitel: Historischer Überblick über die Entwicklung des Kriegsrechts und des Kriegsvölkerstrafrechts

A. Vorbemerkung: Zur Notwendigkeit einer Einführung in die rechtsgeschichtliche Entwicklung

Allen Zivilisationen ist gemein, dass sie mehr oder weniger umfangreiche Normen geschaffen haben mit dem Ziel, die Gewalt einzudämmen, einschließlich der kriegerischen Gewalt.[1]

Dabei bleibt zum einen allerdings stets zu berücksichtigen, dass ein Vergleich dieser Normen mit den Regeln des gegenwärtigen humanitären Völkerrechts – oder gar des darauf beruhenden Normenkomplexes der Kriegsverbrechenstatbestände – den heutigen Betrachter dazu verleiten wird, die Normen der Vergangenheit gering zu schätzen. Sie werden ihm als allzu rudimentär erscheinen und als wenig geeignet gesehen werden, die Schrecken des Krieges mehr als nur unbedeutend einzudämmen.

Zum anderen ist die Verwendung der heutigen Begriffe „humanitäres Völkerrecht", „Völkerstrafrecht" und „Kriegsverbrechen" usw., wie sie im *1. Kapitel* (*B.*) beschrieben wurden, über weite Strecken der historischen Entwicklung, nämlich jedenfalls bis zur *belle époque* Ende des 19./Beginn des 20. Jahrhunderts, höchst problematisch und unpräzise. Diese *termini* werden heute auf historische Sachverhalte angewendet, die den Zeitgenossen vielfach in gänzlich anderem Licht erschienen. Selbst in der Gegenwart werden – wie gesehen – diese Begriffe nicht immer einheitlich definiert und angewendet. Namentlich blieb in der geschichtlichen Entwicklung zumeist offen, worin die Rechtsfolge eines

---

1 *Bugnion*, RICR 2001, 901, 901; vgl. *Ago*, BYIL 53 (1982), 213, 214; *Bassiouni*, Legislative History of the International Criminal Court, Band 1, S. 3; *Draper*, The Modern Pattern of War Criminality, in: Reflections on Law and Armed Conflicts, S. 155; *Green*, JLS 9 (1998/99), 59, 66; *Mackmin*, Defence Studies 7 (2007), 65, 67; *Roberts/Guelff*, Documents on the Laws of War, S. 3; *Sassòli/Bouvier*, Un droit dans la guerre?, Band 1, S. 127; *Wolfrum*, Max Planck UNYB 7 (2003), 1, 39.

Verstoßes gegen eine verbotene Verhaltensweise bestehen solle, wenn überhaupt drohten implizit göttliche Verdammnis, politische Propaganda, wirtschaftliche Nachteile oder feindliche Repressalie, nicht aber Strafverfolgung.

Diese Einschränkungen geben jedoch keinen Anlass, auf die Bemühungen der Vergangenheit herabzusehen. Nicht nur gibt uns die Gegenwart mit nach wie vor flagranten Verstößen gegen das humanitäre Völkerrecht ohne Zahl und der bereits angesprochenen verbreiteten faktischen Straflosigkeit der Verbrechen gegen das Völkerrecht keine Berechtigung hierzu; vor allem aber geht es um die Aufzeigung einer historischen Entwicklungslinie, mit anderen Worten einer Ideengeschichte, die auch über kulturelle Trennlinien hinweg von einer humanitären Grundhaltung beseelt war und erst über die Zeitalter hinweg das Fundament errichten konnte,[2] auf dem wir heute stehen und diese Arbeit fortsetzen.

Da die Pönalisierung von schwerwiegenden Verletzungen der Regeln des Kriegsrechts allerdings sehr viel langsamer erfolgte als die Entwicklung der Regeln des Kriegsrechts selbst,[3] mit anderen Worten also dieser Durchsetzungsmechanismus andere Durchsetzungsmechanismen (namentlich die Repressalie) erst im 20. Jahrhundert zu verdrängen begann, ist diese Ideengeschichte notwendig über weite Zeiträume weniger eine Ideengeschichte des Kriegsvölker*straf*rechts als eben des Schutzgutes, nämlich des durch das Kriegsrecht normierten zivilisatorischen Minimums, das selbst gegenüber dem Gegner und im Kampfe Einhaltung gebietet.

Die Ausführungen im Folgenden erheben keinen Anspruch auf Vollständigkeit, sollen aber einen konzisen Überblick über die Geschichte des Kriegsrechts und der Kriegsverbrechen geben, denn obgleich es richtig ist, dass die historische Darstellungsmethode im Völkerstrafrecht überholt ist und die systematische Durchdringung des Rechtsstoffes

---

[2] Daher ist es meines Erachtens nicht gänzlich zutreffend zu behaupten, das humanitäre Völkerrecht habe seine Wurzeln im 19. Jhd. (so etwa *Werle*, Völkerstrafrecht, Rn. 901). In diese Zeit fallen zwar die ersten großen Kodifikationen des humanitären Völkerrechts (siehe unten *B. I. 5.*), die Wurzeln aber liegen tiefer und sind sehr viel älter.

[3] *Dahm/Delbrück/Wolfrum*, Völkerrecht, S. 1052; *Wolfrum*, in: *Fleck*, Handbuch des humanitären Völkerrechts in bewaffneten Konflikten, vor Nr. 1201 (S. 434).

mittlerweile im Vordergrund steht,[4] so bleibt es auch für eine Arbeit, die einen systematisierenden Ansatz verfolgt von Bedeutung, insoweit wenigstens einen Überblick zu geben, sind die Tatbestände der Gegenwart doch allesamt Reaktionen auf geschichtlich und zeitgeschichtlich erfahrenes und empfundenes Unrecht, mithin nur als solche gänzlich zu begreifen.

B. Historischer Überblick

I. Die Anfänge bis zum Versailler Vertrag

1. „Humanität" und „Kriegsverbrechen" in der Antike

Nach allem was uns bekannt ist, war der Krieg in archaischer Vorzeit frei von jeglicher Regelung.[5] In Stammesauseinandersetzungen war der „Krieg" – auch dieser Begriff ist hier als Gegenstück zum „Frieden" bereits missverständlich – ein Dauerzustand, der Sieger konnte willkürlich über das Schicksal des Besiegten bestimmen,[6] was zumeist die Tötung der gegnerischen Bevölkerung meinte oder deren Versklavung.

So endete auch der im Nebel mythischer Vorzeit verschwindende Trojanische Krieg nach der *Ilias* von *Homer*. In der *Odyssee* ist immerhin erwähnt, was man heute als verbotenes Mittel der Kriegsführung bezeichnen würde, denn die Verwendung vergifteter Pfeile sollte den Zorn der Götter nach sich ziehen können.[7]

Die Pharaonen ließen sich im alten Ägypten vielfach als Krieger darstellen, die ihre Feinde töten – und zwar nicht nur diejenigen, die noch kämpften, sondern auch solche, die bereits in Gefangenschaft geraten waren.

---

[4] *Werle*, Völkerstrafrecht, S. VII (Vorwort zur ersten Auflage).

[5] Zu den Ursprüngen des Krieges in der Vorzeit *Green*, JLS 9 (1998/99), 59, 62 ff.

[6] *David*, Principes de droit des conflits armés, S. 38; *Stadtmüller*, Geschichte des Völkerrechts, S. 13.

[7] Vgl. *Werle*, Völkerstrafrecht, Rn. 903.

Die Herrscher im alten Orient standen ihnen dabei an Grausamkeit nicht nach.[8]

Das alte Testament ist an derartigen Beispielen ebenfalls reich, so erhält *Moses* die göttliche Anweisung, wie mit belagerten Städten umzugehen sei: Ergibt sich die Stadt, so werden die Einwohner verschont, aber zum Frondienst verpflichtet und untertan, ergibt sie sich nicht, so werden die Männer getötet, Frauen, Alte und Kinder versklavt, Vieh und aller Besitz fällt an den Eroberer. Bestimmte Völker haben überhaupt keinen Anspruch auf eine Verschonung, sie sollen vielmehr „der Vernichtung geweiht“ sein.[9] Andererseits enthält das zweite Buch der Könige die Anweisung des Propheten *Elischa* an den König von Israel, gefangene Aramäer zu verpflegen und sie ohne Bedingungen nach Hause zurückkehren zu lassen.[10] Das erste Buch der Makkabäer schildert unter anderem den Jerusalemer Tempelraub durch den Seleukidenkönig *Antiochus IV. Epiphanes* und auch ein Massaker an jüdischen Männern, Frauen und Kindern, die es nicht wagen, Gegenwehr leisten, um den Sabbat nicht zu entweihen.[11]

Im Griechenland der Antike war der Krieg als Rechtseinrichtung[12] anerkannt, er wurde formell erklärt und die Feindseligkeiten wurden formell eröffnet, in Einzelfällen kam es zwischen den Stadtherrschaftsverbänden (*polis*) zu Vereinbarungen, nach denen die jeweilige kriegerische Auseinandersetzung geführt werden sollte; von einem Kriegsvölkerrecht oder einem humanitären Völkerrecht kann gleichwohl nicht ge-

---

[8] *Redslob*, Histoire des grands principes du droit des gens, S. 64; *Zander*, Das Verbrechen im Kriege, S. 14; vgl. *Stadtmüller*, Geschichte des Völkerrechts, S. 20. Siehe aber auch *Greenwood*, in: *Fleck*, Handbuch des humanitären Völkerrechts in bewaffneten Konflikten, Nr. 107.

[9] Die Bibel, Altes Testament, Buch Deuteronomium (fünftes Buch Mose), XX, 10-18. Vgl. *Levie*, in: The Law of Military Operations, S. 95.

[10] Die Bibel, Altes Testament, Zweites Buch der Könige, VI, 21-23; vgl. noch Buch der Sprichwörter XXIV, 17 und XXV, 21 mit ähnlichen Anweisungen zur humanen Behandlung von Kriegsgefangenen.

[11] Die Bibel, Altes Testament, Erstes Buch der Makkabäer, I, 20-24 und II, 36-38. Vgl. noch *Levie*, Terrorism in War, S. 9 m.w.N.

[12] So wird ein Kriegszug unternommen nicht um der Bestrafung von Missetätern Willen, sondern um den verletzten Rechtszustand wiederherzustellen; vgl. *David*, Principes de droit des conflits armés, S. 41 und *Redslob*, Histoire des grands principes du droit des gens, S. 90, beide m.w.N.

sprochen werden.[13] Die Reglementierung und Einschränkung des *ius in bello* diente nicht so sehr der Schonung des einzelnen Menschen, sondern der Einschränkung der kollektiven Kriegsfolgen zumindest unter den hellenischen Völkern in der kleinteiligen griechischen Welt.[14] Hier zeigt sich ein Konzept, welches noch mehrfach auftauchen wird, – und wie gesehen, schon im Alten Testament Erwähnung fand – nämlich die Unterscheidung zwischen als nahe stehend angesehenen Völkern, die im Hinblick auf die Kriegsführung nicht uneingeschränkt geschädigt werden dürfen und als fern stehend empfundenen Völkern, bei deren Bekämpfung keinerlei Einschränkung gilt.[15]

Nicht übersehen sollte man allerdings, dass jene Unterscheidung durch die Praxis der Zeit wieder stark relativiert wurde. Gerade die Kriege unter den griechischen Stadtstaaten wurden mit äußerster Erbitterung und Grausamkeit geführt, so ist uns in der Darstellung des Peloponnesischen Krieges (431-404) durch *Thukydides* ein umfangreiches Zeugnis der Selbstzerstörung der hellenischen Welt erhalten: „So ins Unmenschliche steigerte sich dieser Bürgerkrieg und wurde desto stärker empfunden, als er der allererste seiner Art war." (Buch III, 82).

In *Thukydides'* Werk bezeugt ist auch schon ein frühes Beispiel für eine durch den gesamten Gang der Geschichte wirkende und äußerst starke Motivation für die Schonung des Gegners – gerade auch im gerechten Friedensvertrag – nämlich das durchaus eigennützige politische und militärische Kalkül bereits in Gestalt einer Art von Gegenseitigkeitserwartung.[16]

---

[13] *Ago*, BYIL 53 (1982), 213, 216; *Ipsen,* Völkerrecht, S. 29 f.; *Redslob*, Histoire des grands principes du droit des gens, S. 90; *Stadtmüller*, Geschichte des Völkerrechts, S. 26.

[14] *Zimmermann*, in: *Beyrau/Hochgeschwender/Langewiesche*, Formen des Krieges, S. 56.

[15] Siehe etwa *Platon* nach *Grewe*, Fontes historiae iuris gentium, Band I, S. 135.

[16] *Thukydides*, Der Peloponnesische Krieg, Buch IV, 19 gibt die Worte der spartanischen Gesandten in Athen wie folgt wieder: „Wir glauben auch, dass man die großen Feindschaften nicht damit am dauerhaftesten beilegt, dass man in der Gegenwehr nach schließlich siegreichem Kriege mit erzwungenen Eiden die anderen auf ein ungleiches Abkommen verpflichtet, sondern gerade wenn man dazu die Macht hätte, sollte man sich mäßigen, sie auch durch Edelmut besiegen und entgegen ihrer Erwartung einen billigen Frieden schließen. Denn wenn der Gegner, statt erlittene Gewalt zu rächen, Gutes mit Gutem zu vergel-

Dennoch ist insbesondere die Tötung von Gefangenen[17] ebenso die Regel wie Plünderungen,[18] mitunter verbunden mit Versklavung oder Tötung der Bevölkerung. Es begegnet uns explizit der Ausspruch „keine Hoffnung für Geschlagene“;[19] die Freilassung von Kriegsgefangenen ist indessen verpflichtend nach einem Bündnisschluss, ansonsten erwartete die Gefangenen ein Leben in der Sklaverei, beispielsweise in den sizilianischen Steinbrüchen.[20] Symbolischer Akt der Beendigung einer Schlacht ist stets die Errichtung eines Siegesmales, vielfach auch der Waffenstillstand zur Herausgabe der Toten.[21]

Auch den Römern waren Schranken der Kriegsführung weitgehend unbekannt, gegen den Feind war jedes Mittel erlaubt (nach *Cicero* galt: *silent leges inter arma*), ein Rechtsanspruch auf Schonung bestand nicht, sondern lag im Ermessen des Siegers.[22] *Cicero* tritt jedoch immerhin für die Einhaltung eines dem regulären Feinde gegebenen Versprechens ein und rät für die Zeit nach dem siegreichen Waffengang zur Schonung jedenfalls derjenigen, die im Kriege ihrerseits nicht grausam oder unmenschlich gewesen sind.[23]

Nicht unähnlich verhielten sich die „barbarischen“ Völker – so ist der Ausspruch *vae victis* nicht römischen, sondern gallischen Ursprungs.[24]

---

ten schuldig ist, wird er aus Ehrgefühl williger sich an die Abmachungen halten.“; vgl. Buch III, 32. Es ist anzumerken, dass sich Sparta zu diesem Zeitpunkt des Krieges in der Defensive befand.

[17] *Thukydides*, Buch I, 50; I, 127; II, 5; II, 67; III, 32; IV, 47; V, 361; V, 83; V, 116.

[18] *Thukydides*, Buch IV, 130; VII, 29.

[19] *Thukydides*, Buch VI, 69.

[20] *Thukydides*, Buch V, 21 und Buch VII, 87.

[21] Siehe z.B. *Thukydides*, Buch VI, 97 und Buch VII, 45; vgl. *David*, Principes de droit des conflits armés, S. 41 m.w.N. Bereits in der *Ilias* zieht *Achilles* durch Schändung und Nichtherausgabe der Leiche des *Hektor* göttlichen Zorn auf sich.

[22] *David*, Principes de droit des conflits armés, S. 39 m.w.N.

[23] Siehe *Grewe*, Fontes historiae iuris gentium, Band I, S. 194 f.

[24] Siehe zum Ursprung *David*, Principes de droit des conflits armés, S. 38 m.w.N. und *Redslob*, Histoire des grands principes du droit des gens, S. 624. Allerdings konnte die als übertrieben empfundene Gewaltanwendung durch einen römischen Heerführer in den Zeiten der römischen Republik diesem zum (innen-)politischen Nachteil gereichen, siehe *Canfora*, Caesar, S. 115 und 128.

Lediglich ein gegenüber anderen Armeen wesentlich höheres Maß an Disziplin der römischen Berufssoldaten hielten unkontrollierte und unlimitierte Zerstörungen in Zaum. War es jedoch erklärtes Ziel römischer Politik, einen Feind gänzlich zu vernichten – was allerdings in der eher berechnenden römischen Kriegsführung die Ausnahme war, in der Regel war die Unterwerfung erwünscht – so konnte dieses Ziel umso konsequenter verfolgt werden, so etwa geschehen bei der Vernichtung Karthagos im Dritten Punischen Krieg (149-146).

2. Der Einfluss des Christentums auf die Kriegsführung – das Mittelalter

Die frühen christlichen Autoren und Kirchenväter waren demgegenüber im allgemeinen Pazifisten. Der Krieg wurde *per se* abgelehnt, Christen, die sich weigerten in den Krieg zu ziehen, wurden in der Endzeit des (west)römischen Imperiums mitunter zu Märtyrern.[25]

Bereits *Augustinus* (345-430) entwickelte allerdings die Idee des gerechten Krieges, des *bellum iustum*, wonach es Christen unter bestimmten Voraussetzungen erlaubt sei, Krieg zu führen.[26] Diese Auffassung wurde später durch *Thomas von Aquin* (1225-1274) übernommen und erfuhr im 16. Jahrhundert zur Zeit der spanischen Vorherrschaft eine weitere Ausdifferenzierung und Wandelung, die untrennbar mit den Namen *Vitoria*, *Ayala*, *Gentili* und *Grotius* verbunden ist, deren Darstellung aber im Rahmen dieser Arbeit nicht zu erfolgen hat, handelt es sich doch um Regeln des *ius ad bellum*, die dem *ius in bello* vorausliegen, ohne dass die Rechtmäßigkeit des Krieges zur Beurteilung der Kriegshandlung als rechtmäßig oder unrechtmäßig heranzuziehen wäre[27] (siehe bereits *1. Kapitel A. I.*). Neben die Lehre vom gerechten

---

[25] *David*, Principes de droit des conflits armés, S. 41 f.; grundsätzlicher: *Draper*, Christianity and War, in: Reflections on Law and Armed Conflicts, S. 6 f.; *Green*, JLS 9 (1998/99), 59, 70. Dies änderte sich von Grund auf, als das Christentum unter Kaiser *Konstantin* anerkannt wurde (Edikt von Milan 313) und selbst zur Staatsreligion aufstieg; ausführlich *Draper*, Christianity and War, in: Reflections on Law and Armed Conflicts, S. 12 f.

[26] *Greenwood*, in: *Fleck*, Handbuch des humanitären Völkerrechts in bewaffneten Konflikten, Nr. 109.

[27] Weiterführend zur Lehre vom gerechten Krieg im spanischen Zeitalter statt vieler: *Grewe*, Epochen der Völkerrechtsgeschichte, S. 240 ff.; *Ipsen*, Völkerrecht, S. 31 ff.; *Linares*, Einblicke in Hugo Grotius' Werk „Vom Recht des Krieges und des Friedens", S. 12 ff. Nicht unerwähnt bleiben darf allerdings,

Krieg gesellte sich allerdings auch eine Lehre vom „heiligen Krieg", die insoweit auf die Regeln über die Kriegsführung zurückwirkte, als deren Geltung bei Kämpfen gegen Andersgläubige – also namentlich in den Kreuzzügen – praktisch vollständig aufgehoben war.

Was nun die sich spezifisch im christlichen Europa des Mittelalters entwickelnden Regeln über die Kriegsführung betrifft, so speiste sich dieser von der Kirche sanktionierte Kodex zwar zum einen aus einem ritterlichen Ehrgefühl und Geboten der Humanität, zum anderen entsprach er aber auch dem Interesse des Ritterstandes an Macht- und Statuserhalt, denn insbesondere Entwicklungen, welche die Stellung der Ritter zu bedrohen geeignet waren, sollten unterdrückt werden. So untersagte beispielsweise das Zweite Laterankonzil im Jahre 1139 die Verwendung der Armbrust und des Bogens „gegen Christen und Katholiken".[28]

In späterer Zeit waren es Feuerwaffen im Allgemeinen und Kanonen im Speziellen, die das Misstrauen von Kirche und Ritterstand auf sich zogen, handelte es sich doch bei diesen Distanzwaffen nicht nur um Waffen, die grausame Wunden schlagen können, sondern auch um solche, die von Soldaten nichtadeliger Herkunft bedient wurden und damit das ritterliche Monopol der Kampfführung unterminierten.[29]

Konkret war die kirchliche Lehre – abgesehen von Ketzerkriegen und Kreuzzügen – die eines *iustus modus bellandi*, eines (Zwei-)Kampfes zwischen sich respektierenden Gegnern.[30] Die Realität des mittelalterlichen Kampfes gibt ein zwiespältiges und von Einzelfällen geprägtes Bild: Auf der einen Seite stehen Ereignisse wie die Gefangennahme dreier französischer Ritter durch die Engländer bei der Einnahme von

---

dass bereits *Augustinus* dafür eintrat, auch im gerechten Kriege Humanität walten zu lassen und wo möglich im Geiste der Bergpredigt zu verfahren; *Green*, JLS 9 (1998/99), 59, 71.

[28] *Grewe*, Fontes historiae iuris gentium, Band I, S. 597.

[29] *Green*, JLS 9 (1998/99), 59, 71 ff.; *Greenwood*, in: *Fleck*, Handbuch des humanitären Völkerrechts in bewaffneten Konflikten, Nr. 109 und *Gardot*, RCADI 72 (1948), 397, 415 ff. Zu den militärgeschichtlichen Hintergründen *Delbrück*, Geschichte der Kriegskunst, Band 4, S. 28 ff.

[30] *Grewe*, S. 141, mit dem Zusatz, dass dieses Ideal zu hoch gesteckt war: „Unerhörte Grausamkeit und kaltblütige Treulosigkeiten erfüllen auf Schritt und Tritt die mittelalterliche Kriegsgeschichte", vgl. aber auch S. 143: „Die Überlieferung ist immer schweigsam, wenn es sich um jene Fälle handelt, in denen schlicht das Recht befolgt wurde."

Limoges (1370), deren Leben geschont wurde, nachdem sie sich darauf beriefen ehrenhaft gekämpft zu haben, obgleich der englische Befehlshaber zuvor angeordnet hatte, Pardon werde nicht gegeben.[31] Auf der anderen Seite ließ *Heinrich V.* in der – nicht zuletzt durch *Shakespeares* Drama „Henry V." zum englischen Nationalmythos gewordenen – Schlacht von Agincourt (1415) seine zahlreichen französischen Gefangenen massakrieren, da er befürchtete, diese würden beim nächsten Angriff der schweren französischen Kavallerie seinen Truppen in den Rücken fallen.[32]

Die Einhaltung der Regeln der Ritterlichkeit wurde durch spezielle Gerichte überwacht, die mit einem Militärgericht nur begrenzt vergleichbar, allerdings gerade nicht dazu bestimmt waren, etwaige Kriegsverbrechen abzuurteilen, vielmehr handelte es sich um eine Art Selbstverwaltung des Adels, beispielsweise mit dem Ziel, Streitigkeiten über Lösegeldforderungen gegen einen Gefangenen geltend zu machen oder Strafen für Verhalten zu verhängen, das als unritterlich angesehen wurde, etwa Feigheit vor dem Feind.[33] Aus diesem Kontext hervorstehend sind die wenigen Beispiele zu sehen, die mitunter als die ersten Vorläufer von Kriegsverbrecherprozessen angesehen werden.

Das bekannteste Beispiel ist wohl der Prozess gegen *Peter von Hagenbach*. Dieser wurde im Jahre 1474 durch ein von 28 Städten errichtetes Tribunal zum Tode durch das Schwert verurteilt, nachdem er eine Reihe von Taten gegen die Bürger der Stadt Breisach begangen hatte, die man heute als Verbrechen gegen die Menschlichkeit und schwere Verstöße gegen die Genfer Konventionen bezeichnen würde[34] – insbesondere hatte er in dem ihm als Vogt in Diensten der Burgunder zugewiesenen

---

[31] Zu diesem Vorfall: *Green*, The Contemporary Law of Armed Conflict, S. 24; *Keen*, The Laws of War in the Late Middle Ages, S. 1.

[32] Bemerkenswert ist noch zweierlei: Zum Ersten, dass sich der englische Sieg gegen ein weit überlegenes französisches Ritterheer dem extensiven Einsatz des Langbogens verdankt, der ja seinerseits im Ruf stand, eine „dämonische" Waffe zu sein und dem ritterlichen Ehrenkodex als Distanzwaffe widersprach, zum Zweiten, dass die englischen Ritter sich – noch unter dem Einfluss ihres Ehrenkodex' stehend – geweigert haben sollen, die französischen Gefangenen zu töten, so dass dies von einfachen Soldaten übernommen werden musste.

[33] Eingehend zu den „Militärprozessen" des späten Mittelalters *Keen*, S. 23 ff.

[34] *Bassiouni*, Legislative History of the International Criminal Court, Band 1, S. 17; *Green*, JLS 9 (1998/99), 59, 74; *Levie*, Terrorism in War, S. 11 m.w.N.

Gebiet Steuern willkürlich eingetrieben und dabei zur Abschreckung Bürger hängen lassen sowie mit Banditen, die eidgenössische Kaufleute überfielen, gemeinsame Sache gemacht. Bei diesem Urteil handelte es sich um einen eher isolierten Einzelfall, der nicht in systematischem Zusammenhang mit anderen Fällen steht und daher kaum als Präzedenzfall für eine Völkerstrafgerichtsbarkeit angesehen werden kann.[35]

Immerhin entwickelten sich mit dem Aufkommen einer stärkeren staatlichen Zentralgewalt in Frankreich und England, aber auch der Schweiz Militärstatuten, die für das gesamte Heer, nicht nur für die Ritterschaft, verbindliche Regeln aufstellten. Berühmt wurden die Befehle *Richards II.* von 1385, die unnötiges Blutvergießen und Plünderungen untersagten und den Schutz von Frauen, Kindern, Priestern und anderen forderten.[36]

Hierbei handelte es sich nicht um Normen, die dem Völkerrecht angehört hätten, sondern in allererster Linie um solche, die für den aufkommenden Nationalstaat und dessen Interessendurchsetzung eine hinreichend disziplinierte, schlagkräftige und lenkbare Armee schaffen sollten, wie sie in den Feudalstrukturen des Mittelalters nicht entstehen konnte.[37] Im ausgehenden Mittelalter hatten die alten Prinzipien der Ritterlichkeit ihre Bindungswirkung parallel zum Aufkommen neuer Waffen und Kampftechniken weitgehend verloren, ein umfassender Ersatz war noch nicht gefunden, so dass eine Zeit der besonders grausamen Kriegsführung begann.

---

[35] *Dahm/Delbrück/Wolfrum*, Völkerrecht, S. 1025, dortige Fn. 8. Jedoch wurde der Fall im Prozess gegen das Oberkommando der deutschen Wehrmacht (TWC, Band XI, S. 476) zitiert, allerdings nicht als Präzedenzfall, sondern als „… of academic interest only …“ (*ibid.*); anders *Levie*, a.a.O.

[36] *Green*, JLS 9 (1998/99), 59, 74 f.; *ders.*, The Contemporary Law of Armed Conflict, S. 25; *Redslob*, Histoire des grands principes du droit des gens, S. 132 f.

[37] Im besten Falle gaben diese Befehle die noch rudimentären völkerrechtlichen Regelungen wieder. Vgl. *Gardot*, RCADI 72 (1948), 397, 467: „Le baron de Taube a fortement marqué que le meilleur moyen de réaliser dans une certaine mesure une humanisation de la guerre, c'est encore la rédaction et la mise en pratique de ces codes de justice, relevant du droit interne des armées, mais qui sont si pleins de dispositions qui atteignent le domaine du droit international.“

3. Staatenbildung, Absolutismus und levée en masse

Eine gewisse Integrationskraft entfalteten die ritterlichen Ideale auch weiterhin – noch 1552 ließ *François de Guise* bei der Belagerung von Metz verwundete Soldaten der Gegenseite von seinem besten Arzt versorgen – allerdings tendierte man später dazu, die knappen medizinischen Ressourcen nur den eigenen Verwundeten zukommen zu lassen.[38] Im Zeitalter der Religionskriege soll aber derselbe *François de Guise* bei der Belagerung von Rouen 1562 Anweisung gegeben haben, zu schonen seien „... l'honneur des femmes; la vie des bons catholiques qui étaient détenus par force et par nécessité".[39] Für die Angehörigen der jeweils anderen Glaubensgemeinschaft war im Falle des Unterliegens zumeist keine Schonung zu erwarten.

Nach wie vor war ein Hauptproblem die Implementierung von Disziplin in den Streitkräften; die Armeen jener Zeit, seien es *condottieri*, Landsknechte, die Söldnerheere des Dreißigjährigen Krieges oder – in geringerem Maße – „reguläre" Streitkräfte in den aufkommenden zentral organisierten Staatswesen Frankreichs (*Jean Bodin* entwarf hier das Konzept des modernen Staates zur Überwindung der anarchistischen Konsequenzen der Hugenottenkriege) und Englands sicherten ihre Besoldung vielfach zum größten Teil aus einem Anteil an der Kriegsbeute und Lösegeldern für hochrangige Gefangene, sie lebten im Wesentlichen aus dem Landstrich, den sie gerade durchzogen oder besetzten,[40] so dass Plünderungen entweder von den Befehlshabern angeordnet, erwünscht, stillschweigend geduldet oder zumindest nur schwer zu verhindern waren – *bellum se ipse alet.*

Die durchaus vorhandenen Konzeptionen von Mitleid und Humanität aus christlicher Grundhaltung[41] drangen *in praxi* kaum durch und wur-

---

[38] Was sich erst lange nach dem Dreißigjährigen Krieg (1618-1648) durch einzelne Vereinbarungen auf Gegenseitigkeitsbasis zu ändern begann. Weiterhin blieben aber die Möglichkeiten des Sanitätspersonals sehr beschränkt; zum Ganzen *Green*, The Contemporary Law of Armed Conflict, S. 26 f.

[39] *Delbrück*, Geschichte der Kriegskunst, Band 4, S. 82; *Gardot*, RCADI 72 (1948), 397, 408.

[40] Vgl. *Clark*, Preußen, S. 53 ff.; *Gardot*, RCADI 72 (1948), 397, 455 ff. und 485 ff.

[41] Dazu *Gardot*, RCADI 72 (1948), 397, 501 ff. Auch *Grotius* hatte – wie *Sunzi*, siehe unten *4.* – erkannt, dass nicht nur die Humanität eine Mäßigung in der Kriegsführung gebietet, sondern auch die Klugheit, denn die eigene Mäßi-

den gegenüber der anderen Konfession vielfach nicht einmal als theoretisches Konzept durchgehalten, ging es doch um die Bekämpfung von vermeintlichen Häretikern.[42] Dieser Art der Kriegsführung war die Unterscheidung zwischen Kombattanten und Nichtkombattanten fremd: Alle Angehörigen der gegnerischen Partei durften geschädigt werden.[43]

Nach dem den Dreißigjährigen Krieg beendenden Doppelfrieden von Münster und Osnabrück[44] (1648) war der schwierigste und blutigste Teil des Prozesses der Staatenbildung anhand konfessioneller Trennlinien abgeschlossen, weitgehend wird die Geburtsstunde des modernen Völkerrechts hier angesetzt.

Das *ius ad bellum* ging endgültig auf den Souverän, den absolut herrschenden Fürsten, über, der beliebig einen Krieg zu erklären berechtigt war, ohne dabei an irgendein Konzept der Gerechtigkeit gebunden zu sein, sondern schlicht aus eigener Machtvollkommenheit zu handeln befugt war.

So konnte *Rousseau* in dem „Gesellschaftsvertrag" („Contrat Social") von 1762 auf dem Höhepunkt des absolutistischen Herrschaftssystems erklären, dass der Krieg ausschließlich eine Beziehung zwischen den Staaten sei, nicht hingegen zwischen den einzelnen Menschen.[45] Der Mensch als Person, als Individuum mit Geltungsanspruch, war damit

---

gung nimmt dem Feind eine bedeutende Waffe, nämlich die Verzweiflung, vgl. *Linares*, Einblicke in Hugo Grotius' Werk „Vom Recht des Krieges und des Friedens", S. 31 ff. Nach *Grotius* sollte zudem der siegreiche Staat schwere Verletzungen des Völkerrechts strafrechtlich verfolgen dürfen, dies gleichsam stellvertretend für die Völkerrechtsgemeinschaft; *Grotius*, De iure belli ac pacis libri tres, LIB. II CAP. XX § XL 1/4. Vgl. auch *Verdross*, Die völkerrechtswidrige Kriegshandlung und der Strafanspruch der Staaten, S. 8 ff.

[42] Eine eher rühmliche – die Regel bestätigende – Ausnahme bildete weithin z.B. das Verhalten König *Gustav Adolfs II.* von Schweden (1594-1632) während der Teilnahme am Dreißigjährigen Krieg (1630-1632; er fiel in der Schlacht von Lützen). Dazu *David*, Principes de droit des conflits armés, S. 44 und *Redslob*, Histoire des grands principes du droit des gens, S. 134.

[43] Siehe *David*, Principes de droit des conflits armés, S. 45 und *Grotius*, De iure belli ac pacis libri tres, LIB. III, CAP. IV § IX.

[44] Text bei *Grewe*, Fontes historiae iuris gentium, Band II, S. 183 ff.

[45] *Rousseau*, Gesellschaftsvertrag, Erstes Buch, Viertes Kapitel (S. 12 f.). Siehe dazu *David*, S. 44; *Greenwood* in: *Fleck*, Handbuch des humanitären Völkerrechts in bewaffneten Konflikten, Nr. 113; *Jescheck*, Die Verantwortlichkeit der Staatsorgane nach Völkerstrafrecht, S. 34.

der Reichweite des Völkerrechts entzogen, er war nur über den Staat erreichbar, konnte kein originärer Träger von Rechten und Pflichten des Völkerrechts sein (sogenannte Mediatisierung des Individuums).

Das Völkerstrafrecht als der vornehmste Schutzmechanismus des humanitären Völkerrechts sollte bis zu den Nürnberger Prozessen brauchen, um die durch diese Auffassung errichtete Barriere der Staatlichkeit – den „Panzer der Souveränität" – zu überwinden und den Einzelnen für seine Taten verantwortlich zu machen.

Nach den Leiden der Religionskriege bewirkte der Absolutheitsanspruch des in der Person des Fürsten verkörperten Staates jedoch paradoxerweise keine Verabsolutierung der Kriegsführung. Vielmehr war dem Krieg geradezu das „persönliche Element", das ja in seiner positiven Ausprägung noch Grundlage der feudalen Loyalität gewesen war, genommen. Damit war aber auch seine negative Ausprägung, i.e. der Hass auf den Gegner als Vertreter einer anderen Konfession und Angehörigen der feindlichen Gruppe *per se*, weitgehend entfallen.

Der zentralisierte Staat bändigte die Kriegsführung, indem er stehende, fest besoldete Heere schuf. Diese waren in einem Ordnungsprinzip organisiert, welches die lineare Aufstellung in drei Linien hintereinander zur Regel machte, die Regimenter standen kompakt, nicht zuletzt, da nur auf diese Weise die oft zwangsrekrutierten Soldaten am Desertieren gehindert werden konnten. Ausbildung, Führung und Nachschub waren über ein Jahrhundert bis zur französischen Revolution vollständig auf diese *ordre de bataille* ausgerichtet. Der Nachschub wurde aus im Frieden angelegten Magazinen herangeführt, so dass Plünderungen der Vergangenheit angehörten.[46]

Die Schlacht selbst wurde auf vergleichsweise engem Raum durchgeführt, die Kriege vielfach in der Defensive entschieden (Manöverstrategie). Kein Monarch wollte es riskieren, in einer Schlacht seine ganze kostspielige Armee aufs Spiel zu setzen; eine Ausnahme machte *Friedrich II. der Große*, der als *roi connétable* seine Armee selbst befehligte und angesichts überlegener Feinde hohe Risiken eingehen musste, ohne indessen die Kriegsführung der Zeit schon zu überwinden.[47]

---

[46] Zum Ganzen: *Kunisch*, Friedrich der Große, S. 176 ff.; vgl. *Delbrück*, Geschichte der Kriegskunst, Band 4, S. 386 f.

[47] Vgl. *Kunisch*, Friedrich der Große, S. 398 f., 408, 430 ff. und insbesondere 435 ff. m.w.N. und noch *Delbrück*, Geschichte der Kriegskunst, Band 4, S. 599.

Diese Art der Kriegsführung brachte eine weitgehende Schonung der Zivilbevölkerung mit sich, zumal die stehenden Heere durch peinlich genaue „Kriegs-Artikel“ oder „Kriegs-Ordre“ instruiert wurden, die nichtkämpfende Bevölkerung zu schonen, deren Einhaltung von dem „Kriegs-Commissarius“ überwacht wurde.[48]

Obwohl es auch in der Ära des Absolutismus zu Auswüchsen in der Kriegsführung kam – die Verwüstung der Pfalz durch französische Truppen im Pfälzischen Erbfolgekrieg 1689 oder die Beschießung Dresdens durch preußische Truppen im Siebenjährigen Krieg 1760 – so waren die Auswirkungen des Krieges doch in der Regel auf die Soldaten beschränkt.[49] Friedensverträge waren stets mit Amnestien verbunden, was in jener Zeit so selbstverständlich schien, dass sie nach *Vattel* und *Kant* selbst ohne Erwähnung im Vertrag stillschweigend mitgedacht werden sollten.[50]

Ein neues Konzept der Kriegsführung kam erst nach der französischen Revolution auf, in deren Gefolge Frankreich dazu überging, eine auf allgemeiner Wehrpflicht beruhende Massenarmee zu schaffen (*levée en masse*), was schließlich andere europäische Mächte im Verlauf der napoleonischen Kriege teilweise übernehmen mussten, um gegen *Napoleon Bonaparte* bestehen zu können.[51] Nach der Restauration des *ancien*

---

[48] *Stadtmüller*, Geschichte des Völkerrechts, S. 158 f.

[49] *Von Clausewitz*, Vom Kriege, S. 400: „Plünderungen und Verheerungen des feindlichen Gebietes, welche bei den Tartaren, bei den alten Völkern und selbst im Mittelalter eine so große Rolle spielen, waren nicht mehr im Geist der Zeit. Man sah es mit Recht wie eine unnütze Rohheit an, die leicht vergolten werden konnte und den feindlichen Untertanen mehr traf als die feindliche Regierung, daher wirkungslos blieb und nur dazu diente, die Völker in ihrem Kulturzustande ewig zurückzuhalten. Der Krieg wurde also nicht bloß seinem Mittel, sondern auch seinem Ziele nach immer mehr auf das Heer selbst beschränkt. Das Heer mit seinen Festungen und einigen eingerichteten Stellungen machte einen Staat im Staate aus, innerhalb dessen sich das kriegerische Element langsam verzehrte. Ganz Europa freute sich dieser Richtung und hielt sie für eine notwendige Folge des fortschreitenden Geistes.“

[50] *Hankel*, Die Leipziger Prozesse, S. 31 f.; *Zander*, Das Verbrechen im Kriege, S. 18 ff., beide m.w.N.

[51] Namentlich gilt dies für Preußen, das nach der vernichtenden Niederlage seiner noch nach Prinzipien *Friedrichs II. des Großen* geführten Armee bei Jena und Auerstedt 1806 umfangreiche Reformen einleitete; vgl. hierzu ausführlich *Clark*, Preußen, S. 376 ff. und 431 ff.

régime waren die Monarchen darauf bedacht, sich im Prozess des fortschreitenden Konstitutionalismus das Recht zur Kriegsführung und den Oberbefehl als *domaine réservée* zu sichern.[52]

Napoleon Bonaparte wurde nach seiner Rückkehr aus Elba von den in Wien tagenden alliierten Mächten in einer Erklärung *hors de la loi* gestellt und sollte der öffentlichen Vergeltung ausgesetzt sein. Nach der Herrschaft der hundert Tage und der endgültigen Niederlage in der Schlacht von Waterloo wurde indessen kein Strafverfahren gegen ihn eingeleitet, vielmehr wurde er auf der abgelegenen britischen Atlantikinsel St. Helena interniert.[53] Der Verzicht auf ein Strafverfahren mag seinen Grund auch im Selbstverständnis der Souveräne gehabt haben, über Krieg und Frieden nach Belieben zu entscheiden,[54] der Kaiser der Franzosen wird ihnen, obgleich nicht in ein Herrscherhaus geboren, in seiner Funktion als Souverän ebenbürtig erschienen sein.

Trotz der auf den Wiener Kongress folgenden Restauration unter der „heiligen Allianz" war eine Rückkehr zu den Kampfmethoden des 18. Jahrhunderts nicht mehr denkbar.

Der preußische Militärtheoretiker *Carl von Clausewitz* verarbeitete in seinem Werk „Vom Kriege" sowohl die Erfahrungen des Krieges im Zeitalter der absolut herrschenden Fürsten als auch der Napoleonischen Kriege. Seine angeblich auf Absolutheit des Krieges angelegte Theorie hat viel Kritik auf sich gezogen.[55]

Letztlich – nicht so sehr im Kontext seiner Zeit, wohl aber im Vergleich zu den technisierten Kriegen und den sie flankierenden Theorien des

---

[52] *Ipsen*, Völkerrecht, S. 37.

[53] *Bass*, Stay the Hand of Vengeance, S. 37 ff.; *Dahm/Delbrück/Wolfrum*, Völkerrecht, S. 1025; *Levie*, Terrorism in War, S. 12.

[54] *Ipsen*, Völkerrecht, S. 23.

[55] Nachweise bei *Smith*, On Clausewitz, S. 240 f. Das unheilvolle Konzept des „totalen" Krieges wurde erst sehr viel später von *Ludendorff* entwickelt, der *von Clausewitz* vorwarf, den Krieg unter das Primat der Politik gestellt zu haben – „... daß der Krieg nur ein Teil des politischen Verkehrs sei, also durchaus nichts Selbständiges ... der Krieg ist Nichts als eine Fortsetzung des politischen Verkehrs mit Einmischung anderer Mittel", *von Clausewitz*, Vom Kriege, S. 425. *Von Clausewitz* unterschied strikt zwischen „absolutem" Krieg als theoretischem Konzept und „wirklichem" Krieg als reeller Ausprägung.

20. Jahrhunderts – ist „Vom Kriege" eher moderierend – *placing war in a framework of reason.*[56] Auch wenn *von Clausewitz* schreibt: „Die Gewalt rüstet sich mit den Erfindungen der Künste und Wissenschaften aus, um der Gewalt zu begegnen. Unmerkliche, kaum nennenswerte Beschränkungen, die sie sich selbst setzt unter dem Namen völkerrechtlicher Sitte, begleiten sie, ohne ihre Kraft wesentlich zu schwächen.",[57] so stellt diese Aussage zum einen Teil eine Feststellung dar, zum anderen bewegt sich *von Clausewitz* im Rahmen einer Analyse von zeitgenössischen Konflikten, für die diese Aussage zutreffend ist.[58]

Zudem werden die zu seiner Zeit geltenden Beschränkungen, mögen sie auch mitunter vom heutigen Standpunkt als unbedeutend empfunden werden, anerkannt und die *Clausewitzsche* Vorstellung des Volkskrieges bewegt sich im Rahmen des schon in den Napoleonischen Kriegen vorgekommenen, die in erster Linie von offenen Feldschlachten geprägt waren.[59]

Jedenfalls für die beteiligten Soldaten war die Kriegsführung von frappierender Brutalität, erstens wegen der häufigen Abwesenheit adäquater medizinischer Versorgung, zweitens wegen der fortschreitenden Waffentechnik, die immer schwerere Verwundungen verursachte (Kartätsche, Schrapnell), drittens – und mit den vorgenannten Punkten in enger Verbindung stehend – wegen des Anwachsens der Heere: So kämpften, um nur ein Beispiel zu nennen, bei der Schlacht von Rossbach (1757) im Siebenjährigen Krieg 63.000 Soldaten, bei der Schlacht von Solferino (1859) hingegen 285.000.

---

[56] *Smith*, On Clausewitz, S. 268. Anders *Green*, JLS 9 (1998/99), 59, 92, der zu Unrecht von einer Verneinung oder Pervertierung des Rechts ausgeht und übersieht, dass *von Clauswitz* das Recht *seiner Zeit* respektiert.

[57] *Von Clausewitz*, Vom Kriege, S. 15 f.

[58] *Von Clausewitz* schreibt auch: „Finden wir also daß gebildete Völker den Gefangenen nicht den Tod geben, Stadt und Land nicht zerstören, so ist es, weil sich die Intelligenz in ihre Kriegsführung mehr mischt, und ihnen wirksamere Mittel zur Anwendung der Gewalt gelehrt hat, als diese rohen Äußerungen des Instinkts." (Vom Kriege, S. 18).

[59] Abgesehen allerdings namentlich von der spanischen „Guerilla" und von Teilen des russischen Widerstandes gegen *Napoleons* Feldzug von 1812; vgl. *von Clausewitz*, S. 353 ff.

Die Beobachtung der letztgenannten Schlacht und ihrer Folgen durch den Schweizer Bürger *Henri Dunant* sollte für die Entwicklung des humanitären Völkerrechts von größter Bedeutung sein (sogleich unten 5.).

4. Exkurs: Die Vorstellungen anderer Kulturen

Bislang hat sich unser Augenmerk vorrangig auf die europäische Welt gerichtet, was nicht zu dem Fehlschluss verleiten sollte, anderen Kulturen seien humanitäre Ideen und eine Reglementierung des Krieges fremd gewesen.

Auch im Hinblick auf die gegenwärtige Machtverteilung in einer mehr und mehr multipolaren Welt und den damit verbundenen notwendigen Bemühungen, möglichst viele Staaten unterschiedlicher Kulturkreise für die Idee des humanitären Völkerrechts und des Völkerstrafrechts zu gewinnen, ist es angezeigt darauf hinzuweisen, dass die Ideengeschichte des humanitären Völkerrechts keine eurozentristische ist.

Im alten China – um eine kleine Chronologie innerhalb der Chronologie zu beginnen – schrieb der Stratege *Sunzi* (oder *Sun Tzu*) in seinem Werk „Die Kunst des Krieges" etwa um 500 v. Chr., dass gefangene Soldaten freundlich behandelt und in die eigenen Reihen eingegliedert werden sollten.[60] Gleichermaßen sei es vorzuziehen, den Widerstand des Feindes ohne Kampf zu brechen, sein Land heil und intakt einzunehmen und eine Streitmacht im Ganzen gefangen zu nehmen, anstatt zu zerstören.[61]

Ebenso riet *Sunzi* dazu, den verzweifelten Gegner nicht zu hart zu bedrängen, um ihn nicht mit dem Mut der Verzweiflung kämpfen zu lassen.[62]

Obgleich er dies nicht aus humanitären, sondern aus militärischen Gründen empfiehlt und sich auch ohne Umschweife dazu bekennt, so nimmt *Sunzi* hier doch schon in frühester Zeit eine Begründungslinie des humanitären Völkerrechts und des Kriegsvölkerstrafrechts vorweg,

---

60 *Sunzi*, The Art of War, Ende des 2. Kapitels.

61 *Sunzi*, Anfang des 3. Kapitels; dazu *David*, Principes de droit des conflits armés, S. 40. Zu anderen Autoren des alten China mit vergleichbaren Ansichten: *Green*, JLS 9 (1998/99), 59, 66 f.

62 *Sunzi*, Ende des 7. Kapitels.

wonach die Einhaltung des Kriegsrechts auch im wohlverstandenen eigenen Interesse einer jeden Konfliktpartei liegt und die Beschränkung der Methoden und Mittel gegenseitiger Schädigung – ebenso wie der jüngere Gedanke, diejenigen zu bestrafen, die diese Grenzen überschreiten – die Rückkehr zu einem friedlichen Zustande zu fördern vermag und eine spätere Versöhnung nicht über Gebühr erschwert.[63]

Im alten Indien galt der Krieg nach dem Gesetzbuch des *Manu* (welches seinerseits auf hinduistischen Überlieferungen beruhte)[64] als unvermeidlich, gleichzeitig waren das Land und die nicht kämpfende Bevölkerung zu schützen, ebenso enthielt es umfangreiche Waffenverbote (Brandpfeile, Lanzen mit Widerhaken, vergiftete Spitzen)[65] – wie so oft bleibt aber unklar, ob diese Ideale in der praktischen Kriegsführung jemals nur annähernd erreicht wurden;[66] jedenfalls teilweise wird der erreichte Stand humanitärer Ideen und Praktiken im alten Indien für – im zeitlichen Kontext der antiken Welt – einzigartig und führend gehalten.[67]

Weitere Verbote, teilweise enthalten in den großen indischen Versepen, dem *Râmâgana* (ca. 300 v. Chr.) und dem *Mahâbhârata* (ca. 200 v. Chr.), beziehen sich auf den Schutz von Personen *hors de combat*, Betrunkenen, Geisteskranken, Frauen, Kindern, Brahmanen, usw. sowie auf die Behandlung von Verwundeten und die Verpflegung wie auch die Freilassung von Kriegsgefangenen.[68]

Der Ehrenkodex des japanischen Kriegerstandes, der *Samurai*, das *Buschido*, enthielt das Gebot, sich auch im Kampf und gegenüber Gefangenen menschlich zu zeigen, zudem sollte in späterer Zeit des Totschla-

---

63 Vgl. *Vitzthum*, Völkerrecht, S. 685.

64 Eingehend *Penna*, RICR 1989, 346, 348 und insbesondere dortige Fn. 2; zu buddhistischem Einfluss auf humanitäre Ideen im alten Indien anhand eines konkreten Beispiels siehe noch *Draper*, The Contribution of the Emperor Asoka Maurya to the Development of the Humanitarian Ideal in Warfare, in: Reflections on Law and Armed Conflicts, S. 39 ff.

65 *Green*, JLS 9 (1998/99), 59, 67 f.; *Penna*, RICR 1989, 346, 354.

66 *Stadtmüller*, Geschichte des Völkerrechts, S. 16.

67 So von *Basham*, The Wonder that was India, S. 9 und 126.

68 Näher *Penna*, RICR 1989, 346, 355 ff. und 360 f.; siehe noch *Green*, The Contemporary Law of Armed Conflict, S. 21.

ges schuldig sein, wer einen Gefangenen tötete.[69] Darüber hinaus führte das rigide Ehrverständnis bei manchen *Samurai* zu einer Ächtung der Verwendung etwa von Feuerwaffen, die im 17. Jahrhundert von europäischen Seefahrern ins Land gebracht wurden; ähnlich der europäischen Situation konnte dies aber nicht verhindern, dass moderne Waffen ihres militärischen Nutzens wegen dennoch mehr und mehr eingesetzt wurden.

Ebenfalls nicht zuletzt einem Kriegerethos verdanken sich humanitäre Rücksichtnahmen in der Kriegsführung afrikanischer Stämme und Völker in der präkolonialen Zeit, also vor der Mitte des 19. Jahrhunderts. In Westafrika war die Unterscheidung zwischen Kombattanten (der adeligen Kriegerkaste) und geschützten Personen (Frauen, Kindern, Alten, Dienern und Schwachen) verbreitet. Die Tötung einer geschützten Person galt als ehrlos, von dem betreffenden Krieger wurde erwartet, dass er diesen Verstoß mit Selbstmord sühne[70] – ein Vergleich mit dem bei Verlust der Ehre erwarteten *Seppuku* des *Samurai* drängt sich hier geradezu auf. In der Sahelzone galt auch nur der Kampf von Angesicht zu Angesicht als ehrenhaft, nicht aber die hinterrücks erfolgte Attacke.[71]

In Ostafrika wiederum war die Wahl der Waffen jedenfalls bei Kämpfen gegen jene Stämme eingeschränkt, mit denen man sich verbunden fühlte – dieser Gedanke begegnete uns bereits in den antiken Kulturen des Mittelmeerraumes und dem Christentum, in Afrika selbst sollte er in der Geschichte der europäischen Kolonialisierung mit anderen Vorzeichen wiederkehren – so durften in diesem Falle beispielsweise keine vergifteten Pfeile verwendet werden.[72]

Ebenso galt das Prinzip der Schonung von Frauen, Kindern, Alten (man fürchtete unter anderem die Heimsuchung durch die Geister unschuldig getöteter Kinder) sowie sakralen Orten; bei den *Masai* war es üblich, dass Kriegsgefangene nach einer Reinigungszeremonie in Familien

---

[69] *Greenwood*, in: *Fleck*, Handbuch des humanitären Völkerrechts in bewaffneten Konflikten, Nr. 110; siehe noch *David*, Principes de droit des conflits armés, S. 40 mit einem ganz ähnlichen Beispiel und w.N.

[70] *Diallo*, African Traditions and Humanitarian Law, Band 1, S. 8 ff.

[71] *Diallo*, Band 1, S. 10.

[72] *Diallo*, African Traditions and Humanitarian Law, Band 2, S. 4 f. und 17.

und Gemeinschaft als gleichberechtigte Mitglieder aufgenommen wurden.[73]

Auch in der islamischen Tradition haben die Belange der Humanität ihren festen Platz. Das *Siyar* (Kriegsrecht)[74] gebot, dass Frauen und Kinder des Feindes nicht getötet werden dürfen, wenn sie nicht am Kampf teilnehmen, das gleiche gilt für Arbeiter, Bauern, Schäfer, Eremiten, Alte und Kranke an Körper oder Geist.[75] Stellt man in Rechnung, dass namentlich die Stammeskriege der arabischen Halbinsel in vorislamischer Zeit mit größter Erbitterung geführt wurden, so handelte es sich bei den neuen Regeln um ein fortschrittliches *novum*.[76]

Der im Koran, Sure 8, Vers 67 ausgesprochene Tadel, dass die Muslime in der Schlacht von *Badr* (624) nicht alle ihre Gefangenen töteten, gilt nicht für alle Kämpfe, namentlich muss er im Kontext des noch schwachen und bedrohten frühen Islam gesehen werden, der sich noch nicht in einer Phase der Konsolidierung und Machtausdehnung befand.[77] Andere Koranstellen, namentlich Sure 47, Vers 4, haben sich dementsprechend unter den *Fouqaha* (Rechtsgelehrten) durchgesetzt; danach sind Gefangene gut zu behandeln, die *Hadith* (Sammlung über Mitteilungen und Handlungen des Propheten *Mohammed*) gehen in dieselbe Richtung.[78]

Legendär ist die vorbildliche Einhaltung der Regeln über die Kriegsführung unter Sultan *Saladin*, der christliche Gefangene und Verwundete selbst in den grausamen Kämpfen des dritten Kreuzzuges human versorgen ließ.[79]

---

[73] *Diallo*, Band 2, S. 7 und 14 ff.; vgl. auch *David*, Principes de droit des conflits armés, S. 41.

[74] Zum Begriff: *Zemmali*, RICR 1990, 126, 126 und dortige Fn. 2.

[75] *Ben Achour*, RICR 1980, 59, 67; *Zemmali*, RICR 1990, 126, 131.

[76] Nach *Ben Achour*, RICR 1980, 59, 64 ist es „un pas considérable dans le sens de la moralisation et l'humanisation de la guerre"; vgl. *David*, Principes de droit des conflits armés, S. 42 f.

[77] Daher war die Versorgung von Gefangenen nicht gewährleistet, *Ben Achour*, RICR 1980, 59, 61.

[78] *Ben Achour*, RICR 1980, 59, 63 f.; *Pictet*, RICR 1989, 289, 289; *Zemmali*, RICR 1990, 126, 32.

[79] *Greenwood*, in: *Fleck*, Handbuch des humanitären Völkerrechts in bewaffneten Konflikten, Nr. 108.

5. Die Kodifikationen um die Jahrhundertwende

Wiederum – im Zeitalter der unbestrittenen europäischen Vorherrschaft nahe liegend – wesentlich durch die europäischen Staaten getragen war die Kodifikationswelle des humanitären Völkerrechts, deren Beginn markiert wird durch die bereits angesprochene Erschütterung des *Henri Dunant* über die Folgen der Schlacht von Solferino.[80]

Im Jahre 1862, also drei Jahre nach diesem Ereignis, erschienen seine eindrücklich geschilderten Erinnerungen an die Schlacht. *Dunant* beschreibt darin sowohl die Schlacht selbst, in der Mitleid allenfalls den gefangenen (zumeist adeligen) Offizieren gewährt wird,[81] als insbesondere auch deren Folge: Die vollständige Überforderung des engagierten Sanitätspersonals und der helfenden Zivilbevölkerung durch die große Zahl Schwerverwundeter und die verzweifelte Lage der Verwundeten sowie deren Sterben.[82] Er schließt mit Vorschlägen zur Behebung dieses Missstandes in humanistischer europäischer Tradition.[83]

Dem auf das europäische öffentliche Gewissen tiefe Wirkung entfaltenden Werk folgten alsbald Taten: Schon im Jahre 1863 gründete sich der Vorläufer des späteren „Comité International de la Croix-Rouge" als „Comité international et permanent de secours aux militaires blessés"[84]

---

[80] Die Entscheidungsschlacht im Sardischen Krieg zwischen Österreich-Ungarn und dem Königreich Sardinien-Piemont sowie dessen Verbündeten, dem französischen Kaiserreich unter *Napoleon III.* Die österreich-ungarische Niederlage bei Solferino am 24. Juni 1859 eröffnete den Weg zur Einigung Italiens. Zum Hintergrund zusammenfassend auch *David*, Principes de droit des conflits armés, S. 48.

[81] *Dunant*, Erinnerung an Solferino, S. 11 ff. und S. 18, Anm. S. 24, S. 43.

[82] *Dunant*, S. 32 ff. und besonders (die Situation in den Lazaretten schildernd) S. 72 ff. Beispielsweise wurde die Bevölkerung der Stadt Brescia (Einwohnerzahl: 40.000) in den Tagen nach der Schlacht durch Verwundete und Kranke (30.000) fast verdoppelt, *Dunant*, S. 71.

[83] *Dunant*, S. 97 ff. Dabei versäumt er nicht auf eine Wegbereiterin hinzuweisen: Die Engländerin *Florence Nightingale*, die im Krimkrieg (1853-1856) als Krankenpflegerin wirkte und wesentliche Impulse zur Erneuerung des Krankenpflegewesens Großbritanniens gab, *Dunant*, S. 101; vgl. *David*, S. 49, *Greenwood*, in: *Fleck*, Handbuch des humanitären Völkerrechts in bewaffneten Konflikten, Nr. 115.

[84] Ausführlich *David*, Principes de droit des conflits armés, S. 49 f. Auf der Konferenz von 1863 wurde bereits das rote Kreuz auf weißem Grund als Schutzzeichen festgelegt, nachdem die Verwendung der weißen Armbinde ver-

und bereits 1864 kam es zum Ersten Genfer Abkommen zum Schutz der Verwundeten der Armeen im Felde[85] mit der Bestimmung der Rechtsstellung des Sanitätspersonals und der Verpflichtung, dass verwundete Angehörige der eigenen Armee wie auch der des Gegners zu bergen und zu verpflegen sind. Bis zu seiner Ablösung im Jahre 1906 durch das weiter gefasste Zweite Genfer Abkommen sollten 57 Staaten das Abkommen ratifizieren, was in der Kolonialepoche einer universellen Geltung gleichkam.

Bereits 1864 wurde das Schutzzeichen des roten Kreuzes erstmals im deutsch-dänischen Krieg verwendet und 1866 erfuhr und bestand das I. GA seine Feuertaufe im preußisch-österreichischen Krieg, in dem Preußen das I. GA einseitig anwendete, da Österreich nicht unterzeichnet hatte; im Krieg zwischen Serbien und Bulgarien (1885/86) wurde das Abkommen erstmals von beiden Seiten angewendet, was zur Folge hatte, dass nur etwa 2 % der verwundeten serbischen Soldaten starben – gegenüber noch 60 % der verwundeten Soldaten im Krimkrieg und in den italienischen Befreiungskriegen.[86]

Eine andere Wurzel des modernen Kriegsvölkerrechts liegt in der *General Order Nr. 100 by President Lincoln* der Vereinigten Staaten von Amerika mit dem Titel „Instructions for the Government of Armies of

---

worfen worden war, da „Weiß“ bereits das Zeichen der Aufgabe und außerdem die Parlamentärsflagge weiß war. Damals hatte man entgegen einer weit verbreiteten Meinung noch nicht die Absicht, die Schweiz als die „Heimat“ des späteren IKRK mit Umkehrung der helvetischen Farben zu ehren, wie es später im II. GA 1906 heißt. Dieser Gedanke kam nicht vor 1870 auf; *Pictet*, RICR 1989, 289, 292. 1876 begann das Ottomanische Reich den roten Halbmond zu verwenden; *Sommaruga*, RICR 1992, 347, 348. Erst 2005 kam nach längerem Tauziehen (vgl. SZ vom 6. Dezember 2005, S. 2 und NZZ vom 16. Juni 2006, S. 2) mit dem ZP III (abgedruckt bei AA/DRK/BMVg, Dokumente zum humanitären Völkerrecht, S. 1039 ff.) der rote Kristall als drittes Schutzzeichen hinzu – der rote Davidstern wird nur innerhalb Israels verwendet und der vom Iran seit den 1920er Jahren verwendete rote Löwe mit roter Sonne wurde 1990 zu Gunsten des roten Halbmondes aufgegeben; Erklärung der Islamischen Republik Iran, abgedruckt bei *Sassòli/Bouvier*, Un droit dans la guerre, Band 2, S. 802.

[85] Abgedruckt ist das Abkommen bei *Schindler/Toman*, The Laws of Armed Conflicts, No. 38 und bei *Grewe*, Fontes historiae iuris gentium, Band III/1, S. 551; zur Rezeption des I. GA siehe noch *Hattenhauer*, Europäische Rechtsgeschichte, S. 636 f.

[86] *Pictet*, RICR 1989, 289, 292 und 289; vgl. *David*, Principes de droit des conflits armés, S. 50 f.

the United States in the Field“ von 1863, besser bekannt – nach seinem Schöpfer, dem deutsch-amerikanischen Professor *Francis Lieber* – als der *Lieber’s Code*. Es handelte sich dabei um das erste Beispiel für ein umfassendes modernes Militärhandbuch, das die eigenen staatlichen Streitkräfte über die völkerrechtlichen Pflichten und Rechte von Kriegsführenden informieren sollte.[87] Der *Lieber’s Code* wurde zur Basis für die Verhaltensregeln der preußischen Armee im deutsch-französischen Krieg 1870/71, er wurde auch von Frankreich (1877), Großbritannien (1884) und zahlreichen anderen europäischen Staaten kopiert.[88]

Art. 11 des *Lieber’s Code* behandelt unter anderem die Strafbarkeit von Soldaten und besonders von Offizieren bei Verstößen gegen das Kriegsvölkerrecht.[89] Seit dieser Zeit – also der ausgehenden Mitte des 19. Jahrhunderts – lässt sich, vor allem durch die Schaffung der Militärhandbücher nach dem Muster des *Lieber’s Code* als Staatenpraxis, vertreten, dass eine *Pflicht* der Staaten zur Strafverfolgung von Einzelpersonen, die sich schwerer Verstöße gegen das Kriegsvölkerrecht schuldig gemacht haben, besteht, zumindest aber Ansätze hierfür gegeben sind.[90] Aufschlussreich ist zudem, dass der *Lieber’s Code* von 1863 bis 1914 für die Truppen zuerst der Union und später der gesamten Vereinigten Staaten Geltung beanspruchte, also sowohl im Bürgerkrieg (im nichtinternationalen bewaffneten Konflikt) gegen die sezessierenden und in der Konföderation zusammengeschlossenen Südstaaten (1861-1865) als auch im internationalen Konflikt mit einem anderen Staat (Krieg gegen Spanien 1898). Der *Lieber’s Code* war mithin davon ausgegangen – er wurde mitten im Bürgerkrieg erlassen – dass die Regeln über die Kriegsführung in beiden Konfliktarten gelten sollten,[91] ein Stand der lange nicht mehr erreicht werden würde.

---

87 *Green*, JLS 9 (1998/99), 59, 80; *Vöneky*, ZaöRV 62 (2002), 423, 424. Der *Lieber’s Code* ist abgedruckt bei *Schindler/Toman*, The Laws of Armed Conflicts, No. 1.

88 *Vöneky*, ZaöRV 62 (2002), 423, 425.

89 „Offences to the contrary [also gegen Bestimmungen des Kriegsvölkerrechts] shall be severely punished, and especially so if committed by officers“; *Vöneky*, ZaöRV 62 (2002), 423, 431 und 445 ff.

90 *Vöneky*, ZaöRV 62 (2002), 423, 452 f. m.w.N. Ein gewohnheitsrechtliches *Recht* der Staaten, Verstöße gegen das Kriegsvölkerrecht zu verfolgen ist hingegen wesentlich älter; *Vöneky*, S. 450 f.

91 Vgl. *Green*, JLS 9 (1998/99), 59, 80.

Diesen Grundlagen folgte eine regelrechte Kodifikationswelle in der Hochzeit des Souveränitätsgedankens und des „klassischen Völkerrechts", zu nennen sind:[92]

- Die St. Petersburger Erklärung von 1868 über das Verbot der Verwendung von Explosivgeschossen mit geringerem Gewicht als 400 Gramm;
- Die (nicht in Kraft getretene) Brüsseler Deklaration von 1874 über die Gesetze und Gebräuche des Krieges;
- Die Haager Abkommen von 1899;
- Die Zweite Genfer Rotkreuz-Konvention von 1906;
- Die Haager Abkommen von 1907.

Die grundlegende und *cum grano salis* bis heute bestehende Unterscheidung zwischen dem „Genfer Recht", welches auf den Schutz von Personen gerichtet ist, die nicht oder nicht mehr an den Kampfhandlungen teilnehmen und dem „Haager Recht", das bestimmte Kampfmethoden und Kampfmittel untersagt, hat in dieser Zeit ihren Ursprung (siehe noch *7. Kapitel A. II.*).

Eine explizite Regelung über eine individuelle Strafbarkeit bei Verstößen enthielt aber weder das Genfer Recht noch das Haager Recht von 1899 und 1907, allerdings schränkte es eine Verfolgung von Verstößen durch den verletzten Staat auch nicht ein,[93] und natürlich ebenso wenig eine Verfolgung nach dem Militärstrafrecht oder Strafrecht desjenigen Staates, dessen Streitkräften der Täter angehörte.[94]

Hinzuzufügen bleibt, dass die europäischen Staaten die Regeln des Kriegsvölkerrechts nur in Kriegen mit „zivilisierten" Staaten anwendeten, ihr Geltungsbereich also nach Auffassung der Zeit auf Europa und

---

[92] Extensive Auflistungen bei *David*, Principes de droit des conflits armés, S. 51 ff. und *Ipsen*, Völkerrecht, S. 1197 ff. Abgedruckt bei *Schindler/Toman*, No. 9, 2, 4, 7, 40, 24, 10, 11, 42, 5, 6, 8, 112, 76, 77, 78, 79, 43, 80, 81, 113, 25; zum Teil auch bei *Grewe*, Fontes historiae iuris gentium, Band III/1, S. 556 f., 576 ff. und 600 ff.

[93] *Bremer*, Nationale Strafverfolgung internationaler Verbrechen gegen das humanitäre Völkerrecht, S. 53 und 78; *Engelhart*, Jura 2004, 734, 735 m.w.N. Vgl. *Dahm/Delbrück/Wolfrum*, Völkerrecht, S. 1052, wo auch auf die eingeschränkten Ansätze in Art. 41 und 51 Abs. 2 der Haager Landkriegsordnung hingewiesen wird, ebenso *von Mangoldt*, JIAÖR 1 (1948), 283, 301.

[94] *Von Mangoldt*, JIAÖR 1 (1948), 283, 301 ff. m.w.N.

(das zu jener Zeit in Fragen der Kriegsführung als irrelevant erachtete) Nordamerika beschränkt war.[95] In den häufigen Kolonialkriegen der imperialistischen Epoche war hingegen der größte Teil des *ius in bello* außer Kraft gesetzt mit der Folge, dass diese Konflikte entsprechend grausam und unbarmherzig geführt wurden. Auch die „Hunnenrede" *Wilhelms II.*, in der dieser im Zusammenhang mit der Entsendung von Expeditionsstreitkräften nach China im Rahmen des Boxeraufstandes (1900) von den deutschen Soldaten forderte, Pardon werde nicht gegeben, legt hierfür Zeugnis ab. Im Burenkrieg wurde um die gleiche Zeit die (europäischstämmige) Zivilbevölkerung des Gegners von den Briten in *concentration camps* interniert, um den Kämpfern Unterstützung zu nehmen und sie zu isolieren.

6. Der Erste Weltkrieg und seine Folgen

Die Besinnung der europäischen Staaten auf die ihnen gemeinsame humanitäre Überzeugung und deren Kodifizierung konnten nicht verhindern, dass die Logik der Bündnispolitik die Großmächte 1914 in den Ersten Weltkrieg – die „Urkatastrophe" des 20. Jahrhunderts – trieb. Der extensiven Regelung des *ius in bello* war keinerlei Einschränkung des *ius ad bellum* gefolgt, so dass insoweit keine rechtliche Schranke bestand. Zudem machte die nun erstmals massiv zur Geltung kommende Technisierung des Krieges viele Regeln zu seiner Zähmung vergleichsweise wirkungslos. Selbst eine im Vergleich zu späteren Konflikten noch recht weitgehende Einhaltung des Kriegsrechts[96] vermochte folglich die Leiden des Krieges nicht bedeutend zu lindern, da sie durch die (rechtlich überwiegend zulässige) Art der Kriegsführung (*trench warfare*, Maschinengewehre, schwere Artillerie, Infanterieangriffe auf stark befestigte Stellungen, Strategie des „Ausblutens" des Gegners, Giftgas) konterkariert wurde. Bezeichnend ist, dass die Prozesse wegen Kriegsverbrechen im Ersten Weltkrieg sich denn auch schwerpunktmäßig um Sachverhalte drehten, die nicht in den großen Schlachten in Ostpreußen, Frankreich, Italien und Flandern verortet werden können, sondern

---

95 *Hankel*, Die Leipziger Prozesse, S. 231 f.

96 Vgl. *Levie*, Terrorism in War, S. 18, dortige Fn. 76: „… another author says: ‚There is no question that atrocities in World War I did occur on both sides, but it is certain that they were far less numerous than was almost universally believed at the time.'"

sich auf die Behandlung der Zivilbevölkerung in besetzten Gebieten und von Kriegsgefangenen sowie auf den Seekrieg in Form des U-Boot-Krieges beziehen.[97]

a) Das Bestrafungsverlangen des Versailler Vertrages

Nach Auffassung der Alliierten kam eine Amnestie nicht in Betracht. Stattdessen sollte ein international besetztes Tribunal über den vormaligen Kaiser zu Gericht sitzen:

> „Die alliierten und assoziierten Mächte stellen Wilhelm II. von Hohenzollern, vormaligen Kaiser von Deutschland, wegen schwerster Verletzung des internationalen Sittengesetztes und der Heiligkeit der Verträge unter öffentliche Anklage. Ein besonderer Gerichtshof wird eingesetzt, um über den Angeklagten unter Wahrung der wesentlichen Bürgschaften des Rechts auf Verteidigung zu Gericht zu sitzen. [...] Der Gerichtshof urteilt auf Grundlage der erhabensten Grundsätze der internationalen Politik; Richtschnur ist für ihn, den feierlichen Verpflichtungen und internationalen Verbindlichkeiten ebenso wie dem internationalen Sittengesetze Achtung zu verschaffen. Es steht ihm zu, die Strafe zu bestimmen, deren Verhängung er für angemessen erachtet."[98]

Ob und inwieweit es sich bei einem etwaigen Verfahren um ein „vorweggenommenes Nürnberg" gehandelt hätte, ist mehr als fraglich. Der Gerichtshof wäre wohl nur der Form nach im Rahmen eines Strafprozesses tätig geworden, dem Inhalt nach aber ausschließlich politischen

---

[97] Vgl. *Levie*, S. 30 ff. Ausgeklammert bleibt in diesem Zusammenhang der Massenmord an den Armeniern im Osmanischen Reich, dem von 1915 an 500.000 bis eine Million Menschen zum Opfer fielen, *Werle*, Völkerstrafrecht, Rn. 650 und 13; zum Ganzen: *Herde*, Command Responsibility, S. 58 ff.; *Möller*, Völkerstrafrecht und Internationaler Strafgerichtshof, S. 50 ff. Zum einen liegt hier der Schwerpunkt auf der etwaigen Erfüllung des heutigen Völkermordtatbestandes, zum anderen ist fraglich, ob es sich nach damaliger Auffassung nicht um eine interne türkische Angelegenheit handelte, vgl. *Engelhart*, Jura 2004, 734, 736. Siehe noch *Erickson*, JSS 28 (2005), 529, 532 ff., der Maßnahmen der ottomanischen Armee behandelt, die nicht zwingend mit Kriegsverbrechen einhergingen.

[98] Art. 227 Versailler Vertrag (Friedensvertrag mit dem Deutschen Reich, RGBl. 1919 II, S. 687 ff.) Abgedruckt teilweise auch in *Grewe*, Fontes historiae iuris gentium, Band III/1, S. 683 ff.

Leitlinien verpflichtet gewesen.[99] Das in Aussicht genommene Verfahren sollte nie stattfinden. Es scheiterte daran, dass die Niederlande – in die *Wilhelm II.* gegen Ende des Krieges ins Exil gegangen war – 1920 das Auslieferungsbegehren der Alliierten mit der Begründung ablehnten, die Niederlande seien erstens keine Vertragspartei des Versailler Vertrages und daher an dessen Bestimmungen nicht gebunden, zweitens seien die vorgeworfenen Vergehen dem niederländischen Recht unbekannt, drittens seien die Vorwürfe eher politischer als strafrechtlicher Natur, zudem gelte die Tradition des politischen Asyls.[100] Die Niederlande würden sich „der neuen Ordnung der Dinge" dann anschließen, „wenn in der Zukunft durch den Völkerbund eine internationale Rechtsprechung geschaffen werden sollte, die befugt wäre, im Falle eines Krieges über die Taten Recht zu sprechen, die durch ein vorher ausgearbeitetes Statut zu Verbrechen gestempelt und als solche sanktioniert sind …".[101]

---

[99] *Ahlbrecht*, Geschichte der völkerrechtlichen Strafgerichtsbarkeit im 20. Jhd., S. 37 m.w.N. Vgl. auch *Bass*, Stay the Hand of Vengeance, S. 64 ff. Für eine Strafbarkeit des Angriffskrieges 1914 gab es keine Anhaltspunkte. Art. 231 des Versailler Vertrages enthielt allerdings die sogenannte Kriegsschuldthese, die die politische Verantwortung am Kriegsausbruch alleine dem Deutschen Reich gab; vgl. noch *Hankel*, Die Leipziger Prozesse, S. 50 f. m.w.N. und *Schwengler*, Völkerrecht, Versailler Vertrag und Auslieferungsfrage, S. 113. Den Strafbestimmungen des Versailler Vertrages (Art. 227 und 230) wurde von deutscher Seite neben politischem Widerstand der Grundsatz *nullum crimen, nulla poena sine lege* (§ 2 Abs. 1 RStGB) entgegengehalten, vgl. *Ahlbrecht*, S. 36 und 44 f.

Da die Absichten der Alliierten mehr politischer denn rechtlicher Natur waren, bleiben sie allerdings im Dunkeln, so wäre nicht auszuschließen gewesen, dass auch eine Verurteilung *Wilhelms II.* wegen Kriegsverbrechen via Vorgesetztenverantwortlichkeit angestrebt worden wäre. Bei Kriegsverbrechen wäre das Rückwirkungsverbot kein derartiges Hindernis gewesen. Der Kaiser war indes nur nominell Oberbefehlshaber der deutschen Truppen (nach Art. 63 RV), faktisch wurden diese von der Obersten Heeresleitung geführt; vgl. *Clark*, Preußen, S. 696. Daher wäre ein dementsprechender Nachweis jenseits der formalen Befehlsstrukturen schwierig gewesen.

[100] Antwortnote der niederländischen Regierung vom 21. Januar 1920 auf das Auslieferungsbegehren, abgedruckt in *Grewe*, Fontes historiae iuris gentium, Band III/1, S. 730 f.; vgl. *Ahlbrecht*, Geschichte der völkerrechtlichen Strafgerichtsbarkeit im 20. Jhd., S. 35 f.

[101] Antwortnote der niederländischen Regierung, *Grewe*, S. 730 f.; vgl. *Clark*, S. 698.

Diese Ansicht fasste die bestehenden Bedenken zusammen und reflektierte auch die an *nullum crimen, nulla poena sine lege* (in der Ausprägung des Rückwirkungsverbotes) orientierte amerikanische Meinung.[102]

Damit kam „nur“ noch eine Strafverfolgung deutscher Kriegsverbrechen auf Grundlage der Art. 228 ff. Versailler Vertrag in Betracht. Demnach hatte die deutsche Regierung auf alliiertes Verlangen Personen auszuliefern, die beschuldigt werden „sich gegen die Gesetze und Gebräuche des Krieges vergangen zu haben“ (Art. 228 Versailler Vertrag), ohne Rücksicht auf eine etwaige deutsche Verfolgung. Die Beschuldigten sollten vor Militärgerichte der Alliierten gestellt werden (Art. 228 und 229 Versailler Vertrag), die deutsche Regierung sollte Beweismaterial liefern (Art. 230 Versailler Vertrag).

b) Die „Leipziger Prozesse“

Die Reichsregierung war bemüht, Auslieferungen zu verhindern. Das „Gesetz zur Verfolgung von Kriegesverbrechen und Kriegsvergehen“ vom 18. Dezember 1919[103] sah für Kriegsverbrechen Deutscher die abschließende (erst- und letztinstanzliche) Zuständigkeit des Leipziger Reichsgerichts vor (§ 1). Die Verwendung des Begriffes „Kriegsverbrechen“ ist in diesem Zusammenhang allerdings insofern etwas irreführend, als im Strafrecht des Deutschen Reiches keine Bestimmungen vorhanden waren, die sich als spezielle Regelungen der Tatbestände der Kriegsverbrechen angenommen hätten. Vielmehr regelte das Gesetz zur Verfolgung von Kriegsverbrechen vor allem die Frage der Zuständigkeit des Reichsgerichts und die Verfolgungspflicht des Oberreichsanwaltes bei Begehung der Tat im Ausland, wenn die Tat auch nach Tatortrecht mit Strafe bedroht ist (§ 2).

Für die „Leipziger Prozesse“ spielte damit also insbesondere die von einer alliierten Kommission, die in Versailles ins Leben gerufen worden war, erarbeitete Liste 32 „eigentlicher“ Kriegsverbrechen[104] keine Rolle.

---

[102] *Dahm/Delbrück/Wolfrum*, Völkerrecht, S. 1026; *Krivec*, Von Versailles nach Rom, S. 37 ff.; *von Puttkamer*, AVR 1 (1948/49), 424, 432.

[103] RGBl. 1919, S. 2125 ff.

[104] *Commission des responsabilités des auteurs de la guerre* oder sogenannte „Kommission der 15“. Die Liste ist abgedruckt in AJIL 14 (1920), Supplement 114 und in deutscher Übersetzung bei *von Puttkamer*, AVR 1 (1948/49), 424, 444 f.; *Schwengler*, Versailler Vertrag und Auslieferungsfrage, S. 100 f. und *Zan-*

Mit Verabschiedung des Reichsgesetzes nahm man der Überreichung der alliierten Auslieferungsliste an den Reichskanzler am 07. Februar 1919 die Spitze.[105]

Tatsächlich – und völlig unerwartet – verzichteten die mittlerweile uneinigen und eine weitere Destabilisierung Deutschlands fürchtenden Alliierten auf die Auslieferung.[106]

Von 1921 bis 1927 waren daher Reichsanwaltschaft und Reichsgericht mit mehreren hundert Verfahren befasst: Insgesamt wurden 907 Verfahren auf der Grundlage alliierter Auslieferungslisten anhängig gemacht, 837 weitere Verfahren nahm das Reichsgericht aus eigener Initiative auf.[107] Die ganz überwiegende Zahl der Verfahren wurde jedoch in nichtöffentlicher Sitzung durch Beschluss oder vom Oberreichsanwalt durch Verfügung eingestellt, so dass es nur in 17 Fällen zu einer Hauptverhandlung kam, nur neun Verfahren endeten mit einem Sachurteil mit dem Resultat von sechs Verurteilungen und sechs Freisprüchen, die verhängten Strafen wurden in keinem Falle vollständig vollstreckt.[108]

Den Verfahren wurde durchweg deutsches Recht zugrunde gelegt, das heißt es kamen ausschließlich Tatbestände des Reichsstrafgesetzbuches und Militärstrafgesetzbuches zur Anwendung. Das deutsche Recht – und das sollte sich erst 2002 mit dem Völkerstrafgesetzbuch ändern – kannte keine eigenen Tatbestände für Kriegsverbrechen. Anklage und Verurteilung in den „Leipziger Prozessen" beruhten also alleine auf den auf „gewöhnliche" Kriminalität, beziehungsweise Sicherung der militärischen Disziplin, gemünzten Normen des RStGB und des MStGB.

---

der, Das Verbrechen im Kriege, S. 4 f. Diese Liste war 1943 aber ein Wegweiser für die *United Nations War Crimes Commission* sowie für nationale Gesetzgeber und Gerichte; *Schwengler*, S. 100 und *Zander*, S. 5. Sie ist daher auch in *Anhang: Texte* wiedergegeben (als Nr. *1.*).

105 Ausführlich *Schwengler*, Völkerrecht, Versailler Vertrag und Auslieferungsfrage, S. 300 ff.

106 Siehe *Hankel*, Die Leipziger Prozesse, S. 46 ff.; *Schwengler*, Versailler Vertrag und Auslieferungsfrage, S. 335 ff.

107 *Ahlbrecht*, Geschichte der völkerrechtlichen Strafgerichtsbarkeit im 20. Jhd., S. 42 f.

108 *Hankel*, Die Leipziger Prozesse, S. 91, 97 ff. und 484; vgl. *Werle*, Völkerstrafrecht, Rn. 10.

Lediglich für die Frage nach der Rechtswidrigkeit einer Kriegshandlung rekurrierte das Reichsgericht auf Völkerrecht.[109] Diese Vorgehensweise hatte den Vorteil, dass eine Kritik der Verfahren anhand einer Argumentation mit dem *nullum crimen, nulla poena sine lege*-Grundsatz zumindest auf der Tatbestandsebene nicht möglich war.

Das deutsche Strafrecht entsprach nämlich zu jener Zeit dem Bestimmtheitsgrundsatz in seiner strengen kontinentaleuropäischen Ausprägung.[110]

Von Puttkamer stellt fest, dass „die Analyse der damaligen Vorgänge zeigt, dass schon der Erste Weltkrieg fast alle die Probleme sichtbar gemacht hat, die auch noch den Nürnberger Prozessen eigen sind."[111]

Dies kann aber nur mit der erheblichen Einschränkung gelten, dass die in den Prozessen von Nürnberg zur Anklage gebrachten Tatbestände direkt auf Völkerrecht beruhten und nicht lediglich Sachverhalte unter „klassisches", also nicht eigens auf die Verfolgung von Völkerrechtsverbrechen gemünztes, nationales Strafrecht subsumiert wurden; gerade hierin liegt ein Quantensprung, der Nürnberg dem Völkerstrafrecht ermöglichte.

Die Hauptbelastung der „Leipziger Prozesse" lag aber darin, dass sie als Siegerjustiz angesehen wurden und die Verfolgung von Kriegsverbrechen der deutschen Justiz überantwortet wurde, welche nicht bereit war, die deutschen Kriegsveteranen ernsthaft zu verfolgen.[112] Zwar wurde der Vorwurf der Siegerjustiz auch gegen die Nürnberger Prozesse ins

---

[109] *Hankel*, S. 155; *Jescheck*, Die Verantwortlichkeit der Staatsorgane nach Völkerstrafrecht, S. 65; *Werle*, Rn. 11. Vgl. RGSt 16, 165, 167 f. („Ligue des Patriotes" – „Patriotenliga"), dazu *Hankel*, S. 178.

[110] *Hankel*, S. 184. Soweit dort zu Recht ausgeführt wird, dass die (auf Ebene der Rechtswidrigkeit geprüften) Regeln des Kriegsrechts dem *völkerrechtlichen* Gehalt des *nullum crimen*-Grundsatzes entsprachen, so ist indessen festzustellen, dass dieser gegenüber dem innerstaatlichen deutschen Gehalt des Bestimmtheitsgrundsatzes wesentlich gelockert war (und es noch immer ist), insbesondere auch gewohnheitsrechtlich entstandene Regelungen umfasste (und noch immer umfasst).

[111] *Von Puttkamer*, AVR 1 (1948/49), 425, 448.

[112] Siehe *Hankel*, Die Leipziger Prozesse, S. 139 und 519. Allgemeiner *von Mangoldt*, JIAÖR 1 (1948), 283, 311 ff. m.w.N. Siehe aber auch *Herde*, Command Responsibility, S. 56 f., der auf die dürftige Beweislage hinweist.

Feld geführt, angesichts vollständiger Niederlage und totalen moralischen Bankrotts infolge augenfälliger massivster und systematisch begangener Kriegsverbrechen und insbesondere des *Holocaust* konnten sie dort aber sehr viel weniger durchdringen, obgleich das Argument noch dadurch als gestärkt angesehen werden konnte, dass Anklage und Richterbank durchweg mit Vertretern der Siegermächte besetzt waren und es sich um ein eigens errichtetes Gericht handelte.

c) Die Zeit zwischen den Weltkriegen

Das Völkerrecht der Zwischenkriegszeit war zuförderst durch Bemühungen geprägt, den Krieg zu ächten (insbesondere durch den Briand-Kellogg-Pakt von 1928).[113]

Die hier interessierenden Regelungen zum *ius in bello* waren primär humanitärrechtliche *lessons learned* aus den Schrecken des Ersten Weltkrieges. Regulierungen und Regulierungsversuche galten etwa dem Giftgas und dem uneingeschränkten U-Boot-Krieg.[114]

Die beiden Genfer Abkommen vom 27. Juli 1929[115] entwickelten das bestehende humanitäre Völkerrecht weiter.

In jener Zeit gewannen parallel mit Errichtung des Völkerbundsystems Stimmen, die die Einrichtung eines ständigen internationalen Strafgerichtshofes forderten, an Gewicht. Schon 1920 wurde von einem Juristenkomitee des Völkerbundes vorgeschlagen, dem Ständigen Internationalen Gerichtshof eine Sonderkammer beizugeben, die als Strafgericht zur Aburteilung auch von Kriegsverbrechen zuständig sein sollte.[116]

---

[113] Zu diesen Bestrebungen ausführlich: *Jescheck*, Die Verantwortlichkeit der Staatsorgane nach Völkerstrafrecht, S. 68 ff. und *Grewe*, Epochen der Völkerrechtsgeschichte, S. 728 ff.

[114] Washingtoner Protokoll zum Verbot des unbeschränkten U-Boot-Krieges und Giftgasprotokoll von 1922 (mangels Ratifizierung nicht in Kraft getreten); *Grewe*, Fontes historiae iuris gentium, Band III/2, S. 1199 f. und Genfer Giftgasprotokoll von 1925, RGBl. 1929 II, 274. Vgl. dazu *Levie*, Terrorism in War, S. 37 und noch *David*, Principes de droit des conflits armés, S. 53.

[115] Genfer Abkommen über die Behandlung von Kriegsgefangenen und Genfer Abkommen zur Verbesserung des Loses der Verwundeten und Kranken der Heere im Felde, RGBl. 1934 II, S. 207 ff.

[116] Sogenannte Resolution *Descampes*; *Dahm/Delbrück/Wolfrum*, Völkerrecht, S. 1026 m.w.N.

Der Verzicht auf konkrete Strafbestimmungen führte aber zu erheblicher Kritik unter dem Aspekt *nullum crimen, nulla poena sine lege*, zudem sah man die staatliche Souveränität bedroht.[117] Die Völkerbundsversammlung wurde in dieser Sache nicht weiter tätig,[118] so dass Erkenntnisfortschritte im Bereich des Völkerstrafrechts in der Zwischenkriegszeit vor allem auf wissenschaftliche Arbeiten der Interparlamentarischen Union, der *International Law Association* und der *Association Internationale de Droit Pénal* beschränkt blieben.[119]

Nach der Ermordung des jugoslawischen Königs *Alexander* (1934) verabschiedeten 1937 insgesamt 31 Staaten zwei Konventionen zur Bekämpfung des Terrorismus und „pour la création d'une Cour pénale internationale",[120] die aber nicht ratifiziert wurden.

Das Völkerbundsystem stand der brutalen Kriegsführung (Giftgaseinsatz eingeschlossen) des unter *Mussolini* nach imperialer Größe strebenden Italien im Äthiopien-Krieg (1935/36) ebenso hilflos gegenüber wie dem japanischen Angriff auf China mit schwersten Massakern in der Stadt Nanking (1937/38).

Der Spanische Bürgerkrieg (1936-1939), um nur einen weiteren Konflikt der Zeit besonders herauszugreifen, wurde zudem unter dem Einfluss der konkurrierenden Ideologien des Kommunismus und des Faschismus besonders brutal geführt[121] und nahm damit bereits Elemente des Zweiten Weltkrieges vorweg, welche namentlich während des Krieges im Osten wirksam werden sollten.

---

[117] *Ahlbrecht*, Geschichte der völkerrechtlichen Strafgerichtsbarkeit im 20. Jhd., S. 47 f.

[118] *Ahlbrecht*, S. 48; *Dahm/Delbrück/Wolfrum*, S. 1026.

[119] Dazu ausführlich *Ahlbrecht*, S. 49 ff. und besonders *Krivec*, Von Versailles nach Rom, S. 40 ff.

[120] Vom 16.11.1937, LN Doc. C. 546 (1). M. 383 (1). 1937. *Dahm/Delbrück/Wolfrum*, S. 1026 f.

[121] *Beevor*, Der Spanische Bürgerkrieg, S. 109 ff., 118 ff., 158 f. und 530 ff. Besonders im Gedächtnis blieb – nicht zuletzt wegen *Pablo Picassos* berühmtem Gemälde über das Ereignis – die Bombardierung und Zerstörung der baskischen Stadt Guernica durch die deutsche „Legion Condor"; *Beevor*, S. 296 ff.

II. Die Kriegsverbrecherprozesse nach dem Zweiten Weltkrieg

1. Einleitend: Kriegsverbrechen im Zweiten Weltkrieg

Im Zweiten Weltkrieg waren die schweren Verstöße gegen das Kriegsrecht so häufig, brutal und ohne Maß wie in keinem Konflikt zuvor oder danach.

Grundsätzlich gilt es auf dem europäischen Kriegsschauplatz zwischen dem Krieg im Westen (die deutschen Angriffe auf Dänemark und Norwegen, die Niederlande, Belgien, Luxemburg und Frankreich 1940, später auch der Krieg in Italien [ab 1943] und der alliierte Vormarsch im Westen 1944/45), den „Nebenkriegsschauplätzen" (Luft- und Seekrieg, Jugoslawien und Griechenland, Nordafrika) und dem Krieg im Osten (deutsche Angriffe gegen Polen 1939 und gegen die Sowjetunion ab 1941 sowie den sowjetischen Vormarsch ab 1943/44) zu unterscheiden.

Sehr vergröbernd kann man sagen, dass der Krieg im Westen und auf den „Nebenkriegsschauplätzen" zwar durch eine Vielzahl teilweise schwerster Kriegsverbrechen mitgeprägt war, der Krieg im Osten aber seinem Charakter als – von deutscher Seite aus – Eroberungs- und Vernichtungsfeldzug zur Gewinnung von „Lebensraum" und – von beiden Seiten aus – Weltanschauungskrieg gemäß in ganz anderer Weise und mit radikalem Vernichtungswillen geführt wurde.

Stieß im Ersten Weltkrieg der Vorschlag *Willhelms II.*, russische Kriegsgefangene auf der kurischen Nehrung verhungern zu lassen, auf empörte Ablehnung der Generalität, so wurden sowjetische Kriegsgefangene nunmehr systematisch vernichtet.[122]

Exemplarisch ist die Reaktion des OKW-Chefs Generalfeldmarschall *Keitel* auf einen Protest des Abwehrchefs Admiral *Canaris* gegen die unmenschliche Behandlung sowjetischer Kriegsgefangener vom 15. September 1941. *Keitel* antwortete:

---

[122] Siehe die Feststellungen des IMT, Urteil von Nürnberg, S. 100 ff. In den ersten Wochen des Unternehmens „Barbarossa" – des deutschen Angriffs auf die Sowjetunion – wurden nach Historikerangaben etwa 600.000 gefangene Rotarmisten ermordet, insgesamt starb von 6 Millionen gefangenen Rotarmisten während des Krieges jeder Zweite; *Ferguson*, FAZ vom 20.10.2006, S. 37 und *Herde*, Command Responsibility, S. 217. Korrekt war demgegenüber die Behandlung kriegsgefangener Briten durch die Deutschen und *vice versa*; vgl. z.B. *Lauterpacht*, BYIL 29 (1952), 360, 373.

„Die Bedenken entsprechen den soldatischen Auffassungen vom ritterlichen Krieg! Hier handelt es sich um die Vernichtung einer Weltanschauung! Deshalb billige ich diese Maßnahmen und decke sie!“[123]

Neben speziell gegen bestimmte Gruppen gerichteten Maßnahmen (Nacht- und Nebel-Erlass, Kommissarbefehl, Ermordung der Juden, Tötung von Intellektuellen) wurden auch gegen die übrige Bevölkerung der besetzten Gebiete im Osten Verbrechen verübt als „Teil eines Planes, der darauf zielte, die ganze einheimische Bevölkerung durch Austreibung und Vernichtung zu beseitigen ...“.[124] Die sowjetische Art der Kriegsführung war als Reaktion hierauf ähnlich brutal, namentlich was die systematische Tötung und Misshandlung von Kriegsgefangenen anging.[125]

Die Kriegsführung im Westen und auf den „Nebenkriegsschauplätzen“ war zwar nicht dieser Art, aber doch mit zahllosen Verstößen gegen das humanitäre Völkerrecht behaftet – der entscheidende Unterschied ist aber, dass das Maß an Systematik im Vergleich zum Krieg im Osten weit weniger ausgeprägt war. Es wäre daher eine uferlose Aufzählung von Einzelfällen notwendig, hier seien nur beispielhaft einige wenige genannt: Massaker an gefangenen französischen Kolonialtruppen bereits 1940,[126] *Hitlers* „Kommandobefehl“,[127] die Exekution geflohener und wieder ergriffener Kriegsgefangener,[128] die exzessive Tötung von Zivilisten nach Partisanenaktionen,[129] die Beschießung Schiffbrüchiger und

---

[123] IMT, Urteil von Nürnberg, S. 103 f. und 188; vgl. IMT, Der Prozess gegen die Hauptkriegsverbrecher, Band II, S. 500 ff. mit der Aussage des Canaris-Mitarbeiters *Lahousen*.

[124] IMT, Urteil von Nürnberg, S. 111.

[125] Ausführlich *de Zayas*, Die Wehrmacht-Untersuchungsstelle, S. 273 ff. Bereits im Frühjahr 1940 waren tausende polnische Offiziere, die im September 1939 in sowjetische Kriegsgefangenschaft geraten waren, im Wald von Katyn von den Sowjets erschossen worden.

[126] Siehe *Scheck*, Die ZEIT (Nr. 3/2006) vom 12. Januar 2006: „Keine Kameraden“, S. 88.

[127] Die Anordnung, dass hinter den Linien gelandete *Commandos* zu töten seien, selbst wenn sie sich ergeben wollen; vgl. IMT, Urteil von Nürnberg, S. 99; *Levie*, Terrorism in War, S. 308 ff.

[128] Vgl. IMT, Urteil von Nürnberg, S. 100.

[129] Namentlich in Jugoslawien, Griechenland und Italien, 1944 auch in Frankreich (SS-Massaker an den Bewohnern von Oradour-sur-Glane). Teilweise war

die Versenkung gekennzeichneter Lazarettschiffe durch beide Seiten,[130] die Ermordung tausender italienischer Soldaten durch ihre ehemaligen deutschen Verbündeten auf der griechischen Insel Kephallonia infolge des Umbruchs in Italien 1943, das strategische Flächenbombardement (Coventry, London, Hamburg, Dresden, etc.).[131]

Im besten Falle wurde das Kriegsrecht mitunter auch weitestgehend von beiden Seiten eingehalten, was auf Seiten der Achsenmächte, besonders des Deutschen Reiches, oft vom Verhalten des jeweiligen Kommandeurs abhing.[132]

Bemerkenswert ist immerhin, dass es trotz umfangreicher Vorräte beider Seiten nicht zum Einsatz von Kampfgasen oder biologischen Waffen (etwa Milzbrand) kam.

Auf dem pazifischen Kriegsschauplatz wurden amerikanische und britische Kriegsgefangene vielfach misshandelt und kamen bei Arbeiten unter unerträglichen Bedingungen zu Tode (z.B. der „Todesmarsch von Bataan"),[133] für die japanischen Truppen wurde ein Bordellsystem mit Zwangsprostituierten („comfort women") organisiert,[134] an chinesischen

---

die Tötung von Zivilisten nach damaligem Kriegsrecht als Repressalie völkerrechtskonform, allerdings waren vielfach die Voraussetzungen für eine zulässige Repressalie nicht gegeben, insbesondere waren von den deutschen Vergeltungsaktionen unverhältnismäßig viele Personen betroffen; zum Ganzen *Kämmerer*, AVR 37 (1999), 283, 287 ff. Vgl. zum umstrittenen Proportionalitätserfordernis *Ostendorf*, in: *Hankel/Stuby*, Strafgerichte gegen Menschheitsverbrechen, 73, 91 f. m.w.N.

[130] *De Zayas*, Die Wehrmacht-Untersuchungsstelle, S. 366 ff. und 392 ff.

[131] Dazu *Lippman*, Cal. W. Int'l L.J. 33 (2002), 1, 15 ff. Da die Alliierten ebenso wie das Deutsche Reich im Rahmen der jeweiligen militärischen Fähigkeiten einen umfassenden Bombenkrieg mit zahllosen zivilen Opfern führten, kam es nach dem Zweiten Weltkrieg zu keinem Verfahren wegen des Luftkrieges, obwohl sich mit *Göring* der Chef der Luftwaffe in Nürnberg auf der Anklagebank befand; *Levie*, Terrorism in War, S. 375. Es wurde also unausgesprochen nach dem Einwand *tu quoque* verfahren.

[132] So im Krieg in Nordafrika (1940/41-1943). Der britische Premier *Churchill* äußerte sich im Januar 1942 in einer Rede im Unterhaus anerkennend über das Verhalten und die Person des deutschen Kommandeurs in Afrika, Generalfeldmarschall *Rommel*, siehe *Churchill*, Der Zweite Weltkrieg, S. 485.

[133] *Herde*, Command Responsibility, S. 14; *Levie*, Terrorism in War, S. 290 ff.

[134] Dazu *Möller*, Völkerstrafrecht und Internationaler Strafgerichtshof, S. 360 f. m.w.N.

Kriegsgefangenen und Zivilisten wurden zum qualvollen Tode führende Humanexperimente durchgeführt.[135] Die USA führten Flächenbombardements auf zivile Gebiete durch und zerstörten die japanischen Städte Hiroshima und Nagasaki Anfang August 1945 mit Atomwaffen.[136]

2. *Die alliierten Pläne zur Verfolgung von Kriegsverbrechen*

Diese bislang nicht erlebten Verstöße gegen das Kriegsrecht ließen auf alliierter Seite die Entschlossenheit wachsen, die deutsche Führung hierfür zur Verantwortung zu ziehen. Bereits am 25. Oktober 1941 erklärten *Churchill* und *Roosevelt* (als Präsident einer formell noch neutralen Macht) dementsprechend die Vergeltung für Kriegsverbrechen zu einem der Hauptkriegsziele und auch die Sowjetunion drohte im November 1941 und im Januar 1942 die Bestrafung der deutschen Regierung an.[137] Teilweise auf die Erklärung vom 25. Oktober 1941 Bezug nehmend erhob die *St. James' Declaration* vom 13. Januar 1942[138] präziser die *gerichtliche* Bestrafung zum Hauptkriegsziel. An die Stelle der *Inter-Allied Commission* trat ab 1942/43 die *United Nations Commission for the Investigation of War Crimes* (UNWCC).[139] Sie war damit betraut, Ermittlungen über deutsche Kriegsverbrechen aufzunehmen und so spätere Prozesse vorzubereiten. In der Moskauer *Declaration of German Atrocities*[140] bekundeten die Alliierten ihren Willen zur Verfol-

---

[135] Ausführlich *Bärnighausen*, Medizinische Humanexperimente der japanischen Truppen für biologische Kriegsführung in China 1932-1945, S. 48 f., 137 ff.

[136] Dazu *Lippman*, Cal. W. Int'l L.J. 33 (2002), 1, 17 ff.

[137] *Jescheck*, Die Verantwortlichkeit der Staatsorgane nach Völkerstrafrecht, S. 121 f.; vgl. *Dahm/Delbrück/Wolfrum*, Völkerrecht, S. 1027.

[138] Durch die die *Inter-Allied Commission on the Punishment of War Crimes* bildenden neun in London ansässigen europäischen Exilregierungen, unter Anwesenheit von Vertretern der alliierten Großmächte und der Länder des *Commonwealth*; *Jescheck*, Die Verantwortlichkeit der Staatsorgane nach Völkerstrafrecht, S. 122.

[139] *Jescheck*, S. 123 und 128 ff. Die Selbstbezeichnung der Alliierten als „United Nations" bereits 1942/43 ist freilich aus heutiger Sicht etwas missverständlich; *Werle*, Völkerstrafrecht, Rn. 17.

[140] AJIL 38 (1944), Supplement 7 und *Grewe*, Fontes historiae iuris gentium, Band III/2, S. 1189 ff.

gung der Kriegsverbrecher und legten fest, dass die Hauptkriegsverbrecher, deren Taten sich nicht einem bestimmten geographischen Gebiet zuordnen ließen „be punished by the joint decision of the Governments of the Allies“, während andere Verantwortliche in den Ländern verurteilt werden sollten, in denen sich ihre Taten während des Krieges ereignet hatten.

Allen diesen Erklärungen gemeinsam ist, dass sie sich auf Kriegsverbrechen im engeren Sinne beschränkten.[141] Ob diesen Erklärungen tatsächlich ein gerichtliches Verfahren folgen würde, blieb allerdings im Kriegsverlauf zunächst noch offen: *Stalin* hatte noch 1943 den Vorschlag gemacht, 50.000 Deutsche aus der Führungsschicht ohne Verfahren hinzurichten und *Churchill* und *Roosevelt* waren jedenfalls geneigt dies mit der obersten nationalsozialistischen Parteiführung (ca. 50-100 Personen) zu tun,[142] was allerdings an den unterschiedlichen Interessen der Alliierten und dem kritischen Echo in der angelsächsischen Presse scheiterte.[143] Zu Anfang der Präsidentschaft *Trumans* wurden diese Vorschläge endgültig *ad acta* gelegt und mit dem Kriegsende in Europa stand fest, dass ein gerichtliches Verfahren stattfinden würde.[144]

Grundlage für die Bestrafung der deutschen Hauptkriegsverbrecher wurde das mit dem Londoner Viermächteabkommen vom 08. August 1945[145] vereinbarte Statut des Internationalen Militärgerichtshofes[146] (*International Military Tribunal*, IMT). Nach Artikel 6 des Statuts sollte das IMT zuständig sein für die Verfolgung von Verbrechen gegen den Frieden, Verbrechen gegen die Menschlichkeit und Kriegsverbrechen.[147]

---

141 Die Strafbarkeit des Angriffskrieges wurde hier noch nicht ins Feld geführt; *Jescheck*, S. 124.

142 *Bass*, Stay the Hand of Vengeance, S. 158 ff. und 181; *Hattenhauer*, Europäische Rechtsgeschichte, S. 721; vgl. *Bassiouni*, in: *Hankel/Stuby*, Strafgerichte gegen Menschheitsverbrechen, S. 33 (dortige Fn. 32); *Meltzer*, Valparaiso University L.R. 30 (1996), 895, 901.

143 *Hattenhauer*, a.a.O.

144 *Levie*, Terrorism in War, S. 46 f.

145 IMT, Der Prozess gegen die Hauptkriegsverbrecher, Band I, S. 7 ff.

146 IMT, Der Prozess gegen die Hauptkriegsverbrecher, Band I, S. 10 ff.

147 Art. 6 b) IMT-Statut: „War Crimes: namely, violations of the laws and customs of war. Such violations shall include, but not be limited to, murder, ill-treatment or deportation to slave labor or for any purpose of civilian population of or in occupied territory, murder or ill-treatment of prisoners of war or

3. Die Prozesse von Nürnberg und Tokio gegen die Hauptkriegsverbrecher

Der Prozess gegen die Hauptkriegsverbrecher[148] wurde am 18. Oktober 1945 in Berlin als offiziellem Sitz des IMT eröffnet und ab dem 20. November in Nürnberg in der amerikanischen Besatzungszone fortgeführt – einer Stadt mit einem weitgehend unzerstörten Justizpalast und erheblicher Symbolwirkung als Ort der Reichsparteitage der Nationalsozialisten. Nach 218 Verhandlungstagen und umfassender Beweisführung wurde am 30. September und 01. Oktober 1946 das Urteil verkündet: *Wegen der Begehung von Kriegsverbrechen* wurden 16 der 22 Angeklagten, über die ein Urteil gefällt wurde, schuldig gesprochen.[149]

Kritik an Nürnberg entzündete sich daran, dass die Sieger über die Besiegten zu Gericht saßen ohne eigene Kriegsverbrechen zur Anklage zu bringen und IMT-Statut sowie Verfahrensordnung auf eine Verurteilung angelegt schienen.[150] Zudem warf die Besetzung des Gerichts und der Anklage Fragen auf: Das Statut des Gerichtshofes wurde von denselben Juristen entworfen, die später führende Rollen im Prozess einnahmen.[151] Insbesondere die neuen Tatbestände der Verbrechen gegen die Menschlichkeit (die aber immerhin weitgehend ihre auf „gewöhnliche“ Kriminalität gemünzte „Spiegelung“ in den nationalen Strafgesetzen fanden)[152] und vor allem des Angriffskrieges (dessen Strafbarkeit

persons on the seas, killing of hostages, plunder of public or private property, wanton destruction of cities, towns or villages, or devastation not justified by military necessity; ...“.

148 Wobei diese Bezeichnung nicht auf alle Angeklagten passt, z.B. den (freigesprochenen) *von Papen*.

149 IMT, Urteil von Nürnberg, S. 172 ff. Im Einzelnen: *Göring*, *von Ribbentrop*, *Keitel*, *Kaltenbrunner*, *Rosenberg*, *Franck*, *Frick*, *Funk*, *Dönitz*, *Raeder*, *Sauckel*, *Jodl*, *Seyß-Inquart*, *Speer*, *von Neurath*, *Bormann*. Bis auf *Funk*, *Dönitz*, *Raeder*, *Speer* und *von Neurath* wurden sie zum Tode verurteilt.

150 Zusammenfassend *Hattenhauer*, Europäische Rechtsgeschichte, S. 722 ff.; *Levie*, Terrorism in War, S. 57 ff.; *Werle*, Völkerstrafrecht, Rn. 24 ff.

151 *Burchard*, JICJ 4 (2006), 800, 802 f.; *Levie*, Terrorism in War, S. 62 f.; *Meltzer*, Valparaiso University L.R. 30 (1996), 895, 896.

152 In diesem Sinne der Anklagevertreter Großbritanniens, *Shawcross*, in: IMT, Der Prozess gegen die Hauptkriegsverbrecher, Band III, S. 108: „Wenn Mord, Vergewaltigung und Raub nach den ordentlichen nationalen Gesetzen unserer Länder anklagbar sind, sollen dann diejenigen von der Anklage frei sein, die sich von gemeinen Verbrechern nur durch das Ausmaß und die systemati-

zuvor nicht unstreitig nachweisbar war[153] und der auch gegenwärtig problembehaftet ist) wurden zum Gegenstand der Kritik an Nürnberg.

Bei allen diesen Einwänden darf aber nicht verkannt werden, dass die Abweichung von überkommenen Grundsätzen und eine damit einhergehende Kritisierbarkeit unter dem Aspekt *nullum crimen, nulla poena sine lege* namentlich in der Ausprägung des Rückwirkungsverbotes die weitere Entwicklung des Völkerstrafrechts erst möglich gemacht hat,[154] mit anderen Worten also die erstmalige Durchbrechung überkommener Grundsätze, die die Täter makrokriminellen Unrechts schützten, nach dem Zweiten Weltkrieg angezeigt war. Vom heutigen Standpunkt aus ist zu sagen, dass die notwendig unvollkommene und kritisierbare Nürnberger Rechtsprechung es dem Völkerstrafrecht erst ermöglicht hat, den aktuellen Entwicklungsstand zu erreichen. Zu Recht konnten daher das IMT-Statut und die Rechtsprechung von Nürnberg durch vielfältige Bestätigung zu Völkergewohnheitsrecht erwachsen.[155] Eine Nichtbestrafung oder eine summarische Exekution der Haupttäter hätte angesichts des Umfanges und der Systematik der im vorangegangenen Krieg begangenen Verbrechen der Idee des Völkerstrafrechts jede Grundlage und Zukunftsfähigkeit genommen.

Zudem ist im Rahmen der vorliegenden Arbeit erwähnenswert, dass gerade der Anklagepunkt der Kriegsverbrechen die genannten Probleme kaum aufwarf, da im Kriegsrecht bereits seit langem anerkannt war, dass schwere Verstöße auch strafbar seien und auf die Haager (1907) und Genfer (1929) Konventionen Bezug genommen werden konnte.[156]

---

sche Natur ihrer Freveltaten unterscheiden?“ Vgl. *Dahm/Delbrück/Wolfrum*, Völkerrecht, S. 1032; zustimmend aber auch einschränkend *Jescheck*, Die Verantwortlichkeit der Staatsorgane nach Völkerstrafrecht, S. 373.

[153] Ausführlich *Quaritsch*, in: Nachwort zu *Schmitt*, Das internationalrechtliche Verbrechen des Angriffskrieges und der Grundsatz „Nullum crimen, nulla poena sine lege“, S. 158 ff.

[154] Vgl. *Bassiouni*, Introduction to International Criminal Law, S. 24; *Doehring*, Völkerrecht, Rn. 1162.

[155] *Engelhart*, Jura 2004, 734, 737 m.w.N.; *Werle*, Völkerstrafrecht, Rn. 15 und 28; kritisch *Ahlbrecht*, Geschichte der völkerrechtlichen Strafgerichtsbarkeit im 20. Jhd., S. 95 f.; *Doehring*, Rn. 1168 und ablehnend *Krivec*, Von Versailles nach Rom, S. 30 f. m.w.N.

[156] IMT, Urteil von Nürnberg, S. 133: „Daß Verletzungen dieser Bestimmungen Verbrechen darstellten, für die die schuldigen Einzelpersonen strafbar waren, ist so allgemein anerkannt, daß darüber eine Erörterung nicht mehr zugelas-

Gerade aus der hier interessierenden Perspektive der Tatbestände der Kriegsverbrechen war die Strafverfolgung nach dem Zweiten Weltkrieg also vergleichsweise unproblematisch, das wesentliche Novum war in diesem Zusammenhang die Verfolgung durch ein internationales Tribunal statt durch eine nationale Militär- oder Strafgerichtsbarkeit. Einer derartigen Zuständigkeit steht bei Verbrechen gegen das Völkerrecht, die ja gerade dadurch gekennzeichnet sind, dass sie in eine internationale Dimension rücken, grundsätzlich nichts entgegen.[157]

Lediglich dem kontinentaleuropäischen Gehalt des Bestimmtheitsgrundsatzes konnte die Regelung des IMT-Statuts über die Kriegsverbrechen und auch die Regelung des Kontrollratsgesetzes Nr. 10 (dazu sogleich unter *4.*) nicht entsprechen, denn die nicht abschließende Aufzählung („... but not be limited to ...") verweist auf das gesamte Kriegsrecht und erlaubt damit dem Gericht selbst darüber zu entscheiden, welche einzelnen Handlungen als tatbestandsmäßig anzusehen sind.[158]

Ein gangbarer Weg, diese Problematik zumindest abzumildern hätte darin bestehen können, die Definition des Kriegsverbrechens auf die klassischen Fälle und auf die schweren Verstöße zu beschränken, jeden-

---

sen werden kann." Vgl. *Ahlbrecht*, S. 73 und 84 f.; *Bassiouni*, in: *Hankel/Stuby*, Strafgerichte gegen Menschheitsverbrechen, S. 22; *Burchard*, JICJ 4 (2006), 800, 807; *Dahm/Delbrück/Wolfrum*, Völkerrecht, S. 1031 f.; *Doehring*, Rn. 1164; *Jescheck*, Die Verantwortlichkeit der Staatsorgane nach Völkerstrafrecht, S. 180; *Jescheck/Weigend*, Lehrbuch des Strafrechts, Allgemeiner Teil, S. 124; *Werle*, Rn. 25; *Wright*, AJIL 41 (1947), 38, 59 f.; auch *Schmitt*, Das internationalrechtliche Verbrechen des Angriffskrieges und der Grundsatz „Nullum crimen, nulla poena sine lege", S. 15. Kritisch *Krivec*, S. 60 f. im Anschluss an *Quaritsch* im Nachwort zu *Schmitt*, S. 160 f.

[157] Vgl. *Dahm/Delbrück/Wolfrum*, S. 1032. Kritisch wieder *Krivec*, a.a.O., anschließend an *Quaritsch*, a.a.O., der „den rechtsstaatlichen Anspruch von *nullum crimen*" wohl nur durch eine nationale Gesetzgebung jener Zeit für erfüllt ansieht. Indessen haben die Tatbestände der Kriegsverbrechen ihre Wurzeln im Völkerrecht und gelangten nur durch Transformation ins nationale Recht. Die Zuständigkeit eines internationalen Gerichts hinsichtlich eines klar definierten Kernbestandes ist daher unbedenklich.

[158] *Jescheck*, Die Verantwortlichkeit der Staatsorgane nach Völkerstrafrecht, S. 355 ff. Folglich war die auf den Hauptkriegsverbrecherprozess folgende Rechtsprechung zu den Kriegsverbrechen sehr uneinheitlich; *Jescheck*, S. 356 ff.

falls wäre aber in allen Verfahren wegen des weitgehenden Fehlens von Präzedenzfällen eine einschränkende Auslegung angebracht gewesen.[159]

Entsprechend ihrer weitgehenden Irrelevanz für den Bereich der Kriegsverbrechen sollen die angedeuteten und anderenorts vielfach extensiv dargestellten generellen Einwände gegen die Nürnberger Prozesse hier nicht weiter verfolgt werden.[160]

Bereits vor Kriegsende hatten amerikanische Militärgerichte Verfahren gegen japanische Verantwortliche durchgeführt.[161]

1946 wurde durch Erlass des amerikanischen Befehlshabers und Chefs der Militärregierung, General *MacArthur* das *International Military*

---

[159] *Jescheck*, S. 361 f. und 368 f. Die Strafbarkeitsbeschränkung auf „schwere Verstöße" entsprechend der Regelung in den Genfer Konventionen von 1949 findet sich in Art. 2 des JStGH-Statuts von 1993 und Art. 4 des RStGH-Statuts von 1994. Keine Beschränkung anhand des Schweregrades trotz der Wendung „... but not be limited to ..." enthält Art. 3 JStGH-Statut (*Violations of the laws or customs of war*); die Vorschriften sind abgedruckt in *Anhang: Texte* unter *3.* und *4.* Fragen der Auslegung im heutigen Kriegsvölkerstrafrecht werden noch im *5.* und *6. Kapitel* eingehend behandelt.

[160] Instruktiv hierzu statt vieler *Ahlbrecht*, S. 74 ff.; *Dahm/Delbrück/Wolfrum*, S. 1033 ff.; *Ipsen*, Völkerrecht, S. 667; *Krivec*, S. 54 ff.; alle m.w.N.

[161] So war beispielsweise schon im Dezember 1945 vor einem amerikanischen Militärgericht in einem später viel zitierten Verfahren der japanische General *Yamashita* zum Tode verurteilt worden. Ihm war vorgeworfen worden, die unter seinem Kommando stehenden Truppen auf den Philippinen nicht davon abgehalten zu haben, Kriegsverbrechen erheblichen Umfanges mit vielen tausenden Toten begangen zu haben; siehe *Herde*, Command Responsibility, S. 332 ff. und *Landrum*, Mil. L. Rev. 149 (1995), 293, 294 f. *Yamashita* hatte allerdings einen entsprechenden Befehl nicht gegeben und hatte von den gegen die Befehlslage begangenen Taten keine Kenntnis. Der Vorwurf war, er habe seine Truppen nicht hinreichend kontrolliert und er habe seine *command responsibility* verletzt – *Yamashita* habe von den Kriegsverbrechen *wissen müssen.* Allerdings hatten die US-amerikanischen Streitkräfte auf den Philippinen alles unternommen, das japanische *command and control*-System zu zerstören, so dass *Yamashita* teilweise überhaupt keine effektive Kontrolle ausüben *konnte*, siehe *Herde*, S. 334 und 336; *Landrum*, S. 297. Zum Verfahren noch *Levie*, Terrorism in War, S. 156 ff. Dieser Grundsatz des Verfahrens gegen *Yamashita* wurde später nicht wieder herangezogen, anderenfalls hätte man z.B. einen Teil der amerikanischen Stabsoffiziere in Vietnam entsprechend verurteilen müssen; *Dahm/Delbrück/Wolfrum*, Völkerrecht, S. 1037; *Landrum*, S. 299.

Tribunal for the Far East (IMTFE) errichtet,[162] welches im November 1948 das Urteil gegen japanische Hauptkriegsverbrecher verkündete.[163]

Der Tokioter Kriegsverbrecherprozess sah sich weitgehend denselben Einwänden ausgesetzt wie sein europäisches Pendant, ist aber bereits die erste Bestätigung des in Nürnberg angewendeten Völkerstrafrechts.[164]

4. Das Kontrollratsgesetz Nr. 10 und die Nachfolgeprozesse

Auf Grundlage des alliierten Kontrollratsgesetzes Nr. 10 (KRG 10) über die Bestrafung von Personen, die sich Kriegsverbrechen, Verbrechen gegen den Frieden oder die Menschlichkeit schuldig gemacht haben,[165] wurden im Zweiten Weltkrieg begangene Taten nach dem Prozess gegen die Hauptkriegsverbrecher weiter verfolgt.

In Nürnberg wurden zunächst vor amerikanischen Militärgerichten zwischen August 1947 und April 1949 noch die insgesamt 12 Nachfolgeprozesse gegen 177 Einzelpersonen durchgeführt.[166] Nach und nach

---

[162] Dessen Völkerrechtsmäßigkeit in Streit steht, da *MacArthur* (der sich auf die Potsdamer Erklärung berief) keine völkerrechtlich verbindlichen Rechtsakte habe erlassen können, *Krivec*, S. 64 m.w.N.; vgl. *Ipsen*, in: *Hosoya/Andō/Ōnuma/Minear*, The Tokyo War Crimes Trial, S. 38 f.

[163] *Herde*, Command Responsibility, S. 267 ff.; *Levie*, Terrorism in War, S. 141 ff.

[164] *Werle*, Völkerstrafrecht, Rn. 32 und 29.

[165] Vom 20.12.1945, Amtsblatt des Kontrollrats in Deutschland Nr. 3, S. 50 ff. Der Abdruck bei *Taylor*, Die Nürnberger Prozesse, S. 145 ff. ist leider teilweise unpräzise übernommen oder übersetzt. Die Regelung über Kriegsverbrechen (Art. II 1. b)) lautete: „Kriegsverbrechen: Gewalttaten oder Vergehen gegen Leib, Leben oder Eigentum, begangen unter Verletzung der Kriegsgesetze oder -gebräuche einschließlich der folgenden, den obigen Tatbestand jedoch nicht erschöpfenden Beispiele: Mord, Mißhandlung der Zivilbevölkerung der besetzten Gebiete oder ihre Verschleppung zur Zwangsarbeit oder anderen Zwecken; Mord oder Mißhandlung von Kriegsgefangenen oder Personen auf hoher See; Tötung von Geiseln; Plünderung von öffentlichem oder privatem Eigentum; mutwillige Zerstörung von Stadt oder Land; oder Verwüstungen, die nicht durch militärische Notwendigkeit gerechtfertigt sind."

[166] Die sich (abgesehen von dem Verfahren gegen Generalfeldmarschall *Milch*) gegen bestimmte Gruppen aus der Führung des Dritten Reiches richteten und so repräsentativ das Verstrickungsunrecht verschiedener Gesellschaftskreise sichtbar machen sollten. Im Einzelnen nach der Liste bei *Taylor*, S. 161 ff.:

ging die Strafverfolgungszuständigkeit von den Gerichten der Besatzungsmächte auf deutsche Gerichte über – zunächst aufgrund des KRG 10, später wurde wieder deutsches Strafrecht angewendet.[167] Obgleich die westdeutsche Justiz auf Grundlage des KRG 10 insgesamt 1865 Personen anklagte und 620 von ihnen verurteilte, ist doch festzustellen, dass die Regelungen des KRG 10 den deutschen Strafjuristen eher suspekt waren, da sie auch aufgrund der Weite und Unbestimmtheit der Straftatbestände deutscher Justiztradition widersprachen.[168] Die baldige Rückkehr zu den Tatbeständen des Strafgesetzbuches wurde daher begrüßt, führte allerdings dazu, dass eine Verfolgung nach Kriegsverbrechenstatbeständen nunmehr ausblieb und die entsprechenden jeweils „passenden" Tatbestände des nationalen Strafrechts angewendet wurden.

III. Nach Nürnberg: Rückkehr zum *status quo ante*?

Die Zeit nach den Nürnberger Prozessen zeigt unübersehbare Parallelen zu der Ernüchterung, die bereits auf das Bestrafungsverlangen des Versailler Vertrages und die Kriegsverbrecherprozesse vor dem Reichsgericht gefolgt war. Wiederum kam es nicht zu der Errichtung eines ständigen internationalen Strafgerichtshofes. *Grewe* kommt zu dem harten

Prozess gegen: I. Ärzte, II. *Milch*, III. Juristen, IV. Wirtschafts- und Verwaltungshauptamt der SS, V. *Flick* u.a., VI. IG-Farben, VII. Südost-Generäle, VIII. Rasse- und Siedlungshauptamt der SS, IX. Einsatzgruppen, X. *Krupp* u.a., XI. Wilhelmstraße (Diplomatenprozess), XII. Oberkommando der Wehrmacht. Abgesehen von den Verfahren gegen *Milch* und den Industriellenprozessen erfolgten in allen Verfahren auch Verurteilungen wegen Kriegsverbrechen. Siehe noch *Ahlbrecht*, Geschichte der völkerrechtlichen Strafgerichtsbarkeit im 20. Jhd., S. 98 f. und detailliert *Taylor*, S. 53 ff.

[167] Seit 1951, jedenfalls ab 1956 wurde das KRG 10 nicht mehr angewendet, dazu *Ahlbrecht*, S. 101 f. und *Ostendorf*, in: *Hankel/Stuby*, Strafgerichte gegen Menschheitsverbrechen, S. 75.

[168] *Ostendorf*, a.a.O. Vgl. *Haensel*, NJW 1947/48, 55, 55: Das KRG 10 „bedeutet nichts anderes als die Einführung der völkerrechtlichen Normen in Deutschland ohne Rücksicht auf das geltende Landesrecht mit Vorrang vor diesem und ohne damit den Charakter dieser Normen als Völkerrecht zu verändern." Das LG Siegen, MDR 1947, 203, 204 lehnte die Anwendung des KRG 10 mit der Begründung ab, es verstoße gegen *nullum crimen sine lege* als höchstem rechtlichen und sittlichen Wert.

Urteil: „Dieses Vorbild [die Internationalen Militärtribunale von Nürnberg und Tokio] konnte nur Eiferer und weltfremde Ideologen beeindrucken, die blind für die Realitäten der Weltpolitik waren oder sie aus Verblendung verkannten."[169]

1. Die Prinzipien von Nürnberg

Die dem IMT-Statut und dem Nürnberger Urteil entnommenen „Nürnberger Prinzipien" (*Nuremberg Principles*)[170] wurden schon 1946 in einer Resolution der Generalversammlung der Vereinten Nationen bestätigt[171] und 1950 legte die *International Law Commission* einen Bericht über die Nürnberger Prinzipien vor.[172] Obgleich die so formulierten Prinzipien heftig umstritten waren,[173] stellen sie doch wesentliche Leitlinien dar, anhand derer das aktuelle Völkerstrafrecht gestaltet ist. Ihre Bedeutung liegt dabei allerdings nicht im Bereich einer weiteren Ausarbeitung der Kriegsverbrechen, sondern in Prinzipien des „Allgemeinen Teils", die eine Durchbrechung des staatlichen Souveränitätspanzers erlauben (Prinzipien I-IV). Das II. Prinzip bringt dabei auch die vergleichsweise wenig strenge Anwendung der Regel *nullum crimen, nulla poena sine lege* auf der völkerrechtlichen Ebene zum Ausdruck.[174]

2. Die weitere Entwicklung auf nationaler und internationaler Ebene

Die Nürnberger Prinzipien teilen ihr weiteres Schicksal allerdings mit dem kurz nach ihrer Formulierung in Angriff genommenen *Code of Crimes against the Peace and Security of Mankind* und dem Projekt eines ständigen internationalen Strafgerichtshofes: In der Welt des Kalten

---

[169] *Grewe*, Epochen der Völkerrechtsgeschichte, S. 777 f.

[170] Abgedruckt unter *Anhang: Texte* (als *Nr.* 2). In deutscher Übersetzung bei *Ahlbrecht*, Geschichte der völkerrechtlichen Strafgerichtsbarkeit im 20. Jhd., S. 133 f.

[171] UN Doc. A/Res/1/95 (1946); siehe *Dahm/Delbrück/Wolfrum*, Völkerrecht, S. 1038 f.

[172] Yearbook of the ILC 1950 II, S. 374 ff.

[173] Dazu *Ahlbrecht*, S. 134; *Dahm/Delbrück/Wolfrum*, S. 1039.

[174] Vgl. *Dahm*, Zur Problematik des Völkerstrafrechts, S. 59.

Krieges war das Völkerstrafrecht weitgehend zum Stillstand verdammt. Verurteilungen erfolgten in Einzelfällen auf nationaler Ebene.

a) Die internationale Ebene

Über den Strafkodex konnte ebenso wenig Einigkeit erzielt werden wie über die Errichtung eines ständigen internationalen Strafgerichtshofes, die beiden Projekte behinderten sich sogar gegenseitig, da sie weitgehend unabhängig voneinander verfolgt wurden und so keine Deckungsgleichheit hinsichtlich der zu verfolgenden Straftatbestände erreicht werden konnte.[175]

Im Ergebnis verblieb es bei zahllosen Debatten und Entwürfen. Die internationalen Gerichtshöfe von Nürnberg und Tokio fanden bis 1993 keine Nachfolger und das Recht der Kriegsverbrechen blieb auf internationaler Ebene unangewendet.

Obgleich das Moment der Nürnberger Prozesse also nicht ausgenutzt werden konnte, so war dies dennoch keine Zeit nur fruchtloser Debatten, denn schlussendlich konnte in den 1990er Jahren an diese Diskussionen wieder angeknüpft werden und ähnlich der wissenschaftlichen Arbeiten im Bereich des Völkerstrafrechts nach dem Ersten Weltkrieg konnten sie letztendlich nutzbar gemacht werden. Positiv gewendet könnte man auch von einer Zeit der Besinnung sprechen, die einem späteren Entwicklungssprung zwar nicht notwendig, aber doch hilfreich vorausging.

Mit den vier Genfer Abkommen vom 12. August 1949[176] wurde die Regelung getroffen, dass *grave breaches* (also schwere Verletzungen der

---

[175] *Ahlbrecht*, Geschichte der völkerrechtlichen Strafgerichtsbarkeit im 20. Jhd., S. 137; *Bassiouni*, Legislative History of the International Criminal Court, Band 1, S. 54 ff.; *Triffterer*, in: FS *Jescheck*, S. 1488 ff. Näher zu den Projekten *Ahlbrecht*, S. 135 ff.; *Dahm/Delbrück/Wolfrum*, Völkerrecht, S. 1039 ff.

[176] I. Genfer Abkommen zur Verbesserung des Loses der Verwundeten und Kranken der Streitkräfte im Felde, BGBl. 1954 II, S. 783 ff.; II. Genfer Abkommen zur Verbesserung des Loses der Verwundeten, Kranken und Schiffbrüchigen der Streitkräfte zur See, BGBl. 1954 II, S. 813 ff.; III. Genfer Abkommen über die Behandlung der Kriegsgefangenen, BGBl. 1954 II, S. 838 ff.; IV. Genfer Abkommen zum Schutze von Zivilpersonen in Kriegszeiten, BGBl. 1954 II, S. 917 ff.

Abkommen) durch die Vertragsstaaten[177] unter Strafe gestellt und abgeurteilt werden.[178] Diese Geltung ist auf den internationalen bewaffneten Konflikt beschränkt, während für den – in der Zeit nach dem Zweiten Weltkrieg im Vordergrund stehenden – nichtinternationalen bewaffneten Konflikt lediglich der gemeinsame Artikel 3 einen gewissen Mindeststandard vorsieht, der allerdings nicht von entsprechenden Strafbestimmungen flankiert wurde.[179] Die beiden Zusatzprotokolle zu den Genfer Abkommen vom 08. Juni 1977[180] erweitern den Kreis schwerer Verstöße (Art. 11 Abs. 4, Art. 85 Abs. 3 ZP I) bzw. führen Mindeststandards für den nichtinternationalen bewaffneten Konflikt ein (ZP II), deren Verletzung ebenfalls der Strafverfolgung anhand des nationalen Strafrechts unterliegt (Art. 6 ZP II).[181]

b) Die nationale Ebene, insbesondere Völkerstrafrecht in Deutschland

Die Zeit nach dem Zweiten Weltkrieg ist geprägt durch eine tendenzielle Abnahme der Staatenkriege und eine erhebliche Zunahme der (teilweise internationalisierten) Bürgerkriege. Im Kalten Krieg war die Strategie der Großmächte darauf angelegt, eine direkte Konfrontation zu vermeiden, da diese aufgrund der seit den 1950er Jahren vorhandenen Atomwaffenarsenale möglicherweise unabsehbare Folgen gebracht hätte. Damit verlagerte sich die Konfrontation an die Peripherie der Machtblöcke.

Im Vietnamkrieg, dem umfassendsten der „Stellvertreterkriege“ jener Zeit, stießen die US-amerikanischen Kriegsverbrechen auf erheblich größere Empörung als jene der Nordvietnamesen (was bei Begehung

---

177 Am 31.12.2001 waren 189 Staaten – also die ganz überwiegende Mehrheit der Staatengemeinschaft – Vertragsstaaten der Genfer Abkommen, *David*, Principes de droit des conflits armés, S. 54. Aktueller Stand unter www.icrc.org.

178 Art. 49 und 50 GA I, Art. 50 und 51 GA II, Art. 129 und 130 GA III, Art. 146 und 147 GA IV.

179 Siehe *Engelhart*, Jura 2004, 734, 739.

180 Zusatzprotokoll zu den Genfer Abkommen vom 12. August 1949 über den Schutz der Opfer internationaler bewaffneter Konflikte (Protokoll I), BGBl. 1990 II, S. 1551 ff. und Zusatzprotokoll zu den Genfer Abkommen vom 12. August 1949 über den Schutz der Opfer nicht internationaler bewaffneter Konflikte (Protokoll II), BGBl. 1990 II, S. 1634 ff.

181 Vgl. *Dahm/Delbrück/Wolfrum*, Völkerrecht, S. 1053.

dieser Taten durch Militärs demokratisch verfasster Staaten durchweg der Fall ist).[182] Dennoch darf nicht übersehen werden, dass Kriegsverbrechen durch die nordvietnamesische Armee und den *Vietcong* besonders an Kriegsgefangenen sehr häufig waren.[183]

Neben der extensiven Verwendung von Napalm und vergiftend wirkenden Entlaubungsmitteln im Luftkrieg[184] wurde besonders ein Vorfall in *My Lai* bekannt, in dessen Rahmen mehrere hundert vietnamesische Zivilisten von amerikanischen Soldaten getötet wurden.[185] Verurteilt wurde vor einem Militärgericht nur der unmittelbar verantwortliche niederrangige Offizier, Leutnant *Calley*, allerdings nicht wegen Kriegsverbrechen.[186] Auch im Übrigen verblieb es bei der Verfolgung von Verbrechen gegen das Völkerrecht durch nationale Gerichte bei Einzelfällen.[187]

Neben weiteren Verfahren in Deutschland im Zusammenhang mit dem Zweiten Weltkrieg gab es Verfahren beispielsweise in Australien (*Polyukhovich*),[188] Frankreich (*Touvier, Barbie* und *Papon*), Israel (*Eichmann*)

---

[182] So wurden auch nur diese Gegenstand des „Vietnam-Tribunals", eines sich selbst eingesetzten und rechtlich in keiner Weise legitimierten, als moralische Instanz fungierenden *Tribunal of Opinion*, welches vor allem durch Teilnahme des Philosophen *Sartre* bekannt wurde; dazu *Ahlbrecht*, Geschichte der völkerrechtlichen Strafgerichtsbarkeit im 20. Jhd., S. 155 ff. und *Rigaux*, in: *Hankel/Stuby*, Strafgerichte gegen Menschheitsverbrechen, S. 151 ff.

[183] *Levie*, Terrorism in War, S. 204 f.; *Solis*, Transnat'l L. & Contemp. Probs. 59 (2000), 59, 66 f.

[184] Siehe dazu *Ahlbrecht*, S. 167.

[185] Zu Vorgeschichte, Verfahren und den Ermittlungen *Olson/Roberts*, My Lai, S. 75 ff. und 146 ff.

[186] Zudem wurden die ausführenden Soldaten überhaupt nicht angeklagt, da sie nur Befehle ausgeführt hätten; *Ahlbrecht*, S. 177. Anhand der Maßstäbe des IMT hätte dies allenfalls ein Strafmilderungsgrund sein können. Ebensowenig wurde *Yamashita* als Präzedenzfall der *command responsibility* angewendet.

[187] Ausführlich *Bassiouni*, Legislative History of the International Criminal Court, Band 1, S. 49 ff.

[188] High Court, ILR 91 (1993), S. 1 ff.; dazu und zu weiteren Fällen nach dem *War Crimes Amendment Act* 1988: *Biehler/Kerll*, Nationale Strafverfolgung völkerrechtlicher Verbrechen in Australien, S. 69 f.

und Kanada (*Regina v. Finta*).[189] In Italien kam es zu Verfahren wegen Erschießungen, die 1944 in den *Fosse Ardeatine* als Vergeltung für ein Partisanenattentat auf eine deutsche Polizeieinheit vorgenommen worden waren. Bei den Verfahren wurde italienisches Militärstrafrecht angewendet.[190]

In der Bundesrepublik Deutschland führten die vielfach als Ausdruck einer Siegerjustiz gewerteten Nürnberger Prozesse zunächst zu einer skeptischen Betrachtung des Völkerstrafrechts.[191] Ungeachtet einzelner völkerstrafrechtsfreundlicher Entwicklungen, wie dem Beitritt zu den vier Genfer Abkommen vom 12. August 1949 und später zu den Zusatzprotokollen vom 08. Juni 1977 sowie der Einführung des § 220a StGB infolge der Völkermordkonvention, scheiterten Pläne für ein Völkerstrafgesetzbuch in den 1950er und 1980er Jahren,[192] so dass mangels einer gesetzlichen Regelung eine Strafverfolgung von Kriegsverbrechen nur auf Grundlage der Tatbestände des Strafgesetzbuches möglich blieb. Die Bundesrepublik Deutschland stellte sich auf den Standpunkt, dass die Regelungen des StGB ausreichten, um den Strafpflichten aus den Genfer Abkommen zu genügen und Straftaten gegen das Völkerrecht zu erfassen.[193]

---

[189] Supreme Court, ILR 104 (1997), S. 284 ff. und Ontario Court of Appeal, ILR 98 (1994), S. 520 ff.

[190] *Hein*, DRiZ 1996, 476, 478 und 480 f. Zu den Hintergründen und besonders zu dem vorangegangenen britischen Verfahren gegen Generalfeldmarschall *Kesselring*, zum Tatzeitpunkt deutscher Oberbefehlshaber in Italien, ausführlich *Herde*, Command Responsibility, S. 272 ff.

[191] *Gropengießer/Kreicker*, Grundlagen der Strafverfolgung völkerrechtlicher Verbrechen in Deutschland, S. 85 ff. Demgegenüber wurden in der DDR die Nürnberger Prinzipien rasch akzeptiert, die Verfahren litten aber an eklatanten rechtsstaatlichen Mängeln und propagandistischer Auswertung („Waldheimer Prozesse"); *Burchard*, JICJ 4 (2006), 800, 818 ff.; *Werle/Jeßberger*, JZ 2002, 725, 726.

[192] *Dietmeier*, in: Gedächtnisschrift *Meurer*, S. 334 f.; *Kreß*, Vom Nutzen eines deutschen Völkerstrafgesetzbuchs, S. 3 ff.; *Werle*, JZ 2000, 755, 757; *Zimmermann*, ZRP 2002, 97, 98.

[193] *Kreß*, S. 11 f.; *Hartmann*, in: *Kühne/Esser/Gerding*, Völkerstrafrecht, S. 122; BT-Drucks. 14/8524, S. 12, auch in: *Lüder/Vormbaum*, Materialien zum Völkerstrafgesetzbuch, S. 23; *van Elst*, Leiden J. Int'l L. 13 (2000), 815, 827. Kritisch zu dieser Ansicht bereits oben, *1. Kapitel A. II. 2.*

IV. Zur Entwicklung seit den 1990er Jahren

Für die Situation Anfang der 1990er Jahre gilt die Beobachtung *Werles*:

> „Einerseits waren die rechtlichen Grundlagen des Völkerstrafrechts weitgehend gesichert und das Recht von Nürnberg hatte sich konsolidiert. Andererseits fehlte den Staaten und der Staatengemeinschaft die Bereitschaft und die Fähigkeit, diese Grundsätze mit Leben zu erfüllen und anzuwenden."[194]

Seither hat sich das Völkerstrafrecht rasant entwickelt. Den Anfang machten die *ad hoc*-Gerichtshöfe für das ehemalige Jugoslawien und Ruanda. Sie bereiteten dem Internationalen Strafgerichtshof und der an dessen Statut angelehnten nationalen Gesetzgebung zum Völkerstrafrecht den Weg. Da diese Entwicklungen das Element der geschichtlichen und zeitgeschichtlichen Darstellung vollständig transzendieren und die Basis des heutigen Völkerstrafrechts darstellen, werden sie im Rahmen dieses Kapitels nur sehr kurze Erwähnung finden (nämlich was die rechtsgeschichtliche Entwicklungslinie betrifft); eine nähere Betrachtung und eine inhaltliche Analyse der einschlägigen Regelungen wird den folgenden Kapiteln vorbehalten bleiben und dort eingehender vorgenommen werden.

1. Die Tribunale für das ehemalige Jugoslawien und Ruanda

Katalysator für die Entwicklung des Völkerstrafrechts wurde abermals ein grausamer und im Europa nach dem Zweiten Weltkrieg völlig unerwarteter Konflikt – die kriegerischen Auseinandersetzungen im zerfallenden Jugoslawien Anfang der 1990er Jahre.[195] Zum Fanal wurde die Ermordung tausender wehrfähiger bosnischer Muslime durch die bosnischen Serben unter dem Kommando von *Ratko Mladić* in der Stadt Srebrenica (zu diesem Zeitpunkt eine UN-Schutzzone), es handelte sich dabei um das größte Kriegsverbrechen in Europa seit Ende des Zweiten Weltkrieges.[196]

---

[194] *Werle*, Völkerstrafrecht, Rn. 43.

[195] Dazu *Möller*, Völkerstrafrecht und Internationaler Strafgerichtshof, S. 170 ff. Instruktiv auch die Einführung in JStGH, Urteil vom 07. Mai 1997 (*Tadić*, TC), paras 55 ff.

[196] *Möller*, Völkerstrafrecht und Internationaler Strafgerichtshof, S. 179.

Aufgrund der relativen geographischen Nähe und vielfältiger Verbindungen[197] mit Jugoslawien bzw. den Nachfolgestaaten war die Bundesrepublik Deutschland von diesem Konflikt besonders betroffen, so dass nunmehr auch die Idee des Völkerstrafrechts in einem positiveren Licht gesehen wurde und der deutsche Beitrag bei der Verfolgung von Völkerrechtsverbrechen in diesen Balkankriegen ein bedeutender war (und es noch immer ist).[198] Mit den Resolutionen 808 und 827 errichtete der Sicherheitsrat der Vereinten Nationen 1993 den JStGH (*International Criminal Tribunal for the Prosecution of Persons Responsible for Serious Violations of International Humanitarian Law Committed in the Territory of Former Yugoslavia since 1991*, Sitz: Den Haag, Niederlande) im Rahmen seiner Kompetenz[199] nach Kapitel VII der UN-Charta als friedenssichernde Maßnahme. Bereits 1994 folgte die Errichtung des RStGH (*International Criminal Tribunal for the Prosecution of Persons Responsible for Genocide and other Serious Violations of International Humanitarian Law Committed in the Territory of Rwanda and of Rwandan Citizens Responsible for Genocide and other such Violations Committed in the Territory of Neighbouring States between 1 January and 31 December 1994*, Sitz: Arusha, Tansania) durch die Resolution 955 des Sicherheitsrates als Reaktion auf die Ermordung von bis zu

---

[197] So suchten rund 300.000 Menschen aus dem ehemaligen Jugoslawien während des Krieges Zuflucht in Deutschland; *Roggemann*, Die internationalen Strafgerichtshöfe, S. 119.

[198] Zwischen 1996 und 2001 kam die deutsche Justiz mehr als 500 Rechtshilfeersuchen des JStGH nach und leitete selbst über 100 Ermittlungsverfahren ein; *Werle/Jeßberger*, JZ 2002, 725, 726 m.w.N. Auch das Verfahren gegen *Duško Tadić* (IT-94-1), welches dem JStGH den „Durchbruch" brachte, beruhte nicht zuletzt auf deutscher Kooperation. *Tadić* war in München festgenommen worden und sollte ursprünglich auch in Deutschland angeklagt werden, wurde dann aber an den JStGH ausgeliefert, siehe auch JStGH, Urteil vom 07. Mai 1997 (*Tadić*, TC), paras 6, 192; *Kreß*, JZ 2006, 981, 986. Vgl. noch zu nationalen Verfahren *Roggemann*, Die internationalen Strafgerichtshöfe, S. 51.

[199] Die Frage, ob der Sicherheitsrat dabei *ultra vires* handelte, ist heute in den Hintergrund gerückt und wird weitgehend verneint, vgl. *Dahm/Delbrück/Wolfrum*, Völkerrecht, S. 1133; zu dieser Diskussion beispielsweise *Hollweg*, JZ 1993, 980, 981 ff.; *Oellers-Frahm*, ZaöRV 54 (1994), 416, 427; *Roggemann*, Die internationalen Strafgerichtshöfe, S. 78 f. m.w.N.; *Schmalenbach*, AVR 36 (1998), 285, 287 ff.

einer Million Menschen in Ruanda innerhalb weniger Monate.[200] Aufgrund der Eigenart der Geschehnisse steht beim RStGH der Völkermordtatbestand im Mittelpunkt, während in der Rechtsprechung des JStGH Verbrechen gegen die Menschlichkeit und Kriegsverbrechen den Schwerpunkt der Tätigkeit bilden.[201]

2. *Der ständige Internationale Strafgerichtshof*

Die 1991 bzw. 1994 von der ILC vorgelegten Entwürfe für einen internationalen Strafrechtskodex und ein Statut eines ständigen internationalen Strafgerichtshofes[202] führten schließlich zur Einberufung der Konferenz von Rom, auf der 1998 die beiden Ansätze zusammengeführt werden sollten und das Statut des Internationalen Strafgerichtshofes erarbeitet wurde.[203]

Das Römische Statut des IStGH wurde dabei notwendigerweise zu einem Kompromissprodukt. Bei einer Staatenkonferenz mit 160 Beteiligten, bei der sich nicht nur Vertreter der verschiedenen Weltrechtssysteme, also vornehmlich des angelsächsischen *common law* und des kontinentaleuropäischen Rechts (*civil law*), sondern auch Strafrechtler und Völkerrechtler[204] sowie gerichtshoffreundliche und gerichtshofskeptische Staaten auf ein gemeinsames Ergebnis einigen mussten, ist dieses nahezu zwangsläufig ein „package deal“.

---

[200] Hintergründe ausführlich bei *Möller*, Völkerstrafrecht und Internationaler Strafgerichtshof, S. 195 ff.

[201] Die Statuten der *ad hoc*-Gerichtshöfe sind abgedruckt bei *Roggemann*, S. 243 ff. und 356 ff. und *Schindler/Toman*, The Laws of Armed Conflicts, No. 109 und 110. Die Unterschiede bei der Anwendbarkeit von Straftatbeständen liegt auch darin, dass in Ruanda ein Bürgerkrieg vonstatten ging, während der Jugoslawienkonflikt teilweise ein internationaler war (siehe unten, *3. Kapitel A. I. 1. c)*).

[202] Näher *Blanke/Molitor*, AVR 39 (2001), 142, 144 ff.

[203] Extensiv *Bassiouni*, Legislative History of the International Criminal Court, Band 1, S. 61 ff. (*ad hoc Committee* und *PrepCom*) und 75 ff. (Konferenz von Rom); *Blanke/Molitor*, AVR 39 (2001), 142, 144 ff.

[204] *Lagodny*, ZStW 113 (2001), 800, 801; *Triffterer*, ZStW 114 (2002), 321, 340 f. und näher zu Konzeptionen von *common law* und *civil law Lagodny*, a.a.O., S. 808 ff.

Wesentlicher Unterschied zu den *ad hoc*-Tribunalen ist, dass der IStGH auf völkerrechtlichem Vertrag beruht und damit auch weitergehend auf permanente Kooperation der Vertragsstaaten angewiesen ist. Auch die nur subsidiäre Zuständigkeit lässt den IStGH schwächer erscheinen als die UN-Tribunale.

Beim Aufbau des IStGH spielte und spielt Deutschland eine tragende Rolle.[205]

Bereits die Regelung der Kriegsverbrechen in Art. 8 des Römischen Statuts beruht wesentlich auf deutschen Vorarbeiten.[206] Darin liegt kein geringer Verdienst, denn die Tatbestände der Kriegsverbrechen zählten auf der Staatenkonferenz von Rom zu denjenigen Regelungsgehalten, die am umstrittensten waren.[207] Letztlich ist der Grund hierfür darin zu suchen, dass das Recht der Kriegsverbrechen – zusammen mit dem Aggressionsverbrechen, welches im Statut aber quasi ausgeklammert wurde – besonders machtnah ist und nicht zuletzt Großmächte (USA), aufstrebende Staaten (China, Indien) und Staaten in besonders exponierter strategischer Lage (Israel) eine zu weitgehende Einschränkung ihrer militärischen Aktivitäten und Optionen fürchten.

---

205 *Werle*, Völkerstrafrecht, Rn. 299. Ein nicht zu vernachlässigender Aspekt praktischer Natur ist dabei, dass Deutschland der wichtigste Finanzier des IStGH ist (so zahlte Deutschland 18 % des Gesamtbudgets bzw. 12, 2 Mio. Euro im Jahre 2005); *Ambos*, Internationales Strafrecht, S. 109. Dies ist aber noch vergleichsweise wenig, so hatten JStGH und RStGH 2002/2003 Budgets von über 223 Mio. bzw. über 177 Mio. USD; *Bassiouni*, Legislative History of the International Criminal Court, Band 1, S. 65.

206 *Kaul*, VN 46 (1998), 125, 126; *Blanke/Molitor*, AVR 39 (2001), 142, 155.

207 *Bassiouni*, Legislative History of the International Criminal Court, Band 1, S. 93; *Möller*, Völkerstrafrecht und Internationaler Strafgerichtshof, S. 293 m.w.N.

3. Nationale Kodifikationen

In der relativ kurzen Zeit seit In-Kraft-Treten des Römischen Statuts am 01. Juli 2002 haben bereits eine Reihe von Staaten nationale Kodifikationen erlassen, die „parallel" zum IStGH-Statut die Kernverbrechen gegen das Völkerrecht unter Strafe stellen.[208] Den Eigenheiten des jeweiligen Rechtssystems entsprechend sind sie unterschiedlich ausgestaltet. Während besonders die Staaten des *common law*-Rechtskreises sich weitgehend damit begnügen können, das IStGH-Statut und die *elements of crimes* nach Art. 9 IStGH-Statut nahezu wortgleich als Gesetz zu erlassen[209] oder auf das Statut zu verweisen – und zudem die Begriffe des authentischen englischsprachigen Textes[210] nicht in eine andere Rechtssprache mit kaum je zur Gänze deckungsgleichen Begriffen zu übersetzen haben – gestaltet sich diese Aufgabe für den auf die kontinentaleuropäische Tradition verpflichteten Gesetzgeber anspruchsvoller.

So sah sich der deutsche Gesetzgeber vor die Aufgabe gestellt, das VStGB im Spannungsfeld zwischen Bestimmungen und Traditionen des deutschen Rechts und völkerrechtlichen Verpflichtungen und Inhalten zu platzieren. Inwieweit dies für das Recht der Kriegsverbrechen gelang wird im Laufe dieser Arbeit noch zu klären sein.

---

[208] Siehe *Bassiouni*, S. 99 und www.iccnow.org/documents/AI_Implementation_factsheet06Nov14.pdf (mit Stand April 2006).

[209] So weitgehend der australische *International Criminal Court (Consequential Amendments) Act* 2002; *Biehler/Kerll*, Grundlagen der Strafverfolgung völkerrechtlicher Verbrechen in Australien, S. 89 ff. (Text) und 27, 30 f., 33 ff. (zu Völkermord, Verbrechen gegen die Menschlichkeit, Kriegsverbrechen).

[210] Nach Art. 128 IStGH-Statut gelten der arabische, chinesische, englische, französische und spanische Text als authentisch, es erfolgt also eine Anlehnung an die Amtssprachen der Vereinten Nationen.

Zweiter Teil: Die Tatbestände der Kriegsverbrechen im Spannungsfeld zwischen Völkerrecht und Verfassungsrecht

Das gegenwärtige System zur Pönalisierung der Kriegsverbrechen ist zum einen zweigeteilt, nämlich zwischen der internationalen und der nationalen Ebene, genauer besehen wird hieraus sogar eine Dreiteilung, da auf der internationalen Ebene zwischen den *ad hoc*-Tribunalen und dem permanenten IStGH unterschieden werden kann und gewissermaßen erfolgt eine noch weitere Auffächerung durch unterschiedliche Regelungen auf der Ebene der einzelnen Staaten.

Obgleich ein Ende der Tätigkeit von JStGH und RStGH absehbar ist wird die Rechtsprechung der *ad hoc*-Tribunale sowohl für den IStGH als auch für die nationalen Gerichte und Rechtsanwender von ganz erheblicher Bedeutung bleiben, denn der durch ihre Tätigkeit bereits entstandene und gegenwärtig noch weiter entstehende Fortschritt in der Durchdringung des Völkerstrafrechts wird alleine schon wegen der vergleichsweise geringen Anzahl an tatsächlich zur Entscheidung gelangenden Fällen in diesem Rechtsgebiet auf absehbare Zeit unentbehrliches Hilfsmittel zur Auslegung und Anwendung des Völkerstrafrechts sein.

Der Dreh- und Angelpunkt ist im gegenwärtigen und zukünftigen Völkerstrafrecht allerdings – man mag dies bedauern oder begrüßen – das Prinzip der Komplementarität. Anhand dieses Prinzips erfolgt im Wesentlichen die Aufgabenzuweisung: Grundsätzlich sind die Vertragsstaaten des IStGH zur Verfolgung von Völkerrechtsverbrechen aufgerufen, auf die internationale Ebene gelangen die Fälle nur ausnahmsweise.

Zentrales Problem – und Schwerpunkt dieser Arbeit – ist dabei, dass die Tatbestände der Kriegsverbrechen weitgehend aus dem internationalen Recht herausgenommen und ins nationale Recht implementiert wurden. Während das Prinzip der Komplementarität von der Grundidee getragen ist, dass die Tatbestände im nationalen und internationalen Recht deckungsgleich sein sollen, so misst das jeweilige staatliche Verfassungsrecht die Straftatbestände des nationalen Rechts an eigenständigen Kriterien.

Das Prinzip der Komplementarität zwingt das Völkerstrafrecht im Ganzen und die Kriegsverbrechenstatbestände im Besonderen in ein Spannungsfeld zwischen Völkerrecht und nationalem Straf- und Verfassungs-

T. Darge, *Kriegsverbrechen im nationalen und internationalen Recht*: Beiträge zum ausländischen öffentlichen Recht und Völkerrecht 216, DOI 10.1007/978-3-642-11642-1_2, © by Max-Planck-Gesellschaft zur Förderung der Wissenschaften e.V., to be exercised by Max-Planck-Institut für ausländisches öffentliches Recht und Völkerrecht, Published by Springer-Verlag Berlin Heidelberg 2010.

recht, wobei diese beiden Rechtsordnungen divergierende Anforderungen an den Normgehalt stellen können. In der Tat verschärft sich dieses Problem nicht unerheblich dadurch, dass sich tatsächlich nicht nur zwei Rechtsordnungen einander gegenüberstehen, sondern sich das Völkerrecht einer Vielzahl unterschiedlich geprägter nationaler Rechtsordnungen gegenüber sieht, wobei die bedeutendste Unterscheidung jene in die Rechtssysteme des *common law* und des *civil law*, oder Kodifikationssystems, ist.

Es stellt sich bei dieser Tatbestandstransponierung die Herausforderung „einer wechselseitigen Anpassung zwischen Völkerrecht und Strafrecht, um mit Hilfe von vertretbaren Kompromissen den Grundpositionen beider Rechtsgebiete Rechnung tragen zu können".[1] Im dem Zusammenhang, welcher in der vorliegenden Arbeit von Interesse ist, geht es also darum herauszuarbeiten, inwiefern die Strukturen und Formulierungen der Kriegsverbrechenstatbestände im Völkerrecht und im VStGB sich einerseits unterscheiden, sich andererseits aber decken und die einen die anderen bedingen. Damit in untrennbarem Zusammenhang – wird er doch *idealiter* bei der Tatbestandsformulierung umfassend berücksichtigt – steht die Frage nach Inhalt und Grenzen des Bestimmtheitsgrundsatzes sowie auch die Frage nach einer etwaigen *Begrenzung oder Modifikation des Bestimmtheitsgrundsatzes selbst* im Zusammenhang mit der nationalen Fassung von Kriegsverbrechenstatbeständen.

Es ist auch zu erhellen, wo die „wechselseitige Anpassung" an ihre Grenzen stößt, inwieweit also die verlangten „Kompromisse" noch „vertretbar" sind, ohne dass tragende Pfeiler des einen oder des anderen Rechtssystems Schaden davontragen.

Prima facie steht dabei zu vermuten, dass im Kontext des Bestimmtheitsgrundsatzes der deutschen Rechtsordnung ein größerer Schaden droht als dem Völkerrecht,[2] ist der Bestimmtheitsgrundsatz im kontinentaleuropäisch geprägten Recht doch, wie bereits im einleitenden Kapitel angedeutet wurde und noch weiter auszuführen sein wird, weitgehender als in anderen Rechtsordnungen und als auf der internationalen Ebene.

---

1 *Triffterer*, ZStW 114 (2002), 321, 340.

2 Vgl. *Ebert*, in: FS *Müller-Dietz*, S. 171 f.

Allerdings darf man andererseits nicht übersehen, dass auch dem Völkerrecht eine nicht unerhebliche Gefahr droht, nämlich jene der Zerfaserung der im Völkerrecht originierenden Tatbestände in verschiedenen nationalen Rechtsordnungen und eine daraus resultierende Deckungsungleichheit der Tatbestände im nationalen und internationalen Recht. Da der Grundsatz der Komplementarität aber auf eine Deckungsgleichheit zielt, kann er als tragender Pfeiler der Völkerstrafrechtsordnung nationale Eigenheiten in der Tatbestandsfassung nur begrenzt tolerieren ohne weitgehend ausgehebelt zu werden.

Dies führt zu der Frage, ob es einen „breaking point" gibt und wo diese „Sollbruchstelle" anzusetzen wäre, an der die eine Rechtsordnung gegenüber der anderen zurückstehen müsste und damit notwendigerweise beschädigt wird.

Oder ist es möglich beiden Rechtsordnungen gleichzeitig vollständig gerecht zu werden, etwa indem man den Bestimmtheitsgrundsatz des nationalen Rechts für das Völkerstrafrecht nicht oder nur eingeschränkt gelten lässt, oder indem man Auslegungskriterien modifiziert anwendet und eine Auflösung nach Art der „praktischen Konkordanz" herbeiführt? Dies seinerseits würde zu der weitergehenden Frage führen, ob darin nicht eine Leugnung oder jedenfalls Verschleierung eines existenten und möglicherweise nicht ohne Nachgeben des einen (Völkerrechtsfreundlichkeit und weitgehende Übernahme der Tatbestände aus dem Völkerrecht) oder des anderen (Bestimmtheitsgrundsatz) Prinzips aufzulösenden Spannungsfeldes liegt, mit anderen Worten also, ob im Falle des Konfliktes ein Zurückstehen des einen Verständnisses gegenüber dem anderen und damit das Zurückstehen der einen Rechtsordnung gegenüber der anderen unabweisbar nötig wird.

Dieser Teil der Arbeit wendet sich zunächst den Kriegsverbrechen im internationalen Recht und dem „Scharnier" der Komplementarität zu (3. Kapitel), um sodann über den Bestimmtheitsgrundsatz im internationalen Recht (4. Kapitel) zur zentralen Frage nach dem Verhältnis zwischen Verfassungsrecht und dem Recht der Kriegsverbrechenstatbestände, wie sie in §§ 8-12 VStGB ihre nationale Ausprägung gefunden haben, zu gelangen (5. und 6. Kapitel). Dort werden wir uns mit dem Bestimmtheitsgrundsatz des deutschen Rechts (Art. 103 Abs. 2 GG) und der Frage nach der Notwendigkeit einer modifizierenden Auslegung oder Anwendung unter dem Aspekt der „Völkerrechtsfreundlichkeit" der deutschen Rechtsordnung zu befassen haben.

3. Kapitel: Kriegsverbrechen im gegenwärtigen internationalen Recht

Internationales materielles Strafrecht, also Völkerstrafrecht im engeren bzw. engsten und originären Sinne (vgl. zum Begriff schon oben, *1. Kapitel B. I.*), entsteht als Völkerrecht aus den allgemein anerkannten Rechtsquellen des Völkerrechts, wie sie deklaratorisch in Art. 38 Abs. 1 lit. a) - c) IGH-Statut aufgeführt sind, also aus: erstens internationalen Verträgen, zweitens Völkergewohnheitsrecht und drittens anerkannten allgemeinen Rechtsgrundsätzen der Völkergemeinschaft.[1]

Das Völkerrecht ist wie die staatlichen Rechtsordnungen auch berechtigt, gravierende Störungen seiner Fundamentalnormen strafrechtlich zu erfassen.[2]

Die Kriegsverbrechenstatbestände haben ihren Ursprung dabei auch im Vertragsrecht, ganz vorrangig aber im Völkergewohnheitsrecht, die allgemein anerkannten Rechtsgrundsätze der Völkergemeinschaft spielen

---

1 JStGH, Urteil vom 16. November 1998 (*Delalić*, TC), paras 414 ff.; *Ambos*, Der Allgemeine Teil des Völkerstrafrechts, S. 41; *ders.*, Internationales Strafrecht, S. 80; *Bassiouni*, Introduction to International Criminal Law, S. 2 ff.; *Cassese*, International Criminal Law, S. 16, 25 f.; *Dahm/Delbrück/Wolfrum*, Völkerrecht, S. 997; *Engelhart*, Jura 2004, 734, 735; *Ipsen*, Völkerrecht, S. 661 und 112 ff.; *König*, Die völkerrechtliche Legitimation der Strafgewalt internationaler Strafjustiz, S. 208 ff.; *Kreß*, ZStW 111 (1999), 597, 599; *Niehoff*, Die von internationalen Strafgerichtshöfen anwendbaren Normen des Völkerstrafrechts, S. 4 f.; *Stuckenberg*, GA 2007, 80, 82 mit zahlreichen w.N.; *Triffterer*, Bestandsaufnahme zum Völkerstrafrecht, in: *Hankel/Stuby*, Strafgerichte gegen Menschheitsverbrechen, S. 219; *Werle*, Völkerstrafrecht, Rn. 134 ff. Rechtserkenntnisquellen sind demgegenüber „richterliche Entscheidungen und die Lehrmeinung der fähigsten Völkerrechtler der verschiedenen Nationen“ (Art. 38 Abs. 1 lit. d) IGH-Statut). Eine besondere Aufzählung anwendbaren Rechts ist zwar *für den IStGH* in Art. 21 IStGH-Statut niedergelegt; dazu *Schabas*, Introduction to the International Criminal Court, S. 91 ff. und *Werle*, Völkerstrafrecht, Rn. 177 ff. m.w.N. Dies ändert aber nichts an der *Entstehung* der Tatbestände aus dem allgemeinen völkerrechtlichen Rechtsquellenprogramm.

2 *Glaser*, ZStW 76 (1964), 514, 516; *Triffterer*, in: *Triffterer*, Commentary on the Rome Statute, Part 1 Rn. 17.

im Tatbestandsbereich – dem „Besonderen Teil" – keine ersichtliche eigenständige Rolle,[3] wohl aber im „Allgemeinen Teil" des Völkerstrafrechts.[4]

Ein Unterschied zur allgemeinen völkerrechtlichen Rechtserzeugung besteht also zunächst dem Grundsatz nach nicht. Die Besonderheit des Völkerstrafrechts als Recht, welches unmittelbar auf den einzelnen Menschen strafend durchgreifen kann, gebietet aber möglicherweise bereits auf dieser originär völkerrechtlichen Ebene der Rechtserzeugung nach dem Satz *nullum crimen, nulla poena sine lege* Einschränkungen. Dabei wird zu klären sein, ob und inwieweit dieser Grundsatz auf der Ebene des Völkerrechts überhaupt gilt bzw. gelten kann, oder ob die Eigenarten des Völkerrechts auf der internationalen Ebene die Geltung des Satzes soweit einzuschränken vermögen, dass er eine nennenswerte Wirkung, insbesondere in seiner Ausprägung als Bestimmtheitsgrundsatz, überhaupt nicht zu entfalten vermag.

Zuvor sind indessen, um klarzumachen, worauf sich der Grundsatz beziehen soll, einige Strukturen der Kriegsverbrechenstatbestände im geltenden und operablen Völkerstrafrecht aufzuzeigen. Dabei wird im Grundsatz dem Rechtsquellenprogramm Verträge, Gewohnheitsrecht, allgemeine Rechtsgrundsätze gefolgt. Da allerdings die völkerrechtlichen Verträge, die Kriegsverbrechenstatbestände enthalten und die humanitärrechtlichen Instrumente, auf denen diese Tatbestände fußen, nicht *self-executing* sind und der Operationalisierung durch nationale oder internationale Gerichte bedürfen, beginnt die Darstellung mit den aktiven internationalen Strafgerichten. Auf internationaler Ebene ist eine tatsächliche Strafverfolgung nämlich untrennbar mit der Existenz eines internationalen Strafgerichts verknüpft. Ansonsten ist das internationale materielle Strafrecht auf internationaler Ebene inoperabel. Diese untrennbare Verknüpfung von materiellem Recht und Verfolgungssystem wird auch unter C. weiter auszuführen sein.

---

[3] *Bantekas/Nash*, International Criminal Law, S. 5.

[4] *Stuckenberg*, GA 2007, 80, 92 f.

A. Die aktiven internationalen Strafgerichte

Aktive internationale Strafgerichte im eigentlichen und hier zu behandelnden Sinne sind lediglich der IStGH, der JStGH und der RStGH. Nicht eigentlich internationale Strafgerichte sind hingegen die in neuerer Zeit vermehrt entstehenden „hybriden“ Gerichtshöfe wie beispielsweise der SCSL. Derartige Gerichte wenden nämlich nicht nur internationales, sondern auch nationales Recht an. Eine „Internationalisierung“ erfolgt in erster Linie durch die Art der Errichtung – beim SCSL durch Vertrag zwischen den UN und Sierra Leone – und die personelle Zusammensetzung mit nationalen und internationalen Richtern.[5] Auch anderen (Sonder-)Gerichten wohnen gewisse „internationale“ Elemente inne, was sie mangels ausschließlicher Anwendung internationalen Rechts aber nicht zu originär internationalen Strafgerichten macht.

I. Die Gerichtshöfe für das ehemalige Jugoslawien und Ruanda

Die Einsetzung der *ad hoc*-Gerichtshöfe für das ehemalige Jugoslawien und Ruanda beendete den Zustand der Inoperabilität des Völkerstrafrechts auf internationaler Ebene (jedenfalls soweit die *ratione loci, temporis* und *personae* begrenzte jeweilige Zuständigkeit reicht). Sie war die erste konkrete Ausprägung einer seither zu beobachtenden Tendenz des Sicherheitsrates zur Bewältigung von Situationen, die den internationalen Frieden und die internationale Sicherheit bedrohen, auch das Völkerstrafrecht einzusetzen,[6] eine Tendenz die die bereits beschriebene wachsende Bedeutung des Rechtsgebietes als Kompensation für den partiellen Wegfall anderer Durchsetzungsmechanismen des Völkerrechts bestätigt.

---

[5] *Dahm/Delbrück/Wolfrum*, Völkerrecht, S. 1141 ff.

[6] *Frulli*, JICJ 4 (2006), 351, 356.

1. Das Recht der Kriegsverbrechen in den Statuten der ad hoc-*Gerichtshöfe*

Das JStGH-Statut hält sich – jedenfalls auf den ersten Blick – an die grundsätzliche Auftrennung des humanitären Völkerrechts in Genfer Recht (Art. 2 JStGH-Statut), also dasjenige Recht, welches dem Schutz der Opfer bewaffneter Konflikte zu dienen bestimmt ist, und Haager Recht (Art. 3 JStGH-Statut), also dasjenige Recht, welches Art und Weise der Kriegsführung reglementiert.[7] Diese Unterscheidung liegt ebenfalls – wenn auch mit sehr viel detaillierteren Tatbeständen – der Strukturierung des VStGB zu Grunde (siehe unten in der Einleitung zum *7. Kapitel*).

Art. 4 RStGH-Statut bezieht sich hingegen nur auf Verletzungen des gemeinsamen Artikels 3 der GA und des ZP II, also diejenigen Gehalte des humanitären Kriegsvölkerrechts, welche nach den GA und dem ZP II im nichtinternationalen bewaffneten Konflikt pönalisiert sind.

Die durch Resolutionen des Sicherheitsrates verabschiedeten Statuten von JStGH und RStGH vermögen ebenso wenig wie eine nationale Kodifikation, neue Tatbestände des internationalen materiellen Strafrechts zu kreieren; den Vereinten Nationen und ihren Organen fehlt hierzu die Rechtssetzungskompetenz.[8] Laut dem Bericht des Generalsekretärs über den JStGH soll dessen Statut ausdrücklich nur schon bestehendes Völkergewohnheitsrecht wiedergeben – also Regeln „which are beyond any doubt part of customary law“.[9] Damit soll eine Verletzung des

---

[7] Dabei bleibt zu beachten, dass die Unterscheidung zwischen Genfer Recht und Haager Recht wegen zahlreicher Überschneidungen namentlich in den Zusatzprotokollen zu den GA 1949 von 1977 heutigentages nicht mehr durchgängig ist; *Bugnion*, RICR 2001, 901, 908 und 921; *Sandoz/Swinarski/Zimmermann*; Commentary on the Additional Protocols, S. xxvii; *Sassòli/Bouvier*, Un droit dans la guerre?, Band 1, S. 129. Dies nimmt der eingebürgerten Unterscheidung allerdings als möglichem Strukturprinzip völkerstrafrechtlich orientierter Verträge oder auch nationaler Gesetze nichts von ihrem Wert. Art. 2 und 3 JStGH-Statut sind ebenso wie Art. 4 RStGH-Statut in *Anhang: Texte* abgedruckt (als Nr. *3* und Nr. *4*).

[8] *Hollweg*, JZ 1993, 980, 985.

[9] Report of the Secretary-General Pursuant to § 2 of Security Council Resolution 808 (1993), ILM 1993, 1163, 1170 (para 34).

Prinzips *nullum crimen sine lege* ausgeschlossen werden.[10] Aus diesem Grunde wurden weitgehend die Formulierungen der GA (und des ZP II) übernommen. Bereits an dieser Stelle sei allerdings erwähnt, dass hinsichtlich der Normbestimmtheit gerade diese Übernahme wegen der vergleichsweise geringen Präzision der Formulierungen nicht unproblematisch ist. Es sollte wohl namentlich die Schaffung neuer Tatbestände ausgeschlossen werden.

Ungeachtet der Formulierung als Zuständigkeitsnormen enthalten die Statuten von JStGH und RStGH – ebenso wie das Statut des IStGH – dennoch echte Tatbestände. Durch die Zuständigkeitsformulierung wird implizit festgestellt, dass die jeweiligen genannten Handlungen Völkerrechtsverbrechen darstellen.[11] Die Statuten sind dabei auch Ausdruck der Rechtsüberzeugung der Mitglieder des Sicherheitsrates der Vereinten Nationen.[12] Art. 1 JStGH-Statut beschreibt die vom JStGH verfolgbaren strafbaren Handlungen als *serious violations of international humanitarian law*, geht also weiter als die *grave breaches*-Formulierung der Genfer Konventionen.[13]

a) Art. 2 JStGH-Statut: Strafbarkeit der grave breaches

Art. 2 JStGH-Statut begnügt sich damit, den Wortlaut von Art. 130 GA III und Art. 147 GA IV zu übernehmen und gibt damit in der Tat unzweifelhaft geltendes Gewohnheitsrecht wieder.[14] Die recht weiten und unbestimmten Rechtsbegriffe des Art. 2 JStGH-Statut erfahren durch die Berücksichtigung der Regelungen in GA III und GA IV immerhin einen etwas genaueren Rahmen.[15] Zu beachten bleibt, dass sich diese

---

[10] Report of the Secretary-General Pursuant to § 2 of Security Council Resolution 808 (1993), ebenda; *Hunt*, JICJ 2 (2004), 56, 57; *Dahm/Delbrück/Wolfrum*, Völkerrecht, S. 1134; *Greenwood*, Max Planck UNYB 2 (1998), 97, 111; *Oellers-Frahm*, ZaöRV 54 (1994), 416, 420; *Wilson*, AJP 6 (1997), 22, 25.

[11] *Werle*, Völkerstrafrecht, Rn. 132.

[12] *Werle*, Völkerstrafrecht, Rn. 155, 163.

[13] *Dahm/Delbrück/Wolfrum*, S. 1134; *Oellers-Frahm*, ZaöRV 54 (1994), 416, 420.

[14] *Hollweg*, JZ 1993, 980, 985; *Oellers-Frahm*, ZaöRV 54 (1994), 416, 421.

[15] *Hollweg*, JZ 1993, 980, 985.

Vorschriften der GA nur auf den internationalen bewaffneten Konflikt beziehen.

Gänzlich unberücksichtigt blieben demgegenüber Straftaten nach dem ZP I, obgleich sie jedenfalls in Teilen Völkergewohnheitsrecht darstellen.[16]

b) Art. 3 JStGH-Statut: Haager Recht und potentieller Auffangtatbestand

In Art. 3 JStGH-Statut finden sich „klassische Regeln des Kriegsrechts", die ebenfalls Gewohnheitsrecht darstellen.[17] Namentlich ist die Vorschrift an die zentralen Bestimmungen der HLKO angelehnt, ohne dass dort allerdings auch die Bestrafung vorgesehen wäre.[18]

Problematisch ist indessen die offene Formulierung „Such violations [i.e. of the laws or customs of war] shall include, *but not be limited to …* [Hervorhebung vom Verfasser]". Diese Formulierung gibt – erinnernd an die Formulierung des IMT-Statuts und das KRG 10 (siehe oben, *2. Kapitel B. II. 3.* und *4.*) – Art. 3 JStGH-Statut den Charakter einer Auffangvorschrift, unter die beispielsweise leichter Hand alle übrigen Vorschriften der Genfer Konventionen jenseits der „schweren Verstöße" samt des ZP I gefasst werden können.[19] Folglich wird dem Gericht ein allzu weiter Spielraum bei der Einbeziehung von Tatbeständen gelassen.[20] Von diesem Spielraum hat der JStGH auch reichlichen Gebrauch gemacht (dazu sogleich). Allerdings muss der betreffende Verstoß im Völkergewohnheitsrecht anerkannt sein und die für das Vorliegen eines durch den JStGH verfolgbaren Kriegsverbrechens notwendige Schwere gegeben sein.[21]

---

[16] *Dahm/Delbrück/Wolfrum*, Völkerrecht, S. 1135.

[17] Report of the Secretary-General Pursuant to § 2 of Security Council Resolution 808 (1993), ILM 1993, 1163, 1171 f. (paras 41 ff.); *Oellers-Frahm*, ZaöRV 54 (1994), 416, 422.

[18] *Dahm/Delbrück/Wolfrum*, S. 1135; *Hollweg*, JZ 1993, 980, 986.

[19] *Dahm/Delbrück/Wolfrum*, S. 1136; *Kittichaisaree*, International Criminal Law, S. 157.

[20] Ebenso *Oellers-Frahm*, ZaöRV 54 (1994), 416, 423.

[21] *Dahm/Delbrück/Wolfrum*, S. 1136.

Das Statut des JStGH erreicht damit jedenfalls den kontinentaleuropäischen Stand des Bestimmtheitsgrundsatzes nicht[22] und bleibt hinter dem Entwicklungsstand des IStGH-Statuts noch erheblich zurück.[23]

Zudem ist auch die Rechtsfolge eines Kriegsverbrechens nach Art. 2, 3 JStGH-Statut ungenügend spezifiziert, was im deutschen Recht unzulässig wäre, aber im Völkerrecht nach wie vor nicht zu beanstanden ist (vgl. das folgende Kapitel). Art. 24 JStGH-Statut legt lakonisch fest, dass es die Freiheitsstrafe gibt. Deren Dauer soll sich anhand der allgemeinen Praxis der Gerichte des ehemaligen Jugoslawien bemessen (ähnlich Art. 23 RStGH-Statut). Zwar mag darin ein zulässiger Anknüpfungspunkt liegen, allerdings bleibt zum einen offen, ob auf die Bestrafung nur der Tatbestände, die vom JStGH zu ahnden sind, abgestellt wird (für die es an Präzedenzfällen fehlt), oder auf die allgemeine Gerichtspraxis (für die es an einer näheren sachlichen und zeitlichen Spezifizierung fehlt), zum anderen wird nicht auf konkrete Strafrahmen verwiesen.[24]

c) Art. 4 RStGH-Statut: Kriegsverbrechen im Bürgerkrieg

Das RStGH-Statut ist im Wesentlichen die Übertragung des JStGH-Statuts *mutatis mutandis* bezüglich der Eigenarten der Geschehnisse in und um Ruanda 1994.[25] Dabei spiegelt es wieder, dass es sich hierbei eindeutig um einen nichtinternationalen bewaffneten Konflikt handelte.[26] Daher wurden schwere Verletzungen der GA nicht in das Statut

---

22 Soweit *Doehring*, Völkerrecht, Rn. 1171 ausführt, dass eine eingehende Aufzählung im JStGH-Statut vorgenommen wurde, um dem Grundsatz *nullum crimen sine lege* zu entsprechen, so trifft dies nur auf den völkerrechtlichen Gehalt dieses Satzes zu, wie er zur Zeit der Errichtung des Tribunals bestand.

23 *Oellers-Frahm*, ZaöRV 54 (1994), 416, 420 spricht allerdings noch von einer „detaillierten Fassung" der einzelnen Tatbestände.

24 *Krivec*, Von Versailles nach Rom, S. 118 ff.; *Oellers-Frahm*, ZaöRV 54 (1994), 416, 427; *Scalia*, RIDC 58 (2006), 185, 191 ff.; *Schabas*, EJIL 11 (2000), 521, 524 ff.

25 Vgl. *Ambos*, Internationales Strafrecht, S. 104.

26 Report of the Secretary-General Pursuant to Paragraph 5 of Security Council Resolution 955 (1994), UN Doc. S/1995/134, para 11; *Alexander*, Golden Gate University L.R. 34 (2004), 427, 429 ff.; *Ascensio/Decaux/Pellet*, Droit international pénal, S. 724, 727; *Dahm/Delbrück/Wolfrum*, Völkerrecht, S. 1139; *David*, Principes de droit des conflits armés, S. 781; *Huet/Koering-Joulin*, Droit pénal international, S. 31.

aufgenommen. Art. 4 RStGH-Statut enthält aber erstmalig die ausdrückliche Klassifizierung von Verstößen gegen den gemeinsamen Art. 3 der GA und des ZP II als Kriegsverbrechen.[27] Weder der gemeinsame Art. 3 der GA noch die Regelungen des ZP II enthalten eine Verpflichtung zur Strafverfolgung. Dennoch soll ungeachtet dessen eine völkergewohnheitsrechtliche Geltung der Pönalisierung von schweren Verstößen gegen den gemeinsamen Art. 3 und das ZP II gegeben sein,[28] als deren Ergebnis sich Art. 4 RStGH-Statut darstellt. Durchaus war sich der Sicherheitsrat bewusst, dass zum Zeitpunkt der Statutssetzung des RStGH die gewohnheitsrechtliche Strafbarkeit von Völkerrechtsverbrechen in nichtinternationalen bewaffneten Konflikten noch nicht etabliert war, es sich also zum damaligen Zeitpunkt um eine Innovation handelte.[29]

2. *Die Rechtsprechung der* ad hoc-*Gerichtshöfe zu den Kriegsverbrechen*

Die knappen und eher unpräzisen Statutsregelungen bringen die Notwendigkeit einer Präzisierung durch die Rechtsprechung von JStGH und RStGH mit sich, so dass die Rechtsprechung der Tribunale unter Rekursnahme auf die Primärregeln des humanitären Völkerrechts sehr zur Klarifizierung und vor allem auch zur progressiven Entwicklung der Materie beigetragen hat.[30] Der eigentlich eher konservative Ansatz namentlich des JStGH-Statuts wurde vom Jugoslawien-Tribunal selbst in durchaus dynamischen Sinne fortentwickelt und extensiv ausgelegt.

---

[27] *Arnold*, HuV-I 2002, 134, 142; *David*, Principes de droit des conflits armés, S. 654 f.

[28] *Arnold*, HuV-I 2002, 134, 139.

[29] Report of the Secretary-General Pursuant to Paragraph 5 of Security Council Resolution 955 (1994), UN Doc. S/1995/134, para 12 (eingeschlossen seien „international instruments regardless of whether they were considered part of customary international law or whether they have customarily entailed the individual criminal responsibility of the perpetrator of the crime"); *Arnold*, Der UNO-Sicherheitsrat und die strafrechtliche Verfolgung von Individuen, S. 140; *König*, Die völkerrechtliche Legitimation der Strafgewalt internationaler Strafjustiz, S. 348 f. und 383; *Meron*, AJIL 89 (1995), 554, 558 f.

[30] Vgl. *Schabas*, The UN International Criminal Tribunals, S. 97.

Die Entscheidungen, besonders einige Entscheidungen des JStGH, sind daher bedeutsame Rechtserkenntnisquellen,[31] mehr noch was die Struktur des Kriegsvölkerstrafrechts anbelangt als einzelne problematische Tatbestände. Zweierlei ist im Rahmen dieser Arbeit hervorzuheben. Zum einen ist dies das Verhältnis zwischen Art. 2 und 3 JStGH-Statut, zum anderen die Rechtsprechung zum nationalen und internationalen bewaffneten Konflikt. Beide Materien sind miteinander verknüpft, da die Entscheidung über die Reichweite von Art. 2 und 3 JStGH-Statut darüber mitentscheidet, wieweit auch Kriegsverbrechen im nichtinternationalen bewaffneten Konflikte durch das Statut erfasst werden können. Dennoch handelt es sich bei der Frage über das Verhältnis und den Anwendungsbereich der Statutsregelungen um eine strukturelle, bei der Frage nach der Konfliktart um eine begriffliche Frage. Dementsprechend wird die Strukturfrage sogleich behandelt, die Begriffsfrage erst an der passenderen Stelle im *7. Kapitel (B.)*.

a) Art. 2 und 3 JStGH-Statut in der Rechtsprechung des JStGH

In einer Entscheidung in der Rechtssache *Tadić* vom 02. Oktober 1995 kam der JStGH nach umfangreicher Auslegung von Art. 2 und 3 JStGH Statut zu dem Ergebnis, dass Art. 3 einen Auffangtatbestand darstelle und alle völkergewohnheitsrechtlichen oder *in casu* völkervertragsrechtlichen Tatbestände umfasse, die nicht schon unter Art. 2 JStGH-Statut (oder auch Art. 4 und 5 JStGH-Statut) fallen.[32]

Art. 2 JStGH-Statut ist in dieser Lesart *lex specialis* zu Art. 3 JStGH-Statut.[33]

Namentlich verweigert sich der JStGH damit der Ansicht, Art. 2 und 3 JStGH-Statut erfassten das Genfer bzw. das Haager Recht.[34]

---

[31] *Werle*, Völkerstrafrecht, Rn. 161.

[32] JStGH, Beschluss vom 02. Oktober 1995 (*Tadić*, AC), para 87; ebenso JStGH, Urteil vom 20. Februar 2001 (*Delalić* et al., AC), paras 126 ff.; vgl. *Buchwald*, Der Fall Tadic vor dem Internationalen Jugoslawientribunal im Lichte der Entscheidung der Berufungskammer vom 2. Oktober 1995, S. 157; *Kreß*, EuGRZ 1996, 638, 645.

[33] *Werle*, Völkerstrafrecht, Rn. 1269 m.w.N.

[34] *Buchwald*, a.a.O.

Der gemeinsame Art. 3 der GA und das ZP II enthalten demnach auch *strafbewehrte* Verbote für nichtinternationale bewaffnete Konflikte,[35] soweit es sich um schwerwiegende und durch Völkergewohnheitsrecht anerkannte Verletzungen des humanitären Völkerrechts in bewaffneten Konflikten handelt.[36] Demgegenüber soll Art. 2 JStGH-Statut unter striktem Rekurs auf die GA nur auf internationale bewaffnete Konflikte anwendbar sein. Das System der *grave breaches* der GA ist demnach nicht auf den nichtinternationalen bewaffneten Konflikt übertragbar.[37]

Somit unterfallen dem Art. 3 JStGH-Statut:[38]

- zunächst das Haager Recht, also namentlich Verletzungen der HLKO, sodann aber auch
- weitere Verletzungen der GA, die keine grave breaches sind,
- Verletzungen des gemeinsamen Art. 3 der GA und anderer gewohnheitsrechtlicher Regeln im nichtinternationalen bewaffneten Konflikt,
- Verstöße gegen zwischen den Parteien geschlossenen Abkommen.

Art. 3 JStGH-Statut wird damit zu einem Auffangtatbestand (*umbrella rule*), der alle Verletzungen des in bewaffneten Konflikten anwendbaren humanitären Völkerrechts enthalten kann, soweit sie nicht in Art. 2, 4, 5 JStGH-Statut enthalten sind.[39]

---

[35] Vgl. *Ambos*, Internationales Strafrecht, S. 95.

[36] *Ambos*, Internationales Strafrecht, S. 95; *ders.*, in: Münchener Kommentar zum VStGB, Vor §§ 8-12 VStGB, Rn. 2 m.w.N. (im Erscheinen); *Kreß*, EuGRZ 1996, 638, 645 f.

[37] *Abi-Saab*, in: International Law in the Post-cold War World, S. 116. Richter *Abi-Saab* selbst sprach sich in der Sache *Tadić* für die Anwendbarkeit des Systems der schweren Verletzungen auf den nichtinternationalen bewaffneten Konflikt aus; JStGH, Separate Opinion of Judge *Abi-Saab* zum Beschluss vom 02. Oktober 1995 (*Tadić*, AC), IV; ebenso *Aksar*, Implementing International Humanitarian Law, S. 137. Damit wäre (sieht man von anderen Problemen ab) jedenfalls eine strukturelle Trennung zwischen Genfer und Haager Recht erhalten geblieben und ein Auffangtatbestand entbehrlich.

[38] JStGH, Beschluss vom 02. Oktober 1995 (*Tadić*, AC), para 89; vgl. *Abi-Saab*, S. 117; *Bantekas/Nash*, International Criminal Law, S. 351; *Buchwald*, a.a.O.

[39] JStGH, Beschluss vom 02. Oktober 1995 (*Tadić*, AC), para 91 („Article 3 aims to make such jurisdiction watertight and inescapable"); JStGH, Urteil vom

Der in dieser Auslegung ganz erheblich erweiterte Anwendungsbereich der Kriegsverbrechen im JStGH-Statut weist bereits auf IStGH-Statut und VStGB. Selbst wenn man davon ausgeht, dass zum Zeitpunkt der Entscheidung im Jahre 1995 entgegen der Ansicht des JStGH nicht davon ausgegangen werden konnte, dass das Völkergewohnheitsrecht bereits Verstöße gegen das Kriegsrecht in nichtinternationalen bewaffneten Konflikten als Kriegsverbrechen für strafbar hielt, so ist jedenfalls mittlerweile davon auszugehen, dass das Völkergewohnheitsrecht sich auf dieses Ergebnis hin entwickelt hat.[40] Sicherlich hat der JStGH durch seine Rechtsprechung diese Entwicklung entscheidend beschleunigt und sie jedenfalls zu einer sich selbst erfüllenden Prophezeiung gemacht.

b) Kritik an dieser Rechtsprechung

Die Erkenntnis des JStGH, dass die Vorschriften des humanitären Völkerrechts in internationalen bewaffneten Konflikten mittlerweile völkergewohnheitsrechtlich auch für nichtinternationale bewaffnete Konflikte gelten und strafbewehrt seien,[41] ist in der Art des konkreten Nachweises des JStGH in mehrfacher Hinsicht problematisch. Das Ergebnis findet Beifall – und zwar zu Recht – und ist mittlerweile anerkannt.[42] Es hat auch späteren und weitergehenden Entwicklungen den Weg bereitet. Insofern ist zuzugeben, dass Kritik an den Ursprüngen dieser Rechtsprechung vom heutigen Standpunkt aus etwas wohlfeil ist. Andererseits ist die Zurückhaltung bei der Gleichstellung der Konfliktarten in Art. 8 IStGH-Statut wohl auch eine Reaktion auf die Rechtsprechung des JStGH. Die Tendenz, den IStGH-Richtern geringeren Spielraum zu geben, als jenen des JStGH, mag man ebenfalls zumindest teilweise auf deren extensive Statutsauslegung zurückführen. Solange die Konfliktarten nicht gänzlich gleichbehandelt werden, kann eine zumindest kursorische Auseinandersetzung mit problematischen Aspekten

---

10. Dezember 1998 (*Furundžija*, TC), para 133; *Arnold*, HuV-I 2002, 134, 141; *Ascensio/Decaux/Pellet*, Droit international pénal, S. 725; *David*, Principes de droit des conflits armés, S. 712; *Schabas*, The UN International Criminal Tribunals, S. 94 und 98.

[40] *Bantekas/Nash*, International Criminal Law, S. 352.

[41] JStGH, Beschluss vom 02. Oktober 1995 (*Tadić*, AC) paras 125 ff. und 128 ff.

[42] Vgl. *Herdegen*, Völkerrecht, S. 366; *Kreß*, Israel YHR 30 (2000), 103, 107; *Schabas*, The UN International Criminal Tribunals, S. 236.

dieser JStGH-Rechtsprechung daher nicht unterbleiben. Ungeachtet möglicher Schwachpunkte in der tatsächlichen Art des Nachweises wird zum einen der strukturelle Nachweis an sich bestritten, es wird also vertreten, dass die Trennung zwischen den Konfliktarten durchzuhalten sei. Die klare Trennung zwischen Art. 2 und 3 JStGH-Statut spricht hierfür, zumal auch im Bericht des Generalsekretärs betreffend den RStGH von einer Erweiterung des anwendbaren Rechts gerade auch gegenüber dem JStGH-Statut die Rede ist,[43] was wiederum nur bei einer restriktiven Interpretation des Art. 3 JStGH-Statut Sinn mache.[44] Diese restriktive Interpretation hätte auch dem Bestimmtheitsgebot eher entsprochen. Die – nahe liegende – Einfallstelle des problematischen „but not be limited to" hätte man ungenutzt lassen müssen. Auch die Formulierung „laws or customs of war" sowohl in Überschrift als auch der Text des Art. 3 JStGH-Statut spricht für die klare Zuordnung zum klassischen „Haager Recht". Dies umso mehr, als sich Art. 2 JStGH-Statut demgegenüber ausdrücklich auf das „Genfer Recht" bezieht.

Zum anderen gibt es eine Schwäche des Nachweises selbst, denn der JStGH versagt sich selbst eine Konsequenz, die der Gesetzgeber des VStGB später gezogen hat. Der JStGH ist nämlich der Ansicht, dass nicht der gesamte Gehalt des humanitären Völkerrechts im internationalen bewaffneten Konflikt auf den Bürgerkrieg übertragen werden kann, sondern dass nur die Essenz, sozusagen also das Wesentliche der Regelungen des internationalen bewaffneten Konfliktes übertragbar sei.[45]

Damit lässt der JStGH den Betrachter etwas ratlos zurück. Denn worin die Essenz einer Regelung bestehen soll, ist ebenso unklar wie die Frage, ab welcher Schwelle eine strafrechtliche Verantwortlichkeit als Sanktionierungsmittel anerkannt sein soll. Für das nationale Strafrecht wäre eine solche Regelung im Hinblick auf Art. 103 Abs. 2 GG unbrauchbar.[46]

---

[43] Report of the Secretary-General Pursuant to Paragraph 5 of Security Council Resolution 955 (1994), UN Doc. S/1995/134, para 12.

[44] *Schabas*, The UN International Criminal Tribunals, S. 235. Vgl. *Meron*, AJIL 90 (1996), 238, 243.

[45] JStGH, Beschluss vom 02. Oktober 1995 (*Tadić*, AC), para 126. Vgl. *Ambos*, Internationales Strafrecht, S. 95; *Quéguiner*, RICR 2003, 271, 297.

[46] *Buchwald*, Der Fall Tadic vor dem Internationalen Jugoslawientribunal im Lichte der Entscheidung der Berufungskammer vom 2. Oktober 1995, S. 160; vgl. *Kreß*, in: *Fischer/Lüder*, Völkerrechtliche Verbrechen vor dem Jugoslawien-Tribunal, nationalen Gerichten und dem Internatioalen Strafgerichtshof, S. 38;

Daran ändert sich auch nichts, wenn man in Rechnung stellt, dass die „Essenz“ jedenfalls gegenüber dem Gesamtkomplex der Regelungen ein „Minus“ darstellt, denn nicht alle Verstöße gegen das humanitäre Völkerrecht sind auch strafbewehrt und die Bestimmbarkeit des Wesentlichen gegenüber dem Unwesentlichen ist weithin beliebiger Kriterienbildung ausgesetzt.

II. Kriegsverbrechen und der Internationale Strafgerichtshof

Sehr viel präziser ist demgegenüber das vor dem IStGH anwendbare Kriegsvölkerstrafrecht strukturiert und im Einzelnen ausformuliert.

1. Kriegsverbrechen im IStGH-Statut

Die insgesamt 50 Tatbestände des Art. 8 IStGH-Statut sind den Grundregeln des humanitären Völkerrechts entlehnt, namentlich den Genfer Konventionen und ihren Zusatzprotokollen, sowie der Haager Landkriegsordnung (Anlage zum IV. Haager Abkommen).[47] Art. 8 Abs. 2 IStGH-Statut gliedert sich in vier Bereiche:[48]

- erstens die schweren Verletzungen der GA (ausschließlich im internationalen bewaffneten Konflikt), Art. 8 Abs. 2 (a) IStGH-Statut,
- zweitens andere schwere Verletzungen des Kriegsrechts in internationalen bewaffneten Konflikten, namentlich der HLKO, des ZP I, des Verbotes der Dum-Dum-Geschosse und des Giftgaseinsatzes, Art. 8 Abs. 2 (b) IStGH-Statut,

---

Kreß, EuGRZ 1996, 638, 647 betonte zu Recht, dass an das Statut eines permanenten internationalen Strafgerichtshofes höhere Bestimmtheitsanforderungen zu stellen seien.

[47] *Kreicker*, Völkerstrafrecht im Ländervergleich, S. 120; *Werle*, JZ 2000, 755, 757.

[48] Ausführliche Erörterung bei *Dörmann*, Max Planck UNYB 7 (2003), 341, 343 ff.; siehe auch *Cottier*, in: ELSA, International Law as we Enter the 21st Century, S. 172; *Huet/Koering-Joulin*, Droit pénal international, S. 33; *Kreicker*, Völkerstrafrecht im Ländervergleich, S. 121; *Satzger*, Internationales Strafrecht, § 15 Rn. 59; *Triggs*, Sydney L.R. 25 (2003), 507, 526; *Werle/Nerlich*, HuV-I 2002, 124, 125.

- drittens Verletzungen des gemeinsamen Art. 3 der GA, Art. 8 Abs. 2 (c) IStGH-Statut, und
- viertens andere schwere Verletzungen des Kriegsrechts in nichtinternationalen bewaffneten Konflikten, also insbesondere des ZP II, Art. 8 Abs. 2 (e) IStGH-Statut.

Maßgebend ist für das IStGH-Statut also gerade die überkommene Unterscheidung zwischen internationalem und nichtinternationalem bewaffneten Konflikt. Sie ist tragendes Strukturmerkmal. Es handelt sich bei der Aufzählung in Art. 8 IStGH-Statut um eine für die Zuständigkeit des IStGH abschließende Zuständigkeit.

Das bedeutet allerdings nicht, dass nicht darüber hinaus Kriegsverbrechenstatbestände existieren, die gewohnheitsrechtlich, theoretisch auch völkervertragsrechtlich, anerkannt sind.[49] Und in der Tat gibt es solche. In das IStGH-Statut wurden im Wesentlichen solche Kriegsverbrechen aufgenommen, die als Teil des Völkergewohnheitsrechts angesehen wurden, also in völkerrechtlichen Verträgen nur wiedergegeben sind und bereits völkergewohnheitsrechtlich eine individuelle Verantwortlichkeit mit sich bringen.[50] Es handelt sich also insoweit um eine deklaratorische Feststellung bereits zuvor geltenden Völkergewohnheitsrechts, welches auch Nicht-Vertragsstaaten bindet.[51]

a) Rezeption neuerer Entwicklungen und Deckungsungleichheiten

Indessen werden jüngere Entwicklungen des Völkergewohnheitsrechts im IStGH-Statut nur sehr vorsichtig wiedergegeben, namentlich wurde die für das Kriegsvölkerstrafrecht zentrale weitgehende Gleichstellung des nichtinternationalen bewaffneten Konfliktes mit dem Staatenkrieg nicht rezipiert. Dabei ist zwar auch nach dem IStGH-Statut der Schutz von Personen im nichtinternationalen bewaffneten Konflikt mit dem Schutz im internationalen bewaffneten Konflikt weitgehend vergleichbar („Genfer Recht"), im Bereich der verbotenen Mittel und Methoden

---

49 *Dahm/Delbrück/Wolfrum*, Völkerrecht, S. 1054; *Kreß*, Israel YHR 30 (2000), 103, 134 f.; *Triffterer*, in: *Triffterer*, Commentary on the Rome Statute, Part 1 Rn. 61.

50 *Dörmann*, Max Planck UNYB 7 (2003), 341, 345; *Werle*, Völkerstrafrecht, Rn. 152.

51 *Werle*, Völkerstrafrecht, Rn. 154.

der Kampfführung („Haager Recht") ist der Schutz aber ungeachtet weiter entwickelten Völkergewohnheitsrechts auf den internationalen bewaffneten Konflikt beschränkt.[52]

Insgesamt beziehen sich 34 Tatbestände auf den internationalen, aber nur 16 auf den nichtinternationalen bewaffneten Konflikt. Damit haben die Vertragsstaaten deutlich gemacht, dass eine Differenzierung zwischen den Konfliktarten nicht gänzlich aufgegeben werden soll.[53] Diese zurückhaltende Rezeption der Gleichstellung der Konfliktarten sorgt für die deutlichsten Diskrepanzen zwischen Statutsrecht und sonstigem Völkerrecht sowie zwischen Statutsrecht und denjenigen nationalen Regelungen, die diese Gleichstellung weitergehend durchführen.

Zudem wurden einige Kriegsverbrechen nicht aufgenommen, beispielsweise die ungerechtfertigte Verzögerung bei der Repatriierung Kriegsgefangener nach einem internationalen bewaffneten Konflikt.[54]

Selten sind die „innovativen" Elemente des IStGH-Statuts, also die Aufnahme von Kriegsverbrechen, denen wohl (noch) keine völkergewohnheitsrechtliche Geltung zukommt. Zu nennen sind hier die Angriffe auf humanitäre Hilfsmissionen und friedenserhaltende Missionen in Übereinstimmung mit der UN-Charta (Art. 8 Abs. 2 (b) (iii) und (e) (iii) IStGH-Statut)[55] und die Strafbarkeit von schwerwiegenden Schädigungen der Umwelt im internationalen bewaffneten Konflikt (Art. 8 Abs. 2 (b) (iv) IStGH-Statut).[56] Umgekehrt ist eine Ausweitung der Zuständigkeit des IStGH über die explizit aufgeführten Tatbestände hinaus ohne ausdrückliche Statutsergänzung durch die Versammlung der Vertragsstaaten ausgeschlossen, insbesondere können die Rechtsquellen des Völkerrechts nicht zur Erweiterung herangezogen werden (vgl. auch die nunmehrige Formulierung „namely" in Art. 8 Abs. 2 (a), (b), (c), (e) IStGH-Statut).

Dies gilt ungeachtet der Bestimmung Art. 21 Abs. 1 (b) IStGH-Statut. Die dort genannte Möglichkeit der Anwendung internationaler Verträge, des Gewohnheitsrechts und allgemeiner Rechtsprinzipien durch den

---

52 *Werle*, Völkerstrafrecht, Rn. 942.

53 *David*, Principes de droit des conflits armés, S. 105.

54 *Dörmann*, Max Planck UNYB 7 (2003), 341, 345.

55 Vgl. *Werle*, Völkerstrafrecht, S. 396 f., dortige Fn. 135.

56 *Dahm/Delbrück/Wolfrum*, Völkerrecht, S. 1150.

IStGH gilt nur in den Grenzen der Zuständigkeit des IStGH.[57] Art. 21 IStGH-Statut sieht, insoweit spezieller formuliert als Art. 38 IGH-Statut,[58] vor, dass der IStGH das Recht hierarchisch anwendet: Zunächst sind das Statut, die auf Art. 9 IStGH-Statut beruhenden *elements of crimes* und die Verfahrensregeln anzuwenden, sodann anwendbare Verträge und Prinzipien und Regeln des Völkerrechts, namentlich die anerkannten Prinzipien des Kriegsvölkerrechts, sodann bestimmte allgemeine und gemeinsame Grundsätze des nationalen Rechts. Neue Tatbestände können so allerdings nicht in das Statut eingeführt werden.

b) Anwendungsschwelle und Tatbestandscharakter

Einen gewissen Fremdkörper im überkommenen Recht der Kriegsverbrechen stellt die Anwendungsschwelle (Art. 5 Abs. 1 (c), Art. 8 Abs. 1 IStGH-Statut) dar.[59] Sie ist gewissermaßen vor die Klammer gezogen und gerade kein Tatbestandsmerkmal, sondern tatsächlich eine Zuständigkeitseinschränkung.[60] Überdies greift sie nicht durchweg zwingend, sondern nur „in particular", so dass der IStGH auch über Kriegsverbrechen urteilen kann, die nicht die Zuständigkeitsschwelle überschreiten.[61] Allerdings steht dann der Strafverfolgung einer nicht schwerwiegenden Angelegenheit durch den IStGH die allgemeine Zulässigkeitsschwelle des Art. 17 Abs. 1 (d) IStGH-Statut entgegen, so dass in der Tat nur massive Kriegsverbrechen auf der internationalen Ebene verfolgt

---

57 *Dahm/Delbrück/Wolfrum*, Völkerrecht, S. 1149.

58 *Ambos*, Internationales Strafrecht, S. 80.

59 *Ambos*, ZStW 111 (1999), 175, 193.

60 *Ambos*, Internationales Strafrecht, S. 234; *Askin*, CLF 10 (1999), 33, 50; *Bothe*, in: *Cassese/Gaeta/Jones*, Rome Statute: A Commentary, Band 1, S. 379 ff.; *Fenrick*, in: *Triffterer*, Commentary on the Rome Statute, Art. 8 Rn. 4; *König*, Die völkerrechtliche Legitimation der Strafgewalt internationaler Strafjustiz, S. 273; *Satzger*, Internationales Strafrecht, § 15 Rn. 64; *Schabas*, Introduction to the International Criminal Court, S. 30; *Werle*, Völkerstrafrecht, Rn. 391 und 644. Unberechtigt erscheint daher die Ausführung bei *Benison*, Stanford J. Int'l L. 37 (2001), 75, 81, wonach es nur „a low threshold for war crimes prosecution" im IStGH-Statut gebe.

61 *Cottier*, in: ELSA, International Law as we Enter the 21st Century, S. 171; *Fischer*, in: FS *Ipsen*, S. 84 f.; *Kittichaisaree*, International Criminal Law, S. 133; *Kreß*, Israel YHR 30 (2000), 103, 111.

werden dürften. Das individuelle und isolierte Kriegsverbrechen eines einzelnen Soldaten wird jedenfalls kaum vor den IStGH gelangen.[62]

Dass der zusammenfassende „*chapeau*" über den aufgezählten Tatbeständen „schwere Verletzungen der Genfer Konventionen" lautet, bedeutet umgekehrt nicht, dass die Tatbestandserfüllung durchweg unter dem Vorbehalt der militärischen Notwendigkeit stünde.[63] Vielmehr wirkt die „militärische Notwendigkeit" weder als genereller Rechtfertigungsgrund noch gar als ungeschriebenes Tatbestandsmerkmal oder zu unterstellende Anwendungsschwelle, sondern sie ist nur dort zu berücksichtigen, wo sie explizit genannt ist, so in Art. 8 Abs. 2 (a) (iv) IStGH-Statut.[64]

Obgleich die gesamte Statutsregelung als Zuständigkeitsregelung formuliert ist, so sind die einzelnen Verbrechen gegen das Völkerrecht doch als Tatbestände zu verstehen.[65] Systematisch deutet hierauf auch Art. 22 Abs. 1 und 3 IStGH-Statut hin, der von nur beschränkter Bedeutung wäre, enthielte Art. 8 IStGH-Statut nicht auch materiell-rechtliches internationales Strafrecht.[66] Im Gegensatz zur bisherigen Tradition im Völkerstrafrecht werden die Tatbestände auch nicht lediglich „angedeutet" und mit Völkervertrags- und besonders Völkergewohnheitsrecht ausgefüllt, sondern sie sind ähnlich dem nationalen Recht vergleichsweise präzise und konkret ausformuliert.[67]

In der Tat könnte die Mehrzahl der Tatbestandsfassungen auch im nationalen Recht bestehen – sieht man von der Notwendigkeit einer konkreten Strafandrohung ab – und tatsächlich sind einige unter ihnen, wie noch aufzuzeigen sein wird, sogar bestimmter als die Parallelregelung des VStGB.

---

[62] *Kaul*, in: *Neubacher/Klein*, Vom Recht der Macht zur Macht des Rechts?, S. 97.

[63] So aber *Benison*, Georgetown L.J. 88 (1999), 141, 161 und 163.

[64] Vgl. *Dinstein*, The Conduct of Hostililites under the Law of International Armed Conflict, S. 18 f.; *Ipsen*, Völkerrecht, S. 1211; *Quéguiner*, RICR 2003, 271, 292.

[65] *Tomuschat*, Die Friedens-Warte 73 (1998), 335, 337.

[66] *Fischer*, in: FS *Ipsen*, S. 83.

[67] *Cassese*, International Criminal Law, S. 59; *Geiger*, in: Freundesgabe *Büllesbach*, S. 335; *Lee*, Fordham Int'l L.J. 25 (2002), 750, 757.

Hiervon wird man für die Anwendungsschwelle wiederum eine Ausnahme machen müssen. Hierbei handelt es sich um eine ausschließliche Zuständigkeitsregelung für den IStGH. Sie wurde lediglich für das Statut formuliert und konnte nicht in den völkergewohnheitsrechtlich geltenden Tatbeständen aufgefunden werden.[68]

c) Möglichkeit des zeitlich begrenzten opt-out

Die Möglichkeit eines *opt-out* gibt einem Vertragsstaat ungeachtet Art. 12 Abs. 1 IStGH-Statut die Möglichkeit, die Zuständigkeit des IStGH für Kriegsverbrechen über einen Zeitraum von sieben Jahren ab Inkrafttreten des Statuts auszuschließen (Art. 124 IStGH-Statut),[69] für Staaten, die bis zum 01. Juli 2002 das Statut ratifiziert haben, längstens also bis zum 01. Juli 2009. Diese „Schonfrist" wird (für diese Staaten) in Kürze wegfallen.[70]

Eine Bedeutung für nationale Kriegsverbrechenskodifikationen im Sinne etwa einer Sperrwirkung bzw. eines völkerrechtlichen Verbotes der Strafverfolgung durch einen Nationalstaat aufgrund beispielsweise des VStGB vermag ein *opt-out* nicht zu gewähren. Das *opt-out* bezieht sich lediglich auf die Zuständigkeit des IStGH. Ein entsprechender Sachverhalt ist aber dessen ungeachtet als Kriegsverbrechen zu definieren und kann auch als solches verfolgt werden, nur eben nicht vom IStGH. Darin liegt womöglich *prima facie* ein Widerspruch zum System der Komplementarität, indessen kann von einer Durchgriffswirkung eines *opt-out* auf das nationale Recht bereits deswegen kaum gesprochen werden,

---

[68] Nicht mit der Anwendungsschwelle des IStGH-Statuts zu verwechseln ist das generelle Erfordernis, dass ein Kriegsverbrechen einen gewissen Schweregrad aufweisen muss, um überhaupt ein solches zu sein. Vgl. zur Anwendungsschwelle *Dörmann*, Max Planck UNYB 7 (2003), 341, 349.

[69] Gegenstück ist das *opt-in*, wonach sich ein Staat ausdrücklich der IStGH-Zuständigkeit im Einzelfall unterwirft; vgl. *Ambos*, ZStW 111 (1999), 175, 181.

[70] Dies gilt freilich nicht für die Staaten, die dem IStGH noch beitreten werden, sie können weiterhin eine solche Erklärung abgeben. Bislang hatten allerdings nur Frankreich und Kolumbien von der Möglichkeit des Art. 124 IStGH-Statut Gebrauch gemacht; *Schabas*, Introduction to the International Criminal Court, S. 188. Der Wortlaut der Erklärungen ist abgedruckt bei *Schabas*, S. 422 f. und 424 f.

da die jeweiligen Zuständigkeiten in den völkerrechtlichen Grenzen autonom definiert werden und die Möglichkeit des *opt-out* nur geschaffen wurde, um einigen Staaten (namentlich Frankreich)[71] die Zustimmung zum IStGH-Statut zu erleichtern, nicht um das Weltrechtsprinzip zu unterlaufen.

Ein Freibrief wird damit aber nicht erteilt, so dass eine anderweitige Strafverfolgung – namentlich durch einen Staat, theoretisch aber auch durch einen anderen internationalen Strafgerichtshof – nicht suspendiert wird, sondern ohne Weiteres durchgeführt werden kann.

d) Zwischenbewertung

Die abschließende – durchaus auch etwas unklare und unnötig komplizierte[72] – Formulierung des Tatbestandskataloges nach Art. 8 IStGH-Statut verdankt sich zwar wesentlich den pragmatischen staatlichen Bedenken gegen eine zu weitgehende und im Sinne der staatlichen Souveränität unvorhersehbar weite Zuständigkeit des IStGH.[73] Dennoch liegt hierin auch ein – wenn auch möglicherweise akzidentieller Nutzen für das Prinzip *nullum crimen sine lege*.

Das Römische Statut des IStGH ist seiner Schwächen ungeachtet heute das zentrale Dokument des Völkerstrafrechts.[74] Es ist zu erwarten, dass die Rechtsprechung des IStGH die Rechtsprechung von JStGH und RStGH aufnehmen und fortführen wird, – die der jeweiligen Gerichtsbarkeit unterliegenden Tatbestände sind vielfach identisch, überdies gibt es nur eine geringe Zahl an Präzedenzfällen – wobei sich Abweichungen aus Formulierungen der *elements of crimes* des IStGH ergeben können.[75]

---

[71] *Ambos*, ZStW 111 (1999), 175, 181; *Bantekas/Nash*, International Criminal Law, S. 390.

[72] Vgl. *Bassiouni*, Legislative History of the International Criminal Court, Band 1, S. 94.

[73] *Ambos*, Internationales Strafrecht, S. 243.

[74] *Werle*, Völkerstrafrecht, Rn. 71.

[75] *Aksar*, Implementing International Humanitarian Law, S. 114; *Bassiouni*, Legislative History of the International Criminal Court, Band 1, S. 152 f.

2. *Die elements of (war) crimes*[76]

Die Verbrechenselemente sind eine subsidiäre Rechtsquelle gegenüber der Statutsregelung und haben eine deklaratorische und systematisierende Funktion.[77] Ihr Aufbau im Allgemeinen stellt tatbestandsmäßiges Verhalten, Folgen und Tatumstände dar, anschließend, wenn erforderlich, besondere subjektive Voraussetzungen der Verantwortlichkeit sowie die Kontextelemente.[78] Obgleich die *elements of crimes* dem Gerichtshof als eine Auslegungshilfe zur Verfügung stehen und ihn nicht binden,[79] sind sie doch gleichsam in einem Annäherungsverfahren ein Mechanismus zur Konkretisierung des Bestimmtheitsgrundsatzes auf der völkerrechtlichen Ebene.[80] Auch wenn Besorgnisse hinsichtlich der Präzisierung der Tatbestände von souveränitätsorientierten Staaten zur Eingrenzung des richterlichen Spielraums verwendet und vorgeschoben werden sein sollten,[81] ändert dies nichts an einem etwaigen Vorteil für den Bestimmtheitsgrundsatz.

---

[76] Vollständig abgedruckt bei *Dörmann*, Elements of War Crimes.

[77] *Ambos*, NJW 2001, 405, 406.

[78] *Ambos*, NJW 2001, 405, 406; *Kelt/von Hebel*, in: *Lee*, The International Criminal Court, S. 17.

[79] *Dörmann*, IRRC 2000, 771, 773. Da sie allerdings den Willen der Vertragsstaaten wiederspiegeln, dürfte eine Abweichung nur mit guten Gründen infrage kommen. Vgl. *Hunt*, JICJ 2 (2004), 56, 59, der die Fassung der *elements* allerdings als klassischer Vertreter des *common law* kritisch als „exercise in legal positivism“ (*ibid.*) und Ausdruck des Misstrauens gegen die Richter des IStGH sieht.

[80] *Lagodny*, ZStW 113 (2001), 800, 807 weist zu Recht darauf hin, dass das Zustandekommen der Verbrechenselemente durch ein Gremium der Staatenvertreter, i.e. der auswärtigen Exekutive, aus strafrechtlicher Sicht merkwürdig erscheint und von einer *lex* keine Rede sein könne, räumt aber zugleich ein, dass diese Konzession ein Ausfluss des Völkerrechtscharakters des IStGH-Statuts ist und diese Verfahrensweise letztlich in Ermangelung eines zentralen völkerrechtlichen Normgebers eine hinzunehmende Notwendigkeit ist. Ähnlich *Bassiouni*, Legislative History of the International Criminal Court, Band 1, S. 96. Hierin liegt ein konkretes Beispiel für den janusköpfigen Charakter des Völkerstrafrechts als Rechtsgebiet, welches Eigenarten von Völkerrecht und Strafrecht miteinander zu verbinden hat.

[81] Vgl. *Robinson/von Hebel*, in: *Lee*, The International Criminal Court, S. 219 und 223.

Dabei können die *elements of crimes* nicht nur dem IStGH bei der Rechtsanwendung helfen, sondern mitunter auch dem nationalen Gesetzgeber bei einer Tatbestandsfassung im Hinblick auf den Bestimmtheitsgrundsatz eine Hilfestellung geben, die über den bloßen Statutstext hinausgeht.[82]

Die australische Regelung ist beispielsweise an die *elements of crimes* nicht nur angelehnt, sondern begnügt sich weitgehend mit deren Wiedergabe.[83] Dieser Vorteil und diese Hilfestellung in den *elements* wird jedoch teilweise nicht realisiert, da auch die Verbrechenselemente zu den problematischsten Begriffen oftmals keine Stellung nehmen. Es ist daher absehbar, dass insofern die richterliche Auslegung zu Klarheit führen muss.

Zudem reduzieren sie die Bedeutung des Richterrechts, welches noch beim JStGH strafbegründenden Einfluss nahm. Andererseits wird entgegen manchen Befürchtungen der Spielraum der Richter bereits deswegen nicht über Gebühr eingeschränkt, da es letztlich der Internationale Strafgerichtshof selbst ist, der entscheidet, ob einzelne *elements* mit dem Statut vereinbar sind.[84] In keinem Falle dürfen die *elements* in einer Weise angewendet werden, die den Bestimmungen des Statuts selbst zuwider liefe.[85]

---

[82] *Robinson/von Hebel*, in: *Lee*, The International Criminal Court, S. 230; *Weigend*, in: Gedächtnisschrift *Vogler*, S. 204.

[83] Siehe bereits oben, S. 101 und *Biehler/Kerll*, Grundlagen der Strafverfolgung völkerrechtlicher Verbrechen in Australien, S. 30, 33 ff.; *Triggs*, Sydney L.R. 25 (2003), 507, 516 und 520.

[84] Vgl. *Cottier*, in: ELSA, International Law as we Enter the 21st Century, S. 170 f.; *Dörmann*, UNYB 7 (2003), 341, 350.

[85] *Bassiouni*, Introduction to International Criminal Law, S. 503.

B. Kriegsverbrechen und Gewohnheitsrecht, sowie die Bedeutung der „allgemeinen Rechtsgrundsätze" nach Art. 38 Abs. 1 lit. c) IGH-Statut

I. Das völkerrechtliche Gewohnheitsrecht

Völkergewohnheitsrecht entsteht unter zwei Voraussetzungen: Erstens einer in der Staatengemeinschaft verfestigten und verbreiteten Praxis (*recta consuetudo, repetitio facti*), zweitens einer entsprechenden Rechtsüberzeugung, die diese Staatenpraxis trägt (*opinio iuris sive necessitatis*).[86] Obgleich eine Vielzahl von denkbaren Nachweismöglichkeiten für das Bestehen einer Regel des Völkergewohnheitsrechts gegeben ist,[87] so ist im Bereich des Völkerstrafrechts angesichts einer kargen Staatenpraxis[88] und teilweise schwieriger Feststellung des tatsächlichen Verhaltens im bewaffneten Konflikt doch die Bedeutung der ungleich leichter feststellbaren geäußerten Rechtsüberzeugung der Staaten erhöht.[89]

---

[86] IGH, Urteil vom 20. Februar 1969 (North Sea Continental Shelf Cases, *Germany v. Denmark*; *Germany v. Netherlands*), ICJ Reports 1969, paras 73 ff.; IGH, Urteil vom 03. Juni 1985 (Case Concerning the Continental Shelf, *Libyan Arab Jamahiriya v. Malta*), ICJ Reports 1985, para 27; IGH, Rechtsgutachten vom 08. Juli 1996 (Legality of the Threat or Use of Nuclear Weapons), ICJ Reports 1996, para 64; *Cassese*, International Law, S. 119 ff.; *Henckaerts*, IRRC 2005, 175, 178 ff.; *Herdegen*, Völkerrecht, S. 125; *Ipsen*, Völkerrecht, S. 213; *König*, Die völkerrechtliche Legitimation der Strafgewalt internationaler Strafjustiz, S. 212; *Herdegen*, in: *Maunz/Dürig*, GG, Art. 25 Rn. 23; *Schweitzer*, Staatsrecht III, Rn. 236 ff.; *Stuckenberg*, GA 2007, 80, 85 m.w.N.; *Werle*, Völkerstrafrecht, Rn. 139.

[87] JStGH, Beschluss vom 02. Oktober 1995 (*Tadić*, AC), paras 99, 108 ff. (Verhalten der Kriegsparteien, Praxis des IKRK, UN-Resolutionen, Erklärungen, das ZP II, Militärhandbücher); *Ipsen*, Völkerrecht, S. 219; *Henckaerts*, IRRC 2005, 175, 179 ff.; *Stuckenberg*, GA 2007, 80, 85 f. m.w.N.

[88] *Ascensio/Decaux/Pellet*, Droit pénal international, S. 57; *Aksar*, Implementing International Humanitarian Law, S. 118; *König*, Die völkerrechtliche Legitimation der Strafgewalt internationaler Strafjustiz, S. 31 ff.; *Kreß*, ZStW 111 (1999), 597, 602 ff.; *Stuckenberg*, GA 2007, 80, 88.

[89] JStGH, Beschluss vom 02. Oktober 1995 (*Tadić*, AC), para 99; *Eichhofer*, in: *Kühne/Esser/Gerding*, Völkerstrafrecht, S. 7; *Kreß*, ZStW 111 (1999), 597, 601 f.; *Meron*, AJIL 81 (1987), 348, 363; *ders.*, AJIL 90 (1996), 238, 239 f.; *Sassò-*

II. Die Bedeutung des Gewohnheitsrechts im Bereich der Kriegsverbrechen

Cassese weist für den Bereich des humanitären Völkerrechts auf die besondere Bedeutung der *Martensschen* Klausel (Präambel der IV. Haager Konvention, GA, ZP I) hin. Demnach sollen die Gesetze der Menschlichkeit und das öffentliche Gewissen im humanitären Völkerrecht die Anforderungen an die Staatenpraxis herabsetzen, gleichzeitig aber die Anforderungen an die Rechtsüberzeugung heraufsetzen.[90] Damit ist zwar eine gewisse theoretische Fundierung für die bereits beschriebene Problematik der nicht immer leichten Feststellung der Staatenpraxis in diesem Bereich geschaffen, allerdings für den Bereich des Primärrechts, nicht für das darauf fußende Kriegsvölkerstrafrecht.

Aber auch die Tatbestände der Kriegsverbrechen sind nahezu durchweg als Gewohnheitsrecht entstanden[91] und sie entstehen auch weiterhin auf diesem Wege – gänzlich unabhängig vom vertraglich vereinbarten IStGH-Statut. Die Nichtaufnahme einer bestehenden Regel des Völkergewohnheitsrechts in das IStGH-Statut ändert nichts an der Geltung dieser Regel im Völkerrecht. Lediglich besteht insoweit keine Gerichtsbarkeit des IStGH, so dass beispielsweise eine Vielzahl von Kriegsverbrechen im Bürgerkrieg nicht seiner Zuständigkeit unterliegt. Eine spätere weitergehende Erstreckung der Gerichtsbarkeit auf Kriegsverbrechen im nichtinternationalen bewaffneten Konflikt, wie sie der JStGH seit *Tadić* vorgenommen hatte, wird für den IStGH nicht in Betracht kommen. Die Statutsregelung ist abschließend und nicht durch Hineinlesen weiterer Tatbestände in eine offene Formulierung nach der Art „not be limited to" erweiterbar. Die Aufnahme weiterer Tatbestände obliegt nicht dem Gericht selbst, sondern der Versammlung der Vertragsstaaten.

---

li/Bouvier, Un droit dans la guerre?, Band 1, S. 140 f.; *Stuckenberg*, GA 2007, 80, 88; *Werle*, Völkerstrafrecht, Rn. 144.

[90] *Cassese*, International Law, S. 121 f.

[91] *Stuckenberg*, GA 2007, 80, 83. *Cassese*, International Criminal Law, S. 23 erkennt nur gewohnheitsrechtlich entstandene Tatbestände des Völkerstrafrechts an.

III. Annex: Zu den „von den Kulturvölkern anerkannten allgemeinen Rechtsgrundsätze[n]" im Kriegsvölkerstrafrecht

Die allgemeinen Rechtsgrundsätze sind anerkannte Rechtsprinzipien, die, wenn nicht allen, so doch einer großen Zahl nationaler Rechtsordnungen gemein sind.[92] Dies ist indessen nicht in dem Sinne zu verstehen, dass sie in den nationalen Rechtsordnungen auch die gleiche oder auch nur eine sehr ähnliche Ausprägung gefunden haben. Die Betonung liegt also auf dem Element des „Prinzips", d. h. die Zurückführbarkeit der möglicherweise sehr detaillierten und ausdifferenzierten nationalen Regeln auf den gemeinsamen Kern, auf die Grundidee. Die Ermittlung der gegenüber Völkervertrags- und Völkergewohnheitsrecht subsidiären[93] Rechtsquelle der allgemein anerkannten Rechtsgrundsätze erfolgt durch Rechtsvergleichung, wobei in Streit steht, welchen Umfang diese Rechtsvergleichung annehmen muss, um einen allgemein anerkannten Rechtsgrundsatz zutreffend zu ermitteln. Zieht man den Kreis eher weit,[94] so stößt man bald auf unüberwindbare praktische Schwierigkeiten, zieht man ihn eher eng,[95] so läuft man Gefahr, einen Rechtsgrundsatz zu identifizieren, der nur partiell anerkannt ist. Jedenfalls müssen die Prinzipien den *major legal systems of the world* gemein, also in diesen auffindbar sein.[96] Dabei ist die mechanische Übertragung von Rechtsgrundsätzen, die im Kontext einer nationalen Rechtsordnung sinnvoll einge-

---

[92] *Cassese*, International Criminal Law, S. 32; *Ipsen*, Völkerrecht, S. 231.

[93] *Ipsen*, Völkerrecht, S. 233; *Stuckenberg*, GA 2007, 80, 89.

[94] *Stuckenberg*, GA 2007, 80, 89 f.: „jedenfalls alle Mitgliedstaaten der Vereinten Nationen"(!).

[95] *Ambos*, Der Allgemeine Teil des Völkerstrafrechts, S. 46: *civil law* und *common law*. Es ist nicht zu verkennen, dass damit in erster Linie ein westliches Konzept internationaler Strafgerichtsbarkeit unausgesprochen zugrunde gelegt wird. Obgleich dies im Hinblick auf eine angestrebte Universalität des Verfolgungssystems anhand der Komplementarität nicht unproblematisch erscheint, so findet diese Ansicht jedoch neben pragmatischen Überlegungen auch eine gewisse dogmatische Rechtfertigung darin, dass Völkerstrafrecht eben historisch und auch in der Gegenwart in erster Linie ein Projekt der westlichen Demokratien war und dies trotz des Verhaltens der USA im Hinblick auf den IStGH noch immer ist; vgl. *Arbour*, War Crimes and the Culture of Peace, S. 29; *Bass*, Stay the Hand of Vengeance, S. 20 ff.

[96] JStGH, Urteil vom 10. Dezember 1998 (*Furundžija*, TC), paras 177 f.

bettet sind, zu vermeiden,[97] es sind die Eigenheiten des Völkerrechts zu berücksichtigen.

1. Bedeutung für die Kriegsverbrechenstatbestände

Im Zusammenhang mit den Kriegsverbrechenstatbeständen müssen diese und weiterreichende Probleme allerdings keiner Lösung zugeführt werden, denn die Bedeutung der anerkannten Rechtsgrundsätze liegt im Allgemeinen Teil des Völkerstrafrechts.[98] Der Besondere Teil des Völkerstrafrechts, namentlich die Tatbestände der Kriegsverbrechen, hat demgegenüber eine derartige Ausformung erhalten, dass die gegenüber Vertrags- und Gewohnheitsrecht subsidiären allgemeinen Rechtsgrundsätze keine eigenständige Bedeutung haben. Daher spielt auch die umstrittene Grundsatzfrage, ob allgemeine Rechtsgrundsätze überhaupt geeignet seien, völkerstrafrechtliche Tatbestände zu begründen, keine erkennbare Rolle.

Die Kritik bezieht sich darauf, dass die *Extraktion von Prinzipien* keine hinreichend exakten Straftatbestände und eine sich auf sie beziehende Strafandrohung zulasse.[99]

2. Allgemeine Rechtsgrundsätze des Strafrechts und Völkerstrafrechts

Zu diesen in einzelnen Rechtssystemen aufgefundenen und aus ihnen extrahierten Prinzipien kommt nach einer Ansicht noch eine Art Zwischenkategorie, die sich dem völkerrechtlichen Rechtsquellenprogramm, wie es in Art. 38 IGH-Statut aufgenommen wurde, nicht klar zuordnen lässt, aber eine gewisse terminologische Verwandtschaft zu den allgemeinen Rechtsgrundsätzen zeigt und daher in diesem Kontext angesprochen wird. Die Rede ist von den sogenannten allgemeinen Rechtsgrundsätzen des Völkerstrafrechts („general principles of international criminal law“). Es handelt sich hierbei nämlich vor allem um Verallgemeinerungen aus völkervertraglichen oder gewohnheitsrechtlichen Normen, die in einem Prozess der Induktion und Generalisierung

---

97 JStGH, Separate and Dissenting Opinion of Judge *Cassese* zum Urteil vom 07. Oktober 1997 (*Erdemovic*, AC), para 4.

98 *Werle*, Völkerstrafrecht, Rn. 147.

99 Vgl. *Krivec*, Von Versailles nach Rom, S. 31 f.

gewonnen werden.[100] Eine gänzlich „neue" Rechtsquelle wird damit nicht begründet, vielmehr wird im Kern der Gedanke der Prinzipienfindung nicht auf nationale Rechtssysteme, sondern auf das Völkerrecht angewendet.

Zurückführbar und jenen zuzuordnen sind diese allgemeinen Grundsätze aber letztlich auf die Rechtsquellen des Vertrags- und Gewohnheitsrechts.[101]

C. Nationale und internationale Strafgerichtsbarkeit

Weiterhin ist das Bindeglied zwischen dem Recht der Kriegsverbrechen im internationalen Recht und im nationalen Recht in den Blick zu nehmen. Es gilt aufzuzeigen, worauf das gegenwärtige Gesamtsystem des Rechts der Kriegsverbrechen fußt und wie die Ebene des Völkerrechts und des nationalen Rechts zusammenwirken, um ein kohärentes System zu gewährleisten.

Dieses Bindeglied ist das Prinzip der Komplementarität. Wenn auch zuzugeben ist, dass im Völkerstrafrecht der Gegenwart das System der Komplementarität noch nicht umfassend geschaffen ist, so wird seine Bedeutung doch bereits in den nächsten Jahren zunehmen und bald darauf wohl zum Dreh- und Angelpunkt der Koordinierung im Völkerstrafrecht werden. Dies aus zweierlei Gründen: Erstens werden die nicht nach dem Prinzip der Komplementarität arbeitenden *ad hoc*-Gerichtshöfe in naher Zukunft ihre Tätigkeit einstellen. Zweitens nimmt die Zahl der Staaten zu, die durch Ratifikation des IStGH-Statuts und Implementierung nationaler Gesetzgebung die Voraussetzung für ein funktionierendes Verfolgungs- und Koordinierungssystem anhand der Linie der Komplementarität schaffen. Man mag dem noch hinzufügen, dass das Bestehen einer Vielzahl von Staaten auf möglichst weitgehender Erhaltung der eigenen Möglichkeit zur Strafverfolgung von Kernverbrechen gegen das Völkerrecht, mit anderen Worten also Souveränitätsbedenken, zwar das System der Komplementarität ebenfalls stärken, aber andererseits den Schritt zu einem konsequenteren System, nämlich der

---

[100] *Cassese*, International Criminal Law, S. 26 und 31; *Stuckenberg*, GA 2007, 80, 96. Vgl. *Schweitzer*, Staatsrecht III, Rn. 264.

[101] *Schweitzer*, Staatsrecht III, Rn. 264.

durchgängigen Verfolgung der *core crimes* durch den IStGH für die Zukunft erschweren, wenn nicht gar unmöglich werden lassen. Letztes Ziel muss es dabei sein, ein sachlich und geographisch lückenloses System der Koordinierung der Strafansprüche und der Strafverfolgung zu errichten.[102]

I. Die zentrale (direkte) Verfolgung der Verstöße als Ausnahme – die Komplementarität im IStGH-Statut

Angesichts beschränkter Ressourcen und Infrastruktur eines internationalen Strafgerichtshofes und auch angesichts souveränitätsorientierter staatlicher Bedenken[103] war bei Ausarbeitung des Statuts von Rom eine vorrangige Zuständigkeit des IStGH gegenüber der nationalen Strafverfolgung nicht durchzusetzen.

Die im Grundsatz beschränkte Zuständigkeit des IStGH ist daher auf die Flankierung seiner Tätigkeit durch die Vertragsstaaten auf nationaler Ebene angelegt. Das komplementäre Verfolgungssystem läuft jedenfalls insoweit auf eine Interaktion zwischen nationaler und internationaler Ebene hinaus,[104] als es für die Staaten keine Pflicht, aber eine faktische Notwendigkeit schafft, eine eigene Strafverfolgung der der Jurisdiktion des IStGH unterfallenden Völkerrechtsverbrechen zu gewährleisten (siehe oben, *1. Kapitel A. II. 2.*).

In diesem Anreiz zur Schaffung nationaler Verfolgungsmöglichkeiten kann man eine Hauptfunktion des IStGH-Statuts sehen.[105]

Nach der Präambel (Abs. 10) und Art. 1 und 17-20 IStGH-Statut ist das Prinzip der Komplementarität dahingehend zu verstehen, dass der IStGH nur hilfsweise als eine Art permanentes Reservesystem tätig wird, wenn auf nationaler Ebene eine Strafverfolgung unterbleibt oder ersichtlich nicht ernsthaft vorgenommen wird. Die staatliche Strafver-

---

[102] Vgl. *Cassese*, EJIL 9 (1998), 2, 17; *Tomuschat*, in: FS *Steinberger*, S. 326.

[103] Vgl. *Cassese*, International Criminal Law, S. 351 f.

[104] Vgl. *Delmas-Marty*, JICJ 1 (2003), 13, 15.

[105] *Arbour*, JICJ 1 (2003), 585, 585.

folgung ist also vorrangig.[106] Der Grundsatz der Komplementarität findet auf alle Arten der Verfahrenseinleitung Anwendung.[107]

Im Einzelnen konkretisiert wird das Konzept der Komplementarität vor allem in Art. 17 IStGH-Statut. Danach ist ein Verfahren vor dem IStGH unzulässig, wenn in der Angelegenheit bereits eine Strafverfolgung stattfindet, oder auch nur Ermittlungen laufen, es sei denn der Staat ist nicht willens oder in der Lage zu einer ernsthaften Durchführung des Verfahrens oder der Ermittlungen (Art. 17 Abs. 1 (a) IStGH-Statut). Ein internationales Verfahren ist ebenfalls unzulässig, wenn – wiederum unter dem Vorbehalt des Willens und des Vermögens zur ernsthaften Strafverfolgung – der Staat entschieden hat, den Beschuldigten nicht weiter zu verfolgen (Art. 17 Abs. 1 (b) IStGH-Statut) oder der Grundsatz *ne bis in idem* greift (Art. 17 Abs. 1 (c) i.V.m. Art. 20 Abs. 3 IStGH-Statut; dies abermals mit der bekannten Einschränkung, dass es sich um ein ernsthaftes und auch unabhängiges Verfahren handelte, Art. 20 Abs. 3 (a) und (b) IStGH-Statut).

Immerhin ist es der IStGH, der letzten Endes darüber zu befinden hat, ob diese Zulässigkeitsvoraussetzungen vorliegen oder nicht[108] (vgl. Art. 19 IStGH-Statut). Es kann daher noch nicht sicher vorausgesehen werden, ob der IStGH als Institution tatsächlich nur das Sicherheitsnetz[109] und die Kontrollinstanz darstellen wird, welche nur wenige Fälle auffangen wird, oder ob sich in der zukünftigen Rechtsprechung eine Eigendynamik entwickelt, welche eine weitere Erfassung von Fällen erlaubt, als dies nach dem Statut *prima facie* vorgesehen ist.

Jedenfalls spricht die weiter bestehende Abhängigkeit des IStGH von den Vertragsstaaten neben den strikten Tatbestandsfassungen gegen eine weite Interpretation seiner Zuständigkeit, wie sie namentlich der unabhängigere JStGH vornehmen konnte.

---

[106] Vgl. *Burchards*, Die Verfolgung von Völkerrechtsverbrechen durch Drittstaaten, S. 325; *Kreicker*, Völkerstrafrecht im Ländervergleich, S. 8 und 328 m.w.N.

[107] *Ambos*, Internationales Strafrecht, S. 264.

[108] *Ambos*, Internationales Strafrecht, S. 265; *Holmes*, in: *Cassese/Gaeta/Jones*, Rome Statute: A Commentary, Band 1, S. 672. Vgl. Art. 17 Abs. 2 und 3 IStGH-Statut.

[109] *Bassiouni*, JICJ 4 (2006), 421, 422; vgl. *Kaul*, in: *Neubacher/Klein*, Vom Recht der Macht zur Macht des Rechts?, S. 96 f.

II. Die dezentrale (indirekte) Verfolgung der Verstöße als Regel

Die Verfolgung eines Kriegsverbrechenstatbestandes durch einen Staat nach dessen nationalem Recht – also in Deutschland mittlerweile regelmäßig nach dem VStGB – nimmt diesem Tatbestand nicht seinen Charakter als Völkerstrafrecht.[110] Der Staat handelt dann im Interesse und als Vollzugsorgan der internationalen Gemeinschaft. Dieses Konzept, also die Instrumentalisierung nationaler Regelungen und Ressourcen, hat im humanitären Kriegsvölkerrecht zwar Tradition, neu ist allerdings, dass mit dem IStGH ein permanenter und institutionalisierter Gerichtshof geschaffen wurde, dessen Rolle vielleicht nicht so sehr in der Rechtsprechung liegen wird. Vielmehr könnte er sich im Rahmen der Komplementarität dahin entwickeln, dass er sicherstellt, dass die dezentrale Verfolgung der Völkerrechtsverbrechen auch tatsächlich stattfindet.[111] Ihm verblieben dann nur die Fälle, in denen sich nationale Behörden und Gerichte als unfähig oder unwillig erweisen.

1. Grundlagen des indirect enforcement model

Zwischen staatlicher Gebietshoheit des Staates und dem Völkerstrafrecht besteht ein vorgegebener Konflikt[112] in dem Sinne, dass das Völkerstrafrecht dem Staat das Verfolgungsprogramm vorgibt. Damit wird aber die grundsätzliche Autonomie des Staates, die Reichweite seines Strafrechts – und teilweise auch dessen materielle Ausgestaltung – frei zu definieren, eingeschränkt. Die Vorrangigkeit der nationalen Strafverfolgung ist im Kriegsvölkerrecht stark verankert, namentlich in den Genfer Abkommen. Sie ist also keine durch das IStGH-Statut eingeführte Neuerung, sondern entspricht einem traditionellen Konzept.

Schwere Verletzungen der GA können von jeder Partei der Abkommen verfolgt werden, ungeachtet des Tatortes oder der Staatsangehörigkeit des Täters.[113] Die Parteien sind hierzu sogar verpflichtet, auch wenn die

---

[110] *Dahm/Delbrück/Wolfrum*, Völkerrecht, S. 998. Siehe bereits *Kelsen*, California L.R. 31 (1943), 530, 535 f. und 555: „The application of national law to the war criminal is at the same time execution of international law."

[111] Vgl. *Arbour*, JICJ 1 (2003), 585, 587; *Gioia*, Leiden J. Int'l L. 19 (2006), 1095, 1101.

[112] *Ipsen*, Völkerrecht, S. 661.

[113] Vgl. hierzu *Cassese*, EJIL 9 (1998), 2, 5.

schwere Verletzung im internationalen bewaffneten Konflikt außerhalb des eigenen Staatsgebietes und von Personen anderer Staatsangehörigkeit begangen wurde (Art. 49 GA I, Art. 50 GA II, Art. 129 GA III, Art. 146 GA IV). Hier gilt das Wahlrecht nach dem Grundsatz *aut dedere aut iudicare*, wonach der Gewahrsamsstaat entweder den Täter an einen verfolgungsbereiten Staat auszuliefern (soweit dieser *prima facie* ausreichendes Beweismaterial beibringt) oder aber selbst abzuurteilen hat.[114] Hierin liegt neben der Anknüpfung an die universelle Ächtung der schweren Verletzungen des Kriegsvölkerrechts auch das Eingeständnis, dass Kriegsverbrechen vielfach von einem verfolgungsbereiten Drittstaat, jedenfalls aber nicht von dem Staat, dessen Truppen der Verletzungen beschuldigt werden, zur Anklage gebracht werden dürften.[115] Die Entwicklung geht dahin, im Zuge der fortschreitenden Gleichstellung der Konfliktarten auch entsprechende Kriegsverbrechen im nichtinternationalen bewaffneten Konflikt in diese Verpflichtung aufzunehmen.

Aut dedere aut iudicare ist in diesem Zusammenhang als ein Mechanismus zu verstehen, der eine lückenlose Strafverfolgung garantieren soll, obwohl die einschlägigen Delikte dem Weltrechtsprinzip unterliegen.[116] Art. 88 ZP I geht noch darüber hinaus, indem er die Staaten zu gegenseitiger Hilfe bei der Strafverfolgung verpflichtet.

Letzten Endes übernahmen die Staaten in der Vergangenheit die Durchsetzung des Völkerstrafrechts, da es an einer völkerrechtlichen Instanz hierfür fehlte.[117] In der Gegenwart sollen die Staaten die Strafverfolgung übernehmen, wo es an einer Ausübung der vorrangigen internationalen Strafgerichtsbarkeit im Einzelfalle fehlt (JStGH, RStGH) oder das Komplementaritätsprinzip es als Regelfall vorsieht (IStGH).

---

[114] *Gärditz*, Weltrechtspflege, S. 296; *Maierhöfer*, „*Aut dedere – aut iudicare*", S. 160 ff.; *Werle*, Völkerstrafrecht, Rn. 196. Vgl. *van Elst*, Leiden J. Int'l L. 13 (2000), 815, 818 f.

[115] Dies konzediert auch *Gärditz*, Weltrechtspflege, S. 296 (vgl. oben, *1. Kapitel A. II. 3.*).

[116] *Dahm/Delbrück/Wolfrum*, Völkerrecht, S. 1008 und 1011.

[117] *Oellers-Frahm*, ZaöRV 54 (1994), 416, 417.

2. *Weltrechtsprinzip contra Souveränität*

a) Verfolgungsberechtigung aus der Natur der Tat selbst

Die staatliche Befugnis zu strafen folgt bei den dem Weltrechts- oder Universalitätsprinzip unterliegenden Straftaten aus der Tat selbst.[118] Der Staat ist berechtigt oder auch verpflichtet, für die internationale Staatengemeinschaft stellvertretend ein *delictum iuris gentium* zu bestrafen, ohne dass irgendeine Beziehung zu dem Staat besteht,[119] wie sie üblicherweise für die Anwendbarkeit des staatlichen Strafrechts zumeist nach dem Territorialitätsprinzip und/oder dem (aktiven oder passiven) Personalitätsprinzip gefordert wird (vgl. §§ 3 ff. StGB).

Die Tat ist demnach von der Völkerrechtsgemeinschaft derart universell als Völkerrechtsverbrechen anerkannt, dass ein souveränitätsorientiertes Interesse, den Anwendungsbereich des eigenen Strafrechts autonom zu definieren, verzichtbar ist. Der Staat, der eine Strafverfolgung von *core crimes* gegen das Völkerrecht vornimmt, handelt dabei für die Staatengemeinschaft.[120] Grundsätzliche Idee ist dabei, dass die dem Weltrechtsprinzip unterliegenden Verbrechen gegen das Völkerrecht in einem solchen Maße gegen grundlegende Menschenrechte verstoßen, dass bereits aus diesem Grunde ungeachtet der Staatsbürgerschaft von Täter

---

[118] *Arnold*, Der UNO-Sicherheitsrat und die strafrechtliche Verfolgung von Individuen, S. 28; *Broomhall*, International Justice and the International Criminal Court, S. 107; *Burchards*, Die Verfolgung von Völkerrechtsverbrechen durch Drittstaaten, S. 24 f.; *Ipsen*, Völkerrecht, S. 664; *Satzger*, Internationales Strafrecht, § 16 Rn. 38; *Werle*, Völkerstrafrecht, Rn. 184; *Wolfrum*, Israel YHR 24 (1994), 183, 185.

[119] Joint Separate Opinion of Judges *Higgins*, *Kooijmans* and *Buergenthal* zu IGH, Urteil vom 14. Februar 2002 (Case Concerning the Arrest Warrant of 11 April 2000, *DR Congo v. Belgium*), ICJ Reports 2002, para 46; High Court of Australia (*Polyukhovich v. Commonwealth of Australia*), ILR 91 (1993), 1, 118; Supreme Court of Canada (*Regina v. Finta*), ILR 104 (1997), 284, 298 f. m.w.N.; *Ambos*, in: *Neubacher/Klein*, Vom Recht der Macht zur Macht des Rechts?, S. 112; *Dahm/Delbrück/Wolfrum*, Völkerrecht, S. 999 f.; *König*, Die völkerrechtliche Legitimation der Strafgewalt internationaler Strafjustiz, S. 152; *Lüder/Vormbaum*, Materialien zum Völkerstrafgesetzbuch, S. 26; *van Elst*, Leiden J. Int'l L. 13 (2000), 815, 823; *Werle/Jeßberger*, in: LK StGB, Vor § 3 Rn. 237.

[120] *Bassiouni*, Virginia J. Int'l L. 42 (2001-2002), 81, 96; *Cassese*, EJIL 13 (2002), 853, 859; *Wolfrum*, Israel YHR 24 (1994), 183, 186.

oder Opfer, Lage des Tatortes oder anderweitiger Verbindung zum Verfolgerstaat, eine Strafverfolgung durch denjenigen Staat statthaft ist, der des Täters habhaft wurde.[121]

Als nicht nur überholt, sondern auch ursprünglich falsch, kann damit das im Rahmen des Weltrechtsprinzips in § 6 Nr. 1 StGB a.F. von der Rechtsprechung des BGH über den Wortlaut der Norm hinaus geforderte Erfordernis eines „legitimierenden Anknüpfungspunkt[es] im Einzelfall" gelten.[122] Bereits die Rechtsprechung des BGH hatte allerdings dahin tendiert, dieses ungeschriebene Erfordernis für Kriegsverbrechen nicht zu fordern.[123]

Lässt schon der Wortlaut des § 1 VStGB hierfür keinen Raum mehr, so gilt dies erst Recht für die Gesetzesbegründung.[124]

Völkergewohnheitsrechtlich unterliegen dem Weltrechtsprinzip unter anderem die *core crimes* gegen das Völkerrecht, also neben Völkermord und Verbrechen gegen die Menschlichkeit insbesondere die Tatbestände der Kriegsverbrechen, sowohl im internationalen[125] als auch im nichtinternationalen[126] bewaffneten Konflikt.

---

[121] *Cassel*, Fordham Int'l L.J. 23 (1999/2000), 378, 382.

[122] BGHSt 45, 64, 68; zuvor bereits BGH NStZ 1994, 232, 233 und BGH NStZ 1999, 236, 236. Vgl. *Eser*, in: FS 50 Jahre Bundesgerichtshof, Band 4, S. 26 f.; zu Recht kritisch und ablehnend zu diesem ungeschriebenen Erfordernis *Kreß*, NStZ 2000, 617, 624 f.; *Lagodny/Nill-Theobald*, JR 2000, 205, 206; *Werle*, JZ 2001, 885, 890; *Werle/Jeßberger*, JZ 2002, 725, 729.

[123] BGHSt 45, 64, 69.

[124] *Gärditz*, Weltrechtspflege, S. 169 ff.; *Kreß*, ZStW 114 (2002), 818, 845; *Werle/Jeßberger*, in: LK StGB, § 6 Rn. 34.

[125] Dies ist unbestritten. *Polyukhovich v. Commonwealth of Australia*, High Court, ILR 91 (1993), 1, 41; *Kreß*, ZStW 114 (2002), 818, 836; *Werle*, Völkerstrafrecht, Rn. 187 m.w.N. Seit den Nürnberger Prozessen und den GA von 1949 wird das Universalitätsprinzip auf Kriegsverbrechen angewendet, vgl. *Dahm*, Zur Problematik des Völkerstrafrechts, S. 34; *Jescheck*, Die Verantwortlichkeit der Staatsorgane nach Völkerstrafrecht, S. 163.

[126] Dies gilt ungeachtet dessen, dass sich die Regelung in den GA nur auf den internationalen bewaffneten Konflikt bezieht; *Ambos*, NStZ 1999, 226, 228 ff.; *Kreß*, Israel YHR 30 (2000), 103, 169 f. *Werle*, Völkerstrafrecht, Rn. 187; vgl. *Broomhall*, International Justice and the International Criminal Court, S. 110.

b) Verfolgungsbegrenzung durch das Erfordernis der Völkerrechtsnatur

Die Bekämpfung der Piraterie gilt als Ursprung des Weltrechtsprinzips, da dieses Verbrechen – auf hoher See stattfindend – nicht einem staatlichen Territorium zuzuordnen war und dementsprechend eine anderweitige Strafverfolgung auch nicht die territoriale Souveränität bedrohte[127] (vgl. nunmehr auch Art. 105 Seerechtsübereinkommen). Der Staat, welcher der Piraten habhaft wurde, war berechtigt, die Strafverfolgung vorzunehmen (*ubi te invenero, ibi te iudicabo*).[128]

In erster Linie ging es dabei um die pragmatische Vermeidung potentieller Kompetenzkonflikte, die ein absolutes Universalitätsprinzip mit einem theoretischen Strafanspruch eines jeden Staates mit sich bringt, so dass man unter dem Gesichtspunkt der Praktikabilität dem Ergreiferstaat die Strafverfolgung überlässt.[129] Diesem eher pragmatischen, und keineswegs menschen- oder humanitärrechtlichen Ursprung des Prinzips und ebenso dem Prinzip der Effektivität wird dabei noch in der Gegenwart im Verbot bzw. in der Einschränkung der Strafverfolgung *in absentia* Referenz erwiesen.[130]

---

[127] *Cassese*, International Criminal Law, S. 24; *Dahm/Delbrück/Wolfrum*, Völkerrecht, S. 1000; *Gärditz*, Weltrechtspflege, S. 59 f., 215, 294 f.; *Wagner*, Virginia J. Int'l L. 29 (1988-1989), 887, 903. Zur Weiterentwicklung des Prinzips: *Ascensio/Decaux/Pellet*, Droit international pénal, S. 906 ff. und *Gärditz*, S. 34 ff. Vgl. *Kontorovic*, Harvard Int'l L.J. 45 (2004), 183, 190 f. und 223 ff.

[128] *Cassese*, EJIL 13 (2002), 853, 857.

[129] Vgl. *Cassese*, EJIL 13 (2002), 853, 857 f.

[130] Vgl. *Bremer*, Nationale Strafverfolgung internationaler Verbrechen gegen das humanitäre Völkerrecht, S. 235 ff.; *Cassese*, JICJ 1 (2003), 589, 592; *Dahm/Delbrück/Wolfrum*, Völkerrecht, S. 1013; *Gärditz*, Weltrechtspflege, S. 282 ff. Dieses Verbot ist aber nicht unbestritten; zusammenfassend *Cassese*, International Criminal Law, S. 285; *Kreicker*, Völkerstrafrecht im Ländervergleich, S. 19 ff. m.w.N. Siehe auch Dissenting Opinion of Judge *van de Wyngaert* zu IGH, Urteil vom 14. Februar 2002 (Case Concerning the Arrest Warrant; *DR Congo v. Belgium*), ICJ Reports 2002, paras 54 ff. und die Joint Separate Opinion of Judges *Higgins*, *Kooijmans* and *Buergenthal* zu diesem Urteil, paras 53 ff. Das Urteil im Haftbefehlsfall nahm zur Weltrechtspflege nicht Stellung, beschränkte sich vielmehr auf die Behandlung der Immunitätenfrage (Urteil, paras 47 ff.).

Im deutschen Strafverfahren käme eine Hauptverhandlung *in absentia* wegen Kriegsverbrechen ohnehin nach §§ 285, 276 StPO nicht in Betracht. Ein gerichtliches Verfahren wäre zum Zwecke der Beweissicherung möglich (§ 285 Abs. 1 S. 2 StPO).[131]

Stets bleibt zu beachten, dass das Weltrechtsprinzip immer auch tatsächlich auf völkerrechtliche Grundlagen zurückführbar sein muss,[132] das heißt der Nationalstaat ist nur berechtigt, dieses Prinzip für jene Verbrechen gegen das Völkerrecht vorzusehen, für die dies *im Völkerrecht* anerkannt ist. Hierin liegt eine völkerrechtliche Grenze für die grundsätzliche staatliche Freiheit, den Anwendungsbereich des eigenen Strafrechts selbst zu bestimmen.[133] Das Weltrechtsprinzip kennt daher nicht nur die Berechtigung oder gar Pflicht zur Strafverfolgung von Kriegsverbrechen, sondern ebenso die immanente Begrenzung des Prinzips aus der Natur der ihm unterliegenden Tatbestände.

Bei manchen in das VStGB aufgenommenen Straftatbeständen ist es fraglich, ob diese bereits eine Grundlage im Völkerrecht haben. Diese Ermangelung einer in der Regel völkergewohnheits- oder völkervertragsrechtlichen Grundlage führt nun zwar nicht dazu, dass der Gesetzgeber nicht die Tat als solche in eine nationale Kodifikation aufnehmen dürfte, sehr wohl aber dazu, dass für diese Tat als Anknüpfungspunkt das Weltrechtsprinzip gerade nicht in Betracht kommt, vielmehr nach einem Anknüpfungspunkt nach §§ 3 ff. StGB gesucht werden müsste, wollte man die Norm zur Anwendung bringen. Hierin kann man auch eine gewichtige Einschränkung für die Anwendung von Tatbeständen des Strafrechts über die Tatbestände des VStGB hinaus sehen.

Soweit allerdings das deutsche VStGB in den §§ 8 ff. Kriegsverbrechenstatbestände enthält, die in ihrer Reichweite denjenigen Tatbeständen des internationalen materiellen Strafrechts entsprechen, und dies ist ja ungeachtet aller subtilen Kritik, die an ihnen geübt werden kann und noch

---

[131] Ein Ermittlungsverfahren ist bei Abwesenheit des Beschuldigten selbstredend zulässig; vgl. *Meyer-Goßner*, StPO, § 285 Rn. 2.

[132] *Dahm/Delbrück/Wolfrum*, Völkerrecht, S. 1002; *Gropengießer/Kreicker*, Grundlagen der Strafverfolgung völkerrechtlicher Verbrechen in Deutschland, S. 24; *Hartmann*, in: *Kühne/Esser/Gerding*, Völkerstrafrecht, S. 142; *Kreicker*, Völkerstrafrecht im Ländervergleich, S. 114.

[133] Vgl. StIGH, Urteil vom 07.09.1927, The Case of the S.S. „*Lotus*", PCIJ Series A No. 10, S. 19; *Gärditz*, Weltrechtspflege, S. 101 und 121 f.

zu üben sein wird, ganz überwiegend der Fall, so ist die Anwendbarkeit des Weltrechtsprinzips nach § 1 VStGB bedenkenlos.

Die §§ 8-12 VStGB sind eben nicht „nur" nationales Recht, sondern die nationale Ausprägung internationalen materiellen Strafrechts. Soweit bemängelt wird, erforderlich sei wegen des Bestimmtheitsgrundsatzes (Art. 103 Abs. 2 GG) die tatsächliche Geltung der jeweiligen Norm am Tatort und „deutsche Organe der Strafverfolgung bleiben daher darauf angewiesen, an Verletzungen einer vor Ort geltenden Rechtsordnung anzuknüpfen",[134] so ist jedenfalls für die Kriegsverbrechenstatbestände im soeben gezeichneten Rahmen festzustellen, dass diese ihren universellen Geltungsgrund im Völkerrecht haben und eben darum jeder Staat zur Strafverfolgung berechtigt ist. Eben daher ist es verzichtbar nachzuweisen, dass der jeweilige Tatbestand auch *realiter* situativ galt, denn die absurde Konsequenz dessen wäre, dass gerade im grausamsten Konflikt, in dem das Kriegsvölkerrecht *praktisch* aufgehoben scheint, geprüft werden müsste, ob noch ein Ansatz für eine Verfolgungszuständigkeit besteht, während dies bei einem „zivilisiert" geführten Konflikt, dessen Parteien das Kriegsvölkerrecht weithin achten, nicht der Fall wäre. Die strikte Unterscheidung zwischen Sein und Sollen ist hier zwingend durchzuhalten.

III. Kritik am gegenwärtigen Verfolgungssystem

Man kann formulieren, das IStGH-Statut sei „von der realistischen Einschätzung geleitet", dass die indirekte Durchsetzung des Völkerstrafrechts auch in Zukunft der direkten Durchsetzung gegenüber Ausnahmecharakter haben werde.[135] Indessen wird das Statut von dieser Einschätzung nicht unbedingt „geleitet", denn das IStGH-Statut hat dieses Verfolgungssystem selbst mit hervorgebracht.

---

[134] *Gärditz*, Weltrechtspflege, S. 418 und ff. und bereits zuvor sehr ausführlich, S. 350 ff.

[135] *Werle*, Völkerstrafrecht, Rn. 226.

1. Schwächen der dezentralen Durchsetzung

Betrachtet man die Geschichte der Durchsetzung des Kriegsvölkerstrafrechts, so ist angesichts der Nürnberger und Tokioter Verfahren und der Arbeit von JStGH und RStGH durchaus nicht davon auszugehen, dass die indirekte Durchsetzung des Völkerstrafrechts durch einzelne Staaten diesem Rechtsgebiet selbstverständlicher- oder auch nur logischerweise entspricht.[136]

Auf Seiten der Nationalstaaten hatte die Verfolgung von Kriegsverbrechen nämlich alles andere als Regelcharakter, beschränkten sich vielmehr in erster Linie auf vereinzelte, nicht selten ergebnislose, Verfahren – zumeist im Zusammenhang mit dem Zweiten Weltkrieg.

Man könnte im Gegenteil auch die dem IStGH-Statut diametral entgegen gesetzte Rangfolge präferieren, wie sie in JStGH- und RStGH-Statut zum Ausdruck kam, i.e. der generelle Vorrang des internationalen Gerichts nach Art. 9 Abs. 1 JStGH-Statut und Art. 8 Abs. 1 RStGH-Statut. Für die Kriegsverbrechenstatbestände vermag so das internationale Strafgericht selbst zu entscheiden, wann die „most serious crimes of international concern" (Art. 1 IStGH-Statut) in Rede stehen und wann diese begangen wurden „as part of a plan or policy or as part of a large-scale commission of such crimes" (Art. 8 Abs. 1 IStGH-Statut).

Mit anderen Worten könnte sich also bei Zugrundelegung eines derartigen Verfolgungssystems das internationale Gericht auf besonders schwere Verstöße und auch auf aussichtsreiche Verfahren konzentrieren, während den Vertragsstaaten in diesem System diejenigen Verfahren blieben, die entweder weniger schwerwiegend sind (wobei es gerade bei den Kriegsverbrechen eine weite Skala der Schwere der Taten gibt) oder gerade von einem Nationalstaat aussichtsreicher verfolgt werden können, als von dem internationalen Strafgericht, sei es wegen der Nähe von Beweismitteln, sei es wegen besserer Kapazitäten. Zwar scheint der *Prosecutor* des IStGH einen ähnlichen Ansatz verfolgen zu wollen,[137]

---

[136] Obgleich das IMT lediglich als kollektive Einrichtung der Alliierten vornahm, was ein jeder von ihnen hätte alleine tun können (vgl. *Bassiouni*, Virginia J. Int'l L. 42 (2001-2002), 81, 91), und in den Folgeverfahren ja auch dementsprechend nationale Militärgerichte tätig wurden, so zeugt die Kollektivaktion auf vertraglicher Grundlage doch von dem Willen ein Forum zu schaffen, welches über die einzelstaatliche Dimension hinausgeht.

[137] Vgl. *Ambos*, in: *Neubacher/Klein*, Vom Recht der Macht zur Macht des Rechts?, S. 114 m.w.N.

das Problem ist jedoch, dass dies nichts daran ändert, dass eine vorrangige nationale Strafverfolgung zunächst die Zuständigkeit des IStGH „sperrt" und er daher gerade keine freie Wahl hat, sich auch eines aussichtsreichen Falles anzunehmen.

Dem JStGH hatte beispielsweise die Verfolgung des untergeordneten Ausführungstäters *Tadić* erst den Durchbruch verschafft. Dabei handelte es sich um einen aussichtsreichen Fall, den der JStGH sich von den deutschen Strafverfolgungsbehörden überweisen ließ, durchaus mit dem Ziel, einen relevanten ersten Fall zur Aburteilung zu bringen.

Bleiben dem IStGH dauerhaft aussichtsreiche Fälle verwehrt, so könnte mit der Zeit auch seine Notwendigkeit angezweifelt werden und damit auch seine subsidiäre Kontrollfunktion in Gefahr geraten.

Darüber hinaus ist in den beiden Fällen der Unwilligkeit und der Unfähigkeit, in denen der IStGH berechtigt ist, ein Verfahren an sich zu ziehen, denkbar, dass sich komplexe Auseinandersetzungen zwischen dem IStGH und dem betroffenen Staat ergeben, die sich über Jahre hinziehen können[138] – mit offenem Ergebnis. Die Ressourcen des IStGH würden so in eine wenig produktive Richtung abgelenkt.

Es gilt, dass es dem Charakter eines Völkerrechtsverbrechens entspricht, dass es nicht nur gegen internationales Recht begangen, sondern auch auf internationaler Ebene verfolgt wird.[139] Dies zumal auch bei Taten, die dem Weltrechtsprinzip unterliegen, von einer gestuften Zuständigkeitspriorität in der Reihenfolge Tatortstaat/Heimatstaat von Opfer und Täter/vorrangig zuständiger internationaler Strafgerichtshof an erster Stelle,[140] Zuständigkeit von Drittstaaten erst an zweiter Stelle, aus-

---

[138] *Holmes*, in: *Cassese/Gaeta/Jones*, Rome Statute: A Commentary, Band 1, S. 675.

[139] Siehe oben *1. Kapitel A. II. 3. Wolfrum*, Israel YHR 24 (1994), 183, 198 sah 1994 die dezentrale Verfolgung als Interimslösung bis zur Errichtung eines ständigen internationalen Strafgerichtshofes.

[140] Entgegen der Bundesratsvorlage vom 18. Januar 2002, *Lüder/Vormbaum*, Materialien zum Völkerstrafgesetzbuch, S. 60, ist damit nicht der IStGH gemeint, sondern in erster Linie die *ad hoc*-Tribunale. Das Prinzip der Komplementarität oder Subsidiarität in Art. 17 IStGH-Statut geht nämlich sehr wohl davon aus, dass zum Zwecke der Verhinderung einer Überlastung des IStGH die nationalen Gerichtsbarkeiten vorrangig aktiv werden und ihre Zuständigkeiten auch tatsächlich „gegenüber dem IStGH" *in aller Regel* „durchsetzen".

zugehen sein soll.[141] Dagegen spricht allerdings nicht nur der Charakter des Weltrechtsprinzips, sondern auch, dass verfolgungsbereite Drittstaaten tatsächlich die Hauptlast der Verfolgung werden tragen müssen, da Tatortstaaten bzw. Heimatstaaten, also Staaten, die anhand der „klassischen" Anknüpfungspunkte der Territorialität und Personalität operieren, hierzu vielfach nicht in der Lage oder willens sein werden – heutigentags nicht zuletzt auch im *failed state*.[142]

Diese Unfähigkeit bzw. Unwilligkeit, sich mit den „eigenen" Völkerrechtsverbrechen zu befassen, wurde seit jeher als wesentliche Schwäche des Völkerstrafrechts erkannt. Gerade in der Zuständigkeitshinsicht ist es daher geboten, diese Schwäche weitmöglichst auszumerzen, sei es durch die konsequente Erstzuständigkeit eines internationalen Strafgerichts, sei es durch Zuständigkeit eines verfolgungsbereiten Drittstaates. Gerade bei letzteren wird aber der Durchsetzungsschwerpunkt des Völkerstrafrechts im Rahmen des Prinzips der Komplementarität liegen müssen.[143]

2. *Mögliche Konterkarierung von § 1 VStGB durch § 153f StPO*

Rechtlich und faktisch besteht die Gefahr, dass § 1 VStGB[144] durch § 153f StPO[145] konterkariert wird.

---

[141] *Gärditz*, Weltrechtspflege, S. 130 f.; *Kirsch*, in: *Beulke/Müller*, FS Strafrechtsausschuss der BRAK, S. 282; *Lüder/Vormbaum*, S. 60. Vgl. *Cassese*, JICJ 1 (2003), 589, 593.

[142] *Arbour*, JICJ 1 (2003), 585, 586; *Gioia*, Leiden J. Int'l L. 19 (2006), 1095, 1106.

[143] Vgl. *Klip*, in: ISISC, International Criminal Law: Quo Vadis, S. 176, der einen „bystander-effect" befürchtet, also gerade die faktische Durchsetzungsverweigerung, die daraus resultieren kann, dass ein jeder Staat sich erhofft, dass irgendein anderer Staat sich des konkreten Falles annehmen werde.

[144] § 1 VStGB lautet: „Dieses Gesetz gilt für alle in ihm bezeichneten Straftaten gegen das Völkerrecht, für die in ihm bezeichneten Verbrechen auch dann, wenn die Tat im Ausland begangen wurde und keinen Bezug zum Inland aufweist."

[145] § 153f StPO lautet:

(I) Die Staatsanwaltschaft kann von der Verfolgung einer Tat, die nach den §§ 6 bis 14 des Völkerstrafgesetzbuches strafbar ist, in den Fällen des § 153c Abs. 1 Nr. 1 und 2 absehen, wenn sich der Beschuldigte nicht im Inland aufhält und ein

Diese Vorschrift, die § 1 VStGB im Verfahrensrecht flankieren soll,[146] erlaubt der Staatsanwaltschaft[147] in Abweichung vom Legalitätsprinzip das Absehen von der Verfolgung einer nach dem VStGB strafbaren Tat ohne Inlandsbezug, wenn der Beschuldigte sich nicht in Deutschland aufhält und dies auch nicht zu erwarten ist. Auffällig ist, dass bislang noch kein Verfahren anhand der Tatbestände des VStGB eröffnet wurde. Nach Stand vom 01.03.2006 wurden die insgesamt bis dato beim Generalbundesanwalt eingegangenen 39 Anzeigen wegen behaupteter Verbrechen gegen das Völkerrecht wie folgt behandelt: In 23 Fällen wurde nach § 152 Abs. 2 StPO verfahren, namentlich lagen die Geschehnisse

---

solcher Aufenthalt auch nicht zu erwarten ist. Ist in den Fällen des § 153c Abs. 1 Nr. 1 der Beschuldigte Deutscher, so gilt dies jedoch nur dann, wenn die Tat vor einem internationalen Gerichtshof oder durch einen Staat, auf dessen Gebiet die Tat begangen oder dessen Angehöriger durch die Tat verletzt wurde, verfolgt wird.

(II) Die Staatsanwaltschaft kann insbesondere von der Verfolgung einer Tat, die nach den §§ 6 bis 14 des Völkerstrafgesetzbuches strafbar ist, in den Fällen des § 153c Abs. 1 Nr. 1 und 2 absehen, wenn

1. kein Tatverdacht gegen einen Deutschen besteht,

2. die Tat nicht gegen einen Deutschen begangen wurde,

3. kein Tatverdächtiger sich im Inland aufhält und ein solcher Aufenthalt auch nicht zu erwarten ist und

4. die Tat vor einem internationalen Gerichtshof oder durch einen Staat, auf dessen Gebiet die Tat begangen wurde, dessen Angehöriger der Tat verdächtig ist oder dessen Angehöriger durch die Tat verletzt wurde, verfolgt wird.

Dasselbe gilt, wenn sich ein wegen einer im Ausland begangenen Tat beschuldigter Ausländer im Inland aufhält, aber die Voraussetzungen nach Satz 1 Nr. 2 und 4 erfüllt sind und die Überstellung an einen internationalen Gerichtshof oder die Auslieferung an den verfolgenden Staat zulässig und beabsichtigt ist.

(III) Ist in den Fällen des Absatzes 1 oder 2 die öffentliche Klage bereits erhoben, so kann die Staatsanwaltschaft die Klage in jeder Lage des Verfahrens zurücknehmen und das Verfahren einstellen.

[146] *Meyer-Goßner*, StPO, § 153f Rn. 1.

[147] Zuständig ist durchweg der GBA (§ 120 Abs. 1 Nr. 8 StPO, § 142a Abs. 1 GVG).

vor Inkrafttreten des VStGB, in 14 Fällen kam § 153f StPO zum Zuge, 2 Fälle waren noch offen.[148]

Die Befürchtung, die deutsche Justiz werde durch eine Masse aussichtsloser Verfahren überlastet,[149] hat sich bislang nicht manifestiert. Die reelle Gefahr besteht im Gegenteil wohl eher darin, dass über § 153f StPO diplomatischen und politischen Rücksichtnahmen Tür und Tor geöffnet wird.[150] Und tatsächlich bringen Strafanzeigen gegen hochrangige Vertreter verbündeter Staaten[151] die nationale Justiz in eine schwierige Lage. Möglicherweise behindert ein unbesehenes Bestehen auf einer Strafverfolgung im Einzelfall auch viel versprechende diplomatische Bemühungen oder alternative Formen der Konfliktlösung.[152]

Ein lehrreicher Exkurs bietet sich in diesem Gesamtzusammenhang zum Schicksal des Weltrechtsprinzips im belgischen Gesetz über die Verfolgung von schweren Verstößen gegen die GA (und die ZP) von 1993 an (siehe oben, *1. Kapitel A. II. 3.*). 1999 wurde dieses dergestalt geändert, dass belgischen Gerichten nach dem Weltrechtsprinzip die Verfolgungszuständigkeit für extraterritorial begangene Völkerrechtsverbrechen übertragen wurde, selbst wenn der Beschuldigte nicht in Belgien anwesend war.[153] Seit dem 01. August 2003 wird die Verfolgungszuständigkeit belgischer Gerichte auf Fälle beschränkt, in denen zum einen kein vorrangiges Gericht des Tatortstaates tätig wird und die zum anderen einen personalen Anknüpfungspunkt haben, nämlich solche, in denen

---

[148] *Ambos*, NStZ 2006, 434, 434. Ein Jahr darauf waren insgesamt 65 Strafanzeigen beim GBA eingereicht worden, ohne dass ein Ermittlungsverfahren eröffnet wurde; *Werle*, Völkerstrafrecht, Rn. 315.

[149] Vgl. *Meyer-Goßner*, StPO, § 153f Rn. 1; *Werle/Nerlich*, HuV-I 2002, 124, 126.

[150] So auch *Ambos*, NStZ 2006, 434, 437; vgl. *Hartmann*, in: *Kühne/Esser/Gerding*, Völkerstrafrecht, S. 141; *Keller*, GA 2006, 25, 37; *Zappalà*, JICJ 4 (2006), 602, 610 f. A.A. *Gropengießer/Kreicker*, Grundlagen der Strafverfolgung völkerrechtlicher Verbrechen in Deutschland, S. 425.

[151] Wie z.B. die Strafanzeige gegen den ehemaligen US-Verteidigungsminister *Rumsfeld* wegen Gefangenenmisshandlung durch Angehörige der US-Streitkräfte in *Abu Ghraib*/Irak; Republikanischer Anwältinnen- und Anwälteverein/Holtfort-Stiftung, Strafanzeige ./. *Rumsfeld* u.a., S. 26 ff.

[152] Vgl. *Gärditz*, Weltrechtspflege, S. 272 ff.

[153] Vgl. *David*, Principes de droit des conflits armés, S. 811 ff.; *Gärditz*, Weltrechtspflege, S. 175.

Täter oder Opfer belgische Staatsangehörige sind, der Beschuldigte sich dauerhaft in Belgien aufhält oder bei Begehung der Taten mindestens drei Jahre dort ansässig war.[154] Das Scheitern dieses ambitionierten Projekts lässt sich jedenfalls auch darauf zurückführen, dass durch Anzeigeerstattung verschiedener Interessengruppen gegen Politiker wie *George Bush Sr.*, *Dick Cheney*, *Colin Powell*, *Ariel Sharon*, usw.[155] diplomatische Verwicklungen entstanden.

Die Begründung für § 153f StPO, wonach zur Vermeidung eines *forum shopping* die nationale Strafverfolgung auf die Fälle beschränkbar sein solle, die sinnvoll in Deutschland verfolgt werden können,[156] ist in ständiger Gefahr der Überdehnung.

Wird nämlich in Drittstaaten kaum je ein Fall verfolgt werden, so läuft das Prinzip der Komplementarität letztlich leer. Andere Staaten haben ähnlich problematische Mechanismen eingerichtet. So bedarf die Strafverfolgung völkerrechtlicher Verbrechen in Australien der vorherigen schriftlichen Zustimmung des *Attorney-General*; diese Entscheidung ist darüber hinaus nicht anfechtbar.[157] Ebenso verhält es sich in Kanada.[158] Vorschläge, den sich abzeichnenden Missstand auf nationaler Ebene zu beheben, wie die Einfügung einer obergerichtlichen Mitwirkungsmöglichkeit in Form eines Zustimmungserfordernisses,[159] könnten diese Gefahr zumindest eindämmen.

---

[154] *Gärditz*, Weltrechtspflege, S. 176.

[155] Dazu *Cassese*, JICJ 1 (2003), 589, 589 f.; *David*, Principes de droit des conflits armés, S. 822; *Gärditz*, Weltrechtspflege, S. 175 und 208; *Rau*, HuV-I 2003, 212, 212.

[156] Vgl. *Ambos*, NStZ 2006, 434, 435 m.w.N. und auch das „Eingeständnis" in der Bundesratsvorlage vom 18. Januar 2002; *Lüder/Vormbaum*, Materialien zum Völkerstrafgesetzbuch, S. 60: „Insgesamt entlastet der Gesetzgeber durch die konkreten Vorgaben des § 153f StPO die Staatsanwaltschaft in gewissem Umfang von der mitunter sensiblen politischen Entscheidung, ob sie wegen einer im Ausland begangenen Völkerstraftat eine Strafverfolgung durchführen soll."

[157] *Triggs*, Sydney L.R. 25 (2003), 507, 531.

[158] *Gut/Wolpert*, Nationale Strafverfolgung völkerrechtlicher Verbrechen in Kanada, S. 42 f.

[159] *Ambos*, NStZ 2006, 434, 438.

Der Einwand aus entgegen gesetzter Richtung, wonach „ein praktisches Bedürfnis nach Strafverfolgung durch einen internationalen Gerichtshof nur insoweit entstehen“ könne, wie eine effektive nationale Strafverfolgung ausbliebe und es dann auch gar keines IStGH bedürfe,[160] verfängt in diesem Zusammenhang nicht, da ja eben von der Gefahr des Ausbleibens dieser effektiven Strafverfolgung die Rede ist.

Im Ergebnis zeichnet sich daher die Gefahr ab, dass die Einstellungsmöglichkeiten des § 153f StPO extensiv gebraucht werden und in Konsequenz das VStGB aus formalen Gründen zu „symbolischem Strafrecht“[161] verkommt, mit anderen Worten zu einem gesetzgeberischen „Bluff“.[162]

Nun ist ja die Symbolwirkung des Völkerstrafgesetzbuches unzweifelhaft gegeben und es soll nach dem gesetzgeberischen Willen zur Festigung eines internationalen Normbewusstseins hinsichtlich der Verbrechen gegen das Völkerrecht beitragen. In der *auch* symbolischen Wirkung eines Gesetzes liegt auch kein Makel desselben, sehr wohl allerdings in der *ausschließlich* symbolischen Wirkung eines Gesetzes. Kommt ein Gesetz niemals tatsächlich zur Anwendung, da es andere Kreise stört, so wird sich auf kurz oder lang der „Bluff“ als ein solcher erkannt werden.[163]

Die Gefahren eines bloß symbolischen, also gleichsam nicht ernst gemeinten Völkerstrafgesetzbuches liegen nicht nur darin, dass Deutschland als Mosaikstein des internationalen Gesamtsystems im Rahmen der

---

[160] *Hoyer*, GA 2004, 321, 324.

[161] Vgl. zu diesem Begriff *Hassemer*, NStZ 1989, 553, 554 ff.; *Hegenbarth*, ZRP 1981, 201, 203 f.; sehr ausführlich *Voß*, Symbolische Gesetzgebung, S. 7 ff. *Kaul*, in: *Neubacher/Klein*, Vom Recht der Macht zur Macht des Rechts?, S. 101 bezeichnet den IStGH als „eher ein Symbol“.

[162] *Hassemer*, NStZ 1989, 553, 558.

[163] Anders *Voß*, S. 137: „Wegen der Komplexität der Zusammenhänge, die es dem Bürger kaum erlauben, die Wirklichkeit zu erfassen, laufen die Fiktionen nicht immer Gefahr, aufgedeckt zu werden.“ Allerdings liegen die Dinge bei Verbrechen gegen das Völkerrecht doch etwas anders, da solche frappanten Verstöße gegen elementare Menschenrechte, wie sie jedenfalls ein Teil auch der Kriegsverbrechen darstellen (wenn auch vielfach in geringerem Maße als Verbrechen gegen die Menschlichkeit oder gar Völkermord), im öffentlichen Bewusstsein sehr stark zu wirken vermögen.

Komplementarität faktisch ausfiele, sondern auch in der negativen Vorbildwirkung, die eine solche Perpetuierung faktischer Straflosigkeit vieler Verbrechen gegen das humanitäre Völkerrecht mit sich brächte.

3. Gefahr der Zersplitterung des Kriegsvölkerstrafrechts

Eine weitere Gefahr der indirekten Verfolgung liegt in der möglichen Zersplitterung des Kriegsvölkerstrafrechts. Das System der Komplementarität kann nur funktionieren, wenn die dezentralen nationalen Regelungen zum Kriegsvölkerstrafrecht weithin deckungsgleich sind, idealerweise sogar identisch. Da aber die nationalen Rechtsordnungen – abgesehen von bereits aus ganz praktischen Übersetzungsschwierigkeiten resultierenden Problemen in der Tatbestandserfassung – auch eigene Anforderungen an Strafrechtsnormen stellen (in Deutschland z.B. durch Art. 103 Abs. 2 GG) und sie durch Verwendung eigener Regelungs*techniken* definieren und in die überkommenen dogmatischen Eigenheiten einbetten, so ist diese Deckungsgleichheit kaum je zu erreichen.

Bei über 100 Vertragsstaaten des IStGH-Systems und insgesamt ca. 200 Staaten kann es daher leicht zu einer Kakophonie an verschiedenen Regelungen kommen, die sich nicht nur in den Subtilitäten unterscheiden. Damit würde das Kriegsvölkerstrafrecht noch unübersichtlicher gemacht, als es durch die Vielzahl verschiedener Rechtsquellen und deren Zusammenwirken ohnehin schon ist.

Mit Möglichkeiten, diese Schwierigkeiten abzumildern, wird sich diese Arbeit noch zu befassen haben (siehe insbesondere das *6. Kapitel*).

D. Zusammenfassung

Das Kriegsvölkerstrafrecht ist auf dieselben Rechtsquellen zurückführbar wie das sonstige Völkerrecht auch, also auf völkerrechtliche Verträge, Gewohnheitsrecht und allgemeine Rechtsgrundsätze. In seiner tatsächlichen Durchsetzung sind gegenwärtig noch die in ihrer Gerichtsbarkeit beschränkten *ad hoc*-Tribunale (JStGH und RStGH) und der permanente IStGH zu unterscheiden. Während insbesondere der JStGH aufgrund der Art seiner Errichtung durch den UN-Sicherheitsrat und die offene Fassung des Art. 3 JStGH-Statut in der Lage war, seine Gerichtsbarkeit letztlich auf alle zur Tatzeit bestehenden Kriegsverbrechenstatbestände auszudehnen, ist dem IStGH eine solche dynamische

Anpassung seines Statuts ausdrücklich verwehrt. Der Ansatz der Vertragsstaaten des IStGH war vielmehr ein anderer. Die Regelung der Kriegsverbrechen in Art. 8 Abs. 2 IStGH-Statut zeichnet sich – insbesondere in Verbindung mit den „assistierenden" *elements of war crimes* gelesen – durch eine auf internationaler Ebene bislang nicht geschaffene Präzision bei der Tatbestandsfassung aus. Die Entwicklung zur Gleichstellung der Konfliktarten wurde im IStGH-Statut aber nur ansatzweise aufgenommen. In diesem Zusammenhang werden sich wesentliche Deckungsungleichheiten zu weitergehenden nationalen Regelungen auftun.

Ganz unabhängig von dem vertraglich vereinbarten IStGH-System werden sich, wie bislang auch, Kriegsverbrechenstatbestände aus den allgemeinen Rechtsquellen des Völkerrechts, insbesondere aus Gewohnheitsrecht, entwickeln. Eine Abkoppelung derartiger Tatbestände vom IStGH-Statut und damit nahezu zwangsläufig zumindest teilweise auch von den komplementären Regelungen in einzelnen Staaten bringt aber die Gefahr mit sich, dass diese Tatbestände weniger operabel sein werden.

Die Bedeutung der allgemeinen Rechtsgrundsätze liegt nicht in den Tatbeständen des „besonderen Teils", sondern in der Bereitstellung von Prinzipien für den „allgemeinen Teil". Namentlich wird hier auch der Bestimmtheitsgrundsatz zu verorten sein.

Im Kriegsvölkerstrafrecht ist die Frage des Rechts und der Verpflichtung zur Strafverfolgung vom materiellen Recht nicht so leicht zu trennen, wie dies im nationalen Recht der Fall ist. Während das nationale Strafrecht seinen Anwendungsbereich grundsätzlich im Rahmen des Territorialitäts- und des (aktiven oder passiven) Personalitätsprinzips frei bestimmt, bedarf es für das Recht der Kriegsverbrechen eines solchen Anknüpfungspunktes nicht, sehr wohl aber der völkerrechtlichen Anerkennung der Tat als Kriegsverbrechen.

Ebenfalls im Gegensatz zum „normalen" Strafrecht sind die Staaten bei der Verfolgung von Kriegsverbrechen aus verschiedensten Gründen sehr viel zurückhaltender, weswegen die Regelung einer nur nachrangigen Zuständigkeit des IStGH kritisch zu sehen ist. In ihr liegt dementsprechend die Gefahr einer faktischen Wirkungslosigkeit des IStGH-Systems, sollten sich namentlich verfolgungsbereite Drittstaaten nicht hinreichend engagieren. Das Weltrechtsprinzip ist daher auch notwendige, aber nicht hinreichende Kompensation für den Verzicht auf eine vorrangige oder gar ausschließliche Zuständigkeit des IStGH. Immerhin kann eine Strafverfolgung nicht mit der Begründung verweigert werden, es fehle an einem Anknüpfungspunkt. Ein womöglich fehlender

Verfolgungswille und weit reichende Einstellungsmöglichkeiten (§ 153f StPO) bringen jedoch die Gefahr eines weitgehenden Leerlaufs des Weltrechtsprinzips nach § 1 VStGB mit sich. Damit aber wäre seinerseits das Recht der Kriegsverbrechen in §§ 8 ff. VStGB nur noch symbolisches Strafrecht und die Instrumentalisierung der nationalen Strafverfolgungsapparate durch das System der Komplementarität eine Chimäre. Der Beitrag der Rechtwissenschaft zur Behebung dieses sich abzeichnenden Misstandes liegt ebenso in der steten Ermahnung zur Nutzung des Potentials des VStGB, wie auch in der Vorabklärung und Korrektur möglicher Problemfelder bei dessen tatsächlicher Anwendung.

Je theoretisch durchdrungener und praktisch anwendungssicherer das zur Verfügung stehende Instrumentarium wird, desto wahrscheinlicher und leichter wird seine Anwendung.

4. Kapitel: Der Bestimmtheitsgrundsatz im Völkerrecht

A. Einführung

Nationale Rechtssysteme platzieren ihr Strafrecht zwischen zwei theoretisch definierbaren Extrempositionen. Den einen Pol bilden dabei die Erfordernisse des extensiven Rechtsgüterschutzes und der materiellen Gerechtigkeit (*substantive justice*), den Gegenpol das Prinzip *nullum crimen, nulla poena sine lege* und ein daraus abgeleiteter streng zu verstehender Bestimmtheitsgrundsatz (*strict legality*).[1]

Dabei neigen einige Rechtssysteme eher dem ersten Pol zu (namentlich die Rechtssysteme des *common law*), andere eher dem zweiten Pol (namentlich die Rechtssysteme des *civil law*), ohne dabei allerdings die theoretischen Extrempositionen je zur Gänze praktisch umzusetzen. Dasselbe Problem – also die Frage, an welcher Stelle man den Bestimmtheitsgrundsatz ansiedelt, ob näher an dem einen Pol oder näher an dem anderen – findet sich auf der Ebene des Völkerrechts.

I. Die Verortung des Bestimmtheitsgrundsatzes im Völkerrecht

Um im Völkerrecht zu gelten, muss der Bestimmtheitsgrundsatz auf eine der Quellen des Völkerrechts zurückführbar sein. Er muss also Vertragsrecht, Gewohnheitsrecht oder einen allgemeinen Rechtsgrundsatz darstellen (vgl. Einleitung zum *3. Kapitel*).

Das Ergebnis ist dabei weithin unstreitig. Der Grundsatz *nullum crimen sine lege* und mit ihm das Prinzip der Normbestimmtheit gilt grundsätzlich im Völkerstrafrecht, wenn auch mit einem anderen Gehalt als in den nationalen Rechtsordnungen. Indessen ist gerade die Frage nach dem Gehalt, i.e. den Anforderungen, die an die inhaltliche Bestimmtheit

---

1 Vgl. *Bassiouni*, Introduction to International Criminal Law, S. 180 f. und 215; *Brugger*, AöR 119 (1994), 1, 16; *Cassese*, International Criminal Law, S. 20 f., 139 ff.; *Doehring*, Allgemeine Staatslehre, Rn. 446; *Gassner*, ZG 1996, 37, 41; *Schmidt-Aßmann*, in: *Maunz/Dürig*, GG, Art. 103 Rn. 176.

von Normen des internationalen materiellen Strafrechts gestellt werden, der entscheidende Punkt. Sind diese Anforderungen nämlich nahezu inhaltsleer, so wäre das Ergebnis identisch mit der Nichtgeltung eines Bestimmtheitsgrundsatzes.

1. Zurückführbarkeit des allgemeinen Bestimmtheitsgrundsatzes auf die Quellen des Völkerrechts – Gewohnheitsrecht, allgemeine Rechtsgrundsätze

Zunächst allerdings zur Auffindbarkeit des Bestimmtheitsgrundsatzes in den Quellen des Völkerrechts: Umstritten ist insoweit in erster Linie, ob als Rechtsquelle das Völkergewohnheitsrecht[2] oder die allgemeinen Rechtsgrundsätze[3] heranzuziehen sind.

Nach einer weiteren Unterscheidung soll das Bestimmtheitsgebot zu einer eigenen Kategorie „allgemeiner Grundsätze des Völkerstrafrechts" zählen.[4] Damit wird der Boden der Rechtsquellen aber weitgehend verlassen, vielmehr werden Grundsätze aus der Natur des Völkerstrafrechts selbst abgeleitet, die gleichsam denknotwendig aus dem Charakter des Völkerstrafrechts als Strafrecht folgen. Die „allgemeinen Rechtsgrundsätze des Völkerstrafrechts" beruhen theoretisch auf dem Gedanken, dass gewisse Elemente einem jeden Strafrechtssystem, sei dieses national oder international, schon nahezu denknotwendig und dem Wesen nach zugehörig und damit bereits automatisch immanent sind.

---

2 *Lamb*, in: *Cassese/Gaeta/Jones*, Rome Statute: A Commentary, Band 1, S. 734; *Werle*, Völkerstrafrecht, Rn. 100; wohl auch *Wilson*, AJP 6 (1997), 22, 25 f. (jedenfalls hinsichtlich des Elements *nullum crimen sine lege praevia*).

3 JStGH, Urteil vom 16. November 1998 (*Delalić*, TC), para 402; JStGH, Urteil vom 10. Dezember 1998 (*Furundžija*, TC), para 177 f.; *Bassiouni*, Introduction to International Criminal Law, S. 213; *Eichhofer*, in: *Kühne/Esser/Gerding*, Völkerstrafrecht, S. 9; *Hollweg*, JZ 1993, 980, 985; *Krivec*, Von Versailles nach Rom, S. 26. Siehe bereits *von Mangoldt*, JIAÖR 1 (1948), 283, 319: „genaue Texte gehören nach den Auffassungen aller Kulturvölker zu den Grundvoraussetzungen des modernen Strafrechts".

4 So *Cassese*, International Criminal Law, S. 26 und 31 f.; *Fletcher/Ohlin*, JICJ 3 (2005), 539, 541. Vgl. kritisch *Stuckenberg*, GA 2007, 80, 96, der moniert, dass diese Kategorisierung den Boden der herkömmlichen Unterteilung verlässt und sie wohl allenfalls als Weiterführung vertraglicher oder gewohnheitsrechtlicher Normen Platz beanspruchen kann, nicht aber als Grundsätze „innovativen" Charakters.

Praktisch wurde diese Kategorie vor allem in der internationalen Rechtsprechung entwickelt, nicht zuletzt wohl, um sich so mancher Schwierigkeit bei der Auffindung allgemeiner Rechtsgrundsätze zu entheben.[5] So wird teilweise angenommen, der Bestimmtheitsgrundsatz sei ein derartiger allgemeiner Rechtsgrundsatz des Völkerstrafrechts, ebenso die Unschuldsvermutung, das Gesetzlichkeitsprinzip (mit seinen weiteren Ausprägungen), die Waffengleichheit, der Schuldgrundsatz, die Möglichkeit der Rechtfertigung, usw.[6]

Die Aufnahme des Legalitätsprinzips in eine Vielzahl internationaler Abkommen spricht hingegen für die mittlerweile gewohnheitsrechtliche Geltung eines Bestimmtheitsgrundsatzes als Ausprägung dieses Prinzips[7] (siehe unten, *B. II. 2. a)*).

Andererseits kann man den Bestimmtheitsgrundsatz auch aus den verschiedenen Rechtssystemen vergleichend entnehmen. Jedenfalls seit Mitte des 20. Jahrhunderts kennen alle wesentlichen Rechtssysteme grundsätzlich das Legalitätsprinzip mitsamt seinen Ausprägungen.[8] Unabhängig davon, auf welche Rechtsquelle man nun konkret die Geltung des Bestimmtheitsgrundsatzes im Völkerrecht zurückführt, einen *en détail* definierten Gehalt kann man ihm damit noch nicht zuweisen, sondern zunächst nur eine Geltung *per se* feststellen. Bedeutsamer als die Frage seiner Herleitung ist, dass der allgemeine Bestimmtheitsgrundsatz auf völkerrechtlicher Ebene jedenfalls nur als Prinzip gewonnen wird, also nicht aus einer Rechtsordnung mit dem dort vorgegebenen Gehalt ins Völkerrecht übertragen wird oder im Gewohnheitsrecht eine der nationalen Rechtsordnung vergleichbare Fassung erhalten hätte, sondern erst mit völkerstrafrechtsspezifischem Gehalt aufgefüllt werden muss.

---

5 *Stuckenberg*, GA 2007, 80, 95. Vgl. JStGH, Urteil vom 14. Januar 2000 (*Kupreškić*, TC), para 591.

6 *Cassese*, International Criminal Law, S. 31; *Triffterer*, in: *Triffterer*, Commentary on the Rome Statute, Part 1 Rn. 18. Vgl. JStGH, Urteil vom 10. Dezember 1998 (*Furundžija*, TC), para 184. und noch *Glaser*, ZStW 76 (1964), 514, 520.

7 *Bassiouni*, Introduction to International Criminal Law, S. 199; *Boot*, Genocide, Crimes against Humanity, War Crimes: Nullum Crimen Sine Lege and the Subject Matter Jurisdiction of the International Criminal Court, S. 81; *König*, Die völkerrechtliche Legitimation der Strafgewalt internationaler Strafjustiz, S. 196 ff.; *Lamb*, in: *Cassese/Gaeta/Jones*, Rome Statute: A Commentary, Band 1, S. 734; *Wilson*, AJP 6 (1997), 22, 26.

8 *Bassiouni*, Introduction to International Criminal Law, S. 182.

2. Der besondere Bestimmtheitsgrundsatz des IStGH-Statuts

Speziell für das IStGH-Statut hat der Bestimmtheitsgrundsatz eine eigene völkervertragliche Normierung in Art. 22 IStGH-Statut gefunden. Die dortige Statuierung eines Grundsatzes der Normbestimmtheit ist aber nicht mit dem allgemeinen Bestimmtheitsgrundsatz des internationalen Rechts zu verwechseln. Vielmehr gilt dieser als vertraglich vereinbartes Völkerrecht nur für das IStGH-Statut. Grundsätzlich bestehen die Norm eines multilateralen Vertrages und die entsprechende Norm des Gewohnheitsrechts unabhängig nebeneinander.[9] Art. 22 IStGH-Statut wirkt aber möglicherweise doch wenigstens modifizierend – im Sinne einer Verstärkung – auf den allgemeinen Bestimmtheitsgrundsatz des internationalen Rechts zurück. Diese Statuierung eines eigenen Bestimmtheitsgrundsatzes mit Geltung für einen völkerrechtlichen Vertrag ist unproblematisch, solange der vertraglich vereinbarte Bestimmtheitsgrundsatz weiter reicht als der zwingende allgemeine Bestimmtheitsgrundsatz des internationalen Rechts.[10] Vorgreifend kann man angesichts der blassen Kontur des allgemeinen Bestimmtheitsgrundsatzes des Völkerstrafrechts sagen, dass dies bei Art. 22 IStGH-Statut unbestreitbar der Fall ist.[11]

II. Die „klassische“ Ansicht zur Normbestimmtheit

Obwohl in nationalen Rechtssystemen nahezu durchweg, wenn auch in dieser oder jener Abstufung, als Grundstein eines Strafrechtssystems anerkannt, wird dem Legalitätsprinzip im Völkerstrafrecht klassischer-

---

[9] IGH, Urteil vom 27. Juni 1986 (Case Concerning Military and Paramilitary Activities in and against Nicaragua, *Nicaragua v. USA*), ICJ Reports 1986, para 177.

[10] Vgl. *König*, Die völkerrechtliche Legitimation der Strafgewalt internationaler Strafjustiz, S. 208.

[11] *Krivec*, Von Versailles nach Rom, S. 204; *Sadat*, The International Criminal Court and the Transformation of International Law, S. 186; *Swart*, SAYIL 30 (2005), 33, 45. Kritisch aber zur praktischen Umsetzung *Fletcher/Ohlin*, JICJ 3 (2005), 539, 551 f. („a pro-prosecution mentality pervades the Rome Statute“). Dies erinnert freilich an die Situation des nationalen Rechts mit theoretischer Betonung des Bestimmtheitsgrundsatzes bei gleichzeitiger praktischer Degradierung.

weise nur ein geringer Anwendungsbereich gelassen.[12] In der Geschichte des Völkerstrafrechts hatte das Prinzip *nullum crimen, nulla poena sine lege* einen schweren Stand. Die herrschende Auffassung geht dahin, dass es nur einen sehr eingeschränkten Anwendungsbereich genieße, eine Garantiefunktion des Tatbestandes im Wesentlichen unbekannt sei.[13] Die überkommene Auffassung zum Gehalt des allgemeinen Bestimmtheitsgrundsatzes im internationalen Recht neigt also dem Pol der *substantive justice* eindeutig zu.

1. Das Völkerrecht als unvollkommene und dynamische Rechtsordnung

Begründet wurde dies damit, dass der Grundsatz *nullum crimen, nulla poena sine lege* – den Bestimmtheitsgrundsatz eingeschlossen – in einer unvollkommenen Rechtsordnung wie dem Völkerrecht nicht in gleichem Maße gelten könne wie im nationalen Recht (einer „vollkommenen" Rechtsordnung). Der strikt verstandene Bestimmtheitsgrundsatz setze eine geschlossene und kodifizierte Rechtsordnung voraus, die ihre Regelungsanordnungen durch Gesetz trifft und damit ein Tatbestands-

---

[12] *Etcheberry*, in: ISISC, International Criminal Law: Quo Vadis?, S. 337 f.; *Paust*, Denver J. Int'l L. & Policy 25 (1997), 321, 321 f.; *ders*., Albany L.R. 60 (1997), 657, 664; *Sadat*, The International Criminal Court and the Transformation of International Law, S. 180 f.; *Swart*, SAYIL 30 (2005), 33, 33 f.

[13] Siehe *Bremer*, Nationale Strafverfolgung internationaler Verbrechen gegen das humanitäre Völkerrecht, S. 62; *Zander*, Das Verbrechen im Kriege, S. 35 ff. mit zahlreichen w.N. aus der älteren Literatur und noch dortige S. 51. Vgl. *Stuckenberg*, GA 2007, 80, 102. Auch die Formulierung („Der Gesetzlichkeitsgrundsatz, der in Artikel 22 bis 24 IStGH-Statut entfaltet wird, findet sich bereits in Artikel 103 Abs. 2 GG und § 1 StGB.") in der Bundesratsvorlage zum VStGB vom 18. Januar 2002, *Lüder/Vormbaum*, Materialien zum Völkerstrafgesetzbuch, S. 27, ist trotz missverständlicher Formulierung nicht dahin zu lesen, als hätten Art. 22-24 IStGH-Statut und Art. 103 Abs. 2 GG, § 1 StGB den gleichen Gehalt. Lediglich wird damit zu Recht festgestellt, dass der Satz *nullum crimen, nulla poena sine lege* in allen seinen Ausprägungen beide Male positiv gilt. Der jeweilige Gehalt im IStGH-Statut und im nationalen Recht ist aber davon unabhängig jeweils gesondert zu definieren, was aber noch nicht heißt, dass jede Wechselwirkung zwischen internationaler und nationaler Ebene auszuschließen ist.

recht schafft, nicht hingegen ihr Strafrecht in erster Linie durch Gewohnheitsrecht zur Entstehung bringt.[14]

Er sei demnach auf die nationale Rechtsordnung gemünzt und passe *per definitionem* nicht auf die internationale Ordnung, der ein zentraler Gesetzgeber und damit ein kodifiziertes, theoretisch-dogmatisch durchdachtes Strafrecht fehlt.

Die dynamische Entwicklung der Völker(straf)rechtsordnung, welche nicht nur zuletzt, sondern zuförderst, aus Gewohnheitsrecht entstehe, werde bei Annahme eines strikt verstandenen Legalitätsprinzips durch dieses der Natur des Völkerrechts gegenläufige und konservative orientierte Prinzip gehemmt.[15] Noch nicht einmal für vertraglich niedergelegtes Kriegsvölkerrecht könne der Bestimmtheitsgrundsatz gelten, denn dieses sei zumeist nichts anderes als deklaratorisch nochmals wiedergegebenes, aber ohnedies ganz unabhängig von vertraglicher Fixierung präexistentes Gewohnheitsrecht.[16]

Überdies wird darauf hingewiesen, dass auch die Verfasser völkerrechtlicher Instrumente nur selten Strafrechtsdogmatiker seien, vielmehr der handwerklich-technische Teil überwiegend von Diplomaten erledigt werde, deren Zielorientierung und Ausbildung nicht auf die Schaffung

---

[14] *Boot*, Genocide, Crimes against Humanity, War Crimes: Nullum Crimen Sine Lege and the Subject Matter Jurisdiction of the International Criminal Court, S. 19; *Bremer*, Nationale Strafverfolgung internationaler Verbrechen gegen das humanitäre Völkerrecht, S. 61; *Cryer*, IDF L.R. 2 (2005-2006), 75, 86; *Dahm*, Völkerrecht, S. 316; *Glaser*, Droit international pénal conventionnel, S. 24; *Kaufmann*, Das Schuldprinzip, S. 92; *Satzger*, JuS 2004, 943, 944 f.; *Swart*, SAYIL 30 (2005), 33, 33 f.; *Weigend*, in: ISISC, International Criminal Law: Quo Vadis?, S. 322. Instruktiv insbesondere die zusammenfassende Auseinandersetzung mit Vertretern der „klassischen" Ansicht bei *Triffterer*, Dogmatische Untersuchungen zur Entwicklung des materiellen Völkerstrafrechts seit Nürnberg, S. 42 ff. m.w.N.

[15] *Dahm*, Völkerrecht, S. 317; *Glaser*, ZStW 76 (1964), 514, 516 ff.; *Paust*, Albany L.R. 60 (1997), 657, 666 f.; *Zander*, Das Verbrechen im Kriege, S. 36 f. Vgl. *Ambos*, Der Allgemeine Teil des Völkerstrafrechts, S. 371.

[16] Vgl. *Bremer*, Nationale Strafverfolgung internationaler Verbrechen gegen das humanitäre Völkerrecht, S. 61; *Zander*, Das Verbrechen im Kriege, S. 37.

eines kohärenten Systems gerichtet sein kann.[17] Dies kann für den Inhalt des allgemeinen Bestimmtheitsgrundsatzes des internationalen Rechts nicht folgenlos bleiben: Folge dieser Art der Rechtsentstehung ist damit eine gewisse Unbestimmtheit in der Umschreibung des strafbaren Verhaltens.[18]

2. *Vorläufige Zusammenfassung – zugleich Ausgangspunkt für weitere Überlegungen*

Die „klassische" Auffassung zum Bestimmtheitsgrundsatz auf internationaler Ebene geht also dahin, im Völkerrecht sei eine gewisse Unsicherheit hinzunehmen, was mit der dynamischen Natur des Völkergewohnheitsrechts begründet wird. Seit der zunehmenden Präzisierung und vermehrten Anwendung des Völkerstrafrechts durch die internationale Rechtsprechung und die Errichtung des IStGH-Systems ist diese Auffassung jedoch mehr und mehr in Bewegung geraten. Es muss daher die Frage gestellt werden, ob die überkommene Auffassung von Normbestimmtheit im internationalen Recht sich nicht wenigstens teilweise fortentwickelt hat.

Eine Schwierigkeit bei der Befassung mit der Frage nach Geltung und Gehalt des Bestimmtheitsgrundsatzes im Völkerrecht liegt darin, dass zumeist das Prinzip *nullum crimen, nulla poena sine lege* als Ganzes behandelt wird. Das Verbot von Gewohnheitsrecht ist im Völkerrecht wie gesehen schwerer denkbar als im nationalen Recht und das Rückwirkungsverbot eignet sich zur isolierten Betrachtung. Die Befassung mit Bestimmtheitsgebot und dem eng verwandten Analogieverbot ist hingegen schwieriger und im Völkerstrafrecht vergleichsweise vernachlässigt. Bereits an dieser Stelle sei aber erwähnt, dass sich dabei eine gewisse Bestimmtheit nicht nur mit dem geschriebenen Recht, sondern auch mit Gewohnheitsrecht vertragen kann.

---

[17] *Bassiouni*, Introduction to International Criminal Law, S. 201 und noch S. 214: „Conventions elaborated over a span of almost 200 years at different places by different persons coming from diverse legal systems, among whom there is little expertise on ICL and comparative criminal law and procedure necessarily leave something to be desired."

[18] *Lamb*, in: *Cassese/Gaeta/Jones*, Rome Statute: A Commentary, Band 1, S. 735.

B. Entwicklung und überkommene Bedeutung der Normbestimmtheit im internationalen Recht

I. Die Entstehung der Kriegsverbrechenstatbestände als Gewohnheitsrecht und Parallelen zu Prinzipien des *common law*

1. Gewohnheitsrecht im common law *und im Völkerrecht*

Die gesamte Entwicklung des Völkerstrafrechts wurde in höchstem Maße von anglo-amerikanischem *common law* geprägt.[19] Überdies ähnelt das Völkerstrafrecht selbst dem *common law*, denn in beiden Systemen stehen aus Gewohnheitsrecht gewonnene und geronnene Tatbestände neben solchen der *statutes* bzw. Verträge.[20]

Man kommt hier also nicht umhin, sich bis zu einem gewissen Grade auf die Vorstellungen des angelsächsischen *common law* einzulassen und sich mit ihnen auseinanderzusetzen. Dabei wird zu vergleichen sein, inwieweit die Parallele des Gewohnheitsrechts in *common law* und Völkerrecht besteht und was dies für die Bestimmtheit bzw. Bestimmbarkeit einer Norm des Gewohnheitsrechts bedeutet.

a) Ein erster Blick auf das *common law* – relevante Grundzüge

Grundpfeiler des *common law* ist das durch richterliche Entscheidungen[21] (*precedents*) getragene und so behutsam unter deren Beachtung (*stare decisis*) weiterzuentwickelnde Gewohnheitsrecht.[22] Dem liegt die

---

[19] *Ambos*, Der Allgemeine Teil des Völkerstrafrechts, S. 46.

[20] *Bassiouni*, Introduction to International Criminal Law, S. 198 f.; *Cassese*, International Criminal Law, S. 20; vgl. *König*, Die Legitimation der Strafgewalt internationaler Strafjustiz, S. 200.

[21] *Forsthoff*, Recht und Sprache, S. 28 und *Pomorski*, American Common Law and the Principle Nullum Crimen Sine Lege, S. 21, weisen auf das gegenüber Kontinentaleuropa in England traditionell erhöhte Sozialprestige der Richterschaft hin, die dazu führt, dass die Berufung auf das Präjudiz – also die „eigene“ Leistung – leichter möglich ist. Dieses Prestige gründet sich im traditionellen Verständnis des englischen Richters als Hüter bürgerlicher Freiheiten.

[22] *Boot*, Genocide, Crimes against Humanity, War Crimes: Nullum Crimen Sine Lege and the Subject Matter Jurisdiction of the International Criminal Court, S. 112 f.; *Burchards*, Die Verfolgung von Völkerrechtsverbrechen durch Drittstaaten, S. 38; *van Heeck*, Die Weiterentwicklung des formellen Völker-

Idee zugrunde, dass auch der Präzedenzfall neues Recht nicht im eigentlichen Sinne „schafft“, sondern nur bereits vorhandenes oder angelegtes Recht „findet“ oder „enthüllt“.[23]

Insoweit ist es naturgemäß aber schwierig zu klären, inwieweit *common law* tatsächlich Gewohnheitsrecht darstellt und nicht *judge-made law* ist, also vom Richter nicht gefundenes, sondern bewusst geschaffenes Recht. Diese Abgrenzungsfrage stellt sich auch im Völkerrecht, denn was der Richter an Gewohnheitsrecht auffindet wird auch davon abhängen, wonach er sucht. Eine abschließende Grenzziehung wird man hier aber ähnlich der Problematik der Abgrenzung von gebotener Auslegung und verbotener Analogie nicht mit letzter Sicherheit vornehmen können.

Auch in Kontinentaleuropa fand sich in der historischen Rechtsschule eine gewisse Parallelbewegung mit ähnlicher Affinität, die davon ausging, einem Gesetz käme lediglich eine das Recht präzisierende Funktion zu. Das Recht selbst soll hingegen nach *Savigny* als Volksrecht im Volksgeist bereits vorhanden sein, daher gilt das Gewohnheitsrecht als unmittelbarster Ausdruck des Rechts, im Übrigen wird es durch den Gesetzgeber, die Gerichte und die Wissenschaft „dazwischentretend“ nur ausgeprägt,[24] also ohnehin bestehendes Recht in Form gegossen.

Diese Konzeption zugrunde legend ist es folgerichtig, dass der Grundsatz *nullum crimen, nulla poena sine lege* nur eine geminderte Bedeutung haben kann.

Auch in jüngster Zeit haben englische Gerichte die Unvereinbarkeit von Tatbeständen des *common law* mit Art. 7 EMRK wegen Unbestimmtheit abgelehnt und sie damit aufrechterhalten.[25] Nach dem Gedanken

---

strafrechts, S. 51; *Pomorski*, American Common Law and the Principle Nullum Crimen Sine Lege, S. 35 ff.

[23] *Braun-Friderici*, Das Prinzip nulla poena sine lege im englischen Recht, S. 54; *Schmitt*, Das internationalrechtliche Verbrechen des Angriffskrieges und der Grundsatz „Nullum crimen, nulla poena sine lege“, S. 21. Vgl. aber auch *Pomorski*, American Common Law and the Principle Nullum Crimen Sine Lege, S. 1 ff., der die rechtserzeugende Rolle des Richters hervorhebt.

[24] *Birkenstock*, Die Bestimmtheit von Straftatbeständen mit unbestimmten Gesetzesbegriffen, S. 88 f.; *Forsthoff*, Recht und Sprache, S. 19; *Seiler*, Auslegung als Normkonkretisierung, S. 12 f.

[25] *Ormerod*, Smith & Hogan Criminal Law, S. 20 f.

des anglo-amerikanischen Rechtskreises ist die Strafbarkeit der Verbrechen gegen das Völkerrecht damit auch ohne geschriebenes Gesetz oder Vertrag gegeben,[26] ohne dass hierin *per se* ein Verstoß gegen Normbestimmtheitserfordernisse gesehen wird. Dies gilt auch für eine innerstaatliche Gesetzgebung, die Völkerrecht übernimmt, ohne die Völkerrechtsnormen näher zu umschreiben, als das Völkerrecht dies selbst tut.

b) Folgerungen für das Völkerrecht

In der grundsätzlichen Annahme dieser Ansicht liegt im Völkerrecht nichts Besonderes. Wie bereits angesprochen wurde, entspringen die Tatbestände des Völkerstrafrechts auch dem ungeschriebenen Gewohnheitsrecht. Bemerkenswert ist aber eine Folgerung, die hieraus teilweise gezogen wird, nämlich den Bestimmtheitsgrundsatz gleich dem *common law* für überhaupt nicht anwendbar und aus der Natur der Rechtsentstehung aus Gewohnheitsrecht für nicht operabel bzw. nicht existent zu erklären. Eine nähere Bestimmtheit sei nicht erforderlich, da Kriegsverbrechen derart verwerflich und bekannt seien, dass sie sich dem vernünftigen Betrachter von selbst erschließen.[27]

Mit anderen Worten und überspitzt gesagt wird so ein Bestimmtheitsstandard für Völkerrechtsverbrechen statuiert, der lautet, man erkenne ein Kriegsverbrechen, wenn man es sehe.

Für flagrante Verletzungen grundlegender humanitärrechtlicher Regeln, etwa die gezielte Tötung von Zivilpersonen (Art. 8 Abs. 2 (a) (i) und (c) (i) IStGH-Statut; § 8 Abs. 1 Nr. 1 VStGB), Vergewaltigung (Art. 8 Abs. 2 (b) (xxii) und (e) (vi) IStGH-Statut; Art. 8 Abs. 1 Nr. 4 VStGB) oder

---

[26] TWC, Band XI, S. 1239 (Geisel-Prozess); *Oehler*, Internationales Strafrecht, Rn. 996.

[27] Supreme Court of Canada (Regina v. *Finta*), ILR 104 (1997), 284, 297: „... there is ordinarily nothing at all subtle about war crimes. The moral aspect leaps immediately to the consciousness of anyone with any moral sensitivity." Zu diesem Urteil *Ambos*, Der Allgemeine Teil des Völkerstrafrechts, S. 208. Vgl. *Schmitt*, Das internationalrechtliche Verbrechen des Angriffskrieges und der Grundsatz „Nullum crimen, nulla poena sine lege", S. 21 mit der Erläuterung des *malum in se*, wonach kein neues Verbrechen geschaffen werde, sondern nach dem angelsächsischen Konzept „nur etwas, was für jedes gesunde, menschliche Rechtsempfinden immer und zu allen Zeiten ein Verbrechen war, als solches gekennzeichnet [wird], auch wenn der Sachverhalt neu und unerhört erscheint."

den Angriff auf eindeutig zivile Ziele (Art. 8 Abs. 2 (b) (i), (ii) und (e) (i) IStGH-Statut; § 11 Abs. 1 Nr. 1 und 2 VStGB) mag dies auch zutreffen, aber man wird dies kaum für die weniger eindeutigen Fälle sagen können, denn was noch durch militärische Notwendigkeit an Eigentumsaneignung gerechtfertigt ist (Art. 8 Abs. 2 (a) (iv) IStGH-Statut; vgl. § 9 Abs. 1 VStGB), worin die Rechtsgarantien eines fairen und ordentlichen Verfahrens liegen (Art. 8 Abs. 2 (b) (vi) IStGH-Statut; § 8 Abs. 1 Nr. 7 VStGB) oder welches Maß an zivilem Kollateralschaden noch in Relation zum durch den Angriff erwarteten militärischen Nutzen steht (Art. 8 Abs. 2 (b) (iv) IStGH-Statut; § 11 Abs. 1 Nr. 3 VStGB), lässt sich nicht so leicht beantworten und ist in den weniger frappierenden Fällen nicht ohne weiteres ersichtlich. Vielmehr bedarf es hier zumeist komplexer tatsächlicher Beobachtungen und weit reichender rechtlicher Überlegungen.

2. *Ein zweiter Blick auf das* common law*: Normbestimmtheit im* common law

Zudem ist auch die Normbestimmtheit in den Systemen des *common law* im Vergleich zum Kodifikationssystem keineswegs so lose, wie dies auf den ersten Blick scheinen mag. Zunächst betrachten wir in kurzem Überblick getrennt die Situation in England und den Vereinigten Staaten, um anschließend die Entwicklungslinie etwas ausführlicher wieder zusammenzuführen.

a) England

Dem englischen Recht ist die Existenz ungeschriebener Straftatbestände, die sich aus Präzedenzfällen und auch deren Weiterentwicklung ergeben, noch immer in gewissem Umfange selbstverständlich.

Bereits 1833 und 1879 empfahlen allerdings zwei englische *Royal Commissions* die Schaffung eines englischen Strafgesetzbuches, welches das *common law* im Bereich des Strafrechts völlig hinfällig machen sollte und das englische Strafrecht im Ergebnis an das deutsche oder französische angepasst hätte.[28] Obgleich diese große Kodifikation nicht zustan-

---

[28] *Pomorski*, American Common Law and the Principle Nullum Crimen Sine Lege, S. 95.

de kam, ist die Diskussion um eine Kodifikation seither nie wieder verstummt.[29]

Faktisch sind allerdings seit geraumer Zeit die weitaus meisten Delikte gewohnheitsrechtlichen Ursprungs durch *consolidation acts* in Gesetzesrecht erfasst worden.[30]

Die verbleibenden Tatbestände des *common law* wiederum können durch reiche Präjudizien mittlerweile ebenso klar definiert werden wie Gesetzestatbestände in kontinentaleuropäischen Rechtssystemen. Obgleich in keinem Gesetzbuch enthalten, haben sie in *books of authority* – etwa von *Coke*, *Hale* oder *Blackstone* – textliche und faktisch-autoritative Verkörperung gefunden.[31]

Jedenfalls mittlerweile ist auch im *common law* die Anerkennung unpräziser und dem Gewohnheitsrecht entnommener Straftatbestände stark eingeschränkt. Der Grundsatz *nullum crimen, nulla poena sine lege* ist im englischen Strafrecht als allgemeiner Rechtsgrundsatz anerkannt, er besitzt aber doch eine geringere Verbindlichkeit als im kontinentaleuropäischen Kodifikationssystem.[32]

---

[29] Siehe nur *Ashworth*, Principles of Criminal Law, S. 8.

[30] *Braun-Friderici*, Das Prinzip nulla poena sine lege im englischen Recht, S. 47.

[31] *Braun-Friderici*, Das Prinzip nulla poena sine lege im englischen Recht, S. 48.

[32] *Ahlbrecht*, Geschichte der völkerrechtlichen Strafgerichtsbarkeit im 20. Jahrhundert, S. 17; *Jescheck*, Die Verantwortlichkeit der Staatsorgane nach Völkerstrafrecht, S. 230 ff. Der Begriff des allgemeinen Rechtsgrundsatzes ist hier nicht mit dem allgemeinen Rechtsgrundsatz nach Art. 38 Abs. 1 lit. c) IGH-Statut zu verwechseln.

b) Vereinigte Staaten von Amerika

Das amerikanische Recht ist dem ungeschriebenen Straftatbestand gegenüber bereits sehr viel zurückhaltender.[33]

Im Bundesstaate Louisiana war aufgrund des Einflusses französischen Rechts eine Strafbarkeit auf Basis des *common law* seit jeher ausgeschlossen und in allen Bundesstaaten ist das *common law* in starkem Rückzug begriffen und größtenteils durch *statute law* ersetzt.[34] Da dem Kongress nur die Gesetzgebungskompetenz zusteht, die sich aus der Bundesverfassung ergibt und er auch nur durch Gesetz Strafrecht zu schaffen vermag, ansonsten aber durchweg die Bundesstaaten zuständig sind, können *federal common law crimes* nicht zur Entstehung gelangen.[35]

Der 5. und 14. Verfassungszusatz zur Bundesverfassung bestimmen, dass niemand ohne die Gewährung von *due process of law*, also eines umfassend fairen Verfahrens, bestraft werden kann. Die *due process*-Garantie schließt einen eingeschränkten Bestimmtheitsgrundsatz ein, der verlangt, dass ungeachtet der weiter bestehenden Möglichkeit der Bestrafung durch Gewohnheitsrecht, die Tat jedenfalls so bestimmt ist, dass eine Strafbarkeit vorhersehbar ist (*fair warning principle*); anderenfalls ist die Norm *void for vagueness*.[36] In den USA erstreckt sich die Geltung des *nullum crimen*-Satzes auch auf den Grundsatz der Normbestimmtheit – der *certainty* – einschließlich der Rechtsfolge, also der zu

---

[33] *Liebscher*, ZfRV 20 (1979), 41, 43; *Oehler*, Internationales Strafrecht, Rn. 998 m.w.N.; *Ransiek*, Gesetz und Lebenswirklichkeit, S. 14. Der Einfluss kontinentaleuropäischer Ideen in den Vereinigten Staaten ist schon im Ursprung der amerikanischen Nation bemerkbar, beispielsweise im Vorhandensein einer geschriebenen Verfassung; vgl. *Schmitt*, Das internationalrechtliche Verbrechen des Angriffskrieges und der Grundsatz „Nullum crimen, nulla poena sine lege", S. 22.

[34] *Pomorski*, American Common Law and the Principle Nullum Crimen Sine Lege, S. 106 ff.

[35] Vgl. *Boot*, Genocide, Crimes against Humanity, War Crimes: Nullum Crimen Sine Lege and the Subject Matter Jurisdiction of the International Criminal Court, S. 115 f. m.w.N.

[36] *Ashworth*, Principles of Criminal Law, S. 74; *Bassiouni*, Introduction to International Criminal Law, S. 193; *Endo*, Revue Québécoise de Droit International 15 (2002), 205, 208; *König*, Die völkerrechtliche Legitimation der Strafgewalt internationaler Strafjustiz, S. 194.

erwartenden Strafe.[37] In den Worten des *Supreme Court*: „a statute which either forbids or requires the doing of an act in terms so vague that men of common intelligence must necessarily guess at its meaning and differ as to its application, violates the first essential of due process of law."[38]

Parallel zu der deutschen Entwicklung werden im amerikanischen Recht über lange Zeit hin angewendete und daher durch Auslegung und Präjudiz konkretisierte Tatbestände kaum je als *void for vagueness* erklärt.[39]

c) Fazit: Bestimmbarkeit im angelsächsischen Recht und Folgerungen für das Völkerrecht

Nicht ausreichend ist es, auf das Fehlen einer zentralen Rechtssetzungsinstanz zu verweisen und den völkerrechtlichen Normsetzungsmechanismus demjenigen des *common law* gleichzusetzen[40] und damit auch die Doktrin der *substantive justice* einseitig in den Vordergrund zu stellen. Dem internationalen Recht und dem *common law* gemein ist eine gegenüber dem Kodifikationssystem ungleich stärkere Rolle der Gerichte. Diese Gemeinsamkeit darf aber auch den Blick auf einen ganz wesentlichen Unterschied nicht verstellen, welcher das *common law* auszeichnet: Im *common law* hat über Jahrhunderte hinweg eine reiche Rechtsprechung Material zur immer stärkeren Präzisierung von gewohnheitsrechtlichen Tatbeständen geliefert; die hierarchische Gerichtsstruktur mit ihrer Verpflichtung auf *precedents* sorgt darüber hinaus ebenso für eine begriffliche Straffung wie die wissenschaftliche Durchdringung des Fallmaterials.[41] Dies hat zur Folge, dass das *common law* weitestgehend bestimmt und eine Strafbarkeit vorhersehbar ist,[42] auch

---

[37] *Ahlbrecht*, Geschichte der völkerrechtlichen Strafgerichtsbarkeit im 20. Jahrhundert, S. 18; *Liebscher*, ZfRV 20 (1979), 41, 44.

[38] *Connally* v. General Construction Company, 269 U.S. 385, 391 (1926); vgl. *Jeffries*, Virginia L.R. 71 (1985), 189, 196 und 211.

[39] *Pomorski*, American Common Law and the Principle Nullum Crimen Sine Lege, S. 87 f.

[40] Wie z.B. *Hunt*, JICJ 2 (2004), 56, 58.

[41] *Braun-Friderici*, Das Prinzip nulla poena sine lege im englischen Recht, S. 56 f.; *Cassese*, International Criminal Law, S. 20 f.

[42] *Cassese*, International Criminal Law, S. 21.

ohne dass ein Grundsatz der Normbestimmtheit verfassungsrechtlich oder gesetzlich statuiert wäre.

Auch in Systemen, die dem *common law* anhängen, ist das Bestehen des Satzes *nullum crimen, nulla poena sine lege* festzustellen, nämlich als Teil der umfassenderen Formel vom *due process of law*, was indessen in erster Linie das Rückwirkungsverbot und weniger einen Grundsatz der Normbestimmtheit einschließt.[43]

Der anglo-amerikanische Rechtskreis entwickelt sich aber ohnehin (auch in England) seit geraumer Zeit in die Richtung einer Unzulässigkeit der Schaffung neuer Straftatbestände durch Richterrecht und verlangt nach einer gesetzlichen Bestimmung als *statute law*,[44] so dass im Ergebnis der eigentliche Bereich des ungeschriebenen *common law* an Boden verliert, reine *common law*-Systeme mithin nicht mehr existent sind. So erinnert auch die Bestimmtheitsdiskussion im angelsächsischen Rechtskreis – für Großbritannien auch vermittelt durch Art. 7 EMRK und die Rechtsprechung des EGMR – vielfach an die Fragen, die der Bestimmtheitsgrundsatz in der Rechtsprechung des Bundesverfassungsgerichts immer wieder aufgeworfen hat.

Es geht namentlich um die Balance zwischen Vorhersehbarkeit und gewisser Offenheit nahezu jedweder Sprachverwendung sowie die Notwendigkeit mit veränderbaren Gegebenheiten Schritt zu halten oder auch die Möglichkeit der spezifischen Sprachverwendung bei Normen, die nur eine abgegrenzte Berufsgruppe betreffen.[45]

---

[43] *Van Heeck*, Die Weiterentwicklung des formellen Völkerstrafrechts, S. 52; *Schmitt*, Das internationalrechtliche Verbrechen des Angriffskrieges und der Grundsatz „Nullum crimen, nulla poena sine lege“, S. 20. Vgl. *Burchards*, Die Verfolgung von Völkerrechtsverbrechen durch Drittstaaten, S. 38 f.

[44] *Ashworth*, Principles of International Criminal Law, S. 7; *Brierly*, BYIL 8 (1927), 81, 87; *van Heeck*, Die Weiterentwicklung des formellen Völkerstrafrechts, S. 51 f.; *Jefferson*, Criminal Law, S. 4; *Jeffries*, Virginia L.R. 71 (1985), 189, 194 f. und 202; *König*, Die völkerrechtliche Legitimation der Strafgewalt internationaler Strafjustiz, S. 194; *von Mangoldt*, JIAÖR 1 (1948), 283, 219 (dortige Fn. 267); *Pomorski*, American Common Law and the Principle Nullum Crimen Sine Lege, S. 71 und 96.

[45] Siehe *Ashworth*, Principles of Criminal Law, S. 74 ff. und *Boot*, Genocide, Crimes against Humanity, War Crimes: Nullum Crimen Sine Lege and the Subject Matter Jurisdiction of the International Criminal Court, S. 121. Zu den genannten Fragen in der Rechtsprechung des BVerfG und der deutschen Diskussion siehe unten, *5. Kapitel C.* und *6. Kapitel A. II. 3.*

Nach alledem kann festgestellt werden, dass auch jene angelsächsischen Rechtssysteme, die herkömmlicherweise dem *common law* zugeordnet werden, zum einen mittlerweile die überwiegende Mehrzahl der Straftaten durch Gesetze bestimmt haben, zum anderen noch existente gewohnheitsrechtliche Tatbestände durch reiche Präjudizien ebenfalls hinreichend in ihrem Gehalt bestimmt sind.

Letztlich sind damit auch die angelsächsischen Strafgesetze bestimmt und in einer Weise detailliert, dass sie den Vergleich mit kontinentaleuropäischen Kodifikationen kaum scheuen müssen.

Umgekehrt sind somit Rückschlüsse aus dem *common law* auf das Völkerstrafrecht problematisch.

Von einem reinen, quasi ideellen, *common law*-System auf die Ebene des Völkerrechts zu schließen und dieses System zu übertragen, heißt die Ausnahme zur Regel zu machen, denn die ganz überwiegende Mehrheit der Staaten kennt den Satz *nullum crimen, nulla poena sine lege* samt seiner Ableitung *certa*.

Unabhängig davon hat nicht nur das *common law* Einfluss auf die Völkerstrafrechtsentwicklung. Über die sogenannte *doctrine of incorporation* werden vielmehr *vice versa* Gewohnheitsrechtsregeln des Völkerrechts Bestandteil der nationalen Rechtsordnung (*part of the law of the land*),[46] was letztlich bedeutet, dass ein aus Völkergewohnheitsrecht abgeleiteter Gehalt des Bestimmtheitsgrundsatzes für Verbrechen gegen das Völkerrecht auch Teil der nationalen Rechtsordnung würde. Dass damit eine Modifikation von Bestimmtheitsanforderungen bei Völkerrechtsverbrechen auch im angelsächsischen Rechtskreis in Betracht kommen kann, ist für diese Arbeit – die diesen Aspekt noch für das deutsche Recht wird aufzugreifen haben – nicht relevant. Es ging nur darum zu zeigen, dass die gebräuchliche Gleichstellung von *common law* und Völkerstrafrecht was Rechtsentstehung und (vermeintlich) abgeschwächten Bestimmtheitsgrundsatz anbelangt, nicht in einer Weise zu tragen vermag, die die Geltung eines völlig inhaltsleeren Bestimmtheitsgrundsatzes zu rechtfertigen vermag.

---

[46] Dazu *Gilbertson*, Victoria University Wellington L.R. 25 (1995), 315, 331 ff.

II. Die Bedeutung von *nullum crimen, nulla poena sine lege* in seiner Ausprägung als Bestimmtheitsgrundsatz in der Entwicklung des Kriegsvölkerstrafrechts nach Nürnberg

1. Bestimmbares Gewohnheitsrecht

Zwar ist es richtig, dass das Recht der Kriegsverbrechen als Gewohnheitsrecht entstand und sich zunächst als solches entwickelte, damit ist aber noch nicht gesagt, ob und in welchem Umfange an dieses Gewohnheitsrecht, welches sich mittlerweile seinem überwiegenden Inhalt nach im IStGH-Statut findet, Bestimmtheitsanforderungen zu stellen sind. Viele Normen, auch jene in nationalen Rechtsordnungen, entstanden ursprünglich einmal aus Gewohnheitsrecht und wurden zum einen oder anderen Zeitpunkt kodifiziert. Es wäre auch nach dem zum angelsächsischen Rechtskreis ausgeführten ein Missverständnis davon auszugehen, dass ausschließlich geschriebene Normen Bestimmtheitsanforderungen erfüllen können.

Vielmehr kann auch eine ungeschriebene Norm des Gewohnheitsrechts einen gewissen Grad an Bestimmtheit erreichen, dies mag sogar ein recht hoher Grad sein, etwa in dem beschriebenen Falle, dass eine Vielzahl an Gerichtsentscheidungen vorliegt, die die ungeschriebene Norm konkretisieren.

Zwar wurde bereits in den Nürnberger Nachfolgeprozessen erkannt, dass ein der stetigen Wandlung unterworfenes, weithin auslegungsbedürftiges und nicht immer textlich fixiertes Kriegsrecht eine gewisse Unsicherheit mit sich bringt, indessen sei der Wesensgehalt ausreichend bestimmt („sufficient definiteness and meaning“).[47]

Dennoch liegt es auf der Hand, dass die geschriebene Norm in aller Regel besser geeignet sein wird, Bestimmtheitsanforderungen zu erfüllen.[48] Die geschriebene Norm hat eine fixe Gestalt und obgleich zu konzedieren ist, dass durch die Rechtsprechung die einzelnen Merkmale weitgehend ausgefüllt werden können, so ist doch die Rechtsprechung bei der Auslegung an den Wortsinn als Grenze gebunden (siehe dazu auch unten, *6. Kapitel B. II. 1.*). Aus der kompetenzwahrenden Per-

---

[47] TWC, Band VIII (I.G. Farben), S. 1138 f.; *Ambos*, Der Allgemeine Teil des Völkerstrafrechts, S. 114 und 128; *Lauterpacht*, BYIL 21 (1944), 58, 75.

[48] *Lamb*, in: *Cassese/Gaeta/Jones*, Rome Statute: A Commentary, Band 1, S. 743. Vgl. *Dinstein*, The Conduct of Hostilities under the Law of International Armed Conflict, S. 9.

spektive des nationalen Rechts kommt noch verstärkend hinzu, dass es eben der demokratisch legitimierte Gesetzgeber ist, der über den Wortlaut der Norm entscheidet.

Man spürt bei der Betrachtung der Ansicht des englischen *common law* theoretischer Reinform eine gewisse Nähe zu der von *Beling* als abschreckendes Beispiel der Tatbestandsgestaltung angeführten Formulierung „Jeder Schurke ... wird bestraft."[49]

2. *Bedeutungsgewinn des Satzes* nullum crimen sine lege

Es ist festzustellen, dass in der Zeit nach Ende des Zweiten Weltkrieges das Legalitätsprinzip – und mit ihm die Bedeutung des Bestimmtheitsgrundsatzes – im Völkerrecht beständig an Bedeutung gewonnen hat.[50] Die „klassische" Ansicht, wonach *nullum crimen sine lege* im Völkerstrafrecht nur ein sehr eingeschränkter Anwendungsbereich zuzugestehen ist, ist daher im Schwinden begriffen.

a) Festschreibungen des Satzes in völkerrechtlichen Verträgen und gesteigerte Regelungsdichte des humanitären Völkerrechts

Erstens geht der Bedeutungsgewinn einher mit der gesteigerten Bedeutung des Menschenrechtsschutzes. Legalitätsprinzip und Bestimmtheitsgrundsatz sind auch unter dem Aspekt zu sehen, dass dem Beschuldigten eines Strafverfahrens auf internationaler Ebene ein Mindestbestand an Menschenrechten zuzustehen ist.[51] Dass hierzu das Legalitätsprinzip zu zählen ist, ergibt sich aus einer Vielzahl von völkerrechtlichen Verträgen, die ausdrücklich verlangen, dass nationale Gerichte diesen Grundsatz einzuhalten haben.[52] Im Einzelnen ist das Legalitätsprinzip insbesondere enthalten in:

---

[49] *Beling*, Die Lehre vom Verbrechen, S. 22; vgl. *Mayer*, in: Materialien zur Strafrechtsreform, Band 1, S. 262; *Woesner*, NJW 1963, 273, 273.

[50] *Lamb*, in: *Cassese/Gaeta/Jones*, Rome Statute: A Commentary, Band 1, S. 741.

[51] Vgl. *Cassese*, International Criminal Law, S. 144.

[52] *Cassese*, a.a.O.; *Hollweg*, JZ 1993, 980, 985; *Krivec*, Von Versailles nach Rom, S. 79 ff.; *Triffterer*, Dogmatische Untersuchungen zur Entwicklung des materiellen Völkerstrafrechts seit Nürnberg, S. 63 ff.

- Art. 11 Nr. 2 AllgEMR;
- Art. 15 Abs. 1, 2 IPbpR;
- Art. 7 Abs. 1, 2 EMRK;[53]
- Art. 9 AMRK;
- Art. 99 GA III;
- Art. 67 GA IV;
- Art. 75 ZP I;
- Art. 6 Abs. 2 lit. c) ZP II.

Allerdings finden sich in den genannten völkerrechtlichen Instrumenten derart weit gefasste Formulierungen bzw. Ausnahmen für das Völkerstrafrecht, dass ihre Auswertung daran zweifeln lässt, ob eine Anwendung auf das Völkerstrafrecht zulässig ist. Namentlich die sogenannte Nürnbergklausel in Art. 15 Abs. 2 IPbpR, Art. 11 Abs. 2 AllgEMR, Art. 7 Abs. 2 EMRK statuiert, dass ein Verhalten bestraft werden kann, wenn es „nach den von der Völkergemeinschaft anerkannten allgemeinen Grundsätzen strafbar war". Eine Einschränkung des Völkerrechts dahingehend, dass ungeschriebene Normen nicht als Grundlage einer Bestrafung in Betracht kommen, kann den genannten Normen nicht entnommen werden.[54]

Zweitens hat das Kriegsvölkerstrafrecht durch extensives Vertragsrecht (sonders im „Genfer Recht" mit den GA und den ZP) und ein mittlerweile vorhandenes *case law*, nicht zuletzt durch die beschriebene Rechtsprechung von JStGH und RStGH, einen Stand erreicht, welcher eine Anwendbarkeit des Bestimmtheitsgrundsatzes mehr und mehr ermöglicht aber auch erzwingt.[55]

---

[53] Insoweit beachtlich ist der bekannte Vorbehalt der Bundesrepublik Deutschland zur „Nürnbergklausel", wonach Art. 7 Abs. 2 EMRK „nur in den Grenzen des Art. 103 Abs. 2 des Grundgesetzes" anzuwenden sei; BGBl. 1954 II, S. 14. Vgl. *Kadelbach*, in: EMRK/GG Konkordanzkommentar, Kap. 15, Rn. 8.

[54] *Classen*, GA 1998, 215, 218; *Dannecker*, in: LK StGB, § 1 Rn. 7; *Haaß*, „Nulla poena sine lege" im nationalen und internationalen Recht, S. 44 ff.; *Kadelbach*, in: EMRK/GG Konkordanzkommentar, Kap. 15, Rn. 7 f., 20 und 41; *Krey*, Keine Strafe ohne Gesetz, Rn. 101 ff.; *Niehoff*, Die von internationalen Strafgerichtshöfen anwendbaren Normen des Völkerstrafrechts, S. 10.

[55] *Cassese*, International Criminal Law, S. 145.

b) Bekenntnis zu *nullum crimen sine lege* und Nichtgeltung der Rechtsfolgenbestimmtheit

Es wird mittlerweile als Minimalgehalt von Bestimmtheit die Vorhersehbarkeit der Strafbarkeit und die Zugänglichkeit der Strafnorm gefordert.[56] Auch diese Forderung ist aber im Kontext des Völkerrechts nicht dahin zu verstehen, dass Gewohnheitsrecht als strafbegründend ausgeschlossen sei.

Mittlerweile ist daher ein jedenfalls formelhaftes Bekenntnis zum *nullum crimen sine lege* herrschend, wobei – die Parallele zum nationalen Recht wird abermals noch zu ziehen sein – nach der allgemeinen Bestätigung der grundsätzlichen Bedeutung im zweiten Schritt eine starke Relativierung erfolgt.[57]

Allerdings bleibt bei allen Ausführungen zum *nullum crimen sine lege*-Satz zu bedenken, dass das Element der Bestimmtheit der Rechtsfolge (*nulla poena sine lege*) im Völkerstrafrecht nach wie vor nicht anwendbar ist.[58] Die Trennung von Tatbestand und nur generell festgelegter Rechtsfolge wurde bei den Verhandlungen zum IStGH-Statut als problematisch erkannt, letztlich setzten sich die Bedenken aber nicht durch.[59]

---

[56] JStGH, Urteil vom 29. November 2002 (*Vasiljevic*, TC), para 193; JStGH, Beschluss vom 16. Juli 2003 (*Hadžihasanović* et al., AC), para 34; *Ambos*, Internationales Strafrecht, S. 81 f.; *Bassiouni*, Introduction to International Criminal Law, S. 218; *Schabas*, The UN International Criminal Tribunals, S. 63; *Swart*, SAYIL 30 (2005), 33, 41 ff.

[57] Exemplarisch das Fazit von *Shahabuddeen*, JICJ 2 (2004), 1007, 1017: „It is difficult to exaggerate the importance of that principle [*nullum crimen sine lege*, Anmerkung des Verfassers]. But perhaps it should not be exaggerated."

[58] *Bremer*, Nationale Strafverfolgung internationaler Verbrechen gegen das humanitäre Völkerrecht, S. 60; *Cassese*, International Criminal Law, S. 157 f. m.w.N.; *Hartstein*, in: *Kühne/Esser/Gerding*, Völkerstrafrecht, S. 62 f.; *König*, Die völkerrechtliche Legitimation der Strafgewalt internationaler Strafjustiz, S. 203; *Niehoff*, Die von internationalen Strafgerichtshöfen anwendbaren Normen des Völkerstrafrechts, S. 11; *Triffterer*, in: *Hankel/Stuby*, Strafgerichte gegen Menschheitsverbrechen, S. 218. Kritisch *Endo*, Revue Québécoise de Droit International, S. 216 ff. Nach *Dannecker*, in: LK StGB, § 1 Rn. 29 gilt *nulla poena sine lege* auch im Völkerstrafrecht, allerdings nur mit dem Gehalt, dass ein ganz generell gefasster Strafrahmen ausreiche. Aus Art. 23 und 77 IStGH-Statut kann dieser Schluss aber zunächst nur für den IStGH gezogen werden.

[59] *Hermsdörfer*, DRiZ 2000, 70, 72.

Es gibt daher nach wie vor keine völkerstrafrechtliche Norm, die eine konkrete Strafandrohung enthält, immerhin aber Präzisierungsbemühungen der internationalen Strafgerichte. Das Element der Rechtsfolgenbestimmtheit ist allerdings diejenige Komponente des Legalitätsprinzips, über die im internationalen Vergleich am wenigsten Einigkeit herrscht und die dementsprechend in den nationalen Rechtssystemen sehr unterschiedlich angewendet wird.[60] Selbst im deutschen Recht wurde vertreten, dass das Bestimmtheitsgebot sich nicht auf die Rechtsfolge beziehe[61] und es wird vertreten, dass die Rechtsfolge nicht in gleichem Maße präzise zu sein hat wie der Tatbestand. Die tatsächliche Diskrepanz dürfte sich daher in Grenzen halten. Andererseits erfordert im deutschen Recht eine besonders schwerwiegende Rechtsfolge, also langjährige oder lebenslange Freiheitsstrafe, auch eine gesteigerte Bestimmtheit des Tatbestandes, so dass also jedenfalls im nationalen Recht anerkannt ist, dass die abstrakt angedrohte Strafe auf den Bestimmtheitsgehalt des Tatbestandes zurückwirkt (siehe unten, *5. Kapitel C. IV.*).

In der geschichtlichen Entwicklung des Kriegsvölkerstrafrechts wurde die Todesstrafe als schwerste Strafe für alle Kriegsverbrechen angesehen, so dass man in der Folge der Ansicht war, eine nähere Bestimmung der Strafe könne unterbleiben, da auch jedwede leichtere Strafe folglich zulässig sein müsse, also durchweg die gesamte Bandbreite an verfügbaren Strafen in Betracht komme.[62] Der Gedanke liegt nicht fern, auch auf internationaler Ebene die Offenheit einer Bestrafung „nach oben“ – nunmehr Freiheitsstrafen betreffend – verstärkend auf Bestimmtheitserfordernisse des Tatbestandes einwirken zu lassen.

---

[60] *Bassiouni*, Introduction to International Criminal Law, S. 195.

[61] *Haaß*, „Nulla poena sine lege“ im nationalen und internationalen Recht, S. 27 ff. m.w.N.

[62] *Lamb*, in: *Cassese/Gaeta/Jones*, Rome Statute: A Commentary, Band 1, S. 757 f. m.w.N.

C. Der Bestimmtheitsgrundsatz im Kriegsvölkerstrafrecht angesichts der neueren Entwicklung, besonders des IStGH-Statuts

I. Der gegenwärtige Stand des Völkerstrafrechts und die Notwendigkeit einer Stärkung des Bestimmtheitsgrundsatzes im internationalen Recht

Es wurde bereits erwähnt, dass die völkerrechtlichen Straftatbestände, insbesondere die Tatbestände der Kriegsverbrechen, als Gewohnheitsrecht entstanden.

Sie konnten auch gar nicht anders entstehen, da es im Völkerrecht an einer zentralen Normsetzungsinstanz, die dem nationalen Parlament oder auch einer Regierung entspricht, fehlt.

Zwar wurde zu Recht darauf hingewiesen, dass auch die Struktur des IStGH eine „legislative“ Komponente in Gestalt der Vertragsstaatenversammlung (Art. 112 IStGH-Statut) zukommt,[63] indessen ist dies mit der Legislative in Gestalt eines umfassende Souveränitätsbefugnisse wahrnehmenden staatlichen Parlaments nicht vergleichbar. Immerhin ist es aber die Versammlung der Vertragsstaaten, die sowohl die *rules of procedure and evidence* als auch die die *elements of crimes* schafft (Art. 9 Abs. 1 und Art. 51 Abs. 1 IStGH-Statut), nicht die Richterschaft des IStGH. Auch hierin liegt eine dualistische Trennung zwischen Rechtsetzung und Rechtsanwendung,[64] wie sie den *ad hoc*-Tribunalen noch weithin unbekannt war.

Zudem fehlte es über lange Zeit an völkerrechtlichen Verträgen strafrechtlichen Inhalts, so dass auch insoweit ein das Fehlen des zentralen Normgebers ersetzender Mechanismus für das Völkerstrafrecht kaum relevant wurde.[65]

---

[63] *Lüder*, IRRC 2002, 79, 86; *Robinson/von Hebel*, in: *Lee*, The International Criminal Court, S. 228 f.; *Sadat*, The International Criminal Court and the Transformation of International Law, S. 183.

[64] *Delmas-Marty*, JICJ 1 (2003), 13, 19.

[65] *Aksar*, Implementing International Humanitarian Law, S. 146 f.; *Stuckenberg*, GA 2007, 80, 84.

Es ist also unerlässlich, dass Gewohnheitsrecht und auch allgemeine Rechtsgrundsätze für die Entstehung des Völkerstrafrechts solange und soweit „konstruktiver Ausgangspunkt völkerstrafrechtlicher Normbildung“ sind, „als es an entsprechenden Vertragswerken fehlt“.[66] Entscheidender Unterschied zwischen nationaler Strafrechtsordnung und internationalem materiellen Strafrecht ist, dass letzteres in seiner Entwicklung nicht den gleichen Grad an Ausarbeitung aufweist.[67] Dies gilt freilich für den allgemeinen Teil in sehr viel stärkerem Maße als für den besonderen, den „Tatbestandsteil“.

1. „Klassische“ Auffassung und Entwicklungen in jüngerer Zeit

Es können das Völkergewohnheitsrecht, die allgemeinen Rechtsgrundsätze und auch das *case law* dem Bestimmtheitsgrundsatz naturgemäß weniger unterliegen als vertraglich oder gesetzlich festgelegtes Recht. Die auf diesem Wege entstehenden Normen sind vergleichsweise flüchtig, so dass der Bestimmtheitsgrundsatz nur grobe Richtschnur bei der Auslegung der aus diesen Rechtsquellen sich ergebenden Normen sein kann.[68] Dem Bestimmtheitsgrundsatz (*principle of specificity*) kann letztlich auf Ebene des Völkerrechts auch hauptsächlich durch einen Vertrag genügt werden, denn dies ist das dem nationalen Gesetz entsprechende Instrument des Völkerrechts. Nunmehr – mit Aufnahme in einen Vertrag – ist der Tatbestand nämlich für die Rechtsanwendung klar fixiert und auf einen Wortlaut festgelegt.[69] Damit ist indessen noch nicht gesagt, dass Gewohnheitsrecht überhaupt nicht einem Bestimmtheitsgebot unterliegen kann, auch Gewohnheitsrecht ist es möglich „[to] meet the standard of specificity equivalent to that of conventional international law.“[70]

---

66 *Ambos*, Internationales Strafrecht, S. 81.

67 *Cassese*, International Criminal Law, S. 135.

68 Vgl. *Cassese*, International Criminal Law, S. 136; *Jescheck*, JICJ 2 (2004), 38, 41.

69 Vgl. JStGH, Urteil vom 16. November 1998 (*Delalić*, TC), para 404; *Jescheck*, JICJ 2 (2004), 38, 41; *Triffterer*, Dogmatische Untersuchungen zur Entwicklung des materiellen Völkerstrafrechts seit Nürnberg, S. 38.

70 *Bassiouni*, Virginia J. Int’l L. 42 (2001-2002), 81, 105. *Meron*, AJIL 99 (2005), 817, 818 und 821 weist darauf hin, dass die Methoden zur Identifizierung

Denn obgleich es hier um Recht geht, welches üblicherweise als „ungeschriebenes Recht“ bezeichnet wird, so bezieht sich das Merkmal „ungeschrieben“ doch nur darauf, dass keine textliche Festlegung durch internationalen Vertrag oder nationale Kodifikation getroffen wurde. Indessen lässt sich auch Gewohnheitsrecht mit einiger Sicherheit feststellen und auch definieren. Restzweifel verbleiben auch auf diesem Feld häufig nicht in größerem Maße als bei der Auslegung von Merkmalen des geschriebenen Rechts.

a) Bedeutung des IStGH-Statuts für die Bedeutungssteigerung des Bestimmtheitsgrundsatzes

Zudem beschreibt die überkommene Rekursnahme auf kriegsvölkerstrafrechtliches Gewohnheitsrecht seit Inkrafttreten des Rom-Statuts einen Zustand, der, jedenfalls in Teilen, der Vergangenheit angehört.[71] Bei dem IStGH-Statut handelt es sich für den wesentlichen Bereich der *core crimes* faktisch weithin um die Kodifikation internationalen materiellen Strafrechts, die beispielsweise *Bassiouni* seit langem fordert.[72] Das IStGH-Statut ähnelt einer nationalen Kodifikation und sollte daher auch ähnlich einer solchen angewendet werden.[73]

Zwar ist richtig, dass das IStGH-Statut nicht als abschließende Regelung der Kriegsverbrechen zu verstehen ist, dass also Gewohnheitsrecht über das Statut hinauszugehen vermag.[74] Ebenso richtig ist aber, dass der

von Gewohnheitsrecht dementsprechend im Völkerstrafrecht „konservativ“ anzuwenden sind und nicht „progressiv“.

[71] Ähnlich wohl *Werle*, Völkerstrafrecht, Rn. 124: „Bedenken, ob die Regeln des Völkerstrafrechts den Anforderungen an die Klarheit und Erkennbarkeit strafrechtlicher Normen tatsächlich gerecht werden, ist mit Inkrafttreten des IStGH-Statuts viel Wind aus den Segeln genommen. Heute sind die Regeln des Völkerstrafrechts im IStGH-Statut in einer Klarheit niedergelegt, die der aus dem staatlichen Rechtsraum vertrauten nahe kommt.“

[72] Siehe nur *Bassiouni*, Introduction to International Criminal Law, S. 202 und 225 f.

[73] *Meron*, AJIL 99 (2005), 817, 832.

[74] Vgl. *Ambos*, Internationales Strafrecht, S. 81; *Werle*, Völkerstrafrecht, Rn. 4, 71, 84.

größte Teil der Kriegsverbrechen durch das Gewohnheitsrecht kodifizierende IStGH-Statut erfasst wird.[75] Die Entstehung der Kriegsverbrechenstatbestände als Gewohnheitsrecht ist damit zwar nicht unbedingt größtenteils abgeschlossen, aber es haben doch zumindest die als „klassisch" anzusehenden Kriegsverbrechen Eingang in das Statut gefunden.

Das IStGH-Statut wiederum steht im größeren Zusammenhang der Entwicklung des Völkerstrafrechts von einem nur lose verbundenen System hin zu einem geschlossenen und kohärenten Gesamtsystem, was eine Bewegung vom Pol der *substantive justice* zum Pol der *strict legality* ermöglicht[76] und erzwingt. Das internationale materielle Strafrecht ist mit dem IStGH-Statut zu einer Rechtsmaterie geworden, die ungleich präziser formuliert ist, als in den Statuten von JStGH und RStGH oder IMT und IMTFE.[77] Das IStGH-Statut markiert einen großen Schritt vorwärts in der Anerkennung des Prinzips *nullum crimen sine lege* im Völkerstrafrecht.[78] Diese Entwicklung zeigt sich auch in der Formulierung der Statuten der internationalen Strafgerichtshöfe. In Art. 6 (b) IMT-Statut, Art. II (1) (b) KRG 10 und noch in Art. 3 JStGH-Statut und Art. 4 RStGH-Statut heißt es, die Kriegsverbrechen seien nicht beschränkt auf („not limited to") die aufgezählten Taten, während es bereits in Art. 2 JStGH-Statut und dann in Art. 8 IStGH-Statut vor der Aufzählung heißt „nämlich" („namely"). Eine Vielzahl der Ansichten zum Gehalt des Prinzips *nullum crimen, nulla poena sine lege* geht noch in vielen Punkten von der Völkerrechtslage zur Zeit der Nürnberger Prozesse und ihrer Nachfolgeprozesse aus. Das zu jener Zeit zur Verfügung stehende Instrumentarium des Kriegsvölkerstrafrechts war indessen in seinem Entwicklungsstand mit der heutigen Lage nicht vergleich-

---

[75] Nach *Bantekas/Nash*, International Criminal Law, S. 5 gilt mittlerweile: „every international offence is now codified in multilateral agreements". In jedem Falle gab es aber bereits seit den GA von 1949 eine Tendenz, gewohnheitsrechtliches Völkerstrafrecht in Völkervertragsrecht zu überführen; *Werle*, Völkerstrafrecht, Rn. 41. Dem entsprechen auch die Äußerungen anlässlich der Errichtung von JStGH und IStGH, wonach die Statuten nur unzweifelhaft geltendes Völkergewohnheitsrecht wiedergeben, aber selbst keine neuen Tatbestände schaffen sollen (siehe oben, *3. Kapitel A. I. 1.*).

[76] *Cassese*, International Criminal Law, S. 22 und 142 f.; *Meron*, in: *Schmitt/Green*, The Law of Armed Conflict: Into the Next Millennium, S. 333.

[77] *Robinson/von Hebel*, in: *Lee*, The International Criminal Court, S. 223 f.

[78] *Weigend*, in: ISISC, International Criminal Law: Quo Vadis?, S. 325.

bar, namentlich war die Regelungsdichte eine geringere, so dass die damalige Rechtsprechung sich in vielerlei Hinsicht *carte blanche* geben konnte.[79]

b) Art. 22 ff. IStGH-Statut

In der zum IStGH-Statut führenden Verhandlungsgeschichte war die grundsätzliche Aufnahme des Legalitätsprinzips weithin unumstritten.[80] Das IStGH-Statut als weitaus umfangreichstes Dokument des Völkerstrafrechts und als Dreh- und Angelpunkt des Völkerstrafrechts misst dem Bestimmtheitsgrundsatz eine besondere Bedeutung zu.[81]

Die neueren Entwicklungen aufnehmend und verstärkend ist konsequenterweise der *nullum crimen*-Grundsatz daher auch in Art. 22-24 IStGH-Statut in seinen vier Ableitungen niedergelegt.[82]

---

[79] So treffend auch für den hier thematisierten Kontext *Olusanya*, Sentencing War Crimes and Crimes against Humanity under the International Criminal Tribunal for the Former Yugoslavia, S. 4 f.

[80] *Lamb*, in: *Cassese/Gaeta/Jones*, Rome Statute: A Commentary, Band 1, S. 746 ff.

[81] Vgl. *Ambos*, NJW 1998, 3743, 3744; *Blanke/Molitor*, AVR 39 (2001), 142, 148 und 151; *Cassese*, International Criminal Law, S. 147.

[82] Die im Zusammenhang mit dieser Arbeit besonders relevanten Art. 22 und 23 IStGH-Statut lauten (zur Verhandlungsgeschichte siehe noch: *Broomhall*, International Justice and the International Criminal Court, S. 28 ff.):

Article 22 – Nullum crimen sine lege

1. A person shall not be criminally responsible under this Statute unless the conduct in question constitutes, at the time it takes place, a crime within the jurisdiction of the Court.

2. The definition of a crime shall be strictly construed and shall not be extended by analogy. In case of ambiguity, the definition shall be interpreted in favour of the person being investigated, prosecuted or convicted.

3. This article shall not affect the characterization of any conduct as criminal under international law independently of this Statute.

Article 23 – Nulla poena sine lege

A person convicted by the Court may be punished only in accordance with this Statute.

Im Zweifel ist gleich dem nationalen deutschen Recht die dem Angeklagten günstigere Auslegung zu wählen[83] und bei Rechtsänderungen das mildere Recht anzuwenden; Art. 22 IStGH-Statut ist damit auch eine Ablehnung der Herangehensweise eines reinen *common law*.[84] Was allerdings das Element der Bestimmtheit der Rechtsfolgen anbelangt, so bleibt auch Art. 23 IStGH-Statut in Verbindung mit Art. 77 und 78 IStGH-Statut in völkerstrafrechtlicher Tradition unpräzise. Vor allem enthält das IStGH-Statut keine abgestuften Zuordnungen der Strafandrohungen zu den einzelnen Tatbeständen.

Das IStGH-Statut entspricht mit seinen detaillierten Tatbestandsbeschreibungen dem Bestimmtheitsgrundsatz weitaus mehr als die Statuten des JStGH und des RStGH.[85] Dennoch verbleiben Begrifflichkeiten, die erhebliche Probleme bereits im Hinblick auf den „nur" *völkerrechtlichen* Gehalt des Bestimmtheitsgrundsatzes aufwerfen. Diese Probleme rühren in erster Linie daher, dass die humanitärrechtlichen Primärregelungen, denen die meisten Begriffe des Rechts der Kriegsverbrechen entlehnt sind, nicht für eine Verwendung im Strafrecht entworfen wurden,[86] das Strafrecht vielmehr nur untergeordnet als flankierender Durchsetzungsmechanismus Beachtung fand.

Ambos nennt in diesem Zusammenhang die Verhältnismäßigkeitsregelung in Art. 8 Abs. 2 (b) (iv) IStGH-Statut sowie die Begriffe des „ordentlich bestellten Gerichts" und der „allgemein als unerlässlich anerkannten Rechtsgarantien" nach Art. 8 Abs. 2 (c) (iv) IStGH-Statut.[87] Hiermit werden wir uns noch – im Rahmen der Parallelregelungen des VStGB – auseinanderzusetzen haben.

---

83 So auch JStGH, Urteil vom 16. November 1998 (*Delalić*, TC), para 410 ff. und besonders para 413.

84 *Ambos*, ZStW 111 (1999), 175, 185; *Bassiouni*, Introduction to International Criminal Law, S. 211; *Sadat*, The International Criminal Court and the Transformation of International Law, S. 184.

85 *Vitzthum*, Völkerrecht, S. 607. Vgl. *Ambos*, Internationales Strafrecht, S. 234.

86 *Ambos*, Internationales Strafrecht, S. 243; *Bothe*, in: *Cassese/Gaeta/Jones*, Rome Statute: A Commentary, Band 1, S. 392 f.

87 *Ambos*, Internationales Strafrecht, S. 243 ff.

2. *Rückwirkungen der Bestimmtheitsregelung im IStGH-Statut auf den allgemeinen Bestimmtheitsgrundsatz im Völkerrecht?*

Der Bestimmtheitsgrundsatz des IStGH-Statuts ist nicht identisch mit jenem des allgemeinen Völkerstrafrechts, sondern ausschließlich auf die Tatbestände des IStGH-Statuts anwendbar.[88] Dennoch kann es zu Rückwirkungen auf den lockeren allgemeinen Bestimmtheitsgrundsatz des Völkerstrafrechts kommen.

Es ist zu erwarten, dass der IStGH als Dreh- und Angelpunkt des gegenwärtigen und noch mehr – nach Ende der Tätigkeit von JStGH und RStGH – des zukünftigen Völkerstrafrechts einen erheblichen Einfluss auf das Völkerstrafrecht insgesamt haben wird. Seine Rechtsprechung wird als Leitlinie fungieren und damit einschließlich der höheren Bestimmtheitsanforderungen, die das IStGH-Statut stellt, auf das gesamte Völkerstrafrecht zurückwirken. Ansätze hierfür sind bereits darin zu sehen, dass der JStGH schon seit 1998 auf das IStGH-Statut Bezug nimmt „to help elucidate customary international law" und es ansonsten jedenfalls als Ausdruck der Rechtsüberzeugung der Vertragsstaaten ansieht.[89] Unter dem Aspekt des auch menschenrechtlichen und individualschützenden Gehaltes des Gebots hinreichend bestimmter Strafnormen scheint es auch schwer vertretbar, in Zukunft hinter der Tatbestandspräzision und den Garantien des IStGH-Statuts zurückzubleiben. Das Legalitätsprinzip ist selbst ein Rechtssicherheit gewährendes Gebot der Gerechtigkeit.[90]

Das formell richtige Argument, wonach die Errungenschaften des Statuts auch im Bereich der kriegsvölkerstrafrechtlichen Normbestimmtheit nur für das Statut selbst gelten können, wird daher allenfalls beschränkt durchgreifen können. Nicht zuletzt sind die Regelungen des Römischen Statuts auch die *opinio iuris* eines gewichtigen Teils der internationalen Staatengemeinschaft, die kaum jenseits des Statuts mit anderem Maß messen wird.

---

88 *Broomhall*, in: *Triffterer*, Commentary on the Rome Statute, Art. 22 Rn. 14 ff. und 48; *ders.*, International Justice and the International Criminal Court, S. 35.

89 JStGH, Urteil vom 10. Dezember 1998 (*Furundžija*, TC), para 227; ebenso JStGH, Urteil vom 15. Juli 1999 (*Tadić*, AC), para 223; *Sadat*, The International Criminal Court and the Transformation of International Law, S. 271 ff.

90 Siehe auch das eingangs dieser Arbeit erwähnte Zitat von *Radbruch*, SJZ 1946, 105, 108.

Zudem orientieren sich nationale Kodifikationen internationalen materiellen Strafrechts im Zuge der Komplementarität ganz wesentlich an den Tatbeständen des IStGH-Statuts.[91] Es sei nur daran erinnert, dass sich das australische Recht kaum vom Statutsrecht unterscheidet (oben, *2. Kapitel B. IV. 3.*) und auch das VStGB seiner Zielsetzung nach wesentlich durch das Statutsrecht vorgeprägt war.

Darüber hinaus ergibt sich die wesentliche Deckungsungleichheit zwischen erstens dem Statut einerseits und dem sich entwickelnden völkerrechtlichen Gewohnheitsrecht andererseits und zweitens zwischen Statut und das Gewohnheitsrecht aufnehmenden nationalen Kodifikationen wie dem VStGB daraus, dass das IStGH-Statut die internationalen und nichtinternationalen bewaffneten Konflikte noch im Wesentlichen ungleich behandelt.

Darin liegt aber dem Aspekt der Normbestimmtheit nur ein vergleichsweise untergeordnetes Problem, denn der einzige Begriff der unter Berücksichtigung der Gleichstellung beider Konfliktarten als „Plus" hinzukommt ist ja der Begriff „*nicht*internationaler bewaffneter Konflikt", alle anderen Tatbestände und Begriffe bleiben sich ja gleich oder werden je nach Entwicklung des Gewohnheitsrechts als „Minusbegriff" zu definieren sein, sind also enger zu fassen als die identischen bzw. parallelen Begriffe für die klassische Konfliktart „internationaler bewaffneter Konflikt".

II. „Dynamische" Weiterentwicklung *versus* „statische" Bestimmtheit

Die Bemerkung *Dörmanns* zu den *elements of war crimes* „trying to be as specific as possible and providing useful guidance always involves a risk that something is left out"[92] lässt sich *mutatis mutandis* auch auf das Statut selbst übertragen. Darin liegt die wesentliche Kritik an gesteigerten Anforderungen hinsichtlich der Bestimmtheit von Tatbeständen des internationalen materiellen Strafrechts, nämlich die auch aus dem nationalen Recht bekannte Furcht vor der Strafbarkeitslücke. Im Völkerstrafrecht kann diese Befürchtung als berechtigter gelten als im

---

91 *Sadat*, The International Criminal Court and the Transformation of International Law, S. 272 f.

92 *Dörmann*, IRRC 2000, 771, 794.

nationalen Recht, denn zum einen geht es um schwerwiegende Taten in internationaler Dimension, zum anderen vermag kein zentraler Gesetzgeber erkannte Lücken zügig zu schließen.

1. Die weiterhin bestehende Notwendigkeit der Entwicklung des Völkergewohnheitsrechts

Von Vertretern der „klassischen" Ansicht der Ablehnung eines starken Bestimmtheitsgrundsatzes im internationalen Recht wird hervorgehoben, dass das Völkerstrafrecht der dynamischen Entwicklungsmöglichkeit bedürfe und nicht durch eine allzu enge Fassung der Tatbestände eingeengt werden dürfe.[93]

Die Regelung im IStGH-Statut ist zwar gerade nicht dahingehend zu verstehen, dass die Schaffung von Völkerstrafrechtstatbeständen durch Gewohnheitsrecht erschwert wird (vgl. Art. 22 Abs. 3 IStGH-Statut, dazu sogleich) und somit eine notwendige Dynamisierung des Völkerstrafrechts im Sinne einer Anpassung an neue Gegebenheiten verhindert werden soll. Der *Entstehungsprozess* wird weiterhin durch Gewohnheitsrecht vonstatten gehen können,[94] ist eine Norm allerdings einmal in den Katalog des IStGH-Statuts aufgenommen worden (entweder von Anfang an oder nachträglich nach dem Verfahren der Art. 121 ff. IStGH-Statut), so besteht kein Anlass mehr, die Norm von den besonderen Bestimmtheitserfordernissen des Statuts zu suspendieren.

Das IStGH-Statut, soweit es ohnedies geltendes Völkerstrafrecht kodifiziert, ist eine *Momentaufnahme* jenseits derer sich das Völkerstrafrecht weiterentwickelt.[95] Diese Weiterentwicklungen können im Rahmen und in den Grenzen der Auslegung wohl in das Statut einfließen. Neue Tatbestände, die der Gerichtsbarkeit des IStGH unterstünden,

---

[93] *Hunt*, JICJ 2 (2004), 56, 59. Vgl. *Gadirov*, in: *Triffterer*, Commentary on the Rome Statute, Art. 8 Rn. 3.

[94] Explizit betont wird dies in Art. 10 IStGH-Statut: „Nothing in this part [Part 2: Jurisdiction, Admissibility and Applicable Law] shall be interpreted as limiting or prejudicing in any way existing or developing rules of international law for purposes other than this Statute." Vgl. *Lüder/Vormbaum*, Materialien zum Völkerstrafgesetzbuch, S. 23; *Sadat*, The International Criminal Court and the Transformation of International Law, S. 270.

[95] Vgl. *Bassiouni*, Introduction to International Criminal Law, S. 221.

können so aber nicht in das Statutsrecht gelangen. Hierfür ist die ausdrückliche Ergänzung des IStGH-Statuts notwendig.

Der Einwand, „the Rome Statute amendment procedure is complicated, cumbersome, and lengthy, and unlikely to produce specific and timely rules able to deter conduct effectively“,[96] würde auch viele nationale Gesetzgebungsverfahren treffen, ohne dass aus diesem Grunde von ihnen abgesehen werden könnte.

Die erwünschte Flexibilität und Dynamik, der ein Bestimmtheitsgrundsatz mit nennenswertem Gehalt immer bis zu einem gewissen Grade im Wege ist, kann für die Primärregeln des humanitären Völkerrechts in aller Weite Platz greifen, nicht aber in der völkerstrafrechtlichen Sekundärregel, aus welcher eine strafrechtliche Verantwortung des Individuums folgt.

Die dahingehenden Bedenken, die *nullum crimen sine lege* in weiten Teilen als Belastung und Erschwernis für ein dynamisches Völkerstrafrecht anzusehen scheinen,[97] können im Bereich des Römischen Statuts keine praktische Wirksamkeit beanspruchen und sind – vermittelt durch das IStGH-System – auch im Bereich des Gewohnheitsrechts auf dem Rückzug. Mitunter wird sogar verlangt, Gewohnheitsrecht auch im internationalen Recht nur noch als Erweiterung der *defences* zuzulassen, nicht hingegen als strafbegründend.[98]

Überdies dürften sich praktische Implikationen alleine deshalb in Grenzen halten, da eine neue völkergewohnheitsrechtliche Strafnorm als solche fast völlig inoperabel ist. Der IStGH vermag sie nicht anzuwenden (Art. 22 Abs. 1 IStGH-Statut) und in zahlreichen Staaten, so auch in Deutschland, steht der direkten Anwendung von strafbegründendem Völkergewohnheitsrecht der verfassungsrechtliche Gehalt des *nullum crimen*-Satzes entgegen. Es bedarf also sowohl im internationalen als auch im nationalen Recht nach IStGH-Statut bzw. Grundgesetz der Inkorporierung der Norm in IStGH-Statut bzw. VStGB und damit der

---

96 *Benison*, Georgetown L.J. 88 (1999), 141, 168. Der dortige Einwand, dass erst sieben Jahre nach Inkrafttreten des Statuts überhaupt Änderungen vorgeschlagen werden können, erledigt sich bereits durch Zeitablauf. Diese Frist, die einer Überprüfungskonferenz nach Art. 123 Abs. 1 IStGH-Statut vorauszugehen hat, läuft am 01. Juli 2009 ab.

97 *Schabas*, Introduction to the International Criminal Court, S. 28.

98 *Fletcher/Ohlin*, JICJ 3 (2005), 539, 559.

textlichen Fixierung und der Beachtung eines formellen vorgegebenen Verfahrens.

Letztlich geht es natürlich um eine Abwägung zwischen der Erhaltung einer notwendigen Dynamik und Flexibilität des Kriegsvölkerstrafrechts einerseits und der Einhaltung rechtsstaatlicher Grundsätze andererseits. Dem einen Pol entsprechen dabei das Gewohnheitsrecht und ein möglichst weiter Spielraum des internationalen Richters, dem anderen Pol entspricht ein umfassendes und detailliertes Vertragsrecht. Dabei gleicht nach einer Ansicht die einfachere Ermittlung einer klaren Norm im IStGH-Statut die notwendigen Dynamikverluste mehr als aus,[99] nach einer anderen Ansicht ist der Preis der Fixierung zu hoch.[100] Hier scheint die grundsätzliche – übertheoretisierte – Auseinandersetzung zwischen Vertretern von *civil law* und *common law* nochmals auf.

2. *Der Gehalt des Bestimmtheitsgrundsatzes im Völkerrecht*

Auch im Völkerstrafrecht gilt *ein* (allgemeines) Bestimmtheitsgebot auf internationaler Ebene.[101] Dessen Gehalt weicht allerdings durchaus von den verschiedenen nationalen Gehalten des Bestimmtheitsgebotes und von jenem des IStGH-Statuts ab.

Namentlich kann nicht eine einzelne Ausformung des Bestimmtheitsgrundsatzes, wie sie sich in einem Staat oder auch in einer Mehrzahl von Staaten mit verwandtem Rechtssystem entwickelt hat, zu Grundlage oder Maßstab des Bestimmtheitsgebotes im Völkerrecht gemacht oder erklärt werden. Was speziell den Bestimmtheitsgrundsatz als Ausschnitt aus dem Satz *nullum crimen, nulla poena sine lege* anbelangt, so ist er gewiss nicht in seinem vollen kontinentaleuropäischen Gehalt auf die Ebene des internationalen Rechts übertragbar.[102]

Der Bestimmtheitsgrundsatz des Völkerrechts definiert sich daher zunächst autonom, was freilich nicht bedeutet, dass nicht bestimmte Mindestgehalte auch durch Rechtsvergleichung festgestellt werden könnten.

---

[99] *Werle*, Völkerstrafrecht, Rn. 136.

[100] In diese Richtung *Schabas*, Introduction to the International Criminal Court, S. 54 f.

[101] Ebenso *Cassese*, International Criminal Law, S. 145; *Hermsdörfer*, DRiZ 2000, 70, 72; *Vitzthum*, Völkerrecht, S. 607.

[102] *Cassese*, International Criminal Law, S. 145.

Diese Autonomie des allgemeinen Bestimmtheitsgrundsatzes besteht auch gegenüber dem besonderen Bestimmtheitsgrundsatz des IStGH-Statuts. Dennoch gibt ein weiter entwickelter Gehalt eines Prinzips in nationalen Rechtssystemen und einem auf seinem Rechtsgebiet zentralen völkerrechtlichen Vertrag die Richtung auch für die Entwicklung des allgemeinen Bestimmtheitsgrundsatzes vor. In diesem Falle also in Richtung einer grundsätzlichen Bedeutungssteigerung und weitergehenden Beachtlichkeit.

Ein weiterer Unterschied zum Bestimmtheitsgrundsatz im Völkerrecht besteht darin, dass eine Norm wegen Verstoßes gegen das Bestimmtheitsgebot im nationalen Recht für nichtig erklärt werden kann, so in den Vereinigten Staaten nach der *void for vagueness*-Regelung, in Deutschland durch das Bundesverfassungsgericht. Unabhängig von der Vorlage eines Gerichts nach Art. 100 GG kann auch der einzelne Angeklagte das Bundesverfassungsgericht durch Erhebung einer Verfassungsbeschwerde veranlassen, einen etwaigen Verstoß gegen Art. 103 Abs. 2 GG zu prüfen (Art. 93 Abs. 1 Nr. 4a GG, § 90 Abs. 1 BVerfGG).[103] Eine dieser Kompetenz entsprechende *void for vagueness*-Regelung enthält das IStGH-Statut nicht; den Richtern ist es verwehrt, eine unbestimmte Statutsregelung für nichtig zu erklären.[104] Nicht verwehrt kann es dem Gericht demgegenüber sein, unbestimmte Tatbestände restriktiv auszulegen und damit vielfach dasselbe Ergebnis zu erreichen.

Geradezu paradoxerweise teilt der Bestimmtheitsgrundsatz im internationalen Recht die Eigenschaft aller allgemeinen Rechtsgrundsätze, die ja nur extrahierte Prinzipien sind; er ist nämlich seinerseits in seinem konkreten Gehalt recht unbestimmt.[105] Im Vergleich zu der ausführlichen und detaillierten Rechtsprechung und wissenschaftlichen Durchdringung des Bestimmtheitsgrundsatzes etwa (und wohl auch insbesondere) im deutschen Recht ist die konkrete Ausformung des Grundsatzes und die Befassung mit einzelnen Aspekten nur sehr beschränkt feststellbar.

---

[103] Vgl. *Krahl*, Die Rechtsprechung des Bundesverfassungsgerichts und des Bundesgerichtshofs zum Bestimmtheitsgrundsatz im Strafrecht, S. 3.

[104] *Broomhall*, in: *Triffterer*, Commentary on the Rome Statute, Art. 22 Rn. 19; *ders.*, International Justice and the International Criminal Court, S. 35; *Lamb*, in: *Cassese/Gaeta/Jones*, Rome Statute: A Commentary, S. 751, dortige Fn. 61.

[105] Vgl. *Bassiouni*, Introduction to International Criminal Law, S. 224.

Wie auch im nationalen Recht ist auch im internationalen Recht die Frage der Auslegung von entscheidender Bedeutung. Daher kann eine Norm auch nach und nach durch eine Entwicklung der Rechtsprechung an Kontur gewinnen.[106] Die Grenze zwischen konkretisierender Auslegung und Analogieschluss ist fließend, im internationalen Recht war sie bislang eher zugunsten des Analogieschlusses verschoben, wenn etwa vorgebracht wird, dass nur die „essence of the original crime" erhalten bleiben müsse.[107]

Die Voraussetzungen der Strafbarkeit müssen auch im Gewohnheitsrecht hinreichend präzise sein.[108] Obgleich der Gehalt des Bestimmtheitsgrundsatzes damit nur unvollkommen umschrieben ist, wurden Tatbestände des JStGH-Statuts vom JStGH selbst als unter Bestimmtheitsaspekten problematisch identifiziert.[109]

Damit sind zwar einige generelle Leitlinien skizziert, zu einem detaillierten System ist aber bislang weder der allgemeine Bestimmtheitsgrundsatz des Völkerstrafrechts noch der besondere des IStGH-Statuts elaboriert worden.

D. Zusammenfassung und Zwischenergebnis

Es existiert also nach hier vertretener Ansicht ein allgemeines Bestimmtheitsgebot auf der Ebene des Völkerrechts, welches sich seinem Umfange nach noch eher bescheiden ausnehmen mag, allerdings in der Entwicklung begriffen ist und sich daher auf den noch zu besprechenden Gehalt des Bestimmtheitsgebotes im nationalen Recht hin entwickelt.

---

[106] JStGH, Urteil vom 29. November (*Vasiljevic*, TC), para 196; *Schabas*, The UN International Criminal Tribunals, S. 64 f.; *Shahabuddeen*, JICJ 2 (2004), 1007, 1012. Dies ergibt sich auch aus der Rechtsprechung des EGMR, auf die der JStGH verweist, siehe insbesondere Case of *Kokkinakis* v. Greece, Urteil vom 25. Mai 1993, Ser. A 260-A (1993), para 40; Case of *S.W.* v. The United Kingdom, Urteil vom 22. November 1995, Ser. A 335-B (1995), paras 35 f.

[107] *Shahabuddeen*, JICJ 2 (2004), 1007, 1013.

[108] JStGH, Urteil vom 29. November 2002 (*Vasiljevic*, TC), paras 198, 201.

[109] Vgl. *Dingwall*, J. Conflict & Security L. 9 (2004), 133, 145 und 157 m.w.N.

Der eher beschränkte Gehalt des allgemeinen völkerstrafrechtlichen Bestimmtheitsgrundsatzes liegt in der Entstehung völkerstrafrechtlicher Tatbestände auch aus Gewohnheitsrecht (parallel zum *common law*) begründet.

Davon unabhängig existiert ein völkervertraglich geschaffenes Bestimmtheitsgebot für das IStGH-Statut, welches zwar nicht mit dem allgemeinen völkerrechtlichen Bestimmtheitsgebot gleichgestellt werden darf, seine Existenz aber dessen ungeachtet jüngeren Entwicklungen des Völkerrechts verdankt und als Ausdruck der *opinio iuris* eines bedeutenden Teils der internationalen Staatengemeinschaft seinerseits stärkend auf das allgemeine Bestimmtheitsgebot zurückwirkt.

Die Entwicklung der Ansichten zum Prinzip *nullum crimen sine lege* (in der Ausprägung des Bestimmtheitsgrundsatzes) verlief zweistufig: Während zunächst unter Verweis auf das *common law* die Existenz des Bestimmtheitsgrundsatzes als mit der völkergewohnheitsrechtlichen Entstehung der Kriegsverbrechenstatbestände unvereinbar geleugnet oder doch die Bedeutung desselben ganz reduziert werden konnte, so ist im Lichte der neueren Entwicklungen, insbesondere im Rahmen der extensiven Tatbestandszusammenfassung in Art. 8 Abs. 2 IStGH-Statut, diese Marginalisierung des Bestimmtheitsgrundsatzes nicht mehr so leicht zu rechtfertigen.

Damit soll ausdrücklich nicht gesagt werden, dass das allgemeine völkerrechtliche Bestimmtheitsgebot oder jenes des IStGH-Statuts jemals den Gehalt des Bestimmtheitsgebotes irgendeiner nationalen Rechtsordnung annehmen wird oder soll, auch hier entwickelt sich das Völkerrecht eigenständig und wird sich an den allgemein anerkannten Rechtsgrundsätzen der Staaten orientieren. Hierfür ist der deutsche Bestimmtheitsgrundsatz, wie er in § 1 StGB, Art. 103 Abs. 2 GG verbrieft ist, nicht repräsentativ, aber angesichts seiner weitgehenden dogmatischen Durchdringung dennoch nicht ohne indirekten Einfluss. Die Bestimmtheitsregeln des internationalen Rechts harren nämlich noch weitgehend der konkreten Elaborierung und werden diese auch vermittelt durch entsprechend verfeinerte nationale Rechtssysteme erlangen.

Gegenwärtig lassen sich bei Betrachtung des internationalen und des deutschen Rechts demnach drei Ausprägungen des Bestimmtheitsgrundsatzes im Hinblick auf die Kriegsverbrechenstatbestände unterscheiden – mit entsprechend weiterer Ausfächerung bei Berücksichtigung weiterer nationaler Rechtsordnungen jenseits der Thematik dieser Arbeit. Es sind dies in der Reihenfolge zunehmenden Inhaltsreichtums:

- erstens der allgemeine Bestimmtheitsgrundsatz des Völkerstrafrechts,
- zweitens der besondere Bestimmtheitsgrundsatz des IStGH-Statuts,
- drittens der Bestimmtheitsgrundsatz des deutschen Rechts.

Es liegt die Idee nicht fern, dass die bislang vergleichsweise geringe Bedeutung und übergroße Zurückhaltung im Zusammenhang mit Bestimmtheitsanforderungen im Kriegsvölkerstrafrecht auch der mangelnden Praxis auf diesem Gebiet geschuldet ist. Ebenso wie ein Allgemeiner Teil des Völkerstrafrechts in Entwicklung begriffen ist, wird sich auch der Bestimmtheitsgrundsatz auf internationaler Ebene entwickeln können, da nunmehr mit dem IStGH-System Institutionalisierung und Operationalisierung des Rechtsgebietes in eine neue Phase eintreten und das Kriegsvölkerstrafrecht als weitgehend konsolidiert anzusehen ist.

Der höhere Präzisionsgrad des nationalen Bestimmtheitsgrundsatzes kann nicht direkt den einen oder anderen Bestimmtheitsgrundsatz auf internationaler Ebene in seinem Gehalt verändern. Das Völkerrecht kennt nicht die unmittelbare Modifikation seiner Regelungen nach dem Modell einer einzelnen Rechtsordnung, sondern allenfalls die Extraktion von ausfüllungsbedürftigen Prinzipien.

Möglicherweise wirken aber umgekehrt die Eigenheiten des Völkerstrafrechts auf die deutsche Rechtsordnung in einer Weise zurück, die eine Modifikation des nationalen Gehalts des Bestimmtheitsgrundsatzes im Bereich seiner Anwendung auf die Kriegsverbrechenstatbestände verlangt. Damit werden wir uns alsbald zu befassen haben.

5. Kapitel: Völkerstrafrecht und Grundgesetz – verfassungsrechtliche Vorgaben und das Recht der Kriegsverbrechen

In der Transponierung völkerstrafrechtlicher Normen vom internationalen Recht in die nationale Rechtsordnung liegt nicht zuletzt auch ein mittlerweile besonders bedeutend gewordener – da strafend auf das Individuum wirkender – Ausschnitt aus dem allgemeineren, seit *Triepels* gleichnamigen Werk von 1899 klassisch gewordenem Problemkreis „Völkerrecht und Landesrecht".

Eine Bindung durch das Völkerrecht wirkt zwar ungeachtet entgegenstehender staatlicher Normen, doch innerstaatliche Anwendbarkeit erlangt Völkerrecht, zumal Völkerstrafrecht, erst und nur nach Transformation ins nationale Recht oder nach Erteilung eines staatlichen Anwendungsbefehles.[1] Die von *Kreß* im Jahre 2000 geäußerte Hoffnung, der Gesetzgeber möge so manche „auf der völkerrechtlichen Ebene unvermeidlichen Grauzone" im Hinblick auf den Bestimmtheitsgrundsatz erhellen,[2] hat sich nicht zur Gänze erfüllt. Die Begriffe etwa der militärischen Notwendigkeit und der Verhältnismäßigkeit, die *Kreß* zu Recht als präzisierungsbedürftig ansieht,[3] werden im VStGB verwendet, ohne dass sie eine Präzisierung gegenüber der völkerrechtlichen Ebene erfahren hätten. Es scheint daher zweifelhaft, ob die im Hinblick auf den grundgesetzlich garantierten Gehalt des Bestimmtheitsgrundsatzes etwaig notwendigen Änderungen vorgenommen wurden,[4] oder ob mitunter auf der Ebene des Völkerrechts noch unbeanstandete Formulierungen und materiell unklare Gehalte in das deutsche Recht übernommen wurden. Auch die Hoffnung, dass entsprechende Begrifflichkeiten eine

---

1 Vgl. *Bernhardt*, in: FS *Mußgnug*, S. 281.

2 *Kreß*, Vom Nutzen eines deutschen Völkerstrafgesetzbuchs, S. 23. Vgl. *Werle*, ZStW 109 (1997), 808, 821 („... Präzisierungsdefizite ... aber ... keine Legitimationsdefizite.").

3 *Kreß*, S. 23 f. Vgl. noch *Weigend*, in: Gedächtnisschrift *Vogler*, S. 204.

4 Vgl. *Werle*, JZ 2001, 885, 889.

Klärung durch internationale Gerichte erfahren, bevor sie von nationalen Gerichten angewendet werden,[5] ist nur eine vage und unverlässliche.

Tendenziell wurde der vorgegebene Konflikt zwischen internationalem materiellen Strafrecht und nationalem Verfassungsrecht zu Gunsten des ersteren aufgelöst; ob dabei den zwingenden Verfassungsvorgaben, also vor allem dem Bestimmtheitsgebot, durchweg Rechnung getragen wurde, wovon beispielsweise *Werle/Jeßberger*[6] ausgehen, ist dabei durchaus fraglich.[7]

In der Tat wird man davon ausgehen dürfen, dass den Autoren des VStGB andere Probleme vordringlicher erschienen als die skrupulöse Beachtung des nationalen Gehaltes des Bestimmtheitsgrundsatzes bei jeder Begrifflichkeit, nämlich die Strukturierung, Straffung und Durchdringung des komplexen Rechtsstoffes mit den Instrumenten der deutschen Strafgesetzgebung. Dies gilt zumal so mancher unter Bestimmtheitsaspekten nicht unproblematische Begriff geradezu übernommen werden musste und sich nicht durch einen eindeutigen Begriff substituieren ließ.

A. Die „Völkerrechtsfreundlichkeit" des Grundgesetzes

Das „Kräftespiel zwischen individuellem Grundrechtsschutz und überindividuellem Strafinteresse"[8] wird im Kontext der Kriegsverbrechenstatbestände besonders deutlich. Das Element des Strafinteresses wird nämlich bei Völkerrechtsverbrechen durch ein Verfassungsprinzip verstärkt. In der Zusammenschau wirken die Präambel des Grundgesetzes und einzelne Bestimmungen (Art. 24-26 GG, auch Art. 1 Abs. 2, 9 Abs. 2 und 59 GG) dergestalt zusammen, dass man ihnen eine Grundsatzentscheidung für das Völkerrecht und eine Offenheit der deutschen Verfassung für das Völkerrecht entnimmt.[9] Namentlich kann diese „völker-

---

5 *Weigend*, in: LK StGB, Einl. Rn. 100.

6 *Werle/Jeßberger*, JZ 2002, 725, 729 f.

7 *Satzger*, JuS 2004, 943, 945 f.; *ders.*, Internationales Strafrecht, § 16 Rn. 18.

8 *Hillenkamp*, NJW 1989, 2841, 2841. Vgl. *Stern*, Staatsrecht der Bundesrepublik Deutschland, Band III/2, S. 1204.

9 *Bleckmann*, DÖV 1979, 309, 309 f.; *Engel*, Völkerrecht als Tatbestandsmerkmal deutscher Normen, S. 53; *Herdegen*, in: *Maunz/Dürig*, GG, Art. 25

rechtsfreundliche Tendenz“ oder auch „Völkerrechtsfreundlichkeit“ des Grundgesetzes an Art. 25 GG[10] festgemacht werden. Art. 25 GG öffnet die deutsche Verfassung für die normativen Grundlagen der internationalen Gemeinschaft, i.e. diejenigen Normen, die im Völkerrecht gelten, ohne dass es einer vertraglichen Zustimmung bedarf.[11] Diese sind als Völkergewohnheitsrecht (und allgemeine Rechtsgrundsätze) jene Normen, an deren Entstehung zumeist eine Vielzahl von Staaten beteiligt ist[12] und die daher eine höhere Richtigkeitsgewähr und Orientierungshilfe bieten, als Normen bilateraler oder multilateraler völkerrechtlicher Verträge.[13] Für Verträge, welche die politischen Beziehungen des Bundes regeln oder sich auf Gegenstände der Bundesgesetzgebung beziehen, wird die innerstaatliche Wirkung über Art. 59 Abs. 2 GG hergestellt. Während also dem Grundsatz nach die allgemeinen Regeln des Völkerrechts *per se* unüberprüft in die deutsche Rechtsordnung einfließen, wird die „Richtigkeitsgewähr“ bei völkerrechtlichen Verträgen über das Zustimmungsgesetz nach Art. 59 Abs. 2 GG vermittelt. Diese Trennung kann nicht mit der Begründung umgangen werden, zu den allgemeinen Regeln des Völkerrechts gehöre auch der Satz *pacta sunt servanda*, und daher müsse das gesamte Völkervertragsrecht unter Art. 25 GG gefasst werden. Gegen diese Konstruktion spricht der klare Wille der Verfassung zwischen völkerrechtlichen Verträgen und allgemeinen Regeln des Völkerrechts zu trennen.[14] Nach einer Ansicht ist der Begriff der „internationalen Offenheit“ des GG von dem Begriff seiner „Völkerrechts-

---

Rn. 6; *Pernice*, in: *Dreier*, GG, Art. 25 Rn. 26 und 40; *Rojahn*, in: *von Münch/Kunig*, GG, Art. 25 Rn. 1; *Satzger*, Die Europäisierung des Strafrechts, S. 523 m.w.N.; *Tomuschat*, in: *Isensee/Kirchhof*, Handbuch des Staatsrechts, Band 7, § 172 Rn. 27; *Vogel*, Die Verfassungsentscheidung des Grundgesetzes für eine internationale Zusammenarbeit, S. 33 ff.

[10] Art. 25 GG lautet: „Die allgemeinen Regeln des Völkerrechtes sind Bestandteil des Bundesrechtes. Sie gehen den Gesetzen vor und erzeugen Rechte und Pflichten unmittelbar für die Bewohner des Bundesgebietes.“

[11] *Herdegen*, in: *Maunz/Dürig*, GG, Art. 25 Rn. 1.

[12] BVerfGE 95, 96, 129; *Engel*, Völkerrecht als Tatbestandsmerkmal deutscher Normen, S. 54.

[13] *Pernice*, in: *Dreier*, GG, Art. 25 Rn. 17; *Rojahn*, in: *von Münch/Kunig*, GG, Art. 25 Rn. 9; *Tomuschat*, in: *Isensee/Kirchhof*, Handbuch des Staatsrechts, Band 7, § 172 Rn. 12 und 19.

[14] *Engel*, Völkerrecht als Tatbestandsmerkmal deutscher Normen, S. 55; *Zippelius/Würtenberger*, Deutsches Staatsrecht, S. 509.

freundlichkeit“ zu trennen. Von letzterem solle nur die Rede sein im Sinne einer Leitmaxime, die „im innerstaatlichen Rechtsraum die Befolgung völkerrechtlicher Gebote zu fördern und zu erleichtern“ vermag.[15] Im Gegensatz hierzu habe es nichts mit „Völkerrechtsfreundlichkeit“ zu tun, wenn deutsches Recht „im Sinne einer vom Völkerrecht eröffneten Handlungsfreiheit gedeutet wird“.[16] Diese Unterscheidung ist allerdings für unsere Fragen ohne Belang. Auch sie bringt zum Ausdruck, dass das sich auf Völkerrecht beziehende nationale Recht nicht isoliert, sondern im Rahmen der internationalen Regelung gesehen werden muss. Unstrittig dürfte ebenso sein, dass die Regeln des Kriegsvölkerstrafrechts zu den allgemeinen Regeln des Völkerrechts und zu dessen zwingenden Normen (*ius cogens*) zu zählen sind. Der deutsche Gesetzgeber bringt dies für die §§ 8 ff. VStGB dadurch zum Ausdruck, dass er alle Tatbestände auf Völkergewohnheitsrecht zurückführbar sieht.

B. Der Grundsatz *nullum crimen, nulla poena sine lege* – namentlich in seiner Ausprägung als Bestimmtheitsgrundsatz in Art. 103 Abs. 2 GG

Die soeben beschriebene Völkerrechtsfreundlichkeit, deren Sinn auch darin besteht, den Geboten des Völkerrechts ohne Gesetzgebungsakt sofort und dynamisch folgen zu können,[17] ist eine kontrollierte Bindung. Sie findet im Bereich des völkerrechtlichen Strafrechts ihre Grenze in Art. 103 Abs. 2 GG.[18] Aufgrund der permanenten dynamischen Fortentwicklung der allgemeinen Regeln des Völkerrechts ist eine nicht

---

[15] *Tomuschat*, in: *Isensee/Kirchhof*, Handbuch des Staatsrechts, Band 7, § 172 Rn. 8.

[16] *Tomuschat*, a.a.O.

[17] Vgl. *Bleckmann*, DÖV 1979, 309, 310 und 312; *Geiger*, Grundgesetz und Völkerrecht, S. 157 und 165; *Röben*, Außenverfassungsrecht, S. 70; *Rojahn*, in: *von Münch/Kunig*, GG, Art. 25 Rn. 3; *Silagi*, EuGRZ 1980, 632, 633; *Werle/Nerlich*, HuV-I 2002, 124, 134.

[18] Vgl. *Tomuschat*, in: *Isensee/Kirchhof*, Handbuch des Staatsrechts, Band 7, § 172 Rn. 13 und 16; *Werle*, JZ 2001, 885, 889. Allgemeiner zur kontrollierten Bindung: BVerfGE 112, 1, 25. Art. 103 Abs. 2 GG lautet: „Eine Tat kann nur bestraft werden, wenn die Strafbarkeit gesetzlich bestimmt war, bevor die Tat begangen wurde.“ Dies ist auch der Wortlaut des § 1 StGB.

ohne weiteres übersehbaren Zahl von Kollisionen mit innerstaatlichem Recht denkbar, zumal die allgemeinen Regeln des Völkerrechts nicht immer evident sind, sondern vielfach in ihrer Existenz und Tragweite erst festgestellt werden müssen.[19]

Unter anderem aus diesem Grunde würde selbst eine gesetzliche Regelung, die einen dynamischen Pauschalverweis auf Völkerrecht enthält, wie beispielsweise der kanadische CAHWCA[20] sich nicht aller Probleme entheben, denn mit unmittelbarer Anwendung der völkerrechtlichen Reglung werden – selbst nachdem diese Regelung festgestellt wurde – auch deren unsichere und unbestimmte Bestandteile übernommen. Diese müssen dann ihrerseits *in concreto* im nationalen Verfahren aufbereitet werden. Eine solche Regelung vermeidet also mögliche Defizite des nationalen Rechts,[21] nicht aber jene des internationalen Rechts selbst.

Konkret bedeutet die Grenzziehung durch Art. 103 Abs. 2 GG, dass auch die Völkerrechtsfreundlichkeit den Bestimmtheitsgrundsatz des Art. 103 Abs. 2 GG nicht zu verdrängen vermag, also die unmittelbare innerstaatliche Anwendung der Tatbestände des internationalen materiellen Strafrechts ausgeschlossen ist.[22] Während Art. 25 GG die natio-

---

[19] BVerfGE 23, 288, 316 f.

[20] Vgl. *Gut/Wolpert*, Nationale Strafverfolgung völkerrechtlicher Verbrechen in Kanada, S. 25 und 32. In Sec. 4 (3) und 6 (3) CAHWCA ist „war crime" definiert als: „… an act or omission committed during an armed conflict that, at the time and in the place of its commission, constitutes a war crime according to customary international law or conventional international law applicable to armed conflicts, whether or not it constitutes a contravention of the law in force at the time and in the place of its commission."

Nach Sec. 4 (4) und 6 (4) gelten „for greater certainty" Kriegsverbrechen nach Art. 8 Abs. 2 IStGH-Statut als völkergewohnheitsrechtlich jedenfalls mit dem 17. Juli 1998 anerkannt.

[21] *Kreicker*, Völkerstrafrecht im Ländervergleich, S. 27. Vgl. für das amerikanische Recht *Paust*, Denver J. Int'l L. & Policy 25 (1997), 321, 327 ff. und *ders.*, Albany L.R. 60 (1997), 657, 673 ff.

[22] Siehe bereits die Nachweise oben, *1. Kapitel C. I. 3.* Zudem noch ergänzend und vertiefend: *Ebert*, in: FS *Müller-Dietz*, S. 174 f.; *van Heeck*, Die Weiterentwicklung des formellen Völkerstrafrechts, S. 50; *Herdegen*, in: *Maunz/Dürig*, GG, Art. 25 Rn. 48; *Jescheck*, ZStW 65 (1953), 458, 469; *Kreicker*, Völkerstrafrecht im Ländervergleich, S. 25; *Kreß*, Vom Nutzen eines deutschen Völkerstrafgesetzbuchs, S. 10; *Krey*, Keine Strafe ohne Gesetz, Rn. 100; *Oehler*,

nale Rechtsordnung für das Völkerrecht „öffnet", so „schließt" Art. 103 Abs. 2 GG diese für den Bereich des Völker*straf*rechts wieder. Auch die Transformation des IStGH-Statuts in das deutsche Recht durch Vertragsgesetz nach Art. 59 Abs. 2 GG führt nicht dazu, dass die in ihm enthaltenen Tatbestände von deutschen Gerichten angewendet werden könnten, ein deutsches VStGB also obsolet wäre, denn unabhängig von allem, was man noch gegen Bestimmtheitsmängel vorbringen könnte, sind die Tatbestände des IStGH-Statuts und damit auch des Transformationsgesetzes bereits nicht vollständig in dem Sinne, dass eine konkrete Strafandrohung einem konkreten Tatbestand zugeordnet ist und schon daher würde Art. 103 Abs. 2 GG einer Anwendung entgegenstehen.[23] In der Regel vermag ein Ratifizierungsgesetz aus diesem Grunde also nicht als innerstaatliches Strafgesetz zu wirken.[24]

I. Einige Grundsätze zu *nullum crimen, nulla poena sine lege*

Dem Satz *nullum crimen, nulla poena sine lege* in allen seinen Ausprägungen (*scripta, stricta, certa, praevia*)[25] liegt der Gedanke zugrunde, dass die Rechtssicherheit und die Freiheit des Bürgers vor der willkürlich angewendeten staatlichen Gewalt zu schützen sind. Dies geschieht, indem an Akte der Legislative und Judikative gewisse Maßstäbe angelegt werden, so dass der Bürger von vornherein weiß, wie er sein Ver-

---

Internationales Strafrecht, Rn. 1022; *Rojahn*, in: *von Münch/Kunig*, GG, Art. 25 Rn. 16 und 30; *Satzger*, NStZ 2002, 125, 126; *ders.*, Internationales Strafrecht, § 16 Rn. 12; *Streinz*, in: *Sachs*, GG, Art. 25 Rn. 46 und 49.

[23] Vgl. *Wilkitzki*, ZStW 99 (1987), 455, 465.

[24] Präzisierungsbedürftig insoweit *Oehler*, Internationales Strafrecht, Rn. 1031, wonach „als Straftatbestände nur die deutschen Gesetze (einschließlich der Ratifizierungsgesetze bezüglich von Verträgen [sic!]) in Frage kommen". Dies könnte sich theoretisch auf einen Vertrag beziehen, der hinreichend genaue Rechtsfolgen vorschreibt, wofür sich im Kriegsvölkerstrafrecht bislang aber kein praktisches Beispiel finden lässt.

[25] *Schünemann*, Nulla poena sine lege?, S. 3 führt als fünfte Ausprägung noch die Unterscheidung zwischen „ob" und „wie" der Strafbarkeit auf. Dieser Aspekt ist indessen bereits in der Unterscheidung zwischen *crimen* und *poena* enthalten und damit nicht als weitere Ausprägung des Satzes anzusehen.

halten einzurichten hat, um einer Strafbarkeit eindeutig zu entgehen[26] (Garantiefunktion).

Um sich diese Grundsätze in ihrem ganzen Anspruch als fundamentale und heute geradezu und allzu selbstverständlich wirkende Errungenschaften einer aufgeklärten, modernen und rechtsstaatlichen Rechtsordnung[27] gegenwärtig zu machen, lohnt es sich an dieser Stelle eine klassisch gewordene Formulierung wiederzugeben:

> „Strafrecht ist ... die rechtlich begrenzte Strafgewalt des Staates. Rechtlich begrenzt nach Voraussetzung und Inhalt; rechtlich begrenzt im Interesse der individuellen Freiheit. Nullum crimen sine lege, nulla poena sine lege. Diese beiden Sätze sind das Bollwerk des Staatsbürgers gegenüber der staatlichen Allgewalt; sie schützen den Einzelnen gegen die rücksichtslose Macht der Mehrheit gegen den Leviathan. So paradox es klingt: das Strafgesetzbuch ist die magna charta des Verbrechers. Es verbrieft ihm das Recht, nur unter den gesetzlichen Voraussetzungen und nur innerhalb der gesetzlichen Grenzen gestraft zu werden."[28]

Neben dem freiheitsgewährenden (originär grundrechtlichen) Gehalt kommt Art. 103 Abs. 2 GG auch ein kompetenzwahrendes Element zu. Es ist gerade der demokratisch legitimierte Gesetzgeber, welcher über die wesentlichen Bedingungen der Strafbarkeit hinreichend klar befinden muss. So verstanden ist der Bestimmtheitsgrundsatz auch ein streng und eng zu begreifender Gesetzesvorbehalt.[29] Die gesetzlichen Merkmale müssen auf eine Weise bestimmt (zumindest aber bestimmbar) sein, dass die Anwendung eines jeden Tatbestandsmerkmales im Grundsatz

---

[26] Vgl. BVerfGE 95, 96, 131; 109, 133, 172; *Henzelin*, in: Le droit pénal à l'épreuve de l'internationalisation, S. 81; *Nolte*, in: *von Mangoldt/Klein/Starck*, GG, Art. 103 Abs. 2 Rn. 102; *Schmitz*, in: MüKo StGB, § 1 Rn. 9; *Schulze-Fielitz*, in: *Dreier*, GG, Art. 103 II Rn. 11.

[27] *Dannecker*, in: FS *Otto*, S. 25; vgl. *Mangakis*, ZStW 81 (1969), 997, 997 ff.

[28] *Von Liszt*, ZStW 13 (1893), 325, 357. Kritisch zur „magna charta des Verbrechers" *Schünemann*, Nulla poena sine lege, S. 1. Der „Bürger" werde erst mit Verletzung des Strafgesetzes zum „Verbrecher".

[29] BVerfGE 92, 1, 12; 105, 135, 153; *Erb*, ZStW 108 (1996), 266, 274 ff.; *Schmidt-Aßmann*, in: *Maunz/Dürig*, GG, Art. 103 Rn. 184; *Simon*, Gesetzesauslegung im Strafrecht, S. 430; *Ransiek*, Gesetz und Lebenswirklichkeit, S. 40 ff.; *Volkmann*, ZRP 1995, 220, 222.

ein Akt richterlicher Subsumtion, nicht ein solcher des Ermessens ist.[30] Es hallt hier mehr als in anderen Rechtsgebieten die Vorstellung *Montesquieu's* nach: „les juges de la nation ne sont ... que la bouche qui prononce les paroles de la loi."[31]

Der Beantwortung der Frage, worin denn der letztendliche Geltungsgrund des Prinzips zu verorten ist, wollen wir uns hingegen enthalten. Im Rahmen dieser Arbeit reicht es aus, sich seiner positiven Geltung und deren Hintergründe gewiss zu sein. Daher entziehen wir uns mit zahlreichen neueren Äußerungen der weiteren Festlegung, ob *nullum crimen, nulla poena sine lege* mehr in einem staatsrechtlichen oder mehr in einem strafrechtlichen Begründungsstrang beheimatet ist und ob es im Einzelnen mehr auf die Gewaltenteilung, das Demokratieprinzip oder das Rechtsstaatsprinzip, auf Schuldprinzip oder den Gedanken der Generalprävention etc. zurückführbar ist oder auch „im Wesen des Gesetzesrechts selbst" angelegt ist.[32]

---

[30] *Claas*, in: FS *Schmitt*, S. 136.

[31] *Montesquieu*, L'esprit des lois, liv. XI, chap. VI. Vgl. *Boot*, Genocide, Crimes against Humanity, War Crimes: Nullum Crimen Sine Lege and the Subject Matter Jurisdiction of the International Criminal Court, S. 83; *Lenckner*, JuS 1968, 249, 256; *Schottländer*, Die geschichtliche Entwicklung des Satzes: Nulla poena sine lege, S. 48; *Seel*, Unbestimmte und normative Tatbestandsmerkmale im Strafrecht und der Grundsatz nullum crimen sine lege, S. 19 und 32. Dies ist sogleich zu relativieren, denn Bestimmbarkeit verlangt im Gegensatz zu Bestimmtheit nach einer Auslegung. Es geht also kaum je um die „blinde" Subsumtion, sondern eigentlich durchweg um eine Subsumtion, der die Auslegung des Tatbestandesmerkmales vorausgeht.

[32] So *Papier/Möller*, AöR 122 (1997), 177, 182. Vgl. oben, *4. Kapitel A. I. 1.* Instruktiv zur Fundierung des Grundsatzes *Dannecker*, in: LK StGB, § 1 Rn. 51 ff. und noch Rn. 179 a.E.

1. Die Rechtsnatur von Art. 103 Abs. 2 GG

Seiner Natur nach ist Art. 103 Abs. 2 GG ein echtes Grundrecht.[33] Seit langer Zeit ist der Grundsatz *nullum crimen, nulla poena sine lege* ein vornehmes Instrument des Rechtsunterworfenen gegen Willkür des Herrschers, in unserer heutigen Terminologie also ein Abwehrrecht des Bürgers gegen den Staat. Es ist ungeachtet seiner systematischen Stellung im Grundgesetz und der Aufzählung in Art. 93 Abs. 1 Nr. 4a GG kein grundrechtsgleiches Recht.[34]

Es handelt sich auch nicht um ein Prozessgrundrecht,[35] da es im Gegensatz zu den die Vorschrift einrahmenden Art. 103 Abs. 1 und Abs. 3 GG keine originär verfahrensrechtlichen Gewährleistungen enthält.[36]

Der Ausgang dieses Theorienstreits ist aber für den Kontext dieser Arbeit ohne weiteres Interesse. Selbst die terminologische Absonderung von den Grundrechten und anderweitige Einordnung hindern nicht die (analoge) Behandlung als Grundrecht.[37]

---

[33] So auch: *Dannecker*, in: FS *Otto*, S. 25 m.w.N.; *ders.*, Das intertemporale Strafrecht, S. 252; *Haaß*, „Nulla poena sine lege" im nationalen und internationalen Recht, S. 24; *von Mangoldt/Klein/Starck*, GG, Art. 103 Abs. 2 Rn. 103; *Seel*, Unbestimmte und normative Tatbestandsmerkmale im Strafrecht und der Grundsatz nullum crimen sine lege, S. 64. Nach Art. 93 Abs. 1 Nr. 4 lit. a) BVerfGG kann die Verletzung von Art. 103 Abs. 2 GG mit der Verfassungsbeschwerde angegriffen werden.

[34] So aber *Jarass/Pieroth*, GG, Art. 103 Rn. 40; *Kadelbach*, in: EMRK/GG Konkordanzkommentar, Kap. 15, Rn. 6; *Stern*, Staatsrecht der Bundesrepublik Deutschland, Band III/1, S. 358 ff.

[35] So aber *Schmidt-Aßmann*, in: *Maunz/Dürig*, GG, Art. 103 Rn. 191. Es gehe um wesentlich formelle Garantieelemente, die freilich der Ergänzung durch materielle Garantieelemente bedürften.

[36] *Nolte*, in: *von Mangoldt/Klein/Starck*, GG, Art. 103 Abs. 2 Rn. 103. Inhaltlich ebenso *Schulze-Fielitz*, in: *Dreier*, GG, Art. 103 II Rn. 14, der aber die Bezeichnung als Prozessgrundrecht vorzieht.

[37] Vgl. *Stern*, Staatsrecht der Bundesrepublik Deutschland, Band III/1, S. 358 und 1448.

2. *Ursprünge des* nullum crimen, nulla poena sine lege-*Satzes und Skizzierung seiner geschichtlichen Entwicklung*

Ebenso wie im Bereich des Kriegsrechts (2. *Kapitel*) ist es notwendig, sich zumindest einiger weniger historischer Grundzüge zu versichern, um den heutigen Garantiebestand des Satzes besser zu erfassen und ihn richtig einordnen zu können.

Am weitesten in die Geschichte zurückverfolgen lässt sich das Rückwirkungsverbot. Es lässt sich bis in das Spätmittelalter und in die römische Antike nachweisen.[38]

Der Grundsatz „keine Strafe ohne Gesetz“ hat im deutschen Rechtssystem eine gewisse Verwurzelung und findet sich in ersten Ansätzen unter anderem in der *Constitutio Criminalis Bambergensis* von 1507 und der *Constitutio Criminalis Carolina* von 1532 in der Form der richterlichen Bindung an konkret bezeichnete Strafnorm und -folge (Art. 104, 105)[39] (im Gegensatz allerdings zum Analogieverbot und mit lockerer Strafrahmenregelung). In der Folgezeit fanden diese Bestimmungen der CCC dann jedoch immer weniger Beachtung, so dass im 18. Jahrhundert noch oder auch wiederum Züge des gemeinen Rechts vorherrschend waren und absolutistischer Willkürjustiz Raum ließen.[40] Ausdruck dieser gegen den *nullum crimen*-Satz gerichteten Entwicklung war das Aufkommen der *crimina extraordinaria* und *poena arbitrarias*, also die Pönalisierung von Verhalten, welches dem Gericht als strafwürdig erschien.[41]

---

[38] *Birkenstock*, Die Bestimmtheit von Straftatbeständen mit unbestimmten Gesetzesbegriffen, S. 78; *Dannecker*, Das intertemporale Strafrecht, S. 32 ff.; *Nolte*, in: *von Mangoldt/Klein/Starck*, GG, Art. 103 Abs. 2 Rn. 99; *Schreiber*, Gesetz und Richter, S. 18 ff. Vgl. noch *Atrill*, Public Law 2005, 107, 108 f.

[39] *Bassiouni*, Introduction to International Criminal Law, S. 188; *Hennings*, Die Entstehungsgeschichte des Satzes nulla poena sine lege, S. 5 ff.; *Triffterer*, Dogmatische Untersuchungen zur Entwicklung des materiellen Völkerstrafrechts seit Nürnberg, S. 96 ff. Kritisch *Schreiber*, Gesetz und Richter, S. 26 f.

[40] *Schottländer*, Die geschichtliche Entwicklung des Satzes: Nulla poena sine lege, S. 40 ff.; *Schreiber*, Gesetz und Richter, S. 28 ff.; *Triffterer*, Dogmatische Untersuchungen zur Entwicklung des materiellen Völkerstrafrechts seit Nürnberg, S. 99.

[41] *Hennings*, Die Entstehungsgeschichte des Satzes nulla poena sine lege, S. 9; *Krey*, Keine Strafe ohne Gesetz, Rn. 84; *Schreiber*, Gesetz und Richter, S. 29.

Der Bestimmtheitsgrundsatz selbst geht zurück auf die Zeit der Aufklärung und entstand vor dem Hintergrund der Theorie des liberalen und gewaltenteiligen Gesetzesstaates und der sich verbreitenden Kritik an einer willkürlichen Rechtsprechungspraxis auf Basis ungeschriebenen Rechts.[42]

Eine Rückführung auf den naturrechtlichen Strang der Aufklärung ist demgegenüber nicht so leicht möglich, da dem Naturrecht gerade seine vorgesetzliche Ungeschriebenheit immanent ist.[43]

Nach *Montesquieu* ist es hingegen „essentiel que les paroles des lois réveillent chez tous les hommes les mêmes idées."[44]

Ein nicht häufig thematisiertes Element der Stärkung des *nullum crimen*-Satzes war neben der landesherrschaftlichen Errichtung eines professionellen Gerichtssystems die allmähliche Ausschaltung der juristischen Fakultäten aus der Rechtsprechung (in Preußen beispielsweise 1746), welche bis weit in das 18. Jahrhundert hinein durch die Erstellung von Gutachten nicht nur Rechtsfragen klärten, sondern auch konkrete Fälle *entschieden*.[45] Bindung an das Gesetz geht auch einher mit einer organisationsrechtlichen Komponente, i.e. der Schaffung einer einheitlichen Justizorganisation mit hinreichend einheitlicher und stringenter Entscheidungspraxis.

Aufgenommen wurde der Satz bei der Schaffung der Monumentalkodifikation des Allgemeinen Landrechts für die Preußischen Staaten (ALR) von 1794 (§ 9 II. Teil 20. Titel). Hingegen findet sich in der Einleitung zum ALR (§ 87) die Anerkennung der „natürlichen Gesetze". Ebenso fand er Aufnahme in die *Josefina* (§ 13). Um diese Zeit ging der *nullum*

---

42 *Birkenstock*, S. 82 ff.; *Dannecker*, Das intertemporale Strafrecht, S. 76 ff.; *Gerland*, in: *Nipperdey*, Die Grundrechte und Grundpflichten der Reichsverfassung, Band 1, S. 381 ff.; *Kohlmann*, Der Begriff des Staatsgeheimnisses und das verfassungsrechtliche Gebot der Bestimmtheit von Strafvorschriften, S. 170 ff.; *König*, Die völkerrechtliche Legitimation der Strafgewalt internationaler Strafjustiz, S. 188 ff.; *Lemmel*, Ungeschriebene Strafbarkeitsvoraussetzungen im Besonderen Teil des Strafrechts und der Grundsatz nullum crimen sine lege, S. 22 f.; *Nolte*, in: *von Mangoldt/Klein/Starck*, GG, Art. 103 Abs. 2 Rn. 99; *Oehler*, Internationales Strafrecht, Rn. 997.

43 Vgl. *Schottländer*, Die geschichtliche Entwicklung des Satzes: Nulla poena sine lege, S. 45.

44 *Montesquieu*, L'esprit des lois, liv. XXIX, chap. XVI.

45 *Von Weber*, ZStW 56 (1937), 46, 46 ff.

crimen-Satz auch in den Forderungskanon des aufstrebenden Bürgertums ein.[46] Zuvor fand sich der Satz bereits in der französischen Erklärung der Menschen- und Bürgerrechte von 1789 und dann auch in den Verfassungen der folgenden Jahre.[47]

In England gab es diese Entwicklung in erster Linie deshalb nicht, da hier der Kampf um bürgerliche Freiheiten bereits stattgefunden hatte und schon 1215 mit der *Magna Charta* eine erste Ausprägung zugunsten des Untertanen gefunden hatte. Diese Errungenschaften wurden durch das Parlament und die traditionell starke Richterschaft in der Folgezeit behutsam ausgebaut, weiterentwickelt und mitunter auch verteidigt, so dass das *common law* einem freiheitsbeschränkenden Missbrauch weniger zugänglich war als die monarchistischen Systeme des Kontinents.[48]

Es waren in Kontinentaleuropa also zwei auf die Aufklärung zurückführbare Stränge, die für die Entwicklungen des Satzes und auch des Bestimmtheitsgrundsatzes maßgebend waren: einerseits spätabsolutistische Rationalisierungsbestrebungen aufgeklärter Monarchen, andererseits bürgerliche Freiheitsideen. In diesen Wurzeln scheint ein gewisser Widerspruch angelegt, der sich allerdings auflöst, wenn man bedenkt, dass beide Stränge auf die Schaffung des Nationalstaates in seiner Ausprägung des 19. Jahrhunderts zuliefen, welcher einerseits von den Monarchismus jedenfalls zitierenden Elementen und der durch den Adel

---

[46] *Nolte*, in: *von Mangoldt/Klein/Starck*, GG, Art. 103 Abs. 2 Rn. 100; *Dannecker*, Das intertemporale Strafrecht, S. 97 ff. Ausführlich zum ALR *Hennings*, Die Entstehungsgeschichte des Satzes nulla poena sine lege, S. 80 f.; *Krey*, Keine Strafe ohne Gesetz, Rn. 8; *Laufs*, Rechtsentwicklungen in Deutschland, S. 166 mit zahlreichen w.N.; *Schottländer*, Die geschichtliche Entwicklung des Satzes: Nulla poena sine lege, S. 49; *Schreiber*, Gesetz und Richter, S. 83 ff. Siehe auch *Clark*, Preußen, S. 330 ff.

[47] *Kohlmann*, Der Begriff des Staatsgeheimnisses und das verfassungsrechtliche Gebot der Bestimmtheit von Strafvorschriften, S. 176 ff.; *Krey*, Keine Strafe ohne Gesetz, Rn. 15; *Schottländer*, S. 58 f.; *Schreiber*, Gesetz und Richter, S. 67 ff.

[48] Zum Ganzen: *Bassiouni*, Introduction to International Criminal Law, S. 191 ff.; *Braun-Friderici*, Das Prinzip nulla poena sine lege im englischen Recht, S. 6 ff. und noch 32 f.; *Pomorski*, American Common Law and the Principle Nullum Crimen Sine Lege, S. 9 ff. Vgl. zur *Magna Charta* von 1215: *Hennings*, Die Entstehungsgeschichte des Satzes nulla poena sine lege, S. 14 ff.

geprägten Armee, andererseits von wirtschaftlicher Dominanz und politischer Partizipation des Bürgertums wesentlich in seinem Charakter geformt wurde. Darüber hinaus forderte die Industrialisierung eine erhöhte Regelungseffizienz und Regelungszentralisierung, der das nationale Gesetz besser genügte als ein sprichwörtlicher (auch geographischer) Flickenteppich von Regelungen auf unterschiedlichster Ebene. Ungeachtet der auf den ersten Blick an römisches Recht gemahnenden Formulierung ist die Sentenz *nullum crimen, nulla poena sine lege* selbst ebenso wie ihre weiteren Ausprägungen allerdings die Formulierung *Feuerbachs* und erschien erstmals in der ersten Auflage (1801) seines Lehrbuches.[49] *Feuerbach* betonte damit die strafrechtliche Ausprägung des Grundsatzes, während er zuvor in erster Linie staatsrechtlich gesehen wurde. Beide Linien sind allerdings untrennbar verknüpft, da sie sich gegen staatliche Willkür richten,[50] die besonders augenfällig ist, wenn sie im Gewande des Strafrechts auftritt.

Im Strafrecht fand sich der Grundsatz alsbald in zahllosen Strafgesetzbüchern der deutschen Einzelstaaten,[51] sowie schließlich in § 2 des preußischen StGB 1851 und des RStGB 1871 klassischen und bis heute gültigen Ausdruck.

---

[49] *Feuerbach*, Lehrbuch des gemeinen in Deutschland geltenden peinlichen Rechts, § 20. Dazu *Dannecker*, in: FS *Otto*, S. 25; *Schmitt*, Das internationalrechtliche Verbrechen des Angriffskrieges und der Grundsatz „nullum crimen, nulla poena sine lege", S. 19; *Seel*, Unbestimmte und normative Tatbestandsmerkmale im Strafrecht und der Grundsatz nullum crimen sine lege, S. 20; *Triffterer*, Dogmatische Untersuchungen zur Entwicklung des materiellen Völkerstrafrechts seit Nürnberg, S. 114 ff. *Feuerbach* sah die Forderung *nullum crimen, nulla poena sine lege* als Ausprägung seiner Theorie des psychologischen Zwanges, wonach dem Anreiz zur Verbrechensbegehung mit exakt bestimmten Strafandrohungen ein Gegengewicht gesetzt wird. *Feuerbach* hat den *nullum crimen*-Satz auch in das von ihm entworfene bayerische StGB von 1813 als einfachgesetzliche Garantie eingebracht und damit zu praktischer Wirksamkeit verholfen; vgl. *Bopp*, Die Entwicklung des Gesetzesbegriffes im Sinne des Grundrechts „nulla poena, nullum crimen sine lege", S. 50 ff.; *Dietmeier*, Blankettstrafrecht, S. 107 f.; *Ransiek*, Gesetz und Lebenswirklichkeit, S. 13; *Schulze-Fielitz*, in: *Dreier*, GG, Art. 103 II Rn. 2.

[50] *Bopp*, S. 59; *Dannecker*, Das intertemporale Strafrecht, S. 115; *Schreiber*, Gesetz und Richter, S. 110.

[51] Eine Aufzählung bietet *Schottländer*, Die geschichtliche Entwicklung des Satzes: Nulla poena sine lege, S. 61 ff.

Nach 1918 fand der *nullum crimen*-Satz Aufnahme in Art. 116 WRV; allerdings nach damaliger Sicht wie alle Grundrechte in Art. 109 ff. mehr als Programmsatz denn konkret bindendes Recht; *in praxi* wurde der Satz dennoch weithin beachtet;[52] auch aufgrund der weiter bestehenden einfachgesetzlichen Bindung in § 2 RStGB.[53]

Im Rahmen der Verwilderung des Strafrechts unter dem Nationalsozialismus[54] wurde 1935 § 2 RStGB so gefasst, dass explizit das Analogieverbot aufgehoben, gleichsam zu einem Analogie*gebot* gemacht wurde.[55] Parallel hierzu trat eine allgemeinere Fassung einiger Tatbestände, die Verwendung von Wertformeln und die begriffliche Erweiterung bislang umgrenzter Tatbestandsmerkmale („*nullum crimen sine poena*").[56]

Man darf allerdings nicht übersehen, dass diese Geringschätzung unseres Satzes in jener Zeit nicht rein nationalsozialistisches Gedankengut war, sondern *nullum crimen, nulla poena sine lege* in seiner historischen Entwicklung stets einem Auf und Ab unterworfen war, welches parallel zur je stärkeren Betonung der Wertigkeit des Individuums oder dessen Sozialbindung verlief. Das 19. Jahrhundert bot insoweit geistesgeschichtlich einen sehr viel besseren Nährboden für die Verwirklichung des Prinzips ab.

So stellte *Gerland* 1929 weitsichtig fest: „So sehen wir, dass die Rechtsstaatsidee immer mehr in den Hintergrund gedrängt wird, bewusst und unbewusst, und wenn nicht alle Zeichen trügen, so stehen wir noch

---

52 *Lemmel*, Unbestimmte Strafbarkeitsvoraussetzungen im Besonderen Teil des Strafrechts und der Grundsatz nullum crimen sine lege, S. 26 f.; siehe aber auch *Naucke*, Über Generalklauseln und Rechtsanwendung im Strafrecht, S. 10.

53 Vgl. *Gerland*, in: *Nipperdey*, Die Grundrechte und Grundpflichten der Reichsverfassung, Band 1, S. 368 ff.

54 *Laufs*, Rechtsentwicklungen in Deutschland, S. 378.

55 „Bestraft wird, wer eine Tat begeht, die das Gesetz für strafbar erklärt oder die nach dem Grundgedanken eines Strafgesetzes und nach gesundem Volksempfinden Bestrafung verdient. Findet auf die Tat kein bestimmtes Strafgesetz unmittelbar Anwendung, so wird die Tat nach dem Gesetz bestraft, dessen Grundgedanke auf sie am besten zutrifft."; RGBl 1935 I, S. 839. Aufgehoben durch KRG 11, Amtsblatt des Kontrollrats in Deutschland Nr. 3, S. 55 ff. vom 30.01.1946.

56 *Bopp*, Die Entwicklung des Gesetzesbegriffes im Sinne des Grundrechts „Nulla poena, nullum crimen sine lege", S. 139; *Krey*, Keine Strafe ohne Gesetz, Rn. 29 ff. und 95; *Mayer*, in: Materialien zur Strafrechtsreform, Band 1, S. 263 f.

nicht am Ende dieser geschichtlichen Epoche unserer Zeit."[57] Nachdem der Bestimmtheitsgrundsatz nach dem Zweiten Weltkrieg national wie international eine Bedeutungssteigerung erfahren hat, ist mittlerweile, wie noch zu zeigen sein wird, im nationalen Recht eine weite Ausdifferenzierung des Grundsatzes bei partieller tatsächlicher Aushöhlung festzustellen, während – wie gesehen – im internationalen Recht eine gleichzeitige Bedeutungssteigerung, freilich von einem bescheidenen Ausgangspunkt, feststellbar ist.

II. Die einzelnen Ableitungen des Grundsatzes *nullum crimen, nulla poena sine lege* und ihre Relevanz für die Tatbestände der Kriegsverbrechen

Die vier bereits in aller Kürze (*1. Kapitel C. I. 2.*) vorgestellten Ableitungen aus Art. 103 Abs. 2 GG haben im Hinblick auf das Kriegsvölkerstrafrecht unterschiedlich starke Bedeutung.

*1. Das Rückwirkungsverbot (*lex praevia*)*

Nicht nur hat das Verbot des rückwirkenden Strafgesetzes die ältesten rechtsgeschichtlichen Wurzeln, es war auch von wesentlicher Bedeutung für die Entwicklung des Völkerstrafrechts. Namentlich die Nürnberger Rechtsprechung sah sich im Hinblick auf das Agressionsverbrechen dem Vorwurf ausgesetzt, gegen das Rückwirkungsverbot verstoßen zu haben. Für die Kriegsverbrechenstatbestände war ein Verstoß gegen das Rückwirkungsverbot allerdings bereits zur damaligen Zeit nicht anzunehmen gewesen, da diese Tatbestände zur Tatzeit bereits völkergewohnheitsrechtlich etabliert und allgemein anerkannt waren (siehe hierzu bereits oben *2. Kapitel B. II. 3.*).

Mittlerweile ist der im Rahmen der Nürnberger Prozesse zentrale Streit nach Anwendbarkeit und Umfang des Rückwirkungsverbotes endgültig als obsolet zu bezeichnen. Im Rahmen der Kriegsverbrechenstatbestände war er bereits in Nürnberg ohne Bedeutung und im Rahmen der

---

[57] *Gerland*, in: *Nipperdey*, Die Grundrechte und Grundpflichten der Reichsverfassung, Band 1, S. 385.

Aufarbeitung des DDR-Unrechts, also namentlich der Mauerschützenfälle, standen diese Tatbestände gar nicht in Rede,[58] obgleich das Rückwirkungsverbot des Art. 103 Abs. 2 GG für die strafrechtliche Ahndung von Verhalten zur Zeit der DDR Bedeutung erlangte.[59]

Der Gesetzgeber darf ein in der Vergangenheit liegendes Verhalten nicht neu mit Strafe bedrohen oder eine bestehende Strafandrohung verschärfen oder anderweitig den Unrechtsgehalt einer in der Vergangenheit liegenden Tat höher bewerten.[60]

*2. Das Verbot gewohnheitsrechtlicher Strafgesetze (*lex scripta*)*

Im Gegensatz zur völkerrechtlichen Ebene und teilweise zum *common law* (dazu bereits ausführlich das *4. Kapitel*) genügt es Art. 103 Abs. 2 GG nicht, dass die spätere Bestrafung „irgendwie" vorhersehbar war. Der Rechtsunterworfene muss nicht jedwedes Verhalten als strafwürdig erkennen können, sondern nur dasjenige Verhalten, welches aufgrund eines geschriebenen Strafgesetzes positivrechlich pönalisiert ist.[61]

*3. Das Analogieverbot (*lex stricta*)*

Diese Ausprägung des Art. 103 Abs. 2 GG verbietet jede Form der strafbegründenden oder strafverschärfenden Analogie und zwar nicht nur im technischen Sinne, sondern auch im Sinne einer den Norminhalt in Form der Wortlautgrenze überschreitenden und nicht mehr vertretbaren Auslegung, die den Tatbestand entgrenzt.[62] Für das BVerfG ist das Analogieverbot ein aus dem Bestimmtheitsgrundsatz folgendes, ein

---

[58] Vgl. *Werle*, ZStW 109 (1997), 808, 825 ff. Ansatzpunkte wurden insoweit bei den Verbrechen gegen die Menschlichkeit gesucht; vgl. *Nolte*, in: *von Mangoldt/Klein/Starck*, GG, Art. 103 Abs. 2 Rn. 134.

[59] *Kunig*, in: *von Münch/Kunig*, GG, Art. 103 Rn. 16 m.w.N.

[60] *Schulze-Fielitz*, in: *Dreier*, GG, Art. 103 II Rn. 42.

[61] Vgl. *Schroeder*, NJW 1999, 89, 92.

[62] BVerfGE 71, 108, 115; 92, 1, 12 und 17; *Felix*, Einheit der Rechtsordnung, S. 203; *Grünwald*, in: FS *Kaufmann*, S. 440; *Jarass/Pieroth*, GG, Art. 103 Rn. 47; *Kuhlen*, Die verfassungskonforme Auslegung von Strafgesetzen, S. 46; *Schulze-Fielitz*, in: *Dreier*, GG, Art. 103 II Rn. 40 m.w.N.

ihm korrespondierendes Verbot.[63] Die Analogie *zu Gunsten* des Täters ist zulässig.

4. Der Bestimmtheitsgrundsatz (lex certa)

Art. 103 Abs. 2 GG fordert aber nicht nur das geschriebene Gesetz mit „irgendeinem" Inhalt, sondern das hinreichend bestimmte Gesetz. Hier liegen der wesentliche Kerngehalt und das Zentrum des Art. 103 Abs. 2 GG.[64]

In erster Linie richtet sich das Bestimmtheitsgebot an den Gesetzgeber.[65] Es ist ja dieser, der die Normen schafft, an welche die Kriterien der Normbestimmtheit anzulegen sind. Durch die Rechtsetzung als verbindliche Gestaltung eines Rechtsgedankens[66] schafft er die Geltung eines Rechtssatzes.

Indessen ist auch der Richter gefordert, das vom Gesetzgeber gegebene Tatbestandsmerkmal derart eng, zumindest aber vertretbar, auszulegen, dass der Angeklagte von der Auslegung des Gerichts nicht völlig überrascht wird, da sie objektiv unvorhersehbar war. Das Bestimmtheitsgebot richtet sich also auch direkt – und nicht nur indirekt vermittelt durch das Analogieverbot – an den Richter und beschränkt dessen Auslegungsoptionen.[67]

Eine gewisse Nähe zum Analogieverbot ist hier nur schwer zu vermeiden, die beiden Schutzbereiche von Bestimmtheitsgrundsatz und Analogieverbot werden sich in den Grenzfällen überschneiden, was freilich

---

63 BVerfGE 73, 206, 234; 92, 1, 12; *Felix*, Einheit der Rechtsordnung, S. 202.

64 *Birkenstock*, Die Bestimmtheit von Straftatbeständen mit unbestimmten Gesetzesbegriffen, S. 100 und die Rechtsprechungsübersicht, S. 106 ff.; *Schmidt-Aßmann*, in: *Maunz/Dürig*, GG, Art. 103 Rn. 178.

65 *Dannecker*, in: LK StGB, § 1 Rn. 180; *Nolte*, in: *von Mangoldt/Klein/Starck*, GG, Art. 103 Abs. 2 Rn. 104. Kritisch *Kuhlen*, in: FS *Otto*, S. 93 f., der freilich auch nur einen „perspektivischen" Unterschied zwischen Richter und Gesetzgeber sieht, also den hier interessierenden *Gehalt* des Bestimmtheitsgrundsatzes nicht modifizieren will. Dazu im Übrigen sogleich.

66 *Forsthoff*, Recht und Sprache, S. 9.

67 Vgl. *Kuhlen*, Die verfassungskonforme Auslegung von Strafgesetzen, S. 46.

bei einem Grundrecht zunächst *per se* kein Schaden ist. Nach dem Bestimmtheitsgrundsatz bemisst sich, ob das Gesetz selbst dem Prinzip der Gesetzesbestimmtheit (abstrakt) genügt, während sich das Analogieverbot auf die (konkrete) Gesetzesanwendung bezieht.[68] Es kommt zwischen diesen beiden Ausprägungen des *nullum crimen, nulla poena sine lege*-Satzes zu einer Wechselwirkung.[69] Das Analogieverbot ist damit die Verlängerung des Bestimmtheitsgrundsatzes in die Rechtsprechung hinein. Bedeutsam ist jedenfalls, dass der Gesetzgeber eine feste Basis für die Rechtsprechung bietet.[70]

III. Bestimmtheitserfordernisse als aktueller Problemschwerpunkt bei der Definition der Kriegsverbrechenstatbestände

1. Der Bestimmtheitsgrundsatz als zentrale Ausprägung des Art. 103 Abs. 2 GG

In der geschichtlichen Entwicklung des Satzes *nullum crimen, nulla poena sine lege* hat sich das Gewicht, welches auf die einzelnen Gewährleistungen gelegt wurde, mehrfach verschoben. Ebenso wie im Völkerstrafrecht stand zunächst das Rückwirkungsverbot im Zentrum, als im 19. Jahrhundert das Strafrecht zunehmend in einzelstaatliche Kodifikationen gefasst wurde.[71] Über das an den Strafrichter gerichtete Analogieverbot in der folgenden Rechtsanwendung der Kodifikationen verschob sich der Schwerpunkt schließlich auf den Bestimmtheitsgrundsatz, der als zentrale Gewährleistung des Art. 103 Abs. 2 GG gesehen wird.[72] In einer hoch entwickelten und ausdifferenzierten Gesellschafts- und Rechtsordnung sind Präzisionserfordernisse nahezu zwingend ein Dreh- und Angelpunkt jedweder rechtlichen Gestaltung. Durch ihre Berücksichtigung sind die Spannungen zwischen tatsächlicher Komplexität und korrespondierender rechtlicher Erfassung derselben in einer

---

[68] *Kuhlen*, in: FS *Otto*, S. 93.

[69] Vgl. BVerfGE 73, 206, 234 ff.; *Nolte*, in: *von Mangoldt/Klein/Starck*, GG, Art. 103 Abs. 2 Rn. 139 m.w.N.

[70] *Grünwald*, ZStW 76 (1964), 1, 6.

[71] *Dannecker*, in: FS *Otto*, S. 29.

[72] Vgl. *Dannecker*, in: FS *Otto*, S. 29; *ders.*, Das intertemporale Strafrecht, S. 251; *Jescheck/Weigend*, Lehrbuch des Strafrechts – Allgemeiner Teil, S. 137.

Weise aufzulösen, zumindest aber herabzusetzen, dass einerseits die tatsächliche Komplexität sachgerecht im Recht ihre Entsprechung findet, andererseits das Recht praktisch handhabbar bleibt. Wir haben bereits gesehen und werden diesen Punkt noch weiter vertiefen, dass im Strafrecht diese Handhabbarkeit in Gestalt der Vorhersehbarkeit besonders bedeutsam ist.

2. Die Auswirkungen des Prinzips der Komplementarität

Dabei ist nicht zu verkennen, dass eine extensive Berücksichtigung nationaler Verfassungsbestimmungen das Prinzip der Komplementarität zu konterkarieren vermag. Eine weitgehende Deckungsgleichheit zwischen den Tatbeständen im Völkerrecht und im jeweiligen nationalen Recht wird nicht zu erreichen sein, wenn jeder einzelne Vertragsstaat des IStGH bei der Transponierung der Tatbestände weitgehende Veränderungen vornimmt, die seinem Verfassungsrecht geschuldet sind.

Der Gleichlauf der Normen wird dann vielfach nicht zu gewährleisten sein. Dabei darf nicht in Vergessenheit geraten, dass sich die vorliegende Arbeit zwar nahezu ausschließlich dem internationalen und dem nationalen deutschen Recht widmet, dass sich aber ähnliche Fragen, wie sie in diesem Zusammenhang aufgeworfen werden, auch in anderen nationalen Rechtssystemen stellen. Die Komplementarität wird dabei zwar sehr wohl in der Lage sein, die eine oder andere Abweichung in der Tatbestandserfassung hinzunehmen, aber eine vielfache und weit reichende Abweichung der Tatbestandserfassung in den nationalen Rechtssystemen gegenüber dem Völkerrecht reduziert das Prinzip der Komplementarität auf eine bloße Fassade und höhlt es möglicherweise bis zur gänzlichen Inkohärenz und Ineffektivität aus.

Es geht daher bei der Transponierung von Normen aus dem internationalen und nationalen Recht um die Frage, wie weit der staatliche Spielraum in eigener Tatbestandsfassung und autonomer Tatbestandsauslegung gehen kann,[73] ohne dass die einzelnen Rechtssysteme in ihrer Erfassung der Kriegsverbrechen so weit auseinander gehen, dass mehr Verwirrung als lückenlose Pönalisierung geschaffen wird.

---

[73] Vgl. *Delmas-Marty*, JICJ 1 (2003), 13, 23 f.

3. Zielidentität zwischen Bestimmtheitsgrad und effektivem Kriegsrecht

Die Forderung nach einem hohen Bestimmtheitsgrad der Kriegsverbrechenstatbestände geht allerdings durchaus auch konform mit der Forderung nach einem effektiven Kriegs- und Völkerstrafrecht.[74] Beide fordern nämlich Klarheit, Vorhersehbarkeit und die Beschränkung auf zugleich hinreichend schwerwiegende wie praktisch verfolgbare Taten.[75] Im Kriegsrecht gilt dabei der Grundsatz, dass sämtliche Schädigungen des Gegners zulässig sind, soweit sie nicht durch einen verbietenden Rechtssatz des Völkerrechts – geschrieben oder ungeschrieben – untersagt sind.[76] Diese Gewalt im bewaffneten Konflikt legitimierende Komponente erfährt im Kriegsvölkerstrafrecht noch eine Verstärkung dadurch, dass auch verbotene Schädigungen nur ausschnittsweise durch Pönalisierung erfasst werden.

Es verhält sich also so, dass im Recht der Kriegsverbrechen die Einhaltung von Bestimmtheitserfordernissen nicht nur durch den *nullum crimen*-Satz zu Gunsten des Täters erforderlich ist, sondern auch zu Gunsten der Handhabbarkeit und effektiven Durchsetzung der Rechtsmaterie selbst. Erfolgversprechend ist in erster Linie die Verfolgung solcher Kriegsverbrechen, die sich durch eine gewisse Eindeutigkeit auszeichnen. Wann diese Eindeutigkeit vorliegt ist bei einigen Tatbeständen leichter zu klären (z.B. der Tötung von Kriegsgefangenen) als bei anderen (z.B. der perfiden Tötung im Gegensatz zur erlaubten Kriegslist). Die Frage nach der Eindeutigkeit ist ihrerseits eng verwoben mit der Frage nach den *Grenzen der Normbestimmtheit*.

---

[74] *Doswald-Beck*, in: *Schmitt/Green*, The Law of Armed Conflict: Into the Next Millennium, S. 50: „Another aspect of concern is the complexity of the legal régime itself; the more complex the rules, the more likely it is that they will not be followed accurately."; *Koller*, Harvard Int'l L.J. 253 (2005), 231, 253: „The key to an effective and practical law of war is its ability to be implemented on the ground." Siehe auch *Chuter*, War Crimes, S. 63 f.; *Detter*, The Law of War, S. 316; *Martins*, Mil. L. Rev. 149 (1995), 145, 174 ff.; *Meron*, AJIL 90 (1996), 238, 247; *Scheffer*, Case Western Reserve J. Int'l L. 35 (2003), 319, 319 und 321.

[75] Vgl. *Peters*, ZStW 77 (1965), 470, 471 und 475.

[76] *Verdross*, Die völkerrechtswidrige Kriegshandlung und der Strafanspruch der Staaten, S. 23.

C. Der Gehalt des Bestimmtheitsgrundsatzes im nationalen Recht

Eben diese Grenzen gilt es nun für das nationale Recht auszuloten. Dem Bestimmtheitsgrundsatz ist die fragmentarische Natur des Strafrechts eng verbunden. Das Strafrecht ist *ultima ratio* und damit *bewusst* darauf angelegt nicht alle strafwürdig erscheinenden Handlungen zu pönalisieren, sondern nur einen Ausschnitt hieraus.[77] Anders gewendet bedeutet dies, dass ein Mensch, der zwar gegen den „Geist", nicht aber gegen den „Buchstaben" eines Strafgesetzes verstößt, deswegen nicht bestraft werden kann. Der formale Aspekt der Rechtsstaatlichkeit hat Vorrang vor dem materiell-rechtlichen Aspekt der Strafwürdigkeitsüberlegungen.[78]

Den Gehalt des Bestimmtheitsgebotes für die konkrete Anwendung handhabbar zu machen bereitet nun allerdings Schwierigkeiten, da eine Vielzahl von unterschiedlich zu gewichtenden Argumenten für eine Verschärfung oder Lockerung ins Feld geführt werden können, was auch zu einer entsprechenden Unübersichtlichkeit der einschlägigen Rechtsprechung führt.[79] Im Folgenden soll zur Entlastung der Darstellung es daher nur unternommen werden, für den Bereich der Kriegsverbrechenstatbestände die wesentlich relevanten Grundzüge des Bestimmtheitsgebotes darzustellen. Weitere Aspekte, die allgemein bei der Auslegung relevant werden bzw. nur spezifisch auf einzelne problematische Tatbestände passen, finden sich ergänzend noch in den folgenden Kapiteln.

---

[77] *Krahl*, Die Rechtsprechung des Bundesverfassungsgerichts und des Bundesgerichtshofs zum Bestimmtheitsgrundsatz im Strafrecht, S. 28 ff.; *Peters*, ZStW 77 (1965), 470, 475.

[78] Vgl. *Bruns*, GA 1986, 1, 7 mit dem interessanten Hinweis auf die dies explizit statuierende Entscheidung RG, JW 1918, 451, 452 und *Schulze-Fielitz*, in: *Dreier*, GG, Art. 103 II Rn. 12.

[79] *Papier/Möller*, AöR 122 (1997), 177, 196 f.

I. Die *Magna Charta* des Kriegsverbrechers

Einwände gegen die klassische Auffassung, wonach die Bestimmtheit im Strafrecht die Strafgesetze in ihrer Gesamtheit zur *Magna Charta* des Verbrechers werden lassen (vgl. oben, *B. I.*) gehen dahin, dass dies den Aspekt der Sicherung der Freiheitsrechte des Bürgers gegen den Staat unterschätze. Art. 103 Abs. 2 GG dürfe nicht nur vom Standpunkt des abweichenden Verhaltens gesehen werden.[80]

Für den in dieser Arbeit alleine im Fokus stehenden Tatbestandskomplex der Kriegsverbrechen, wie für das Völkerstrafrecht überhaupt, kann diese Ansicht unabhängig von ihrer etwaigen Richtigkeit für die Alltagskriminalität jedenfalls keine Richtigkeit beanspruchen. Im Völkerstrafrecht geht es um deviantes Verhalten zumeist extremen Ausmaßes, welches darüber hinaus dadurch geprägt ist, dass es im Kontext eines „Ausnahmezustandes", nämlich im bewaffneten Konflikt, stattfindet. In diesem Kontext kann aber nicht mehr von der Einräumung maximaler Freiheit und Selbstentfaltung gesprochen werden, so dass die klassische Auffassung der *Magna Charta* des potentiellen Verbrechers hier eher Platz greift als eine an der gesellschaftlichen Normalsituation ausgerichtete freiheitsorientierte Auffassung.

Das VStGB ist als umfassendes Spezialgesetz in größerem Maße die *Magna Charta* des Kriegsverbrechers als das StGB die *Magna Charta* des Verbrechers ist, denn im sonstigen Strafrecht sind noch zahlreiche weitere Strafgesetze beachtlich.

Ungeachtet dessen und ungeachtet der Einordnung des Bestimmtheitsgebotes als Prozessgrundrecht, echtes Grundrecht oder grundrechtsgleiches Recht[81] enthält es aber eine Freiheit verbürgende Garantiekomponente. Eine Bestrafung ist nur möglich, wenn der Gesetzgeber selbst ein für den Rechtsunterworfenen überschaubares Verhalten unter Strafe gestellt hat („... die Strafbarkeit ... *gesetzlich bestimmt* ... war"). Zugleich enthält Art. 103 Abs. 2 GG auch eine staatsrechtlich – kompetenzwahrende Komponente.[82]

---

[80] Dazu *Krahl*, S. 11 f. m.w.N.; *Woesner*, NJW 1973, 273, 274.

[81] Hierzu bereits oben, *B. I. 1.* Vgl. *Satzger*, Die Europäisierung des Strafrechts, S. 241 m.w.N.

[82] *Gärditz*, Weltrechtspflege, S. 320; *Satzger*, Die Europäisierung des Strafrechts, S. 240; *ders.*, JuS 2004, 943, 943 f.; *Schmidt-Aßmann*, in: *Maunz/Dürig*, GG, Art. 103 Rn. 180 f.

Für den Bereich der Kriegsverbrechen sind nun aber beide Komponenten in gewissem Maße reduziert. Zum einen ist wie gesehen die Annahme einer freiheitsorientierten Auffassung für die Kriegsverbrechen nicht derart hervorstechend, zum anderen ist die kompetenzwahrende Komponente wesentlich formalisiert. Der demokratisch legitimierte Gesetzgeber entscheidet zwar über die Verabschiedung auch eines Völkerstrafgesetzbuches, ist allerdings, will er dem Weltrechtsprinzip unterliegende Kriegsverbrechenstatbestände schaffen, *inhaltlich* in seiner Gestaltungsfreiheit nicht nur durch die eigene Verfassung eingeschränkt, sondern auch durch Vorgaben des Völkerrechts.

Diese Vorbemerkungen werden sich noch als bedeutsam herausstellen, denn man kann diese Argumente so wenden, dass man ihnen eine Reduktion von Bestimmtheitsanforderungen für den Bereich der Kriegsverbrechen entnimmt.

II. Gehalt der Normbestimmtheit im nationalen Recht

Der wohl zentralste Satz zur Anwendung des Bestimmtheitsgrundsatzes in der Rechtsprechung des Bundesverfassungsgerichts lautet, dass es dem Strafgesetzgeber obliege, klar das Verbotene vom Erlaubten abzugrenzen. Die Voraussetzungen der Strafbarkeit seien so konkret zu umschreiben, dass Tragweite und Anwendungsbereich der Straftatbestände zu erkennen sind, sich aus dem Wortlaut ergeben und (nach manchen Entscheidungen: oder) sich jedenfalls durch Auslegung ermitteln und konkretisieren lassen.[83]

Es muss also hinreichend vorhersehbar und berechenbar sein, unter welchen Voraussetzungen der Staat strafend eingreifen wird; Recht und Unrecht müssen unterscheidbar sein.[84] Als eine spezielle Garantie des

---

[83] Ständige Rechtsprechung, z.B. BVerfGE 25, 269, 285; 41, 314, 319; 55, 144, 152; 57, 250, 262; 73, 206, 234 f.; 75, 329, 341; 80, 244, 256 f.; 87, 209, 224; 92, 1, 12; 105, 135, 153. Vgl. *Brockmeyer*, in: *Schmidt/Bleibtreu/Klein*, GG, Art. 103 Rn. 7; *Dannecker*, Das intertemporale Strafrecht, S. 378; *Degenhart*, in: *Sachs*, GG, Art. 103 Rn. 67; *Nolte*, in: *von Mangoldt/Klein/Starck*, GG, Art. 103 Abs. 2 Rn. 139; *Park*, wistra 2003, 328, 329; *Satzger*, Die Europäisierung des Strafrechts, S. 241; *Tröndle/Fischer*, StGB, § 1 Rn. 5; *Werle/Jeßberger*, JZ 2002, 725, 730.

[84] Vgl. *Claas*, in: FS *Schmidt*, S. 137; *Callies*, NJW 1989, 1338, 1342; *Woesner*, NJW 1963, 273, 273.

Vertrauensschutzes ist Art. 103 Abs. 2 GG berufen, eine klare Orientierung zu geben, was strafbar ist und was straflos ist[85] – in diesem Rahmen ist das Bestimmtheitsgebot immer zu betrachten.

So klar diese Grundannahme scheint, so umstritten und teilweise abweichend sind die Folgerungen, die hieraus *in concreto* gezogen werden.

1. Grundsätzliche Forderungen an die Tatbestandsbestimmtheit

Das Bundesverfassungsgericht verwendet unterschiedliche Formeln, um die grundsätzlichen Anforderungen an die Tatbestandsbestimmtheit zum Ausdruck zu bringen. Neben der soeben genannten Formulierung wird mitunter verlangt, dass dem Einzelnen die Grenze des straffreien Raums klar vor Augen zu stellen sei, damit er sein Verhalten daran orientieren könne.[86] Häufig wird auch gefordert, dass der Einzelne in Grenzfällen das Risiko einer Bestrafung erkennen können muss.[87] Wiederum in Grenzfällen sollen die strafrechtlichen Irrtumsregeln angemessene Lösungen ermöglichen.[88] Hierin liegt aber – ungeachtet der Schwierigkeiten „Grenzfälle" hinreichend präzise einzugrenzen – eine bedenkliche Kapitulation vor den Schwierigkeiten hinreichend präziser Tatbestandsfassung. Die Irrtumsregeln als Kompensation für unbestimmte objektive Tatbestandsmerkmale zu verwenden bedeutet eine Verschiebung der Problematik auf eine andere Ebene, auf der sie vermeintlich leichter und flexibler gelöst werden kann (vgl. § 17 StGB). Der Rekurs auf die Irrtumsregeln ist das Eingeständnis, dass man bei einem streng angewendeten Bestimmtheitsgrundsatz besser auf das fragliche Merkmal verzichtet hätte. Das Risiko eines Nichtgreifens auch der Irrtumsregelung trägt der Rechtsunterworfene.

---

85 BVerfGE 113, 273, 308.

86 BVerfGE 17, 306, 314; 25, 269, 285; 32, 346, 362; 109, 133, 172. Die Verwendung dieser Formel ist die Ausnahme; *Nolte*, in: *von Mangoldt/Klein/Starck*, GG, Art. 103 Abs. 2 Rn. 141.

87 BVerfGE 47, 109, 121; 71, 108, 115; 87, 209, 224; 92, 1, 12. Vgl. *Appel*, Verfassung und Strafe, S. 119; *Gropengießer/Kreicker*, Grundlagen der Strafverfolgung völkerrechtlicher Verbrechen in Deutschland, S. 56; *Simon*, Gesetzesauslegung im Strafrecht, S. 431; *Tröndle/Fischer*, StGB, § 1 Rn. 5b.

88 BVerfGE 75, 329, 343; BGHSt 30, 285, 288; *Birkenstock*, Die Bestimmtheit von Straftatbeständen mit unbestimmten Gesetzesbegriffen, S. 122; *Simon*, Gesetzesauslegung im Strafrecht, S. 431.

2. *Von der Bestimmtheit zur Bestimmbarkeit*

Konkretisiert man diese Grundsätze, so ist zunächst – und dies ist im Grundsatz weitgehend unbestritten – zu konzedieren, dass eine optimale, für jeden Normunterworfenen ohne weiteres in Gänze erfassbare Bestimmtheit nicht erreichbar ist. Dem entspricht die Natur des Bestimmtheitsgrundsatzes als *Prinzip*, also als Norm, unter die – im Gegensatz zur Regel – nicht unmittelbar subsumiert werden kann, sondern die ein bestimmtes Regelungsziel im Sinne eines Optimierungsgebotes festlegt.[89] Ein gewisses Abstraktionsniveau kann dem Strafgesetzgeber angesichts einer komplexen Welt nicht verwehrt werden.[90] Im Strafrecht kann, wie im übrigen Recht auch, der Vielgestalt möglicher Lebenssituationen nur mit dem Grad an tatbestandlicher Präzision Rechnung getragen werden, die der jeweilige Regelungsbereich zulässt – dementsprechend häufig wird vom Bundesverfassungsgericht auf die „Vielgestalt des Lebens" rekurriert, um eine relative Unbestimmtheit noch zu rechtfertigen.[91]

Daraus folgt, dass sich der Gesetzgeber unbestimmter Rechtsbegriffe, Generalklauseln und Verweisungen bedienen darf.[92] Verlangte man einen gesetzgeberischen Verzicht auf diese Gestaltungsmittel, so würden die Gesetze starr und kasuistisch und damit gänzlich ungeeignet, der sich wandelnden Wirklichkeit noch gerecht zu werden.[93] Mit anderen Worten wird es dem Gesetzgeber also auch im Strafrecht nicht abverlangt, tatsächlich komplexen Lebenswirklichkeiten lediglich mit allzu simplifizierenden Regelungstechniken zu begegnen.

---

[89] *Gassner*, ZG 1996, 37, 56 m.w.N.

[90] *Satzger*, Die Europäisierung des Strafrechts, S. 242; *Simon*, Gesetzesauslegung im Strafrecht, S. 430 f. m.w.N. aus der Rechtsprechung.

[91] BVerfGE 4, 352, 358; 11, 234, 237; 28, 175, 183; 32, 344, 364; 37, 201, 208; 41, 314, 320; 71, 108, 115; 85, 69, 72 f.; 87, 209, 224 f.; 92, 1, 12; *Appel*, Verfassung und Strafe, S. 118; *Geitmann*, Bundesverfassungsgericht und „offene" Normen, S. 136; *Simon*, Gesetzesauslegung im Strafrecht, S. 430.

[92] *Dannecker*, in: LK StGB, § 1 Rn. 199; *Schulze-Fielitz*, in: *Dreier*, GG, Art. 103 II Rn. 35. *Simon*, Gesetzesauslegung im Strafrecht, S. 430 f. weist darauf hin, dass es *prima facie* missverständlich erscheint als „unbestimmt" bezeichnete Begriffe als mit dem Bestimmtheitsgebot konform anzusehen.

[93] Siehe nur BVerfGE 75, 329, 341 f.; *Eser*, in: *Schönke/Schröder*, StGB, § 1 Rn. 19 m.w.N.; *Kirchhof*, Die Bestimmtheit und Offenheit der Rechtssprache, S. 23; *Schmidt-Aßmann*, in: *Maunz/Dürig*, GG, Art. 103 Rn. 186.

Geht man aber von der Möglichkeit der Verwendung derartiger komplexer und auf Gesetzesebene offener Regelungstechniken aus, so ist damit zugleich gesagt, dass der Konkretisierungsauftrag für derartige Instrumente an die Auslegung und damit die Rechtsprechung gegeben wird und sich also die Frage nach der Einhaltung des Bestimmtheitsgrundsatzes *auch* auf der Ebene der Rechtsprechung stellt.[94]

Es bleibt aber auch hier dabei, dass die Erkennbarkeit des Bestrafungsrisikos eine untere Linie des Garantiegehalts darstellt, die nicht unterschritten werden darf. In der letzten Konsequenz kann dies bedeuten, dass eine Lebenssituation, die tatsächlich derart weit fassbar oder komplex gelagert ist, dass es dem Gesetzgeber nicht gelingt, sie im Strafgesetz in verständliche, auslegbare, also bestimmbare Formulierungen zu gießen, sich der strafgesetzlichen Regelung zu entziehen vermag. Im Strafrecht ist die Verwendung von Regelungstechniken weiter eingeschränkt als im sonstigen Recht. Wenn dem verständigen Bürger, gegebenenfalls noch dem speziellen Adressatenkreis der Strafnorm bei einem Sonderdelikt, das Risiko einer Bestrafung und eine ansatzweise Grenzziehung zwischen erlaubtem und verbotenem Verhalten nicht mehr klar werden kann, so ist eine Lebenswirklichkeit demnach nicht durch Strafgesetz regelbar.

In praxi wird diese Forderung nach Vorhersehbarkeit aber derart ausgehöhlt, dass sie fast völlig gehaltlos wird.[95] *Appel* nennt in diesem Zusammenhang die Entscheidung BVerfGE 75, 329, 345 wonach das Risiko einer Strafbarkeit des Verbrennens einiger besonderer Arten von Abfällen durch Auslegung zentraler Begriffe des Bundesimmissionsschutzgesetzes in Verbindung „mit der breiten Ökologiediskussion in der Öffentlichkeit“ erkennbar sein soll.

Hier würde – unabhängig von allgemeiner Kritik an diesem Ansatz[96] – bei einer Übertragung *mutatis mutandis* für den Bereich der Kriegsverbrechen der Rahmen des Vertretbaren verlassen. Es wurde bereits dargelegt, dass dem Kriegsvölkerstrafrecht sowohl eine Gewalt legitimierende als auch eine Gewalt begrenzende Funktion zukommt. Stellt man hier aber auf eine „Parallelwertung in der Laiensphäre“ oder gar

---

[94] Vgl. *Kuhlen*, Die verfassungskonforme Auslegung von Strafgesetzen, S. 98 f.

[95] *Appel*, Verfassung und Strafe, S. 119.

[96] Dazu *Dannecker*, in: LK StGB, § 1 Rn. 184.

auf die öffentliche Diskussion oder Meinung ab, so werden in dem Gewaltkontext, der dem bewaffneten Konflikt als Ausnahmesituation nun einmal prägend immanent ist, vielfach völlig kriegsrechtsgemäße Handlungen als Kriegsverbrechen missverstanden. Eine Grenze zwischen verbotener und erlaubter Kriegshandlung ließe sich so nicht ziehen. Bei Übertragung des genannten Beispiels wäre wohl nahezu jedweder Teilnahme an einer Kriegshandlung das Risiko einer Bestrafung immanent und müsste dem Betroffenen vor Augen stehen. Hierauf kann man jedoch nicht Rekurs nehmen, will man nicht den politischen Slogan, der Krieg sei ein Verbrechen an sich, als konkrete Bestrafungsgrundlage nehmen. Mag man also die Müllverbrennung im Alltagskontext noch als Handlung deuten, die beim Handelnden noch Bedenken ob der Zulässigkeit und möglichen Strafbarkeit aufkommen lässt, so sind im bewaffneten Konflikt von Völkerrechts wegen Handlungen erlaubt, die – im Alltagskontext begangen – ohne weiteres als schwerste Verbrechen zu bestrafen wären. Mit anderen Worten ist in diesem Ausnahmezustand Gewalt sowohl partiell legitim als auch ubiquitär und verliert daher das Element des Besonderen, Aufsehen erregende und Strafbarkeitsbewusstsein hervorrufende.

a) Bestimmbarkeit durch Auslegung

Jeder Ansatz, den Anwendungsbereich einer Vorschrift zu ermitteln ist notwendig ein Akt der Erkenntnis, letztlich also der Auslegung. Die Sprache selbst lässt die Verwendung von schon im vornherein feststehenden, eindeutigen, aus sich heraus bestimmten Begriffen nur sehr begrenzt zu. Nahezu allen Begriffen wohnt eine jedenfalls potentielle Mehrdeutigkeit und fehlende Abgegrenztheit inne.[97]

---

[97] *Brugger*, AöR 119 (1994), 1, 17; *Dannecker*, in: LK StGB, § 1 Rn. 291; *Dietmeier*, Blankettstrafrecht, S. 93; *Felix*, Einheit der Rechtsordnung, S. 197; *Hassemer*, ZRP 2007, 213, 214 f.; *Jescheck/Weigend*, Lehrbuch des Strafrechts – Allgemeiner Teil, S. 154; *Kohlmann*, Der Begriff des Staatsgeheimnisses und das verfassungsrechtliche Gebot der Bestimmtheit von Strafvorschriften, S. 237; *Ransiek*, Gesetz und Lebenswirklichkeit, S. 4 ff.; *Schmidhäuser*, in: Gedächtnisschrift *Martens*, S. 232 f.; *Schmidt-Aßmann*, in: *Maunz/Dürig*, GG, Art. 103 Rn. 185; *Schmitz*, in: MüKO StGB, § 1 Rn. 40; *Schneider*, VVDStRL 20 (1963), S. 5; *Schreiber*, Gesetz und Richter, S. 224 f.

Das bedeutet aber zugleich, dass der Wortlaut einer Norm niemals im eigentlichen Sinne schon bestimmt ist, sondern vielmehr, dass er *bestimmbar* zu sein hat.[98]

Die Ermittlung eines Norminhaltes setzt fast immer die Auslegung voraus. Bei einer vergleichsweise präzise gefassten Vorschrift erscheint dieser Vorgang dem Auslegenden lediglich so nahe liegend und selbstverständlich, dass er ihm kaum bewusst wird.[99] Auch im Bereich der Auslegung macht also sozusagen die Dosis das Gift, denn das dem Bürger auferlegte Risiko mit seiner Auslegung nicht durchzudringen und von der staatlichen Reaktion überrascht zu werden, steigt mit der Ungenauigkeit der Tatbestandsfassung an. Je weniger der Tatbestand an konkreten Ansatzpunkten für einen Auslegungsvorgang liefert, desto verschiedener sind die Ergebnisse zu denen Bürger einerseits und Strafrichter andererseits gelangen können.

Die Auslegungsbedürftigkeit, die nahezu jedem Merkmal zu eigen ist, steht daher den Anforderungen des Bestimmtheitsgebotes nicht im Wege, solange die Auslegung selbst sich am überkommenen Auslegungskanon orientiert, dadurch hinreichende Präzision erlangt[100] und das Ergebnis vorhersehbar wird. Damit werden beide Komponenten (grundrechtliche und Kompetenzregelung) des Bestimmtheitsgrundsatzes gewahrt. Diese Bestimmbarkeit durch Auslegungsfähigkeit kann selbst bei der ersten Anwendung einer Vorschrift für die Vereinbarkeit mit Art. 103 Abs. 2 GG ausreichen[101] (zum Vorgang der Auslegung selbst siehe *6. Kapitel B.*).

---

[98] Vgl. *Eser*, in: *Schönke/Schröder*, StGB, § 1 Rn. 20.

[99] *Lemmel*, Ungeschriebene Strafbarkeitsvoraussetzungen im Besonderen Teil des Strafrechts und der Grundsatz nullum crimen sine lege, S. 60 f. Vgl. *Eser*, in: *Schönke/Schröder*, StGB, § 1 Rn. 36; *Schünemann*, Nulla poena sine lege?, S. 10; *Scheffler*, Jura 1996, 505, 506.

[100] BVerfGE 87, 209, 225; 87, 363, 391 f.; BGH, NJW 1998, 50, 56; vgl. bereits BGHSt 4, 24, 32; *Felix*, Einheit der Rechtsordnung, S. 199; *Mayer*, in: Materialien zur Strafrechtsreform, Band 1, S. 273; vgl. *Lehner*, NJW 1991, 890, 891. Ablehnend *Wex*, Die Grenzen normativer Tatbestandsmerkmale im Hinblick auf den Bestimmtheitsgrundsatz, S. 120 f.

[101] *Birkenstock*, Die Bestimmtheit von Straftatbeständen mit unbestimmten Rechtsbegriffen, S. 113.

Die Erwartung und der Anspruch, ein jeder Bürger könne den Anwendungsbereich einer Norm noch hinreichend umgrenzen,[102] wird damit allerdings teilweise verlassen. Wird nämlich erst auf die Auslegung einer Norm abgestellt, also auf die Bestimmbarkeit anstelle der Bestimmtheit, so ist das Verständnis des professionellen Rechtsanwenders entscheidend, der die Auslegungsmethoden beherrscht.[103] Das Auslegungsvermögen des Bürgers wird sich in erster Linie auf deskriptive Merkmale beschränken und in diesem Bereich eigenständige Bedeutung behalten.

Die nicht hinreichend bestimmte Auslegung ist aber immerhin ihrerseits Verstoß gegen das Bestimmtheitsgebot[104] bzw. gegen dessen „Schwester", das Analogieverbot.

b) Bestimmbarkeit durch gefestigte Rechtsprechung

Obgleich der Spielraum des Richters durch das Gesetz prädeterminiert ist, wird dennoch auf die gefestigte Rechtsprechung – also auf eine gefestigte *Auslegung* – verwiesen, um einer Norm die geforderte Bestimmtheit zu attestieren.[105] Die Bestimmbarkeit wird damit funktionell ausgelagert. Die Legislative reicht ihre originäre Kompetenz an die Judikative weiter. Allerdings muss es sich dabei um eine langjährige und einschlägige, mithin gefestigte und hinreichend anerkannte Judikatur handeln, die sich auf den überlieferten Bestand an gesetzlich fixierten Strafrechtsnormen bezieht.[106]

---

[102] Siehe dazu nur *Dannecker*, in: LK StGB, § 1 Rn. 182.

[103] Vgl. BVerfGE 55, 144, 152; *Kunig*, Jura 1990, 495, 495.

[104] *Degenhart*, in: *Sachs*, GG, Art. 103 Rn. 69.

[105] BVerfGE 26, 41, 43; 28, 312, 313; 37, 201, 208; 45, 363, 372; 57, 250, 262; 73, 206, 243; 93, 266, 292; *Krahl*, Die Rechtsprechung des Bundesverfassungsgerichts und des Bundesgerichtshofs zum Bestimmtheitsgrundsatz im Strafrecht, S. 262 und 343 m.w.N.; *Simon*, Gesetzesauslegung im Strafrecht, S. 432 m.w.N. *Nolte*, in: *von Mangoldt/Klein/Starck*, GG, Art. 103 Abs. 2 Rn. 139 m.w.N. betont, dass diese Methode formallogisch bedenklich, aber europaweit akzeptiert sei. Kritisch auch *Dannecker*, in: LK StGB, § 1 Rn. 201; *Krey*, Keine Strafe ohne Gesetz, Rn. 119; *Schmitz*, in: MüKo StGB, § 1 Rn. 46.

[106] Vgl. BVerfGE 37, 201, 208; 45, 363, 372; 73, 206, 243; 86, 288, 311; *Schulze-Fielitz*, in: *Dreier*, GG, Art. 103 II Rn. 35.

Neue Gesetzesbegriffe müssen hingegen grundsätzlich aus sich selbst heraus bestimmbar sein.[107] So erkennt das Bundesverfassungsgericht auch an, dass an jüngere Gesetze, zu denen eine gefestigte Rechtsprechung noch nicht ergangen ist, höhere Bestimmtheitsanforderungen zu stellen sind.[108]

In gewissem Umfange wird die Bestimmbarkeit aber auch zeitlich ausgelagert, denn Rechtsunsicherheiten sollen auch nachträglich noch durch die Rechtsprechung verringerbar sein.[109] Dies kann aber zumindest für das Strafrecht nur in ganz beschränktem Maße und nur insoweit gelten, als die spätere Rechtsprechung ihre Auslegung auf den Wortlaut der Norm stützen kann. In diesem Rahmen ist anzuerkennen, dass der Richterspruch der klassische und vom Prinzip der Gewaltenteilung vorgesehene Weg ist „die Offenheit des Gesetzes in eine bestimmte Entscheidung zu überführen."[110] Letztlich wird so die Erreichung der notwendigen Normbestimmtheit von der gesetzlichen Ebene auf die Ebene der Auslegung des Gesetzes verschoben, staatsorganisatorisch also im Sinne eines Konkretisierungsauftrages vom Gesetzgeber auf die Rechtsprechung.[111]

Nicht außer acht gelassen sollten in diesem Rahmen aber auch wissenschaftliche Bemühungen um Normkonkretisierung.[112] Diese werden dem Richter in den zweifelhaften Fällen zumindest erste Orientierung geben und haben eine gewichtige Bedeutung in der Vorabidentifizierung etwaiger Probleme und der Erarbeitung von Lösungsansätzen.

Besonders schwer wiegt bei der Erlangung von Bestimmtheit durch Rechtsprechung, dass im Kriegsvölkerstrafrecht ein chronischer Mangel an Präjudizien festzustellen ist,[113] der zwar durch die Rechtsprechung

---

[107] *Schulze-Fielitz*, in: *Dreier*, GG, Art. 103 II Rn. 35. Vgl. *Pawlowski*, Methodenlehre für Juristen, Rn. 98.

[108] BVerfGE 105, 135, 161; *Nolte*, in: *von Mangoldt/Klein/Starck*, GG, Art. 103 Abs. 2 Rn. 150.

[109] Vgl. *Dannecker*, Das intertemporale Strafrecht, S. 378 f. m.w.N.

[110] *Dannecker*, in: LK StGB, § 1 Rn. 213.

[111] Vgl. *Gusy*, Anmerkung zu BVerfG, JZ 1995, 778, 783; *Krahl*, S. 261; *Krey*, Keine Strafe ohne Gesetz, Rn. 121; *Papier/Möller*, AöR 122 (1997), 177, 190 f.

[112] Vgl. BVerfGE 37, 201, 208; 73, 206, 243.

[113] Vgl. *Kreicker*, Völkerstrafrecht im Ländervergleich, S. 334.

der *ad hoc*-Gerichtshöfe eine gewisse Linderung erfahren hat, aber keine grundsätzliche Änderung. Es bereitet zwar keine Schwierigkeiten unter dem Vorbehalt der Vereinbarkeit mit Art. 103 Abs. 2 GG die Entscheidungen internationaler Gerichte heranzuziehen, solange sich diese mit einem Tatbestandsmerkmal auseinandersetzen, welches im deutschen Recht gleichermaßen vorhanden ist wie im Völkerrecht. Dies gebietet nicht nur der tatsächliche Präjudizienmangel, sondern auch das Ziel einer international möglichst gleichlaufenden Anwendung des Kriegsvölkerstrafrechts, solange nicht zwingende Gründe nationalen Rechts entgegenstehen. Sollte sich also beispielsweise der IStGH in einem Verfahren zur Frage der Verhältnismäßigkeit von Kollateralschaden und militärischem Vorteil äußern, so könnte man diese Entscheidung auch zur Bestimmung desselben Begriffes im Tatbestand des VStGB verwerten.

Größere Schwierigkeiten als die grundsätzliche Zulässigkeit der Beachtung der Entscheidungen internationaler Gerichte bereitet allerdings die Auffindbarkeit von Entscheidungen gerade zu den als problematisch erkannten Tatbestandsmerkmalen.

Schließlich werden kriegsvölkerstrafrechtliche Verfahren niemals in einem derartigen Maße zum Alltags- oder Massengeschäft der Gerichte – sei es im internationalen oder im nationalen Rahmen – gehören, so dass die nachträgliche Bestimmbarkeit durch eine auch nur einigermaßen gefestigte Rechtsprechung für Kriegsverbrechenstatbestände in geringerem Maße in Betracht kommen wird als bei Tatbeständen des sonstigen Strafrechts.

Im hier interessierenden Zusammenhang ist dabei im kompetenzwahrenden Kontext insbesondere noch zu hinterfragen, ob die Judikative bei kriegsvölkerrechtlichen Fragen über hinreichende Erkenntnismöglichkeiten verfügt.

c) Vorläufiges Fazit: Normbestimmbarkeit durch Auslegung „*lege artis*“

Durch die Berücksichtigung nicht nur der Normfassung an sich, sondern auch der Auslegungsfähigkeit der Normfassung wird auf die *Bestimmbarkeit* des Norminhaltes abgestellt, nicht auf die Bestimmtheit.[114]

---

[114] *Felix*, Einheit der Rechtsordnung, S. 200. Vgl. *Benkel*, NZS 1997, 58, 59.

Entscheidend für die Frage nach Einhaltung des Bestimmtheitsgrundsatzes ist damit nicht nur und nicht primär die Fassung der Norm selbst, sondern ob die in Frage stehende Norm der kunstgerechten Auslegung hinreichend präzise gefasste Anhaltspunkte gibt oder ob die Norm eine derartige Weite bzw. Vielzahl an Auslegungsmöglichkeiten zulässt, die das Auslegungsergebnis unberechenbar macht. Geboten ist damit aber eine Orientierung an den allgemein anerkannten Methoden der Auslegung, wie sie im *6. Kapitel* ausgeführt werden. Geboten ist zudem die Nennung der verwendeten Methoden. Nur so kann eine Nachvollziehbarkeit und Falsifizierbarkeit gewährleistet werden.

Folgerichtig ist es – lässt man schon eine Bestimmbarkeit durch Auslegung zu – dann aber auch den Bestimmtheitsgrundsatz weiterwirken zu lassen und ebenso Tatbestands*interpretationen* am Maßstab des Art. 103 Abs. 2 GG zu messen. Letztlich muss dann die Auslegung *als Gesetz gedacht* ihrerseits den Anforderungen des Bestimmtheitsgebotes entsprechen.[115]

III. Folgerungen für die Tatbestandsfassung

Bestimmbarkeit bedeutet nicht, dass die Tatbestandsfassung nicht auch spezielle Rechtswidrigkeitsregeln oder Rechtspflichtmomente enthält[116] und sie erfordert nicht grundsätzlich die Verwendung vor allem deskriptiver Merkmale. Sämtliche Merkmale bedürfen zwar der Auslegung, allerdings sind deskriptive Merkmale allgemein besser zur Erfüllung von Bestimmtheitserfordernissen geeignet als solche, bei denen eine Wertung vollzogen werden muss.[117]

Es bieten sich bei ihnen nämlich in aller Regel mehr Anhaltspunkte für eine Auslegung und vor allem auch für deren kritische Überprüfung.

---

[115] Vgl. *Dannecker*, in: LK StGB, § 1 Rn. 337.

[116] *Welzel*, JZ 1952, 617, 617 f.

[117] *Dahm*, in: Deutsche Landesreferate zum 2. Internationalen Kongress für Rechtsvergleichung, S. 515; *Dannecker*, in: LK StGB, § 1 Rn. 198; *Grünwald*, ZStW 76 (1964), 1, 7; *Jescheck/Weigend*, Lehrbuch des Strafrechts – Allgemeiner Teil, S. 130; *Krahl*, Die Rechtsprechung des Bundesverfassungsgerichts und des Bundesgerichtshofs zum Bestimmtheitsgrundsatz im Strafrecht, S. 298 ff.; *Woesner*, NJW 1963, 273, 274.

Obgleich auch deskriptive Merkmale an ihren „Rändern" an Kontur verlieren, stellen sie doch vergleichsweise das „kleinere Übel" dar.[118]

Allgemein kann man daher mit abnehmendem Bestimmtheitsgehalt die folgenden Begriffsarten unterscheiden:[119]

- numerische Begriffe (z.B. „unter 15 Jahren", § 8 Abs. 1 Nr. 5 VStGB),
- deskriptive Tatbestandsmerkmale (z.B. „Gewebe oder Organe", „Blut oder Haut", § 8 Abs. 1 Nr. 8 b) VStGB),
- normative Tatbestandsmerkmale (z.B. „eine nach dem humanitären Völkerrecht zu schützende Person", § 8 Abs. 1 Nr. 1-4, Nr. 6-9 i.V.m. Abs. 6 VStGB),
- Wertbegriffe (z.B. die Prognose in § 11 Abs. 1 Nr. 3 und Abs. 3 VStGB).

Grundsätzlich ist eine Norm umso bestimmbarer, je mehr numerische und deskriptive Begriffe sie enthält[120] und *vice versa*. Allerdings kann man dennoch keine Rechnung der Art aufmachen, dass man Begriffe abzählt und quantitativ gewichtet,[121] denn bereits ein an zentraler Stelle im Tatbestand verwendeter normativer oder wertausfüllungsbedürftiger Begriff vermag eine im übrigen bestimmte bzw. bestimmbare Norm zu „kippen", also unbestimmt bzw. unbestimmbar zu machen. Hinzu kommt noch, dass auch die Begriffsarten nicht eindeutig voneinander abgrenzbar sind. Selbst ein numerischer Begriff wie eine Altersangabe ist teilweise rechtlich vorgeprägt, indem beispielsweise das Gesetz bestimmt, wie das Lebensalter zu berechnen ist (vgl. § 187 Abs. 2 S. 2 BGB). Umgekehrt sind Wertbegriffe durch positive Rechtsnormen oder Gerichtsentscheidungen vorgeprägt und bewegen sich nicht im Raum der gänzlich freien Entscheidung, sind also kaum je reine Wertbegriffe.

Die Hauptschwierigkeit liegt daher – wie in jeder rechtlichen Ordnung – zumeist bei den Rechtsbegriffen, im VStGB zumal dort, wo diese dem Völkerrecht entnommen wurden und ihrem Gehalt nach durch dieses

---

[118] *Lenckner*, JuS 1968, 249, 256 und 304, 304 f.

[119] Nach *Schünemann*, Nulla poena sine lege?, S. 29 f. Vgl. das Schema von *Kohlmann*, Der Begriff des Staatsgeheimnisses und das verfassungsrechtliche Gebot der Bestimmtheit von Strafvorschriften, S. 267 f.

[120] *Schünemann*, Nulla poena sine lege?, S. 30.

[121] In dieser Art aber *Schünemann*, Nulla poena sine lege?, S. 35 ff.

vorgeprägt sind und daher unter seiner Berücksichtigung ausgelegt werden müssen. Soweit vorgetragen wird, eine enumerative Definitionsmethode sei ein Anfangsstadium wissenschaftlicher Begriffsbildung und ein Zeichen dafür, dass „die Wissenschaft mit der Komplexität der Erscheinungen noch nicht fertig wird",[122] so ist aus dem Aspekt des Bestimmtheitsgrundsatzes zu sagen, dass diese Methode eine vorteilhafte sein kann. Im Kriegsvölkerstrafrecht wie auch andernorts ist diese Methode denn auch keineswegs überwunden, in Gestalt etwa der Regelbeispiele kann sie gar als auf dem Vormarsch befindlich betrachtet werden.

Auch die enumerative Definitionsmethode bringt aber keinen Gewinn, wenn in den Aufzählungen ihrerseits eine Vielzahl schillernder und in höchstem Maße interpretationsbedürftiger Begriffe enthalten ist. So ist in der Liste 32 „eigentlicher" Kriegsverbrechen der *Commission des responsabilités des auteurs de la guerre* von 1919 – zu Recht als „die bekannteste und folgenreichste Enumeration" bezeichnet[123] – die Rede von „systematischem Terror" (Nr. 1), „Geldentwertung" (Nr. 16) „Verletzung anderer Bestimmungen über das Rote Kreuz" (Nr. 25), „Verwendung ... anderer unmenschlicher Methoden" (Nr. 27).

Nach wie vor ist das Recht der Kriegsverbrechen im internationalen wie im nationalen Recht von der Verwendung der enumerativen Methode gekennzeichnet.

IV. Bestimmtheit der Rechtsfolge

Das Bestimmtheitsgebot bezieht sich im nationalen Recht sowohl auf die Definition des Straftatbestandes im engeren oder eigentlichen Sinne (*nullum crimen sine lege*), als auch auf die Rechtsfolgen (*nulla poena sine lege*).[124] Mitunter wird die Bestimmtheit im Rahmen der Rechtsfol-

[122] *Zander*, Das Verbrechen im Kriege, S. 3.

[123] *Zander*, Das Verbrechen im Kriege, S. 4.

[124] Ganz herrschende Meinung: So BVerfGE 25, 269, 285 f.; 45, 363, 371; 105, 135, 153; *Dannecker*, in: FS *Otto*, S. 36; *ders.*, in: LK StGB, § 1 Rn. 89; *Krahl*, Die Rechtsprechung des Bundesverfassungsgerichts und des Bundesgerichtshofs zum Bestimmtheitsgrundsatz im Strafrecht, S. 56 m.w.N.; *Kunig*, Jura 1990, 495, 495; *Nolte*, in: *von Mangoldt/Klein/Starck*, GG, Art. 103 Abs. 2 Rn. 112; *Mangakis*, ZStW 81 (1969), 997, 1005; *Schmidt-Aßmann*, in: *Maunz/Dürig*, GG, Art. 103 Rn. 197; *Schmitz*, in: MüKo StGB, § 1 Rn. 39; *Tröndle/Fischer*,

gen lockerer gefasst,[125] wobei aber eine Regelung wie jene des Art. 77 IStGH-Statut mit einer nur generellen Strafobergrenze auch von dieser Interpretation nicht als konform mit Art. 103 Abs. 2 GG angesehen werden würde.[126]

Andererseits ist eine gewisse weitere Lockerung von Bestimmtheitserfordernissen bei der Rechtsfolge im Strafrecht angezeigt, da die im Einzelfall verhängte Strafe schuldangemessen zu sein hat[127] (§ 46 Abs. 1 S. 2 StGB) und damit dem Richter innerhalb eines gesetzlich festgelegten Strafrahmens ein Spielraum verbleiben muss.[128]

Hier ist also ein Bereich, in dem der Gehalt des Bestimmtheitsgrundsatzes im internationalen und nationalen Recht ganz eindeutig auseinander läuft. Trotz der nicht unkritisiert gebliebenen teilweisen Weitläufigkeit der Strafandrohungen im deutschen Recht findet im Bereich der Bestimmtheit der Rechtsfolgen auch keine Entwicklung statt, die das internationale Recht dem nationalen annäherte. War im JStGH-Statut noch – recht ungenau – vorgesehen, dass die zu verhängenden Freiheitsstrafen unter Berücksichtigung der Praxis des ehemaligen Jugoslawien festzusetzen seinen, so ist der IStGH in keiner Weise festgelegt. Zwar wird sich eine gewisse Gerichtspraxis mit einer wachsenden Zahl von Fällen herausbilden und auch die nationale Praxis, etwa die Zuordnung der Rechtsfolgen zu den einzelnen Tatbeständen im VStGB wird neben der bisherigen internationalen Praxis (namentlich des JStGH und des RStGH) dem internationalen Richter sicherlich ins Auge fallen und seine Wertung mit beeinflussen; solange jedoch der Präjudizienmangel die Regel ist, bleibt eine auch nur faktische Präzisierung schwierig.

StGB, § 1 Rn. 6; *Welzel*, Das deutsche Strafrecht, S. 20; *Werle*, JZ 2001, 885, 892; *Werle/Nerlich*, HuV-I 2002, 124, 127.

[125] BGHSt 13, 190, 191 (die Androhung jedweder gesetzlich vorgeschriebener Strafe sei bestimmt [!]); *Park*, wistra 2003, 328, 330; *Schmitz*, in: MüKo StGB, § 1 Rn. 52.

[126] *Lüder/Vormbaum*, Materialien zum Völkerstrafesetzbuch, S. 31. In diese Richtung auch *Kaul*, in: *Geiger*, Völkerrechtlicher Vertrag und staatliches Recht vor dem Hintergrund zunehmender Verdichtung internationaler Beziehungen, S. 62; *Werle*, JZ 2001, 889, 892.

[127] BVerfGE 6, 389, 439; 9, 167, 169; 20, 323, 331; 27, 18, 29; 50, 5, 12; 54, 100, 108; 105, 135, 154 f.

[128] *Brockmeyer*, in: *Schmidt-Bleibtreu/Klein*, GG, Art. 103 Rn. 7a; *Dannecker*, in: LK StGB, § 1 Rn. 232; *Eser*, in: *Schönke/Schröder*, StGB, § 1 Rn. 23.

Dies gilt umso mehr für die diejenigen Kriegsverbrechenstatbestände, zu denen noch überhaupt keine Entscheidungen vorliegen, da sie in der Rechtsprechung der *ad hoc*-Tribunale nicht vorkommen.

1. Abstufung von Bestimmtheitsanforderungen nach der Strafandrohung

Da das Strafrecht zudem von allem staatlichen Handeln die größte Eingriffsintensität vorsieht, ist der Bestimmtheitsgrundsatzes des Strafrechts nicht nur strikter als der allgemein geltende Bestimmtheitsgrundsatz,[129] vielmehr ist auch der strafrechtliche Bestimmtheitsgrundsatz anhand der Beeinträchtigungsintensität abzustufen, was konkret bedeutet, dass bei Tatbeständen mit hoher Strafandrohung (also insbesondere Verbrechenstatbestände) unbestimmte Merkmale verfassungswidrig sein können, die bei Tatbeständen mit geringer Strafandrohung (also namentlich bei leichteren Vergehen) noch als hinreichend bestimmt eingestuft werden können. Dies ist ein Grund dafür, weshalb auch die Rechtsfolge von Anforderungen an ihre Bestimmtheit nicht frei sein kann. Nicht nur vermag der Normadressat zu ersehen, welche Konsequenz die Verwirklichung des Tatbestandes hat, auch eine Abstufung von Bestimmtheitserfordernissen kann der Rechtsanwender erst vornehmen, wenn er die Abstufung der Sanktionen ersehen kann und so zu erkennen vermag in welche „Kategorie" der Tatbestand fällt.

Dabei ist eine Abstufung der Bestimmtheitsanforderungen angezeigt, wonach diese mit der abstrakt angedrohten Sanktion zwar nicht stehen und fallen, aber doch modifiziert werden. Für das Strafrecht bedeutet dies: Je schwerwiegender die Eingriffswirkung der angedrohten Strafe, desto höher die Anforderungen an die Bestimmtheit.[130]

---

[129] Vgl. *Veit*, Die Rezeption technischer Regeln im Strafrecht und Ordnungswidrigkeitenrecht unter besonderer Berücksichtigung ihrer verfassungsrechtlichen Problematik, S. 40 und 91.

[130] BVerfGE 14, 245, 251; 26, 41, 43; 41, 314, 320; 75, 329, 342 f.; 83, 130, 145; 86, 288, 311; 105, 135, 155 f.; *Bruns*, Anmerkung zu BVerfG, JR 1979, 28, 30; *Felix*, Einheit der Rechtsordnung, S. 193 f.; *Jarass/Pieroth*, GG, Art. 103 Rn. 48; *Kirchhof*, Die Bestimmtheit und Offenheit der Rechtssprache, S. 24; *Papier/Möller*, AöR 122 (1997), 177, 187 f.; vgl. noch *Park*, wistra 2003, 328, 329; *Satzger*, Die Europäisierung des Strafrechts, S. 120; *Volkmann*, ZRP 1995, 220, 224. Die Schwere der Sanktion ist ein Argument mit dem der von *Kreß*, JZ 2006, 981, 984 beiläufig geäußerten These entgegengetreten werden kann, bei der

Umgekehrt kann eine Strafnorm, an die bei ihrer Verwirklichung eine geringe Strafe geknüpft ist, einen vergleichsweise geringeren Bestimmtheitsgrad aufweisen.

Während also demnach beispielsweise eine Norm, die lediglich mit Geldstrafe oder einer kurzen Freiheitsstrafe bedroht ist, bei Verwendung nicht durch Auslegung ohne weiteres hinreichend zu klärender unbestimmter Rechtsbegriffe möglicherweise noch mit dem Bestimmtheitsgebot konform geht, so könnte eine Konstellation auftreten, bei der dies auf eine mit langer Freiheitsstrafe bedrohte Norm nicht mehr zutreffen würde. Konsequent zu Ende gedacht würde dies bedeuten, dass selbst die Verwendung *ein und derselben unbestimmten Formulierung* das eine Mal zu einem Verstoß gegen das Bestimmtheitsgebot führen würde, das andere Mal nicht.

Dagegen kann grundsätzlich der Einwand vorgebracht werden, dass es unzulässig sei, die Anforderungen an die Bestimmtheit von der abstrakt angedrohten Strafe abhängig zu machen.[131] Demnach sollte nur der Begriff als solcher am Bestimmtheitsgrundsatz gemessen werden, ohne die angedrohte Strafe ins Auge zu fassen. Zuzugeben ist, dass in dieser Ansicht eine gewisse Konsequenz liegt, die immer dieselben Maßstäbe zur Anwendung bringt und zwischen eigentlicher Norm (dem Tatbestand im eigentlichen Sinne) und Rechtsfolge (der Sanktion) trennt.

Makrokriminalität gebe es eine Neigung, rechtsstaatliche Garantien verstärkter zur Anwendung zu bringen, als dies bei der Alltagskriminalität der Fall sei. Dieses Argument trifft jedenfalls das von *Kreß* gegebene Beispiel der Untreue in ihrer Treuebruchsvariante, wenn auch nicht das andere Beispiel des Mordes aus niedrigen Beweggründen. Auch für dieses zweite Beispiel gilt indessen zum einen, dass es durch eine reiche Rechtsprechung an Kontur gewonnen hat (vgl. z.B. die Kommentierung bei *Tröndle/Fischer*, StGB, § 211 Rn. 9 ff.), welche für völkerrechtliche Tatbestände kaum je existiert, zum anderen entbinden etwaige Bestimmtheitsmängel „gewöhnlicher" Tatbestände den Gesetzgeber nicht von der Verpflichtung hinreichend bestimmte Tatbestände der Verbrechen gegen das Völkerrecht zu erlassen. Mit anderen Worten exkulpiert der eine Bestimmtheitsmangel nicht den anderen, vielmehr sind dann beide kritikwürdig. Vgl. *Schmitz*, in: MüKo StGB, § 1 Rn. 10.

[131] *Kunig*, in: *von Münch/Kunig*, GG, Art. 103 Rn. 29; *ders.*, Jura 1990, 495, 495 f. Ablehnend auch *Appel*, Verfassung und Strafe, S. 120; *Dannecker*, in: LK StGB, § 1 Rn. 186; *Woesner*, NJW 1963, 273, 274. Zumindest kritisch *Wex*, Die Grenzen normativer Tatbestandsmerkmale im Hinblick auf den Bestimmtheitsgrundsatz, S. 117 ff.

Über diesen Einwand hinaus soll zum Schutz höherwertiger Rechtsgüter sogar ein größerer Spielraum bei der Tatbestandsfassung gegeben sein.[132] Dies steht allerdings der soeben genannten Formel „je schwerer die angedrohte Strafe, desto bestimmter der zugrunde liegende Tatbestand" diametral entgegen, denn gerade der Schutz eines besonders hochwertigen Rechtsgutes – wie des menschlichen Lebens allgemein, im Kriegsrecht sonderlich der Schutz der besonderen Opfergruppen – geht ja zu Recht mit den schärfsten Strafandrohungen einher.

Im Übrigen wird dieser Einwand – speziell auf die Kriegsverbrechen fokussiert – im folgenden Kapitel näher thematisiert.

2. §§ 8-12 VStGB als Verbrechenstatbestände (§ 12 StGB)

Wonach bestimmt sich nun aber, welche Strafandrohung eine schwere und welche eine leichte ist, mit anderen Worten: An welcher Stelle verläuft die Grenze, die in dem soeben beschriebenen Fall den Verstoß vom Nichtverstoß trennt?

Die im deutschen Recht für eine solche Abgrenzung zunächst ins Auge fallende Abstufung nach Verbrechen und Vergehen (§ 12 StGB) ist dabei in einer Richtung von Nutzen, in der anderen nicht:

Jedenfalls stellt das Vorliegen eines Verbrechens (§ 12 Abs. 1 StGB) *durchweg zwingend* höhere Anforderungen an die Bestimmtheit. Umgekehrt kann man aber nicht sagen, dass das Vorliegen eines Vergehens (§ 12 Abs. 2 StGB) stets eine erhebliche Lockerung der Bestimmtheitsanforderungen mit sich bringt, denn die Vergehen weisen eine erhebliche Spannweite an abstrakt angedrohten Strafen auf. Beispielsweise sind die Vergehen der (Verbal)Beleidigung (§ 185 Alt. 1 StGB, Freiheitsstrafe bis zu einem Jahr oder Geldstrafe, des Hausfriedensbruchs (§ 123 Abs. 1 StGB, Freiheitsstrafe bis zu einem Jahr oder Geldstrafe) und der Sachbeschädigung (§ 303 Abs. 1 StGB, Freiheitsstrafe bis zu zwei Jahren oder Geldstrafe) gegenüber den Vergehen der gefährlichen Körperverletzung (§§ 223 Abs. 1, 224 Abs. 1 StGB, Freiheitsstrafe von sechs Monaten bis zu zehn Jahren), des Diebstahls in einem besonders schweren Fall (§§ 242 Abs. 1, 243 StGB, Freiheitsstrafe von drei Monaten bis zu zehn Jahren) und des Betruges in einem besonders schweren Fall (§ 263 Abs. 1, Abs. 3 StGB, Freiheitsstrafe von sechs Monaten bis zu zehn Jahren) kaum noch der Vergleichbarkeit fähig.

---

[132] *Eser*, in: *Schönke/Schröder*, StGB, § 1 Rn. 21.

Selbst manche Verbrechen bewegen sich in demselben oder sogar einem vergleichsweise milderen Bereich der Strafandrohung, so z.B. der minder schwere Fall des Raubes (§ 249 Abs. 1, Abs. 2 StGB, Freiheitsstrafe von sechs Monaten bis zu fünf Jahren; die Einordnung als minder schwerer Fall ändert dabei nichts an der Einordnung als Verbrechen, § 12 Abs. 3 StGB).

Für die Tatbestände der Kriegsverbrechen stellen sich die genannten Fragen allerdings kaum, denn bei sämtlichen Tatbeständen der §§ 8-12 VStGB handelt es sich ausnahmslos um Verbrechen, die auch durchweg mit erheblicher Strafandrohung belegt sind. Lediglich in der Binnenabstufung ergibt sich innerhalb des VStGB ein Differenzierungsrahmen.

Das VStGB legt dabei für die Völkerrechtsverbrechen generell höhere Strafen fest als für die entsprechenden Tatbestände im nationalen Recht, berücksichtigt aber zugleich, dass das Kontextelement der Verbrechen gegen die Menschlichkeit – der ausgedehnte oder systematische Angriff gegen eine Zivilbevölkerung – bei diesen wiederum eine höhere Strafandrohung rechtfertigt als bei den Kriegsverbrechen.[133]

3. Fazit: Strafandrohungen der §§ 8-12 VStGB und Bestimmtheit

Nach dem allgemeinen Grundsatz, wonach der Straftatbestand umso bestimmter gefasst sein muss, je schwerer die angedrohte Strafe ist, sind die Bestimmtheitsanforderungen an die Kriegsverbrechenstatbestände des VStGB entsprechend hoch. Die Schwere der Taten und ihrer Sanktionierung spricht für hohe Anforderungen an ihre Fassung.

V. Spezielle Anwendungsbereiche des Bestimmtheitsgrundsatzes

Das VStGB verwendet an zahlreichen Stellen Formulierungen wie „unter Verstoß gegen eine allgemeine Regel des Völkerrechts" (§ 8 Abs. 1 Nr. 6 VStGB), „die völkerrechtlich erforderlichen Rechtsgarantien" (§ 8 Abs. 1 Nr. 7 VStGB), „völkerrechtswidrig anordnet" (§ 9 Abs. 2 VStGB) oder „an einer friedenserhaltenden Mission in Übereinstimmung mit der Charta der Vereinten Nationen beteiligt sind" (§ 10 Abs. 1 Nr. 1 VStGB).

---

[133] *Gropengießer/Kreicker*, Grundlagen der Strafverfolgung völkerrechtlicher Verbrechen in Deutschland, S. 237; *Kreicker*, Völkerstrafrecht im Ländervergleich, S. 149; *Lüder/Vormbaum*, Materialien zum Völkerstrafgesetzbuch, S. 31.

All diesen Formulierungen ist gemein, dass sie nicht aus sich selbst heraus oder durch die nationale Rechtsordnung erklärbar sind. Der jeweilige Tatbestand ist nur verständlich, wenn man direkt geschriebenes oder ungeschriebenes Völkerrecht in Bezug nimmt. Insofern handelt es sich um Verweisungen oder Blankettstrafgesetze, die bereits im nationalen Recht Bestimmtheitsprobleme aufwerfen können.

1. Verweisung und Blankettstrafgesetz

a) Verweisung und Verweisungstypen

Eine Verweisungsnorm ist eine Rechtsnorm, die den gesetzlichen Tatbestand nicht *vollständig* selbst umschreibt, sondern durch Verweisung auf andere Vorschriften diese in Bezug nimmt und sie dadurch inkorporiert.[134] Ziel ist insbesondere die Erreichung eines gesetzesökonomischen Effektes, der dadurch erreicht wird, dass die in Bezug genommene Vorschrift nicht nochmals wiederholt werden muss.[135]

Im Grundsatz ist dies zulässig, aber doch nur in Grenzen, da Art. 103 Abs. 2 GG gebietet, dass ein parlamentarisches Gesetz die Strafbarkeit *in den wesentlichen Voraussetzungen* von Straftatbestand und Straffolge festlegt.[136] Dementsprechend ist die Verweisung auf ein anderes Parlamentsgesetz weithin unproblematisch.[137] Nichtsdestoweniger ist nicht zu verkennen, dass das Zusammenspiel verschiedener Normen ganz unabhängig von deren Ursprung immer die Gefahr der Überraschung mit sich bringt, dies zumal bei gleichzeitiger Verwendung der juristischen Fachsprache und bei Aufrechterhaltung des Empfängerhorizontes des verständigen Bürgers, der aber dennoch ein Laie ist.[138]

Eine Verweisung genügt im allgemeinen dann dem Bestimmtheitsgebot, wenn sie hinreichend genau erkennen lässt, auf welche Vorschriften verwiesen wird; der Betroffene muss erkennen können, welche Vorschrif-

---

[134] *Clemens*, AöR 111 (1986), 63, 65; *Satzger*, Die Europäisierung des Strafrechts, S. 216.

[135] *Clemens*, AöR 111 (1986), 63, 66.

[136] BVerfGE 14, 245, 252; 37, 201, 208 f.; 78, 374, 382 f.; *Geitmann*, Bundesverfassungsgericht und „offene“ Normen, S. 140; *Schulze-Fielitz*, in: *Dreier*, GG, Art. 103 II Rn. 24 und 27.

[137] *Schulze-Fielitz*, in: *Dreier*, GG, Art. 103 II Rn. 28.

[138] Vgl. *Simon*, Gesetzesauslegung im Strafrecht, S. 137.

ten in Bezug genommen werden[139] und diese Vorschriften müssen sich ihm in ihrer Reichweite erschließen.

Man unterscheidet nach dem Normgeber zwischen Binnen- und Außenverweisung sowie nach der Verweisungsart zwischen statischer und dynamischer Verweisung.[140]

aa) Binnen- und Außenverweisung

Bei der Binnenverweisung sind dabei sowohl die verweisende Norm als auch jene, auf die verwiesen wird entweder in demselben Gesetz enthalten oder doch zumindest in zwei Gesetzen, die von demselben Normgeber erlassen worden sind. Bei der Außenverweisung sind die beiden Normen hingegen Produkte unterschiedlicher Normgeber.[141]

bb) Statische und dynamische Verweisung

Statische und dynamische Verweisung unterscheiden sich danach, ob auf das Verweisungsobjekt in einer ganz bestimmten Fassung verwiesen wird oder ob auf die jeweils gültige Fassung verwiesen wird, was durch Auslegung der Verweisungsnorm zu ermitteln ist.[142] Zudem gibt es noch die sogenannte verdeckte dynamische Verweisung, die dann vorliegt, wenn die Norm, auf die die Verweisungsnorm in statischer Weise Bezug nimmt, ihrerseits eine (zweite) Verweisung dynamischer Art enthält,[143] also eine Kettenverweisung mit unterschiedlichen Verweisungstypen vorliegt. Sofern eine dynamische Verweisung verfassungswidrig wäre, kann nach verfassungskonformer Deutung die Annahme einer lediglich statischen Verweisung geboten sein.[144]

---

[139] *Clemens*, AöR 111 (1986), 63, 83 f.

[140] Vgl. *Clemens*, AöR 111 (1986), 63, 79.

[141] *Satzger*, Die Europäisierung des Strafrechts, S. 216; *Veit*, Die Rezeption technischer Regeln im Strafrecht und Ordnungswidrigkeitenrecht unter besonderer Berücksichtigung ihrer verfassungsrechtlichen Problematik, S. 27.

[142] Vgl. *Dannecker*, Das intertemporale Strafrecht, S. 12; *Satzger*, ebenda; *Veit*, S. 28 f.

[143] *Satzger*, Die Europäisierung des Strafrechts, S. 217.

[144] *Clemens*, AöR 111 (1986), 63, 81.

b) Das Blankettstrafgesetz

Ein solches entsteht, wenn das Gesetz in einer derartigen Weise unvollständig ist, dass es selbst zwar die Strafandrohung enthält, die Umschreibung des strafbaren Verhaltens aber ganz oder teilweise an anderem Orte vorgenommen wird, der Tatbestand des Blankettstrafgesetzes also erst *in Kombination mit der Ausfüllungsbestimmung* vollständig gebildet wird.[145]

Ein Blankettstrafgesetz im engeren Sinne liegt allerdings nur dann vor, wenn die Trennung zwischen Tatbestand und Strafdrohung in der Weise gestaltet ist, dass die Ergänzung der Strafdrohung durch einen zugehörigen Tatbestand von einer anderen Stelle und zu einer anderen Zeit vorgenommen wird,[146] es sich also mit anderen Worten um eine dynamische Verweisung handelt. Die Ausfüllung wird also einer anderen Instanz überlassen.[147] Mitunter wird daneben noch das Blankettstrafgesetz im weiteren Sinne definiert als jede Strafnorm, die zum Zwecke der Tatbestandsausfüllung auf eine andere Norm verweist.[148]

Bedeutsam ist in jedem Falle, dass ein Blankettstrafgesetz noch nicht vorliegt, wenn im Tatbestand lediglich außerstrafrechtliche Begriffe oder normative Tatbestandsmerkmale enthalten sind.[149] Eben hier verläuft nämlich die Grenze zwischen Auslegung und Verweisung.

Es führt nun jede Verweisung ihrer Eigenart gemäß zu einer Verkomplizierung der Rechtsfindung dergestalt, dass der Tatbestand des Strafgesetzes noch nicht vollständig ist, er vielmehr vom Rechtsunterworfenen über die Auslegung hinaus selbst zusammengesetzt werden muss.[150]

---

[145] BVerfGE 37, 201, 208; BGHSt 6, 30, 40 f.; 20, 177, 181; *Dietmeier*, Blankettstrafrecht, S. 8; *Jescheck/Weigend*, Lehrbuch des Strafrechts – Allgemeiner Teil, S. 111; *Satzger*, Die Europäisierung des Strafrechts, S. 217; *Tröndle/Fischer*, StGB, § 1 Rn. 5a.

[146] BGHSt 6, 30, 40 f.; *Jescheck/Weigend*, a.a.O.; *Satzger*, S. 217 f.

[147] Es handelt sich damit also gerade nicht um eine Binnenverweisung; *Dannecker*, in: LK StGB, § 1 Rn. 150.

[148] *Satzger*, Die Europäisierung des Strafrechts, S. 218 m.w.N.

[149] *Satzger*, S. 218; *Schmidt-Aßmann*, in: *Maunz/Dürig*, GG, Art. 103 Rn. 200. Vgl. *Dannecker*, in: LK StGB, § 1 Rn. 149.

[150] Vgl. *Satzger*, Die Europäisierung des Strafrechts, S. 228.

Dieser Nachteil wird auch nicht durch Vorteile dieser Gesetzgebungstechnik ausgeglichen. Denn die Vorteile – entlastender Effekt für Normgeber und Gesetzestext, Wahrung der Einheit der Rechtsordnung – treten nicht in erster Linie beim Bürger ein, sondern beim Normgeber.[151] Der rechtsunterworfene Bürger hingegen trägt das Bestrafungsrisiko. Dieses ist wegen der Grundproblematik der Auffindbarkeit des „vollständigen" Tatbestandes ohnehin schon erhöht, auf jeden Fall aber müssen die mit der Verweisungsnorm verknüpften Normen ihrerseits wiederum den Anforderungen an die Normbestimmtheit genügen.[152] Es unterliegen also nach wie vor alle Tatbestandsmerkmale dem Bestimmtheitsgrundsatz, gleichviel ob sie selbst im Normtext genannt oder durch Inbezugnahme an anderer Stelle auffindbar sind.

c) Verweisungstypen und Blankettstrafgesetze in §§ 8-12 VStGB

Es fragt sich, ob eine Verweisung auf bzw. eine Ausfüllung durch Völkerrecht nach den gleichen Maßstäben zu behandeln ist, wie eine solche auf bzw. durch innerstaatliches Recht.[153] Problematisch erscheint dabei insbesondere, dass der Gesetzgeber innerstaatliches Recht nach seinem Willen formen kann, also jedenfalls theoretisch eine Einheit der Rechtsordnung besteht. Das Völkerrecht hingegen entzieht sich der einseitigen Regelung durch einen Staat. Zudem ist die Feststellung des geltenden Völkergewohnheitsrechts als dynamischer Materie für den Richter besonders schwierig.[154]

---

[151] Anders wohl *Satzger*, S. 229, der beide Aspekte „offen" gegeneinander abzuwägen scheint und die Technik als „anwenderfreundlich" bezeichnet.

[152] Vgl. BVerfGE 22, 1, 19; 23, 265, 269; 75, 329, 342; *Dannecker*, in: LK StGB, § 1 Rn. 151 f.; *Schmidt-Aßmann*, in: *Maunz/Dürig*, GG, Art. 103 Rn. 201.

[153] Für den gleichen Maßstab *Nolte*, in: *von Mangoldt/Klein/Starck*, GG, Art. 103 Abs. 2 Rn. 154a, ein Rückgriff auf die Grundsätze der völkerrechtsfreundlichen Auslegung sei nicht erforderlich. Dagegen *Satzger*, Die Europäisierung des Strafrechts, S. 251 ff., 260 f. und *ders.*, JuS 2004, 943, 946.

[154] *Satzger*, Internationales Strafrecht, § 16 Rn. 35 hält daher den Verweis auf Völkergewohnheitsrecht für „gänzlich inakzeptabel". Vgl. auch *ders.*, NStZ 2002, 125, 131.

Allerdings darf hier nicht unbeachtet bleiben, dass diese Probleme durchaus mit jenen vergleichbar sind, die sich bei anderen Verweisungen stellen. Auch Verweisungen von Bundesrecht auf Landesrecht wurden als unzulässig angesehen, wenn letzteres allzu unübersichtlich sei.[155]

Zwar wird bei einer Verweisung auf Völkerrecht durch eine Norm des nationalen Rechts grundsätzlich zwischen zwei autonomen Rechtsordnungen verwiesen, allerdings sind diese nicht nur „verzahnt",[156] sondern darüber hinaus ist das Kriegsvölkerrecht über Art. 25 GG bzw. über Inkorporierung durch Vertragsgesetz im Wesentlichen Bestandteil der deutschen Rechtsordnung. Da dies allerdings die Erfordernisse des Art. 103 Abs. 2 GG für eine Pönalisierung von Kriegsverbrechen nicht obsolet macht, bleibt es auch hier bei den grundsätzlichen Anforderungen an Verweisungen und Blankettstrafgesetze.

Jede Anwendung einer Vorschrift bedingt dabei die Heranziehung der gesamten Rechtsordnung, der sie angehört.[157] Ist das Strafrecht mit anderen Rechtsgebieten verkoppelt, die eigene Bestimmtheitsanforderungen – dies bedeutet zugleich: geringere – stellen, so ist die strafrechtliche Eigenständigkeit auch durch eine entsprechend restriktive Fassung der Koppelungsvorschrift zu wahren.[158] In jedem Falle aber muss es weiterhin möglich sein, die Normen zu identifizieren, auf welche verwiesen wird. Ungeachtet ob die weiterführende Norm dem nationalen Recht oder dem Völkerrecht angehört, ist die Vorhersehbarkeit einer etwaigen Tatbestandserfüllung und Strafsanktion nur gewährleistet, wenn die in Bezug genommene Völkerrechtsnorm erkannt werden kann und sie ihrerseits hinreichend bestimmbar ist, mithin hinreichend auslegungsfähig. Nur in diesem Falle ist im Übrigen auch gewährleistet, dass der Gesetzgeber wusste, welche Tatbestände er mit welcher Reichweite erließ.

Eine objektiv undurchschaubare oder ungeklärte Rechtslage im Völkerrecht wäre als Merkmal eines Kriegsverbrechenstatbestandes nicht zulässig. Die einzige Möglichkeit, einen solchen Tatbestand noch aufrecht

---

[155] BVerfGE 5, 25, 31 ff.; *Kunig*, Das Rechtsstaatsprinzip, S. 200.

[156] So *Satzger*, Die Europäisierung des Strafrechts, S. 231 für das Verhältnis des nationalen Rechts zum Europarecht.

[157] *Pawlowski*, Methodenlehre für Juristen, Rn. 486; *Satzger*, S. 232 m.w.N.

[158] *Schmidt-Aßmann*, in: *Maunz/Dürig*, GG, Art. 103 Rn. 185.

zu erhalten, wäre eine restriktive Auslegung dahingehend, dass ein *identifizierbarer* Kerngehalt im Völkerrecht ausgemacht werden kann, auf welchen der Verweis oder das Blankett reduziert werden kann. Bei einer dynamischen Verweisung kann es zu diesem Zwecke auch in Betracht kommen, diese auf eine statische Verweisung zu reduzieren.

Demgegenüber ist der Verweis auf eine Norm des StGB unproblematisch zulässig (z.B. §§ 10 Abs. 2, 11 Abs. 2, 12 Abs. 2 VStGB i.V.m. § 226 StGB). Die in Bezug genommene Norm ist ohne weiteren Aufwand auffindbar und hinreichend bestimmt.

2. *Generalklauseln und unbestimmte Rechtsbegriffe*

Die Generalklausel zeichnet sich durch eine große Allgemeinheit und Ausfüllungsbedürftigkeit aus und bildet damit den Gegensatz zur kasuistischen Methode.[159] Eine gewisse Mischform aus angedeuteter Kasuistik und Generalklausel findet sich in Regelungen wie § 8 Abs. 1 Nr. 3 VStGB. Die Formulierung „insbesondere sie foltert oder verstümmelt" erlaubt einen Rückschluss auf die generelle Formulierung „grausam oder unmenschlich behandelt … erhebliche körperliche oder seelische Schäden oder Leiden zufügt." Die beispielhafte Aufzählung der Folter und Verstümmelung ändert zwar nichts an der offenen Formulierung der Norm, allerdings weist sie darauf hin, dass die übrigen Begehensformen ebenfalls einen hinreichenden Schweregrad aufweisen müssen, um mit Folter oder Verstümmelung vergleichbar (normativ äquivalent) zu sein. Ähnlich verhält es sich mit der Formulierung in § 8 Abs. 1 Nr. 7 VStGB („eine erhebliche Strafe, insbesondere die Todesstrafe oder eine Freiheitsstrafe"). Fehlt eine solche oder andere Hilfestellung, so ist die generalklauselhafte, allgemeine und offene Formulierung geradezu der klassische Fall, in dem die Einhaltung des Bestimmtheitsgrundsatzes kritisch überprüft werden muss, also namentlich die Auslegungsfähigkeit der Formulierung eine vorhersehbare Abgrenzung von strafbarem und erlaubtem Verhalten noch ermöglichen muss.

---

159 *Lenckner*, JuS 1968, 249, 250.

3. Berücksichtigung von Tatbestandsbesonderheiten?

Eine Bestimmbarkeit soll auch aus den „spezifischen Sachverhaltsbesonderheiten" des Delikts zu gewinnen sein.[160]

Welchen Grad an Bestimmtheit dem einzelnen Tatbestand zukommen muss, soll sich auch nach den Besonderheiten des jeweiligen Tatbestandes und den Umständen bemessen, die zu der jeweiligen gesetzlichen Regelung führten.[161] Der Normzweck sei zu berücksichtigen.[162] Die Eigenart des je zu regelnden Sachbereiches kann die Bestimmtheitsanforderungen herabsetzen, wenn eine genauere begriffliche Fassung kaum möglich wäre und Auslegungsprobleme mit den herkömmlichen juristischen Methoden zu bewältigen sind.[163] Ob dies jedoch der Fall ist, kann im Kriegsvölkerstrafrecht nur anhand einer Betrachtung der konkreten Norm entschieden werden. Zu unterschiedlich ist das Spektrum an Tatbeständen, als dass aus dem Aspekt der Sachverhaltsbesonderheit eine generelle Herabsetzung der Anforderungen gerechtfertigt werden könnte. Im Übrigen ändert sich der Überprüfungsmaßstab kaum, denn es bleibt dabei, dass die Norm Grundlage für berechenbare Auslegung sein muss.

VI. Kritik und Stellungnahme

Der in der Rechtsprechung wie dargestellt relativ reduzierte Gehalt des Bestimmtheitsgrundsatzes – namentlich die Entwicklung von der Forderung nach Bestimmtheit zur Forderung nach bloßer Bestimmbarkeit – ist nicht unkritisiert geblieben.[164] Es seien nur einige pointierte Äußerungen aufgeführt:

---

[160] BVerfGE 28, 175, 183; *Schulze-Fielitz*, in: *Dreier*, GG, Art. 103 II Rn. 36 m.w.N.

[161] BVerfGE 41, 314, 320; *Dannecker*, in: LK StGB, § 1 Rn. 183 und 200 m.w.N.

[162] BVerfGE 59, 104, 114; 78, 205, 212.

[163] BVerfGE 90, 1, 16 f.; vgl. *Papier/Möller*, AöR 122 (1997), 177, 185.

[164] Kritisch gegenüber der Kritik aber *Kuhlen*, in: FS *Otto*, S. 95: „Vielfach wird aufgrund hochgetriebener Präzisierungsanforderungen das de facto geltende [!] Strafrecht über weite Strecken wegen fehlender Bestimmtheit für ver-

So betont *Naucke* bezüglich Art. 103 Abs. 2 GG, dass Ernst und Absolutheit der Vorschrift auffällig mit dem „lässigen bis arroganten Umgang“ mit ihr kontrastierten, das Strafrecht werde so „immer unklarer“.[165] Er gelangt dementsprechend zu dem Ergebnis, Art. 103 Abs. 2 GG sei „eine leblose Vorschrift“.[166]

Nach *Schünemann* ist es „kaum zu glauben, wie häufig der Gesetzgeber ... seine Regelungsaufgaben durch inhaltslose Leerformeln auf die Justiz abzuwälzen versucht hat“.[167]

Grünwald hält es für „realistisch, die Hoffnung auf eine verfassungsrechtliche Kontrolle der Einhaltung des Bestimmtheitsgrundsatzes aufzugeben.“[168]

Es drängt sich nach *Krahl* die Frage auf, wann überhaupt „das BVerfG auf der Basis seiner Grundsätze eine Bestimmung wegen mangelnder Bestimmtheit für verfassungswidrig erklären will.“[169]

Weiterhin wird festgestellt, der weite Spielraum bei der Kriterienanlegung habe auch Extremfälle noch als mit Art. 103 Abs. 2 GG vereinbar passieren lassen.[170]

In der Tat scheint das Gefälle zwischen hehrem Prinzip und heutiger Praxis allzu augenfällig. Herrschen im einen – „prinzipiellen“ – Zusammenhang große, Ehrfurcht gebietende Formulierungen vor, so ist dort – in der konkreten Anwendung – ein Bereich, in dem (allerdings auch notwendigerweise) eher die kleine Münze hervortritt. In der Nachkriegsjudikatur wurde kaum je einmal ein Straftatbestand wegen

---

fassungswidrig erklärt.“; ähnlich *Schmidhäuser*, in: Gedächtnisschrift *Martens*, S. 239 und 241 („rechtsstaatliche Utopie“).

165 *Naucke*, in: KritV Sonderheft – *Winfried Hassemer* zum 60. Geburtstag, S. 135 und *ders.*, Über Generalklauseln und Rechtsanwendung im Strafrecht, S. 3.

166 *Naucke*, in: KritV Sonderheft – *Winfried Hassemer* zum 60. Geburtstag, S. 137.

167 *Schünemann*, Nulla poena sine lege?, S. 6.

168 *Grünwald*, in: FS *Kaufmann*, S. 439.

169 *Krahl*, Die Rechtsprechung des Bundesverfassungsgerichts und des Bundesgerichtshofs zum Bestimmtheitsgebot im Strafrecht, S. 116.

170 *Simon*, Gesetzesauslegung im Strafrecht, S. 52 f.

Verstoßes gegen Art. 103 Abs. 2 GG oder gar ausdrücklich wegen Unbestimmtheit für nichtig erklärt.[171] Zwar scheinen Bestimmtheitsgrundsatz und Analogieverbot in jüngster Zeit wieder vermehrtes Ansehen zu genießen,[172] doch ginge auch eine Neubesinnung auf ein stärkeres Bestimmtheitsgebot nunmehr von einem recht reduzierten Stand aus.[173]

Ließe man hingegen das Bestimmtheitsgebot mit dem Gehalt gelten, den Teile der Literatur annehmen, so wäre die Verfassungswidrigkeit weiter Teile des Strafrechts die Folge.[174]

Es ist dies der vielfach zu beobachtende Spalt *nicht* zwangsläufig und zwingend zwischen Theorie und Praxis, sondern vielmehr zwischen grundsätzlichem Anspruch und tatsächlichen Erfordernissen. Wenn gefordert wird, der Bestimmtheitsgrundsatz müsse als wesentliche Ausprägung des Rechtsstaates und klassische Errungenschaft der Aufklärung wieder mehr Beachtung finden, wer wollte sich dem entgegenstellen?

In praxi bewegen wir uns jedoch – und dies keineswegs nur im Völkerstrafrecht[175] – in einem sich stetig und dynamisch wandelnden tatsächlichen wie rechtlichen Umfeld, so dass manche der Forderungen nach – unter Bestimmtheitsaspekten sicherlich begrüßenswerten – Simplifizierungen ins Leere laufen. Ein zum Absoluten erhobener Grad an optimaler Bestimmtheit ist aber in einem einigermaßen komplexen Umfeld nicht nur unerreichbar, er würde auch den Forderungen des Rechts – hier des Kriegsvölkerstrafrechts – nicht gerecht werden.

Man wird von einem Rechtsbegriff keine völlige Eindeutigkeit und schlichte Einfachheit verlangen können, wenn die zugrunde liegenden Sachverhalte, die er beschreiben soll, hochkomplex und dynamisch sind. Anderenfalls müsste man konsequent dem Gesetzgeber die Regelung

---

[171] Vgl. BVerfGE 14, 174, 185 ff.; 17, 306, 314 f.; 78, 374, 383 ff.; BayVerfGHE 4, 194, 204; VGH Baden-Württemberg, NJW 1984, 507, 508; *Birkenstock*, Die Bestimmtheit von Straftatbeständen mit unbestimmten Gesetzesbegriffen, S. 107; *Dannecker*, in: LK StGB, § 1 Rn. 72 ff.; *Herzberg*, in: Symposium für *Schünemann*, S. 51; *Kunig*, in: *von Münch/Kunig*, GG, Art. 103 Rn. 27; *Schmitz*, in: MüKo StGB, § 1 Rn. 46; *Schulze-Fielitz*, in: *Dreier*, GG, Art. 103 II Rn. 38.

[172] *Kuhlen*, Die verfassungskonforme Auslegung von Strafgesetzen, S. 86.

[173] Vgl. *Dannecker*, in: LK StGB, § 1 Rn. 195.

[174] *Schmitz*, in: MüKo StGB, § 1 Rn. 41; vgl. *Dannecker*, in: LK StGB, § 1 Rn. 210 und obige Fn. 164.

[175] Vgl. *Woesner*, NJW 1963, 273, 273 f.

solcher komplexen Gegenstände ganz verweigern, was aber, soweit ersichtlich, weder vertreten wird, noch angesichts eklatanter Regelungsbedürftigkeit, beispielsweise eben des Kriegsvölkerstrafrechts, auch nur denkbar erscheint. Alternativ könnte man daran denken, vom Gesetzgeber den Erlass einer Kodifikation zu verlangen, die einen jeden Begriff derart abschließend definiert, dass kein Zweifel an seiner Reichweite und auch keine Auslegungszweifel zurückbleiben. Dies ist kein bloß theoretisches Postulat, wurde vielmehr bereits in der Rechtsgeschichte vorexerziert, so im preußischen ALR.[176] Damit allerdings würde dem Bestimmtheitsgrundsatz in schlechter Dienst erwiesen, denn die Durchdeklinierung eines jeden komplexen Begriffes, z.B. im Bereich der Kriegsverbrechenstatbestände, würde noch weit über den Gehalt der *elements of war crimes* hinausführen müssen, die ja gerade die problematischen Begriffe nicht hinreichend erläutern, würde also zu einem legalistischen Exzess in einer Ausführlichkeit ausarten, die das Wesentliche nicht mehr erkennen ließe. Die Struktur würde derart umfangreich und komplex, dass sich der Rechtsunterworfene des Umfanges einer etwaigen Strafbarkeit weniger denn je versichern könnte.[177] Ein Gesetz müsste damit nicht nur den Gerichten jeden Handlungsspielraum nehmen,[178] sondern auch mit Begrifflichkeiten, Definitionen, Ausnahmen und Rückausnahmen für jeden denkbaren Fall, sei er auch unwahrscheinlich, ausgestattet werden.

Um also wieder zu der Forderung nach absoluter Bestimmtheit zurückzukehren und um im bereits verwendeten Bild zu bleiben: Es würde diese allzu einseitig dem Pol der *strict legality* zuneigen. Auch das geschriebene Gesetz bedarf eines gewissen Grades an Flexibilität, soll es seine Zielsetzungen erreichen können. Dass der Grundsatz der Normbestimmtheit also nicht zu einem absoluten Postulat erhoben werden sollte und er durch andere Prinzipien der Verfassung begrenzt sein

---

[176] Das ALR umfasste in seinem Strafrechtsteil 1577 Paragraphen, darunter alleine 120 Paragraphen über die Beleidigung und fast 100 über den Kindsmord (bei einem Gesamtumfang von 20.000 Paragraphen); vgl. *Kohlmann*, Der Begriff des Staatsgeheimnisses und das verfassungsrechtliche Gebot der Bestimmtheit von Strafvorschriften, S. 186; *Krey*, Keine Strafe ohne Gesetz, Rn. 88.

[177] Vgl. *Papier/Möller*, AöR 122 (1997), 177, 200.

[178] *Kunig*, Das Rechtsstaatsprinzip, S. 401 f.

kann,[179] bedeutet auf der anderen Seite nicht, dass einer Aufweichung des Grundsatzes keine Grenzen gesetzt sind.

Diesen gegenläufigen Anforderungen wird das Abstellen auf durch nachvollziehbare Auslegung erreichbare Bestimmbarkeit gerecht.

Durchaus passend kann *summa summarum* die Kontroverse um den Bestimmtheitsgrundsatz in einem Satz zusammengefasst werden: „Diese Rechtsprechung wird zwar nicht selten kritisiert, zumeist jedoch akzeptiert."[180]

D. Nochmals zum internationalen Recht

Da die Rechtsprechung nationaler Gerichte auch Staatenpraxis und *opinio iuris* sind und überdies die Reputation und jeweilige Kompetenzfülle eines Gerichts das Gewicht einer Entscheidung mitprägen,[181] ist eine einschlägige Rechtsprechung von BVerfG und BGH auch insoweit mit „Außenwirkung" versehen, als sie Völkerrecht mitformen. Es sind hinsichtlich des Bestimmtheitsgrundsatzes zweierlei Tendenzen zu beobachten: Im internationalen Recht findet der Bestimmtheitsgrundsatz in jüngerer Zeit stetig mehr Aufmerksamkeit, im nationalen Recht vollzieht sich dagegen seit geraumer Zeit eine Relativierung seiner Bedeutung. Es verhält sich also so, dass sich der Gehalt des Bestimmtheitsgrundsatzes im Völkerrecht und im nationalen Recht einander annähern. Damit ist jedenfalls der Rahmen eines großen Bildes beschrieben. Dass sich die Gehalte eines Tages völlig decken werden ist hingegen bereits deswegen unwahrscheinlich, da die nationale Dogmatik zumindest verbal aufrecht erhalten werden wird, das Völkerrecht sich aber nicht einseitig in Richtung einer bestimmten nationalen Definition von Normbestimmtheit entwickeln wird.

---

179 *Schulze-Fielitz*, in: *Dreier*, GG, Art. 103 II Rn. 35.

180 *Nolte*, in: *von Mangoldt/Klein/Starck*, GG, Art. 103 Abs. 2 Rn. 138. Ähnlich *Herzberg*, in: Symposium für *Schünemann*, S. 31. Resignativ auch *Naucke*, Über Generalklauseln und Rechtsanwendung im Strafrecht, S. 26 („Dies zu kritisieren ist nötig, aber unnütz.").

181 *Ruffert*, JZ 2001, 633, 635.

E. Zusammenfassung

Der Bestimmtheitsgrundsatz des Art. 103 Abs. 2 GG ist eine seit der Aufklärung entwickelte Essenz der Rechtsstaatlichkeit. Über die grundsätzliche Bedeutung des Prinzips herrscht dabei aber sehr viel mehr Einklang als über die konkrete Anwendung. Auch deswegen war der Bestimmtheitsgrundsatz in der Geschichte einem stetigen Auf und Ab ausgesetzt. In der Gegenwart wird versucht, durch das Abstellen auf durch anerkannte Auslegungsmethoden erreichbare Bestimmbarkeit sowohl dem Bedürfnis nach Vorhersehbarkeit als auch jenem nach Flexibilität zu entsprechen. Dieser Ansatz entspricht der Erkenntnis, dass sprachliche Formulierungen nur selten schon aus sich heraus einen abschließenden Gehalt haben, vielmehr nahezu durchweg der Auslegung bedürfen. Damit wachsen Spielraum und Verantwortung aller Rechtsanwender, insbesondere aber des Richters, ebenso wie Anforderungen an eine klare, transparente und handhabbare Methodik, die eine Vorhersehbarkeit des Auslegungsergebnisses ermöglicht.

6. Kapitel: Der Lösungsansatz der §§ 8-12 VStGB im Rahmen von nationaler und internationaler Rechtsordnung

A. Der Balanceakt zwischen Verfassungsrecht und Völkerrecht

Hören wir abermals *von Liszt*: „Die Interessen der Gesamtheit mit der Freiheit des Einzelnen in Einklang zu bringen, das ist die oberste Aufgabe einer jeden geordneten Gesellschaft. Jedes Volk und jede Zeit zieht die Grenzlinie anders."[1]

Es wurde bereits betont, dass das VStGB dem Ursprung seiner Tatbestände nach materiellem Völkerrecht kodifiziert, formell aber Bestandteil der deutschen Rechtsordnung ist. Der deutsche Gesetzgeber hat sich zur Gestaltung des VStGB wesentlicher Elemente des Programms der deutschen Strafrechtsdogmatik, von überkommenen Begriffen über konkrete Strafandrohungen bis hin zu unbenannten minder schweren Fällen bedient und legt dieses Schema auf materielles Völkerrecht.

Hieraus ergibt sich nun ein doppeltes Einfügungsproblem.

Erstens ein Einfügungsproblem insoweit, als das VStGB gewissermaßen durch seine Struktur und begriffliche Fassung „vorgibt", sich in die schon bestehende nationale (Straf-)rechtsordnung nahtlos einzufügen, von der aus es inhaltlich weiter bestimmt und weiter in seinen „offenen" Bestimmungen mit Gehalt aufgefüllt wird.[2] Konkret bedeutet dies, dass die Erwartung, dass ein Begriff im VStGB immer mit dem gleichen Gehalt auszufüllen wäre wie der gleich lautende Begriff im StGB gegebenenfalls frustriert werden muss, nämlich in jenen Fällen, in denen das Völkerrecht diesen Begriff anderweitig „programmiert" hat. Es wäre nun aber, zweitens, auch nicht durchweg zielführend, sämtliche Begriffe des VStGB automatisch mit ihrem völkerrechtlichen Gehalt zu versehen, denn möglicherweise erweist sich dieser mitunter angesichts des nationalen Bestimmtheitsgrundsatzes als nicht präzise genug.

---

1 *Von Liszt*, ZStW 13 (1893), 325, 357.

2 Vgl. *Böckenförde*, NJW 1976, 2089, 2091.

In dieser Arbeit soll bei der Suche nach einem Lösungsansatz für die Ausgestaltung und Auslegung der Kriegsverbrechen im Spannungsfeld zwischen nationalem und internationalem Recht nicht in erster Linie die Entwicklung neuartiger Methoden oder Theorien vorangetrieben werden. Vielmehr wird der Versuch unternommen, unter Anwendung bewährter und anerkannter Methoden das Recht der Kriegsverbrechen in das deutsche Recht einzupassen. Diese Vorgehensweise entspricht zum einen der Intention des Gesetzgebers, denn für das VStGB sollen ja bereits im Allgemeinen Teil nur diejenigen Sonderregeln gelten, die sich unabweislich aus den Besonderheiten des Rechtsgebietes ergeben. Zum anderen birgt eine Sonderdogmatik immer eine unnötige Quelle für die Potenzierung von Rechtsanwendungsfehlern, so dass nach Möglichkeit ein Aufgehen in der allgemeinen Dogmatik anzustreben ist.[3]

I. Ziele des Völkerstrafgesetzbuches und Vorgaben

Die Zielsetzung eines möglichst durchgängigen Gleichlaufs zwischen der Norm des internationalen materiellen Strafrechts und der korrespondierenden nationalen Regelung führt dazu, dass die nationale Norm durch die internationale vorgeprägt ist. Im Optimalfalle sind die Anwendungsbereiche identisch. Häufiger ist aber der Fall, dass die Einfügung in das nationale Recht den Anwendungsbereich der Norm nicht unberührt lässt, ihn also zu einem gewissen Grad abändert, sei es schlicht aufgrund der Übersetzung aus einem authentischen Text in die jeweilige Rechtssprache, sei es aufgrund der Übernahme gewisser nationaler Regelungstechniken und dogmatischer Grundmuster, sei es wegen der Berücksichtigung nationalen Verfassungsrechts. Abweichungen in der Tatbestandserfassung sind daher in einem weiten Feld möglich und werden auch vielfach eintreten. Das heißt freilich noch nicht, dass sie auch stets relevant sein werden. Vielfach werden sie unbemerkt bleiben, bis sie durch Anwendung des Tatbestandes auf einen konkreten Fall „aktiviert" werden. Nicht immer wird die Abweichung also Probleme bereiten.

---

[3] Allgemein: *Pawlowski*, Methodenlehre für Juristen, Rn. 516.

Anhand dieser Vorgaben konnte der Gesetzgeber sich nicht mit der pauschalen Übernahme der Tatbestandsformulierungen des IStGH-Statuts begnügen und hat dies auch nicht getan.[4]

Um die Voraussetzungen für eine vorrangige Zuständigkeit deutscher Gerichte zu sichern ist es erforderlich, dass die Rechtsfolgen des VStGB eine Bestrafung ermöglichen müssen, die vom IStGH als angemessene Strafverfolgung gedeutet wird.[5]

Diesen Test besteht das VStGB zweifellos.

Auch eine strikte Anwendung des Bestimmtheitsgrundsatzes findet einen Ansatzpunkt in den Vorgaben des VStGB. Dieses soll nach dem Willen des Gesetzgebers nämlich durch Schaffung einer einheitlichen Regelung die Rechtsklarheit und Handhabbarkeit in der Praxis fördern; dieses Ziel aber ist durch möglichst präzise und klare Bestimmungen sicherlich – neben einer gelungenen Systematisierung – am Besten erreichbar.[6]

II. Art. 25 GG und Modifikationen der Normbestimmtheit?

Angesichts des Erfordernisses eines geschriebenen und bestimmten nationalen Gesetzes als Grundlage für die nationale Verfolgung internationaler Verbrechen gegen das humanitäre Völkerrecht scheint vordergründig in der Ansicht, dass Art. 25 GG eine weitgehend deklamatorische, aber keine reelle Bedeutung entfaltet habe,[7] für den Bereich des Völkerstrafrechts nicht fern liegend.

---

4 *Gropengießer/Kreicker*, Grundlagen der Strafverfolgung völkerrechtlicher Verbrechen in Deutschland, S. 23 f. Vgl. *Kiriakaki*, ZStW 118 (2006), 229, 261.

5 *Lüder/Vormbaum*, Materialien zum Völkerstrafgesetzbuch, S. 31.

6 *Satzger*, Internationales Strafrecht, § 16 Rn. 31.

7 *Silagi*, EuGRZ 1980, 632, 635.

1. Allgemeine und besondere Pönalisierungsgebote

Im „normalen" Strafrecht kann sich aus der Verfassung ein Pönalisierungsgebot aus der objektiv-rechtlichen und der Abwehrfunktion der Grundrechte ergeben, wenn ein effektiver Schutz nicht durch ein milderes Mittel gewährleistet werden kann, wobei ein konkretes Opfergrundrecht betroffen sein muss[8] (Untermaßverbot). Die Konturen sind hier allerdings weithin ungeklärt und dem Gesetzgeber kommt eine entsprechend weite Ausgestaltungskompetenz zu.[9] Selbst wenn man davon ausgeht, dass demnach ein allgemeines Pönalisierungsgebot besteht,[10] so verliert sich dieses jedenfalls in der konkreten Ausgestaltung. Die Pflicht zur Schaffung eines konkreten Straftatbestandes hat damit allenfalls Ausnahmecharakter.[11]

Demgegenüber tritt im Völkerstrafrecht diesem schwachen allgemeinen Pönalisierungsgebot ein verstärkender Aspekt zur Seite, nämlich die Tatsache, dass die Pönalisierung der Straftaten gegen das Völkerrecht nicht nur dem grundrechtlich verbürgten Individualschutz zu dienen bestimmt ist, sondern auch dem Schutz der Völkerrechtsordnung und der Erfüllung von Pönalisierungspflichten oder zumindest -obliegenheiten. Dementsprechend ist der Gesetzgeber in der Ausgestaltung und der Reichweitebestimmung der Tatbestände des Völkerstrafrechts nicht zur Gänze frei, obgleich diese durch nationales Gesetz Teil des nationalen Strafrechts werden. Die weitere Gestaltungskompetenz reduziert sich vor allem auf die Frage, ob der Staat eigene Tatbestände für die Völkerrechtsverbrechen schafft oder sie über das „normale" Strafrecht mitlaufen lässt.

Das besondere Pönalisierungsgebot für das Völkerstrafrecht ist stärker als das allgemeine, da es übergeordneten Zielen zu dienen bestimmt ist.

Dieser Befund an sich wäre in unserem Zusammenhang nicht weiter beachtlich, könnten sich hieraus nicht Folgerungen für die Normbestimmtheit oder die Auslegung von Kriegsverbrechenstatbeständen ergeben.

---

8 BVerfGE 39, 1, 46 f.; *Joecks*, in: MüKo StGB, Einl. Rn. 19.

9 *Joecks*, in: MüKo StGB, Einl. Rn. 20. Vgl. *Weigend*, in: LK StGB, Einl. Rn. 2.

10 Was durchaus bestritten wird, *Appel*, Verfassung und Strafe, S. 67 f.; *Burgi*, in: FS *Isensee*, S. 660.

11 *Burgi*, in: FS *Isensee*, S. 660.

Es wird die Einräumung eines „gewissen Privileges für den Gesetzgeber" bei der Erfüllung völkerrechtlicher Pönalisierungspflichten, was die Erfüllung des Bestimmtheitsgrundsatzes anbelangt, vorgeschlagen.[12] Die Grenzen dieses Privileges sollen allerdings dort erreicht sein, „wo die Reichweite des Tatbestandes völlig unklar ist und auch der völkerrechtliche Hintergrund keinerlei Anhaltspunkte mehr für eine Konkretisierung liefert."[13]

2. *Vorab wirkende Modifikationen wegen Völkerrechtsfreundlichkeit?*

Hinzu tritt der Aspekt, dass man daran denken kann, im Wege des Erst-Recht-Schlusses die im Völkerrecht zwingende Wirkung des *ius cogens* auf das staatliche Recht dergestalt zu übertragen, dass es dem Staat verwehrt sein solle, seine Rechtsordnung entgegen einer *ius cogens*-Norm auszurichten.[14] Die GA, jedenfalls und insbesondere ihr gemeinsamer Artikel 3, statuieren wie auch andere Instrumente des humanitären Völkerrechts grundlegendste humanitäre Erwägungen und gehören daher zumindest in wesentlichen Teilen,[15] nach anderer Ansicht in ihrer Gesamtheit,[16] dem *ius cogens* an. Was folgt aber aus der Zugehörigkeit einer Primärnorm zum *ius cogens* mit Wirkung *erga omnes* für die Sekundärnorm, i.e. den korrespondierenden Tatbestand eines Kriegsverbrechens? Hier kann man vertreten, dass diese Zugehörigkeit, die besondere Qualität der Primärnorm, auch auf die Sekundärnorm als Schutzmechanismus durchschlägt. Hieraus folgt, dass die Kriegsverbrechenstatbestände dem Grundsatz nach nicht nur „gewöhnliches" Völkerrecht sind, sondern im Völkerrecht eine besonders bedeutende Rolle einnehmen, ähnlich dem Verfassungsrecht im nationalen Recht.[17]

---

12 *Satzger*, NStZ 2002, 125, 130; *ders.*, Internationales Strafrecht, § 16 Rn. 32.

13 *Satzger*, Internationales Strafrecht, § 16 Rn. 33.

14 Vgl. *Ruffert*, JZ 2001, 633, 636.

15 *Meron*, AJIL 81 (1987), 348, 355 f.; *Provost*, BYIL 65 (1994), 383, 388.

16 So wohl auch *Ipsen*, Völkerrecht, S. 193, der aber dem – noch zu thematisierenden – Verbot der Verursachung weit reichender, schwerer und lang andauernder Umweltschäden „angesichts seiner Unbestimmtheit" den *ius cogens*-Charakter nicht zuerkennt.

17 Vgl. *Bassiouni*, Introduction to International Criminal Law, S. 13.

So nimmt es nicht Wunder, dass seit langem in der Diskussion steht, ob nicht Art. 103 Abs. 2 GG gegenüber Art. 25 GG zurücktreten müsse.[18] Diese in unserem Zusammenhang recht speziell, nämlich lediglich im Hinblick auf Bestimmtheitsgebot im nationalen Recht *versus* Bestimmtheitsgebot im Völkerrecht sich stellende Frage steht freilich in einem größeren Kontext, nämlich der Frage, „ob den allgemeinen Regeln des Völkerrechts der Vorrang auch gegenüber dem Grundgesetz selbst eingeräumt worden sei."[19] Sie steht – dies sei nur *colorandi causa* erwähnt – auch in einem zweiten weiteren Kontext, nämlich einer Strömung, die Bestimmtheitsanforderungen als Optimierungsgebote auffasst, also fordert, die Strafbarkeit müsse soweit exakt sein, als dies mit konfligierenden Zielen zu vereinbaren sei, und so häufig zu dem Ergebnis kommt, ein Verstoß liege nicht vor.[20]

Werle/Jeßberger[21] gelangen zu dem Ergebnis, dass die Tatbestände des VStGB dem Bestimmtheitsgrundsatz nach Art. 103 Abs. 2 GG genügen, indem sie aus dem Grundsatz der Völkerrechtsfreundlichkeit des Grundgesetzes folgern, dass „im Zusammenhang mit der Übertragung völkerrechtlicher Normen in die innerstaatliche Rechtsordnung die Anforderungen an die Gesetzesbestimmtheit nicht übersteigert werden dürfen." Daher stünde „dem Gesetzgeber bei der Umsetzung völkerrechtlicher Normen in die staatliche Rechtsordnung ein erweiterter Spielraum zur Verfügung".

Diese Ansicht statuiert letztlich den *abstrakten* Vorrang des Völkervertragsrechts bzw. des völkerrechtlichen Gewohnheitsrechts (denn die Kriegsverbrechenstatbestände des IStGH-Statuts wurden ihrerseits weithin bereits bestehendem Völkergewohnheitsrecht entnommen) vor dem Verfassungsrecht, noch dazu vor einem Grundrecht bzw. grundrechtsgleichem Recht.

Allerdings werden die allgemeinen Regeln des Völkerrechts über Art. 25 GG mit der überwiegenden Auffassung dergestalt Bestandteil des Bundesrechts, dass sie einen Rang über einfachem nationalem Gesetzesrecht,

---

[18] *Dahm*, Zur Problematik des Völkerstrafrechts, S. 70; *Haaß*, „Nulla poena sine lege" im nationalen und internationalen Recht, S. 33.

[19] So die Formulierung von *Dahm*, Zur Problematik des Völkerstrafrechts, S. 70.

[20] *Kuhlen*, in: FS *Otto*, S. 95 f.

[21] *Werle/Jeßberger*, JZ 2002, 725, 730.

aber jedenfalls unterhalb der Verfassung einnehmen.[22] Über Art. 59 GG in den nationalen Rechtsraum gelangende Vertragsregelungen gelten als einfaches Bundesgesetz. Daher kann also im Ergebnis das allgemeine Völkerrecht keinen Vorrang vor der Verfassung beanspruchen, so dass sie Grundrechte nicht unmittelbar verdrängen können[23] und – um auf die sich konkret stellende Frage nach der Geltung eines stärkeren oder schwächeren Bestimmtheitsgrundsatzes zu antworten – zu sagen ist, dass der – stärkere – Art. 103 Abs. 2 GG anzuwenden ist und das Kriterium für die Bestimmtheitsmaßstäbe abgibt.[24]

Wiederum kann man hier aber daran denken, *ius cogens*-Vorschriften mit Verfassungsrang auszustatten, sie also entsprechend ihrer hervorgehobenen Positionierung im Völkerrecht auch im nationalen Recht hervorzuheben.[25]

Art. 103 Abs. 2 GG ist mangels ausdrücklicher Schrankenermächtigung vorbehaltlos gewährleistet,[26] so dass eine Begrenzung unter dem Gesichtspunkt der Einheit der Verfassung nur über kollidierendes Verfassungsrecht in Betracht kommt.[27]

---

[22] BVerfGE 6, 309, 363; *Bremer*, Nationale Strafverfolgung internationaler Verbrechen gegen das humanitäre Völkerrecht, S. 147 f. m.w.N.; *Brockmeyer*, in: *Schmidt-Bleibtreu/Klein*, GG, Art. 25 Rn. 1a; *Herdegen*, in: *Maunz/Dürig*, GG, Art. 25 Rn. 42 m.w.N.; *Rojahn*, in: *von Münch/Kunig*, GG, Art. 25 Rn. 37 m.w.N.; *Streinz*, in: *Sachs*, GG, Art. 25 Rn. 85 ff.

[23] *Brockmeyer*, in: *Schmidt-Bleibtreu/Klein*, GG, Art. 25 Rn. 3a.

[24] Ebenso *Dahm*, Zur Problematik des Völkerstrafrechts, S. 71; *Ebert*, in: FS *Müller-Dietz*, S. 175; *Satzger*, JuS 2004, 943, 946; *ders.*, Internationales Strafrecht, § 16 Rn. 30.

[25] *Rojahn*, in: *von Münch/Kunig*, GG, Art. 25 Rn. 38.

[26] Vgl. BVerfGE 109, 133, 171 f.; *Gärditz*, Weltrechtspflege, S. 366 und 380 m.w.N.; *Jarass/Pieroth*, GG, Art. 103 Rn. 55; *Stern*, Staatsrecht der Bundesrepublik Deutschland, Band III/2, S. 515 f., 520.

[27] *Jarass/Pieroth*, GG, Art. 103 Rn. 55; *Kokott*, in: *Merten/Papier*, Handbuch der Grundrechte, Band I, § 22 Rn. 47. Dass auch vorbehaltlos gewährleistete Grundrechte nicht schrankenlos, sondern vielmehr gemeinschaftsbezogen und gemeinschaftsgebunden sind, ist unstrittig. Lediglich die Begründung der Vorgehensweise bei der Beschränkung war im Laufe der Zeit Wechseln unterworfen. Ausführlich *Stern*, Staatsrecht der Bundesrepublik Deutschland, Band III/2, S. 660 ff.; vgl. auch *Maurer*, Staatsrecht I, § 9 Rn. 59.

Damit ist Art. 103 Abs. 2 GG *in seiner Ausprägung als Bestimmtheitsgrundsatz* im Grundsatz zwar abwägungsfeindlich, sehr wohl aber einer Abwägung im konkreten Einzelfalle zugänglich. Dass Art. 103 Abs. 2 GG – jedenfalls in seiner Ausformung als Bestimmtheitsgrundsatz – von vornherein so beschaffen wäre, dass er „auf im GG verbürgte kollidierende Rechte oder ‚Werte' nicht trifft"[28] kann angesichts des Konfliktes zwischen Völkerrechtsfreundlichkeit und Bestimmtheitsgrundsatz für unser Themengebiet nicht festgestellt werden.

Der Konflikt zwischen Normbestimmtheit und Völkerrechtsfreundlichkeit, also zwei Verfassungsrechtsgütern, ist nicht anders zu klären als andere Konflikte zwischen Verfassungsrechtsgütern auch. Dies bedeutet im Ergebnis eine konkrete Abwägung anhand der hierfür entwickelten Methodik, ohne dass im Vorfeld eines der Verfassungsrechtsgüter abstrakt für prävalent erklärt wird[29] (dazu noch ausführlicher unten C.). Selbst die Annahme eines Verfassungsranges bestimmter völkerrechtlicher Normen führt demnach also nicht zu einem abstrakten Vorrang vor Art. 103 Abs. 2 GG, sondern allenfalls zur Beachtlichkeit im Rahmen von Auslegung und *konkreter* Abwägung. Der Bestimmtheitsgrundsatz wird daher nach dem hier vertretenen Ansatz keiner Vorabmodifikation ausgesetzt, sondern bleibt zunächst als unmodifizierter Maßstab bestehen.

28 *Kunig*, in: *von Münch/Kunig*, GG, Art. 103 Rn. 17.

29 Vgl. *Dahm*, Zur Problematik des Völkerstrafrechts, S. 79; *Vogel*, Die Verfassungsentscheidung des Grundgesetzes für eine internationale Zusammenarbeit, S. 39 f.

3. Modifikationen wegen des Adressatenkreises?

Inhalt und Bedeutung der strafrechtlichen Rechtssätze sind aus der Sicht des Bürgers zu bestimmen.[30] Mit anderen Worten kommt es also auch bei der Rechtsprechung des Bundesverfassungsgerichts zum Bestimmtheitsgebot auf den für den Adressaten erkennbaren und verstehbaren Wortlaut des gesetzlichen Tatbestandes an.[31]

Soweit sich Normen im Nebenstrafrecht an Fachleute, namentlich bestimmte Berufsgruppen wenden, hat das BVerfG aber nicht auf einen verständigen Durchschnittsbürger abgestellt, sondern auf einen besonderen Adressatenhorizont.[32] Dann liegt es nämlich so, dass der Adressat innerhalb dieses engen Adressatenkreises dank seines Fachwissens auch generalklauselartige Begriffe richtig aufzufassen und auszulegen mag, obgleich dieselben Begriffe einem Außenstehenden unklar erscheinen würden und eine konkrete Verhaltensanweisung ihnen nicht entnommen werden könnte.[33] Allerdings ist auch dieser Satz in den Kontext der Spezialistenmaterie einzuordnen. So wird richtigerweise gefordert, dass vor der Verwendung einer spezifischen Fachsprache gesichert ist, dass die betreffende Strafnorm *ausschließlich* an Fachleute adressiert ist, also sich nur ein Personenkreis überhaupt nach dieser Norm strafbar machen kann, der die verwendete Fachsprache auch beherrscht.[34] Dies erinnert an den von *Forsthoff* zitierten Satz des *Novalis*, wonach wahre Mitteilung nur unter Gleichgesinnten, Gleichdenkenden, stattfinde.[35]

---

[30] BVerfGE 71, 108, 116; 73, 206, 236; *Dannecker*, in: LK StGB, § 1 Rn. 302; *Satzger*, Die Europäisierung des Strafrechts, S. 241.

[31] BVerfGE, NJW 1995, 1883, 1883; *Satzger*, Die Europäisierung des Strafrechts, S. 241; *ders.*, JuS 2004, 943, 944.

[32] BVerfGE 26, 186, 204; 48, 48, 57; *Boot*, Genocide, Crimes against Humanity, War Crimes: Nullum Crimen Sine Lege and the Subject Matter Jurisdiction of the International Criminal Court, S. 98.

[33] *Bydlinski*, Juristische Methodenlehre und Rechtsbegriff, S. 439.

[34] BVerfGE 48, 48, 57; *Dannecker*, in: LK StGB, § 1 Rn. 211; *Satzger*, Die Europäisierung des Strafrechts, S. 243; *Schmidt-Aßmann*, in: *Maunz/Dürig*, GG, Art. 103 Rn. 189.

[35] *Forsthoff*, Recht und Sprache, S. 11.

a) Kriegsvölkerstrafrecht als ausschließliche Spezialistenmaterie?

Eine Begründungsrichtung für eine Lockerung des Bestimmtheitsgrundsatzes bei Kriegsverbrechenstatbeständen wird denn auch damit begründet, dass die Normen des Kriegsvölkerrechts und des Kriegsvölkerstrafrechts „sich in erster Linie an einen Personenkreis [richten], der mit der Materie speziell vertraut gemacht wird."[36]

Eine solche Pflicht ergibt sich aus den Genfer Abkommen und den Zusatzprotokollen (Art. 47 GA I, 48 GA II, 127 GA III, 144 GA IV, Art. 6 und 82 ZP I; sehr viel lockerer aber demgegenüber Art. 19 ZP II) und in einer regulär konstituierten staatlichen Armee wird diese Vermittlung zumindest ansatzweise auch meist erfolgen. Ungeachtet der tatsächlichen Effektivität einer solchen Vermittlung einer überaus komplexen Rechtsmaterie[37] sind mögliche Täter eines Kriegsverbrechens aber nicht nur Soldaten, sondern auch Zivilpersonen. Kann aber grundsätzlich *jedermann* Täter eines Kriegsverbrechens sein (siehe *7. Kapitel B. III.*), so muss auch jedermann grundsätzlich die Tatbestände der Kriegsverbrechen verstehen können, zwar womöglich unter Einsatz vertretbaren Aufwandes, aber gewiss nicht erst nach extensiver Konsultation von Spezialisten oder Einholung völkerrechtswissenschaftlicher Gutachten.[38] Die Tatbestände der Kriegsverbrechen haben gerade keinen abgeschlossenen Adressatenkreis; es heißt im VStGB auch nicht „ein Soldat, der ... wird mit ... bestraft", sondern durchweg „*wer* ... wird mit ... bestraft". Eine Splittung zwischen verschiedenen Kämpfergruppen wäre unpraktikabel und brächte merkwürdige Abstufungen mit sich; so kann

---

[36] *Werle/Jeßberger*, JZ 2002, 725, 730; zustimmend *Dannecker*, in: LK StGB, § 1 Rn. 32; *Satzger*, JuS 2004, 943, 946. In Deutschland erfolgt durch die Rechtsberater der Bundeswehr eine Unterrichtung der Soldaten im Recht des bewaffneten Konflikts (Regel 146 ZDv 15/2); *Fischer*, in: *Fischer/Lüder*, Völkerrechtliche Verbrechen vor dem Jugoslawien-Tribunal, nationalen Gerichten und dem Internationalen Strafgerichtshof, S. 210.

[37] Kritisch zur tatsächlichen Situation *Doswald-Beck*, in: *Schmitt/Green*, The Law of War: Into the Next Millennium, S. 46: „... the personal impression of this author, on the basis of speaking with military personnel from around the world, is that their instruction in the law has been patchy or nonexistent."

[38] Nach *Satzger*, JuS 2004, 943, 946 soll Bestimmbarkeit noch vorliegen, wenn Fragen „mit gewissem völkerrechtlichem Vorwissen und rechtstechnischem Geschick" beantwortet werden können. Dies sind allerdings ihrerseits recht unbestimmte Maßstäbe. Vgl. *Lehner*, NJW 1991, 890, 890 f.

bereits vom Wehrpflichtigen kaum der gleiche Ausbildungsstand wie vom Berufssoldaten erwartet werden. Hinzu kommt noch, dass gerade in den in der Gegenwart häufigen nichtinternationalen bewaffneten Konflikten vielfach militärische Akteure auftreten, die vergleichsweise unprofessionell geführt, eilig zusammengestellt und ausgebildet sind, sowie aus Truppen mit womöglich kaum vorhandenen militärischen Hintergrund bestehen. Aus allen diesen Gründen ist eine Maßstabslockerung für Bestimmtheitsanforderungen wegen des Adressatenkreises nicht angezeigt. Lediglich für einige Tatbestände kann man dies anders sehen, nämlich für jene, die auf spezifische Tätergruppen gemünzt sind und *jedenfalls typischerweise* von diesen begangen werden. So werden medizinische Experimente (§ 8 Abs. 1 Nr. 8 VStGB) zumeist von Ärzten vorgenommen werden und ein Angriff mit unverhältnismäßigen Begleitschäden (§ 11 Abs. 1 Nr. 3 und Abs. 3 VStGB) zumeist von höheren Offizieren befohlen – wenn auch nicht ausgeführt – werden.

b) Nichtvergleichbarkeit der Tatbestände, Rechtsfolgen und der Umstände

Zudem ging es in den Entscheidungen, an denen die Lockerung von Bestimmtheitsanforderungen bei einem bestimmten Adressatenkreis allgemein festgemacht wird, um Berufsgruppen wie Ärzte, Anwälte oder Beamte und um mit Berufspflichten verbundene Vorgänge, die vergleichsweise gering wiegen, vielfach auch nur mit disziplinarischen Rechtsfolgen versehen sind. Kriegsverbrechen sind hingegen kein nachrangiges Nebenstrafrecht, keine „Kavaliersdelikte“, sondern mit extremen Strafen bedrohte schwere Straftaten, so dass auch aus diesem Grunde eine Maßstabslockerung nicht in Betracht kommt. Schließlich ist auch der Sinn und Zweck des Bestimmtheitsgrundsatzes derselbe wie bei der „normalen“ Kriminalität: Der potentielle Täter soll sich darauf einstellen können, unter welchen Umständen er sich strafbar macht. Gerade die Umstände des bewaffneten Konfliktes bringen es aber mit sich, dass Entscheidungen vielfach unter Zeit- und Handlungsdruck getroffen werden müssen, denn jedes Zögern könnte das Leben eigener Leute aufs Spiel setzen. Zudem sind die situativen Umstände vielfach alles andere als klar oder eindeutig – *Clausewitz'* „Nebel des Krieges“. Wie können Soldaten darauf vorbereitet werden im Gefecht die Regeln des Kriegsrechts einzuhalten? Zum einen durch eine Ausbildung, wie sie die GA vorsehen. Zum anderen erhalten sie *rules of engagement* (*ROE*), eine Kurzfassung der relevanten Verhaltensregeln. Notwendigerweise müssen diese einprägsam und präzise sein,[39] also eine kaum erreichbare optimale Bestimmtheit aufweisen.

---

[39] Zur Veranschaulichung im Folgenden die ROE der US-amerikanischen Streitkräfte für den Irakkrieg 2003 (ROE CARD; vgl. Department of the Army, Counterinsurgency, D-7 ff. und sehr ausführlich mit weiteren Beispielen JAG Legal Center & School, Operational Law Handbook, S. 27 und 83 ff. und Legal Lessons Learned from Afghanistan and Iraq, Band 1, S. 80 ff.), wie sie vor Beginn der Kampfhandlungen im März 2003 ausgegeben wurden; nach dem Abdruck bei *Sirak*, JDW 14th January 2004, 25, 26:

1. On order, enemy military and paramilitary forces are declared hostile and may be attacked subject to the following instructions:

a. Positive Identification (PID) is required prior to engagement. PID is a reasonable certainty that the proposed target is a legitimate military target. If no PID, contact your next higher commander for decision.

b. Do not engage anyone who has surrendered or is out of battle due to sickness or wounds.

c. Do not target or strike any of the following except in self-defense to protect yourself, your unit, friendly forces, and designated persons or property under your control:

- Civilians.
- Hospitals, mosques, churches, shrines, schools, museums, national monuments, and any other historical and cultural sites

d. Do not fire into civilian populated areas or buildings unless the enemy is using them for military purposes or if necessary for your self-defense. Minimize collateral damage.

e. Do not target enemy Infrastructure (public works, commercial communication facilities, dams), Lines of Communication (roads, highways, tunnels, bridges, railways) and Economic Objects (commercial storage facilities, pipelines) unless necessary for self-defense or if ordered by your commander. If you must fire on these objects to engage a hostile force, disable and disrupt but avoid destruction of these objects, if possible.

2. The use of force, including, deadly force, is authorized to protect the following:

- Yourself, your unit, and friendly forces
- Enemy Prisoners of War
- Civilians from crimes that are likely to cause death, harm, such as murder or rape.
- Designated civilians and/or property, such as personnel of the Red Cross/ Crescent, UN, and US/UN supported organizations.

Jedenfalls wird der „Vorteil“ des Vorhandenseins überwiegend professioneller Akteure dadurch aufgehoben, dass diese Akteure in einem Umfeld handeln müssen, welches sich schnell ändert, vielfach unübersichtlich und komplex ist sowie von den Aktionen des Gegners abhängt. Auch aus diesem Grunde ist die präventive Ausbildung *ex ante* im Kriegsrecht ebenso wichtig oder wichtiger als die Pönalisierung und Verfolgung von Kriegsverbrechen. Eine unterbliebene Schulung, etwa im Bürgerkrieg oder einer schlecht geführten Armee, oder auch die bewusste Vermeidung einer Schulung im Kriegsvölkerrecht, kann man aber nicht gegen die Betroffenen wirken lassen, indem man sie wider der Realität zu „Spezialisten“ erklärt. Dies zumal auch eine tatsächlich erfolgte Ausbildung kaum den komplexen Zweifelsfragen, die das moderne Kriegsrecht jenseits seines Kernbereiches mit sich bringt, gerecht werden kann.

III. Weitere Lösungsmöglichkeiten

1. Zugunsten des Völkerstrafrechts – stillschweigende Verfassungsänderung

Man kann daran denken die „Barriere“ des Art. 103 Abs. 2 GG zu überwinden, indem man einen „stillen Verfassungswandel“ im Wege der teleologischen Reduktion annimmt und damit die Völkerrechtskon-

---

3. Treat all civilians and their property with respect and dignity. Do not seize civilian property, including vehicles, unless you have the permission of a company level commander and you give a receipt to the property's owner.

4. Detain civilians if they interfere with mission accomplishment or if required for self-defense.

5. CENTCOM General Order No. 1A remains in effect. Looting and taking of war trophies are prohibited.

REMEMBER

- Attack enemy forces and military targets.
- Spare civilians and civilian property, if possible.
- Conduct yourself with dignity and honor.
- Comply with the Law of War. If you see a violation, report it.

These ROE will remain in effect until your commander orders you to transition to post-hostilities ROE.

formität des Bestimmtheitsgrundsatzes herstellt.[40] Hiergegen ist vorzubringen, dass ein stillschweigender Verfassungswandel zwar im Staatsrecht in Betracht kommen kann, es allerdings problematisch ist, einen solchen zu identifizieren und dann noch gegenüber einem Grundrecht für abstrakt prävalent zu erklären. Für eine solche Annahme liegen auch schlicht zu wenig Anhaltspunkte vor, die Verabschiedung des VStGB kann jedenfalls nicht als Argument für einen stillschweigenden Verfassungswandel des Bestimmtheitsgrundsatzes herangezogen werden, da diesem mit dem VStGB ja gerade entsprochen werden sollte.

Eine Durchbrechung des absoluten Rückwirkungsverbotes für den Gesetzgeber wurde von der Rechtsprechung bei ansonsten offensichtlichen unerträglichen Verstößen gegen elementare Gebote der Gerechtigkeit für zulässig gehalten.[41] Darin läge aber nach einer Ansicht ein Fall, in dem eigentlich eine Änderung des Art. 103 Abs. 2 GG angezeigt wäre. Falls hierfür eine verfassungsändernde Mehrheit nicht zu gewinnen sei, sei dies ein Indiz dafür, dass diese Verstöße eben nicht „offensichtlich unerträglich" sind.[42] Ob eine solche Durchbrechung generell zu rechtfertigen ist, wird im Zusammenhang mit den sich in dieser Arbeit stellenden Fragen allerdings kaum praktisch relevant werden. Wir haben es nämlich *per definitionem* mit Grenzfällen zu tun, also mit Tatbeständen und Tatbestandsmerkmalen, bei denen eben nicht klar ist, ob sie noch mit dem Bestimmtheitsgebot in Einklang stehen. Bei diesen wird aber eine „offensichtliche Unerträglichkeit" des Ergebnisses nicht in Betracht kommen, bilden sie doch gerade *nicht* den klassischen Kernbereich des Kriegsvölkerstrafrechts. Um dem folgenden Teil vorzugreifen: Es wird beispielsweise bei § 11 Abs. 1 Nr. 3 VStGB die Regelung über die Verhältnismäßigkeit zwischen militärischem Vorteil und zivilem Kollateralschaden in eindeutigen Fällen keine Probleme aufwerfen, sehr wohl aber jenseits dieses klaren Kernbereiches.

---

[40] Vgl. *Geiger*, in: Freundesgabe *Büllesbach*, S. 342.

[41] BVerfGE 95, 96, 134 f.; BGHSt 41, 101, 111 f.; *Dannecker*, in: LK StGB, § 1 Rn. 447 ff.; *Schulze-Fielitz*, in: *Dreier*, GG, Art. 103 II Rn. 44 m.w.N.

[42] *Schulze-Fielitz*, in: *Dreier*, GG, Art. 103 II Rn. 44, 49.

2. Zugunsten des Völkerstrafrechts – verminderter Geltungswille der Grundrechte bei Sachverhalten mit Auslandsberührung?

Teilweise wird von einem verminderten Anwendungswillen des Grundgesetzes bei Sachverhalten mit Auslandsberührung[43] gesprochen. Demnach soll bei einem überwiegend auslandsbezogenen Sachverhalt eine uneingeschränkte Durchsetzung des Grundrechtsschutzes verfehlt sein, da dieser „wesensmäßig eine bestimmte Beziehung zur Lebensordnung im Geltungsbereich der Verfassung" voraussetze.[44] Diese Wendung auf die Kriegsverbrechenstatbestände des VStGB zu münzen wäre allerdings verfehlt. Erstens ist sie auf eine Auslandsberührung, also die von dem Grundgesetz abweichende Rechtsordnung zugeschnitten, nicht auf die Berührung mit Völkerrecht. Selbst wenn man dies unbeachtlich ließe, geht es aber, zweitens, bei der Anwendung des VStGB immer noch um die Anwendung eines deutschen Gesetzes durch deutsche Gerichte. In diesem Zusammenhang eine Lockerung des Grundrechtsschutzes und eine Absenkung der Erfordernisse des Art. 103 Abs. 2 GG zuzulassen, kommt nicht in Betracht. Zwar regelt das VStGB Taten, die in internationaler Dimension stehen und in aller Regel eine Auslandsberührung vorweisen werden. Hieraus kann aber ebenso wenig der Schluss gezogen werden, dass der nationale Grundrechtsschutz abzusenken sei, wie bei anderen Straftaten mit Auslandsbezug, die im Inland abgeurteilt werden.

3. Zugunsten des Bestimmtheitsgrundsatzes – Zuständigkeit des IStGH

Man könnte daran denken in Zweifelsfällen, bei denen eine Verletzung des Art. 103 Abs. 2 GG in Rede steht, das Verfahren dem IStGH zu überlassen, also auf eine nationale Strafverfolgung des Sachverhaltes zu verzichten. Da das IStGH-Statut die Mitgliedstaaten nicht zur Verfolgung von Völkerrechtsverbrechen oder zur Rechtsanpassung an das

---

[43] *Engel*, Völkerrecht als Tatbestandsmerkmal deutscher Normen, S. 50 ff. Diesen allerdings in Art. 19 Abs. 3 GG ausgedrückt zu sehen, verkennt, dass diese Vorschrift in erster Linie zur Sicherung der Gegenseitigkeit gedacht ist.

[44] BVerfGE 31, 58, 77; *Engel*, Völkerrecht als Tatbestandsmerkmal deutscher Normen, S. 51.

Recht des Statuts verpflichtet, sondern nur ermutigt, läge in der Nichtverfolgung eines Völkerrechtsverbrechens keine Vertragsverletzung.[45] Rechtliche Konsequenz wäre lediglich die Zuständigkeit des IStGH.

Diese Lösung läuft aber dem System der Komplementarität entgegen, dessen Sinn ja gerade darin besteht, auf der vorrangigen nationalen Ebene auch eine materielle Tatbestandsparallelität herzustellen. Sie bedeutet also einen Verstoß nicht gegen den Buchstaben, wohl aber gegen den Geist des Statuts. Zudem bedeutet die Zuständigkeitsbegründung des IStGH das Eingeständnis der Unfähigkeit, entsprechende Taten selbst zu verfolgen und damit einen erheblichen Prestigeverlust des entsprechenden Vertragsstaates.[46] Schließlich hat diese Lösung auch einen bitteren Beigeschmack. Die Zuständigkeitsbegründung des IStGH erfolgte dann nämlich in der Erwartung, dass auf internationaler Ebene eine Verurteilung wegen eines Tatbestandes zu erreichen sei, der im nationalen Recht als verfassungswidrig angesehen werden müsste. Selbst wenn im Hinblick auf Art. 16 Abs. 2 S. 2 GG ein deutscher Staatsbürger nicht betroffen ist und rechtsstaatliche Grundsätze als gewährt angesehen werden, liegt hierin doch die Erwartung einer Verurteilung, die im nationalen Recht zweifelhaft wäre. Überdies könnte selbst diese Erwartung enttäuscht werden. Wir haben uns bereits die Inhalte des Bestimmtheitsgrundsatzes im gegenwärtigen internationalen und nationalen Recht vor Augen geführt und gesehen, dass sie sich nicht mehr in derartigem Maße unterscheiden, wie dies einst die klassische Ansicht in der „reinen Lehre" beider Materien angenommen hat. Es spricht einiges dafür, dass ein nach nationalem Recht unbestimmbarer Tatbestand im internationalen Recht in der Anwendung durch den IStGH nicht sehr viel anders betrachtet werden wird als durch das BVerfG. Dies allerdings zumeist unter der Voraussetzung, dass auch gerade dieselben Tatbestandsmerkmale problematisch sind, sich also bestehende Abweichungen in den parallelen Tatbestandsformulierungen nicht auswirken.

---

45 *Burchards*, Die Verfolgung von Völkerrechtsverbrechen durch Drittstaaten, S. 329 m.w.N.

46 *Burchards*, Die Verfolgung von Völkerrechtsverbrechen durch Drittstaaten, S. 328.

4. Zugunsten des Bestimmtheitsgrundsatzes – permanente Anpassung des VStGB

Es wird darauf hingewiesen, dass, soweit das VStGB auf Völkergewohnheitsrecht verweist, dieser Verweis sich nicht durch ausformulierte Aufzählungen ersetzen lässt, da das Völkergewohnheitsrecht in seiner Entwicklung dynamisch ist.[47] Eine solche Staffel von Legaldefinitionen würde allerdings auch völkerrechtlich problematische Fragen klären müssen und dürfte nicht lediglich den unstrittigen Bestand wiedergeben.[48] Damit setzt man sich gerade in den problematischen Bereichen allerdings der Gefahr aus, Deckungsungleichheiten zwischen internationaler und nationaler Reichweite der Strafnorm zu schaffen. Der Gesetzgeber hat im Bereich des Kriegsvölkerstrafrechts nämlich nicht „die freie Wahl seiner Worte",[49] er ist vielmehr durch das Völkerrecht in seiner Wortwahl vorab beschränkt.

5. Änderung des Art. 103 Abs. 2 GG

Nach einer Ansicht solle im Wege der Verfassungsänderung Art. 103 Abs. 2 GG geändert und in die Form einer Art. 7 EMRK, Art. 15 Abs. 2 IPbpR, Art. 49 Abs. 2 Europäische Grundrechtecharta entsprechenden Regelung gebracht werden, um so wieder an die internationale Entwicklung Anschluss zu finden.[50] Im Vergleich zur Annahme eines stillschweigenden Verfassungswandels ist diese Auffassung konsequent. Soweit allerdings eine Änderung des Art. 103 Abs. 2 GG ins Spiel gebracht wird, begeben wir uns nicht nur in den Bereich der Rechtspolitik (was den Inhalt der vorliegenden Arbeit übersteigt); wir haben uns angesichts der bereits eingetretenen Bedeutungssteigerung des Bestimmtheitsgrundsatzes im internationalen Recht und des Bedeutungsverlustes im internationalen Recht auch zu fragen, ob sie nötig ist.

---

47 *Geiger*, in: Freundesgabe *Büllesbach*, S. 342.

48 Vgl. *Simon*, Gesetzesauslegung im Strafrecht, S. 45.

49 *Scheffler*, Jura 1996, 505, 507.

50 *Ebert*, in: FS *Müller-Dietz*, S. 184. Vgl. *Classen*, GA 1998, 215, 225; *Gärditz*, Weltrechtspflege, S. 414 ff.

B. Die Auslegung der Tatbestände im Lichte des Völkerrechts

Die Beantwortung der Frage, ob ein Tatbestandsmerkmal bestimmbar ist, kann erst nach der Auslegung dieses Merkmals getroffen werden. Dies wurde im vorangegangenen Kapitel dargelegt. Gelangt man nach der Auslegung zum Ergebnis, das Merkmal sei mit dem durch Auslegung gewonnnen Inhalt hinreichend bestimmt, so ist es verfassungskonform, im anderen Falle nicht.[51] Wenn die Frage nach der Normbestimmtheit bzw. der Normbestimmbarkeit in die Auslegung gehört, so gehört auch die Frage nach etwaigen Modifikationen des Bestimmtheitsgrundsatzes in die Auslegung. Eine abstrakte Vorlösung der Frage in die Richtung, dass im Kriegsvölkerstrafrecht *von vornherein* andere Bestimmtheitsmaßstäbe gelten, sollte daher nicht vorgenommen werden. Vielmehr sollte der konkrete Konflikt auch konkret gelöst werden. Die abstrakte Lockerung von Bestimmtheitsanforderungen wäre auch deshalb problematisch, da es dieser Lockerung für die überwiegende Mehrzahl der im Kriegsvölkerstrafrecht bestehenden Tatbestandsmerkmale überhaupt nicht bedarf. Angesichts der bereits vorgestellten relativen Weite auch des nationalen Bestimmtheitsgrundsatzes wäre eine noch weitergehende Lockerung bedenklich.

Ungeachtet der theoretischen Grundsatzfrage, ob man Völkerrecht und Landesrecht als Ausprägungen einer einzigen, einheitlichen Rechtsordnung begreift (Monismus) oder sie als unabhängige Ordnungen versteht (Dualismus)[52] ist außer Streit, dass zwischen Völkerrecht und Landesrecht ein System wechselseitiger, durchaus dynamischer Einwirkungen

---

[51] Auch eine Unvereinbarkeitserklärung durch das BVerfG mit gleichzeitiger Anordnung befristeter Weitergeltung der Norm (vgl. *Herzberg*, in: Symposium für *Schünemann*, S. 33 f.) schafft hier doch Klarheit, denn die Norm wird als materiell unvereinbar mit der Verfassung bezeichnet. *Herzberg* ist aber zuzugeben, dass sich diese Kategorie der klaren Dichotomie gültig – nichtig im Ansatz entzieht.

[52] Allgemein: *Cassese*, International Law, S. 162 ff.; *Rojahn*, in: *von Münch/Kunig*, GG, Art. 25 Rn. 4; *Zippelius/Würtenberger*, Deutsches Staatsrecht, S. 508. Im Ergebnis neigt das Grundgesetz wohl einem gemäßigten Dualismus zu, ohne allerdings den Theorienstreit abschließend klären zu wollen; vgl. *Jarass/Pieroth*, GG, Art. 25 Rn. 1a; *Pernice*, in: *Dreier*, GG, Art. 25 Rn. 16; *Röben*, Außenverfassungsrecht, S. 65 f.; *Streinz*, in: *Sachs*, GG, Art. 25 Rn. 19 f.

und Durchdringungen,[53] ja in mancherlei Fällen sogar gegenseitiger Anpassung besteht. So wie der Monismus in seiner gemäßigten Form nicht die Nichtigkeit völkerrechtswidrigen Landesrechts fordert, so erkennt der Dualismus in seiner gemäßigten Form an, dass der Einzelne direkter Adressat von Völkerrechtssätzen sein kann und Regelungsgegenstände von nationalem und internationalem Recht nicht immer – und in einer komplexer und interdependenter werdenden Welt gewiss immer weniger – trennscharf voneinander geschieden werden können.[54]

I. Völkerrecht als Quelle der Kriegsverbrechenstatbestände

Soweit zu der Frage, wie der Ursprung der Kriegsverbrechenstatbestände als Tatbestände des internationalen Rechts bei der Auslegung der ins nationale Recht transponierten Normen zu berücksichtigen ist, überhaupt Stellung genommen wird, herrscht jedenfalls Einigkeit dahingehend, *dass* diese Ursprungsnormen bei der Auslegung ebenso zu berücksichtigen sind wie die Rechtsprechung der internationalen Strafgerichte.[55] *Wie* dies jedoch zu geschehen hat, findet weniger Berücksichtigung. Steht bei den Kriegsverbrechen das Völkerrecht als deren Quelle in Rede, so ist dies zudem in einem Sinne zu verstehen, der ein tieferes Eindringen in das Völkerrecht unentbehrlich macht, denn es ist nicht nur zu berücksichtigen, dass die Tatbestände dem Völkerrecht entnommen wurden, sondern auch, dass diese Tatbestände im Völkerrecht nur Sekundärrecht sind, das seinerseits auf Primärregeln des humanitären Völkerrechts beruht. Es geht hier bei Fragen der Auslegung zwar eigentlich alleine um die Auslegung des nationalen Rechts, i.e. eines Gesetzes. Anwendbar sind also die Auslegungsinstrumente des nationalen Rechts,

---

53 Vgl. *Bassiouni*, Virginia J. Int'l L. 42 (2001-2002), 81, 153 f.; *Cassese*, International Law, S. 166 ff.; *Herdegen*, in: *Maunz/Dürig*, GG, Art. 25 Rn. 5; *Vogel*, Die Verfassungsentscheidung des Grundgesetzes für eine internationale Zusammenarbeit, S. 22 und bereits *Triepel*, Völkerrecht und Landesrecht, S. 2 f.

54 Vgl. *Herdegen*, in: *Maunz/Dürig*, GG, Art. 25 Rn. 5; *Schweitzer*, Staatsrecht III, Rn. 29, 33 ff.

55 *Gropengießer/Kreicker*, Grundlagen der Strafverfolgung völkerrechtlicher Verbrechen in Deutschland, S. 80; *Zimmermann*, ZRP 2002, 97, 99. Ebenso für die Auslegung des Art. 8 IStGH-Statut *Cottier*, in: ELSA, International Law as we Enter the 21st Century, S. 175.

wenngleich diese, wie wir sehen werden, der Besonderheit des völkerrechtlichen Ursprungs der Kriegsverbrechenstatbestände Tribut zollen müssen. Nicht zu übersehen ist dabei, dass die nationalen Auslegungsmethoden vielfach ihre Parallelen in den völkerrechtlichen Auslegungsmethoden finden,[56] z.B. in der sach- und rechtslogischen Gebotenheit mit der wörtlichen Auslegung, der *ordinary meaning rule*, zu beginnen und sie zum Ansatz für systematische und teleologische Überlegungen zu machen.[57]

II. Kriterien der Auslegung

Allgemein anerkannt ist, ungeachtet teilweise unterschiedlicher Benennung und Schwerpunktsetzung, ein Kanon von vier Auslegungsmethoden: anhand des Wortlauts (grammatische Auslegung), der Systematik, der Entstehungsgeschichte (historische Auslegung) und anhand von Sinn und Zweck einer Norm (teleologische Auslegung).[58] Diese Arbeit ist nicht der Ort, der Methodik in alle ihre Verästelungen und in das Labyrinth der Streitigkeiten über den Methodenkanon nachzufolgen. Insoweit müssen einige Grundzüge genügen. Zu thematisieren wird aber sein, wie die Methodik für die Anwendung auf im Völkerrecht wurzelnde Strafrechtsnormen zu modifizieren ist.

---

[56] Es findet der „klassische Kanon" der Auslegungsmethoden (dazu sogleich, *II.*) im Wesentlichen im nationalen wie im internationalen Recht Anwendung; *Werle*, Völkerstrafrecht, Rn. 172. Vgl. *Boot*, Genocide, Crimes against Humanity, War Crimes: Nullum Crimen Sine Lege and the Subject Matter Jurisdiction of the International Criminal Court, S. 281 ff. m.w.N.

[57] Zum Ganzen *Ipsen*, Völkerrecht, S. 139 ff. Vgl. Art. 31 f. WVK, insbesondere Art. 31 Abs. 1 WVK wonach „ein Vertrag ... nach Treu und Glauben in Übereinstimmung mit der gewöhnlichen, seinen Bestimmungen in ihrem Zusammenhang zukommenden Bedeutung und im Lichte seines Ziels und Zwecks auszulegen [ist]."

[58] *Brugger*, AöR 119 (1994), 1, 21; *Bydlinski*, Juristische Methodenlehre und Rechtsbegriff, S. 437; *Jescheck/Weigend*, Lehrbuch des Strafrechts – Allgemeiner Teil, S. 154 f.; *Maurer*, Staatsrecht I, § 1 Rn. 51 ff.; *Schmitz*, in: MüKo StGB, § 1 Rn. 66; *Seiler*, Auslegung als Normkonkretisierung, S. 26 ff.; *Simon*, Gesetzesauslegung im Strafrecht, S. 23; *Wank*, Auslegung von Gesetzen, S. 59. Dieser Methodenkanon geht auf *Savigny* zurück. Es wurde allerdings dessen „logische" Methode durch die teleologische ersetzt.

1. Allgemeine Kriterien für die Auslegung

Obgleich es keine feststehende Hierarchie der Auslegungskriterien gibt,[59] was noch nicht bedeutet, dass nicht in dem gegebenen Falle die eine oder die andere Auslegungsmethode vorzuziehen wäre, ist die grammatische Auslegung doch von besonderer Bedeutung.

Der Wortlaut einer Norm ist nämlich nicht nur der Ausgangspunkt einer jeden Auslegung,[60] die Grenze des möglichen Wortsinnes ist zugleich auch die Grenze der Auslegung[61] – zumal im Strafrecht,[62] soweit es um den Nachteil des Angeklagten geht.

Die Frage nach der Grenze des Wortsinnes setzt aber voraus, dass zuvor eine Vergewisserung darüber stattgefunden hat, welcher Sprachart[63] sich der Gesetzgeber bedient hat, ob er also die allgemeine Sprachbedeutung, wie sie ein Laie verwendet, gewählt hat, oder sich für eine Fachsprache entschieden hat bzw. sich wegen der Besonderheiten der Regelung für

---

[59] *Ipsen*, Völkerrecht, S. 140 ff.; *Pawlowski*, Methodenlehre für Juristen, Rn. 7; *Seiler*, Auslegung als Normkonkretisierung, S. 25; *Zippelius*, Juristische Methodenlehre, S. 62.

[60] *Dannecker*, in: LK StGB, § 1 Rn. 298 und 300; *Depenheuer*, Der Wortlaut als Grenze, S. 15; *Larenz*, Methodenlehre der Rechtswissenschaft, S. 320; *Seiler*, Auslegung als Normkonkretisierung, S. 26 f.

[61] BVerfGE 47, 109, 124; 71, 108, 115 f.; 87, 209, 224; 92, 1, 12; 105, 135, 157; *Felix*, Einheit der Rechtsordnung, S. 204; *Grünwald*, in: FS *Kaufmann*, S. 442; *Larenz*, Methodenlehre der Rechtswissenschaft, S. 322 und 343; *Schmidt-Aßmann*, in: *Maunz/Dürig*, GG, Art. 103 Rn. 228; *Schmitz*, in: MüKo StGB, § 1 Rn. 58; *Simon*, Gesetzesauslegung im Strafrecht, S. 213; *Wank*, Auslegung von Gesetzen, S. 59; *Zippelius*, Juristische Methodenlehre, S. 47.

[62] BVerfGE 64, 389, 393 f.; 71, 108, 115 f.; 92, 1, 12; 105, 135, 157; BGHSt 37, 226, 230; 39, 112, 114 f.; 40, 272, 279; 43, 237, 238 f.; *Brockmeyer*, in: *Schmidt-Bleibtreu/Klein*, GG, Art. 103 Rn. 7; *Dannecker*, in: LK StGB, § 1 Rn. 308; *Eser*, in: *Schönke/Schröder*, StGB, § 1 Rn. 37; *Seiler*, Auslegung als Normkonkretisierung, S. 57. Kritisch zur Wortlautgrenze als Grenze der *Verfassungsinterpretation* demgegenüber *Depenheuer*, Der Wortlaut als Grenze, S. 39. Allerdings ist das Strafrecht derartigen sprachtheoretischen Überlegungen angesichts der Eingriffsintensität und erhöhten Anforderungen an seine Bestimmtheit nicht in einem derartigen Maße einem bewussten Ausstieg aus dem „Sprachspiel" im *Wittgenstein'schen* Sinne zugänglich oder sollte dies zumindest nicht sein.

[63] *Brugger*, AöR 119 (1994), 1, 23 f.; *Felix*, Einheit der Rechtsordnung, S. 205 ff.; *Seiler*, Auslegung als Normkonkretisierung, S. 26.

eine Fachsprache entscheiden musste. Im Kriegsvölkerstrafrecht ist es dabei unerlässlich sich bei der Fassung auch nationaler Regelungen, die sich ja weitmöglichst mit den internationalen decken sollen, vielfach die Fachsprache des internationalen materiellen Strafrechts und des zugrunde liegenden humanitären Völkerrechts zu verwenden.[64] Für viele Begriffe des Kriegsrechts, namentlich die noch als möglicherweise unbestimmbar zu untersuchenden, gibt es keine oder nur eine irreführende korrespondierende umgangssprachliche Verwendung.

Als minimale Anforderung an jedes Auslegungsergebnis im Strafrecht muss gelten, dass dieses zumindest einen Anhaltspunkt in der Formulierung der Norm findet, also die gesetzgeberische Intention im Gesetzeswortlaut jedenfalls *angedeutet* wird und sich damit im Zweifel gegen Argumentationen aus der Entstehungsgeschichte des Gesetzes heraus durchsetzt.[65] Nur ein Festhalten an der Wortsinngrenze ermöglicht noch die Vorhersehbarkeit einer etwaigen Bestrafung in Grenzfällen.[66]

Die systematische Auslegung führt die grammatische weiter, indem sie auch den Sprachsinn weiterer, mit der auszulegenden Norm verwandter Normen aufnimmt[67] und sie damit in ihren Zusammenhang einbettet. Zu beachten ist nicht nur die Stellung der Norm im Gesetz, sondern auch die Auswirkungen einer gegebenen Interpretation auf andere Regelungen.[68] Möglich ist die systematische Auslegung nur, wenn der vorauszusetzende Systemzusammenhang auch tatsächlich existiert.[69]

Die teleologische Auslegung lässt demgegenüber Raum für ein wertorientiertes Denken, sie richtet sich aus an der *ratio legis*, die auch aus höheren Prinzipien abgeleitet sein kann.[70] Erst hieraus lässt sich wiederum

---

64 Auch ansonsten ist ein Überwiegen der fachsprachlichen Begriffsbildung festzustellen; vgl. *Simon*, Gesetzesauslegung im Strafrecht, S. 201.

65 Vgl. *Lemmel*, Ungeschriebene Strafbarkeitsvoraussetzungen im Besonderen Teil des Strafrechts und der Grundsatz nullum crimen sine lege, S. 55 und 59; *Mayer*, in: Materialien zur Strafrechtsreform, Band 1, S. 276; *Simon*, Gesetzesauslegung im Strafrecht, S. 232 ff. m.w.N. aus der Rechtsprechung des BGH; *Tröndle/Fischer*, StGB, § 1 Rn. 11. Siehe noch BVerfG, NJW 1998, 50, 56.

66 Vgl. BVerfGE 71, 108, 115.

67 *Bydlinski*, Juristische Methodenlehre und Rechtsbegriff, S. 442 f.; *Seiler*, Auslegung als Normkonkretisierung, S. 28.

68 *Eser*, in: *Schönke/Schröder*, StGB, § 1 Rn. 39.

69 *Dannecker*, in: LK StGB, § 1 Rn. 311.

70 *Seiler*, Auslegung als Normkonkretisierung, S. 29 f.

der Bedeutungszusammenhang eines Gesetzes ganz verstehen.[71] Obgleich die teleologische Methode als „Krone“ der Auslegungsmethoden bezeichnet wird,[72] so ist sie doch im Strafrecht nicht ganz unbedenklich. Gerade die Ableitung aus höheren Prinzipien ist es, die zu einer Überschreitung der Wortsinngrenze verführt und auf ein vermeintlich als richtig erkanntes Ziel zusteuert, welches möglicherweise aus nur nebulösen Strafwürdigkeitserwägungen zu bestehen vermag. Damit einher geht die Unmöglichkeit einer Falsifizierbarkeit oder jedenfalls die Erschwerung einer Falsifizierbarkeit, da das teleologische Kriterium sich „hinter der Stirn des Richters“ (oder sonstigen Rechtsanwenders) zu verbergen vermag.[73] Dies schließt die Berücksichtigung des *telos* keineswegs aus, aber eben nur innerhalb der Wortsinngrenze und im Zusammenspiel mit den anderen Methoden der Auslegung.

Für die historische Auslegung sind bei neueren Gesetzen die Materialien von gesteigerter Bedeutung.[74] Bei älteren, bereits durch die Rechtsprechung angewendeten Gesetzen fließen die Materialien hingegen in die Entscheidungen ein und werden damit durch das Präjudiz indirekt weiterverwendet, auch ohne dass ein expliziter Rekurs auf historisches Material stattfindet.[75] Bei einem neuen Gesetz findet demnach die Loslösung vom Willen des historischen Gesetzgebers nicht so weitgehend statt, die Unterscheidung zwischen subjektiv-historischer Methode und objektiv-historischer Methode ist noch nicht von derartiger Relevanz wie bei älteren Gesetzen mit entsprechendem zeitlichen Abstand zum historischen Gesetzgeber. Der vielfach auftretende Nachteil der historischen Methode, dass die ursprüngliche Regelungsabsicht des Gesetzgebers sich aus den Materialien nicht oder nur unvollkommen erschließt,[76] ist für das VStGB ohne Bedeutung.

Erst das Zusammenspiel der Auslegungsmethoden, die Berücksichtigung aller Gesichtspunkte, erlaubt dabei im Ergebnis die vertretbare

---

[71] *Larenz*, Methodenlehre der Rechtswissenschaft, S. 328.

[72] Siehe nur *Dannecker*, in: LK StGB, § 1 Rn. 316; *Jescheck/Weigend*, Lehrbuch des Strafrechts – Allgemeiner Teil, S. 156 m.w.N.

[73] *Hassemer*, ZRP 2007, 213, 216.

[74] *Schmidt-Aßmann*, in: *Maunz/Dürig*, GG, Art. 103 Rn. 228. Vgl. *Ehmke*, VVDStRL 20 (1963), S. 59.

[75] *Bydlinski*, Juristische Methodenlehre und Rechtsbegriff, S. 453.

[76] *Dannecker*, in: LK StGB, § 1 Rn. 315.

Auslegung.[77] Es kann nun festgehalten werden, dass die Beantwortung der Frage, ob eine gegebene Norm oder genauer: ein gegebenes Tatbestandsmerkmal, hinreichend bestimmt oder genauer: hinreichend bestimmbar ist, im Kern eine logische Operation erfordert, mit deren Hilfe der Rechtsunterworfene zu einem Ergebnis gelangen muss, welche sich als deckungsgleich mit dem Ergebnis des Richters erweist. Dies setzt zum einen eine gewisse Präzision der gewählten Begrifflichkeiten voraus, zum anderen das Vorhandensein klarer und insbesondere hinreichend einfacher und nachvollziehbarer Auslegungsmethoden, denn je unpräziser der Ausgangsbegriff und/oder je offener die Wahl der methodischen Mittel, desto größer ist die Wahrscheinlichkeit, dass die Auslegungsergebnisse voneinander abweichen werden, das Tatbestandsmerkmal also unbestimmbar ist. So ist beispielsweise der Prototyp jeder strafrechtlichen Norm, der Totschlag in seiner Fassung in § 212 Abs. 1 StGB für jeden Laien leicht erkennbar: „Wer einen anderen Menschen tötet ...". Schon der Wortlaut lässt keine Zweifel zu, denn was ein Mensch ist, ist ebenso klar, wie die Bedeutung der Tötung.[78] Problematische Fälle bleiben dem Irrtumsbereich vorbehalten (der Täter schießt auf den für ihn nicht sichtbaren Menschen hinter einem Busch, den er für ein Tier hält) oder dem Versuchsbereich (der Täter hält den getroffenen Menschen für tot, dieser wird aber von den Rettungskräften wiederbelebt) oder aber dem Bereich der Rechtfertigung (Notwehr, Notstand) oder der Entschuldigung (Notwehrexzess, entschuldigender Notstand). Für jedermann ist hier aber klar, wo die tatbestandliche Grenze zwischen Recht und Unrecht verläuft. Dass jenseits des objektiven Tatbestandes Probleme auftauchen können ist hier nicht der Punkt, sondern jedem Tatbestand – dem einfach wie dem kompliziert gefassten – gemein. Entscheidend im Zusammenhang mit dem Bestimmtheitsgrundsatz ist, dass beim Beispiel des Totschlages der objektive Tatbestand klar die verbotene Verhaltensweise erkennen lässt, ohne dass der Rechtsunterworfene komplizierte Überlegungen anstellen müsste.

Ganz ähnlich verhält es sich mit der „Parallelvorschrift" des § 8 Abs. 1 Nr. 1 VStGB, sozusagen des Kriegsverbrechenstotschlages (der interessanterweise – hier tritt der gesteigerte Unrechtsgehalt des Verbrechens gegen das Völkerrecht auf – immer mit lebenslänglicher Freiheitsstrafe

---

[77] *Satzger*, Die Europäisierung des Strafrechts, S. 521; *Larenz*, Methodenlehre der Rechtswissenschaft, S. 319. Vgl. noch BVerfGE 105, 135, 157.

[78] Dies ist der bereits angesprochene generelle Vorteil der Verwendung deskriptiver Merkmale.

zu bestrafen ist). Hier wird der Prototyp modifiziert, indem erforderlich ist, dass jemand „im Zusammenhang mit einem internationalen oder nichtinternationalen bewaffneten Konflikt eine nach dem humanitären Völkerrecht zu schützende Person tötet“. Wir wollen den Ausführungen des dritten Teils noch nicht zu weit vorgreifen, dennoch sei gesagt, dass bereits bei diesem einfachen Kriegsverbrechenstatbestand ein komplexerer Gedankengang erforderlich wird, denn gegenüber dem Totschlag nach § 212 Abs. 1 StGB tritt ein Aspekt hinzu und ein weiterer wird modifiziert: Hinzu tritt das Kontextelement des „bewaffneten Konfliktes“ (die Einordnung als international oder nichtinternational ist in diesem Zusammenhang ja ohne Bedeutung) und modifiziert wird der Begriff des „Menschen“, denn nur eine bestimmte Gruppe von Menschen unterfällt dem § 8 VStGB, nämlich die „nach dem humanitären Völkerrecht zu schützende[n]“. Das Verständnis beider Begriffe erfordert aber bereits eine Rekursnahme auf Völkerrecht. Obgleich noch zu zeigen sein wird, dass diese Begriffe dennoch mit vertretbarem Aufwand zu bestimmen sind, so werden andere Tatbestände des Kriegsvölkerstrafrechts – wie andere Tatbestände des sonstigen Strafrechts natürlich auch – nicht mit derart leichter Hand näher bestimmbar sein. Mit diesen werden wir uns noch näher befassen.

Kehren wir zu unserem Ausgangspunkt zurück, so zeigt bereits der einfache Vergleich des Totschlages mit dem „Kriegsverbrechenstotschlag“, dass selbst bei diesem wenig komplexen Tatbestand zwei Tatbestandsmerkmale – das Kontextelement und die besondere Eigenschaft des Opfers – hinzutreten bzw. schwerer zu bestimmen sind, als die bloße Eigenschaft als „Mensch“. Mithin wird bereits auf dieser prototypischen Ebene der Tatbestand des Kriegsvölkerstrafrechts als schwerer bestimmbar einzuordnen sein als der „entsprechende“ Tatbestand des StGB.

2. Besonderheiten der Auslegung im nationalen Recht – verfassungskonforme und völkerrechtskonforme Auslegung

Das Spannungsfeld zwischen Anforderungen des Völkerrechts und des Verfassungsrechts setzt sich auch in die Auslegung der Normen hinein fort, denn die Auslegungsmethodik ist geprägt von zwei Grundsätzen, die wiederum mitunter divergierende Anforderungen stellen können: Die verfassungskonforme und die völkerrechtskonforme Auslegung.

Von entsprechend großer Bedeutung ist bei den verbleibenden Zweifeln das Bedürfnis für die weitere Auslegung der Normen. Nach der Rechtsprechung des Bundesverfassungsgerichts ist ein Gesetz nicht für nichtig zu erklären, solange es noch durch Auslegung „gerettet“ werden kann, es also eine Auslegungsvariante gibt, die es mit dem Grundgesetz in Einklang bringt, denn es spräche eine Vermutung dafür, dass ein Gesetz mit der Verfassung vereinbar sei.[79] Eine solche verfassungskonforme einschränkende Auslegung, die einer gesetzlichen Regelung nur insoweit Bestand zubilligt, als sie noch mit der Verfassung in Einklang gebracht werden kann, verlässt die Auslegung im eigentlichen Sinne. Sie nimmt eine teleologische Reduktion vor, ist mithin verfassungskonforme Rechtsfortbildung.[80] Dabei – wir greifen vor – ist auf das Zusammenspiel der Verfassungsprinzipien in ihrer wechselseitigen Ergänzung und Einschränkung zu achten.[81]

a) Die verfassungskonforme Auslegung

Eine Norm, die *nach Anwendung der vier Auslegungsmethoden* mehrere Interpretationen zulässt, ist so auszulegen, dass sie am besten mit den Prinzipien des Grundgesetzes (also der übergeordneten Norm) in Einklang steht.[82]

Die verfassungskonforme Auslegung ist dabei keine Auslegung der Verfassung selbst, sondern Gesetzesauslegung unter besonderer Berücksichtigung der Verfassung.[83] Diese Differenzierung sollte man aber nicht überbetonen, denn die verfassungskonforme Auslegung setzt denknotwendig voraus, dass man „weiß“, was die Verfassung fordert, hierfür ist aber zuvor die Verfassung selbst auszulegen.[84] Die verfassungskonforme

---

[79] BVerfGE 2, 266, 282; 8, 28, 34; 18, 18, 34; 19, 1, 5; 21, 292, 305; 49, 148, 157; 69, 1, 55. Vgl. *Hesse*, Grundzüge des Verfassungsrechts der Bundesrepublik Deutschland, Rn. 80; *Larenz*, Methodenlehre der Rechtswissenschaft, S. 339 m.w.N.

[80] *Larenz*, Methodenlehre der Rechtswissenschaft, S. 340 f.

[81] *Larenz*, Methodenlehre der Rechtswissenschaft, S. 345.

[82] BVerfGE 74, 297, 346 und 355; *Bydlinski*, Juristische Methodenlehre und Rechtsbegriff, S. 455; *Kuhlen*, Die verfassungskonforme Auslegung von Strafgesetzen, S. 1 f.; *Larenz*, Methodenlehre der Rechtswissenschaft, S. 339; *Satzger*, Die Europäisierung des Strafrechts, S. 522; *Starck*, in: *Isensee/Kirchhof*, Handbuch des Staatsrechts, Band 7, § 164 Rn. 31. Vgl. noch *Bleckmann*, DÖV 1979, 309, 312.

[83] *Maurer*, Staatsrecht I, § 1 Rn. 67; *Starck*, a.a.O.

[84] *Kuhlen*, S. 9; *Starck*, in: *Isensee/Kirchhof*, Handbuch des Staatsrechts, Band 7, § 164 Rn. 31 f.

Auslegung findet ihre Grenze, wo durch sie der Wille des Gesetzgebers verfälscht würde, so dass an die Stelle des vom Gesetzgeber Gewollten eine andere Regelung träte.[85] Auch durch die verfassungskonforme Auslegung kann also ein Ergebnis jenseits der denkbaren Wortsinngrenze nicht begründet werden, eine verfassungswidrig formulierte Norm vermag auch auf diesem Wege nicht erhalten zu werden.[86]

b) Die völkerrechtsfreundliche Auslegung

Das Bundesverfassungsgericht hat in einem Kammerbeschluss zur Auslegung des Völkermordtatbestandes § 220a StGB a.F. betont:

> „Ist der Einzelne Normbefehlen des nationalen wie des Völkerrechts unterworfen, verlangt das Rechtsstaatsprinzip i.V.m. Art. 103 II GG folglich, dass die Gerichte bei der Auslegung und Anwendung des nationalen Rechts, das – wie § 220a StGB – der Umsetzung von Völkerstrafrecht dient, das Analogieverbot auch im Lichte des völkerrechtlichen Normbefehls sehen. Das muss jedenfalls dann gelten, wenn – wie vorliegend – eine Strafbarkeit des Bf. unmittelbar nach Völkerrecht in Betracht kommt."[87]

Auch diese Auslegung „im Lichte des Völkerrechts" ändert aber nichts an dem Weiterbestehen der Wortsinngrenze. Es wird lediglich betont, dass die Identifizierung der Wortsinngrenze unter Berücksichtigung des jeweiligen Tatbestandes des internationalen Rechts zu erfolgen hat und die Heranziehung der einschlägigen internationalen Praxis erforderlich ist.[88]

---

[85] BVerfGE 18, 97, 111; 54, 277, 299 f.; 71, 81, 105; *Battis*, in: *Isensee/Kirchhof*, Handbuch des Staatsrechts, Band 7, § 165 Rn. 41 m.w.N.; *Hesse*, Grundzüge des Verfassungsrechts der Bundesrepublik Deutschland, Rn. 80 und 83; *Satzger*, Die Europäisierung des Strafrechts, S. 522 f.

[86] *Simon*, Gesetzesauslegung im Strafrecht, S. 414 f.

[87] BVerfG NJW 2001, 1848, 1850.

[88] Explizit heißt es in dem Kammerbeschluss BVerfG NJW 2001, 1848, 1850 weiter: „Die mögliche Wortlautgrenze von § 220a StGB ist daher auch im Lichte des internationalen Völkermordtatbestands, ... zu bestimmen. Die Auffassung der Fachgerichte zu § 220a StGB hält sich ersichtlich im Rahmen der möglichen Interpretation des völkerrechtlichen Völkermordtatbestands sowie der einschlägigen Rechtsprechung und Praxis der Vereinten Nationen."

aa) Verpflichtung zur völkerrechtsfreundlichen Auslegung aus Völkerrecht

Die Notwendigkeit einer bestimmten Art der Auslegung kann sich *aus Völkerrecht* allenfalls auf Tatbestände beziehen, denen eine Strafverfolgungspflicht aus Völkerrecht entspricht oder bei denen das Weltrechtsprinzip zur Anwendung kommt. Selbst in diesem Falle bleibt zu beachten, dass völkerrechtliche Bestrafungspflichten weder die Anwendung spezieller Tatbestände noch bestimmte Norminterpretationen verlangen, sondern lediglich das Ergebnis interessiert, also die letzten Endes dem verursachten Unrecht entsprechende Bestrafung.[89] Lediglich soweit diese unrechtsadäquate Bestrafung nur durch eine bestimmte Interpretation der Tatbestände gewährleistet werden kann, ist sie durch Völkerrecht geboten.[90]

Diese Interpretation findet ihre Grenze allerdings in Art. 103 Abs. 2 GG, so dass eine völkerrechtliche Bestrafungspflicht gegenüber der Beachtung des Analogieverbotes[91] und des Bestimmtheitsgrundsatzes grundsätzlich nachrangig ist, mit anderen Worten also die völkerrechtliche Verpflichtung nicht Art. 103 Abs. 2 GG vorab ausschalten kann.

Problematisch an dieser völkerrechtlichen Reichweite des Gebots zur völkerrechtsfreundlichen Auslegung ist in erster Linie die Beschränkung der völkerrechtlichen Auslegungspflicht auf diejenigen Tatbestände, für die eine Strafverfolgungspflicht besteht. Damit bestünde bei einseitiger Herleitung des Gebots zur völkerstrafrechtsfreundlichen Auslegung aus dem Völkerrecht selbst eine Dichotomie der Auslegung. Während bei Tatbeständen, für die eine Strafverfolgungspflicht besteht, also in erster Linie Taten im internationalen bewaffneten Konflikt, eine völkerrechtsfreundliche Auslegung geboten wäre, so verbliebe es für die anderen Tatbestände, also in erster Linie Taten im nichtinternationalen bewaffneten Konflikt, bei den allgemeinen Auslegungsgrundsätzen. Damit aber würde in Konsequenz eine Zweiklassengesellschaft der Tatbestände geschaffen.

---

[89] *Gropengießer/Kreicker*, Grundlagen der Strafverfolgung völkerrechtlicher Verbrechen in Deutschland, S. 80 f.

[90] *Gropengießer/Kreicker*, Grundlagen der Strafverfolgung völkerrechtlicher Verbrechen in Deutschland, S. 81 f.

[91] *Gropengießer/Kreicker*, Grundlagen der Strafverfolgung völkerrechtlicher Verbrechen in Deutschland, S. 82 f.

bb) Verpflichtung zur völkerrechtsfreundlichen Auslegung aus Verfassungsrecht

Die Verpflichtung zur völkerrechtsfreundlichen Auslegung aus Verfassungsrecht ist demgegenüber sehr viel weiter. Sie folgt aus dem bereits vorgestellten Prinzip der Völkerrechtsfreundlichkeit der deutschen Rechtsordnung, namentlich aus Art. 25 GG.[92]

Die völkerrechtskonforme oder auch völkerrechtsfreundliche Auslegung ist Instrument und Mechanismus zur Sicherung der Beachtung völkerrechtlicher Pflichten des Nationalstaates, wie er namentlich der Auffassung des gemäßigten Dualismus entspricht.[93]

Nach den Grundsätzen der völkerrechtskonformen Auslegung ist ein nach Anwendung der Auslegungsmethoden bleibender Interpretationsspielraum so auszufüllen, dass die Auslegung *gleichzeitig* den Anforderungen des Völkerrechts gerecht wird.[94] Dabei handelt es sich um eine Auswirkung der bereits beschriebenen Völkerrechtsfreundlichkeit des Grundgesetzes, die als zwingend angesehen wird.[95]

Die völkerrechtsfreundliche Auslegung gilt sowohl auf der Ebene des Verfassungsrechts[96] als auch des einfachen Gesetzesrechts.[97]

Dabei ist allerdings noch zwischen dem Völkervertragsrecht und den allgemeinen Regeln des Völkerrechts zu unterscheiden, denn während ersteres der Prüfung auf die Verfassungsgemäßheit hin unterliegt, so

---

[92] Vgl. BVerfGE 23, 288, 316; 46, 342, 363; 74, 358, 370; 75, 1, 18 f.; 112, 1, 24; *Gropengießer/Kreicker*, Grundlagen der Strafverfolgung völkerrechtlicher Verbrechen in Deutschland, S. 83; *Herdegen*, in: *Maunz/Dürig*, GG, Art. 25 Rn. 5; *ders.*, Völkerrecht, S. 154; *Jarass/Pieroth*, GG, Art. 25 Rn. 4; *Röben*, Außenverfassungsrecht, S. 207; *Streinz*, in: *Sachs*, GG, Art. 25 Rn. 8; *Werle/Jeßberger*, JZ 2002, 725, 734.

[93] *Herdegen*, in: *Maunz/Dürig*, GG, Art. 25 Rn. 5.

[94] *Satzger*, Die Europäisierung des Strafrechts, S. 523; *Tomuschat*, in: *Isensee/Kirchhof*, Handbuch des Staatsrechts, Band 7, § 172 Rn. 27. Vgl. *Schweitzer*, Staatsrecht III, Rn. 440c.

[95] *Bleckmann*, DÖV 1979, 309, 312; *Tomuschat*, in: *Isensee/Kirchhof*, Handbuch des Staatsrechts, Band 7, § 172 Rn. 27.

[96] *Röben*, Außenverfassungsrecht, S. 207; *Tomuschat*, in: *Isensee/Kirchhof*, Handbuch des Staatsrechts, Band 7, § 172 Rn. 28 und 35.

[97] BVerfGE 74, 352, 370; *Röben*, a.a.O.

prägt letzteres „als Produkt einer gemeinsamen Anstrengung der Staatengemeinschaft“ samt damit einhergehender höherer Richtigkeits- und Ausgewogenheitsgewähr das nationale Verfassungsrecht inhaltlich mit.[98]

Im hier interessierenden Kontext der Kriegsverbrechenstatbestände ist diese Differenzierung indessen ohne größere Bedeutung, denn auch soweit die Tatbestände wie in Art. 8 IStGH-Statut Vertragsrecht darstellen, so wurden sie doch weithin dem unzweifelhaft geltenden Völkergewohnheitsrecht entnommen.

Strafrechtliche Normen waren daher – bei ihrer Anwendung auf entsprechende Verbrechen gegen das Völkerrecht – bereits vor Inkrafttreten des VStGB so auszulegen, dass ein Konflikt mit den Vorgaben des Völkerrechts vermieden wird.[99]

Für die Tatbestände der Kriegsverbrechen ist konkret zu beachten, dass zu ihrer Auslegung auf die hinter ihnen stehenden Primärnormen des humanitären Völkerrechts zu rekurrieren ist.[100] Da es zum einen um dieselben Schutzgüter, zum anderen um ein einheitliches Verfolgungssystem anhand des Grundsatzes der Komplementarität geht, so gilt dieses Auslegungsprinzip im internationalen wie im nationalen Recht. Überhaupt sind die Tatbestände nur sinnvoll erfassbar, wenn die Sekundärnormen berücksichtigt werden. Unter dem Aspekt der Normbestimmtheit liegt darin kein zwingender Nachteil, denn der Rückgriff auf vielfach vertraglich fixiertes Gewohnheitsrecht (insbesondere die GA, die ZP, die HLKO) gibt eine einheitliche Linie vor und dient damit der Gleichbehandlung gleicher Fälle nicht nur nach dem VStGB, sondern auch nach den parallelen Vorschriften anderer Staaten und den entsprechenden IStGH-Statutsnormen.

Nicht zu bestreiten dürfte daher sein, dass das Völkerrecht eine erhebliche Wirkung auf die Auslegung der ins nationale Recht transponierten Normen im Allgemeinen und Tatbeständen im Besonderen hat, da sie zum einen im Völkerrecht wurzeln[101] und zum anderen das Prinzip der

---

[98] *Tomuschat*, in: *Isensee/Kirchhof*, Handbuch des Staatsrechts, Band 7, § 172 Rn. 28.

[99] Siehe *Werle*, Anmerkung zu BGH 3 StR 215/98 vom 30.04.1999, JZ 1999, 1176, 1182.

[100] *Werle*, Völkerstrafrecht, Rn. 174 und 935.

[101] *Werle/Jeßberger*, JZ 2002, 725, 734; *Werle*, Völkerstrafrecht, Rn. 312. Vgl. nochmals BVerfG NJW 2001, 1848, 1850.

Komplementarität diese Wirkung (das Prinzip der völkerrechtsfreundlichen Auslegung noch verstärkend) gebietet.

Die Völkerrechtsfreundlichkeit sollte dabei im Idealfalle allerdings nicht künstlich gegen den Bestimmtheitsgrundsatz ausgespielt werden. Die Völkerrechtsfreundlichkeit und Berücksichtigung des internationalen Rechts soll in erster Linie Klarheit über verwendete Begrifflichkeiten bringen, also die Auslegung fördern, nicht den Bestimmtheitsgrundsatz des nationalen Rechts aushebeln.

Die völkerrechtskonforme Auslegung gilt nicht schrankenlos, eine Verletzung des Völkerrechts ist zwar nach Möglichkeit zu vermeiden,[102] nicht aber um jeden Preis. Die Beschränkung von Grundrechten lässt sich nicht ohne weiteres durch eine völkerrechtsfreundliche Auslegung des Grundgesetzes rechtfertigen.[103]

c) Auswirkungen des Prinzips der völkerrechtsfreundlichen Auslegung

Die Tatbestände des VStGB sollen gewährleisten, dass die Bundesrepublik Deutschland im Rahmen des Prinzips der Komplementarität (mindestens) in demselben Umfange zur effektiven Verfolgung von Verbrechen gegen das Völkerrecht in der Lage ist, wie der IStGH.[104] Dies erfordert eine an den grundlegenden Instrumenten des humanitären Völkerrechts und insbesondere am Statut des IStGH orientierte Auslegung der Normen des VStGB.[105] Die Orientierung alleine am IStGH-Statut wäre nicht ausreichend, da dieses wiederum auf die dem Art. 8 Abs. 2 IStGH-Statut zugrunde liegenden Primärregeln zurückführbar ist und so ein annähernd identischer Verständnishorizont das gesamte je relevante Kriegsvölkerrecht zu berücksichtigen hat.

---

[102] BVerfGE 58, 1, 34; 59, 63, 89.

[103] *Geiger*, Grundgesetz und Völkerrecht, S. 190.

[104] *Gropengießer/Kreicker*, Grundlagen der Strafverfolgung völkerrechtlicher Verbrechen in Deutschland, S. 84.

[105] Vgl. *Röben*, Außenverfassungsrecht, S. 175. Eine parallele Interpretation ist aber auch einem fairen Verfahren geschuldet. Der Angeklagte muss darauf vertrauen dürfen, dass übereinstimmende Tatbestände des nationalen und internationalen Rechts auch übereinstimmend interpretiert werden; *Röben*, S. 176. Man mag dem hinzufügen, dass eine Abweichung unter diesem Gesichtspunkt *zu seinen Gunsten* immer unproblematisch ist.

d) Konflikt der Auslegungsgrundsätze?

Mit der verfassungskonformen Auslegung ist ein Konflikt dabei keineswegs vorprogrammiert. Letztlich wird ja auch die völkerrechtskonforme Auslegung aus der Verfassung als zwingend abgeleitet. Idealerweise stehen daher beide Auslegungsprinzipien in einem harmonischen Verhältnis und entsprechen der internationalen Offenheit der deutschen Verfassungsordnung.

Dennoch kann sich ein Konflikt ergeben. Namentlich die Betroffenheit weit reichender Grundrechte, Prozessgrundrechte oder grundrechtsgleicher Rechte durch individuelle Pflichtenbegründung aus dem humanitären Völkerrecht und subsequent aus dem Völkerstrafrecht kann diesen verursachen.

e) Versuch einer Synthese – Fortwirkung des Bestimmtheitsgebots in der Auslegung

Der Bestimmtheitsgrundsatz wirkt jenseits der schon angesprochenen und nicht klar durchzuhaltenden Trennung zwischen Bestimmtheitsgebot und Analogieverbot für den Richter insoweit fort, als dieser zu bestimmter Gesetzesauslegung berufen ist.[106]

aa) Die restriktive Auslegung

Die Zulässigkeit der Auslegung führt auch im Strafrecht zur grundsätzlichen Zulässigkeit einer weiten Auslegung,[107] solange die feine Linie zur Analogie unüberschritten bleibt. Diese Linie verläuft – indessen angesichts der allgemeinen Auslegungsbedürftigkeit häufig kaum ziehbar – dort, wo nicht mehr der bereits im Gesetz angelegte rechtliche Gehalt ausgelotet wird, sondern ein Rechtssatz auf einen von ihm nicht mehr erfassten rechtsähnlichen Sachverhalt übertragen wird.[108] Ein allgemei-

---

[106] Vgl. *Kuhlen*, in: FS *Otto*, S. 103.

[107] *Baumann*, MDR 1958, 394, 396; *Brockmeyer*, in: *Schmidt/Bleibtreu/Klein*, GG, Art. 103 Rn. 7c; *Degenhart*, in: *Sachs*, GG, Art. 103 Rn. 70; *Eser*, in: *Schönke/Schröder*, StGB, § 1 Rn. 51; *Jescheck/Weigend*, Lehrbuch des Strafrechts – Allgemeiner Teil, S. 154 und 158 m.w.N.; *Schmidt-Aßmann*, in: *Maunz/Dürig*, GG, Art. 103 Rn. 230.

[108] Siehe *Dannecker*, in: LK StGB, § 1 Rn. 252 und noch 305.

nes Gebot der restriktiven Auslegung im Strafrecht gibt es also gerade nicht.[109]

Dessen ungeachtet wird das den Anforderungen des Bestimmtheitsgrundsatzes entsprechende Auslegungsverfahren vielfach die restriktive Auslegung sein,[110] gewissermaßen als Gegenstück zur Analogie.[111] Daher dürfen bei Verwendung stark auslegungsfähiger Begriffe im Strafrecht deren diffuse Randbereiche nicht mehr als strafbewehrt angesehen werden.[112] Gelingt es, den Anwendungsbereich einer Norm derart einzuschränken, dass er nach Inhalt und Umfang auf einen Kernbereich reduziert würde, der die Wortsinngrenze nicht überschreitet, so wäre ein Verstoß gegen den Bestimmtheitsgrundsatz zu vermeiden.[113]

---

[109] *Dannecker*, in: LK StGB, § 1 Rn. 293.

[110] Vgl. BGHSt 4, 24, 32; 41, 20, 24 ff.; *Weigend*, in: LK StGB, Einl. Rn. 15. Siehe noch *Dannecker*, in: LK StGB, § 1 Rn. 214, 292, 339 und 326 ff. zur restriktiven verfassungskonformen Auslegung.

[111] *Pawlowski*, Methodenlehre für Juristen, Rn. 492. Vgl. *Larenz*, Methodenlehre der Rechtswissenschaft, S. 354.

[112] *Dannecker*, in: LK StGB, § 1 Rn. 339.

[113] *Schmitz*, in: MüKo StGB, § 1 Rn. 80. Vgl. den Ansatz bei *Seel*, Unbestimmte und normative Tatbestandsmerkmale im Strafrecht und der Grundsatz nullum crimen sine lege, S. 93. *Seel*, S. 96 ff. kommt allerdings zu dem Ergebnis, dass die restriktive Interpretation nicht möglich sei, insbesondere, da es hierbei um eine unzulässige Auslegung *contra legem* handele. Er konzediert damit, dass der konsequente Verzicht auf diese Methode die Verfassungswidrigkeit großer Teile des Strafrechts zur Folge hat und bemerkt, dass „dieses Ergebnis offenbar nicht befriedigen“ kann, aber als Tatsache hinzunehmen sei, „an der nicht vorbeigegangen werden kann“ (S. 99). Letzten Endes gelangt *Seel* dann (S. 107 ff.) durch eine erhebliche Reduktion des Gehaltes von Art. 103 Abs. 2 GG „aus dem Gesamtgefüge des Grundgesetzes“ heraus und angesichts „der neuen, bedeutenden Stellung des Richters in unserem Staat“ (S. 123), sowie dem Menschenbild (S. 109 ff.) und der Rechtsidee (S. 112 ff.) des Grundgesetzes zu dem Ergebnis, dass doch sämtliche Tatbestandsmerkmale durchweg verfassungskonform seien (S. 133 ff.). Wenn allerdings eine gewandelte verfassungsrechtliche Lage mit Inkrafttreten des Grundgesetzes den Bestimmtheitsgrundsatz als Relikt angesehen hätte, so wäre dies im Wortlaut des Art. 103 Abs. 2 GG zum Ausdruck gekommen. Es ist daher methodisch nicht haltbar, einerseits die restriktive Auslegung eines Strafgesetzes als Auslegung *contra legem* abzutun, andererseits aber den Verzicht auf die restriktive Auslegung mit einer Auslegung der Verfassung gegen deren eindeutigen Wortlaut überzukompensieren.

Namentlich bei problematischen offenen Begriffen und generalklauselhaft formulierten Normbestandteilen ist eine Vorgehensweise anhand der restriktiven Auslegung und die Differenzierung zwischen strafbewehrtem Kernbereich und straffreiem Randbereich angezeigt. Somit spricht auch die grundsätzliche Zulässigkeit einer extensiven Auslegung im Strafrecht nicht gegen die Anwendung der restriktiven Auslegung bei unter Bestimmtheitsaspekten problematischen Begriffen. In der Tat würde der Verzicht auf das „Skalpell" der restriktiven Auslegung und die nicht angezeigte Anwendung einer weiten Auslegung an manchen Stellen zur Verfassungswidrigkeit und damit gänzlichen Unanwendbarkeit der Norm führen.

Diese Forderung nach einer bestimmten Auslegung richtet sich freilich erst an den Gesetzesanwender, nicht bereits an den Gesetzgeber.[114] Auf internationaler Ebene wird diesem Ansatz entsprechend die restriktive Auslegung (*principle of strict interpretation*) auch als Kompensation für einen zu wenig ausgearbeiteten Bestimmtheitsgrundsatz angewendet.[115]

bb) Die teleologische Reduktion

Die dem Bestimmtheitsgrundsatz entsprechende Methode der Rechtsfortbildung ist schließlich die teleologische Reduktion. Im Einzelfall überschneiden sich restriktive Auslegung und teleologische Reduktion, denn das eine Mal wird der Anwendungsbereich der Norm durch die Annahme einer engeren statt einer möglichen weiteren Wortbedeutung eingeengt (restriktive Auslegung), das andere Mal wird die Wortbedeutung durch Hinzufügung eines weiteren im Wortlaut nicht vorhandenen Merkmales eingeschränkt (teleologische Reduktion).[116] Entscheidende Gemeinsamkeit ist aber, dass beide Interpretationsgrundsätze den Anwendungsbereich einer Norm einzuengen geeignet sind. Restriktive Auslegung und teleologische Reduktion sind daher die Mittel der Wahl, eine offen formulierte Norm auf ihren Kernbereich zurückzuführen. Zugleich respektieren sie die Wortsinngrenze, denn die Hinzufügung eines weiteren tatbestandseinschränkenden Merkmales wirkt zu Gunsten

---

[114] Vgl. *Simon*, Gesetzesauslegung im Strafrecht, S. 440.

[115] So von *Cassese*, International Criminal Law, S. 147 und 154.

[116] *Larenz*, Methodenlehre der Rechtswissenschaft, S. 391.

des Täters und ist damit im Hinblick auf Art. 103 Abs. 2 GG ebenso wenig problematisch wie die Annahme einer engen Wortbedeutung, soweit der Gesetzeswortlaut eine solche zulässt.

III. Art. 103 Abs. 2 GG als Grenze der Auslegung

Ziel ist auch bei einer Auslegung im Rahmen und auf Basis des Art. 103 Abs. 2 GG „die Aufrechterhaltung der Gesetzesbindung“,[117] also die Respektierung der Wortsinngrenze in beide Richtungen: Die Überschreitung der Wortsinngrenze ist mit dem Bestimmtheitsgrundsatz unvereinbar, die normerhaltende Unterschreitung, *die keinen Anhaltspunkt im Wortlaut mehr findet*, ist aber ebenso unzulässig.

1. Art. 103 Abs. 2 GG als unmodifizierter Bestimmtheitsmaßstab auch aus dem Völkerrecht transponierter Normen

Der innerstaatliche Vollzug von Völkerrecht wird bei einem monistischen Verständnis der Beziehung zwischen Völkerrecht und nationalem Recht und der hieraus folgenden Adoptionstheorie nach völkerrechtlichen Grundsätzen vollzogen („international law is part of the law of the land“), bei einem dualistischen Verständnis und der Zugrundelegung der Transformationstheorie wird das Völkerrecht nationales Recht mit allen Konsequenzen. Eine Modifikation findet indessen nach einer Ansicht (gemäßigte Transformationstheorie) dergestalt statt, dass die Norm nicht vom Völkerrecht gänzlich abgekoppelt wird, vielmehr richtet sich unter anderem die Interpretation nach Maßstäben des Völkerrechts.[118]

Satzger führt zu einer vergleichbaren Problematik aus, dass die nationale Verweisung auf europarechtliche Normen diese „januskopfig“ werden lässt, d.h. ihre Tatbestandsseite soll, soweit die Verweisung ins Europarecht reicht, europarechtlich bestimmt sein und auch nach gemein-

---

[117] *Krahl*, Die Rechtsprechung des Bundesverfassungsgerichts und des Bundesgerichtshofs zum Bestimmtheitsgrundsatz im Strafrecht, S. 44 m.w.N.

[118] *Satzger*, Die Europäisierung des Strafrechts, S. 234 f.; *Schweitzer*, Staatsrecht III, Rn. 435.

schaftsrechtlichen Auslegungsgrundsätzen behandelt werden, während der „Rest“ der Norm ausschließlich vom deutschen Recht geprägt ist.[119]

Grundsätzlich bildet aber der Bestimmtheitsgrundsatz nicht nur *eine* oder irgendeine Grenze für die Bestrafung, die man bei Verbrechen gegen das Völkerrecht im nationalen Recht durchaus etwas lockerer fassen dürfte, sondern der nationale Gehalt des Bestimmtheitsgrundsatzes gilt auch und gerade im Bereich des Kriegsvölkerstrafrechts mit seinem vollen Gehalt und ohne von vornherein eine inhaltliche Modifikation zu erfahren. Um im Bild zu bleiben bildet der Bestimmtheitsgrundsatz also nicht eine, sondern *die* Grenze der Bestrafung.

Dies gilt sowohl im internationalen wie im nationalen Recht – mit dem jeweils dem Bestimmtheitsgrundsatz zukommenden Gehalt. Wird internationales Recht in nationales Recht transponiert, so gilt grundsätzlich der nationale Bestimmtheitsmaßstab ohne abstrakte Modifizierung.

Daran ändert auch die unter rechtspolitischem und rechtshistorischem Blickwinkel richtige Beobachtung, wonach nach 1945 „Rückwirkungsverbot und Bestimmtheitsgrundsatz zu Feldzeichen des juristischen Kampfes gegen Nürnberg“, mit anderen Worten also gegen das Völkerstrafrecht wurden,[120] nichts.

Zum einen vermag selbst eine missbräuchliche Argumentation mit zentralen rechtsstaatlichen Gewährleistungen diese nicht in ihrem Gehalt zu tangieren, zum anderen hat das Völkerstrafrecht seinem aktuellen Stand nach eine Ausdifferenzierung erreicht, die es zum einen nötig, zum anderen möglich macht, es an den Maßstäben des Bestimmtheitsgrundsatzes zu messen.

Es ist anerkannt, dass Straftatbestände wegen Anforderungen an die Normbestimmtheit restriktiver auszulegen sind als Verfassungsnormen und eine Verfassungsnorm nicht selbst Grundlage einer Bestrafung sein kann.[121]

Diesem Grundgedanken, wonach aus einer konkreten Verfassungsnorm – und verlangt sie auch explizit den Erlass einer Strafnorm (wie Art. 26 Abs. 1 S. 2 GG) – weder eine Strafbarkeit unmittelbar entnommen werden kann noch unter Einfluss einer Verfassungsbestimmung ein existen-

---

[119] *Satzger*, Die Europäisierung des Strafrechts, S. 232 f.

[120] Darauf weist *Werle*, ZStW 109 (1997), 808, 811 hin.

[121] Siehe GBA, Entschließung vom 21.03.2003, JZ 2003, 908, 909 zum Verhältnis von § 80 StGB zu Art. 26 Abs. 1 GG.

tes Strafgesetz über den Wortlaut hinaus ausgedehnt werden darf, entspricht es, dass auch die Verfassungsforderung nach Völkerrechtsfreundlichkeit der deutschen Rechtsordnung und die daher zu berücksichtigenden Besonderheiten des Völkerstrafrechts Art. 103 Abs. 2 GG in seiner Ausprägung als Bestimmtheitsgrundsatz nicht von vornherein verdrängen oder auch nur modifizieren können.

Vermag nämlich selbst eine Verfassungsbestimmung, die eine weitere Strafbarkeit ausdrücklich vorsieht und verlangt (Art. 26 Abs. 1 S. 1 i.V.m. S. 2 GG) es nicht, den Bestimmtheitsgrundsatz auszuschalten, so vermag ein Prinzip, welches wie jenes der Völkerrechtsfreundlichkeit im Rahmen des VStGB in erster Linie erst bei der Auslegung wirksam wird, dies erst recht nicht.

2. *Bestimmtheitsgrundsatz und Völkerrechtsfreundlichkeit als der „praktischen Konkordanz" zugängliche Verfassungswerte*

Eine denkbare Lösung, sowohl völkerrechtsfreundliche Aspekte bei der Interpretation der Tatbestände des VStGB in recht weitem Umfange zuzulassen und zugleich dem Gehalt des Bestimmtheitsgrundsatzes im nationalen Recht gerecht zu werden, kann in einer Abwägung im Sinne der „praktischen Konkordanz" gefunden werden.

Gegenüber anderen Ansätzen, die wegen des Adressatenkreises oder der Völkerrechtsfreundlichkeit *abstrakt und vor der konkreten Kollision* eine Bedeutungsminderung des Bestimmtheitsgrundsatzes des nationalen Rechts für die Tatbestände der Kriegsverbrechen annehmen wollen, hat eine solche Lösung den Vorteil, dass sie *konkret auf die jeweilige Kollision* zugeschnitten ist und ein Ergebnis finden kann, welches den konkurrierenden Aspekten noch hinreichend gerecht wird.

Zunächst ist allerdings zu klären, ob der Bestimmtheitsgrundsatz des Art. 103 Abs. 2 GG überhaupt dem Verfahren der praktischen Konkordanz zugänglich ist, oder ob er in einem Maße absolut ist, der *jedwede* Relativierung von vornherein ausschließt. Gleichermaßen muss für die Völkerrechtsfreundlichkeit festgestellt werden, ob sie in das Verfahren der praktischen Konkordanz zulässigerweise eingestellt werden kann.

a) Art. 103 Abs. 2 GG in der „praktischen Konkordanz"

Zu klären ist, ob der Bestimmtheitsgrundsatz als Ausprägung des Art. 103 Abs. 2 GG – und damit als Grundrecht – einer konkreten Abwägung überhaupt zugänglich ist.

Nach einer Ansicht „ist Art. 103 II einer Abwägung nicht zugänglich".[122] Andere Ansichten sind zurückhaltender.[123] Explizit wird teilweise eine Abwägung mit Aspekten der Völkerrechtsfreundlichkeit abgelehnt.[124]

Soweit zwischen einzelnen Garantieelementen des Art. 103 Abs. 2 GG differenziert wird, findet sich nur selten der ausdrückliche Standpunkt, dass das Bestimmtheitsgebot einer Abwägung gänzlich unzugänglich sei.[125]

In der Tat ist zwischen den verschiedenen Komponenten des Art. 103 Abs. 2 GG zu unterscheiden. Es bietet sich hier eine Differenzierung an, die zwischen dem Gesetzlichkeitsprinzip und dem Rückwirkungsverbot einerseits und zwischen dem Bestimmtheitsgrundsatz und dem Analogieverbot andererseits unterscheidet.

---

[122] *Degenhart*, in: *Sachs*, GG, Art. 103 Rn. 54. Vgl. *Maurer*, Staatsrecht I, § 9 Rn. 63. Möglicherweise bezieht *Maurer* den absoluten Vorrang aber nur auf das Legalitätsprinzip im strengen Sinne, also das Vorhandensein eines Gesetzes. Vgl. *Classen*, GA 1998, 215, 215.

[123] Vgl. *Nolte*, in: *von Mangoldt/Klein/Starck*, GG, Art. 103 Abs. 2 Rn. 165 („klares Spezialitätsverhältnis des Art. 103 Abs. 2 GG zu anderen Verfassungsnormen, welches eine relativierende Abwägung mit anderen Verfassungsgütern weitestgehend ausschließt").

[124] *Gärditz*, Weltrechtspflege, S. 379 ff.: Der staatsrechtliche Befund der internationalen Offenheit lasse „jedenfalls keine Relativierung des Schutzumfanges von Art. 103 Abs. 2 GG bei der Beurteilung extraterritorialer Verbrechen gegen das Völkerrecht durch deutsche Gerichte" zu. S. 382: „Art. 103 Abs. 2 GG [ist] bereits Endprodukt einer vom Verfassungsgeber zugunsten der Rechtssicherheit vorgenommenen Güterabwägung und mangels positivierter Durchbrechungen keiner weiteren Abwägung mehr zugänglich."

[125] Ausdrücklich aber: *Schmidt-Aßmann*, in: *Maunz/Dürig*, GG, Art. 103 Rn. 177 (Abwägungssperre): „Wegen seiner klaren Vorgaben und seiner strukturellen Besonderheiten als einer auf jeden Fall verläßlichen verhaltenssteuernden Norm ist Art. 103 Abs. 2 GG selbst einer begrenzten Abwägung nicht zugänglich. Von der Gesetzesbestimmtheit darf und kann folglich auch dann nicht abgewichen werden, wenn aus Rücksichtnahme auf andere rechtsstaatliche Schutzgüter es dringend geboten wäre, eine Handlung zu bestrafen. Der Gesetzgeber muß dann für die Zukunft Abhilfe schaffen; aber eine Lockerung der elementaren *Garantieelemente* [Hervorhebung im Original] des Art. 103 Abs. 2 GG kommt nicht in Betracht."

aa) Gesetzlichkeitsprinzip und Rückwirkungsverbot

Beim Rückwirkungsverbot – und erst recht gilt dies für das bloße Erfordernis des geschriebenen Gesetzes – ist ein Verstoß sehr viel eindeutiger feststellbar als bei Bestimmtheitsgrundsatz und Analogieverbot.

Das Rückwirkungsgebot hat vergleichsweise klare Konturen und ist damit in der Anwendung unproblematischer[126] und eindeutiger als Bestimmtheitsgrundsatz und Analogieverbot. Insofern ist das Rückwirkungsverbot eine *Regel*, die bei Erfüllung der Voraussetzungen die Rückwirkung untersagt[127] und kein der Abwägung unterliegendes zu optimierendes Prinzip.

Selbst das vergleichsweise „starke" und absolut geltende Rückwirkungsverbot kann aber nach der Rechtsprechung des Bundesverfassungsgerichts in besonderen, extremen Situationen, in denen das positiv geltende Recht sich konträr zur Gerechtigkeit verhält, zurücktreten; Erfordernisse materieller Gerechtigkeit stehen dann vor dem positiven Recht.[128]

bb) Bestimmtheitsgrundsatz und Analogieverbot

Der Bestimmtheitsgrundsatz ist hingegen in seinen Konturen nicht klar genug, um absoluten Vorrang vor anderen Verfassungsgütern zu erhalten. In der Rechtsprechung des BVerfG wird die Reichweite des Bestimmtheitsgrundsatzes – wie gesehen – bereits mit durchaus pragmatischen Argumenten aus der „Natur der Sache" erheblich eingeschränkt, also letztlich schon in der Identifizierung seines Gehaltes einer Abwägung mit Gütern unterworfen, die keinen unmittelbaren Verfassungs-

---

[126] *Dannecker*, in: LK StGB, § 1 Rn. 360.

[127] *Dannecker*, Das intertemporale Strafrecht, S. 3: „Art. 103 Abs. 2 GG verbietet für das Strafrecht jede Rückwirkung ausnahmslos und unabhängig von Art und Ausmaß der Wirkung auf die Rechtsposition des Einzelnen. Es handelt sich also nicht um ein ‚Prinzip' im Sinne eines Optimierungsgebots, sondern um eine ‚Regel', die bei Erfüllung der Voraussetzungen die Rückwirkung definitiv verbietet."

[128] BVerfGE 95, 96, 133 ff. mit Berufung auf die „Radbruchformel". *Radbruch* selbst verwies aber bereits darauf, dass „wir die Forderung der Gerechtigkeit mit einer möglichst geringen Einbuße an Rechtssicherheit zu verwirklichen suchen"; *Radbruch*, SJZ 1946, 105, 107.

rang haben.[129] Dann ist aber nicht einzusehen, weswegen eine Abwägung mit wesentlich höheren Verfassungsrechtsgütern ausgeschlossen sein soll. Auch die Entscheidung BVerfGE 109, 133, die von den Befürwortern einer gänzlichen Abwägungsresistenz aller Aspekte des Art. 103 Abs. 2 GG gerne herangezogen wird, bezieht sich ausdrücklich nur auf das Rückwirkungsverbot und begründet kein Abwägungsverbot für den Bestimmtheitsgrundsatz.[130]

Art. 103 Abs. 2 GG ist jedenfalls in seiner Ausprägung als Bestimmtheitsgrundsatz nicht von vornherein mit einem absoluten Vorrang ausgestattet, der jegliche Abwägung verbietet. Das Bestimmtheitsgebot ist daher ein *Optimierungsgebot*,[131] mithin ein Prinzip und keine Regel. Damit ist aber noch nicht gesagt, dass der Bestimmtheitsgrundsatz dieser Abwägung nicht eine äußere Grenze zieht, also den Prozess der Herstellung der praktischen Konkordanz vorprägt.

Ohnehin ist jede Abwägung durch den Wesensgehalt eines Grundrechts (Art. 19 Abs. 2 GG) und einen etwaigen Menschenwürdegehalt (Art. 1 Abs. 1 GG) im Sinne einer absoluten Barriere begrenzt.[132]

b) Die Völkerrechtsfreundlichkeit in der „praktischen Konkordanz“

Uneinschränkbare Grundrechte können nach der Rechtsprechung des BVerfG in einzelnen Beziehungen begrenzt werden durch kollidierende Grundrechte Dritter und kollidierende mit Verfassungsrang ausgestattete Rechtswerte, also letztlich durch Verfassungsbestimmungen jeder Art.[133] Die Frage, ob Normen, die nur Kompetenzen, Ermächtigungen

---

[129] Beispielsweise bei der Entwicklung von der Bestimmtheit zur Bestimmbarkeit (*5. Kapitel C. II. 2.*), bei der Abstufung von Bestimmtheitserfordernissen anhand der Strafandrohung (*5. Kapitel C. IV*) und der Berücksichtigung des Adressatenkreises (oben, *A. II. 3.*).

[130] Es wird zwar die gemeinsame Grundlage der aus Art. 103 Abs. 2 GG folgenden Ableitungen – die Möglichkeit der Vorhersehbarkeit von strafbarem Verhalten – betont (BVerfGE 109, 133, 171), sodann aber nur das Rückwirkungsverbot weiter behandelt (BVerfGE 109, 133, 172).

[131] *Dannecker*, in: LK StGB, § 1 Rn. 196 m.w.N.

[132] BVerfGE 80, 367, 373 f.; *Lerche*, in: *Isensee/Kirchhof*, Handbuch des Staatsrechts, Band 5, § 122 Rn. 15.

[133] BVerfGE 81, 278, 292; *Stern*, Staatsrecht der Bundesrepublik Deutschland, Band III/2, S. 551 ff.

oder Zuständigkeiten regeln, auch als kollidierende Verfassungswerte in Betracht kommen, muss für den Rahmen dieser Arbeit nicht interessieren.

Das Grundgesetz räumt Normen des Völkerrechts an sich keinen Vorrang vor grundrechtlichen Gewährleistungen ein; der völkerrechtliche Vertrag wird in den Rang des einfachen Bundesgesetzes übernommen (Art. 59 Abs. 2 S. 1 GG), die allgemeinen Regeln des Völkerrechts (Art. 25 GG) stehen zwischen einfachem Bundesgesetz und Verfassung.[134] Weder Völkerrecht noch Völkerrechtsfreundlichkeit überspielen daher abstrakt nationale Erfordernisse der Normbestimmtheit.

Bei der Völkerrechtsfreundlichkeit handelt es sich aber um einen mit Verfassungsrang ausgestatteten Rechtswert (vgl. *5. Kapitel A.*). Allerdings stellt sich die Frage, ob eine allgemeine Formel wie die Völkerrechtsfreundlichkeit, obgleich im GG unbestritten verankert, als ein solcher kollidierender Verfassungswert im Sinne der praktischen Konkordanz in Betracht kommt. Erkennt man in der Völkerrechtsfreundlichkeit nur ein unverbindliches politisches Leitprogramm oder eine „vergleichbar blasse Direktive",[135] erfolgte also ein vorschneller Rekurs auf die Verfassung ohne Benennung eines konkreten Rechtsgutes,[136] so reicht dies nicht aus, um damit eine Abwägung zu begründen. In diesem Sinne spricht *Gärditz* von der Verfassungsentscheidung für eine offene Staatlichkeit von einem „plakativen Topos".[137] Die Völkerrechtsfreundlichkeit der deutschen Rechtsordnung lässt sich indessen nicht nur an mehreren Stellen im Verfassungstext – insbesondere Art. 25 GG – festmachen, sie lässt sich auch konkretisieren. Hinter der Konkretisierung des vergleichsweise argumentationsoffenen Bestimmtheitsgrundsatzes steht sie nicht zurück. Im Bereich des Kriegsvölkerrechts entsteht diese Konkretisierung besonders durch Berücksichtigung der den §§ 8-12 VStGB zugrunde liegenden Völkerrechtsquellen des Kriegsrechts und der ergangenen einschlägigen Entscheidungen internationaler und

---

[134] *Stern*, Das Staatsrecht der Bundesrepublik Deutschland, Band III/2, S. 300 f.

[135] *Lerche*, in: *Isensee/Kirchhof*, Handbuch des Staatsrechts, § 122 Rn. 23.

[136] Vgl. *Classen*, GA 1998, 215, 219; *Lerche*, in: *Isensee/Kirchhof*, Handbuch des Staatsrechts, § 122 Rn. 8; *Maurer*, Staatsrecht I, § 9 Rn. 62; *Schneider*, VVDStRL 20 (1963), S. 39.

[137] *Gärditz*, Weltrechtspflege, S. 380.

nationaler Gerichte sowie durch Berücksichtigung der angestrebten Parallelität zum IStGH-Statut im Zusammenhang mit dem Prinzip der Komplementarität.

c) Ergebnis

Der Konflikt zwischen einem uneinschränkbaren Grundrecht – wie Art. 103 Abs. 2 GG – und anderen mit Verfassungsrang ausgestatteten Rechtswerten – wie der über die „Völkerrechtsfreundlichkeit" ins Grundgesetz hineinwirkende Gehalt des Kriegsrechts und Kriegsvölkerstrafrechts – ist der Sache nach daher einer Abwägung und Auflösung im Wege der praktischen Konkordanz zugänglich.[138]

C. Der Kollisionsfall und das Prinzip der praktischen Konkordanz

I. Grundlagen des Prinzips der praktischen Konkordanz

Die praktische Konkordanz ist ebenso wie andere besondere Gesichtspunkte der Verfassungsauslegung – namentlich der Gesichtspunkt der Einheit der Verfassung[139] – letztlich ein spezialisierter Anwendungsbereich der (systematischen) Auslegung.[140] Diese Gesichtspunkte verlangen dabei für die Auslegung einer Norm der Verfassung die Berücksichtigung der übrigen Normen der Verfassung.[141] In der Sache gleichge-

---

[138] Vgl. *Stern*, Staatsrecht der Bundesrepublik Deutschland, Band III/1, S. 930.

[139] BVerfGE 1, 14, 32; 28, 243, 261; 34, 165, 183; 39, 334, 368; 55, 274, 300; *Ehmke*, VVDStRL 20 (1963), S. 77 und 80. Das Prinzip der „Einheit" ist freilich nicht im Sinne einer gänzlichen Spannungsfreiheit zu verstehen, sondern wiederum im Sinne eines In-Einklang-Bringens.

[140] *Brugger*, AöR 119 (1994), 1, 30 f.; *Maurer*, Staatsrecht I, § 1 Rn. 62; *Starck*, in: *Isensee/Kirchhof*, Handbuch des Staatsrechts, Band 7, § 164 Rn. 19 m.w.N.; *Zippelius/Würtenberger*, Deutsches Staatsrecht, S. 56.

[141] *Starck*, *ibid.*; *Zippelius/Würtenberger*, *ibid.*

richtet ist auch die Abwägungslehre.[142] Mittel der Konfliktlösung ist die Abwägung, Ziel die Herstellung praktischer Konkordanz.[143]

1. Die Einheit der Verfassung

Dabei besteht eine gewisse Nähe zwischen der praktischen Konkordanz und der Einheit der Verfassung, denn beide Grundsätze sehen die Verfassung als gesamten Normenkomplex und sollen verhindern, dass isolierte Aspekte die Oberhand gewinnen. Die einzelne Verfassungsnorm ist daher in ihrem Gesamtzusammenhang und in ihrem Wirkungszusammenhang, ihrer Interdependenz mit anderen Verfassungsnormen zu betrachten.[144] Die Verfassung ist wenn irgend möglich so auszulegen, dass kein Satz der Verfassung ohne Bedeutung ist und kein Satz der Verfassung in Widerspruch zu den elementaren Verfassungsgrundsätzen und Grundentscheidungen der Verfassung steht.[145]

Konrad Hesse, dem das Verdienst zufällt, das Prinzip der praktischen Konkordanz begründet zu haben, führt zur praktischen Konkordanz aus:

> „... verfassungsrechtlich geschützte Rechtsgüter müssen in der Problemlösung einander so zugeordnet werden, daß jedes von ihnen Wirklichkeit gewinnt. Wo Kollisionen entstehen, darf nicht in vorschneller ‚Güterabwägung' oder gar abstrakter ‚Wertabwägung' eines auf Kosten des anderen realisiert werden. Vielmehr stellt das Prinzip der Einheit der Verfassung die Aufgabe einer Optimierung: *beiden* Gütern müssen Grenzen gezogen werden, damit beide zu optimaler Wirksamkeit gelangen können. Die Grenzziehungen müssen daher im jeweiligen konkreten Falle verhältnismäßig sein; sie dürfen nicht weiter gehen als es notwendig ist, um die Konkordanz beider Rechtsgüter herzustellen. ‚Verhältnismäßigkeit' bezeichnet in

---

142 *Calliess*, in: *Merten/Papier*, Handbuch der Grundrechte, Band II, § 44 Rn. 34; *Stern*, Staatsrecht der Bundesrepublik Deutschland, Band III/1, S. 930.

143 *Stern*, Staatsrecht der Bundesrepublik Deutschland, Band III/2, S. 563.

144 *Hesse*, Grundzüge des Verfassungsrechts der Bundesrepublik Deutschland, Rn. 71.

145 BVerfGE 1, 14, 32 f.; *Seiler*, Auslegung als Normkonkretisierung, S. 66; *Zippelius/Würtenberger*, Deutsches Staatsrecht, S. 56 f.

diesem Zusammenhang eine Relation variabler Größen, und zwar diejenige, die jener Optimierungsaufgabe am besten gerecht wird …".[146]

Hesse weist auch darauf hin, dass das Prinzip nichts über die in diesem Sinne verstandene Verhältnismäßigkeit (die also gerade nicht mit dem Begriff der Verhältnismäßigkeit im Verwaltungsrecht zu verwechseln ist, wo er eine Zweck-Mittel-Relation meint) im konkreten Anwendungsfall aussagt, die praktische Konkordanz bestimme jedoch das Verfahren und gebe die Richtung vor.[147] Dennoch geht es bei der praktischen Konkordanz um einen angemessenen und letztlich auch verhältnismäßigen Ausgleich, denn keines der beiden konfligierenden Rechtsgüter soll übermäßig zurückgedrängt werden.[148] Es besteht also eine enge Verbindung zwischen der „praktischen Konkordanz", der „Abwägung" und der „Proportionalität" oder „Verhältnismäßigkeit im engeren Sinne" durch die überwölbende Idee des angemessenen Ausgleichs.[149]

Der noch verbleibende Unterschied zwischen der praktischen Konkordanz und der Verhältnismäßigkeit liegt darin, dass ersteres als „Optimierungsgebot", letzteres als „Erträglichkeitsgrenze" bezeichnet werden kann, so dass die praktische Konkordanz weitergeht als die Herstellung von bloßer Verhältnismäßigkeit, vielmehr eine *„optimale Verhältnismäßigkeit"* erreichen will.[150]

2. *Austarierung und Ergebnisfindung durch Abwägung*

Der eigentliche Kollisionsfall zweier Verfassungsgüter, auf den das Prinzip der praktischen Konkordanz anzuwenden ist, ist also nicht anhand starrer Grenzen und fester Abwägungskriterien zu messen, sondern vielmehr im Sinne des Austarierens und Adjustierens im Einzelfall, im Wege gegenseitigen Nachgebens und Optimierens.

---

[146] *Hesse*, Grundzüge des Verfassungsrechts der Bundesrepublik Deutschland, Rn. 72.

[147] *Hesse, ibid.*

[148] *Stern*, Staatsrecht der Bundesrepublik Deutschland, Band III/2, S. 676 f.

[149] *Stern*, Staatsrecht der Bundesrepublik Deutschland, Band III/2, S. 814 f. und 1701.

[150] *Stern*, Staatsrecht der Bundesrepublik Deutschland, Band III/2, S. 835 m.w.N.

Der Begriff des Optimierens ist dabei nicht unproblematisch, weist er doch im Allgemeinen auf das Hochhalten und die Perfektionierung eines einzelnen Elementes hin. Bei der praktischen Konkordanz liegt daher die Betonung mehr auf der „Gegenseitigkeit". Es geht nämlich um die Optimierung kollidierender Normen, die sich in ihrem Zusammenspiel gegenseitig bedingen, einschränken und entfalten, also nur in ihrem Kontext verstehbar sind.

Dieser Kontext wiederum wird durch die Verfassung vorgegeben, sie ist das Koordinatensystem innerhalb dessen das Prinzip zur Anwendung kommt. Ziel der Anwendung des Prinzips der praktischen Konkordanz ist letztlich die Findung des Kompromisses, der sowohl gerecht erscheint als auch die Freiheitsgarantien und Wertentscheidungen der Verfassung zu weitmöglicher Wirksamkeit gelangen lässt.[151]

Das Ergebnis ist nicht das eine, einzig richtige, vielmehr ist es das nachvollziehbare und überprüfbare Ergebnis bei dessen Findung eine Bewertung und Gewichtung der widerstreitenden Prinzipien nicht ausbleiben kann.[152]

3. Anwendungsbereich – Arten der Kollision

Bekanntester Anwendungsbereich des Prinzips der praktischen Konkordanz ist die Grundrechtsbegrenzung.[153] Dennoch ist das ursprüngliche Konzept der praktischen Konkordanz weiter und bezieht sich allgemein auf durch das Verfassungsrecht geschützte Rechtsgüter.[154] Es ist unter dem Aspekt der Einheit der Verfassung überall anwendbar, wo Konflikte von Verfassungsrechtsgütern aufzulösen sind, also sich die Frage nach verfassungsimmanenten Schranken stellt. Dabei muss es sich aber nicht zwingend um kollidierende Grundrechte, also um den Aus-

---

[151] Vgl. BVerfGE 81, 278, 292 f.; 83, 130, 143; *Zippelius/Würtenberger*, Deutsches Staatsrecht, S. 56.

[152] *Zippelius/Würtenberger*, Deutsches Staatsrecht, S. 59 f. So auch *Lerche*, in: *Isensee/Kirchhof*, Handbuch des Staatsrechts, § 122 Rn. 6, der darum den Begriff des „optimalen" Ausgleichs ablehnt und von einem verhältnismäßigen Ausgleich spricht.

[153] Vgl. *Hesse*, Grundzüge des Verfassungsrechts der Bundesrepublik Deutschland, Rn. 318; *Zippelius/Würtenberger*, Deutsches Staatsrecht, S. 187 f.

[154] BVerfGE 30, 173, 193; 67, 213, 228; 83, 130, 139; *Jarass/Pieroth*, GG, Vorb. vor Art. 1 Rn. 46.

gleich von Freiheitssphären handeln („echte“ Grundrechtskollision), ebenso kommt die Anwendung für eine Kollision zwischen Staatsrecht bzw. Staatsstrukturprinzipien und einem Grundrecht,[155] also für den Ausgleich zwischen einer „Verpflichtungssphäre“ und einer Freiheitssphäre, sowie für den Ausgleich kollidierender staatsrechtlicher Verfassungsgüter in Betracht. Dann stellt sich diese „unechte“ Grundrechtskollision als die klassische Konfrontation zwischen Grundrecht und Staat dar.[156]

Im Konflikt selbst wird dann eine Auflösung danach vorgenommen, indem ermittelt wird, welcher Verfassungsbestimmung *für die konkret zu entscheidende Frage und im konkret gegebenen Fall* das höhere Gewicht zukommt.[157] Dies überrascht auf den ersten Blick, scheint es doch gerade eine Entwicklung der „praktischen Konkordanz“ zu verweigern. Der scheinbare Widerspruch wird dadurch aufgelöst, dass auch die nach dieser Entscheidung „schwächere“ Norm nur insoweit zurückgedrängt werden darf, als dies logisch und systematisch zwingend erscheint, der sachliche Grundwertgehalt muss in jedem Falle unangetastet bleiben.[158]

Demgemäß ist auch Strafrecht durch ein Grundrecht seinerseits begrenzbar („Wechselwirkung“). Der Sache nach ist also auch hier die praktische Konkordanz anzustreben, was durch eine abweichende Terminologie ein wenig verschleiert wird.

II. Vorzugswürdigkeit für die Lösung des Spannungsfeldes zwischen Völkerstrafrechtsfreundlichkeit und Normbestimmtheit

Der Unterschied dieser Lösung des Spannungsfeldes zwischen Anforderungen des Völkerrechts und des Verfassungsrechts gegenüber dem Vorschlag der generellen Modifikation des Bestimmtheitsgrundsatzes im Zusammenhang mit dem Völkerstrafrecht liegt darin, dass Modifika-

---

[155] *Stern*, in: *Isensee/Kirchhof*, Handbuch des Staatsrechts, Band 5, § 109 Rn. 82; *Zippelius/Würtenberger*, Deutsches Staatsrecht, S. 56 und 59.

[156] *Stern*, Staatsrecht der Bundesrepublik Deutschland, Band III/2, S. 657.

[157] BVerfGE 2, 1, 72 f.; *Alexy*, Theorie der Grundrechte, S. 80; *Stern*, Staatsrecht der Bundesrepublik Deutschland, Band III/1, S. 930.

[158] BVerfGE 28, 243, 261; *Stern*, Staatsrecht der Bundesrepublik Deutschland, Band III/1, S. 930 und Band III/2, S. 563 f.

tionen des Bestimmtheitsgrundsatzes, sobald dieser mit Begriffen aus dem VStGB „konfrontiert" wird, nicht einseitig sind.

Während das Verlangen nach einer generellen Modifikation des Bestimmtheitsgrundsatzes für Völkerrechtsverbrechen den Inhalt des Grundsatzes von vornherein nur recht gelockert auf die Völkerrechtsverbrechen anwenden will, also die Anforderungen für diesen Bereich des Strafrechts überhaupt herunterfährt, bevor sich ein konkretes Problem ergibt, so muss bei einer Auflösung über das Prinzip der praktischen Konkordanz der Bestimmtheitsgrundsatz nicht ohne weiteres nach der Art eines Automatismus der Völkerrechtsfreundlichkeit weichen. Vielmehr ist es dem Prinzip der praktischen Konkordanz immanent, dass es ein Nachgeben beider Seiten mit sich bringt.

Dies entspricht auch der Doppelnatur des Völkerstrafrechts als Rechtsmaterie, die zugleich von Völkerrecht und Strafrecht geprägt wird. Damit ist noch nicht vorprogrammiert, wie das gegenseitige Nachgeben im konkreten Kollisionsfall (im Sinne einer Kollision der Grundsätze von verfassungsrechtlichem Bestimmtheitsgrundsatz und Völkerrechtsfreundlichkeit) vor sich gehen wird. Es wird eine Auflösung nicht immer auf ein gleichmäßiges Nachgeben hinauslaufen, sondern je nach Lage der konkreten Kollision und je nach in Rede stehendem Tatbestand und Tatbestandsmerkmal mag auch ein weitergehendes Nachgeben der ein oder anderen Seite in Betracht kommen; möglicherweise bis zum weitgehenden oder im Einzelfalle auch gänzlichen Zurückstehen der einen oder anderen Seite. Es mag sich also im Einzelfalle nicht zwingend ein anderes Ergebnis ergeben, als dies bei einer generellen Modifikation des Bestimmtheitsgrundsatzes der Fall wäre.

Der Vorteil einer Auflösung über das Prinzip der praktischen Konkordanz liegt aber darin, dass die Kollision und die darin zum Ausdruck kommenden jeweiligen Interessenlagen und aufeinander treffenden Motivationslagen nicht bereits auf einer vorgelagerten Stufe negiert und nur scheinbar aufgelöst werden und also entweder festgelegt wird, dass der Bestimmtheitsgrundsatz keinesfalls den spezifischen Bedürfnissen des Völkerstrafrechts zu öffnen ist, also unmodifiziert bestehen bleibt oder aber festgelegt wird, dass der Bestimmtheitsgrundsatz von vornherein keine volle Anwendung finden kann, also bereits mit Blick auf etwaige Problemkonstellationen ausgehebelt wird. Der Wertekonflikt zwischen

Rechtssicherheit und materieller Gerechtigkeit wird so immer neu in der Gesetzesanwendung und -auslegung ausgetragen.[159]

Man mag dem entgegen halten, dass hierin eine Lösung des Spannungsfeldes liegt, welche nur unklare Kriterien vorgibt und damit letztlich jede Entscheidung zulässt. Wäre es demgegenüber nicht vorzugswürdig „Farbe zu bekennen" und klar dem Bestimmtheitsgrundsatz oder der Völkerstrafrechtsfreundlichkeit den Vorzug zu geben? Das Argumentationsspektrum ist relativ offen und subjektiv eingefärbt und kann die Gefahr des bloßen Dezisionismus in sich bergen.[160]

Dieser Einwand ist nicht ohne Berechtigung. Indessen wurde bereits betont, dass das Prinzip der praktischen Konkordanz gerade auf diese kritisierbare Kompromisshaftigkeit angelegt ist und dass die Verfassung selbst diese Kompromisshaftigkeit auch verlangt. Ansonsten würde nämlich jedenfalls ein Verfassungsgut generell zurückstehen müssen und ausgehöhlt werden. In der Anwendung des Prinzips der praktischen Konkordanz liegt auch durchaus kein Ausweichen gegenüber dem Spannungsfeld, sondern seine Anerkennung und die Suche nach einer vertretbaren Lösung.

Diese Lösung kann kein dilatorischer Formelkompromiss sein, der beide Auffassungen abdeckt.[161] Sie ist vielmehr die Entscheidung des vorgegebenen *konkreten* Konfliktes, in unserem Kontext der Kriegsverbrechenstatbestände also die Lösung für den jeweiligen Tatbestand. Gefragt ist also nicht das *non liquet*, sondern gerade das Ergebnis, welches indessen nicht von vornherein feststeht. Nicht für jeden Tatbestand wird man dabei die Spannung zwischen Normbestimmtheit und Völkerstrafrechtsfreundlichkeit auf die gleiche Weise zu lösen haben. Wie die jeweilige Lösung zu finden ist, ist dabei unmittelbar davon abhängig, welche Kriterien man der Entscheidungsfindung zugrunde legt.

---

[159] *Schmidhäuser*, in: Gedächtnisschrift *Martens*, S. 243.

[160] *Stern*, Staatsrecht der Bundesrepublik Deutschland, Band III/2, S. 620. Vgl. *Alexy*, Theorie der Grundrechte, S. 138 und 143.

[161] Vgl. *Doehring*, Allgemeine Staatslehre, Rn. 482.

III. Kriterien zur Einstellung in die Abwägungsentscheidung

Es ist also, wie gesagt, nicht zu verkennen, dass gerade in der Flexibilität des Prinzips der praktischen Konkordanz auch ein erheblicher Nachteil liegt, nämlich die Offenheit und scheinbare diskretionäre Beliebigkeit der Entscheidungsfindung. Ein Ergebnis mit mathematischer Exaktheit lässt sich in einer rechtlichen Abwägung niemals erlangen, denn man arbeitet mit Parametern die ihrerseits der Ausfüllung bedürfen.[162] Überdies handelt es sich um einen Wertekonflikt, in unserem Falle zwischen überindividuellen Interessen dienendem Kriegsvölkerstrafrecht und individueller Grundrechtsposition.

Ein solcher Wertekonflikt lässt sich aber kaum in das Prokrustesbett mathematischer Formeln und rein logischer Schlüsse pressen.[163] In die Entscheidung wird immer die Wertorientierung des Entscheidenden zu einem gewissen Maße einfließen müssen. Daher wird ja auch die höchstgerichtliche Entscheidung, sei es vor dem IStGH oder JStGH, sei es vor dem BVerfG oder BGH, nicht durch einen einzelnen Richter, einen einsamen Entscheider, getroffen, sondern von einem Richterkollegium mit Mehrheit. Damit wird *in praxi* die Wahrscheinlichkeit erhöht, dass verschiedene Wertorientierungen in die Entscheidung einfließen und eine argumentative Auseinandersetzung in der Sache stattfindet, die Entscheidung sich also nicht in richterlichem Dezisionismus erschöpft.

Wichtig ist demnach insbesondere, dass diese argumentative Auseinandersetzung offen und auf einem klar begrenzten Feld stattfindet.

Um diese Offenheit einzuengen und handhabbar zu machen, ist von besonderer Bedeutung, welche Kriterien man in die Abwägungsentscheidung legitimerweise einstellen darf und welche nicht. Die Begründung anhand anerkannter Methoden gebietet die Bindung an Gesetz und

---

[162] Vgl. *Bydlinski*, Juristische Methodenlehre und Rechtsbegriff, S. 63 und 67; *Jestaedt*, in: FS *Isensee*, S. 265 f. Der Einwand *Jestaedts*, wonach das Gesetz durch das BVerfG unter einen „Einzelfallvorbehalt" der Grundrechte gestellt werde und dadurch „Orientierungs- und Anwendungssicherheit" einbüße (S. 268) verfängt jedenfalls für den Bestimmtheitsgrundsatz nicht, denn dessen Verletzung ist ja nur festzustellen, wenn das Gesetz unpräzise ist, also gerade keine „Orientierungs- und Anwendungssicherheit" gewährleisten kann und deswegen zu beanstanden ist.

[163] Vgl. *Alexy*, Theorie der Grundrechte, S. 151. Siehe aber die Ansätze bei *Schlink*, Abwägung im Verfassungsrecht, S. 154 ff.

Recht (Art. 20 Abs. 3 GG), lässt die verantwortliche Entscheidung zu[164] und erlaubt gegebenenfalls die argumentative Falsifizierbarkeit.

So gehandhabt ist diese Lösungsmethode des Kollisionsfalles die beste, die uns gegenwärtig zur Verfügung steht.[165]

Vorzugswürdig ist dabei die Einstellung von Rechtsbegriffen, die sich ihrerseits zwar nicht immer präzise und unumstritten definieren lassen, aber doch den Vorteil haben, dass sie sich politischer, moralischer oder anderweitiger Wertungen jedenfalls weithin enthalten. Da allerdings Verfassungsbegriffen, wie der „Völkerrechtsfreundlichkeit" oder der „Normbestimmtheit" von Gesetzen wiederum Wertungen zugrunde liegen, im Beispiel die Offenheit des Grundgesetzes gegenüber der Völkerrechtsordnung bzw. die Gewährleistung einer rechtsstaatlich gesicherten Freiheitssphäre, so ist letztlich eine wertungsfreie Entscheidung nicht zu erlangen und – es geht um die Entfaltung von Verfassungsgütern – auch nicht erwünscht. Wichtig ist allerdings, dass die eingestellten Kriterien transparent verwendet werden und ihrerseits im Verfassungssystem verortet werden können.

Kriterien, die im gegebenen Kollisionsfalle darüber entscheiden, inwieweit Bestimmtheitsgrundsatz oder Völkerrechtsnähe zurückzustehen haben, können – *nicht abschließend* – sein:

- Die Bedeutung der widerstreitenden Verfassungsgüter und die Tiefe der Betroffenheit; je tiefer also beispielsweise in den Schutzbereich eines Grundrechts eingegriffen wird, desto gewichtiger muss das Verfassungsrechtsgut sein, welches den Eingriff gebietet;[166]

---

[164] *Larenz*, Methodenlehre der Rechtswissenschaft, S. 234 und 346. Vgl. insoweit auch *Schlink*, Abwägung im Verfassungsrecht, S. 134. Die Frage, *was* man in die Abwägung einstellt, ist bei jedwedem Abwägungsansatz zu beantworten.

[165] *Stern*, Staatsrecht der Bundesrepublik Deutschland, Band III/2, S. 653 f. und noch S. 666; *Wendt*, AöR 104 (1979), 414, 455.

[166] *Zippelius/Würtenberger*, Deutsches Staatsrecht, S. 59 f. Vgl. *Alexy*, Theorie der Grundrechte, S. 146: „Je höher der Grad der Nichterfüllung oder Beeinträchtigung des einen Prinzips ist, um so größer muß die Wichtigkeit der Erfüllung des anderen sein." In der Unterscheidung von Regeln und Prinzipien würde *Alexy* Art. 103 Abs. 2 GG zwar wohl nicht als Prinzip anerkennen, sondern als Regel; *Alexy* gibt aber auch zu, dass „hinter ihm [Art. 103 Abs. 2 GG, § 1 StGB; Anmerkung des Verfassers] ... ein bei seiner Interpretation heranziehbares Prinzip" steht; Theorie der Grundrechte, S. 92 f.

- Die Folgenorientierung; also eine Prognose über die zu erwartenden Folgen der Entscheidung der Kollision,[167] wobei dies im Strafrecht vielfach kriminalpolitische Argumente sein werden, die bei der Auslegung zumeist im Rahmen des telos, mitunter aber auch davon getrennt als originäre Argumente, behandelt werden[168] und nur entsprechend zurückhaltend zu gebrauchen sind;
- Die Bedeutung des jeweiligen Begriffes; während sich die Merkmale eines konkreten Tatbestandes nur auf diesen Tatbestand auswirken, ihre Unbestimmbarkeit und Verfassungswidrigkeit daher in ihrer Wirkung über diesen Tatbestand nicht hinausreicht, liegt es bei einigen „vor die Klammer" gezogenen Begriffen anders; mit dem Begriff „internationaler oder nichtinternationaler bewaffneter Konflikt" steht oder fällt das gesamte Kriegsvölkerstrafrecht, mit dem Begriff der „nach dem humanitären Völkerrecht zu schützenden Person" immerhin noch das gesamte „Genfer Recht", usw.;
- Die Bedeutung des konkreten Tatbestandes für das Kriegsvölkerstrafrecht; handelt es sich um einen zentralen oder nur einen peripher bedeutsamen Tatbestand;
- Der Adressatenkreis; ist der konkrete Kriegsverbrechenstatbestand (nicht das Kriegsrecht generell!) typischerweise auf besonders ausgebildeten Spezialisten gemünzt?;
- Die Frage, ob sich eine inhaltliche Spezifizierung eines Tatbestandes nur auf dessen Randbereich oder aber auf den Kernbereich der Strafbarkeit auswirkt;
- Die Frage, ob typische Fallgruppen für die Erfüllung eines Tatbestandes gebildet werden können.

IV. Anwendung auf den gegebenen Kollisionsfall

Die Anwendung des Prinzips der praktischen Konkordanz geht immer auf den konkreten Kollisionsfall. Es wird also nicht absolut das Verhältnis zwischen den kollidierenden Verfassungsgütern besprochen und gelöst, sondern dies geschieht „gelegentlich" des problematischen Tatbestandes bzw. Tatbestandsmerkmales eines Kriegsverbrechens. Die Kolli-

[167] Vgl. *Zippelius/Würtenberger*, Deutsches Staatsrecht, S. 60.

[168] Sehr ausführlich *Simon*, Gesetzesauslegung im Strafrecht, S. 502 ff.

sion zwischen Grundrecht und kollidierendem Verfassungsgut ist unter Abwägung „aller Umstände des Einzelfalles“ aufzulösen.[169]

Dabei bleibt noch zweierlei hervorzuheben:

Erstens bildet der Bestimmtheitsgrundsatz in seinem Kerngehalt dabei eine Grenze für die Auslegung in all jenen Fällen, in denen eine völkerrechtsfreundliche oder -nahe Interpretation im Wortlaut des Gesetzes keine Stütze mehr findet.

Zweitens ist in all jenen Fällen, in denen auch nach Berücksichtigung des Prinzips der praktischen Konkordanz und also nach dogmatischer und argumentativer Austragung des Konfliktes zwischen Völkerrecht und Verfassungsrecht noch Zweifel bleiben, in denen also ein Ergebnis trotzdem nicht gefunden werden kann, der Bestimmtheitsgrundsatz vorrangig.

Es entspricht der Natur des Bestimmtheitsgrundsatzes als Grundrecht bzw. Grundrechtselement des Art. 103 Abs. 2 GG und als bedeutender Verwirklichung des Rechtsstaatsgedankens,[170] dass sich letztlich staatsrechtliche Erwägungen aus der Völkerrechtsfreundlichkeit der Verfassung *in den verbleibenden Zweifelsfällen* nicht gegen ihn durchzusetzen vermögen. Dem vorbehaltlos gewährleisteten Grundrecht kommt in der Abwägung, also bei der Herstellung der praktischen Konkordanz, ein besonders großes Gewicht zu, spricht doch eine derartige Ausgestaltung auch für eine besondere Bedeutung und umgekehrt muss daher das Verfassungsrechtsgut, welches ein solches Grundrecht eingrenzen soll, ein vergleichbares Gewicht besitzen.[171]

Damit bleibt die grundsätzliche „Abwägungsfeindlichkeit“[172] des Art. 103 Abs. 2 GG bestehen, die freilich nicht bedeutet, dass interpretationsbedürftige Spielräume in der Auslegung nicht auch zugunsten des Völkerrechts genutzt werden dürften, aber doch dahin zu verstehen ist, dass nach erfolgloser Nutzung der methodisch zur Verfügung stehenden Spielräume sich das Grundrecht durchsetzt, im Zweifelsfalle also

---

169 BVerfGE 30, 173, 195; *Jarass/Pieroth*, Vorb. vor Art. 1 Rn. 49.

170 *Woesner*, NJW 1963, 273, 274.

171 *Kokott*, in: *Merten/Papier*, Handbuch der Grundrechte, Band I, § 22 Rn. 47 und 51. Vgl. *Wendt*, AöR 104 (1979), 414, 424 f. und 439.

172 *Dannecker*, in: LK StGB, § 1 Rn. 196 spricht von einem „abwägungsresistenten Grundrecht“.

dann eine Unbestimmtheit des Tatbestandsmerkmales mit der Folge der Verfassungswidrigkeit zu Gunsten des Täters anzunehmen ist.

Diese Einschränkung, mit der also der Bestimmtheitsgrundsatz eine äußere Grenze für die Anwendung des Prinzips der praktischen Konkordanz bildet, ergibt sich aus der Natur des Bestimmtheitsgrundsatzes und auch aus der Natur der praktischen Konkordanz selbst. Einerseits wäre nämlich die Anwendung der praktischen Konkordanz überflüssig, würde man dem Bestimmtheitsgrundsatz immer und ohne weiteres den Vorrang geben, andererseits würde der Bestimmtheitsgrundsatz endgültig bedeutungslos, würde er nicht die Möglichkeiten der Tatbestandsfassung weiterhin eingrenzen. Die praktische Konkordanz gebietet, dass angesichts der rechtsstaatlichen Bedeutung des Bestimmtheitsgrundsatzes als klassischer und zentraler Gewährleistung von diesem in jedem Falle „noch etwas übrig bleibt", er also nicht im konkreten Kollisionsfalle vollständig zu Gunsten der Völkerstrafrechtsfreundlichkeit zurücksteht, während dies umgekehrt durchaus im Einzelfalle denkbar ist. Dies gilt, zumal ansonsten das Prinzip der praktischen Konkordanz *selbst* den Bestimmtheitsgrundsatz aushöhlen würde. Der Rechtsunterworfene muss nämlich bei der Vergewisserung, was im Kriegsvölkerstrafrecht nach §§ 8-12 VStGB verboten und was erlaubt ist, sich darauf verlassen können, dass erhebliche Restzweifel nach wie vor zu seinen Gunsten, also zu Gunsten des Grundsatzes der Normbestimmtheit, gehen. Wird der Bereich der Strafbarkeit schon vom Ergebnis der Anwendung des Prinzips der praktischen Konkordanz abhängig gemacht, so ist es geboten, weiterhin nicht auf die Warnfunktion des Tatbestandes zu verzichten. Art. 103 Abs. 2 GG hat nämlich den Konflikt zwischen Rechtssicherheit und materieller Gerechtigkeit bereits für die Zweifelsfälle zu Gunsten der Rechtssicherheit aufgelöst.[173] Eine absolute Grenze für jedwede Abwägung stellt der Bestimmtheitsgrundsatz sogar in jenem Kernbereich dar, in dem er einen Menschenwürdegehalt verkörpert – dies kann aber nur ein kleiner Bereich sein, der etwa bei dem „Schurkenparagraph" (vgl. oben, *4. Kapitel B. II. 1.*) erreicht würde, ansonsten aber nicht vorschnell anzunehmen ist.

---

[173] Vgl. *Schulze-Fielitz*, in: *Dreier*, GG, Art. 103 II Rn. 12 und 50. Nach *Schulze-Fielitz* soll Art. 103 Abs. 2 GG eine in jedem Falle strikt anzuwendende Kollisionsregel für die Kollision zwischen materieller Gerechtigkeit und Rechtssicherheit sein. Er bezieht sie allerdings auf „Durchbrechungen" des Art. 103 Abs. 2 GG, wie beispielsweise in den Mauerschützenfällen, die mit der Lösung über die praktische Konkordanz ja gerade vermieden werden sollen.

Der Abwägungsprozess selbst kann zweckmäßig in drei Schritte eingeteilt werden:[174]

- In einem ersten Schritt werden die kollidierenden Verfassungsrechtsgüter identifiziert und näher in ihrer Bedeutung und ihrem Inhalt ermittelt.
- In einem zweiten Schritt wird das Gewicht der kollidierenden Verfassungsrechtsgüter abstrakt analysiert. Hierin liegt noch nicht die Entscheidung, sondern nur deren Vorbereitung, ein „relatives Gewichten“.[175]
- Im dritten und entscheidenden Schritt erfolgt die eigentliche Abwägungsentscheidung, die Abwägung in der konkret zu entscheidenden Frage, also die Auflösung der konkreten Kollision.[176]

Die ersten beiden Schritte wurden bereits inzident in der Arbeit vorgenommen. Der entscheidende Schritt, also die Identifizierung und Auflösung von konkreten Kollisionen zwischen Normbestimmtheit und Völkerrechtsfreundlichkeit wird in den folgenden Kapiteln bei den konkret problematischen Begriffen vorgenommen werden.

D. Zusammenfassung und Zwischenergebnis

Im nationalen Recht ist der vorgefundene und über Verfassung, Gesetz, Rechtsprechung und Literatur mit Konturen versehene Bestimmtheitsgrundsatz auch Prüfungsmaßstab für die Tatbestände der Kriegsverbrechen. Eine vorab erfolgende und also abstrakte Reduktion von Bestimmtheitsanforderungen an Kriegsverbrechenstatbestände, sei es aus Erwägungen des Adressatenkreises, sei es aus Erwägungen der Völkerrechtsfreundlichkeit, ist abzulehnen. Grundsätzlich kann jedermann Täter von Kriegsverbrechen sein und die Völkerrechtsfreundlichkeit geht einem Grundrecht nicht abstrakt vor.

Die Frage nach der Bestimmbarkeit eines Gesetzes entscheidet sich in der Auslegung seiner Begriffe. Diese hält sich grundsätzlich im Rahmen

174 Ausführlich *Stern*, Staatsrecht der Bundesrepublik Deutschland, Band III/2, S. 671 ff.

175 *Alexy*, Theorie der Grundrechte, S. 146.

176 Vgl. *Stern*, Staatsrecht der Bundesrepublik Deutschland, Band III/2, S. 674 m.w.N.

des überkommenen Kanons der grammatischen, systematischen, teleologischen und historischen Auslegung. Der Auslegungsvorgang wird aber anhand der besonderen Erfordernisse der im Völkerrecht wurzelnden Normen modifiziert. Wie ansonsten auch bleibt aber der Wortlaut Ausgangspunkt und der Wortsinn Grenze jedweder Auslegung.

Der Ursprung der §§ 8-12 VStGB im Völkerrecht macht aber eine völkerrechtsnahe bzw. -freundliche Auslegung notwendig, die auf die zugrunde liegenden Sekundärnormen des Kriegsvölkerstrafrechts und die Primärnormen des humanitären Völkerrechts sowie die einschlägige Entscheidungspraxis anderer nationaler und internationaler Gerichte rekurriert. Diese Auslegung im Lichte des Völkerrechts ist nicht vorschnell gegen Bestimmtheitserfordernisse auszuspielen, sondern dient zunächst wie jede Auslegung der Erfüllung von Bestimmtheitserfordernissen, i.e. der Bestimmbarkeit des strafbaren Verhaltens innerhalb der Wortsinngrenze.

Soweit Forderungen nach Normbestimmtheit und die Berücksichtigung der völkerrechtsfreundlichen Auslegung kollidieren, so ist diese Kollision im Rahmen der „praktischen Konkordanz" aufzulösen. Diese ist letztlich eine Spielart der systematischen verfassungskonformen Auslegung.

Da sowohl der Bestimmtheitsgrundsatz als Element des Art. 103 Abs. 2 GG und die Völkerrechtsfreundlichkeit als Ausprägung namentlich des Art. 25 GG Verfassungsrechtsgüter sind, ist nicht eines der beiden im Einzelfalle kollidierenden Prinzipien für abstrakt prävalent zu erklären. Vielmehr ist eine Abwägung vorzunehmen, die beide Prinzipien soweit als möglich erhält und beide zu einer optimalen Wirksamkeit gelangen lässt. Dieser Abwägungsvorgang ist zwar gegenüber der abstrakten Vorabeklärung, das eine Prinzip habe gegenüber dem anderen zurückzustehen, vorzugswürdig und die beste anerkannte Lösung, die für derartige Kollisionen zur Verfügung steht. Dennoch ist die verbleibende Gefahr der diskretionären Beliebigkeit des Entscheiders nicht zu verkennen. Sie ist dadurch einzuschränken, dass die in die Abwägung eingestellten Kriterien sichtbar und damit falsifizierbar gemacht werden.

Der Bestimmtheitsgrundsatz bildet als „klassisches" Grundrecht eine äußere Grenze für jede Abwägung. Er ist zwar nicht abwägungsresistent, aber im Ansatz abwägungsfeindlich. Daher ist in verbleibenden Zweifelsfällen, in denen auch die Berücksichtigung einschlägigen Völkerrechts eine Norm nicht mehr innerhalb der Wortsinngrenze aufzuhellen vermag der Bestimmtheitsgrundsatz dasjenige Prinzip, welches im Zweifel aufrechtzuerhalten ist.

Dritter Teil: Die Tatbestände der Kriegsverbrechen im Völkerstrafgesetzbuch und die Notwendigkeit völkerrechtsnaher Interpretation

A. Einige Vorbemerkungen – Unterteilung der Begriffe

Die nähere Bestimmbarkeit der einzelnen Tatbestandsmerkmale kann bei einer völkerstrafrechtlichen Kodifikation des nationalen Rechts aus zwei Quellen entspringen: Zum einen aus dem nationalen Recht, dem die Kodifikation formell zugehört, zum anderen aus dem internationalen Recht, wo die Tatbestände ihren materiellen Ursprung haben.

Zu unterscheiden sind im VStGB drei Grundkategorien von Begriffen:

- erstens Begriffe, die eine Entsprechung auf völkerrechtlicher Ebene haben,
- zweitens Begriffe, die eine Entsprechung auf nationaler Ebene haben,
- drittens Begriffe, die dem VStGB eigen sind.

Jede eigenständige Formulierung gegenüber der internationalen Ebene – weiter noch: schon jede bloße Übersetzung aus einem authentischen Text – bringt die Gefahr einer unbewussten Abweichung der nationalen Regelung von der internationalen mit sich.[1]

Woraus sich eine nähere Bestimmbarkeit von Tatbeständen des VStGB ergeben kann, wurde bereits angesprochen. Die Tatbestände des VStGB orientieren sich an denen des IStGH-Statuts und den *elements of crimes* sowie an den zugrunde liegenden Instrumenten des humanitären Völkerrechts, darüber hinaus an der Spruchpraxis der operablen internationalen Strafgerichtshöfe (i.e. JStGH und RStGH; daneben ist auch einschlägige nationale Rechtsprechung beachtlich) und der einschlägigen allgemeinen Staatenpraxis.[2] Besonders deutlich wird dies immer dort,

---

[1] Vgl. *Gropengießer/Kreicker*, Grundlagen der Strafverfolgung völkerrechtlicher Verbrechen in Deutschland, S. 153.

[2] *Lüder/Vormbaum*, Materialien zum Völkerstrafgesetzbuch, S. 24.

T. Darge, *Kriegsverbrechen im nationalen und internationalen Recht*:
Beiträge zum ausländischen öffentlichen Recht und Völkerrecht 216,
DOI 10.1007/978-3-642-11642-1_3,

wo die Tatbestände direkt auf Völkerrecht verweisen, so in § 8 VStGB, wo häufig von der „nach dem humanitären Völkerrecht zu schützenden Person" die Rede ist (§ 8 Abs. 1 Nr. 1-4, und 6-9 i.V.m. Abs. 6; auch § 11 Abs. 1 Nr. 4), in § 8 Abs. 1 Nr. 6 („unter Verstoß gegen eine allgemeine Regel des Völkerrechts") und § 8 Abs. 1 Nr. 7 („die völkerrechtlich erforderlichen Rechtsgarantien"), außerdem in § 9 Abs. 1 („völkerrechtswidrig"), § 10 Abs. 1 Nr. 1 („in Übereinstimmung mit der Charta der Vereinten Nationen", „Schutz ..., der Zivilpersonen oder zivilen Objekten nach humanitärem Völkerrecht gewährt wird"), § 11 Abs. 1 Nr. 2 („solange sie durch das humanitäre Völkerrecht als solche geschützt sind") und Nr. 5 („unter Verstoß gegen das humanitäre Völkerrecht").

Diese Verweisungen werfen diejenigen Probleme auf, die dieser Technik bei Verweis auf die Normen anderer Normgeber allgemein zugehörig sind, beim Verweis auf Regeln des Gewohnheitsrechts auch noch weitergehende. Die Feststellung des geltenden Völkergewohnheitsrechts kann mit ganz erheblichen Problemen behaftet sein.[3] Zudem ist der Verweis auf das humanitäre Völkerrecht ein solcher auf ein Rechtsgebiet, dessen Normen nicht im Hinblick auf die Verwendung in einem Straftatbestand geschaffen wurden.[4]

Andererseits ist der Verweis auf Völkerrecht auch eine Strafbarkeitseinschränkung, denn er ist konstitutiv für die Erfüllung des Tatbestandes und filtert aus der Menge der möglichen tatbestandsmäßigen Verhaltensweisen jene Handlungen heraus, die nach Völkerrecht strafwürdiges Unrecht darstellen.[5] Er kann daher der näheren Bestimmbarkeit der Norm auch dienlich sein.

Eine nähere Bestimmbarkeit kann sich aber ebenfalls aus nationalem Recht ergeben, wiederum in offensichtlicher Weise an jenen Stellen, wo hierauf verwiesen wird (so auf die schwere Verletzung nach § 226 StGB in §§ 10 Abs. 2, 11 Abs. 2 und 12 Abs. 2 VStGB), aber auch immer dort, wo Begriffe verwendet werden, die im nationalen Recht bereits eine

---

[3] *Geiger*, in: Freundesgabe *Büllesbach*, S. 342. Siehe bereits oben, *3. Kapitel B*.

[4] *Bothe*, in: *Cassese/Gaeta/Jones*, Rome Statute: A Commentary, Band 1, S. 392; *Cottier*, in: ELSA, International Law as we Enter the 21st Century, S. 169; *Werle/Nerlich*, HuV-I 2002, 124, 125.

[5] Vgl. *Geiger*, in: Freundesgabe *Büllesbach*, S. 342.

Ausprägung erfahren haben, allerdings nur insofern, als diese Ausprägung derjenigen auf völkerrechtlicher Ebene entspricht.[6] Es ist nämlich insoweit eine gewisse Vorsicht geboten, denn auch die Verwendung eines gleichen oder eines vergleichbaren Begriffes in VStGB und sonstigem nationalen Strafrecht lässt nicht den Schluss zu, dass damit das Gleiche gemeint sei. Vielmehr wird dies eher die Ausnahme sein. Ansonsten ist ein Begriff des Kriegsvölkerstrafrechts auch im VStGB mit einem anderen Gehalt auszufüllen, selbst wenn derselbe Begriff ansonsten im nationalen Recht mit davon abweichendem Gehalt existierte.[7] Mit anderen Worten kommt der Auslegung anhand des Völkerrechts also der Vorrang vor der bereits eingebürgerten nationalen Begrifflichkeit zu. Darin liegt eine Abweichung von dem Grundsatz, dass die Einheit der Rechtsordnung nach Möglichkeit gebietet, denselben Begriff auf die gleiche Weise auszulegen, auch wenn er in verschiedenen Normen auftaucht.[8]

Dies kann selbstverständlich nur gelten, wenn auch die Ausfüllung eines Begriffes mit völkerrechtlichem Gehalt nicht gegen den Bestimmtheitsgrundsatz verstößt, also namentlich die Wortsinngrenze der Auslegung beachtet wird.

Es ist allerdings nahe liegend, dass zur Auslegung von Begriffen wie „als Geisel nimmt" (§ 8 Abs. 1 Nr. 2 VStGB), „sexuell nötigt oder vergewaltigt" (§ 8 Abs. 1 Nr. 4 VStGB), „in die Gefahr des Todes oder einer schweren Gesundheitsschädigung bringt" (§ 8 Abs. 1 Nr. 8 VStGB) oder „mit Gewalt oder durch Drohung mit einem empfindlichen Übel … nötigt" (§ 8 Abs. 3 Nr. 3 und 4 VStGB) weitgehend auf die entsprechenden Vorschriften und Formulierungen des StGB (in den gegebenen Beispie-

---

[6] Vgl. die Erklärung Australiens bei der Ratifikation des IStGH-Statuts, wonach „Australia further declares its understanding that the offences in Article 6, 7 and 8 will be interpreted and applied in a way that accords with the way they are implemented in Australian domestic law", abgedruckt bei *Schabas*, Introduction to the International Criminal Court, S. 421.

[7] So auch die Bundesratsvorlage vom 18. Januar 2002; *Lüder/Vormbaum*, Materialien zum Völkerstrafgesetzbuch, S. 24.

[8] Beispielsweise BGHSt 6, 41, 49.

len also insbesondere auf §§ 239b,[9] 177, 221 Abs. 1, 240 Abs. 1[10] StGB) und die hierzu ergangene Rechtsprechung zurückgegriffen werden kann.

Für den Begriff der Plünderung (§ 9 Abs. 1 VStGB) soll auf § 125a S. 2 Nr. 4 StGB zurückgegriffen werden können.[11] Auch der Giftbegriff aus § 12 Abs. 1 Nr. 1 VStGB findet seine Entsprechung im StGB (§ 224 Abs. 1 Nr. 1; dazu noch *9. Kapitel B.*).

Der Ehrbegriff ist in §§ 185 ff. StGB und § 8 Abs. 1 Nr. 9 VStGB im Grundsatz derselbe. Beide Male lässt er sich auf den Geltungsanspruch zurückführen, der dem Menschen als Person als moralischer und sozialer Achtungsanspruch *per se* zusteht.[12] Dies gilt zumal in abhängiger Lage als Kriegsgefangener oder internierte Zivilperson. Hier sind auch einige Besonderheiten zu beachten, so ist das Tragen von Dienstgradabzeichen und Auszeichnungen der Würde von Kriegsgefangenen geschuldet (Art. 18 Abs. 3 und 40 GA III).[13] Freilich muss die Ehrverletzung in § 8 Abs. 1 Nr. 9 VStGB eine besonders schwerwiegende sein. Dabei muss es sich aber nicht zwingend um einen einzigen schwerwiegenden Verstoß handeln. Es wäre nicht einzusehen, weshalb beispielsweise die systematische Schikanierung eines Kriegsgefangenen mit permanenter und unterschwelliger Ehrverletzung über einen gewissen Zeitraum hinweg (etwa durch Beleidigung, faktische Schlechterstellung gegenüber vergleichbaren Kriegsgefangenen, vielfachen unbegründeten Durchsuchungen, Abnahme der Rangabzeichen und Auszeichnungen, usw.) nicht den Tatbestand erfüllen soll. Der Schweregrad wird dann durch den kumulativen Effekt der Behandlung erreicht.

---

[9] Für das Beispiel der Geiselnahme so auch ausdrücklich die Bundesratsvorlage vom 18. Januar 2002; *Lüder/Vormbaum*, Materialien zum Völkerstrafgesetzbuch, S. 44.

[10] Die Aufnahme des Merkmales „rechtswidrig“ soll dabei im VStGB entbehrlich sein, da die Verwerflichkeit des Einsatzes der Nötigungsmittel bei Verbrechen gegen das Völkerrecht unterstellt werde; *Lüder/Vormbaum*, Materialien zum Völkerstrafgesetzbuch, S. 48.

[11] *Lüder/Vormbaum*, Materialien zum Völkerstrafgesetzbuch, S. 51.

[12] Vgl. *Pictet*, Commentary Geneva Convention III, S. 145 f. und *ders.*, Commentary Geneva Convention IV, S. 202.

[13] *Pictet*, Commentary Geneva Convention III, S. 168.

Bereits aus diesem Grunde wird also für einige Begriffe, die bei unbefangener Betrachtung *prima facie* auf etwaige Unbestimmtheit zu überprüfen wären, ein Verstoß gegen das Bestimmtheitsgebot kaum in Frage kommen. Dies durchweg mit dem *caveat*, dass sie auch in ihrer sonstigen Verwendung hinreichend bestimmbar sind. Eine derartige Überprüfung allgemeinen nationalen Rechts vorzunehmen ist hier allerdings nicht der Ort.

Es bleibt aber noch eine dritte Kategorie von Begriffen, nämlich jene, die weder im Völkerrecht noch im sonstigen nationalen Strafrecht eine Entsprechung finden, die also im VStGB originär eingeführt wurden. Der Begriff der „nach dem humanitären Völkerrecht zu schützenden Person" hat keine Entsprechung im Völkerrecht und ist wohl etwas missglückt (siehe unten, *8. Kapitel A. I.*). Derart neu eingeführte Begriffe sollten nach der Zielsetzung des Gesetzgebers aber nicht vom geltenden Völkerrecht abweichen, so dass im Wege der Auslegung zu versuchen ist, sie mit dem völkerrechtlichen Gehalt zu versehen, solange die Wortsinngrenze dies zulässt.

Unter dem Bestimmtheitsaspekt werden allgemein drei Fälle zu unterscheiden sein:

- im ersten Fall hilft die völkerrechtliche Ebene tatsächlich bei der Ermittlung und Konkretisierung des Normgehaltes,
- im zweiten Fall ergeben sich auch bei Berücksichtigung des Völkerrechts keine weiteren Anhaltspunkte, insbesondere im Fall des Präjudizienmangels,
- im dritten Fall verkompliziert eine unklare und unübersichtliche völkerrechtliche Rechtslage die Konkretisierung und wirkt gegen die Bestimmbarkeit.

B. Notwendige Beschränkung der Exemplifizierung

Zentraler Bestandteil des gesamten dritten Teils ist die Anwendung der im zweiten Teil gewonnenen Grundsätze auf die §§ 8-12 VStGB. Dabei kann im Rahmen der vorliegenden Arbeit keine kommentarartige Erörterung aller Merkmale erfolgen, noch nicht einmal aller Merkmale, die unter Bestimmtheitsaspekten einer näheren Betrachtung bedürften. Um die notwendige Auswahl zu treffen, konzentriert sich die Arbeit im weiteren Verlauf auf besonders bedeutsame Begriffe, also solche, deren

Unbestimmtheit das VStGB als Ganzes oder in wesentlichen Teilen tangieren würde, namentlich also die Begriffe „internationaler und nichtinternationaler Konflikt" (unten, *7. Kapitel B.*) und „nach dem humanitärem Völkerrecht zu schützende Person" (*8. Kapitel A. I.*). Weiter behandelt werden die Anforderungen an das Gerichtsverfahren nach § 8 Abs. 1 Nr. 7 VStGB (*8. Kapitel A. II. 2.*), der Angriffstatbestand des § 10 Abs. 1 Nr. 1 VStGB (*8. Kapitel B. I.*), die Verhältnismäßigkeitsregelungen des § 11 Abs. 1 Nr. 3 und Abs. 3 VStGB (*9. Kapitel A. I.* und *II.*) sowie der Perfidietatbestand des § 11 Abs. 1 Nr. 7 VStGB (*9. Kapitel A. III.*). Andere Begriffe werden nur beiläufig zur weiteren Veranschaulichung zur Sprache kommen. Es sind damit sowohl die problematischsten Begriffe des VStGB identifiziert und zugleich wird ein gewisser Querschnitt durch das Gesetz getroffen.

7. Kapitel: Einführung in die Tatbestände und generelle Voraussetzungen

Die §§ 8 ff. VStGB geben eine klassische Unterscheidung des Kriegsvölkerstrafrechts, die auch Art. 8 IStGH-Statut noch maßgebend prägt, nahezu auf, indem internationaler und nichtinternationaler bewaffneter Konflikt weitgehend gleichbehandelt werden. Nur §§ 8 Abs. 3, 9 Abs. 2 und 11 Abs. 3 VStGB beziehen sich ausschließlich in wenigen Tatbeständen auf den internationalen bewaffneten Konflikt. Auch die Unterscheidung innerhalb der Kriegsverbrechen im internationalen Konflikt zwischen den schweren Verletzungen der Genfer Konventionen und den sonstigen Kriegsverbrechen findet sich zwar im Römischen Statut, nicht mehr aber im VStGB.[1] Tragendes Strukturmerkmal ist hingegen im VStGB eine andere klassische Unterscheidung, nämlich die Trennung zwischen Genfer Recht und Haager Recht, letztlich also die Trennung nach Schutzgütern,[2] die ja auch sonst der deutschen Strafrechtsdogmatik im Besonderen Teil ihr Gepräge gibt, also keineswegs fremd erscheint. Sicherlich kann man auch dieser Trennung vorwerfen, sie sei letztlich willkürlich.[3] Die Tatbestände des VStGB sollen über das IStGH-Statut hinaus denjenigen Bereich der Kernverbrechen umfassen, der im Völkergewohnheitsrecht als gesichert angesehen werden kann.[4]

Die Aufsplittung anhand der Schutzgüter über fünf vergleichsweise übersichtliche Paragraphen mit den jeweiligen Tatbestandsgruppen der Kriegsverbrechen gegen Personen (§ 8 VStGB), gegen Eigentum und sonstige Rechte (§ 9 VStGB), gegen humanitäre Operationen und Embleme (§ 10 VStGB) sowie Kriegsverbrechen des Einsatzes verbotener

---

1 *Werle*, JZ 2001, 885, 893; *Zimmermann*, ZRP 2002, 97, 99.

2 *Ambos*, Internationales Strafrecht, S. 234; *Gropengießer/Kreicker*, Grundlagen der Strafverfolgung völkerrechtlicher Verbrechen in Deutschland, S. 72 und 151 ff.; *Kirsch*, in: *Beulke/Müller*, FS Strafrechtsausschuss der BRAK, S. 280; *Werle/Jeßberger*, JZ 2002, 725, 728; *Werle/Nerlich*, HuV-I 2002, 124, 126; *Werle*, Völkerstrafrecht, Rn. 947 und 1273 f.; *Zimmermann*, NJW 2002, 3068, 3070.

3 *Bantekas/Nash*, International Criminal Law, S. 348: „purely artificial".

4 *Lüder/Vormbaum*, Materialien zum Völkerstrafgesetzbuch, S. 39.

Methoden (§ 11 VStGB) bzw. Mittel (§ 12 VStGB) der Kriegsführung erreicht aber in jedem Falle gegenüber dem eher unübersichtlichen Art. 8 IStGH-Statut ein Optimum an Klarheit und Struktur.[5] Da Doppelungen vermieden und Formulierungen auf ihren gemeinsamen Kern zurückgeführt werden, kommt das VStGB im Kriegsverbrechensbereich mit 30 Tatbeständen gegenüber den 50 Tatbeständen des IStGH-Statuts aus.[6]

Dies ist auch nicht nur gesetzgebungsästhetischer und logischer Selbstzweck, sondern dient im strafrechtlichen Bereich zugleich der Achtung des Bestimmtheitsgebotes, denn bereits die Verschaffung eines guten Überblicks über ein komplexes Rechtsgebiet und die sachlogische Auffächerung der Tatbestände dient der Orientierung und Versicherung des Rechtsunterworfenen.[7] Wird man auch im Einzelnen die eine oder andere Kritik unter Bestimmtheitsaspekten vorzutragen haben, so ist zuzugeben, dass auf der Ebene der Gliederung und Übersichtlichkeit das VStGB schwer zu überbieten ist. Darin liegt kein geringes Verdienst, denn Klarheit und Stringenz sind nicht nur vom einzelnen Begriff, sondern auch von der Struktur eines Gesetzes zu fordern. Selbst wenn nämlich alle in einem Gesetz verwendeten Begriffe klar und eindeutig bestimmbar sein sollten, so ist dem Rechtsunterworfenen und dem Rechtsanwender dennoch nicht geholfen, wenn diese Begriffe sich in unübersichtlichen, überkomplexen und sich überschneidenden Normen gleichsam „verstecken“ und im Beiläufigen untergehen.

Als Beleg deutscher Staatspraxis und Rechtsüberzeugung wirkt das VStGB auch in seinen progressiven Teilen auf die internationale Ebene zurück.[8]

---

[5] *Engelhart*, Jura 2004, 734, 743; *Werle*, JZ 2001, 885, 894; *Lüder/Vormbaum*, Materialien zum Völkerstrafgesetzbuch, S. 40; *Werle/Jeßberger*, JZ 2002, 725, 731.

[6] *Gropengießer/Kreicker*, Grundlagen der Strafverfolgung völkerrechtlicher Verbrechen in Deutschland, S. 152 f.; *Werle/Nerlich*, HuV-I 2002, 124, 126.

[7] Vgl. *Lüder/Vormbaum*, Materialien zum Völkerstrafgesetzbuch, S. 40.

[8] *Werle/Jeßberger*, JZ 2002, 725, 729 m.w.N.

A. Das humanitäre Völkerrecht und seine Sanktionierung

I. Die Regeln des humanitären Völkerrechts

Ist mittlerweile auch der größte Teil des als Gewohnheitsrecht entstandenen humanitären Völkerrechts in Abkommen niedergelegt, so verbleibt doch dem Völkergewohnheitsrecht über die Abkommen hinaus eine gewisse Bedeutung.[9]

Dementsprechend lautet die in Art. 1 Abs. 2 ZP I aufgenommene Martenssche Klausel:

> „In Fällen, die von diesem Protokoll oder anderen internationalen Übereinkünften nicht erfaßt sind, verbleiben Zivilpersonen und Kombattanten unter dem Schutz und der Herrschaft der Grundsätze des Völkerrechts, wie sie sich aus feststehenden Gebräuchen, aus den Grundsätzen der Menschlichkeit und aus den Forderungen des öffentlichen Gewissens ergeben."[10]

Auch relevantes Völkergewohnheitsrecht kann zur Auslegung des VStGB herangezogen werden, wenn es zuvor mit hinreichender Klarheit identifiziert wurde.

II. „Genfer Recht" und „Haager Recht"

Die überkommene Aufteilung des Gehaltes des humanitären Völkerrechts in bewaffneten Konflikten in das Genfer Recht (*Law of Geneva, Droit de Genève*) und das Haager Recht (*Law of the Hague, Droit de la Haye*), also einerseits in Regeln zum Schutz der Opfer bewaffneter Konflikte, andererseits in Regeln zur Beschränkung der Mittel und Methoden der Kriegsführung, ist zwar mittlerweile vielfach durchbro-

---

9 *Werle*, Völkerstrafrecht, Rn. 917 f.

10 Die Martenssche Klausel ist in ihrer ursprünglichen Formulierung durch den russischen Delegierten Professor *Friedrich von Martens* in der Präambel des II. (1899) und IV. Haager Abkommens vom 18.10.1907 enthalten (abgedruckt bei *Grewe*, Fontes historiae iuris gentium, Band III/1, S. 576 ff.; *Schindler/Toman*, The Laws of Armed Conflicts, No. 7-8). Vgl. *Daoust/Coupland/Ishoey*, RICR 2002, 345, 351.

chen,[11] so dass die zugrunde liegenden Prinzipien – Humanität beim Genfer Recht, Proportionalität beim Haager Recht – auf das je andere Feld übertragen werden können.[12] Als Hilfestellung bei der Systematisierung der Regeln ist sie dennoch weiterhin bedeutsam.[13] Das Faktum, dass das Genfer Recht dabei sehr viel umfassender ist als das Haager Recht, liegt nicht zuletzt darin begründet, dass Staaten Einschränkungen bei der Behandlungen von Kriegsopfern leichter zu akzeptieren bereit sind als Einschränkungen bei der Anwendung moderner und effektiver Waffen oder taktischer Vorgehensweisen.[14] Diese umfassendere Regelung macht das Genfer Recht gegenüber dem Haager Recht, welches weithin in generellen Begriffen gefasst ist, in der Anwendung leichter.[15] Hinzu kommt, dass das Haager Recht überwiegend im komplexen, unberechenbaren und zeitsensiblen Gefecht selbst bzw. in dessen Planung greift, während das Genfer Recht in weiten Teilen in übersichtlicheren und kontrollierbareren Lagen Anwendung findet (z.B. in der Kriegsgefangenschaft).

---

[11] Vgl. IGH, Rechtsgutachten vom 08. Juli 1996 (Legality of the Threat or Use of Nuclear Weapons), ICJ Reports 1996, para 75; *Dinstein*, The Conduct of Hostilities under the Law of International Armed Conflict, S. 12 ff.

[12] *David*, Principes de droit des conflits armés, S. 71 und 239; *Detter*, The Law of War, S. 158 f. Vgl. *Bassiouni*, Virginia J. Int'l L. 42 (2001-2002), 81, 115 f.; *Lauterpacht*, BYIL 29 (1952), 360, 363 f.; *Satzger*, Internationales Strafrecht, § 15 Rn. 54.

[13] *Cassese*, International Criminal Law, S. 48.

[14] *Fenrick*, Columbia J. of Transnational L. 37 (1999), 767, 770. Auch hier sind allerdings in der Natur der Sache liegende Überschneidungen nicht zu übersehen, so wäre beispielsweise die Tötung von Kriegsgefangenen mit dem Ziel, ohne diese schneller vorzurücken ein eklatanter Verstoß gegen Genfer Recht, gleichzeitig aber eine sich aus Genfer Recht indirekt ergebende Einschränkung einer bestimmten Art und Weise der Kriegsführung, indem der Vormarsch eben gebremst wird. Siehe auch *Parks*, Air Force L.R. 32 (1990), 1, 181 f.

[15] *Cryer*, IDF L.R. 2 (2005-2006), 75, 76.

III. Der Schritt zur Pönalisierung

Die schweren Verletzungen (*grave breaches*) der Genfer Konventionen bilden dabei lediglich einen Kernbestand, einen inneren Kreis, an besonders schwerwiegenden Kriegsverbrechen, hinsichtlich derer sich die Vertragsstaaten auf eine Verpflichtung zur Verfolgung hatten einigen können.[16] Hieraus kann nicht im Gegenschluss gefolgert werden, dass Tatbestände der Kriegsverbrechen damit auch nur annähernd abschließend beschrieben seien.

Es sei in diesem Zusammenhang nochmals darauf hingewiesen, dass ein Problem der Akzessorietät der Kriegsverbrechenstatbestände zu den Primärregeln des humanitären Völkerrechts darin besteht, dass diese Primärregeln zumeist nicht im Hinblick auf eine Verwendung als Strafrechtstatbestände formuliert worden. Man trifft also vielfach in der textlichen Ausgestaltung der Regeln des humanitären Völkerrechts auf generalisierte Standards, die für das humanitäre Völkerrecht den Vorteil haben, dass sie nicht so leicht von neuen Entwicklungen überholt werden wie präziser formulierte Tatbestände,[17] andererseits aber vielfach eine Präzisierung zu erfahren haben, sollen sie einem Straftatbestand im internationalen Recht, und erst Recht einer kontinentaleuropäische Kodifikation, zugrunde gelegt werden.

Eine abschließende völkervertragliche oder auch autoritative nationale Kodifizierung der Kriegsverbrechenstatbestände gibt es nicht. Auf internationaler Ebene kommt einer solchen das IStGH-Statut mittlerweile noch am nächsten[18] und wird wohl auch *de facto* diese Rolle übernehmen. Auf nationaler Ebene ist das VStGB sicherlich eine Kodifizierung, die den gegenwärtigen Stand des Kriegsvölkerstrafrechts sehr weitgehend wiedergibt.

---

[16] *Triffterer*, in: *Hankel/Stuby*, Strafgerichte gegen Menschheitsverbrechen, S. 177.

[17] *Benison*, Georgetown L.J. 88 (1999), 141, 156.

[18] Vgl. *Werle*, Völkerstrafrecht, Rn. 932.

B. Übergreifende Voraussetzungen

I. Internationaler/Nichtinternationaler bewaffneter Konflikt

Das Vorliegen des „Zusammenhang[es] mit einem internationalen oder nichtinternationalen bewaffneten Konflikt" ist Kontextelement der Kriegsverbrechenstatbestände nach §§ 8 Abs. 1, 2, 9 Abs. 1, 10 Abs. 1, 2, 11 Abs. 1, 12 Abs. 1 VStGB, der „Zusammenhang mit einem internationalen bewaffneten Konflikt" ist Kontextelement der §§ 8 Abs. 3, 9 Abs. 2, 11 Abs. 3 VStGB. Es handelt sich hierbei um ein Merkmal des äußeren Verbrechenstatbestandes,[19] in der Terminologie des deutschen Strafrechts also um ein objektives Tatbestandsmerkmal.

Obgleich das VStGB die Gleichstellung der Konfliktarten recht weitgehend durchführt und obgleich die Begehung eines Kriegsverbrechens im Kontext eines Staaten- oder Bürgerkrieges keinen Einfluss auf die Strafzumessung haben kann, da dies der gewollten Gleichstellungstendenz ohne erkennbaren sachlichen Grund widerspräche, so kann dennoch jedenfalls nicht durchweg dahingestellt bleiben, welche Konfliktart vorliegt. Die Tatbestände nach §§ 8 Abs. 3, 9 Abs. 2 und 11 Abs. 3 VStGB können alleine im internationalen Konflikt begangen werden, da sich insofern keine hinreichende Gewohnheitsrechtsentwicklung feststellen ließ, die zur Gleichstellung berechtigt hätte. Zudem kann die Unterscheidung Bedeutung bei der Abgrenzung „nach unten" – zu der Situation bloßer innerer Unruhen – erlangen, wenn in Frage steht, ob ein Geschehen im innerstaatlichen Bereich die Intensitätsschwelle überschreitet, die notwendig ist, um es schon als nichtinternationalen bewaffneten Konflikt zu definieren.[20]

Die Spannung zwischen Völkerrecht und Landesrecht, anders ausgedrückt zwischen übergreifenden Interessen der Staatengemeinschaft und nationalstaatlicher Souveränität, liegt der unterschiedlichen Behandlung von Staatenkrieg und Bürgerkrieg zugrunde. Während in Erwartung der Gegenseitigkeit die Bestrafung von Kriegsverbrechen im internationalen bewaffneten Konflikt noch der Interessenlage der Staaten vielfach

---

[19] *Werle*, Völkerstrafrecht, Rn. 332.

[20] *Dahm/Delbrück/Wolfrum*, Völkerrecht, S. 1068; *Werle*, Völkerstrafrecht, S. 514 (dortige Fn. 878). Im Staatenkrieg existiert eine derartige Schwelle hingegen nicht, so dass das Vorliegen eines internationalen bewaffneten Konfliktes auch insoweit leichter festzustellen ist (dazu noch sogleich).

entspricht, so bedeutet die Pönalisierung derselben Tatbestände im nichtinternationalen bewaffneten Konflikt eine unmittelbare Einschränkung der staatlichen Souveränität nach innen.[21] Dies ist auch ein Grund, weswegen das *grave breaches*-System der Genfer Konventionen sich auf internationale Konflikte beschränkt, eine Strafverfolgungszuständigkeit von Drittstaaten wurde für diesen souveränitätssensiblen Bereich als zu weitgehender Souveränitätseingriff gedeutet.[22] Immerhin handelt es sich aber auch beim Bürgerkrieg um einen Ausnahmezustand,[23] so dass eine leichtere Anerkennung der Bürgerkriegsverbrechen gegenüber Verbrechen, die im Normalzustand, also ohne Vorliegen eines nichtinternationalen bewaffneten Konfliktes, begangen werden, zu erwarten ist. Mittlerweile ist das in nichtinternationalen bewaffneten Konflikten anwendbare humanitäre Völkerrecht sehr viel umfassender geworden und geht weit über den Inhalt des gemeinsamen Art. 3 der GA und des ZP II hinaus.[24] Die parallele Behandlung oder „Assimilierung"[25] von Kriegsverbrechen in den beiden Konfliktarten bezieht sich sowohl auf das Genfer wie auf das Haager Recht.[26]

Die Gleichbehandlung beider Konfliktarten war vor dem VStGB bereits Bestandteil der ZDv 15/2 der Bundeswehr, wonach nach Regel Nr. 211 „die Regeln des humanitären Völkerrechts bei militärischen Operationen in allen bewaffneten Konflikten, gleichgültig welcher Art" zu beachten sind.[27]

---

21 *Werle*, ZStW 109 (1997), 808, 815.

22 *Buchwald*, Der Fall Tadic vor dem Internationalen Jugoslawientribunal im Lichte der Entscheidung der Berufungskammer vom 2. Oktober 1995, S. 155. Vgl. *Pictet*, Commentary Geneva Convention III, S. 28 ff. und *ders.*, Commentary Geneva Convention IV, S. 26 ff.

23 Vgl. *Werle*, ZStW 109 (1997), 808, 815.

24 *Fleck*, J. of Conflict & Security Law 11 (2006), 179, 179 f.; vgl. *David*, RBDI 1995, 668, 669 ff.

25 *Kreß*, in: *Fischer/Lüder*, Völkerrechtliche Verbrechen vor dem Jugoslawien-Tribunal, nationalen Gerichten und dem Internationalen Strafgerichtshof, S. 18.

26 *Kreß*, a.a.O., S. 37 f.

27 Vgl. *Buchwald*, Der Fall Tadic vor dem Internationalen Jugoslawientribunal im Lichte der Entscheidung der Berufungskammer vom 2. Oktober 1995, S. 155 f. m.w.N.

Die Gleichstellung findet letztlich ihren Grund in der gleichen Gefährdungslage, die beide Konfliktarten mit sich bringen und in dem Gedanken, dass elementare Menschenrechte der staatlichen Souveränität vorgehen.[28] Es wird also ein souveränitätsorientiertes Verständnis zugunsten eines menschenrechtsorientierten Verständnisses eingeschränkt.[29]

Unabhängig hiervon bleibt aber zu klären, wann ein bewaffneter internationaler bzw. nichtinternationaler Konflikt vorliegt. Denn der Begriff des bewaffneten Konfliktes und seine weitere Einteilung in international und nichtinternational ist ja bei den Tatbeständen immer Tatbestandsmerkmal und „vor die Klammer gezogen" („wer im Zusammenhang mit einem internationalen oder nichtinternationalen bewaffneten Konflikt"), somit also von herausragender Bedeutung. Bereits dieser zentrale Begriff ist im Hinblick auf den Bestimmtheitsgrundsatz aber nicht ganz unproblematisch, denn das Völkerrecht kennt keine abschließende Definition des „bewaffneten Konfliktes".[30]

1. Die zeitliche Dimension des Konfliktes

Der Konflikt beginnt sobald das erste Mal bewaffnete Gewalt angewendet wird,[31] er endet dabei entgegen einer Ansicht nicht über die Einstellung der Feindseligkeiten hinaus bis Friede geschlossen bzw. eine friedliche Einigung erreicht wird.[32] Vielmehr reicht bereits eine stabile Waffenruhe, eine allgemeine Einstellung der Feindseligkeiten aus, denn diese bildet das tatsächliche Gegenstück zu der tatsächlichen Existenz der Feindseligkeiten.[33] Art. 118 Abs. 1 GA III spricht von der „cessation of active hostilities", Art. 133 Abs. 1 GA IV von „close of hostilities".

---

28 *Werle*, ZStW 109 (1997), 808, 818.

29 Vgl. *Buchwald*, Der Fall Tadic vor dem Internationalen Jugoslawientribunal im Lichte der Entscheidung der Berufungskammer vom 2. Oktober 1995, S. 159.

30 *Ambos*, Internationales Strafrecht, S. 235.

31 *Ambos*, Internationales Strafrecht, S. 236.

32 *Jäger*, Das Internationale Tribunal über Kriegsverbrechen im ehemaligen Jugoslawien, S. 74; *Kittichaisaree*, International Criminal Law, S. 131.

33 *Detter*, The Law of War, S. 343; *Kreß*, EuGRZ 1996, 638, 643 f. Womit allerdings der Kriegszustand zwischen Staaten formell nicht aufgehoben wird; *Dinstein*, Harvard J. of Law and Public Policy 27 (2004), 877, 889.

Allerdings bleibt zu beachten, dass einige wenige Kriegsverbrechen, so die ungerechtfertigte Verzögerung bei der Repatriierung von Kriegsgefangenen (§ 8 Abs. 3 Nr. 1 VStGB), auch nach Ende der Feinseligkeiten begangen werden können,[34] ja, wie dieses Beispiel zeigt, hierauf geradezu angelegt sind (vgl. Art. 118 GA III und 133 GA IV). Lediglich für schwer erkrankte oder schwer verwundete Kriegsgefangene und bestimmte Klassen internierter Zivilisten besteht diese Pflicht gegebenenfalls bereits früher (Art. 109, 110 GA III und Art. 132 GA IV). Nach Art. 5 GA III sind Kriegsgefangene dementsprechend unter dem Schutz des GA III von ihrer Gefangennahme „until their final release and repatriation".

Für diese Taten reicht es dementsprechend aus, dass sie gerade darauf angelegt sind, die *Folgen* eines bewaffneten Konfliktes zu kanalisieren. Die dem Tatbestand zugrunde liegende Gefangenschaft ist nicht denkbar ohne die vorherige Gefangennahme im bewaffneten Konflikt. Für die verzögerte Repatriierung wäre es dabei auch unangebracht davon auszugehen, dass der Täter nicht vorhersehen konnte, er würde sich strafbar machen. Ersichtlich ist die rechtmäßige Dauer der Gefangennahme durch die Konfliktdauer begrenzt, was wohl für den Fall der Kriegsgefangenschaft Allgemeingut ist. Das Kontextmerkmal wird also erweitert.

Allerdings ist nicht zu bestreiten, dass das Merkmal *im Rahmen eines bewaffneten Konfliktes* damit bis an die äußerste Wortsinngrenze gedehnt wird. Abgesehen von diesem Ausnahmefall muss daher angesichts des Wortlautes der Norm bereits die *faktische* Beendigung des Konfliktzustandes ausreichen, um die Anwendbarkeit der Kriegsverbrechenstatbestände auszuschließen. Das Merkmal „im Rahmen eines bewaffneten Konfliktes" hat einen zeitlich-faktischen Gehalt. Es grenzt den Anwendungsbereich der Kriegsverbrechenstatbestände *ratione temporis* ein, wobei eine Erkennbarkeit und damit auch eine Warnfunktion und subjektive Vorhersehbarkeit der Bestrafung nach den Kriegsverbrechenstatbeständen auszuschließen ist, wenn die Ausnahmesituation des bewaffneten Konfliktes *de facto* ein Ende gefunden hat. Das ist bereits mit einer Waffenruhe der Fall. Diese muss allerdings eine *stabile* sein, also

---

[34] *David*, Principes de droit des conflits armés, S. 232 f. und 531; *Lüder/Vormbaum*, Materialien zum Völkerstrafgesetzbuch, S. 42; *Kirsch*, in: *Beulke/Müller*, FS Strafrechtsausschuss der BRAK, S. 281; *Kreicker*, Völkerstrafrecht im Ländervergleich, S. 111 f.; *Quéguiner*, RICR 2003, 271, 283; *Satzger*, Internationales Strafrecht, § 15 Rn. 62; *Schabas*, Introduction to the International Criminal Court, S. 56.

nicht eine nur kurze Waffenruhe, wie der faktische *Christmas truce* zwischen deutschen und britischen Truppen an der Westfront 1914. Sie muss von der obersten Führung bekannt gegeben, auch die abgelegenen Einheiten erreicht haben und nicht nur länger andauernd, sondern auch absehbar von dem Willen der Konfliktparteien getragen werden, von Dauer zu sein. Eine solche Stabilität läge etwa dann nicht vor, wenn die eine oder andere Seite sich von der Abwesenheit von Feindseligkeiten eine Atempause oder einen taktischen oder strategischen Vorteil erhofft, oder wenn die Parteien schlicht zögern.

2. Die Schwelle zum „bewaffneten Konflikt" und die „Bewaffnetheit" des Konfliktes

Unterhalb der Schwelle des *nichtinternationalen* bewaffneten Konfliktes bleiben ausweislich der in Art. 8 Abs. 2 (d) und (f) IStGH-Statut wiedergegebenen Norm des Art. 1 Abs. 2 ZP II innere Unruhen und Spannungen „wie Tumulte, vereinzelt auftretende Gewalttaten und andere ähnliche Handlungen". Diese Schwelle findet ohne weiteres auch im VStGB Verwendung,[35] auch ohne dass ein explizites *caveat* aufgenommen wurde.

Für den internationalen bewaffneten Konflikt (dazu sogleich) ergeben sich hier keine Schwierigkeiten, denn die Schwelle gilt für diesen nicht. Der Grund für diese Differenzierung ist in souveränitätsorientierten Bedenken der Staaten zu suchen, die eine Einmischung in innere Angelegenheiten möglichst zu verhindern suchen. Zum Teil sind diese Bedenken auch durchaus gerechtfertigt, denn die Anwendung des Kriegsvölkerrechts auf gewalttätige Demonstrationen, Ausschreitungen von Banden, Rassenunruhen, u.ä. wäre unangemessen, da ein Hineintreten dieser Situation in eine internationale Dimension, die die internationale Staatengemeinschaft als Ganzes betrifft, nicht leichter Hand anzuerkennen ist. Bedeutsam ist allerdings, den Moment im Auge zu behalten, in der eine solche Situation „kippt", also in einen bewaffneten Konflikt möglicherweise übergeht, was insbesondere anhand von Dauer, Intensität und Organisationsgrad der Beteiligten zu bewerten sein wird. Ob die nichtstaatliche Konfliktpartei effektive Herrschaftsgewalt über einen Teil des Territoriums haben muss,[36] erscheint nicht zwingend. Dass

[35] *Lüder/Vormbaum*, Materialien zum Völkerstrafgesetzbuch, S. 43.

[36] *Herdegen*, Völkerrecht, S. 364.

hier Abgrenzungsschwierigkeiten entstehen können, liegt auf der Hand. Im Übrigen wird ein extrem gewalttätiges Vorgehen gegen Demonstrationen oder Oppositionelle eher den Anwendungsbereich der Verbrechen gegen die Menschlichkeit eröffnen als jenen der Kriegsverbrechen.

Notwendig muss es zu einem *bewaffneten Konflikt* gekommen sein, also zur Waffengewalt zwischen den Parteien.[37] Lediglich im internationalen bewaffneten Konflikt genügt demgegenüber die Kriegserklärung oder die militärische Besetzung (Art. 2 Abs. 2 GA I-IV) aus, um ohne weiteres die Anwendung des humanitären Völkerrechts in bewaffneten Konflikten zu eröffnen. Insbesondere ist bei der Gewaltanwendung nicht eine besondere Intensitätsschwelle zu überschreiten, so dass bereits mit dem „ersten Schuss" ein internationaler bewaffneter Konflikt vorliegt.[38] Auch dieser Konfliktbeginn kann aber bereits mit einem Kriegsverbrechen zusammenfallen, um im sprichwörtlichen Bild zu bleiben etwa dann, wenn der erste Schuss mit einem Dum-Dum-Geschoss abgegeben wird.

Sowohl Kriegserklärung als auch militärische Besetzung haben allerdings kaum noch praktische Bedeutung. Während noch vor und während des Ersten Weltkrieges, teilweise auch noch im Zweiten Weltkrieg, die Kriegserklärung vor Eröffnung der Feindseligkeiten als unabdingbar galt, so wurde mit Fortschreiten der technologischen Fähigkeiten der Streitkräfte und der zunehmenden Bedeutung des Faktors Zeit[39] (Blitz-

---

37 *Ambos*, Internationales Strafrecht, S. 235 m.w.N.; *Greenwood*, in: *Fleck*, Handbuch des humanitären Völkerrechts in bewaffneten Konflikten, Nr. 202; *Ipsen*, Völkerrecht, S. 1215 und 1224.

38 *Ambos*, Internationales Strafrecht, S. 235; *David*, Principes de droit des conflits armés, S. 109; *Greenwood*, in: *Fleck*, Handbuch des humanitären Völkerrechts in bewaffneten Konflikten, Nr. 202; *Hartstein*, in: *Esser/Kühne/Gerding*, Völkerstrafrecht, S. 96; *Schabas*, The UN International Criminal Tribunals, S. 243; *Werle*, Völkerstrafrecht, Rn. 951 und 956 f. Dies gilt durchweg auch dann, wenn die Staaten den Konflikt nicht als Krieg deklarieren, umfasst ohne weiteres also auch Vorfälle „short of war"; *Dinstein*, Harvard J. of Law and Public Policy 27 (2004), 877, 887. Vgl. *David*, Principes de droit des conflits armés, S. 134.

39 So hat die Bedeutung der Kriegserklärung seit dem Zweiten Weltkrieg rapide abgenommen, im Zweiten Weltkrieg selbst wurden Kriegserklärungen zumeist abgegeben, nachdem die Feindseligkeiten bereits eröffnet waren. Im modernen Völkerrecht ist überdies wegen dem Gewaltverbot der UN-Charta und dem nunmehr anerkannten, wenn auch faktisch inoperablen Aggressionsverbrechen eine Tendenz erkennbar aus dem Grunde keine Kriegserklärung ab-

krieg, „Beschleunigung", nur kurze Vorwarnzeiten, Überraschungseffekt, *decapitation strike*, etc.) die formelle Kriegserklärung durch Eröffnung der Feindseligkeiten ersetzt und fiel der *desuetudo* anheim. Auch der Fall der militärischen Besetzung ohne vorangegangene bewaffnete Auseinandersetzung (gemeinsamer Art. 2 Abs. 2 der GA), also ohne jede Gegenwehr, dürfte nur selten vorkommen, namentlich beim Angriff eines militärisch starken Landes auf ein kleines Nachbarland.[40]

Ein bewaffneter Konflikt liegt zusammenfassend vor, wenn

- es zu militärischer Gewalt zwischen Staaten (oder Staaten und den UN) kommt, oder
- es zu fortgesetzten bewaffneten Auseinandersetzungen zwischen einer Staatsgewalt und organisierten bewaffneten Gruppen bzw. zwischen organisierten bewaffneten Gruppen in einem Staat kommt.[41]

Der Begriff der Staatsgewalt umfasst neben dem regulären Militär auch andere bewaffnete Einheiten, etwa Nationalgarden, Polizeieinheiten, Grenzpolizei oder vergleichbare Einheiten.[42]

Der bewaffnete Konflikt umfasst geographisch das gesamte Territorium der beteiligten Staaten.[43]

---

zugeben, um keinen Ansatzpunkt für den Verdacht eines Verstoßes gegen das Gewaltverbot zu geben.

[40] Ein Beispiel hierfür wäre der deutsche Überfall auf Dänemark im April 1940. Der dänische König gab den Befehl keine Gegenwehr zu leisten und das Land ließ sich widerstandslos besetzen. Ein Gegenbeispiel wäre der zeitgleiche Angriff auf Norwegen (Norwegen erklärte dem Deutschen Reich am 09. April 1940 den Krieg und führte diesen auch bis zur Kapitulation am 10. Juni 1940).

[41] Siehe JStGH, Beschluss vom 02. Oktober 1995 (*Tadić*, AC), para 70; JStGH, Urteil vom 31 März 2003 (*Naletilić* und *Martinović*, TC), para 177; *Schabas*, The UN International Criminal Tribunals, S. 229; *Werle*, Völkerstrafrecht, Rn. 949 f. m.w.N. Vgl. Art. 8 Abs. 2 (f) IStGH-Statut.

[42] *Cullen*, Military L.R. 183 (2005), 66, 104.

[43] *Kittichaisaree*, International Criminal Law, S. 131; *Kreß*, EuGRZ 1996, 638, 644; *Schabas*, Introduction to the International Criminal Court, S. 56. Die Unterscheidung zwischen „region" und „theatre of war" ist weithin obsolet; *Detter*, The Law of War, S. 169.

3. Der internationale Konflikt – insbesondere die Konfliktparteien

Konfliktparteien sind zwei oder mehr Staaten, wobei auch die Fälle erfasst sind, dass ein Staat entweder direkt mit eigenen Streitkräften oder indirekt durch eine noch näher zu definierende Lenkung einer bewaffneten Gruppe in einem nichtinternationalen Konflikt interveniert.[44]

Die Regeln des internationalen bewaffneten Konfliktes gelten auch, wenn ein Staat militärisch auf dem Gebiet eines anderen Staates interveniert, selbst wenn der tatsächliche Gegner nicht der andere Staat selbst ist, sondern eine nichtstaatliche Gruppe, die von dem anderen Staat aus operiert.[45]

Auch eine internationale Organisation kann eine Konfliktpartei des internationalen bewaffneten Konfliktes sein.[46] Dabei wird man allerdings zu berücksichtigen haben, wer effektiv die Kontrolle über eine dann ja zumeist aus Streitkräften der Mitgliedsstaaten bestehende *ad hoc* gebildete Streitmacht hat. Dies kann die Organisation selbst sein, aber auch der einzelne Mitgliedstaat, möglicherweise auch das jeweilige Oberkommando für die Dauer des Konfliktes. Entscheidend ist, dass auch eine solche Truppe Subjekt des Kriegsrecht sein kann.[47]

Alles in allem sind für den internationalen bewaffneten Konflikt mehrere Unterfälle zu unterscheiden,[48] von denen jedoch in erster Linie die beiden zuvor genannten Varianten (also Staatenkrieg und Intervention, die UN-Intervention dabei der Intervention allgemein unterstellend) relevant sind.

Während sich die Teilnahme mehrerer Staaten (oder von Staaten und den UN) an einem bewaffneten Konflikt noch recht leicht feststellen

---

44 *Bantekas/Nash*, International Criminal Law, S. 348 f.; *Kittichaisaree*, S. 135.

45 *Zimmermann*, Max Planck UNYB 11 (2007), 99, 127 zum Libanonkonflikt im Sommer 2006.

46 *Detter*, The Law of War, S. 132.

47 Im Einzelnen: *Detter*, The Law of War, S. 133 f.

48 *David*, Principes de droit des conflits armés, S. 131 ff.: 1. Zwischenstaatlicher bewaffneter Konflikt, 2. Anerkennung eines nichtinternationalen bewaffneten Konfliktes als international, 3. Drittstaatliche Intervention in einen nichtinternationalen bewaffneten Konflikt, 4. UNO-Intervention in einen nichtinternationalen bewaffneten Konflikt, 5. Befreiungskrieg, 6. Sezessionskrieg.

lässt – es kommt weder auf die Überwindung einer Schwelle der Gewaltanwendung an noch ist es von Bedeutung wie die Konfliktparteien ihren Konflikt „betiteln" – so ist die „indirekte" Intervention, i.e. die Involvierung eines Drittstaates in einen ursprünglich nichtinternationalen bewaffneten Konflikt, sehr viel schwerer feststellbar. Der Natur der Sache nach wird dieser Staat nämlich meist bemüht sein, sein Tun zu verbergen und daher weniger reguläre Streitkräfte in Uniform und Gerät mit Hoheitsabzeichen entsenden, sondern entweder mit seinen Truppen verdeckt operieren, Militärberater oder Söldner entsenden und/oder sich organisierter Banden im bereits bestehenden Bürgerkrieg bedienen, usw.

Zentrale Frage ist daher wie dieses „Bedienen" vor sich gehen muss, welcher Grad an Lenkung, Organisation und Befehlsgewalt der Staat also über in bestimmter Weise beschaffene Verbände ausüben muss, um dem Konflikt internationale Natur zuzusprechen. Am einfachsten zu bejahen ist diese Frage bei der Entsendung staatlicher Truppen, sei es in regulärer Uniform und Hoheitszeichen oder nicht. Auch die Entsendung von Militärberatern genügt, wenn diese an Kampfhandlungen teilnehmen und als staatliche Organe handeln.[49]

Nach dem *effective control test*, den der IGH im Nicaraguafall (es ging um die US-amerikanische Unterstützung der *Contras* gegen die nicaraguanische Regierung) aufgestellt hatte, ist erforderlich, dass die Aktionen organisierter Banden von einem Drittstaat koordiniert oder überwacht werden und dass diese spezifische Instruktionen von dem Drittstaat erhalten müssen, was sie zu dessen *de facto*-Organen mache.[50]

Der JStGH hat in der Sache *Tadić* den Maßstab der „effective control" des IGH abgelehnt und an seine Stelle einen Maßstab der „overall control" gesetzt.[51] Dieser Maßstab ist letztlich der wesentlich lockerere, es

---

[49] Die zweite Bedingung wird selten erfüllt sein; *David*, Principes de droit des conflits armés, S. 141.

[50] IGH, Urteil vom 27. Juni 1986 (Case Concerning Military and Paramilitary Activities in and against Nicaragua, *Nicaragua v. US*), ICJ Reports 1986, para 115.

[51] JStGH, Urteil vom 15. Juli 1999 (*Tadić*, AC), para 137; JStGH, Urteil vom 31. März 2003 (*Naletilić* und *Martinović*, TC), para 184; *Bantekas/Nash*, International Criminal Law, S. 349; *Schabas*, The UN International Criminal Tribunals, S. 244; *Zimmermann*, Max Planck UNYB 11 (2007), 99, 113 f. Anders noch JStGH, Urteil vom 07. Mai 1997 (*Tadić*, TC), paras 585 ff. (aber bereits mit abweichender Meinung von Judge *McDonald*, Separate and Dissenting Opinion

genügt nämlich die Koordinierung oder Hilfe bei der Planung militärischer Operationen der Gruppe, ferner die Ausrüstung und/oder Finanzierung der Gruppe, ohne dass spezifische Anordnungen oder eine direkte Steuerung vorliegen müssten.[52]

Gerechtfertigt erscheint diese Maßstabslockerung insbesondere, wenn man in Rechnung stellt, dass es im Nicaraguafall um die Frage der Staatenverantwortlichkeit ging. Der humanitären Schutzrichtung des Kriegsvölkerrechts entspricht ein hierfür aufgestellter Maßstab aber nicht unbedingt.[53]

Es bleibt dem Staat selbst ein Verhalten dieser Gruppe zurechenbar, wenn sie *ultra vires* oder *contra legem* handelt.[54]

Notwendige Folgefrage der Bejahung einer „indirekten" drittstaatlichen Intervention ist, ob sich damit der nichtinternationale bewaffnete Konflikt in seiner Gesamtheit „internationalisiert" oder nur in jenen Teilen, in denen der Drittstaat involviert ist. Dann würden also die Beziehungen zwischen dem Drittstaat und der Fraktion, die er bekämpft zu einem internationalen bewaffneten Konflikt, während im Übrigen weiterhin ein nichtinternationaler bewaffneter Konflikt vorläge. Diese Frage mag für das VStGB von weitgehend, aber eben nicht ausschließlich akademischer Natur sein, für die Anwendbarkeit vieler Regeln des humanitären Völkerrechts und die Zuständigkeit des IStGH bleibt sie auf absehbare Zeit relevant. Man wird bei einem ganz erheblichen Engagement des Drittstaates, womöglich bis zu dem Punkt, an dem ohne seine Unterstützung die eine Partei nicht mehr weiterkämpfen könnte, feststellen können, dass es künstlich wäre zwischen zwei Konfliktarten zu unterscheiden.[55] Aber auch bei einer geringeren Intensität des Eingriffes

---

of Judge *McDonald* Regarding the Applicability of Article 2 of the Statute, S. 296 ff. des Urteils).

[52] JStGH, Urteil vom 15. Juli 1999 (*Tadić*, AC), para 137; JStGH, Urteil vom 24. März 2000 (*Aleksovski*, AC), para 132; *Kittichaisaree*, International Criminal Law, S. 136; *Kreß*, Israel YHR 30 (2000), 103, 116; *Zimmermann*, in: *Triffterer*, Commentary on the Rome Statute, Art. 8 Rn. 256. Kritisch zur „Aufweichung" des Maßstabes *König*, Die völkerrechtliche Legitimation der Strafgewalt internationaler Strafjustiz, S. 356.

[53] Vgl. *Zimmermann*, in: *Triffterer*, Commentary on the Rome Statute, Art. 8 Rn. 254.

[54] JStGH, Urteil vom 15. Juli 1999 (*Tadić*, AC), paras 119 ff.; *David*, Principes de droit des conflits armés, S. 145.

[55] Vgl. *David*, Principes de droit des conflits armés, S. 151.

verlöre die Unterscheidung nicht ihre Künstlichkeit, es entstünde eine unübersehbare Gemengelage mit Schutzlücken, die von Konfliktparteien womöglich ausgenützt würden. So hinge z.B. das Bestehen eines Kriegsgefangenenstatus davon ab, von wem der Gefangene gemacht wird, obwohl die Soldaten von Drittstaat und unterstützter Konfliktpartei gegebenenfalls Seite an Seite kämpfen.[56] Dies würde der Zwecksetzung des humanitären Völkerrechts ebenso wenig gerecht wie seiner praktischen Anwendbarkeit.

4. Der nichtinternationale Konflikt – insbesondere die Konfliktparteien

Konfliktparteien im nichtinternationalen bewaffneten Konflikt sind entweder:

- Regierungsstreitkräfte und andere bewaffnete staatliche Gruppen, und/oder
- Regierungsstreitkräfte und nichtstaatliche bewaffnete Gruppen, und/oder
- verschiedene organisierte bewaffnete Gruppen, z.B. in einem failed state.[57]

Der Begriff der „Streitkräfte" ist dabei in einem weiten Sinne zu verstehen und umfasst alle in einem Staate vorgesehenen bewaffneten Einheiten.[58]

Die Kampfhandlungen müssen dabei jedenfalls „von einer gewissen Dauer sein".[59] Die Unterscheidung in Art. 8 IStGH-Statut zwischen Art. 8 Abs. 2 (d) und Art. 8 Abs. 2 (f) wird im VStGB nicht nachvollzogen.[60] Das Merkmal der „gewissen Dauer" wird dabei aber nicht isoliert

---

[56] Vgl. *David*, Principes de droit des conflits armés, S. 151. A.A. grundsätzlich *Dinstein*, The Conduct of Hostilities under the Law of International Armed Conflict, S. 14 f.; *Kreß*, in: *Fischer/Lüder*, Völkerrechtliche Verbrechen vor dem Jugoslawien-Tribunal, nationalen Gerichten und dem Internationalen Strafgerichtshof, S. 27; *Quéguiner*, IRRC 2003, 271, 288.

[57] *Ambos*, Internationales Strafrecht, S. 235 f.; *Kreicker*, Völkerstrafrecht im Ländervergleich, S. 117; vgl. *Lüder/Vormbaum*, Materialien zum Völkerstrafgesetzbuch, S, 43.

[58] *Ambos*, Internationales Strafrecht, S. 236 m.w.N.

[59] *Lüder/Vormbaum*, Materialien zum Völkerstrafgesetzbuch, S. 42.

[60] *Ambos*, Internationales Strafrecht, S. 237.

betrachtet werden dürfen, denn die Intensität des Konfliktes vermag den Konflikt derart entscheidend mitzuprägen, dass das zeitliche Merkmal gegebenenfalls hinter anderen Merkmalen ganz wird zurücktreten können.[61] Hingegen müssen die Kämpfe nicht ununterbrochen stattfinden, so dass auch eine bloße faktische Unterbrechung von Kampfhandlungen (etwa wegen der Witterung oder auch aus militärischen Erwägungen) die Verpflichtungen aus dem humanitären Völkerrecht nicht suspendiert.[62]

Was die geographische Ausdehnung des Konfliktes betrifft, so wirkt bereits ein nichtinternationaler bewaffneter Konflikt in nur einem Teil eines Staates, sei dieser auch nur vergleichsweise untergeordnet, dergestalt, dass ein nichtinternationaler bewaffneter Konflikt mit Wirkung für den gesamten Staat festzustellen ist, denn nur dieser selbst ist Subjekt des Völkerrechts, nicht auch seine internen administrativen Teile oder Bundesstaaten.[63] Immerhin wird man bei ganz untergeordneten Fällen, also einer nur minimalen geographischen Ausdehnung, jedenfalls in der Regel auch kaum ein Überschreiten der Erheblichkeitsschwelle feststellen können.

5. Zur Vereinbarkeit mit dem Bestimmtheitsgrundsatz

Es ist nach dem Gesagten also keineswegs einfach den Inhalt des unbestimmten Rechtsbegriffes „bewaffneter Konflikt" festzulegen. Die dynamische Pauschalverweisung auf Völkerrecht, die diesem Begriff logisch mitgegeben ist, ist dabei unter völkerrechtlichen Gesichtspunkten womöglich zu begrüßen,[64] unter Bestimmtheitsaspekten aber gleichwohl

---

[61] *Ambos*, Internationales Strafrecht, S. 237; *Quéguiner*, RICR 2003, 271, 278 ff. m.w.N. Vgl. *Werle*, Völkerstrafrecht, Rn. 954. Missverständlich ist es allerdings zu betonen, dass die Tatsache, dass ein Konflikt lange anhält, häufig Indiz für seine Intensität sei. Denn gerade der mit allen Mitteln geführte Konflikt kann sich umgekehrt durch seine Kürze auszeichnen, wenn alle Reserven für einen entscheidenden Schlag mobilisiert werden und alle Grenzen des humanitären Völkerrechts unbeachtet bleiben (z.B. der Völkermord in Ruanda 1994, welcher binnen weniger Wochen 500.000 bis eine Million Opfer forderte, sich allerdings als Konflikt darüber hinaus fortsetzte).

[62] *Cullen*, Military L.R. 183 (2005), 66, 99 f. Siehe allgemeiner bereits oben, *1.*

[63] *Ambos*, Internationales Strafrecht, S. 238; *Kittichaisaree*, International Criminal Law, S. 192.

[64] *Werle/Nerlich*, HuV-I 2002, 124, 134.

problematisch.[65] In der Tat ist es zwar wohl unvermeidbar[66] diesen Verweis zu verwenden, allerdings greift dieser Hinweis zugleich zu kurz. Denn ein Verstoß gegen den Bestimmtheitsgrundsatz wäre nicht durch den Hinweis zu vermeiden, der Gesetzgeber habe keine bessere Lösung gefunden. Konsequenz eines Verstoßes gegen den Bestimmtheitsgrundsatz wäre vielmehr, wie sonst auch, die Verfassungswidrigkeit und folgende Nichtigkeit der Norm.

Mit dieser Folge könnte man bei Begriffen, deren Unbestimmtheit und Verfassungswidrigkeit sich nur auf einen einzigen – von insgesamt 30 Tatbeständen im VStGB – der Kriegsverbrechenstatbestände auswirkt noch zurande kommen, jedoch würde eine Nichtigkeit des Kontextelementes „internationaler oder nichtinternationaler bewaffneter Konflikt“ das Kriegsvölkerstrafrecht *per se* aushebeln und *in toto* unanwendbar machen. Gerade dem Begriff des „bewaffneten Konfliktes“ kommt also größte Bedeutung zu.[67] Bereits aus diesem Grunde wäre es angezeigt bei diesem Begriff alle Möglichkeiten der Auslegung zu nutzen, um den Begriff des bewaffneten Konfliktes vor dem Verdikt der Unbestimmtheit zu bewahren.

Und in der Tat ist ein solches auch nicht auszusprechen, denn wie aufgezeigt kann jedenfalls ein recht weiter Kernbereich identifiziert werden, in dem das Vorliegen eines internationalen oder nichtinternationalen bewaffneten Konfliktes mit vertretbarem Aufwand feststellbar ist. Im Einzelnen problematische Fragen, etwa im Rahmen der Schwellenklausel im nichtinternationalen bewaffneten Konflikt, bezüglich der Anforderungen an die Lenkung einer Gruppe im bewaffneten Konflikt durch einen anderen Staat oder hinsichtlich des Beginns und der Beendigung des Konfliktes, werfen zwar nicht immer leicht auflösbare rechtliche Probleme und insbesondere Probleme der tatsächlichen Feststellung auf, allerdings lediglich im Randbereich des Begriffs. Mithin ist der Begriff des „internationalen oder nichtinternationalen Konfliktes“ unter Rekurs auf stark gefestigtes Völkerrecht unter Aufwendung vertretbarer Anstrengungen bestimmbar.

---

[65] *Gropengießer/Kreicker*, Grundlagen der Strafverfolgung völkerrechtlicher Verbrechen in Deutschland, S. 147.

[66] *Gropengießer/Kreicker*, ebenda.

[67] *Quéguiner*, RICR 2003, 271, 273 f.

II. Die Einzeltat und der bewaffnete Konflikt

Zwischen dem einzelnen Kriegsverbrechen und dem Gesamtkonflikt muss es einen *offensichtlichen Zusammenhang* geben, was dahin zu verstehen ist, dass die Einzeltat in hinreichend enger Beziehung zu den Feindseligkeiten steht.[68] Es muss ein als funktional beschreibbarer Zusammenhang mit dem Konflikt gegeben sein, der ausscheidet, wenn eine Tat lediglich „bei Gelegenheit" eines bewaffneten Konfliktes[69] oder aus rein privater Motivation heraus begangen wird,[70] also beispielsweise ausscheidet, wenn ein Wachsoldat einen Kriegsgefangenen aus persönlichen Motiven heraus tötet oder misshandelt.[71]

Andererseits kann ein Kriegsverbrechen auch zeitlich wie örtlich außerhalb eigentlicher Kampfhandlungen geschehen, solange die durch die

---

[68] *Ambos*, Internationales Strafrecht, S. 239; *Kittichaisaree*, International Criminal Law, S. 131 und 193; *Dörmann/La Haye/von Hebel*, in: *Lee*, The International Criminal Court, S. 120 f.; *Schabas*, The UN International Criminal Tribunals, S. 236.

[69] *Kreicker*, Völkerstrafrecht im Ländervergleich, S. 112; *Lüder/Vormbaum*, Materialien zum Völkerstrafgesetzbuch, S. 42.

[70] *Bothe*, in: *Cassese/Gaeta/Jones*, Rome Statute: A Commentary, Band 1, S. 388; *Dahm/Delbrück/Wolfrum*, Völkerrecht, S. 1070; *Dörmann*, Elements of War Crimes, S. 20; *ders.*, Max Planck UNYB 7 (2003), 341, 359.

[71] A.A. *Werle*, Völkerstrafrecht, Rn. 978, wonach in diesen Fällen gerade die konfliktspezifische Gefährdungssituation des bewaffneten Konfliktes zum Tragen komme. Allerdings ist Sinn und Zweck des Kriegsrechts nicht der Schutz vor „Alltagskriminalität", wie sie im gegebenen Beispiel aus Habgier, Eifersucht, usw. erwachsen kann, sondern vor den Auswirkungen des Konflikts. Man wird es aber nicht ausreichen lassen können, dass der Konflikt den Betroffenen in irgendeiner Weise in eine Lage brachte, in der er ohne den Konflikt nicht wäre und er erst in dieser Lage anderweitig geschädigt wird. Auch den Fall, dass eine Zivilperson aus dem Frontbereich in eine Stadt im Hinterland evakuiert wird und dort Opfer eines Totschlages oder einer Vergewaltigung durch gewöhnliche Kriminelle wird, kann man nicht als Kriegsverbrechen bezeichnen. Zwar war der bewaffnete Konflikt kausal für die Tat, ein funktionaler Zusammenhang besteht indessen nicht. Diese Fälle bringen das jeweilige Verbrechen auch nicht in eine internationale Dimension, sondern sind vielmehr dem sonstigen Strafrecht und dem Militärstrafrecht zu überlassen.

Feindseligkeiten geschaffene Situation ausgenutzt wird.[72] In Grenzfällen kann die Frage nach dem Zusammenhang zwischen Tat und bewaffnetem Konflikt also durchaus ein Problem darstellen, welches anhand des Einzelfalles gelöst werden muss[73] und im Zweifel restriktiv zu handhaben ist, also in nicht auflösbaren Fällen dem sonstigen Strafrecht zuzuordnen ist.

III. Die Systematik der Tatbestände der Kriegsverbrechen

Während die Opfer von Kriegsverbrechen abschließend definierbar sind, kann der Täter eines Kriegsverbrechens jedermann sein,[74] solange und soweit seine Handlungen von einer Konfliktpartei angeordnet oder geduldet werden,[75] also ein hinreichend funktionaler Zusammenhang zum bewaffneten Konflikt besteht. Namentlich ist der Täterkreis also nicht auf die Angehörigen der Streitkräfte beschränkt, sondern umfasst auch Zivilpersonen.[76] Dies betrifft insbesondere zum einen Zivilpersonen, die den Streitkräften angehören, zum anderen Zivilpersonen, die den Streitkräften verbunden sind, namentlich nach Rechtsprechung des RStGH „individuals who were legitimately mandated and expected as public officials or agents or persons otherwise holding public authority or *de*

---

[72] JStGH, Urteil vom 22. Februar 2001 (*Kunarac* et al., TC), para 568; *Gropengießer/Kreicker*, Grundlagen der Strafverfolgung völkerrechtlicher Verbrechen in Deutschland, S. 158.

[73] *Bothe*, in: *Cassese/Gaeta/Jones*, Rome Statute: A Commentary, Band 1, S. 389.

[74] *Ambos*, Internationales Strafrecht, S. 240; *ders.*, in: Münchener Kommentar zum VStGB, Vor §§ 8-12 VStGB Rn. 37 m.w.N. (im Erscheinen); *Kittichaisaree*, International Criminal Law, S. 133; *Lüder/Vormbaum*, Materialien zum Völkerstrafgesetzbuch, S. 43; *Schabas*, Introduction to the International Criminal Court, S. 57; *Werle*, Völkerstrafrecht, Rn. 973 ff.

[75] *Werle*, Völkerstrafrecht, Rn. 976.

[76] *Bantekas/Nash*, International Criminal Law, S. 352; *Department of the Navy*, The Commander's Handbook on the Law of Naval Operations, Nr. 6.2.6; *Dinstein*, in: *Schmitt/Green*, The Law of Armed Conflict: Into the Next Millennium, S. 19; *ders.*, The Conduct of Hostilities under the Law of International Armed Conflict, S. 234; *Dörmann*, Elements of War Crimes, S. 34 ff. m.w.N.; *Kittichaisaree*, International Criminal Law, S. 133.

facto representing the Government to support or fulfil the war efforts".[77] Im Einzelnen[78] kann es sich dabei um Regierungsmitglieder, Führungspersonal einer politischen Partei, Geschäftsleute und Industrielle ebenso handeln wie um Justizangehörige, Ärzte und Krankenschwestern.

Auch Zivilpersonen, die in keiner Weise „machtnah" sind, also einfache Bürger, können Täter eines Kriegsverbrechens sein, solange und soweit die Konfliktpartei das Verhalten anordnet, unterstützt oder duldet, mithin keine rein private Motivationslage vorliegt. Ein Beispiel für einen solchen Fall bietet der *Essen Lynching Case*.[79]

C. Zusammenfassung

Die wesentlichste Differenz in der Tatbestandserfassung zwischen Art. 8 IStGH-Statut und §§ 8-12 VStGB resultiert aus der weitgehenden Erstreckung des VStGB auch auf nichtinternationale bewaffnete Konflikte. Im IStGH-Statut ist die Erfassung von Bürgerkriegsverbrechen die Ausnahme, im VStGB die Regel. Obgleich eine abgeschlossene Definition des „internationalen oder nichtinternationalen bewaffneten Konfliktes" auch im Völkerrecht nicht existiert, ist dieses Kontextelement der Kriegsverbrechen unter Berücksichtigung des entsprechenden Völkerrechts bestimmbar. Definitionsprobleme im Randbereich des Begriffes sind zwar mitunter schwer zu erhellen, allerdings liegt hierin zum einen eine allgemeine Schwierigkeit, zum anderen gebietet die besondere Bedeutung des Begriffes als durchgängiges Kontextelement eine Erweiterung des Bestimmbarkeitsspielraumes.

---

[77] RStGH, Urteil vom 02. September 1998 (*Akayesu*, TC), para 631.

[78] Siehe *Dörmann*, Elements of War Crimes, S. 34 ff. mit weiteren Beispielen.

[79] LRTWC, Band 1, S. 88 ff. (Trial of *Erich Heyer* and six others – „The Essen Lynching Case"). Deutsche Zivilisten hatten kriegsgefangene Soldaten der RAF aus Empörung über vorangegangene Bombardierungen getötet. Der deutsche Offizier, der für ihren Schutz verantwortlich war, hatte seinen Soldaten befohlen, die Gefangenen nicht vor den Angriffen der Zivilisten zu schützen. Vgl. die Rezeption der Entscheidung in JStGH, Urteil vom 15. Juli 1999 (*Tadić*, AC), paras 207 ff.

8. Kapitel: Ausgewählte Verstöße gegen das „Genfer Recht“ (§§ 8-10 VStGB)

A. Kriegsverbrechen gegen Personen nach § 8 VStGB

I. Der geschützte Personenkreis – § 8 Abs. 6 VStGB

Die Begrifflichkeit der „nach humanitärem Völkerrecht zu schützenden Person“ ist neuartig und weiter als der Kreis der nach „Genfer Recht“ geschützten Personen.[1]

Aufgenommen wird dabei die für das Kriegsvölkerrecht grundlegende Dichotomie zwischen geschützten Personen und Personen, die durch kriegsrechtlich zulässige Maßnahmen angegriffen, getötet, verwundet und gefangen genommen werden dürfen. Diese Dichotomie gilt – mit gewissen Unterschieden und Differenzierungen – dem Grundsatz nach im internationalen und nichtinternationalen bewaffneten Konflikt.[2] Die Regelung des § 8 Abs. 6 VStGB ist getragen von dem Ziel, die einheitliche Substanz der Regelungen, also letzten Endes Trennung von Berechtigung oder Nichtberechtigung zur Teilnahme an Feindseligkeiten,[3] zusammenzuführen. Bei Auslegungsproblemen *en détail* sollte dieser Grundsatz immer präsent bleiben.

1. Ungeschriebene Einschränkungen

a) Schutz der Personengruppen durch den einzelnen Tatbestand

Bereits das IStGH-Statut abstrahiert zum Zwecke der Strukturierung und zieht die geschützten Personengruppen in Art. 8 Abs. 2 (a) und (c) „vor die Klammer“. Das VStGB geht noch weiter und führt den Begriff

---

[1] *Gropengießer/Kreicker*, Grundlagen der Strafverfolgung völkerrechtlicher Verbrechen in Deutschland, S. 72 f.; *Werle/Nerlich*, HuV-I 2002, 124, 130 f.

[2] Vgl. *Bothe*, in: FS *Delbrück*, S. 68 f., 76 und 78.

[3] *Lüder/Vormbaum*, Materialien zum Völkerstrafgesetzbuch, S. 49.

der „nach dem humanitären Völkerrecht zu schützenden Person" ein.[4] Damit werden zwar nun die einzelnen Paragraphen und Tatbestände entschlackt, allerdings würde dies, würde man § 8 VStGB „beim Wort nehmen", dazu führen, dass *immer alle* unter den Begriff der „nach dem humanitären Völkerrecht zu schützenden Person" gefassten Personengruppen von dem jeweiligen Tatbebestand geschützt werden.

Dieses Ergebnis geht aber weder mit dem Völkerrecht konform noch kann der Gesetzgeber es gewollt haben, denn durch den einzelnen Tatbestand wird immer eine spezifisch zu bestimmende Personengruppe geschützt,[5] nicht aber pauschal alle Personengruppen, die dem § 8 Abs. 6 Nr. 1 VStGB mit seiner allgemeinen Inbezugnahme aller Genfer Abkommen und des ZP I unterfallen. Seinen Grund hat dies in den zugrunde liegenden Primärregeln des humanitären Völkerrechts, die sich immer auf eine bestimmte Personengruppe beziehen, beispielsweise das GA III auf Kriegsgefangene, das GA IV auf die geschützten Personen nach Art. 4 GA IV, usw. Da nun aber nicht in jeder Konvention die gleichen schweren Verletzungen pönalisiert werden,[6] so ergeben sich Deckungsungleichheiten. Das IStGH-Statut verwendet dementsprechend richtig die Formulierung „protected under the provisions of the *relevant* Geneva Convention".[7] Hinzu tritt, dass neben der Einordnung in einen gewissen Personenkreis auch noch die Erfüllung weiterer Situationen oder Bedingungen gefordert sein kann. So sind bestimmte Milizangehörige nach Art. 4 A. Abs. 2 GA III nicht an sich geschützt, sondern nur, wenn sie organisiert sind, durch offenes Tragen der Waffen und Unterscheidungsmerkmale erkennbar sind und bei ihren Kampfhandlungen

---

[4] *Gropengießer/Kreicker*, Grundlagen der Strafverfolgung völkerrechtlicher Verbrechen in Deutschland, S. 159.

[5] *Bothe*, in: *Cassese/Gaeta/Jones*, Rome Statute: A Commentary, Band 1, S. 391; *Hartstein*, in: *Esser/Kühne/Gerding*, Völkerstrafrecht, S. 98; *Kreicker*, Völkerstrafrecht im Ländervergleich, S. 123.

[6] *Boot*, Genocide, Crimes against Humanity, War Crimes: Nullum Crimen Sine Lege and the Subject Matter Jurisdiction of the International Criminal Court, S. 545; Gropengießer/*Kreicker*, Grundlagen der Strafverfolgung völkerrechtlicher Verbrechen in Deutschland, S. 160.

[7] Art. 8 Abs. 2 (a) IStGH-Statut, Hervorhebung vom Verfasser; ebenso bereits Art. 2 JStGH-Statut. Vgl. *Boot*, Genocide, Crimes against Humanity, War Crimes: Nullum Crimen Sine Lege and the Subject Matter Jurisdiction of the International Criminal Court, S. 562; *Gropengießer/Kreicker*, Grundlagen der Strafverfolgung völkerrechtlicher Verbrechen in Deutschland, S. 160.

die Gesetze und Gebräuche des Krieges einhalten (Art. 4 A. Abs. 2 lit. a) - d) GA III).[8] Mithin ist im Wege völkerstrafrechtsfreundlicher Auslegung beispielsweise bei dem sogleich zu besprechenden Tatbestand des § 8 Abs. 1 Nr. 7 VStGB zu beachten, dass die Tat nur ein *grave breach* nach GA III (Art. 130) und GA IV (Art. 147) ist. Folglich ist durch teleologische Reduktion der Tatbestand entsprechend einzuengen.[9]

b) Ausschluss der Distanzangriffe

Eine weitere für alle Tatbestände nach § 8 Abs. 1 VStGB relevante Einschränkung ist besonders zu erwähnen, da auch sie sich nicht aus dem Normtext selbst ergibt, sondern erst aus dem Verständnis der zugrunde liegenden Völkerrechtsnormen. Insoweit ist sie auch nach dem Bestimmtheitsgrundsatz unproblematisch, da sie zwar ungeschrieben ist, aber ausschließlich tatbestandseinschränkend wirkt. Die Rede ist von den sogenannten Distanzangriffen. Kriegsverbrechen gegen Personen nach § 8 Abs. 1 VStGB können an Zivilpersonen nur dann begangen werden, wenn sich diese in der Gewalt einer für sie fremden Partei befinden (vgl. Art. 4 A. Abs. 1 GA IV). Der Distanzangriff, also in der Regel Artillerie-, Raketen- oder Luftangriff, sei er gezielt, sei er ein Kollateralschaden, unterfällt den Regeln des „Haager Rechts“, daneben möglicherweise § 10 VStGB oder dem sonstigen Strafrecht.[10]

Um dies zu veranschaulichen: Bereits ein derart einfach scheinender Tatbestand wie § 8 Abs. 1 Nr. 1 VStGB gemahnt also zur Vorsicht. Nicht jede Tötung einer nach dem humanitären Völkerrecht zu schützenden Person ist nämlich ein Kriegsverbrechen. Der noch zu thematisierende § 11 Abs. 1 Nr. 3 VStGB zeigt, dass auch die Tötung einer Zivilperson als Kollateralschaden beim Angriff auf ein militärisches Ziel kriegsrechtsgemäß sein kann, selbst wenn diese Tötung bei dem Angriff in Kauf genommen wird. Im Kriegsrecht handelt es sich dabei nicht um eine Ausnahme vom grundsätzlichen Prinzip, wonach zwischen militärischen

---

[8] *Ambos*, Internationales Strafrecht, S. 232.

[9] *Gropengießer/Kreicker*, Grundlagen der Strafverfolgung völkerrechtlicher Verbrechen in Deutschland, S. 160, 170 f.

[10] *Lüder/Vormbaum*, Materialien zum Völkerstrafgesetzbuch, S. 50; *Gropengießer/Kreicker*, Grundlagen der Strafverfolgung völkerrechtlicher Verbrechen in Deutschland, S. 161; *Kreicker*, Völkerstrafrecht im Ländervergleich, S. 123; *Werle/Nerlich*, HuV-I 2002, 124, 130.

und zivilen Zielen strikt zu unterscheiden ist, sondern nur um eine Einschränkung im Rahmen der Verhältnismäßigkeit des Angriffs auf ein militärisches Ziel.

Es muss sich daher bei § 8 Abs. 1 Nr. 1 VStGB auch um eine gezielte Tötung einer geschützten Person handeln. Damit ist ein Handeln mit *dolus eventualis* keineswegs auszuschließen. Vielmehr ist § 8 Abs. 1 Nr. 1 VStGB von § 11 Abs. 1 Nr. 3 VStGB abzugrenzen. Für kollaterale Tötungen von Zivilpersonen ist § 11 Abs. 1 Nr. 3 VStGB *lex specialis*. Die durch einen Angriff erfolgende Tötung von Zivilisten, die sich in der Hand der gegnerischen Partei befinden, ist *per se* kein *wilful killing* (Art. 8 Abs. 2 (a) (i) IStGH-Statut), denn diese sind keine geschützten Personen nach Art. 4 GA IV.[11]

2. *Vorab: Kombattanten, Kämpfer und an Kampfhandlungen beteiligte Zivilpersonen*

Durch die Verwendung unterschiedlicher Begriffe für den internationalen und nichtinternationalen bewaffneten Konflikt wird ein wenig vernebelt, worum es substantiell geht: Nämlich um die klare Unterscheidung zwischen Personen, die legalerweise im bewaffneten Konflikt bekämpft werden dürfen und solchen, bei denen dies nicht der Fall ist, die also zu schützen sind.

Grundgedanke ist immer derjenige, dass einziges legitimes Ziel des Kampfes sein kann, die gegnerischen Streitkräfte zu schwächen.

Dieser „inneren" Unterscheidung folgt als „äußeres" Unterscheidungsmerkmal in aller Regel, dass die kämpfenden Personen anhand klarer Merkmale sichtbar aus der übrigen Bevölkerung hervorgehoben werden müssen, also zumeist durch Uniformierung,[12] ansonsten durch andere klar sichtbare Merkmale wie gleichfarbige Schärpen oder Armbänder („a fixed distinctive sign recognizable at a distance") und das offene Tragen von Waffen (vgl. Art. 4 A. Abs. 2 (b) und (c) GA III).[13]

---

[11] *Kreß*, Israel YHR 30 (2000), 103, 124.

[12] *Pictet*, Commentary Geneva Convention III, S. 52.

[13] Vgl. *Pictet*, Commentary Geneva Convention III, S. 59 ff.

a) Der Kombattanten-, bzw. Kämpferstatus

Die technische Bezeichnung „Kombattant" findet Verwendung im internationalen bewaffneten Konflikt (Art. 43, 44 ZP I), während im nichtinternationalen bewaffneten Konflikt vom „Kämpfer" gesprochen wird.[14] In der Substanz ist aber das gleiche gemeint. Voraussetzung ist, dass der Kämpfer den Streitkräften oder einer anderweitig militärisch gegliederten, besonders gekennzeichneten (Uniformierung) und bewaffneten organisierten Gruppe angehört (Art. 13 GA I, 13 GA II, 4 GA III und Art. 43 ZP I), was sich in einem konstitutiven Rechtsakt ausdrückt (Verwaltungsakt, Ernennung, Abordnung, auch Vertrag). Im Umkehrschluss gibt es also keine selbst ernannten Mitglieder der Streitkräfte.[15] Gleichzeitig bedeutet dies, dass die Eigenschaft als Kombattant erst mit einem diesen Rechtsakt aufhebenden *actus contrarius* (Entlassung, Vertragsauflösung) endet.[16] Allerdings kann auch der Kombattant zu einer zu schützenden Person werden, wenn er aufgegeben hat oder sonst, namentlich durch Verwundung oder Krankheit, außer Gefecht ist.[17]

Sanitäter und Militärgeistliche gehören zwar den Streitkräften an, sind aber nicht berechtigt an Kampfhandlungen teilzunehmen (Art. 43 Abs. 2 ZP I).

b) Kämpfende „Zivilisten" und der Verlust des Schutzes

Zivilisten, die unmittelbar an Kampfhandlungen teilnehmen, begeben sich während dieses Zeitraums ihres Status als geschützte Person, indessen vermögen sie es im Gegensatz zum Kombattanten durch faktisches Handeln, nämlich durch Beendigung der Teilnahme an Kampfhandlungen, ihren geschützten Status als Zivilperson wiederherzustellen.[18] Es ist

---

[14] *Lüder/Vormbaum*, Materialien zum Völkerstrafgesetzbuch, S. 56 f.

[15] *Bothe*, in: FS *Ipsen*, S. 80. Zum Begriff der Streitkräfte *Ipsen*, Völkerrecht, S. 1247.

[16] Oder mit dem Tod des Kombattanten, *Bothe*, in: FS *Ipsen*, S. 80.

[17] *Lüder/Vormbaum*, Materialien zum Völkerstrafgesetzbuch, S. 49.

[18] *Bothe*, in: FS *Ipsen*, S. 81; *Dörmann*, Elements of War Crimes, S. 30. Die Zivilperson kann allerdings für ihre Teilnahme an den Kampfhandlungen bestraft werden und genießt nicht den Kriegsgefangenenstatus, der dem Kombattanten bei Ergreifung im internationalen bewaffneten Konflikt zukommt, *Bothe*, a.a.O., S. 81 f.; *Dinstein*, The Conduct of Hostilities under the Law of International Armed Conflict, S. 29 f. Eine Ausnahme bildet allerdings die *levée*

nicht möglich zur gleichen Zeit Kämpfer/Kombattant und Zivilist zu sein oder ständig zwischen den Einordnungen zu wechseln.[19]

Eine Zivilperson ist also eine Person, die weder den Streitkräften angehört noch aktiv an den Feindseligkeiten beteiligt ist.[20]

So lässt sich bei der Frage nach der Strafbarkeit wegen unverhältnismäßigen Kollateralschadens (ausführlich *9. Kapitel A. I.*) ein solcher jedenfalls nicht damit rechtfertigen, dass die Gegenseite menschliche Schutzschilde (was seinerseits ein Kriegsverbrechen darstellt) verwendete oder militärische Ziele absichtlich in dicht besiedelten Gegenden platzierte.[21] Dies ungeachtet dessen, dass es beiden Konfliktparteien obliegt, das Kriegsrecht einzuhalten (vgl. Art. 28 GA IV; Art. 51 Abs. 7 und 58 ZP I). Der eine Verstoß hebt den anderen nicht auf und die Zivilisten verbleiben unter dem Schutz des humanitären Völkerrechts. Eine andere Betrachtung kann aber angezeigt sein, wenn die menschlichen Schutzschilde Freiwillige sind (was Kinder durchweg ausschließt), denn in diesem Falle kann man argumentieren, dass sie direkt am Schutz eines militärischen Objektes beteiligt sind und sie dementsprechend durch aktive

---

en masse, i.e. das spontane Eilen zu den Waffen im nicht besetzten Gebiet unter hinreichender Kennzeichnung der sich bewaffnenden Personen, ohne dass die Möglichkeit einer Milizorganisation, o.ä. besteht.

19 *Dinstein*, The Conduct of Hostilities under the Law of International Armed Conflict, S. 28 („Whether on land, by sea or in the air, one cannot fight the enemy and remain a civilian.").

20 Vgl. *Dinstein*, The Conduct of Hostilities under the Law of International Armed Conflict, S. 113.

21 *Colangelo*, Northwestern University L.R. 97 (2003), 1393, 1423; *Fenrick*, in: *Triffterer*, Commentary on the Rome Statute, Art. 8 Rn. 211; *Schmitt*, Israel YHR 34 (2004), 59, 91 ff.; *Shamash*, IDF L.R. 2 (2005-2006), 103, 122; *Voon*, American University Int'l L.R. 16 (2001), 1083, 1094. Vgl. *Oeter*, in: *Fleck*, Handbuch des humanitären Völkerrechts in bewaffneten Konflikten, Nr. 445. A.A. *Montgomery*, in: *Wall*, Legal and Ethical Lessons of NATO's Kosovo Campaign, S. 216. Nach *Dinstein*, Israel YHR 34 (2004), 1, 8 wäre eine Lockerung des Maßstabes der Verhältnismäßigkeit beim Einsatz menschlicher Schutzschilde angezeigt. Allerdings ist diese weitere Lockerung des Maßstabes im Bereich des Sekundärrechts bereits erfolgt („*clearly* excessive" und – nach dem hier vertretenen Ansatz – „*offensichtlich* außer Verhältnis"). Vgl. unten *9. Kapitel A. I.*

Teilnahme an den Kampfhandlungen ihren Zivilistenstatus aufgeben (Art. 51 Abs. 3 ZP I).[22]

Indessen wird man – nimmt man auch Opfer unter den menschlichen Schutzschilden in die Berechnung der Proportionalität hinein – jedenfalls auf Ebene der Strafzumessung das Verhalten der Gegenseite strafmildernd zu berücksichtigen haben. Trotz der Fortgeltung des humanitären Schutzgedankens, der eine Strafbarkeit bestehen lässt, war die dann eintretende Disproportionalität durch die Gegenseite provoziert und gefördert.

3. Geschützte Personen in beiden Konfliktarten

Angehörige der Streitkräfte und Kämpfer der gegnerischen Partei, die nicht mehr an Kampfhandlungen teilnehmen und sich ergeben haben oder in sonstiger Weise wehrlos sind und noch nicht in der Gewalt des Gegners sind, also *hors de combat* sind, sind noch keine Gefangenen im Sinne des § 8 Abs. 6 Nr. 1 bzw. Nr. 2 VStGB, aber gleichwohl geschützte Personen (vgl. Art. 41 ZP I, gemeinsamer Art. 3 der GA, Art. 4 ZP II).[23] Dementsprechend erstreckt § 8 Abs. 6 Nr. 3 VStGB den Begriff der nach dem humanitären Völkerrecht zu schützenden Person in beiden Konfliktarten auf „Angehörige der Streitkräfte und Kämpfer der gegnerischen Partei, welche die Waffen gestreckt haben oder in sonstiger Weise wehrlos sind.“

Auch das Ergeben auf andere Weise als durch das „Strecken der Waffen“ wird völkerrechtskonform (vgl. Art. 41 Abs. 2 lit. b) ZP I) in die Norm einbezogen,[24] so dass letztlich § 8 Abs. 6 Nr. 3 VStGB einen Auffangtatbestand darstellt, der immer greifen soll, wenn die Person sich nicht mehr wehren kann und sie vor Angriffen in diesem Zustande schützen soll.[25]

---

[22] *Dinstein*, Israel YHR 34 (2004), 1, 7; *ders.*, The Conduct of Hostilities under the Law of International Armed Conflict, S. 130 f.; ausführlich *Schmitt*, Israel YHR 34 (2004), 59, 94 ff.

[23] *Lüder/Vormbaum*, Materialien zum Völkerstrafgesetzbuch, S. 50.

[24] *Gropengießer/Kreicker*, Grundlagen der Strafverfolgung völkerrechtlicher Verbrechen in Deutschland, S. 163.

[25] *Werle/Nerlich*, HuV-I 2002, 124, 130.

4. Geschützte Personen im internationalen bewaffneten Konflikt

Für diese Konfliktart verweist § 8 Abs. 6 Nr. 1 VStGB auf die GA und das ZP I, die insoweit klare Regelungen enthalten. Erfasst sind demzufolge:[26]

- Verwundete und Kranke (Art. 13 GA I),
- Verwundete, Kranke und Schiffbrüchige(Art. 12 f. GA II),
- Kriegsgefangene (Art. 4 GA III),
- Zivilpersonen nach Art. 4 GA IV,
- sowie in Hand der gegnerischen Partei befindliche Kombattanten, die aufgrund vorangegangener Verstöße gegen das Kriegsvölkerrecht den Kriegsgefangenenstatus nicht zuerkannt bekommen (Art. 44 Abs. 4 ZP I) und noch Flüchtlinge und Staatenlose nach Art. 73 Abs. 1 ZP I.

Grundsätzlich sind auch Angehörige humanitärer Hilfsmissionen und friedenserhaltender Missionen auch in Uniform des Heimatstaates und/oder mit militärischen Insignien einer Internationalen Organisation als Zivilpersonen anzusehen, wenn sie nicht Partei im Konflikt sind[27] (vgl. Art. 43 und 50 ZP I, Art. 4 GA III, Art. 8 Abs. 2 (b) (iii) und (e) (iii) IStGH-Statut). Hierdurch wird im neueren Völkerrecht der Unterscheidungscharakter der Uniform etwas aufgeweicht.

Zivilperson ist ausweislich Art. 50 Abs. 1 ZP I „jede Person, die keiner der in Art. 4 Buchstabe A. Absätze 1, 2, 3 und 6 des III [Genfer] Abkommens und in Art. 43 dieses Protokolls bezeichneten Kategorien angehört. Im Zweifel gilt die betreffende Person als Zivilperson."

Bei der Bestimmung der Eigenschaft als geschützte Person greift es aber zu kurz, auf die Staatsangehörigkeit als formelle Komponente (vgl. Art. 4 GA IV) abzustellen.[28] Da insoweit die Bevölkerung teilweise schutzlos gestellt würde und oftmals die ethnische Zugehörigkeit statt der Staatsangehörigkeit von der gegnerischen Seite als entscheidendes Merkmal gesehen wird, kommt es unter Beachtung des menschenrechtlichen *telos*

---

[26] *Lüder/Vormbaum*, Materialien zum Völkerstrafgesetzbuch, S. 49.

[27] *Lüder/Vormbaum*, Materialien zum Völkerstrafgesetzbuch, S. 49 f.

[28] So aber noch JStGH, Beschluss vom 02. Oktober 1995 (*Tadić*, AC), para 76; vgl. *Ambos*, NStZ 1999, 226, 228.

des Begriffes „geschützte Person“ auf die faktische Situation an, also darauf, ob die Opfer faktisch der Gegenseite zugerechnet werden.[29] Damit ist aber nicht zu verkennen, dass ein klar identifizierbares Merkmal wie die Staatsangehörigkeit für ein vergleichsweise vages Kriterium der Zugehörigkeit aufgegeben wird, welches im Einzelfalle – etwa bei Einheiratung in eine andere ethnische Gruppe – auch wieder aufgehoben werden kann.[30]

5. Geschützte Personen im nichtinternationalen bewaffneten Konflikt

Für geschützte Personen in nichtinternationalen bewaffneten Konflikten gilt – neben § 8 Abs. 1 Nr. 3 VStGB – die Regelung des § 8 Abs. 1 Nr. 2 VStGB. Diese an den gemeinsamen Art. 3 Abs. 1 der GA, Art. 4 Abs. 1 ZP II und Art. 8 Abs. 2 (c) IStGH-Statut angelehnte Regelung ist wegen ihrer offenen, aber dennoch hinreichend bestimmten Formulierung („sowie Personen, die nicht unmittelbar an den Feindseligkeiten teilnehmen und sich in der Gewalt der gegnerischen Partei befinden“) für moderne bewaffnete Konflikte besonders geeignet.[31]

---

[29] JStGH, Urteil vom 16. November 1998 (*Delalić et al.*, TC), paras 260 ff.; JStGH, Urteil vom 03. März 2000 (*Blaškić*, TC), para 127; JStGH, Urteil vom 26. Februar 2002 (*Kordić* und *Čerkez*, TC), para 152; zustimmend *Ambos*, NStZ 1999, 226, 228; *Bantekas/Nash*, International Criminal Law, S. 349 f.; *Boot*, Genocide, Crimes against Humanity, War Crimes: Nullum Crimen Sine Lege and the Subject Matter Jurisdiction of the International Criminal Court, S. 561; *David*, Principes de droit des conflits armés, S. 227 f.; *Dörmann*, Elements of War Crimes, S. 28; *ders.*, IRRC 2000, 771, 783; *Kittichaisaree*, International Criminal Law, S. 141; *Lüder/Vormbaum*, Materialien zum Völkerstrafgesetzbuch, S. 50; *Schabas*, Introduction to the International Criminal Court, S. 59; *ders.*, The UN International Criminal Tribunals, S. 247 f. m.w.N.; *Werle*, Völkerstrafrecht, Rn. 994 ff.; vgl. auch BayObLG NJW 1998, 392, 394 und *Aksar*, Implementing International Humanitarian Law, S. 145 f. Vgl. *Greenwood*, Max Planck UNYB 2 (1998), 98, 127.

[30] *Quéguiner*, RICR 2003, 271, 303 und *Satzger*, Internationales Strafrecht, § 16 Rn. 37 halten eine Begründung von Strafbarkeit auf derartiger Basis für fragwürdig.

[31] *Werle*, Völkerstrafrecht, Rn. 998.

6. *Verhältnis zum Bestimmtheitsgrundsatz*

Zur Definition des geschützten Personenkreises wird zwar auch auf Völkerrecht verwiesen, dennoch ergeben sich unter Bestimmtheitsaspekten hier keine Probleme. Die GA und das ZP I sind dem VStGB als Anlage beigefügt und damit ein Bestandteil des Gesetzes, der konsultiert werden muss, um den jeweils geschützten Personenkreis zu bestimmen.[32] Sicherlich erweist sich damit die Klarheit der Regelung als eine teilweise nur scheinbare.[33] Nach einer Ansicht läuft die damit verbundene Unübersichtlichkeit auf einen Verstoß gegen den Bestimmtheitsgrundsatz hinaus oder kommt einem solchen zumindest sehr nahe.[34]

Dieser Ansicht kann aber nach der hier vertretenen Auffassung nicht gefolgt werden. Zunächst ist festzustellen, dass auch dem Begriff der „nach dem humanitären Völkerrecht zu schützenden Person" ebenso wie dem Begriff des „internationalen oder nichtinternationalen bewaffneten Konfliktes" ein erweiterter Bestimmtheitsspielraum im Rahmen der Wortsinngrenze zusteht, denn auch mit diesem Begriff steht und fällt zwar nicht das gesamte Recht der Kriegsverbrechen, aber doch ein gewichtiger Teil der Tatbestände (namentlich in § 8 VStGB, aber auch § 11 Abs. 1 Nr. 4 VStGB). Des Weiteren enthalten § 8 Abs. 6 Nr. 2 und 3 VStGB eigenständige Legaldefinitionen und Nr. 1 verweist auf universell geltendes Völkerrecht. Wie auch ansonsten birgt der Begriffsrand wieder Probleme – wann liegt noch „a fixed distinctive sign recognizable at a distance" (Art. 4 A. Abs. 2 lit. b) GA III) vor?; nimmt ein „freiwilliges menschliches Schutzschild" unmittelbar an den Feindseligkeiten teil? – indessen ist wiederum der Begriffskern hinreichend, sogar generell recht präzise, bestimmbar. Zu Bedenken bleibt stets die Dichotomie zwischen Personen, die kriegsvölkerrechtsgemäß geschädigt werden dürfen und solche, die zu schützen sind. In der weit überwiegenden Mehrzahl der denkbaren Fälle wird diese Trennung keine Probleme bereiten.

---

32 *Werle/Nerlich*, HuV-I 2002, 124, 130.

33 *Werle/Nerlich*, HuV-I 2002, 124, 130.

34 *Satzger*, NStZ 2002, 125, 131 und auch in JuS 2004, 943, 946; *ders.*, Internationales Strafrecht, § 16 Rn. 36 f.

II. Zu einzelnen Tatbestandsmerkmalen in § 8 Abs. 1 VStGB

1. Generalklauseln und offene Begriffe in § 8 Abs. 1 VStGB

Nicht ganz unproblematisch verhält es sich mit dem Begriff der entwürdigenden oder erniedrigenden Behandlung in § 8 Abs. 1 Nr. 9 VStGB (Parallelnormen sind hier Art. 8 Abs. 2 (b) (xxi) und (c) (ii) IStGH-Statut). Für die Verwirklichung des Tatbestandes kommt eine Vielzahl von Begehungsweisen in Betracht[35] und bei „entwürdigend“ und „erniedrigend“ handelt es sich um wertausfüllungsbedürftige Rechtsbegriffe.[36] Zugleich bieten sich aber auch im Völkerrecht, und namentlich in der Rechtsprechung der *ad hoc*-Tribunale, ebenso Anhaltspunkte zur Konkretisierung wie im nationalen Recht (§ 31 Abs. 1 Wehrstrafgesetz).[37]

Die Auflistung einzelner Fälle wurde aber vermieden. Abermals wurde damit im Wettstreit zwischen erschöpfender, bestimmter Aufzählung und dynamischer Offenhaltung des Tatbestandes letzteres bevorzugt. Indessen wäre die Aufnahme der Merkmale etwa des Art. 27 GA IV begrifflich nur wenig mehr fassbar.

Der Begriff des biologischen Versuches aus Art. 8 Abs. 2 (a) (ii) IStGH-Statut und des medizinischen Versuches aus § 8 Abs. 1 Nr. 8 a) VStGB ist weder im Statut bzw. Gesetz selbst, noch in den Verbrechenselementen, noch in den GA an sich definiert.[38] Art. 13 GA III, Art. 32 GA IV und Art. 11 Abs. 2 lit. b) ZP I umschreiben allerdings das relevante Verhalten ebenso wie die entsprechenden *elements of crimes* und die bereits ergangene Rechtsprechung.[39]

---

35 *Sellers*, in: *Triffterer*, Commentary on the Rome Statute, Art. 8 Rn. 195; *Werle*, Völkerstrafrecht, Rn. 1044.

36 *Gropengießer/Kreicker*, Grundlagen der Strafverfolgung völkerrechtlicher Verbrechen in Deutschland, S. 208.

37 *Gropengießer/Kreicker*, Grundlagen der Strafverfolgung völkerrechtlicher Verbrechen in Deutschland, S. 208 m.w.N. nennen beispielhaft auf Rassendiskriminierung beruhende entwürdigende Praktiken, Zurschaustellung von Gefangenen und das lang andauernde Einsperren vieler Personen auf engstem Raum ohne Licht. Vgl. *Sellers*, in: *Triffterer*, Commentary on the Rome Statute, Art. 8 Rn. 199 m.w.N.

38 Siehe *Werle*, Völkerstrafrecht, Rn. 1024.

39 Insbesondere TWC, Band I, S. 1 ff. (US v. *Brandt* u.a. – „The Medical Case“); siehe noch *Dörmann*, Elements of War Crimes, S. 73 f.

Als möglicherweise unbestimmt angesehen wird auch das Merkmal „unmenschlich" in § 8 Abs. 1 Nr. 3 VStGB.[40] Insoweit helfen die *elements of crimes* zum IStGH-Statut ihrem Wortlaut nach nicht viel weiter.[41] Allerdings gibt es eine präzisierende Rechtsprechung internationaler Gerichte.[42] Insbesondere wird die unmenschliche Begehungsweise im weiteren Wortlaut des Tatbestandes selbst näher qualifiziert; der Täter muss nicht „irgendwie" unmenschlich behandeln, sondern durch Zufügung erheblicher körperlicher oder seelischer Schäden oder Leiden, die einer Folterung oder Verstümmlung gleich oder nahe kommen.

Eine Überführung verstößt dann nicht gegen eine allgemeine Regel des Völkerrechts (§ 8 Abs. 1 Nr. 6 VStGB), wenn sie aus zwingenden militärischen Gründen oder zur Gewährleistung der Sicherheit der Zivilbevölkerung geboten ist (siehe Art. 49 Abs. 2 GA IV).[43] Damit ist immerhin eine gewisse negative Abgrenzung möglich.

2. Die Anforderungen an das Gerichtsverfahren in § 8 Abs. 1 Nr. 7 VStGB

Was ein unparteiisches ordentliches Gerichtsverfahren, das die völkerrechtlich erforderlichen Rechtsgarantien bietet, sein soll, ist nirgendwo definiert.[44]

Die Verbrechenselemente zu der Parallelnorm Art. 8 Abs. 2 (a) (vi) IStGH-Statut für den internationalen Konflikt verweisen zur Ausfüllung und Bestimmung der geschützten Verfahrensrechte zunächst und insbesondere auf die in den GA III und IV (Art. 82-88 und 92-108 GA III; Art. 71-77 GA IV) normierten Garantien („in particular"), auch weitere international anerkannte Verfahrensgarantien – vor allem Art. 75

---

40 *Gropengießer/Kreicker*, Grundlagen der Strafverfolgung völkerrechtlicher Verbrechen in Deutschland, S. 167.

41 „The perpetrator inflicted severe physical or mental pain or suffering upon one or more persons."

42 Beispielsweise JStGH, Urteil vom 03. März 2000 (*Blaškić*, TC) paras 713 ff.; zur Rechtsprechung des EGMR *Dörmann*, Elements of War Crimes, S. 67 ff.

43 *Lüder/Vormbaum*, Materialien zum Völkerstrafgesetzbuch, S. 45.

44 *Dahm/Delbrück/Wolfrum*, Völkerrecht, S. 1057; *Dörmann*, Elements of War Crimes, S. 411.

ZP I und Art. 6 ZP II (letzterer für den nichtinternationalen bewaffneten Konflikt) – können angesichts dieser Formulierung eingeschlossen sein.[45] Entscheidend muss letztlich sein, dass die wesentlichen Verfahrensgarantien abgesichert sind, die als unabdingbar anzusehen sind, seien sie explizit in einem völkerrechtlichen Vertrag erwähnt, seien sie Gewohnheitsrecht oder allgemeine Rechtsgrundsätze.[46]

a) Liste der Verfahrensgarantien

Insoweit lässt sich eine Liste mit einer Vielzahl von Garantien aufstellen:[47]

- Recht auf ein unabhängiges und unparteiisches Gericht (Art. 84 Abs. 2 GA III, Art. 75 Abs. 4 ZP I, Art. 6 Abs. 2 ZP II),
- Recht auf schnellstmögliche Information der Schutzmacht über ein in Aussicht genommenes Verfahren gegen einen Kriegsgefangenen (Art. 104 GA III) oder eine geschützte Person nach dem GA IV (Art. 71 Abs. 2 GA IV),
- Recht auf unverzügliche Bekanntgabe der Anklagepunkte (Art. 104 GA III, 71 Abs. 2 GA IV, Art. 75 Abs. 4 lit. a) ZP I, Art. 6 Abs. 2 lit. a) ZP II),

---

45 *Bothe*, in: *Cassese/Gaeta/Jones*, Rome Statute: A Commentary, Band 1, S. 394 f.; *Dörmann*, Max Planck UNYB 7 (2003), 341, 374; *Fenrick*, in: *Triffterer*, Commentary on the Rome Statute, Art. 8 Rn. 16; *Gropengießer/Kreicker*, Grundlagen der Strafverfolgung völkerrechtlicher Verbrechen in Deutschland, S. 171; *Hartstein*, in: *Esser/Kühne/Gerding*, Völkerstrafrecht, S. 101; *Lüder/Vormbaum*, Materialien zum Völkerstrafgesetzbuch, S. 45. Dies entsprach auch der Ansicht der meisten Staaten bei den Verhandlungen zum Römischen Statut; *Dörmann*, IRRC 2000, 771, 789.

46 Vgl. *Pictet*, Commentary Geneva Convention IV, S. 353.

47 Dies ist im Grundsatz eine – erweiterte – Aufzählung ähnlich *Dörmann*, Elements of War Crimes, S. 101 (vgl. S. 409 ff.) und *Werle*, Völkerstrafrecht, Rn. 1064. Letzterer lehnt allerdings die Einbeziehung der Grundsätze nach Art. 75 Abs. 3 und 4 ZP I ab, soweit diese über die Regelungen der GA hinausgehen und die Statutsregelung nicht auf das ZP I Bezug nimmt. Anders *Dahm/Delbrück/Wolfrum*, Völkerrecht, S. 1057; *Fenrick*, in: *Triffterer*, Rome Statute, Art. 8 Rn. 16; *Kittichaisaree*, International Criminal Law, S. 151.

- Anwendung des *nemo tenetur*-Prinzips (Art. 99 Abs. 2 GA III, Art. 75 Abs. 4 lit. f) ZP I, Art. 6 Abs. 2 lit. f) ZP II),
- Anwendung des Gesetzlichkeitsprinzips (Art. 99 Abs. 1 GA III, Art. 67 GA IV, Art. 75 Abs. 4 lit. c) ZP I, Art. 6 Abs. 2 lit. c) ZP II),
- die Unschuldsvermutung (Art. 75 Abs. 4 lit. d) ZP I, Art. 6 Abs. 2 lit. d) ZP II),
- das Recht des Beschuldigten, beim Verfahren anwesend zu sein (Art. 75 Abs. 4 lit. e) ZP I, Art. 6 Abs. 2 lit. e) ZP II),
- Anwendung des Verbotes der Doppelbestrafung (*ne bis in idem*, Art. 86 GA III, 117 Abs. 3 GA IV, Art. 75 Abs. 4 lit. h) ZP I),
- Recht auf Aufklärung über Rechtsmitteleinlegung (Art. 106 GA III, 73 GA IV, Art. 75 Abs. 4 lit. j) ZP I, Art. 6 Abs. 3 ZP II),
- Recht auf Verteidigung und Rechtsbeistand, Recht auf Verteidigung durch einen geeigneten Anwalt der eigenen Wahl (Art. 99 Abs. 3 und 105 Abs. 1 GA III, 72 Abs. 4 GA IV, Art. 75 Abs. 4 lit. a) ZP I, Art. 6 Abs. 2 lit. a) ZP II),
- Recht auf einen Dolmetscher (Art. 105 Abs. 1 GA III, 72 Abs. 3 GA IV, Art. 75 Abs. 4 lit. g) ZP I, Art. 6 Abs. 2 lit. a) ZP II),
- Recht auf rechtzeitige Zustellung der Anklageschrift und anderer Prozessdokumente in verständlicher Sprache (Art. 105 Abs. 4 GA III),
- Recht zur Beiziehung eines Kameraden zur Unterstützung (im Falle des angeklagten Kriegsgefangenen, Art. 105 Abs. 1 GA III),
- Recht auf Geltendmachung der zur Verteidigung notwendigen Beweismittel, insbesondere Zeugenvorladung und -vernehmung (Art. 105 Abs. 1 GA III, 72 Abs. 1 GA IV),
- Recht auf eine öffentliche Urteilsverkündung (Art. 75 Abs. 4 lit. i) ZP I),
- Verhängung der Todesstrafe nur unter Beachtung besonderer Voraussetzungen (Art. 100 GA III, 68 und 75 GA IV),
- Verbot der Kollektivbestrafung für Taten Einzelner, körperliche Bestrafungen, Einkerkerung ohne Tageslicht, Verbot jeder Form von Folter und Grausamkeit (Art. 87 Abs. 3 GA III, Art. 32 und auch Art. 76 GA IV),
- Verbot der erschwerten Bestrafung besonderer Personenkreise (Art. 88 GA III),

– Verfahren gegen Kriegsgefangene haben vor einem gleichartigen Gericht und in den gleichen Verfahren stattzufinden, wie solche gegen Mitglieder der Streitkräfte des Gewahrsamsstaates (Art. 102 GA III).

Sowohl Spruchkörper als auch Verfahren müssen den Mindestvorgaben genügen.[48]

b) Tatbegehung im nichtinternationalen bewaffneten Konflikt – Abgleich mit dem IStGH-Statut

Die obige Aufzählung bezog sich auf Rechtsgarantien im internationalen bewaffneten Konflikt. Im Gegensatz zum VStGB, welches auch hier die Konfliktarten gleichstellt, ist die Regelung des IStGH Statutes in Art. 8 Abs. 2 (c) (iv) wiederum enger, denn hier wird im nichtinternationalen bewaffneten Konflikt nur ein ordentlich bestelltes Gericht verlangt, welches die *allgemein als unerlässlich anerkannten Rechtsgarantien* bietet. Gegenüber Art. 8 Abs. 2 (a) (vi) IStGH-Statut ist in der nationalen Regelung für die Tatbegehung im internationalen bewaffneten Konflikt zudem nicht die Verfahrensdurchführung, sondern die Verurteilung bzw. Hinrichtung entscheidend, der strafrechtliche Schutz also nach hinten verlagert[49] und dementsprechend abgeschwächt.

Was die Tatbegehung im nichtinternationalen bewaffneten Konflikt betrifft, wird auf den gemeinsamen Art. 3 der GA abgestellt. Bei einer Gesamtbetrachtung soll die Verurteilung als insgesamt unfair erscheinen.[50] Zur Bestimmung dieser Garantien kann man auf die nicht abschließende Liste der Mindestgarantien Art. 6 Abs. 2 ZP II rekurrieren. In das IStGH-Statut wurde eine solche Liste bewusst nicht aufgenommen, da einige Staaten befürchteten, eine solche Liste würde als abschließend empfunden, andere der Ansicht waren, die Verletzung einer einzelnen Rechtsgarantie komme nicht notwendigerweise einem Kriegsverbrechen gleich und wieder andere eine Diskrepanz zwischen aufgezählten

---

[48] *Lüder/Vormbaum*, Materialien zum Völkerstrafgesetzbuch, S. 45.

[49] *Kreicker*, Völkerstrafrecht im Ländervergleich, S. 130.

[50] Verbrechenselemente zu Art. 8 Abs. 2 (c) (iv) IStGH-Statut, Ziffer 5, Fn. 59 („... the cumulative effect of factors with respect to guarantees deprived the person or persons of a fair trial.“); *Dörmann*, IRRC 2000, 771, 793 f.; *Werle*, Völkerstrafrecht, Rn. 930.

Garantien und dem Statut (namentlich also Art. 55, 66, 67 IStGH-Statut) selbst fürchteten.[51] Auch insoweit lässt sich also eine Auflistung erstellen, die sich an internationalen Menschenrechtsinstrumenten (insbesondere IPbpR, EMRK, AMRK) orientiert. Diese Auflistung soll an dieser Stelle allerdings nicht erfolgen, denn im Wesentlichen wäre sie eine Wiederholung der bereits oben aufgelisteten Garantien aus den GA III und IV und dem ZP I unter Außerachtlassung der Besonderheiten der Kriegsgefangenschaft.[52] Diese weitgehende Deckungsgleichheit rechtfertigt die Gleichstellung beider Konfliktarten.

In diesem Zusammenhang stellt sich die Frage, wie eine Rebellengruppe ein ordentlich bestelltes Gericht errichten soll.[53] Da dies einer nichtstaatlichen Gruppierung ohne relevanten permanenten eigenen Machtbereich kaum je möglich sein wird, und im Übrigen auch bei einem kollabierenden Staat scheitern kann, so ist diese ersichtlich noch auf den klassischen Staatenkrieg gemünzte Regelung jedenfalls für den nichtinternationalen bewaffneten Konflikt teleologisch dergestalt zu reduzieren, dass nicht ein ordentlich bestelltes Gericht zu verlangen ist, sondern ein solches, welches unabhängig und unparteilich ist (Art. 6 ZP II).[54]

Unabhängigkeit und Unparteilichkeit sind zentrale Merkmale auch jedes ordentlich bestellten Gerichts.[55] Man wird sogar darüber hinaus auch im internationalen bewaffneten Konflikt gegebenenfalls daran zu denken haben, auf diese Garantien zurückzugehen und jedenfalls in den Fällen, in denen die Rechtspflege samt der ordentlich bestellten Gerichte unter der Einwirkung des Krieges zusammengebrochen oder zum Stillstand gelangt ist, kein Kriegsverbrechen annehmen können, soweit ein unabhängiges und unparteiliches Gericht in einem insgesamt fairen Verfahren urteilt.

---

51 *Dörmann*, IRRC 2000, 771, 793 f.

52 Siehe stattdessen die Auflistung bei *Dörmann*, Elements of War Crimes, S. 410 f.

53 *Werle*, Völkerstrafrecht, Rn. 932; *Zimmermann*, in: *Triffterer*, Commentary on the Rome Statute, Art. 8 Rn. 281.

54 Ebenso *Werle*, Völkerstrafrecht, Rn. 932.

55 Vgl. *Dörmann*, Elements of War Crimes, S. 412 ff. m.w.N.

c) Im Besonderen: Kriegsgefangene (internationaler bewaffneter Konflikt)

Obgleich nach Art. 82 GA III im Grundsatz das Strafrecht des Gewahrsamsstaates auf den Kriegsgefangenen anwendbar ist, so wäre zudem die Anwendung mancher Bestimmungen des materiellen Rechts auf Kriegsgefangene mit dem GA III und der Natur der Kriegsgefangenschaft nicht vereinbar.

So wäre beispielsweise der erfolglose Fluchtversuch nicht als Desertion zu bestrafen, und Unruhen im Gefangenenlager nicht als Meuterei.[56] Eine derartige Bestrafung wäre „überschießend“, da an den Kriegsgefangenen nicht die Treuepflichten eines eigenen Soldaten angelegt werden können (vgl. Art. 87 Abs. 2 GA III). Insofern kommen Disziplinarmaßnahmen in Betracht (vgl. Art. 83, 89 und 92 GA III, ebenso Art. 120 GA IV).[57] Auch in einem Verfahren wegen auf der Flucht begangener Taten kann die Flucht als solche niemals zu Lasten des Gefangenen wirken (Art. 93 GA III, ebenso Art. 121 GA IV). Im eigentlichen Sinne geht es hier auch um Prozessrecht, denn völkerrechtliche Anforderungen an ein faires Verfahren werden nicht gewahrt. Es wird in Form des Strafverfahrens die falsche und unangemessene Verfahrensart gewählt.

d) Qualifizierte Rechtsfolge: „erhebliche Strafe, insbesondere ...“

Nach einer Ansicht soll der Tatbestand des Art. 8 Abs. 2 (a) (vi) IStGH-Statut nicht erfüllt sein, wenn es trotz Verletzung der Garantien zu einem Freispruch des Angeklagten kam, da es dann an dem notwendigen Schweregrad fehle.[58] Für den Tatbestand des § 8 Abs. 1 Nr. 7 VStGB wird man sich dieser Deutung anschließen. Es kommt darauf an, dass die Strafe ohne entsprechendes Verfahren *verhängt oder vollstreckt* wird. Es handelt sich also um einen Tatbestand, der den Eintritt dieses

---

[56] *Pictet*, Commentary Geneva Convention III, S. 407.

[57] Vgl. *Pictet*, Commentary Geneva Convention III, S. 448 f. Der erfolglose Fluchtversuch kann mit Disziplinarmaßnahmen bestraft werden, Art. 92 GA III. Der erfolgreiche Fluchtversuch (also das Entkommen zu eigenen Truppen oder Verlassen des vom Gewahrsamsstaates oder dessen Verbündeten kontrollierten Gebietens) mit anschließender erneuter Gefangennahme überhaupt nicht (Art. 91 GA III).

[58] *Werle*, Völkerstrafrecht, Rn. 1067.

Erfolges voraussetzt und nicht nur um ein abstraktes Gefährdungsdelikt, welches bereits die Gefährdung einer gewissen Rechtsstellung des Angeklagten verhindern soll.

Zudem muss die Art der Strafe, die verhängt oder vollstreckt wird, in spezifischer Weise qualifiziert sein. Es muss sich um eine *erhebliche Strafe*, „insbesondere die Todesstrafe oder eine Freiheitsstrafe" handeln. Jedenfalls wird man demzufolge Bagatellfälle auszuschließen haben und die Verhängung einer erheblichen Sanktion zur Erfüllung des Tatbestandes verlangen müssen,[59] in aller Regel werden also Geldstrafen[60] und zur Bewährung ausgesetzte Freiheitsstrafen ausscheiden. Aber auch eine nur ganz unerhebliche Freiheitsstrafe, beispielsweise von nur einigen Tagen, kann nach Ansicht des Verfassers nicht zur Erfüllung des Tatbestandes ausreichen. Zum einen spricht die Illustrierung des Merkmals der *erheblichen Strafe* mit den Alternativen *Todesstrafe* oder Freiheitsstrafe dafür, dass die Freiheitsstrafe jedenfalls keine ganz kurzfristige sein kann, sondern zumindest in die Wochen oder Monate geht. Je nach Haftbedingungen kann z.B. bei der Verurteilung zur Zwangsarbeit auch ein nur recht geringer Zeitraum als „erhebliche Strafe" angesehen werden. Auch eine umfassende Vermögensstrafe kann im Gegensatz zur der Höhe nach begrenzten Geldstrafe ebenso eine erhebliche Strafe darstellen wie eine exorbitante und disproportionale Geldstrafe. Der Verfall des ganzen oder des wesentlichen Teiles des Vermögens ist für den Verurteilten nicht weniger von Bedeutung als die Verurteilung zu einer Freiheitsstrafe von einigen Monaten oder wenigen Jahren. In Betracht kommen außerdem grausame oder ungewöhnliche Strafen (vgl. 8. Verfassungszusatz zur US-Verfassung).

e) Bestimmbarkeit der Norm

Die Rechtsprechung der *ad hoc*-Tribunale gibt zu diesem Tatbestand nichts her. Ungeachtet der expliziten Nennung in Art. 2 (f) JStGH-Statut und Art. 4 (g) RStGH-Statut (und der impliziten Fassung unter Art. 3 JStGH-Statut) kam dieser Tatbestand nicht zur Anwendung.[61]

---

[59] *Lüder/Vormbaum*, Materialien zum Völkerstrafgesetzbuch, S. 45.

[60] Vgl. auch *Kreß*, Israel YHR 30 (2000), 103, 137.

[61] Vgl. *Schabas*, The UN International Criminal Tribunals, S. 252 und 273 f. Siehe TWC, Band III, S. 15 ff. (US v. *Altstötter* u.a. – „The Justice Case"), insbesondere S. 19 ff. und 218 ff.

Die Offenheit der Formulierung wird bei dieser Vorschrift aber dadurch erträglich, dass die Norm sich in der Regel nur an einen sehr besonderen Personenkreis wenden wird, nämlich an die zur Rechtsverfolgung zuständigen Personen. Diese sind – im Gegensatz zu dem generellen „Spezialistenargument“ (*6. Kapitel A. II. 3.*) – typischerweise mit den Anforderungen an ein Verfahren vertraut. Jedenfalls eklatante Verfahrensmängel werden sich ihnen nicht verbergen können. Die Anforderungen an die Ausfüllung des Begriffes des „unparteiischen ordentlichen Gerichtsverfahren[s], das die völkerrechtlich erforderlichen Rechtsgarantien bietet“ sind überschaubar und betreffen durchweg elementare Verfahrensgarantien.

B. Kriegsverbrechen gegen humanitäre Operationen und Embleme

I. Der Angriffstatbestand des § 10 Abs. 1 VStGB

Die Vorschrift des § 10 Abs. 1 Nr. 1 VStGB geht insbesondere zurück auf die *Convention on the Safety of United Nations and Associated Personnel.*[62] Es ist daher angezeigt zur Konkretisierung des Tatbestandes auch auf diese Konvention zurückzugreifen.[63] Insoweit bestand eine Lücke im Völkerrecht, denn die traditionellen Instrumente des Kriegsvölkerrechts beziehen sich nicht auf die *peacekeeper* („Blauhelme“) der UN, insbesondere beinhalten die GA keine Strafvorschriften für Angriffe auf das Personal friedenserhaltender Maßnahmen.[64] Mittlerweile handelt es sich wohl um einen Tatbestand des Gewohnheitsrechts für alle Konfliktarten[65] (vgl. Art. 8 Abs. 2 (b) (iii) und (e) (iii) IStGH-Statut).

---

[62] ILM 34 (1995), S. 482 ff. Auch abgedruckt bei AA/DRK/BMVg, Dokumente zum humanitären Völkerrecht, S. 849 ff. und *Sassòli/Bouvier*, Un droit dans la guerre?, Band 2, S. 464 ff. Zur Entstehungsgeschichte *Bouvier*, RICR 1995, 695, 700 ff.

[63] *Dörmann*, Elements of War Crimes, S. 156; *Kittichaisaree*, International Criminal Law, S. 160 f.

[64] Vgl. *Bloom*, AJIL 89 (1995), 621, 621 und 624.

[65] *Henckaerts*, IRRC 2005, 175, 192; *Werle*, Völkerstrafrecht, Rn. 1258.

Eine allgemein gültige Definition des Begriffes der humanitären Hilfsmission gibt es allerdings nicht;[66] ebenso wenig gibt es eine klare abschließende Definition der „friedenserhaltenden Mission in Übereinstimmung mit der Charta der Vereinten Nationen". Da es sich bei diesem Kriegsverbrechen auch auf internationaler Ebene um einen jungen Tatbestand handelt, existieren noch keine Entscheidungen internationaler Gerichte.[67]

Was nun einen etwaigen Verstoß gegen den Bestimmtheitsgrundsatz angeht, so kann man diesen zwar nicht mit dem Fehlen „überzeugender Alternativen" verneinen,[68] denn die überzeugende Alternative ist dann eben der Verzicht auf eine unbestimmte Norm. Zuvor ist allerdings genau zu prüfen, ob ein solcher Verstoß tatsächlich vorliegt oder ob die Norm noch hinreichende Anhaltspunkte für eine Auslegung bietet. Mit dem Verweis auf Völkerrecht und die UN-Charta ist die Norm wiederum nach Völkerrecht auszufüllen, womit die Probleme auf völkerrecht-

---

[66] *Cottier*, in: *Triffterer*, Commentary on the Rome Statute, Art. 8 Rn. 31; *Dahm/Delbrück/Wolfrum*, Völkerrecht, S. 1059; *Dörmann*, Elements of War Crimes, S. 158; *Werle*, Völkerstrafrecht, Rn. 1261.

[67] *Dörmann*, Elements of War Crimes, S. 160. Am 06. Juli 2007 wurde allerdings der ehemalige ruandische Major *Ntuyahaga* von einem belgischen Gericht wegen der Ermordung von zehn belgischen UN-Soldaten (welche zuvor gefangen genommen worden waren) 1994 zu 20 Jahren Haft verurteilt. *Ntuyahaga* hat am 23. Juli 2007 Berufung eingelegt; www.trial-ch.org/trialwatch. Vorangegangen war eine gewisse „Odyssee": Zuvor war *Ntuyahaga* vor dem RStGH angeklagt, allerdings wurde die Anklage zurückgezogen und der Angeklagte auf freien Fuß gesetzt (siehe RStGH, Indictment – The Prosecutor against *Bernard Ntuyahaga* vom 26. September 1998 und RStGH, Beschluss vom 18. März 1999 (*Ntuyahaga*, TC)). Anschließend wurde er in Tansania verhaftet und nach langwierigem gescheitertem Auslieferungsprocedere auf eigenen Wunsch nach Belgien ausgeflogen. Die Anklage bezog sich allerdings – was die Ermordung der belgischen Soldaten anbelangt – allgemein auf eine schwere Verletzung des gemeinsamen Art. 3 der GA und des ZP II, nicht auf den speziellen Tatbestand des Angriffs auf UN-Personal; vgl. RStGH, Indictment – The Prosecutor against *Bernard Ntuyahaga* vom 26. September 1998, S. 31 und 24 ff. Man wird auch nicht davon ausgehen können, dass dieser spezielle Tatbestand zum Tatzeitpunkt 1994 bereits anerkannt war.

[68] *Gropengießer/Kreicker*, Grundlagen der Strafverfolgung völkerrechtlicher Verbrechen in Deutschland, S. 182 f.

liche Vorfragen verlagert werden, die schwer zu beantworten sind, allerdings beantwortet werden müssen, um den genauen Geltungsbereich der Norm zu ermitteln.[69]

1. Bestimmbare Merkmale: „Angriff“; „mit militärischen Mitteln“

„Angriff“ umfasst Akte der Gewalt gegen einen Gegner, seien sie in offensiver oder defensiver Absicht ausgeführt (Art. 49 Abs. 1 ZP I). Der Angriff muss nicht mit militärischen Mitteln geführt werden, in diesem Fall wird eine Bestrafung als minder schwerer Fall in Betracht kommen, § 10 Abs. 1 S. 2 VStGB.[70] Der Angriff muss auch keinen Schaden verursacht haben.[71] Zu den Begriffen „Angriff“ und „mit militärischen Mittel“ ausführlich unten, *9. Kapitel A. I. 2.*

2. Vorab: Ausschluss des Schutzes – „... solange sie Anspruch auf den Schutz haben, ...“

Wird allerdings dem Kommando der UN unterstehendes Personal bzw. das Personal einer humanitären oder friedenserhaltenden Mission im Rahmen der Kampfhandlungen – jenseits bloßer Selbstverteidigung – tätig, sind diese Einheiten also Partei in einem bewaffneten Konflikt, so gelten die allgemeinen Regeln des humanitären Völkerrechts in bewaffneten Konflikten, insbesondere ist dann der kriegsrechtsgemäße Angriff auf diese Einheiten als solcher kein Kriegsverbrechen.[72]

Insoweit gilt das gleiche, das bereits für die Trennung von *ius ad bellum* und *ius in bello* ausgeführt wurde (*1. Kapitel A. I.*). Das Personal einer humanitären Hilfsmission wiederum verliert seinen Schutzanspruch be-

---

[69] *Gropengießer/Kreicker*, Grundlagen der Strafverfolgung völkerrechtlicher Verbrechen in Deutschland, S. 182. Vgl. *Kreß*, Israel YHR 30 (2000), 103, 141.

[70] Vgl. *Werle/Nerlich*, HuV-I 2002, 124, 132.

[71] Vgl. *Dörmann*, Elements of War Crimes, S. 153.

[72] *Bloom*, AJIL 89 (1995), 621, 625; *Bouvier*, RICR 1995, 695, 710 f.; *Dahm/Delbrück/Wolfrum*, Völkerrecht, S. 1059; *David*, Principes de droit des conflits armés, S. 158 f.; *Dörmann*, Elements of War Crimes, S. 159 und 456; *Frank*, in: *Lee*, The International Criminal Court, S. 145; *Werle*, Völkerstrafrecht, Rn. 1123; *Kittichaisaree*, International Criminal Law, S. 161; *Lüder/Vormbaum*, Materialien zum Völkerstrafgesetzbuch, S. 52.

reits dann, wenn es jenseits der humanitären Bestimmung der Hilfsmission tätig wird (vgl. Art. 71 Abs. 4 ZP I) und es feindliche Akte begeht, die eine Partei schädigen (vgl. Art. 13 ZP I), entsprechend verliert auch das Material einer Hilfsmission seinen Schutz, wenn es hierzu verwendet wird.[73]

Der Schutz der humanitären oder friedenserhaltenden Mission entfällt, wenn sich die Angehörigen dieser Mission über etwaig gebotene Selbstverteidigung hinaus an Kampfhandlungen beteiligen (vgl. Art. 51 Abs. 3 und 52 Abs. 2 ZP I).[74] Ausgeschlossen ist nach Art. 2 Abs. 2 der Konvention die Anwendung auf eine „enforcement action under Chapter VII of the Charter of the United Nations in which any of the personnel are engaged as combatants against organized armed forces and to which the law of international armed conflict applies."[75]

Eine offene Frage ist, ob im Falle der Verstrickung in aktive Kampfhandlungen die gesamte Truppe dem Kriegsrecht unterstellt wird oder nur der kämpfende Teil.[76] In diesem Falle wird man allerdings davon ausgehen müssen, dass die gesamte Truppe ihren Schutz verliert und dem Kriegsrecht unterliegt, denn es ist einer Konfliktpartei nicht zuzumuten, identisch gekennzeichnete Truppen nach dem Maß ihrer Verstrickung in Kampfhandlungen zu unterscheiden und eine etwaige Strafbarkeit wegen Kriegsverbrechen zu riskieren. Außerdem wäre diese Unterscheidung zumeist auch sehr künstlich, denn nicht nur die direkt kämpfenden Truppen, die in jeder Streitkraft die Minderheit bilden, sind Teil einer militärischen Aktion, sondern der gesamte Apparat einschließlich Logistik, Nachrichtendienst, Fernmeldedienst, usw. Auch Art. 2 Abs. 2 der Konvention spricht daher von „... *any* of the personnel ...".

---

73 *Dörmann*, Elements of War Crimes, S. 159 f. und 454 ff.

74 *Werle*, Völkerstrafrecht, Rn. 1266.

75 Vgl. *Bouvier*, RICR 1995, 695, 705.

76 *Cottier*, in: *Triffterer*, Commentary on the Rome Statute, Art. 8 Rn. 46.

3. Der Begriff der humanitären Hilfsmission

Als humanitäre Hilfsmission kommt jede Unternehmung in Betracht, die zu humanitären Hilfszwecken unparteiisch – i.e. ohne Diskriminierung bei den Empfängern – von Einzelpersonen, Gruppen oder Organisationen unternommen wird.[77] Entscheidend ist die Zielrichtung, die bei einer humanitären Hilfsmission darauf gerichtet sein muss, ohne Parteinahme menschliches Leiden zu lindern. Dementsprechend soll keiner Konfliktpartei durch den Hilfseinsatz ein Vorteil gewährt werden[78] (vgl. Art. 70 Abs. 1 ZP I).

Zumindest darf dieser Vorteil nicht *gezielt* gewährt werden, so dass unter dem Deckmantel einer humanitären Hilfsmission eine Konfliktpartei logistisch entlastet wird. Allerdings kann das Tätigwerden auf einem beschränkten Gebiet, welches nur von einer Konfliktpartei beherrscht wird und also diese Partei einen indirekten Vorteil aus der Tätigkeit zieht, durchaus gerechtfertigt sein, beispielsweise dann, wenn andere Gebiete nur mit erheblichem Risiko für Leib und Leben der Teilnehmer der Hilfsmission erreichbar wären. Andererseits wird die gezielte Gewährung etwa von Hilfe nur an Mitglieder bestimmter Glaubensrichtungen oder ethnischer Gruppen nicht zu rechtfertigen sein, da hier der humanitäre Charakter, also die Linderung jedweden menschlichen Leidens, in den Hintergrund tritt.

Nicht einbegriffen sind von vornherein Maßnahmen der Entwicklungshilfe, die längerfristig angelegt sind.[79] Hieraus können sich schwierige Abgrenzungsprobleme ergeben, denn diese Abgrenzung ist mitunter kaum fassbar.

4. Der Begriff der friedenserhaltenden Mission

Eine Friedensmission im Rahmen des *peacekeeping* zeichnet sich typischerweise dadurch aus, dass in eine Spannungssituation ohne allgemeine Kampfhandlungen Truppen entsendet werden, sei es nach einer Waffenruhe um diese aufrecht zu erhalten, sei es um den Ausbruch von Feindseligkeiten zu verhindern.[80] Zielsetzung ist dabei die Vermeidung

---

[77] *Kittichaisaree*, International Criminal Law, S. 161.

[78] *Cottier*, in: *Triffterer*, Commentary on the Rome Statute, Art. 8 Rn. 33.

[79] *Werle*, Völkerstrafrecht, Rn. 1264.

[80] *Werle*, Völkerstrafrecht, Rn. 1262.

oder Eindämmung eines Konfliktes, die Stabilisierung der Situation und die Schaffung einer Lage, die den Übergang zu einer dauerhaften friedlichen Lösung ermöglicht.[81] Der Umfang der konkreten Operationen von Friedenstruppen reicht dabei von Beobachtung von Waffenstillständen über die Schaffung von Puffer- oder Schutzzonen, der Entwaffnung und Militärbeobachtung bis hin zur Übernahme von Polizei- und Verwaltungsaufgaben.[82] Damit ist zugleich umschrieben, worin nicht die Aufgabe besteht, nämlich in der eigentlichen Durchführung von Kampfhandlungen.

Zum einen sind friedenserhaltende und friedensschaffende Maßnahmen gedeckt, mithin alle vom Sicherheitsrat bzw. der Generalversammlung autorisierten Operationen.[83] Zum anderen sind Operationen gedeckt, wenn Sicherheitsrat oder Generalversammlung eine Erklärung abgeben, dass zum Zwecke der Konvention eine außergewöhnliche Gefahr für die Sicherheit des an einer Operation beteiligten Personals vorliege, ohne dass die Liste der damit umfassten Operationen irgendwie spezifiziert würde, so dass alle Operationen umfasst sein können, sofern diese Erklärung vorliegt.[84]

Das von der Konvention geschützte Personal umfasst sowohl „United Nations personnel", also direkt der UN-Operation unterstehendes Personal der militärischen, polizeilichen und zivilen Komponenten, mithin diejenigen Personen, die klassischerweise als Mitglieder von „Blauhelmoperationen" angesehen werden, als auch „associated personnel", also auch z.B. solche Truppen, die nicht unter Kommando der UN stehen und sonstiges Personal, das etwa von einer Nichtregierungsorganisation aufgrund einer Verständigung mit dem Generalsekretär oder aufgrund eines Vertrages der Operation zugewiesen ist[85] (vgl. Art. 1 lit. b) der Konvention).

---

[81] *Cottier*, in: *Triffterer*, Commentary on the Rome Statute, Art. 8 Rn. 36 m.w.N.

[82] *Cottier*, in: *Triffterer*, Commentary on the Rome Statute, Art. 8 Rn. 37.

[83] *Bloom*, AJIL 89 (1995), 621, 623; *Cottier*, in: *Triffterer*, Commentary on the Rome Statute, Art. 8 Rn. 35.

[84] Dazu *Bloom*, AJIL 89 (1995), 621, 623.

[85] Ausführlich *Bloom*, AJIL 89 (1995), 621, 623 f.; *Bouvier*, RICR 1995, 695, 712 f.

5. „… in Übereinstimmung mit der Charta der Vereinten Nationen …“

Art. 1 lit. c) der Konvention definiert als „Operation der Vereinten Nationen“ solche, die eingesetzt wurden von dem „competent organ of the United Nations in accordance with the Charter of the United Nations and conducted under United Nations authority and control“.[86] Während sich der Sicherheitsrat in seiner Resolution explizit auf Kapitel VII der Charta beziehen wird, ist es schwierig festzustellen, ob eine Operation „enforcement“ beinhaltet, da dieser Begriff weder fest definiert ist noch regelmäßig in Sicherheitsratsresolutionen verwendet wird.[87] Dennoch soll letztlich durch Auslegung zu klären sein, ob eine solche Operation „enforcement“ – Charakter hat oder nicht.[88] Der Verweis auf die UN-Charta dient dem Ausschluss einseitiger militärischer Aktionen, die nicht durch die UN sanktioniert sind, bereits auf die humanitäre Hilfsmission trifft dies aber wiederum nicht zu. Es genügt die Übereinstimmung („accordance“) mit der UN-Charta, es ist also kein Tätigwerden nur „auf Grund“ der Charta notwendig.[89] Namentlich wäre damit eine humanitäre Intervention mit Waffengewalt und ohne Zustimmung aller Konfliktparteien keine humanitäre Hilfsmission. Insofern verbietet die UN-Charta den Einsatz von Waffengewalt und die Einmischung in innere Angelegenheiten.[90]

---

[86] Vgl. noch *Bouvier*, RICR 1995, 695, 705.

[87] *Bloom*, AJIL 89 (1995), 621, 625.

[88] „Nonetheless, a careful analysis of the object and purposes of a resolution – in particular, focusing on whether parties to a conflict were instructed by the Council to take actions regardless of their consent, or whether use of force was authorized – should lead to sensible conclusions.“; *Bloom*, AJIL 89 (1995), 621, 625.

[89] *Tomuschat*, Die Friedens-Warte 73 (1998), 335, 340.

[90] *Cottier*, in: *Triffterer*, Commentary on the Rome Statute, Art. 8 Rn. 31.

II. Ergebnis: Bestimmbarkeit der Begriffe?

Extrem normativ unbestimmte Tatbestandsmerkmale entsprechen Art. 103 Abs. 2 GG soweit sie mit Hilfe der üblichen Auslegungsmethoden in einer Weise handhabbar gemacht werden können, die das verbotene Verhalten erkennen lässt und die strafende Reaktion vorhersehbar macht.[91]

§ 10 Abs. 1 Nr. 1 VStGB enthält nicht nur eine Häufung von offenen Merkmalen, reiht man diese aneinander (1. „humanitäre Hilfsmission", 2. „friedenserhaltende Mission", 3. „in Übereinstimmung mit der Charta der Vereinten Nationen", 4. „solange sie Anspruch auf den Schutz haben, der Zivilpersonen oder zivilen Objekten nach dem humanitären Völkerrecht gewährt wird"), so bilden sie nahezu den gesamten Tatbestand. Während es sich bei der friedenserhaltenden Mission in Übereinstimmung mit der Charta der Vereinten Nationen um eine von einem Organ der UN autorisierte Mission handelt, ist der Begriff der „humanitären Hilfsmission" kaum abgrenzbar. Es lässt sich also für die friedenserhaltende Mission ein *numerus clausus* bilden, indem auf die entsprechende formelle Beschlussfassung abgestellt wird. Der Begriff der humanitären Hilfsmission ist hingegen kaum einzugrenzen. Nicht nur existiert keine akzeptierte Definition dieses Begriffs, es ist auch unklar welche Sachverhalte genau unter ihn zu fassen sind.[92] Zudem lässt sich bei einer klar gekennzeichneten UN-Mission leichter feststellen, wann diese ihren zivilen Status aufgibt.

Was jedenfalls die Tatbestandsvariante der „humanitären Hilfsmission" anbelangt, ist daher festzustellen, dass weder nationales Recht noch das Völkerrecht bei der Auslegung dieser Norm hinreichend weiterführt. Der Begriff ist derzeit kaum tragfähige Grundlage für eine präzisierende Auslegung. Man kann somit zu dem Ergebnis gelangen, dass eine hinreichende Bestimmtheit nicht mehr vorliege.[93]

---

[91] *Dannecker*, in: LK StGB, § 1 Rn. 209 m.w.N. Dieser Satz ist gewissermaßen die Essenz der Frage nach der Bestimmbarkeit.

[92] *Cottier*, in: *Triffterer*, Commentary on the Rome Statute, Art. 8 Rn. 31.

[93] *Satzger*, NStZ 2002, 125, 130; *ders.*, Internationales Strafrecht, § 16 Rn. 33. *Satzger* bezieht die Unbestimmtheit allerdings auf die gesamte Norm.

C. Zur Tatbestandsparallelität sowie Zusammenfassung

I. Zur Deckungsgleichheit der von §§ 8-10 VStGB erfassten Tatbestände gegenüber dem IStGH-Statut

Die auf Art. 85 Abs. 4 lit. b) ZP I zurückgehende Pönalisierung der ungerechtfertigt verzögerten Heimschaffung von Kriegsgefangenen und Zivilpersonen im internationalen bewaffneten Konflikt in § 8 Abs. 3 Nr. 1 VStGB findet im IStGH-Statut keine Entsprechung. Wird man die ungerechtfertigte Verzögerung hinsichtlich der Zivilpersonen noch als rechtswidrige Gefangenhaltung nach dem IStGH-Statut erfassen können, so erfasst das Statut die Verzögerung bei der Heimschaffung von Kriegsgefangenen überhaupt nicht.[94] Das Fehlen dieses Tatbestandes wird darauf zurückgeführt, dass er als Kriegsverbrechen zwar anerkannt sei, aber nicht den Schweregrad erreiche, der für ein Tätigwerden des IStGH notwendig sein solle.[95]

Dies ist indessen nicht einzusehen, denn ob der notwendige Schweregrad im gegebenen Falle vorliegt, bestimmt sich nach der hierfür in Art. 8 Abs. 1 IStGH-Statut eingefügten Anwendungsschwelle und nicht von vornherein nach dem Tatbestand selbst. Immerhin handelt es sich bei der Verpflichtung zur Heimschaffung der Kriegsgefangenen um eine der wesentlichen Pflichten im Zusammenhang mit einem internationalen bewaffneten Konflikt.[96]

II. Zusammenfassung

Der Begriff der „nach dem humanitären Völkerrecht zu schützenden Person" ist ein dem VStGB eigener Begriff, der keine unmittelbare Entsprechung im Völkerrecht hat. § 8 Abs. 6 Nr. 2 und 3 VStGB konkretisiert den Begriff allerdings durch Aufzählungen bestimmbarer geschützter Personengruppen. Nr. 1 verweist daneben auf die GA und das

---

[94] *Werle*, Völkerstrafrecht, Rn. 940.

[95] *Kittichaisaree*, International Criminal Law, S. 157.

[96] *Boot*, Genocide, Crimes against Humanity, War Crimes: Nullum Crimen Sine Lege and the Subject Matter Jurisdiction of the International Criminal Court, S. 541; *Fischer*, in: FS *Ipsen*, S. 89.

ZP I für den internationalen bewaffneten Konflikt. Der Ansatz, mit der „nach dem humanitären Völkerrecht zu schützenden Person" eine weitreichende Systematisierung zu ermöglichen, geht allerdings teilweise fehl. Nicht alle Personengruppen sind in allen Situationen auch geschützt. Es ist daher in jedem Einzelfalle unter Berücksichtigung der völkerrechtlichen Rechtslage zu prüfen, ob der in Rede stehende Tatbestand auf die jeweilige Person bezogen ist. Art. 8 Abs. 2 (a) IStGH-Statut spricht dementsprechend von „... persons or property protected under the provisions of the *relevant* Geneva Convention ...". Es ist nicht davon auszugehen, dass der Gesetzgeber das VStGB über die völkerrechtlich anerkannten Kriegsverbrechenstatbestände hinaus ausdehnen wollte. Daher ist der Begriff der „nach dem humanitären Völkerrecht zu schützenden Person" völkerrechtskonform teleologisch zu reduzieren.

Die Mehrzahl der offenen Begriffe in §§ 8-10 VStGB lässt sich unter Heranziehung des Völkerrechts und der Vornahme einer entsprechenden Auslegung bestimmen.

Die Anforderungen an das Gerichtsverfahren in § 8 Abs. 1 Nr. 7 VStGB lassen sich durch die Erstellung einer Liste mit elementaren und im humanitären Völkerrecht anerkannten Garantien illustrieren und anwenderfreundlich zusammenfassen. Die Offenheit der Formulierung „unparteiisches ordentliches Gerichtsverfahren, das die völkerrechtlich erforderlichen Rechtsgarantien bietet", wird auch dadurch erträglich, dass sie sich hauptsächlich an entsprechend ausgebildetes Personal richten wird, also das Argument des Adressatenkreises hier tatsächlich greifen kann.

Gegebenenfalls kann sich der Gehalt an Verfahrensgarantien in Ausnahmesituationen auf einen „Kern" reduzieren, der in einem unabhängigen und unparteilichen Gericht besteht, das in einem insgesamt fairen Verfahren urteilt.

Die qualifizierte Rechtsfolge umfasst die Todesstrafe, nicht ganz unerhebliche Freiheitsstrafen, grausame und ungewöhnliche Strafen sowie gänzlich unangemessene Geldstrafen und umfassende Vermögensstrafen.

§ 10 Abs. 1 Nr. 1 VStGB ist mit seiner Aneinanderreihung von offenen Begriffen ein problematischer Tatbestand. Während sich die übrigen Begriffe noch hinreichend bestimmen lassen und der Tatbestand in der Alternative der friedenserhaltenden Mission durch formelle Gesichtspunkte wie die Autorisierung der Mission durch ein UN-Organ operabel machen lässt, so fehlt es dem Begriff der humanitären Hilfsmission auch im Völkerrecht an Kontur. Insbesondere gibt es insoweit kein formelles Verfahren der Anerkennung, so dass eine Abgrenzung kaum möglich ist. In der ersten Alternative ist § 10 Abs. 1 Nr. 1 VStGB daher unbestimmt. Allerdings werden vielfach allgemeinere Tatbestände einschlägig sein.

9. Kapitel: Ausgewählte Verstöße gegen das „Haager Recht" (§§ 11 und 12 VStGB)

A. Verbotene Methoden der Kriegsführung

I. Die Verhältnismäßigkeitsregelung des § 11 Abs. 1 Nr. 3

Zivile Kollateralschäden,[1] also die unbeabsichtigte Tötung oder Verwundung von Zivilisten, sowie die Zerstörung ziviler Sachen als Nebenfolge einer an sich zulässigen Kampfhandlung, sind ein tragischer aber in der Realität des gegenwärtigen bewaffneten Konfliktes nahezu unvermeidbarer Bestandteil jeder intensiven Gefechtsaktivität, die in Gebieten durchgeführt wird, in denen sowohl Zivilisten als auch Kombattanten anwesend sind.[2]

Zurückführbar ist der Grundsatz der Verhältnismäßigkeit auf Art. 35 Abs. 3, 51 Abs. 5 lit. b), 55 Abs. 1, 57 Abs. 2 lit. a) (iii) ZP I.[3]

Die Vorschrift ist Ausfluss des gewohnheitsrechtlichen Gebotes im bewaffneten Konflikt feindliche Streitkräfte und Zivilbevölkerung ebenso zu unterscheiden wie militärische und zivile Ziele[4] (Art. 48 ZP I).

Während gezielte Angriffe auf Zivilisten und zivile Ziele danach immer verboten sind, ist auf der „zweiten Ebene" nach Identifikation eines mi-

---

1 Die Verwendung dieses Begriffes zieht in der öffentlichen Wahrnehmung viel Polemik auf sich, ist aber als *terminus technicus* eingebürgert und wertet als Begriff die Opfer keinesfalls ab. Einem in bestimmter kontextualer Umgebung anerkannten Begriff entgegenzuhalten, er sei „gefühlskalt", „steril" oder „neutral", etc., heißt ihn mit dieser Kritik zu loben, denn sein Sinn kann als Begriff – nicht nur als Rechtsbegriff – nur darin bestehen, sein reales Pendant mit der notwendigen Distanz zu umschreiben und eine Rechtsfrage nicht unnötig zu emotionalisieren.

2 TWC, Band IV, S. 467 (US v. *Ohlendorf* u.a. – „Einsatzgruppen"); *Fenrick*, Columbia J. of Transnational L. 37 (1999), 767, 783. Vgl. *Dinstein*, The Conduct of Hostilities under the Law of International Armed Conflict, S. 119.

3 *Kittichaisaree*, International Criminal Law, S. 162.

4 *König*, Die völkerrechtliche Legitimation der Strafgewalt internationaler Strafjustiz, S. 304; *Wolfrum*, Max Planck UNYB 7 (2003), 1, 49.

litärischen Zieles zu prüfen, ob dieses ohne unverhältnismäßigen Schaden an zivilen Gütern angegriffen werden kann. Bei diesen Primärregeln und den entsprechenden Regeln des Kriegsvölkerstrafrechts wird die grundsätzliche Spannung zwischen humanitärem Schutzzweck der Normen und praktisch-militärischen Erfordernissen (siehe oben, *1. Kapitel A. III.*) deutlich wie an keiner anderen Stelle.[5]

1. Entstehungsgeschichte und Struktur

a) Entstehungsgeschichte von Art. 8 Abs. 2 (b) (iv) IStGH-Statut

Die Entstehungsgeschichte des Art. 8 Abs. 2 (b) (iv) IStGH-Statut verdeutlicht, welche Schwierigkeiten der Tatbestand in seiner Formulierung mit sich bringt. Die *Decisions taken by the Preparatory Committee* vom 12. Dezember 1997, der *Zutphen Draft* und der Vorschlag des *1998 Preparatory Committee* enthielten jeweils gleichlautend vier Optionen.[6] Die verschiedenen Vorschläge verdanken sich dabei zwar wohl eher der verschiedenen Bewertung souveränitätsorientierter Interessen, auffällig ist aber doch, dass sich statt der vier Vorschläge ein fünfter, eher eng gefasster Tatbestand durchgesetzt hat. Dies zeigt, dass restriktive Fassungen

---

[5] Vgl. *Bothe/Ipsen/Partsch*, ZaöRV 38 (1978), 1, 41; *Doswald-Beck*, in: *Schmitt/Green*, The Law of Armed Conflict: Into the Next Millennium, S. 43; *Gasser*, in: *Fleck*, Handbuch des humanitären Völkerrechts in bewaffneten Konflikten, Nr. 509; *Shamash*, IDF L.R. 2 (2005-2006), 103, 106.

[6] Siehe *Bassiouni*, Legislative History of the International Criminal Court, Band 2, S. 60, 68 f., 76 f. (Hervorhebungen vom Verfasser):

(b) Option 1: Intentionally launching an attack in the knowledge that such attack will cause incidental loss of life or injury to civilians or damage to civilian objects or widespread, long-term and severe damage to the natural environment *which is not justified by military necessity*;

Option 2: Intentionally launching an attack in the knowledge that such attack will cause incidental loss of life or injury to civilians or damage to civilian objects or widespread, long-term and severe damage to the natural environment *which would be excessive in relation to the concrete and direct overall military advantage anticipated*;

Option 3: Intentionally launching an attack in the knowledge that such attack will cause incidental loss of life or injury to civilians or damage to civilian objects or widespread, long-term and severe damage to the natural environment;

Option 4: No paragraph (b).

eines Tatbestandes, die aus machtpolitischen Interessen resultieren, einer Fassung nahe kommen können, die Anforderungen an die Normbestimmtheit weitergehend berücksichtigt. Freilich wäre auch die *Option 3*, also der Verzicht auf jegliche Rechtfertigung durch militärische Notwendigkeit oder jedweden Verhältnismäßigkeitsgedanken unter dem Gesichtspunkt der Normbestimmtheit nicht zu kritisieren, indessen völkerrechtspolitisch kaum durchsetzbar. Hier scheint wiederum der Gedanke durch, dass sich das Recht der Kriegsverbrechen in der Realität des bewaffneten Konflikt bewähren muss und daher keine Idealforderungen durchsetzen kann, in diesem Falle also die Strafbarkeit jedweden Angriffs mit bestimmten Kollateralschäden.

b) Struktur des Tatbestandes

Die Ausdehnung des Verhältnismäßigkeitsgrundsatzes auf den nichtinternationalen Konflikt, die Art. 8 Abs. 2 (b) (iv) IStGH-Statut im Gegensatz zu § 11 Abs. 1 Nr. 3 VStGB nicht vornimmt, ist durch Völkergewohnheitsrecht gedeckt.[7] Die Verhältnismäßigkeit ist geradezu inhärenter Bestandteil jedweder Kriegshandlung, die militärische Belange mit humanitären Belangen in Einklang bringen will.[8]

Die Aufsplittung in zwei Tatbestände (§ 11 Abs. 1 Nr. 3 und § 11 Abs. 3) wurde im VStGB allerdings notwendig, da die Strafbarkeit der Verursachung unverhältnismäßiger Umweltschäden für den nichtinternationalen bewaffneten Konflikt nicht nachgewiesen werden kann und selbst für den internationalen bewaffneten Konflikt nicht ganz unbestritten ist.[9] Das IStGH-Statut bleibt auch hier hinter Völkergewohnheitsrecht

---

[7] Vgl. IGH, Rechtsgutachten vom 08. Juli 1996 (Legality of the Threat or Use of Nuclear Weapons), ICJ Reports 1986, paras 30 ff.; JStGH, Urteil vom 14. Januar 2000 (*Kupreškić* et al., TC), para 524; *Gropengießer/Kreicker*, Grundlagen der Strafverfolgung völkerrechtlicher Verbrechen in Deutschland, S. 67; *Henckaerts*, IRRC 2005, 175, 199 (Rule 14); *Kreß*, Israel YHR 30 (2000), 103, 135; *Lüder/Vormbaum*, Materialien zum Völkerstrafgesetzbuch, S. 55 m.w.N. Vgl. *Shamash*, IDF L.R. 2 (2005-2006), 103, 108 f.; *Zimmermann*, Max Planck UNYB 11 (2007), 99, 128.

[8] *Fenrick*, Duke J. of Comparative and International L. 7 (1997), 539, 545. Vgl. *Dinstein*, The Conduct of Hostilities under the Law of International Armed Conflict, S. 82.

[9] *Gropengießer/Kreicker*, Grundlagen der Strafverfolgung völkerrechtlicher Verbrechen in Deutschland, S. 184 f. m.w.N.

zurück und kann beide Tatbestände strukturell zusammenführen, da es beide nur in der Begehung im internationalen bewaffneten Konflikt unter Strafe stellt.

Der Schadenseintritt ist nicht zwingend für die Erfüllung des Tatbestandes[10] („... und dabei als sicher *erwartet* ..."). Gleichwohl wird er regelmäßig eingetreten sein.

Der Tatbestand ist damit *auch* bereits ein Sicherungsmechanismus für eine umfassende und korrekte Angriffsplanung, wie sie Art. 57 Abs. 2 lit. a) ZP I verlangt.

Gegenüber dem Primärrecht wurden im IStGH-Statut die Worte „clearly" und „overall" eingefügt.[11] Das VStGB hat demgegenüber die Formulierungen der Primärregeln gewählt („außer Verhältnis"), ohne diese ausdrücklich abzuändern.

2. „... *mit militärischen Mitteln einen Angriff durchführt* ..."

a) Mit militärischen Mitteln

Unklar ist die Wendung „mit militärischen Mitteln" in § 11 Abs. 1 Nr. 3 VStGB, wobei es sich allerdings – soviel steht fest – um ein gegenüber dem internationalen Recht einengendes Merkmal handelt, da es dort fehlt.

Man wird indessen nicht davon ausgehen können, dass es wirkungslos bleibt,[12] vielmehr wird das Merkmal im Sinne einer Schwelle zu verstehen sein, die entweder an Organisation, Umfang oder Art des Waffeneinsatzes Mindestanforderungen stellt, mithin also nicht jeden unorganisierten, kleineren, mit gefährlichen Werkzeugen geführten Überfall ausreichen lassen kann. Was den Waffeneinsatz betrifft, so bietet sich zur ersten Orientierung eine Rekursnahme auf die Kriegswaffenliste nach § 1 Abs. 1 KWKG i.V.m. der Anlage zum KWKG an.[13] Angesichts

---

[10] *Dörmann*, Elements of War Crimes, S. 162; *Hartstein*, in: *Esser/Kühne/Gerding*, Völkerstrafrecht, S. 107.

[11] *Dörmann*, Elements of War Crimes, S. 169.

[12] So aber *Gropengießer/Kreicker*, Grundlagen der Strafverfolgung völkerrechtlicher Verbrechen in Deutschland, S. 180.

[13] Abgedruckt in MüKo StGB, Band 5: Nebenstrafrecht 1, S. 2054 ff.

des gänzlich anderen Schutzzweckes des KWKG[14] ist dieses für Zwecke des humanitären Völkerrechts aber nicht abschließend. Ein Kriegsverbrechen kann, um ein klassisches Beispiel zu wählen, auch mit Jagdwaffen begangen werden.[15]

Die typisch militärische Organisation kann also das eine Mal im Vordergrund stehen, die Art der Waffe ein anderes Mal. Eine eigenständige Bedeutung – und sei sie auch gering und in den einschlägigen Fällen meist oder sogar durchweg gegeben – ist dem Merkmal aber zuzubilligen. Unter dem Aspekt der Normbestimmtheit würde es dem Täter zum Nachteil gereichen, ein Merkmal zu ignorieren, welches nur in einer den Tatbestand einschränkenden Weise ausgelegt werden kann.

b) Angriff

Der Begriff des Angriffs erfordert einen Akt der Gewalt, der allerdings nicht von besonderem Umfange sein muss, der einzelne Schuss fällt ebenso darunter wie massives Artilleriefeuer.[16] Der Begriff des „Angriffs“ beinhaltet jedenfalls eine physisch wirkende Krafteinwirkung, so dass beispielsweise die Verbreitung von Propaganda und andere psychologisch wirkende Kriegsführung dem Begriff nicht unterfallen kann.[17] Der Begriff des Angriffs umfasst allerdings sowohl offensive als auch defensive Gewaltanwendung gegen den Gegner (Art. 49 Abs. 1 ZP I). Diese Definition überschreitet die überkommene etymologische Wortbedeutung[18] ebenso wie den überkommenen militärischen Sprach-

---

[14] *Heinrich*, in: MüKo StGB, Band 5: Nebenstrafrecht 1, Vorbem. KWKG Rn. 3 f.

[15] Jagdwaffen geben ihr Geschoss häufig mit einer äußerst hohen Geschwindigkeit ab, die bei Menschen geeignet ist, beim Auftreffen unnötige Leiden und schwerste Verletzungen hervorzurufen, namentlich einen Schockzustand. Daher warfen sich im Ersten Weltkrieg Deutschland und Frankreich gegenseitig deren Verwendung durch Scharfschützen vor.

[16] *Dinstein*, The Conduct of Hostilities under the Law of International Armed Conflict, S. 84.

[17] *Bothe/Partsch/Solf*, New Rules for Victims of Armed Conflicts, S. 289.

[18] Kritisch daher *Oeter*, in: *Fleck*, Handbuch des humanitären Völkerrechts in bewaffneten Konflikten, Nr. 441; *Parks*, Air Force L.R. 32 (1990), 1, 113 ff.

gebrauch,[19] also die einschlägige Fachsprache. Im natürlichen Sprachgebrauch ebenso wie im militärische Sprachgebrauch werden offensives und defensives Verhalten unterschieden, wird Angriff als Gegenteil von Verteidigung bestimmt.

3. Ungeschriebenes Tatbestandsmerkmal: militärisches Ziel

Im Gegensatz zu Tatbeständen, die Angriffe auf nichtmilitärische Ziele unter Strafe stellen, setzen § 11 Abs. 1 Nr. 3 und Abs. 3 VStGB gerade nicht voraus, dass ein nichtmilitärisches Ziel zum Angriffsobjekt gemacht wird.[20]

Dass es sich nicht um einen gezielten Angriff handelt, kommt auch darin zum Ausdruck, dass § 11 Abs. 1 Nr. 1 und 2 VStGB verlangen, dass der Angriff gegen zivile Objekte *gerichtet* wird, während § 11 Abs. 1 Nr. 3 (wie auch Abs. 3) VStGB davon spricht, dass ein Angriff *durchgeführt* wird.

Der Angriff in § 11 Abs. 1 Nr. 3 und Abs. 3 VStGB richtet sich gegen ein militärisches Ziel, allerdings wird als Nebenfolge dieses Angriffs die Tötung oder Verletzung von Zivilpersonen oder die Beschädigung ziviler Objekte vorausgesetzt. Der Angriff auf das militärische Ziel ist grundsätzlich völkerrechtsgemäß, aber eben unter der Einschränkung, dass ziviler Kollateralschaden nur bis zu einem gewissen Grad hinnehmbar ist. Der gezielte Angriff auf Zivilpersonen oder zivile Objekte ist hingegen immer völkerrechtswidrig (vgl. § 52 ZP I). § 11 Abs. 1 Nr. 3 und Abs. 3 VStGB sind damit Ausdruck einer Ausnahme von dem regelmäßig legalen Angriff auf militärische Ziele. Tatbestände, die den direkten Angriff auf Zivilpersonen oder zivile Objekte pönalisieren, bestätigen hingegen die durchgängige Regel. Damit schließen sich die Tatbestände aber gegenseitig aus. Sie sind jeweils Spezialregelungen für Angriffe auf militärische bzw. zivile Ziele. Voraussetzung für die Anwendbarkeit des § 11 Abs. 1 Nr. 3 und Abs. 3 VStGB ist daher, dass ein militärisches Ziel anvisiert wurde.

---

[19] *Robertson*, in: *Schmitt* (Hrsg.), The Law of Military Operations, S. 202. Siehe aber auch Nr. 441 ZDv 15/2, welche die Definition des ZP I übernimmt; *Robertson*, S. 204.

[20] *Werle*, Völkerstrafrecht, Rn. 1164.

Bereits die richtige Einordnung als „militärisches Ziel“ ist jedenfalls bei einigen Abgrenzungsfragen aber alles andere als leicht oder eindeutig.[21]

a) Definition des Begriffes „militärisches Ziel“

Darunter sind nicht nur feste und bewegliche militärische Einheiten und Einrichtungen[22] des Gegners zu verstehen, sondern laut Art. 52 Abs. 2 ZP I alle Objekte, die

> „auf Grund ihrer Beschaffenheit, ihres Standorts, ihrer Zweckbestimmung oder ihrer Verwendung wirksam zu militärischen Handlungen beitragen und deren gänzliche oder teilweise Zerstörung, deren Inbesitznahme oder Neutralisierung unter den in dem betreffenden Zeitpunkt gegebenen Umständen einen eindeutigen militärischen Vorteil darstellt.“[23]

Kumulativ müssen also die Wesentlichkeit des Objektes für die gegnerische Kriegsführung und die Kriegswichtigkeit des Angriffs auf dieses Objekt für die eigene Partei vorliegen.[24]

Gegebenenfalls kann ein militärisches Ziel selbst ein bestimmtes Landgebiet sein, etwa ein Brückenkopf, eine Hügelkette oder ein Gebirgspass.[25]

---

[21] *Werle*, Völkerstrafrecht, Rn. 1149; *Wolfrum*, Max Planck UNYB 7 (2003), 1, 45. Vgl. *Dinstein*, The Conduct of Hostilities under the Law of International Armed Conflict, S. 83 f.

[22] Vgl. *Oeter*, in: *Fleck*, Handbuch des humanitären Völkerrechts in bewaffneten Konflikten, Nr. 443.

[23] Vgl. *Kittichaisaree*, International Criminal Law, S. 159; *Vitzthum*, Völkerrecht, S. 689.

[24] *Dinstein*, in: *Wall*, Legal and Ethical Lessons of NATO's Kosovo Campaign, S. 143.

[25] So auch die Interpretationserklärung der Bundesrepublik Deutschland zu den Zusatzprotokollen (Nr. 7), BGBl. 1991 II, S. 968 ff.; siehe noch *Bothe/Ipsen/Partsch*, ZaöRV 38 (1978), 1, 42; *Bothe/Partsch/Solf*, New Rules for Victims of Armed Conflicts, S. 307. Vgl. *Dinstein*, in: *Wall*, Legal and Ethical Lessons of NATO's Kosovo Campaign, S. 150 und *ders.*, The Conduct of Hostilities under the Law of International Armed Conflict, S. 92.

In jedem Falle ist die Definition des militärischen Ziels eine relative und dynamische Einordnung, denn die Natur eines Objektes kann sich ändern. So ist beispielsweise eine Kirche, die als solche genutzt wird oder auch zu einem Krankenhaus umgewidmet wird, kein militärisches Ziel, sehr wohl aber dann, wenn sie zur Artilleriebeobachtung oder für Scharfschützenangriffe genutzt wird.[26] Die Taxen, die französische Truppen 1914 an die Marne transportierten, waren für die Dauer ihres Einsatzes für militärische Zwecke auch ein militärisches Ziel.[27] Bei beiden Beispielen handelt es sich um Objekte, die durch ihre Verwendung wirksam zu militärischen Handlungen beitragen.

Bereits ihrer Natur nach militärische Objekte sind solche, die *per se* mit einer Eigenschaft ausgestattet sind, die sie einen Beitrag zur Kampfführung leisten lässt. Umfasst sind hiervon militärische Einrichtungen wie Kasernen, Camps, Stellungen oder Übungsplätze, alle Arten von Waffensystemen, militärischen Fahrzeugen, Flugzeuge und Kriegsschiffe, Waffenfabriken, militärische Forschungseinrichtungen, Führungsstellen, usw.[28] Von dieser Definition umfasst sind auch sonstige Rüstungsbetriebe, die gesamte Kommunikations- und Transportinfrastruktur, jedenfalls soweit sie auch den militärischen Anstrengungen des Gegners dient, ebenso Anlagen zur Energieerzeugung, die auch militärischen Anlagen zugute kommen.

Weitergehend untersagt sind allerdings – selbst auf ein als militärisch zu definierendes Ziel – nach Art. 56 ZP I Angriffe auf Anlagen oder Einrichtungen, deren Zerstörung gefährliche Kräfte freisetzen würde, beispielhaft aber nicht abschließend werden Dämme, Deiche und Kernkraftwerke aufgeführt. In diesem Zusammenhang haben einige Staaten bei der Annahme des ZP I erklärt, dass beim Angriff auf eine als militärisches Ziel zu definierende Anlage dieser Natur der Nutzen des Angriffs auch die Kollateralschäden aufwiegen müsse und unabhängig da-

---

26 *Dinstein*, in: *Wall*, Legal and Ethical Lessons of NATO's Kosovo Campaign, S. 144; *ders.*, The Conduct of Hostilities under the Law of International Armed Conflict, S. 86. Vgl. *Fenrick*, EJIL 12 (2001), 489, 494; *Zimmermann*, Max Planck UNYB 11 (2007), 99, 133 f.

27 *Dinstein*, The Conduct of Hostilities under the Law of International Armed Conflict, S. 90.

28 Vgl. die ebenfalls nicht abschließende Liste bei *Dinstein*, The Conduct of Hostilities under the Law of International Armed Conflict, S. 88 f.

von soll es auch eine als präventive Maßnahme zu verstehende Verpflichtung der Gegenseite geben, solche Anlagen nicht militärisch zu nutzen.[29]

b) Zu weitgehende Effekte

Ebenso wie Objekte schon aufgrund ihrer Beschaffenheit militärische Ziele sein können, so sind andere Objekte *per se* als militärische Ziele auszuschließen. Sicherlich nicht ein kriegsrechtlich zulässiges Ziel sind Zivilisten, zivile Objekte und die zivile Moral *jeweils als solche*.[30] Die *gezielte* Terrorisierung und Einschüchterung der Zivilbevölkerung an sich ist kriegsrechtswidrig, als Nebenfolge rechtlich zulässiger Angriffe aber hinzunehmen.[31] Daher ist es auch nicht zu beanstanden, wenn bei der Angriffsplanung *als weiterer Effekt* der Eindruck des Angriffs auf die Zivilbevölkerung bei der Zielauswahl in Rechnung gestellt wird,[32] solange nur das Angriffsziel kriegsrechtlich ein zulässiges ist. Insoweit ist eine formelle Betrachtung angezeigt, die den Planern einigen Spielraum lässt.

Zu weitgehend ist ein Ansatz, der auf die gegnerische *war-sustaining capability* abstellt, also die Aufrechterhaltung der gegnerischen Kriegsbemühungen.[33] Legitimes Kriegsziel ist (nur) die Schwächung der geg-

---

[29] *Wolfrum*, in: FS *Mußgnug*, S. 302.

[30] Vgl. Final Report to the Prosecutor by the Committee Established to Review the NATO Bombing Campaign against the Federal Republic of Yugoslavia vom 08. Juni 2000, ICTY-OTP, para 55 (siehe oben 1. Kapitel, Fn. 6); *Bothe*, EJIL 12 (2001), 531, 534; *Dunlap*, in: ASIL Proc., S. 12; *Fenrick*, EJIL 12 (2001), 489, 497; *Wolfrum*, Max Planck UNYB 7 (2003), 1, 46. Siehe auch Art. 51 Abs. 2 ZP I.

[31] *Dinstein*, The Conduct of Hostilities under the Law of International Armed Conflict, S. 116; *Lauterpacht*, BYIL 29 (1952), 360, 369.

[32] „Effects-based operations“; *Schmitt*, Israel YHR 34 (2004), 59, 62.

[33] Namentlich findet sich dieser Ansatz in *Department of the Navy*, The Commander’s Handbook on the Law of Naval Operations, Nr. 8.2: „Military objectives are combatants, military equipment and facilities (except medical and religious equipment and facilities), and those objects which, by their nature, location, purpose, or use, effectively contribute to the enemy’s war-fighting *or war-sustaining capability* [Hervorhebung vom Verfasser] and whose total or partial destruction, capture or neutralization would constitute a definite military advantage to the attacker under the circumstances at the time of the at-

nerischen *Streitkräfte*,[34] nicht die Vereitelung jedweder gegnerischer Kriegsanstrengung. Jedenfalls im modernen Staatenkrieg kann der letzte Begriff nämlich eine Weite erreichen, die jeglichen humanitären Schutz verweigert.

c) Abgrenzungsschwierigkeiten

Problematisch ist die Abgrenzung zwischen militärischem Ziel und zivilem Objekt in zahllosen Einzelfällen. Besonders schwierig wird es bei der Frage, wie „dual use"-Einrichtungen in dieses dichotome Schema einzupassen sind.[35] Traditionell gelten Infrastruktureinrichtungen wie Verkehrswege, Kommunikationssysteme und Energieversorgung als militärische Ziele, zugleich sind sie aber auch für die Versorgung der Zivilbevölkerung von größter Bedeutung,[36] zumal in Großstädten. Im Falle der Zerstörung von *dual use*-Einrichtungen werden die sekundären Effekte vielfach schwerwiegender sein, als die Schäden durch deren Zerstörung selbst.[37]

Verschärft wird diese Problematik dadurch, dass gerade in modernen Armeen militärische Aktivitäten zunehmend mit dem zivilen Leben vermengt und an Zivilpersonen ausgelagert werden.[38] Aber auch unabhängig davon ist in modernen Gesellschaften die militärische Infrastruktur mit der allgemeinen in einem Maße verknüpft, dass beide nur sehr schwer zu entwirren sind – dennoch geht das Kriegsrecht davon aus, dass dies in jedem Falle geschehen muss.

---

tack." Vgl. aber zustimmend *Schmitt*, Israel YHR 34 (2004), 59, 67 f. Wie hier ablehnend aber *Dinstein*, The Conduct of Hostilities under the Law of International Armed Conflict, S. 87; *Wolfrum*, Max Planck UNYB 7 (2003), 1, 47.

[34] Diese Definition findet sich bereits in der St. Petersburger Deklaration von 1868.

[35] Kritisch zum Begriff *Wolfrum*, Max Planck UNYB 7 (2003), 1, 46 („Either something is a military object or it is not."). „Dual use" ist also nicht in dem Sinne zu verstehen, dass eine Zwischenkategorie gebildet wird, sondern als Chiffre, die die Problematik der Einordnung zahlreicher Einrichtungen zum Ausdruck bringt.

[36] *Bothe*, HuV-I 1997, 206, 207; *ders.*, in: *Wall*, Legal and Ethical Lessons of NATO's Kosovo Campaign, S. 177 ff.

[37] *Dunlap*, in: ASIL Proc. 1999, S. 8. Vgl. *Vitzthum*, Völkerrecht, S. 691.

[38] *Schmitt*, Yale Human Rights & Development L.J. 2 (1999), 143, 159 ff.

So kann – um nur ein Beispiel von unzähligen zu verwenden – ein Fernseh- oder Radiosender auf einer Spanne eingesetzt werden, die von Unterhaltung und Information über Propaganda bis hin zur Verwendung als militärische Relaisstation dient. In letzterem Falle handelt es sich dann um ein militärisches Ziel, in ersterem Falle nicht.[39] Umstritten ist der Fall des Einsatzes als Propagandamittel. Generell birgt die Definition eines Propagandamittels als militärisches Ziel die Gefahr einer starken Zielausweitung.[40] Geht dieser Einsatz so weit, dass mit ihm – wie im Falle des ruandischen Senders *Radio Mille Collines* – zum Völkermord oder anderen schwerwiegenden Straftaten gegen das Völkerrecht aufgerufen wird, so kann ein Propagandasender zulässiges Ziel sein. Jedenfalls für den Aufruf zu Kriegsverbrechen muss man dazu auch nicht „some generalized right to prevent the continuing commission of crimes“[41] bemühen. In einem solchen Fall trägt der Propagandasender zur gegnerischen Kriegsführung unmittelbar bei und setzt die eigenen Soldaten der erhöhten Gefahr aus, Opfer kriegsrechtswidriger Maßnahmen zu werden, beispielsweise wenn dazu aufgerufen wird, kein Pardon zu geben.

Dabei soll allerdings eine schematische Zieldefinition untersagt sein, so soll bei der NATO Luftkampagne im Rahmen der Kosovointervention zu berücksichtigen sein, dass es sich um einen „reinen Luftkrieg“ handelte und daher aus Gründen der nachrangigen Logistik am Boden nicht jede Brücke oder Eisenbahnlinie als militärisches Ziel angesehen werden.[42] Zudem soll die Art des Konfliktes, hier etwa die humanitäre Intervention, eine Zielbeschränkung auf einen besonders engen Bereich militärischer Objekte mit sich bringen, Ziel sei nur gewesen „a change of attitude of the Belgrade government.“[43] Dazu ist allerdings zu sagen,

---

[39] Vgl. *Ronzitti*, IRRC 2000, 1017, 1023. Allerdings definiert die Konvention vom 14. Mai 1954 zum Schutz von Kulturgut bei bewaffneten Konflikten (BGBl. 1967 II, S. 1233 ff.; auch abgedruckt in AA/DRK/BMVg, Dokumente zum humanitären Völkerrecht, S. 369 ff.) in Art. 8 Abs. 1 lit. a) einen Rundfunksender beiläufig als wichtiges militärisches Ziel.

[40] *Fenrick*, EJIL 12 (2001), 489, 496; *Laursen*, American University Int'l L.R. 17 (2002), 765, 784. Vgl. *Zimmermann*, Max Planck UNYB 11 (2007), 99, 134.

[41] *Fenrick*, EJIL 12 (2001), 489, 496.

[42] *Vitzthum*, Völkerrecht, S. 690.

[43] *Bothe*, in: *Wall*, Legal and Ethical Lessons of NATO's Kosovo Campaign, S. 181.

dass das Aufzwingen des eigenen politischen Willens ein klassisches Kriegsziel ist, wie es bereits bei *Clausewitz* zum Ausdruck kommt (siehe oben 1. Kapitel, Fn. 85) und sich diese Kriegs*ziel*definition daher nicht dazu eignet, eine Aussage über die notwendigen *Mittel* zu machen. Die weitere Unterteilung eines Konfliktes in humanitäre Intervention oder Selbstverteidigung begrenzt nicht über das ohnehin geltende Kriegsvölkerrecht hinaus die militärischen Optionen der intervenierenden oder verteidigenden Seite.[44] Die Trennung zwischen *ius ad bellum* und *ius in bello* ist durchzuhalten (siehe schon oben, *1. Kapitel A. I.*). Abwegig wäre schließlich die Annahme, die angegriffene Seite, die nur von ihrem Selbstverteidigungsrecht Gebrauch macht, sei gehalten, nur diejenigen Mittel anzuwenden, die notwendig sind, um gerade einmal die eigene Grenze zu sichern.

4. Das Erfordernis der Verhältnismäßigkeit zwischen kollateral verursachtem Schaden und dem militärischen Vorteil

a) Der insgesamt erwartete konkrete und unmittelbare militärische Vorteil

Nicht nur das Ziel selbst muss hinreichend konkret als militärisches bestimmt sein, auch der militärische Vorteil muss dieses Merkmal aufweisen, er muss also mit den laufenden Operationen in einem diesen dienlichen Zusammenhang stehen.[45]

Die *elements of crimes* für Art. 8 Abs. 2 (b) (iv) IStGH-Statut sehen hierfür in Ziffer 2, Fn. 36 vor:

> „The expression ‚concrete and direct overall military advantage' refers to a military advantage that is foreseeable by the accused at the relevant time. Such advantage may or may not be temporally or geographically related to the object of the attack."

Die Notwendigkeit der Vorhersehbarkeit stellt klar, dass nachträglich eine Rechtfertigung nicht eintreten kann, vielmehr vor dem Entschluss zum Angriff die Wertung abzugeben ist, ob eine Verhältnismäßigkeit

---

[44] So aber *Gardam*, AJIL 87 (1993), 391, 404 f.

[45] Vgl. *Wolfrum*, in: FS *Mußgnug*, S. 301 und noch JAG Legal Center & School, Operational Law Handbook, S. 14.

oder Unverhältnismäßigkeit vorliegen wird.[46] Entscheidend für die Umsetzung des Verhältnismäßigkeitsprinzips ist daher vor einem Angriff die richtige Zielauswahl, die Festlegung der Einsatzmodalitäten, der einzusetzenden Waffen, usw.[47] – unter steter Berücksichtigung der im Rahmen des praktisch Möglichen[48] verfügbaren Informationen und der rechtlichen Begleitung auf allen Planungsebenen. Dies bedeutet noch nicht die Pflicht, einen bestimmten Waffentyp einzusetzen, z.B. Präzisionswaffen in städtischen Gebieten, solange und soweit die Verhältnismäßigkeit auch mit einem anderen Waffentyp erreicht werden kann.[49] Jede Einsatzplanung, die geeignet ist, den kriegsvölkerrechtlichen Bestimmungen zu genügen, ist zulässig.[50] Im konkreten Einzelfall kann es sich dann allerdings so verhalten, dass ausschließlich die Verwendung eines Waffentyps diesen Verpflichtungen gerecht wird. Die Evaluation, ob unverhältnismäßiger Kollateralschaden zu erwarten ist, hat vor dem beabsichtigten Angriff stattzufinden.[51] In dieser Planung kann sich auch die Unzulässigkeit eines militärischen Zieles ergeben, wenn der Angriff auf ein anderes militärisches Ziel denselben Effekt ohne Kollateralschadensgefahr zu erreichen vermag. Als Beispiel mag der Fall dienen, dass die Zerstörung eines Eisanbahnknotenpunktes auf freiem Feld den gleichen Effekt haben kann wie die Zerstörung eines Bahnhofs in einer Großstadt.[52]

---

46 *Dörmann*, Max Planck UNYB 7 (2003), 341, 386. Kritisch *Sadat*, The International Criminal Court and the Transformation of International Law, S. 165.

47 *Gardam*, AJIL 87 (1993), 391, 407; *Oeter*, in: *Fleck*, Handbuch des humanitären Völkerrechts in bewaffneten Konflikten, Nr. 457.

48 Vgl. Interpretationserklärung der Bundesrepublik Deutschland zu den Zusatzprotokollen (Nr. 2), BGBl. 1991 II, S. 968 ff.

49 Vgl. *Lisher*, IDF L.R. 2 (2005-2006), 149, 166 f.

50 Vgl. *Dinstein*, The Conduct of Hostilities under the Law of International Armed Conflict, S. 126 f.

51 *Dörmann*, Max Planck UNYB 7 (2003), 341, 386.

52 *Oeter*, in: *Fleck*, Handbuch des humanitären Völkerrechts in bewaffneten Konflikten, Nr. 457.

aa) Der Angriff als Ganzes

Das IStGH-Statut mit der Erweiterung „overall" ist eben dahin zu verstehen, dass der Angriff als Ganzes zu bewerten ist.[53] Die entsprechenden Tatbestände des VStGB nehmen dieses Merkmal auf, indem sie auf den *insgesamt* erwarteten Vorteil abstellen.

Entscheidend ist der „Angriff als Ganzes". Dieser ist allerdings einerseits nicht Selbstzweck, sondern in einen weiteren Rahmen der Gesamtoperation einzuordnen, deren Strategie sich erst aus einem Gesamtbild erhellt, so dass sich eine zu weitgehende Zerlegung des Angriffs verbietet.[54] Der Angriff darf nicht künstlich auf das Verhalten einzelner Soldaten, Panzer oder Flugzeuge, usw. zerlegt werden (keine Einschätzung auf einer „bullet-by-bullet basis").[55]

Der Vorteil ist also derjenige, der von dem Angriff selbst und insgesamt, nicht aber von dessen Teilen oder Teilaktionen zu erwarten ist.[56]

Es ist zu fragen, ob der angestrebte militärische Vorteil auf den strategisch-operativen Einsatz von Großverbänden wie Armeekorps oder Divisionen zu beziehen ist, oder auf den isoliert zu betrachtenden Einsatz etwa eines Bataillons. Mit der Größe des angestrebten Gesamtvorteils wüchse nämlich auch das hinnehmbare Maß an Kollateralschäden im Rahmen der Verhältnismäßigkeit.[57]

Im militärischen Sprachgebrauch mit der Unterscheidung zwischen strategischer, operationeller und taktischer Ebene[58] ist bei der Betrachtung die taktische Ebene entscheidend, also die Ebene der konkreten Kampfhandlung. Operationelle oder gar strategische Ebene würden die

---

53 *Bothe*, in: *Cassese/Gaeta/Jones*, Rome Statute: A Commentary, Band 1, S. 399. Kritisch *Fischer*, in: FS *Ipsen*, S. 91.

54 *Laursen*, American University Int'l L.R. 17 (2002), 765, 795; *Oeter*, in: *Fleck*, Handbuch des humanitären Völkerrechts in bewaffneten Konflikten, Nr. 444. Vgl. *Dinstein*, The Conduct of Hostilities under the Law of International Armed Conflict, S. 86.

55 *Dinstein*, The Conduct of Hostilities under the Law of International Armed Conflict, S. 123; *Shamash*, IDF L.R. 2 (2005-2006), 103, 119.

56 Interpretationserklärung der Bundesrepublik Deutschland zu den Zusatzprotokollen (Nr. 5), BGBl. 1991 II, S. 968 ff.

57 *Bothe/Ipsen/Partsch*, ZaöRV 38 (1978), 1, 41.

58 Siehe zu den Begriffen *Schmitt*, Israel YHR 34 (2004), 59, 78 (dortige Fn. 68).

Betrachtung zu weit führen und in Richtung einer Gesamtbilanzierung gehen, die aber auf beiden Seiten der Rechnung zu Konturlosigkeit führen würde. Entscheidend ist also nicht die Verhältnismäßigkeit des gesamten Konfliktes,[59] eines Feldzuges oder einer großen Schlacht, sondern ein räumlich, zeitlich, materiell und personell abgrenzbares Verhalten. Nur so ist für das Völkerstrafrecht schließlich auch ein hinreichend abgrenzbarer Täterkreis identifizierbar. Siedelt man die entscheidende Ebene zu hoch an, so reduziert sich die Verantwortlichkeit auf eine immer schmalere Führungsebene, die über das Verhalten eigener Truppen in der gesamten Schlacht oder im Feldzug entscheidet. Eine Unverhältnismäßigkeit auf taktischer Ebene würde in der Gesamtbilanzierung schlichtweg der Gefahr ausgesetzt, in der Vielzahl der einzelnen Rechnungsposten zu verschwinden. Nur so ist noch gewährleistet, dass der militärische Vorteil ein konkreter und unmittelbarer ist.

bb) Der militärische Vorteil

Der Vorteil muss jedenfalls ein militärischer sein, nicht ein „nur“ politischer.[60] Nicht notwendigerweise muss der Vorteil aber beim Angreifer eintreten, er kann auch einem Verbündeten zugute kommen.[61] Nach einer Ansicht soll ein solcher nicht vorliegen, wenn die gegnerische Führung zu politischen Verhandlungen gezwungen werden soll.[62] Allerdings ist dem zu entgegnen, dass es letztes Ziel aller Kriegsführung nur sein kann durch Schwächung der Streitkräfte des Gegners dessen Führung zur Kapitulation oder zu Verhandlungen zu bewegen. Daher ist eine Unterscheidung zwischen militärischem und politischem Vorteil kaum zu treffen, ein militärischer Erfolg ist vielmehr im bewaffneten Konflikt immer auch ein politischer Erfolg.

Zwar ist es legitimes Anliegen (und auch militärisch vorteilhaft), die eigenen Soldaten so weit als möglich zu schützen, unter dem Aspekt der

---

59 *Dinstein*, The Conduct of Hostilities under the Law of International Armed Conflict, S. 87; *Dörmann*, Elements of War Crimes, S. 171.

60 *Dinstein*, in: *Wall*, Legal and Ethical Lessons of NATO's Kosovo Campaign, S. 144. Vgl. *Wolfrum*, Max Planck UNYB 7 (2003), 1, 48.

61 *Dinstein*, The Conduct of Hostilities under the Law of International Armed Conflict, S. 86.

62 *König*, Die völkerrechtliche Legitimation der Strafgewalt internationaler Strafjustiz, S. 309.

Verhältnismäßigkeit kann es aber geboten sein, zum Schutz von Zivilpersonen oder zivilen Objekten die eigenen Soldaten einem höheren Risiko auszusetzen. Die Anweisung an NATO-Piloten im Kosovokonflikt nicht eine Flughöhe von 15.000 Fuß zu unterschreiten, um Teilen der serbischen Luftabwehr zu entgehen (*zero-casualty warfare*), erschwerte beispielsweise in einigen Fällen eine Zielverifikation.[63] Im Ergebnis wurde zwar der Verhältnismäßigkeitsgrundsatz in diesem Falle nicht verletzt, dennoch sind es im Grundsatz die Soldaten, die auch zugunsten gegnerischer Zivilpersonen eine höhere Gefahrtragungspflicht haben, nicht umgekehrt. Der weitmöglichste Schutz eigener Truppen während einer Gefechtsaktivität ist nicht Schutzgut des humanitären Völkerrechts. Schutzmaßnahmen zu Gunsten eigener Soldaten können daher allenfalls in geringem Umfange einen Kollateralschaden aufwiegen, insbesondere dann, wenn große Verluste für die Vermeidung nur geringer Kollateralschäden die Folge wären.

Die Ausführung einer geradezu suizidalen Aktion kann das humanitäre Völkerrecht auch denjenigen nicht aufbürden, die ihm verpflichtet sind. Eine Akzeptanz des Kriegsrechts ist nur zu erreichen, solange sich dieses im Bereich praktischer militärischer Alltagsvernunft bewegt und von den Akteuren keine sichere Selbstaufopferung, sondern nur professionelle Risikotragung verlangt. Bei aller Vorsicht kann daher aber umgekehrt der hervortretende Wille, zu Gunsten des Schutzes gegnerischer Zivilpersonen gewisse eigene Verluste in Kauf zu nehmen, als Indiz für den Willen, verhältnismäßig zu handeln, angenommen werden.[64]

b) Der Kollateralschaden

Der erwartete Schaden muss in der Tötung oder Verletzung von Zivilpersonen oder in der Beschädigung ziviler Objekte bestehen. Die rechtliche Feststellung eines Kollateralschadens wird im Gegensatz zur tatsächlichen Feststellung zumeist keine Probleme bereiten. Wichtig ist allerdings, dass dieselben Variablen miteinander verglichen werden, also

---

[63] *Colangelo*, Northwestern University L.R. 97 (2003), 1393, 1407 ff.; *Voon*, American University Int'l L.R. 16 (2001), 1083, 1097 f. Vgl. auch *Mandel*, Fordham Int'l L.J. 25 (2001), 95, 114 f. (in einem ansonsten allerdings recht polemischen Artikel).

[64] *Fenrick*, Duke J. of Comparative and International L. 7 (1997), 539, 549.

der durch *ein und denselben Angriff* erwartete militärische Vorteil und kollateral verursachte Schaden.

Andererseits soll sich nach Rechtsprechung des JStGH unter Rückgriff auf die Martensklausel auch in dem Falle ein Verstoß gegen Völkerrecht ergeben können, in dem bei wiederholten Angriffen, die allesamt oder überwiegend in einer „Grauzone" stattfänden, also „gerade noch" für sich genommen völkerrechtskonform sind, der *kumulative Effekt* dazu führt, dass entgegen den Geboten der Menschlichkeit Zivilpersonen und zivile Güter gefährdet werden.[65]

Dieser Ansicht ist allerdings insoweit entgegenzutreten, als sie dahin verstanden werden kann, dass nur die eine Seite der Rechnung aufgemacht wird. Kumuliert man nämlich einerseits den kollateralen Schaden aus allen Angriffen, so muss man andererseits auch den militärischen Vorteil aus allen Angriffen kumulieren.[66] Mit anderen Worten darf also nur vergleichbares auch verglichen werden.

c) Das Verhältnismäßigkeitsprinzip an sich

Besondere Schwierigkeiten bereitet das Verhältnismäßigkeitsprinzip, wonach der Schaden an zivilen Gütern nicht außer Verhältnis zu dem erwarteten militärischen Vorteil liegen darf. Bereits die dem Straftatbestand zu Grunde liegende Regelung des humanitären Völkerrechts, wie sie aus dem Gewohnheitsrecht hervorging und in Art. 48 ff. ZP I niedergelegt wurde, ist kaum in den Griff zu kriegen.[67] Die Beantwortung der Frage, ob ein Angriff mit zivilen Begleitschäden in Relation zum militärischen Vorteil noch verhältnismäßig oder schon unverhältnismäßig ist, erfordert eine gemischt tatsächlich-rechtliche Bewertung.[68]

---

[65] JStGH, Urteil vom 14. Januar 2000 (*Kupreškić* et al., TC) para 526 („... in case of repeated attacks, all or most of them falling within the grey area between indisputable legality and unlawfulness, it might be warranted to conclude that the cumulative effects of such acts entails that they may not be in keeping with international law."; vgl. *Benvenuti*, EJIL 12 (2001), 503, 517.

[66] Vgl. *Zimmermann*, Max Planck UNYB 11 (2007), 99, 136 f.

[67] Treffend *Shamash*, IDF L.R. 2 (2005-2006), 103, 104: „unclear to the point of inapplicability".

[68] *Ambos*, Der Allgemeine Teil des Völkerstrafrechts, S. 786; *Bothe*, in: *Wall*, Legal and Ethical Lessons of NATO's Kosovo Campaign, S. 184.

aa) Notwendigkeit einer Wertung

Man entscheidet sich daher dafür, den Einzelfall zu betrachten, auf den es im Wesentlichen ankommen soll, mit dem die Beantwortung der Frage, ob eine militärische Aktion verhältnismäßig war oder nicht, also stehen und fallen soll. Welche zivilen Begleitschäden im Einzelfall die Grenze zur Unverhältnismäßigkeit nicht überschreiten und noch als angemessen zu werten sind, soll einer genauen objektiven Bestimmung entzogen sein;[69] jedenfalls insoweit, als es sich um eine konkrete, nicht eine abstrakte Entscheidung handeln muss. Es liegt auch hier in der Natur der Abwägung, dass eine Präzisierung schwierig und subjektiv gefärbt ist.

Diese Schwierigkeiten erklären sich auch daraus, dass man zwei konkurrierenden Variablen Werte zuordnen muss; und zwar nicht irgendwelche Werte, sondern vielfach menschliche Leben. Das Leben wie vieler Unschuldiger ist die Zerstörung eines Kriegsschiffes, einer feindlichen Stellung, einer Kaserne, eines Beobachtungspostens wert? Dass dies zu einem *moralischen* Dilemma führt ist unmittelbar einsichtig.[70] *Shamash* bringt es auf den Punkt: Man zögert auszusprechen, dass beispielsweise das Leben von zwanzig Zivilisten eine Brücke oder dreißig Zivilisten eine Munitionsfabrik wert sind.[71]

Dennoch ist die Beantwortung dieser Wertfrage unausweichlich.[72] Damit ist zugleich klärungsbedürftig, aus wessen Sicht die Wertfrage zu beantworten ist:

> „It is unlikely that a human rights lawyer and an experienced combat commander would assign the same relative values to military advantage and to injury to noncombatants.“[73]

---

[69] *Dinstein*, The Conduct of Hostilities under the Law of International Armed Conflict, S. 122; *Vitzthum*, Völkerrecht, S. 690 f. Vgl. zur Angemessenheit *Stein*, in: Liber amicorum *Delbrück*, S. 737.

[70] Vgl. *Cohen/Shany*, JICJ 5 (2007), 310, 316; *Schmitt*, Yale Human Rights & Development L.J. 2 (1999), 143, 151.

[71] *Shamash*, IDF L.R. 2 (2005-2006), 103, 127.

[72] So auch *Shamash*, IDF L.R. 2 (2005-2006), 103, 133 f. Der Vorschlag, eine Unverhältnismäßigkeit *widerlegbar zu vermuten* (*Shamash*, S. 147) ist aber jedenfalls für den strafrechtlichen Bereich nicht tragfähig, da er der Unschuldsvermutung diametral zuwider laufen würde.

Der Standard eines „reasonable military commander“,[74] also eines vernünftig handelnden Kommandeurs, der sich derjenigen Informationen bedient, die ihm im Zeitpunkt der Entscheidung zur Verfügung standen und sich ihnen nicht verschließt, wird zu Recht für vorzugswürdig gehalten. Er ermöglicht nämlich auch die Berücksichtigung der vielfach schwierigen Umstände, unter denen eine derartige Angriffsentscheidung getroffen werden muss.[75] Diese sind zivilen Entscheidungsträgern nicht in gleichem Maße zugänglich.[76]

bb) Anwendung des Verhältnismäßigkeitsprinzips

Angesichts der Schwierigkeiten, das Verhältnismäßigkeitsprinzip *in concreto* operabel zu machen, merkt der *Final Report to the Prosecutor* schon fast resignierend an:

> „The main problem with the principle of proportionality is not whether or not it exists but what it means and how it is to be applied. It is relatively simple to state that there must be an acceptable relation between the legitimate destructive effect and undesirable collateral effects. For example, bombing a refugee camp is obviously prohibited if its only military significance is that people in the camp are knitting socks for soldiers. Conversely, an air strike on an ammunition dump should not be prohibited merely because a farmer is plowing a field in the area. Unfortunately, most applications of the principle of proportionality are not quite so clear cut. It is much easier to formulate the principle of proportionality in general terms than it is to apply it to a particular set of circumstances because the

---

[73] Final Report to the Prosecutor by the Committee Established to Review the NATO Bombing Campaign against the Federal Republic of Yugoslavia vom 08. Juni 2000, ICTY-OTP, para 50.

[74] Final Report to the Prosecutor by the Committee Established to Review the NATO Bombing Campaign against the Federal Republic of Yugoslavia vom 08. Juni 2000, ICTY-OTP, para 50; zustimmend *Dörmann*, Max Planck UNYB 7 (2003), 341, 387.

[75] *Kittichaisaree*, International Criminal Law, S. 163.

[76] A.A. wohl *Bothe*, EJIL 12 (2001), 531, 535.

> comparison is often between unlike quantities and values. One cannot easily assess the value of innocent human lives as opposed to capturing a particular military objective."[77]

Vollkommen unklar ist, weswegen im Gesetzgebungsverfahren zum VStGB die Frage nach einer Vereinbarkeit des Verhältnismäßigkeitsgrundsatzes mit dem Bestimmtheitsgebot an keiner Stelle auch nur angerissen wird, obgleich ansonsten auch zu sehr viel leichter zu beantwortenden Fragen ausführlich Stellung genommen wird. Dies zumal die Verhältnismäßigkeitsregelung im VStGB strikter formuliert ist als auf der internationalen Ebene.

Als Fragen an den Maßstab der Verhältnismäßigkeit wurden genannt:[78]

- Welches sind die relativen Werte, die dem militärischen Vorteil einerseits und den Kollateralschäden andererseits zuzuordnen sind?
- Welche Werte sind in diese „Berechnung" (man könnte hinzufügen: legaler- und legitimerweise) einstellbar?
- In welchen zeitlichen und/oder geographischen Grenzen bewegt sich die „Berechnung"?
- In welchem Maße ist ein kommandierender Offizier verpflichtet, seine eigenen Truppen Gefahren auszusetzen, um so Kollateralschäden zu vermeiden?

---

[77] Final Report to the Prosecutor by the Committee Established to Review the NATO Bombing Campaign against the Federal Republic of Yugoslavia vom 08. Juni 2000, ICTY-OTP, para 48. Vgl. *Lisher*, IDF L.R. 2 (2005-2006), 149, 159. Wortgleich zum *Final Report Fenrick*, in: Duke J. of Comparative and International L. 7 (1997)), 539, 534 f. Aus vielfacher Wortgleichheit zwischen dem *Final Report* und Aufsätzen *Fenricks* kann angenommen werden, dass *Fenrick* dem (anonym gebliebenen) *Committee* angehörte und den Bericht maßgeblich prägte.

[78] Final Report to the Prosecutor by the Committee Established to Review the NATO Bombing Campaign against the Federal Republic of Yugoslavia vom 08. Juni 2000, ICTY-OTP, para 49; *Fenrick*, EJIL 12 (2001), 489, 499.

α) Typisierung

Letztlich führt dies zu einem Vorgehen anhand einer *„case by case basis“*.[79] Darin liegt eine Typenbildung, die sich dadurch auszeichnet, dass nicht eine Reihe einzelner Merkmale „abzuhaken“ ist, sondern eine Gesamtbetrachtung darstellt, anhand derer die Verbindung der einzelnen Merkmale zu einem Gesamtbild (Typus) überprüft wird.[80] Das heißt, dass nicht jedes Merkmal zwingend vorliegen muss, sondern eine gewisse Offenheit besteht, die aber verlangt, dass Merkmale doch in solcher Zahl und Stärke vorliegen, dass eine Zuordnung zu dem Gesamtbild gerechtfertigt erscheint.[81] Der Typus wird – im Gegensatz zum Begriff – nicht definiert, sondern umschrieben.[82] Dennoch sind Typus und Begriff keine starren Gegensätze, sondern auch der Begriff kann ein Element enthalten, welches der Typisierung offen ist.[83] Dieses Element ist hier die „Verhältnismäßigkeit“. Damit wird ein „normativer Realtypus“ gebildet, der sich dadurch auszeichnet, dass das Gesamtbild zwar aus empirischer Beobachtung gewonnen wird, die Typenumgrenzung im näheren aber durch Normzweck und Rechtsgedanken, also durch normativ vorgeprägte Gesichtspunkte erfolgt.[84]

Die Frage nach Verhältnismäßigkeit oder Unverhältnismäßigkeit setzt also voraus, dass man sich auf Fallbeispiele einlässt, denen man gemeinsame Merkmale entnimmt.

---

[79] Final Report to the Prosecutor by the Committee Established to Review the NATO Bombing Campaign against the Federal Republic of Yugoslavia vom 08. Juni 2000, ICTY-OTP, para 50.

[80] Vgl. *Pawlowski*, Methodenlehre für Juristen, Rn. 147.

[81] *Bydlinski*, Juristische Methodenlehre und Rechtsbegriff, S. 544. Nach *Bydlinski*, S. 543 f. liegt in der Typisierung auch die Rekonstruktion der Gedankenbilder, die dem Gesetzgeber „im Kern“ vorschwebten. Im Kriegsvölkerstrafrecht ist die eigene Leistung des Gesetzgebers aber vermindert, da er sich bewusst weitgehend auf das überkommene internationale Recht berufen will und eigene Gedankenbilder daher nur am Rande eine Rolle spielen. Daher ist (zumindest auch) ein Rückgriff auf den Kern der zugrunde liegenden internationalen Regelung angezeigt.

[82] *Larenz*, Methodenlehre der Rechtswissenschaft, S. 221.

[83] *Larenz*, Methodenlehre der Rechtswissenschaft, S. 223.

[84] *Larenz*, Methodenlehre der Rechtswissenschaft, S. 465.

Nun mag es scheinen, dass die Offenheit des Typus Bestimmtheitsanforderungen widerspricht, denn eine feste Definition, die optimale Bestimmtheit verbürgte lässt sie ja gerade nicht zu. Ergibt sich aber bei der Typisierung, dass die gewonnenen Merkmale dem Kern des Merkmals „Verhältnismäßigkeit" zugeordnet werden können, so gelangt man über die Typisierung doch zu einer Einschränkung des möglichen Wortsinnes auf einen engen Grundgehalt. Der Übergang zur teleologischen Reduktion ist hier fließend. Die Typisierung bezieht sich weniger strikt auf den Begriff.

β) Fallbeispiele

Die Bemühungen, die Frage nach der Verhältnismäßigkeit in den Griff zu bekommen, versuchen das Problem zumeist „einzukreisen", indem man sich ihm von den theoretisch denkbaren Extrempositionen nähert. Vielfach wird verfahren wie im *Final Report to the Prosecutor* für die NATO Luftkampagne im Kosovokrieg,[85] welcher als Beispiele anführt, dass es offensichtlich verboten sei, ein Flüchtlingslager zu bombardieren, nur weil dort ganz untergeordnete Gegenstände für den Armeebedarf gefertigt werden, es andererseits aber wohl nicht verboten sei, ein Munitionslager anzugreifen, nur weil sich ein einzelner Zivilist in der Gegend befindet.

Anderenorts wird etwas genereller formuliert, dass militärische Einheiten in freiem Gelände auch mit Waffen von hoher Sprengkraft angegriffen werden dürfen, auch wenn einzelne sich in der Nähe befindliche Zivilisten durch den Angriff sicher getötet werden, andererseits soll der Angriff auf einen einzelnen Soldaten unzulässig sein, wenn sich dieser in einer großen Menge von Zivilpersonen befände.[86]

Das Ausschalten eines einzelnen Scharfschützen rechtfertigt nicht die Zerstörung eines bewohnten Dorfes[87] oder eines Krankenhauses mit

---

[85] Zu den Hintergründen *Gentry*, Strategic Studies 15 (2006), 187, 205 ff. und instruktiv zum tatsächlichern Ablauf der Zielauswahl und der Berücksichtigung der Vorgaben des Kriegsvölkerrechts: *Montgomery*, in: *Wall*, Legal and Ethical Lessons of NATO's Kosovo Campaign, S. 190 ff. Zur Kritik am *Report* siehe nur *Laursen*, American University Int'l L.R. 17 (2002), 765, 775 ff.

[86] *Vitzthum*, Völkerrecht, S. 690; vgl. *Fletcher/Ohlin*, JICJ 3 (2005), 539, 560.

[87] *Parks*, Air Force L.R. 32 (1990), 1, 168.

Dutzenden Opfern,[88] ein derartiger kollateraler Schaden kann bei Ausschaltung einer Artilleriebatterie aber verhältnismäßig sein.[89]

Die Gefangennahme eines einfachen Soldaten wiegt gewiss nicht die Tötung hunderter Zivilpersonen auf.[90] Die Versenkung eines Passagierschiffes, welches auch gewöhnliches militärisches Material transportiert (wie die *Lusitania* im Ersten Weltkrieg) wäre unverhältnismäßig, anders hingegen, wenn das Schiff Massenvernichtungswaffen transportiert.[91]

Die Bombardierung einer Stadt, um eine strategisch wichtige Brücke zu treffen, wäre unverhältnismäßig, nicht aber die Zerstörung einiger Häuser.[92]

Es zeigt sich, dass alleine die prinzipielle Unbegrenztheit denkbarer militärischer Szenarien dazu führt, dass sich die Liste beliebig fortsetzen lässt.

Allen diesen Beispielen ist gemein, dass sie für den konkreten *Grenzfall* wenig bringen.

Dementsprechend umstritten war die Bombardierung der Räumlichkeiten des serbischen Fernsehens in Belgrad durch die NATO während der Kosovointervention 1999. Die Diskussion leidet allerdings daran, dass nicht festgestellt werden konnte, ob die Einrichtungen des serbischen Fernsehens tatsächlich *auch* als militärische Relaisstation verwendet wurde.[93] Die kollaterale Tötung von sechzehn Zivilpersonen um für (im Ergebnis) lediglich drei Stunden das Fernsehprogramm zu unterbrechen,

---

88 *Dinstein*, Israel YHR 34 (2004), 1, 9.

89 *Dinstein*, Israel YHR 34 (2004), 1, 9; *ders.*, The Conduct of Hostilities under the Law of International Armed Conflict, S. 123. Zustimmend *Shamash*, IDF L.R. 2 (2005-2006), 103, 131.

90 *Schmitt*, Yale Human Rights & Development L.J. 2 (1999), 143, 170.

91 *Dinstein*, The Conduct of Hostilities under the Law of International Armed Conflict, S. 123.

92 *Dinstein*, The Conduct of Hostilities under the Law of International Armed Conflict, S. 125.

93 Vgl. *Laursen*, American University Int’l L.R. 17 (2002), 765, 791. Kritisch zur Nichteröffnung des Ermittlungsverfahrens wegen des Bombardements des serbischen Fernsehens beispielsweise *Tomuschat*, Völkerrechtliche Aspekte bewaffneter Konflikte, S. 24; allerdings ohne Angabe, ob er die Einordnung des Fernsehsenders als militärisches Ziel teilt oder nicht.

kann man – geht man von einem militärischen Ziel aus – als unverhältnismäßig ansehen.[94] Wurde jedoch auch die – möglicherweise vorhandene – militärische Relaisstation dauerhafter ausgeschaltet, so kann sich der Angriff als verhältnismäßig darstellen. Dieser Angriff ist jedenfalls ein Beispiel dafür, mit welch unvollkommener Informationslage bei der Aufklärung tatsächlicher Sachverhalte im Kriegsvölkerstrafrecht gerechnet werden muss, zumal sich die relevanten Informationen oftmals auf beiden Konfliktseiten befinden und von diesen nach eigener Interessenlage dargestellt werden.

γ) Folgerungen – Reduktion des Tatbestandes auf Evidenzfälle

Damit ist aber fraglich, ob es jenseits einer Selbstbeschränkung auf die krassen Fälle, also auf die eine Extremposition unserer zahlreichen Beispiele, eine Strafbarkeit in Betracht kommen kann. Der Verstoß gegen den Bestimmtheitsgrundsatz ist außerhalb dieser eindeutigsten Fälle nämlich nicht fern. Angezeigt wäre damit eine Reduzierung der Bejahung einer Unverhältnismäßigkeit auf den „Begriffskern", während der „Begriffshof" außen vor zu bleiben hat.[95]

Ein amerikanischer Autor bemerkt entsprechend über die Verhältnismäßigkeitsregelung im ZP I:

> „By American domestic law standards, the concept of proportionality as contained in Protocol I would be constitutionally void for vagueness."[96]

Kreß kommt als Reaktion auf diese Unsicherheiten zu der realistischen und zustimmungswürdigen Einschätzung, dass „das völkerstrafrechtliche Urteil der Unverhältnismäßigkeit ziviler Begleitschäden bei der

---

[94] So der Bericht von Amnesty International, im relevanten Auszug abgedruckt bei *Sassòli/Bouvier*, Un droit dans la guerre?, Band 2, S. 1628 ff., para 20, siehe auch para 10.

[95] Zu dieser Unterscheidung *Bydlinski*, Juristische Methodenlehre und Rechtsbegriff, S. 118 f. Demnach ist „Begriffskern" durch eine Zuordnung „ohne weiteres" gekennzeichnet, während bei dem „Begriffshof" eine Zuordnung nach Sprachgebrauch zweifelhaft, aber noch möglich ist. Letztlich geht es also auch hier um eine Auslegungsschranke.

[96] *Parks*, Air Force L.R. 32 (1990), 1, 173 f. Zur Doktrin des *void for vagueness* bereits oben, *4. Kapitel B. I. 2. b)*.

Kampfführung im bewaffneten Konflikt realistischerweise auf Evidenzfälle begrenzt bleiben“ muss.[97] Diese sind – unsere Beispiele deuteten es bereits an – dann auch identifizierbar.[98]

Innerstaatlich ist daher eine Reduktion des Tatbestandes auf ihren bestimmbaren Kern angezeigt.[99] Angesichts der zahlreichen praktischen und rechtlichen Schwierigkeiten wird so gewährleistet, dass Einschätzungen, die der militärischen Vernunft entsprechen, auf hinreichenden Informationen basieren und in gutem Glauben unter Zugrundelegung der Anforderungen des humanitären Völkerrechts getroffen wurden, auch vor einem Gericht im Allgemeinen Bestand haben werden.[100] Die letztlich subjektive Natur der Einschätzung der Angriffsfolgen wird damit in der Regel zu Gunsten des Entscheiders wirken.[101] Betrachten wir allerdings nochmals mit einem klassischen Autor die zahllosen Unsicherheiten, mit denen eine derartige Entscheidungsfindung behaftet ist, erscheint dies nicht unangemessen:

> „Ein großer Teil der Nachrichten, die man im Kriege bekömmt [sic!], ist widersprechend, ein noch größerer ist falsch, und bei weitem der größte einer ziemlichen Ungewissheit unterworfen. Was man hier vom Offizier fordern kann, ist ein gewisses Unterscheiden, was nur Sach- und Menschenkenntnis, und Urteil geben können. Das Gesetz des Wahrscheinlichen muß ihn leiten. Diese Schwierigkeit ist nicht unbedeutend bei den ersten Entwürfen, die auf dem Zimmer und noch außerhalb der eigentlichen Kriegssphäre gemacht werden, aber unendlich größer ist sie da, wo, im Getümmel des Krieges selbst, eine Nachricht die andere drängt; ein Glück noch,

---

[97] *Kreß*, JZ 2006, 981, 990 f. Vgl. *Oeter*, in: *Fleck*, Handbuch des humanitären Völkerrechts in bewaffneten Konflikten, Nr. 456; *Pfirter*, in: *Lee*, The International Criminal Court, S. 151 und *Murphy*, in: *Wall*, Legal and Ethical Lessons of NATO's Kosovo Campaign, S. 248.

[98] Vgl. *Bothe/Partsch/Solf*, New Rules for the Victims of Armed Conflicts, S. 310; *Shamash*, IDF L.R. 2 (2005-2006), 103, 129.

[99] *Kreß*, JZ 2003, 911, 915 ff. („objektive Eindeutigkeitslösung“); *Nolte*, in: *von Mangoldt/Klein/Starck*, GG, Art. 103 Abs. 2 Rn. 154a.

[100] Vgl. *Bothe/Partsch/Solf*, New Rules for Victims of Armed Conflicts, S. 310; *Dörmann*, Max Planck UNYB 7 (2003), 341, 388; *ders*., Elements of War Crimes, S. 165.

[101] *Shamash*, IDF L.R. 2 (2005-2006), 103, 116.

wenn sie, einander widersprechend, ein gewisses Gleichgewicht erzeugen, und die Kritik selbst herausfordern."[102]

δ) Offensichtlich außer Verhältnis als Entsprechung zu clearly excessive

Die Verschärfung der Verhältnismäßigkeitsanforderung gegenüber Art. 85 Abs. 3 lit. b ZP I in Art. 8 Abs. 2 (b) (iv) IStGH-Statut zu *clearly excessive*, also eindeutig disproportional bzw. in keinerlei, außer jedem oder *offensichtlich außer Verhältnis* stehend, wäre dabei, da zugunsten des Täters geschehend, nicht nur nicht problematisch,[103] sondern auch ein sich anbietender Ausweg aus dem sich hier stellenden Problem. Die Formulierung wurde auf einen Vorschlag der USA in das IStGH-Statut gerade deshalb eingefügt, um einen Einschätzungsspielraum in der Gefechtsaktivität zu erhalten und Fehler in der Einschätzung nicht ohne weiteres durch nachträgliche gerichtliche Einschätzung zu Kriegsverbrechen werden zu lassen,[104] die beschriebenen Probleme also letzten Endes zu umgehen.

In der methodischen Terminologie läge mithin eine „verdeckte" Lücke vor. Dies ist der Fall, wenn eine gesetzliche Regel entgegen ihres Wortlautes nach dem *telos* eine Einschränkung verlangt, die im Text nicht enthalten ist. Diese Ergänzung oder Ausfüllung der Lücke geschieht durch Hinzufügung der geforderten Einschränkung, also durch teleologische Reduktion oder Restriktion.[105] Damit ist zwar auch noch kein abstraktes Kriterium gewonnen, welches alle Fälle unmittelbar lösbar macht, mit anderen Worten wird also noch nicht geklärt, wann eine offensichtliche Unverhältnismäßigkeit gegeben ist.[106] Das Problem wird aber auf eine andere Ebene verschoben, nämlich jene der Evidenzfälle, auf der gewährleistet ist, dass überhaupt ein identifizierbarer Kernbereich des Tatbestandes ausgemacht werden kann.

---

[102] *Von Clausewitz*, Vom Kriege, S. 97.

[103] *Dahm/Delbrück/Wolfrum*, Völkerrecht, S. 1060.

[104] *Kittichaisaree*, International Criminal Law, S. 162; *Pfirter*, in: *Lee*, The International Criminal Court, S. 148. Kritisch zur Verschärfung von „excessive" zu „clearly excessive" erstaunlicherweise *Cassese*, International Criminal Law, S. 61, der ansonsten den Grundsatz der Normbestimmtheit hochhält. Ähnlich wie hier hingegen *Fletcher/Ohlin*, JICJ 3 (2005), 539, 561.

[105] *Larenz*, Methodenlehre der Rechtswissenschaft, S. 391.

[106] Vgl. *Cohen/Shany*, JICJ 5 (2007), 310, 319.

Verstärkend zu diesem Argument tritt die im VStGB, nicht aber im IStGH-Statut, verwendete Formulierung „mit militärischen Mitteln“, welche wiederum (siehe oben, *2. a)*) als Bestandteil der Norm nicht einfach ignoriert werden kann, sondern eine erhöhte Schwelle bildet. Explizit anders und deutlich enger formuliert hier das IStGH-Statut: „by whatever means“. In dieser Tatbestandsverengung liegt allerdings keine Kompensation für den Verzicht auf ein enger verstandenes Verhältnismäßigkeitsprinzip, denn es ist erstens ein hiervon separat zu verstehendes Merkmal und vor allem, zweitens, jedenfalls bei diesem Tatbestand ein Merkmal, welches regelmäßig erfüllt sein wird, denn der Angriff wird immer mit gewissem logistischem, organisatorischem oder waffentechnischen Aufwand verbunden sein, die Schwelle mithin überschritten werden.

ε) Kritik

Nach anderer Ansicht soll die deutsche Formulierung (angelehnt an Art. 85 Abs. 3 lit. b) i.V.m. Art. 57 Abs. 2 lit. a) (iii) ZP I) weiter zu verstehen sein als die Formulierung im IStGH-Statut, so dass Strafbarkeitslücken „nicht zu befürchten seien.“[107]

Hinter dieser Ansicht verbirgt sich wohl die berechtigte Sorge, sowohl Art. 8 Abs. 2 (b) (iv) IStGH-Statut als auch § 11 Abs. 1 Nr. 3 VStGB zu faktisch unanwendbaren Tatbeständen zu machen, lässt man die vorgeschlagene Begrenzung gelten. Diese Sorge scheint auch berechtigt, bedenkt man, dass die zugrunde liegende Primärregel des humanitären Völkerrechts die „Schlüsselvorschrift für jeglichen massierten Einsatz konventioneller und nicht-konventioneller Waffen“ darstellt.[108] Die Vorschrift ist zwar nicht ausschließlich auf den Einsatz von Fernwaffen beschränkt, findet aber doch dort ihr wesentliches Anwendungsfeld. Da aber nachhaltige taktische und strategische Luftkriegsführung wie auch der Einsatz land- und seegestützter Fernwaffensysteme in der Gegenwart nur einer verhältnismäßig kleinen Zahl von Staaten möglich ist und diese Staaten über ein Militär verfügen, welches generell auf recht hohem Standard ausgebildet ist und operiert, so wird der Tatbestand hauptsächlich Angehörige dieser Staaten betreffen.

---

[107] *Gropengießer/Kreicker*, Grundlagen der Strafverfolgung völkerrechtlicher Verbrechen in Deutschland, S. 184.

[108] *Bothe/Ipsen/Partsch*, ZaöRV 38 (1978), 1, 41.

Eine Klarheit in der Frage der Verhältnismäßigkeit von militärischem Vorteil und zivilem Kollateralschaden ist nicht nur der einzige Weg zu gewährleisten, dass auf der Primärebene des humanitären Völkerrechts der Angreifer eine gewisse Obergrenze bei Kollateralschäden keinesfalls überschreitet.[109] Auf der Sekundärebene des Kriegsvölkerstrafrechts ist es nicht nur die Möglichkeit, die Normen operabel zu machen, sondern es ist darüber hinaus auch geboten, das Verhältnismäßigkeitsprinzip von vornherein soweit handhabbar zu machen, dass unter Bestimmtheitsgesichtspunkten es realistischerweise möglich wird, den Bereich der Strafbarkeit mit hinreichender Präzision vorauszusehen.

Dies geht aber nicht nur konform mit der vom IStGH-Statut generell gewollten Beschränkung auf die die Anwendungsschwelle des Art. 8 Abs. 1 IStGH-Statut überwindenden schweren und schwersten Taten, darüber hinaus ergeben sich auch keine Probleme mit der Frage der Deckungsgleichheit der Tatbestände, denn diese wird ja gerade durch die Beschränkung auf *offensichtlich* außer Verhältnis als Entsprechung zu „*clearly* excessive“ erst hergestellt.

Darüber hinaus zeigt sich an dem Beispiel dieses Tatbestandes, dass unter dem Aspekt des Bestimmtheitsgrundsatzes es in erster Linie die kompromisshaften Formulierungen sind, die Probleme bereiten. Wohlgemerkt wäre nämlich der *völlige Verzicht* auf eine Verhältnismäßigkeitsklausel, also die Pönalisierung jedweden Angriffs mit auch nur geringem Kollateralschaden unter Bestimmtheitsgesichtspunkten nicht problematisch, obgleich die Strafbarkeit ungleich erweitert wäre.

Allerdings wäre eine solche Formulierung für das Kriegsvölkerrecht gänzlich unpraktikabel und nicht durchsetzbar. In dem zu klärenden Kontext der Normbestimmtheit bleibt damit, da durch die positive Tatbestandsformulierung der völlige Verzicht auf eine Verhältnismäßigkeitsregelung ausgeschlossen ist, nur noch der Gang in die andere Richtung, also die Verschärfung der Verhältnismäßigkeitsanforderungen in einem derartigen Maße, dass die Norm bestimmbare Konturen erhält. Mag der Einwand, die durchgängige wörtliche Übernahme der Regelungen in Art. 8 Abs. 2 IStGH-Statut wäre mit dem Bestimmtheitsgebot in Konflikt geraten[110] anderen Ortes richtig sein, im Rahmen der Verhältnismäßigkeitsregelung verhält es sich nachgerade umgekehrt.

---

[109] *Shamash*, IDF L.R. 2 (2005-2006), 103, 134.

[110] *Werle/Nerlich*, HuV-I 2002, 124, 125.

II. Die Verhältnismäßigkeitsregelung des § 11 Abs. 3 VStGB

Auch ein die Umwelt schädigender Einzelakt kann die Strafbarkeit auslösen. Die Regelung im Römischen Statut (Art. 8 Abs. 2 (b) (iv)) wird auch in dieser Hinsicht als teilweise an der Grenze zur Unbestimmtheit gesehen.[111] Die natürliche Umwelt ist im bewaffneten Konflikt grundsätzlich als ziviles Objekt anzusehen, so dass auch insoweit ein Angriff nur vorgenommen werden darf, wenn die Umwelt bzw. Teile der Umwelt nach den hierfür allgemeinen Regeln zum militärischen Ziel wird.[112] Auch ein Bestandteil der Umwelt kann ungeachtet seiner prinzipiellen Einstufung als ziviles Objekt zum zulässigen Ziel werden, wenn beispielsweise ein Naturschutzgebiet als Aufmarschgelände benutzt wird oder ein Waldgebiet Streitkräfte verbirgt.[113]

1. *„Natürliche Umwelt“*

Bereits der Begriff der „Umwelt“ ist unter Bestimmtheitsgesichtspunkten problematisch, handelt es sich doch um ein Blankett, welches nur mit großen Schwierigkeiten auszufüllen ist.[114] Hat der Gesetzgeber im VStGB also diesen weiten Begriff aus dem Völkerrecht übernommen, so hat er sich im „gewöhnlichen“ Strafrecht im 28. Abschnitt des StGB demgegenüber die Mühe gemacht, einzelne Aspekte von Umweltstraftaten herauszuarbeiten, anstatt diese global zu erfassen.[115] Worin sollte

---

[111] *Fischer*, in: FS *Ipsen*, S. 97.

[112] *Henckaerts*, IRRC 2005, 175, 191.

[113] *Dinstein*, The Conduct of Hostilities under the Law of International Armed Conflict, S. 184; *Vitzthum*, Völkerrecht, S. 692.

[114] *Kuhn*, Die Umweltschädigung im bewaffneten Konflikt als Kriegsverbrechen, S. 18 f., kommt zu dem Ergebnis: „Für die Qualifizierung einer Vorschrift als eine ein Kriegsverbrechen erfassende Verbotsnorm bedarf es aber einer genaueren Abgrenzung des zu schützenden Rechtsguts. Diesen Anforderungen wird eine Norm nicht gerecht, die weder das zu schützende Rechtsgut [...] noch die zu sanktionierende Handlung hinreichend bestimmt. Eine derart unbestimmte Vorschrift kann jedenfalls keine Grundlage für die Sanktionierung und Ahndung eines Verhaltens bieten.“ Obgleich diese Ansicht 1997, also vor Fassung des IStGH-Statuts und des VStGB, geäußert wurde, bleiben die genannten Bedenken, wie zu zeigen sein wird, teilweise erhalten.

[115] Vgl. *Tomuschat*, in: FS *Rudolf*, S. 115. Geschütztes Rechtsgut ist auch in §§ 324 ff. StGB nach der Abschnittsüberschrift die Umwelt als Ganzes, aber

für diese Diskrepanz ein Grund zu suchen sein außer im Bemühen einerseits den Bestimmtheitsanforderungen des Art. 103 Abs. 2 GG zu genügen, andererseits die Deckungsgleichheit zum internationalen materiellen Strafrecht herzustellen?

Der IGH hat zur Umwelt ausgeführt:

> „the environment is not an abstraction but represents the living space, the quality of life and the very health of human beings, including generations unborn."[116]

Dies spricht ebenso wie die denkbare Zahl an Schädigungsmöglichkeiten gerade im bewaffneten Konflikt für eine extensive Definition des Umweltbegriffs.[117] Eine Umschreibung nur einzelner Medien würde den drohenden Gefahren nicht gerecht.

Dass es sich um die natürliche Umwelt handeln muss, schließt Objekte, die auf menschlichen Kulturleistungen (z.B. Städtebau) beruhen von diesem Tatbestand aus. Insoweit kann eine Unverhältnismäßigkeit nach § 11 Abs. 1 Nr. 3 VStGB in Betracht kommen.

2. *„… weit reichende, langfristige und schwere Schäden …"*

Es ist jedenfalls zu gewährleisten, dass die Umwelt vor „ausgedehnten, lang anhaltenden und schweren Schäden" zu bewahren ist (Art. 55 ZP I). Die Auslegung dieser Begriffe bereitet große Schwierigkeiten.[118]

Die im Zuge des ENMOD-Übereinkommens[119] vom Abrüstungskomitee der Vereinten Nationen getroffene Präzisierung zu Art. I des Über-

---

in den Tatbeständen werden nur einzelne Medien (Boden, Luft, Wasser) und Erscheinungsformen (Flora und Fauna) geschützt; *Tröndle/Fischer*, StGB, Vor § 324 Rn. 3.

[116] IGH, Rechtsgutachten vom 08. Juli 1996 (Legality of the Threat or Use of Nuclear Weapons), para 29.

[117] Vgl. *Dinstein*, The Conduct of Hostilities under the Law of International Armed Conflict, S. 184 m.w.N.

[118] *Vitzthum*, Völkerrecht, S. 692.

[119] BGBl. 1983 II, S. 126 ff. Übereinkommen über das Verbot der militärischen oder einer sonstigen feindseligen Nutzung umweltverändernder Techniken (Convention on the Prohibition of Military or any other Hostile Use of Environmental Modification Techniques); auch abgedruckt bei AA/DRK/BMVg, Dokumente zum humanitären Völkerrecht, S. 485 ff.

einkommens (Verbot der Verwendung umweltverändernder Techniken, die weiträumige, lang anhaltende oder schwerwiegende Auswirkungen auf die Umwelt haben), kann auch für das Völkerstrafrecht fruchtbar gemacht werden. Nach dieser – gegenüber Art. 35 Abs. 3 ZP I niedrigeren Schwelle – sind Umweltschäden „weiträumig“, wenn sie sich über mehrere hundert Quadratkilometer erstrecken, sie sind „lang andauernd“, wenn sie über mehrere Monate (eine Jahreszeit) andauern und sie sind „schwerwiegend“, wenn sie eine ernste oder bedeutende Störung oder Schädigung des menschlichen Lebens, der natürlichen oder wirtschaftlichen Hilfsquellen oder sonstiger Güter nach sich ziehen.[120] Allerdings wurde bereits bei den Verhandlungen zum ZP I von einer Arbeitsgruppe angenommen, dass der Zeitraum auch zehn oder mehr Jahre umfassen könne und Kurzzeitschäden wie die Folgen eines Artilleriebeschusses auszuschließen seien.[121]

Die Schwellenbegriffe werden im ENMOD-Abkommen allerdings nur alternativ, im ZP I hingegen kumulativ benutzt, erfassen im ZP I allerdings auch reine Kollateralschäden.[122] Liest man das zeitliche Element indessen im Zusammenhang mit den anderen beiden Erfordernissen, so besteht kein Grund es derart weit auszudehnen. Dementsprechend gibt es eine jüngere Tendenz, Art. 35 Abs. 3 und Art. 55 ZP I entsprechend der ENMOD-Konvention auszulegen und eine Zeitspanne von mehreren Monaten ausreichen zu lassen.[123] Dies scheint auch sachgerecht,

---

[120] *Detter*, The Law of War, S. 270; *Kittichaisaree*, International Criminal Law, S. 163; *Ronzitti*, IRRC 2000, 1017, 1023; *Schwabach*, Columbia J. of Environmental L. 25 (2000), 117, 129; *Werle*, Völkerstrafrecht, Rn. 1167. *David*, Principes de droit des conflits armés, S. 358 weist darauf hin, dass derartige Schäden kleinen Staaten bereits schwersten Schaden zufügen können, während große Staaten davon möglicherweise ganz unberührt bleiben. Schutzgut ist allerdings *die Umwelt als solche*. Daher kann es nicht darauf ankommen, wo die Umwelt geschädigt wird, sondern wie und in welchem Ausmaß.

[121] *Bothe/Ipsen/Partsch*, ZaöRV 38 (1978), 1, 23; *Fenrick*, in: *Triffterer*, Commentary on the Rome Statute, Art. 8 Rn. 51. Vgl. Final Report to the Prosecutor by the Committee Established to Review the NATO Bombing Campaign against the Federal Republic of Yugoslavia vom 08. Juni 2000, ICTY-OTP, para 15.

[122] *Greenwood*, in: *Fleck*, Handbuch des humanitären Völkerrechts in bewaffneten Konflikten, Nr. 403.

[123] *Marauhn*, IRRC 2000, 1029, 1032 m.w.N.

denn der zeitliche Aspekt sagt für sich genommen nichts über die Schädigungsintensität aus. Man denke etwa an den Fall der menschlichen Beseitigung von Umweltschäden, beispielsweise bei einer Ölpest.

Sinn und Zweck ist der Schutz der Umwelt vor Schäden, die über typischerweise im bewaffneten Konflikt zu erwartende Gefechtsfeldschäden ganz erheblich hinausgehen.[124] Auch hier verbleibt allerdings die Frage, nach wessen Beurteilung sich die Überschreitung einer wie auch immer definierten Schwelle richtet.[125]

3. Die eigentliche Verhältnismäßigkeitsregelung

Ähnlich der Verhältnismäßigkeitsregelung in § 11 Abs. 1 Nr. 3 VStGB gilt auch hier:

> „It is difficult to assess the relative values to be assigned to the military advantage gained and harm to the natural environment, and the application of the principle of proportionality is more easily stated than applied in practice. In applying this principle, it is necessary to assess the importance of the target in relation to the incidental damage expected: if the target is sufficiently important, a greater degree of risk to the environment may be justified. [...] The critical question is what kind of environmental damage can be considered to be excessive. Unfortunately, the customary rule of proportionality does not include any concrete guidelines to this effect."[126]

Die Idee zu einer hinreichenden Bestimmtheit zu gelangen, indem man die zusätzlichen Tatbestandsmerkmale („weit reichend, langfristig und schwer") berücksichtigt,[127] ist zwar bestechend, allerdings im Ergebnis nicht Erfolg versprechend. Zum einen sind diese Begriffe selbst nicht vollständig bestimmt und auch wenn an annimmt, dass man sie im Zu-

---

[124] *Greenwood*, in: *Fleck*, Handbuch des humanitären Völkerrechts in bewaffneten Konflikten, Nr. 403.

[125] *Detter*, The Law of War, S. 269.

[126] Final Report to the Prosecutor by the Committee Established to Review the NATO Bombing Campaign against the Federal Republic of Yugoslavia vom 08. Juni 2000, ICTY-OTP, paras 19 f.

[127] So *Tomuschat*, in: FS *Rudolf*, S. 115 für die „Mutternorm" Art. 8 Abs. 2 (b) (iv) IStGH-Statut. Zugleich weist *Tomuschat* zu Recht darauf hin, dass auch die *elements of crimes* den Begriff „natural environment" nicht näher definieren.

sammenspiel handhabbar machen kann[128] und zu konzedieren ist, dass ein jeweils für sich genommen unbestimmtes Merkmal durch das Zusammenspiel mit weiteren Merkmalen oder dem ersichtlichen *telos* durch Auslegung ausreichend bestimmt werden kann,[129] so hilft selbst eine hinreichend klare Definition von „weit reichend, langfristig und schwer“ nicht über die abermalige Beantwortung der Frage hinweg, wann eine Unverhältnismäßigkeit vorliegt. Die Definition der Variablen selbst bestimmt noch nicht die Wertungsfrage.

Im Ergebnis ist auch hier eine besonders schwere, „augenscheinliche“ Verletzung des Verhältnismäßigkeitsprinzips gemeint.[130] Die Schwelle „clearly excessive“ bzw. außer jedem Verhältnis oder *offensichtlich außer Verhältnis* stehend ist jedenfalls für das Kriegsvölkerstrafrecht im Gegensatz zum Primärrecht die angemessene.[131] Es verhält sich ebenso wie in § 11 Abs. 1 Nr. 3 VStGB. Der Begriff der Verhältnismäßigkeit ist derselbe, was sich auch daran zeigt, dass beide Regelungen im IStGH-Statut zu einer Regelung zusammengefasst sind.

III. Der Perfidietatbestand nach § 11 Abs. 1 Nr. 7 VStGB

Das Verbot der Perfidie ist im Kriegsrecht tief verwurzelt und geht auf den Gedanken ritterlicher, offener Kriegsführung zurück.[132] Eine perfide Vorgehensweise höhlt das humanitäre Völkerrecht aus, da die Betei-

---

[128] *Tomuschat*, in: FS *Rudolf*, S. 116. *Tomuschat* sieht nur den Begriff „lang anhaltend“ als klärungsbedürftig an; unter Verweis auf die Verhandlungen zur ENMOD-Kodifikation („lasting for a period of months, or approximately a season“). Diese Schwankungsbreite sei für einen Straftatbestand „schwer hinnehmbar“.

[129] BVerfGE 41, 314, 323; 87, 209, 225; *Nolte*, in: *von Mangoldt/Klein/Starck*, GG, Art. 103 Abs. 2 Rn. 149 m.w.N.; *Schulze-Fielitz*, in: *Dreier*, GG, Art. 103 II Rn. 35. Vgl. *Dannecker*, in: LK StGB, § 1 Rn. 210.

[130] *Werle*, Völkerstrafrecht, Rn. 1170 (zu Art. 8 Abs. 2 (a) (iv) IStGH-Statut). Explizit für das VStGB „in der praktischen Anwendung“ *Lüder/Vormbaum*, Materialien zum Völkerstrafgesetzbuch, S. 57.

[131] *Fenrick*, in: *Triffterer*, Commentary on the Rome Statute, Art. 8 Rn. 51; *Marauhn*, IRRC 2000, 1029, 1033 ff. Vgl. *Bothe*, EJIL 12 (2001), 531, 533.

[132] *Sandoz/Swinarski/Zimmermann*, Commentary on the Additional Protocols, Rn. 1498.

ligten sich nicht mehr darauf verlassen können, dass eine Berufung auf das humanitäre Völkerrecht berechtigterweise erfolgt.[133] Perfidie ist im Kern Vertrauensbruch.[134] Im Grunde ist der Tatbestand eine Abweichung von der üblichen Erlaubnis, feindliche Kombattanten/gegnerische Kämpfer zu töten. Strafgrund ist aber nicht die Tötung als solche, sondern die perfide (meuchlerische) Vorgehensweise; daher auch die Einordnung nicht in das Schema des „Genfer", sondern des „Haager Rechts".[135] Die Einstufung einer Tötung oder Verwundung als „meuchlerisch" ist eine subjektive Anforderung im Sinne einer überschießenden Innentendenz.[136] Verbotene Perfidie und erlaubte Kriegslist lassen sich nur schwer voneinander abgrenzen (vgl. Art. 37 ZP I).[137]

1. Verbotene Perfidie

Nach Art. 37 Abs. 1 ZP I gelten als heimtückisch (perfide) Handlungen,

> „durch die ein Gegner in der Absicht, sein Vertrauen zu mißbrauchen, verleitet wird, darauf zu vertrauen, dass er nach den Regeln des in bewaffneten Konflikten anwendbaren Völkerrechts Anspruch auf Schutz hat oder verpflichtet ist, Schutz zu gewähren."

Im Folgenden gibt Art. 37 Abs. 1 ZP I vier Beispiele für Heimtücke, nämlich den Missbrauch der Parlamentärsflagge, das Vortäuschen von Kampfunfähigkeit infolge Verwundung oder Krankheit, das Vortäuschen eines zivilen Status und den Missbrauch von Abzeichen der UN oder nicht am Konflikt beteiligter Staaten.

Als weitere Beispiele wurden genannt: Attentate und das Anheuern von Attentätern,[138] das Aussetzen eines Kopfgeldes,[139] die Erklärung eines

---

[133] *Bothe/Partsch/Solf*, New Rules for Victimes of Armed Conflicts, S. 202.

[134] Vgl. *Sandoz/Swinarski/Zimmermann*, Commentary on the Additional Protocols, Rn. 1483.

[135] *Lüder/Vormbaum*, Materialien zum Völkerstrafgesetzbuch, S. 56.

[136] *Werle*, Völkerstrafrecht, Rn. 386.

[137] *Dinstein*, The Conduct of Hostilities under the Law of International Armed Conflict, S. 198; *Oeter*, in: *Fleck*, Handbuch des humanitären Völkerrechts in bewaffneten Konflikten, Nr. 472; *Vitzthum*, Völkerrecht, S. 692 f.

[138] *Cottier*, in: *Triffterer*, Commentary on the Rome Statute, Art. 8 Rn. 116.

[139] *Dinstein*, The Conduct of Hostilities under the Law of International Armed Conflict, S. 199.

Gegners als vogelfrei oder das Aussetzen einer Belohnung für einen Gegner „tot oder lebendig".[140]

Weiterhin als perfide einzustufen sein dürfte gegenüber der erlaubten Tarnung das Vortäuschen ziviler Einrichtungen (vgl. Art. 52 Abs. 3 ZP I). Um dieses Verbot jedoch praktikabel zu machen, wird es nicht in Betracht kommen, es in der unmittelbaren Kampfzone anzuwenden. Wenn also offensichtlich ist, dass entlang der Front in geräumten zivilen Gebäuden Kampfstellungen ausgebaut sind, scheidet ein täuschendes Verhalten aus.[141]

Im Seekrieg ist der Missbrauch anerkannter Notfallsignale wie „SOS" oder „MAYDAY" als perfide einzustufen.[142] Insoweit verhält es sich ähnlich wie bei dem Missbrauch anerkannter Schutzzeichen, denn der Missbrauch höhlt deren Anerkennung aus. Allerdings ist der Missbrauch der Schutzzeichen in Art. 8 Abs. 2 (b) (vii) IStGH-Statut und § 10 Abs. 2 VStGB abschließend gesondert unter Strafe gestellt. Ein Hineinlesen des Missbrauchs von Notsignalen in diesen Tatbestand käme wegen des Analogieverbotes nicht in Betracht. Die Einordnung als perfides Verhalten wird dadurch aber nicht berührt.

Perfide ist dabei insbesondere eine solche Schädigungshandlung, die durch das Vortäuschen einer besonderen Schutzsituation ermöglicht wird,[143] also eine solche, bei der nicht über Tatsachen, sondern über eine rechtlich begründete Erwartung getäuscht wird. Man erzeugt zunächst eine *rechtliche* Erwartungshaltung beim Gegner und enttäuscht diese sodann, man stellt also ein unbegründetes Vertrauensverhältnis zu ihm her.[144] Perfide wäre es demnach beispielsweise des Weiteren, eine gegne-

---

[140] *Dörmann*, Elements of War Crimes, S. 240 ff. m.w.N.

[141] Vgl. *Gimmerthal*, Kriegslist und Perfidieverbot im Zusatzprotokoll I, S. 121.

[142] Vgl. *Department of the Navy*, The Commander's Handbook on the Law of Naval Operations, Nr. 12.6.

[143] *Cottier*, in: *Triffterer*, Commentary on the Rome Statute, Art. 8 Rn. 118; *Dinstein*, The Conduct of Hostilities under the Law of International Armed Conflict, S. 201; *Vitzthum*, Völkerrecht, S. 693; *Werle*, Völkerstrafrecht, Rn. 1181.

[144] Vgl. *Bothe/Ipsen/Partsch*, ZaöRV 38 (1978), 1, 24 f.; *Dahm/Delbrück/Wolfrum*, Völkerrecht, S. 1063; *David*, Principes de droit des conflits armés, S. 389; *Dörmann*, Elements of War Crimes, S. 243; *König*, Die völkerrechtliche Legitimation der Strafgewalt internationaler Strafjustiz, S. 287; *Lüder/Vorm-*

rische Einheit durch Hissen der weißen Fahne – also der vorgetäuschten Kapitulation – aus der Deckung zu locken und sodann zu beschießen. Perfide wäre es ebenso, einen Parlamentär eine Angriffshandlung durchführen zu lassen.

2. *Erlaubte Kriegslist*

Kriegslisten sind demgegenüber nach Art. 37 Abs. 2 ZP I

> „Handlungen, die einen Gegner irreführen oder ihn zu unvorsichtigem Handeln veranlassen soll, die aber keine Regel des in bewaffneten Konflikten anwendbaren Völkerrechts verletzen und nicht heimtückisch sind, weil sie den Gegner nicht verleiten sollen, auf den sich aus diesem Recht ergebenden Schutz zu vertrauen."

Als Beispiele einer Kriegslist werden daraufhin noch genannt: Tarnung, Scheinstellungen, Scheinoperationen und irreführende Informationen. Eine abschließende Aufzählung von zulässigen Kriegslisten ist nicht möglich.[145]

Die Kriegslist zeichnet sich dadurch aus, dass der Gegner zu einem Fehler verleitet wird, indem man ihn täuscht oder zu unvorsichtigem Handeln verleitet.[146] Die Kriegslist ist eine rechtmäßige Täuschungsmaßnahme mit dem Ziel, den Feind in die Irre zu führen, also das Verbergen einer zulässigen Kriegshandlung mit einer anderen zulässigen Kriegshandlung.[147]

Klassische Beispiele der zulässigen Kriegslist sind das Verbergen und Zuwarten, bis die gegnerische Einheit einen Punkt passiert, um sie sodann zu beschießen oder auch der Einsatz von Kommandoeinheiten im gegnerischen Hinterland, um sodann eine Angriffshandlung zu beginnen,[148] des Weiteren neben Scheinangriffen und Desinformation auch

---

baum, Materialien zum Völkerstrafgesetzbuch, S. 56; *Werle/Nerlich*, HuV-I 2002, 124, 132 f.

[145] *Gimmerthal*, Kriegslist und Perfidieverbot im Zusatzprotokoll I, S. 47.

[146] *Sandoz/Swinarski/Zimmermann*, Commentary on the Additional Protocols, Rn. 1515.

[147] *Gimmerthal*, Kriegslist und Perfidieverbot im Zusatzprotokoll I, S. 75; *Parks*, Chicago JIL 4 (2003), 493, 521.

[148] Vgl. Regel 320 ZDv 15/2 der Bundeswehr.

Propaganda[149] und der Einsatz von *intelligence doubles*, Fernspähern und Spionen,[150] weiterhin die Störung der gegnerischen Kommunikation[151] und die Korrumpierung feindlicher Soldaten oder Zivilisten durch Bestechung.[152] Feindliche Fahrzeuge und Panzer dürfen erbeutet und nach Änderung der Markierung wieder eingesetzt werden.[153]

Im Seekrieg ist nach hergebrachter Ansicht das Führen einer falschen Flagge jedenfalls insoweit zulässig, als unmittelbar vor dem Angriff die richtige Flagge gehisst wird.[154] Der Einsatz von U-Booten, also einer Waffe, die ihrer Natur nach auf Nichterkennbarkeit ausgelegt ist, ist zulässig.[155]

Auch die Geldfälschung und -verbreitung mit dem Ziel, die gegnerische Währung abzuwerten und die Kreditwürdigkeit der Gegenseite auszuhöhlen, ist als Kriegslist zulässig.[156] Interessanterweise hatte die *Commission des responsabilités des auteurs de la guerre* 1919 noch die „Geldentwertung und Ausgabe von Falschgeld“ in ihre Liste „eigentlicher“ Kriegsverbrechen aufgenommen (Nr. 16).

3. *Folge des perfiden Verhaltens*

Die perfide Handlung muss eine nahe Ursache für die Tötung, Verwundung oder Gefangennahme des Gegners gesetzt haben.[157] Das Vor-

---

149 Weitere Beispiele bei *Kittichaisaree*, International Criminal Law, S. 173; *Werle*, Völkerstrafrecht, Rn. 1181.

150 Also letztlich eines Doppelagenten, zum Begriff *Gimmerthal*, Kriegslist und Perfidieverbot im Zusatzprotokoll I, S. 168 und zur Spionage, S. 169.

151 *Detter*, The Law of War, S. 303.

152 *Cottier*, in: *Triffterer*, Commentary on the Rome Statute, Art. 8 Rn. 120.

153 *Dinstein*, The Conduct of Hostilities under the Law of International Armed Conflict, S. 205.

154 Im Einzelnen *Gimmerthal*, Kriegslist und Perfidieverbot im Zusatzprotokoll I, S. 200 ff., der auch auf andere Ansichten hinweist, wonach ein absolutes Verbot der falschen Flaggenführung gelte bzw. die falsche Flagge nur zum eigenen Schutz geführt werden dürfe. Vgl. *Detter*, The Law of War, S. 304 f.

155 *Detter*, The Law of War, S. 305.

156 *Dinstein*, The Conduct of Hostilities under the Law of International Armed Conflict, S. 207 m.w.N.

157 *Parks*, Chicago JIL 4 (2003), 493, 522.

täuschen des Todes oder die Anlegung einer feindlichen Uniform, nur um der Gefangennahme zu entgehen oder ihr zu entkommen, ist also kein als Kriegsverbrechen strafbarer perfider Akt.[158] Die nahe Ursache fehlt, wenn ein Soldat an einem Kampf nur teilnehmen konnte, weil er sich bei vorheriger Gelegenheit durch Totstellen der Gefangennahme entzog.[159]

Da das IStGH-Statut lediglich die schwersten Völkerrechtsverbrechen umfassen soll, wurde allerdings die Gefangennahme nicht in den Tatbestand aufgenommen.[160] Das VStGB ist dem Statutsrecht darin gefolgt. Zwischen Erfolgsqualifikation und perfidem Akt muss ein unmittelbarer Zusammenhang bestehen, nicht nur eine entfernte Kausalität.[161]

Das Verbot der meuchlerischen Tötung hindert Soldaten von Spezialeinheiten weder daran, nichtstandardmäßige Uniformen zu tragen, noch offen in ziviler Kleidung an Kampfhandlungen teilzunehmen, ohne dabei ihren Kombattantenstatus verbergen zu wollen.[162] Ein Verstoß gegen das Kriegsrecht liegt darin nicht; es kann aber mit einem solchen Verhalten der Anspruch auf Behandlung als Kriegsgefangener entfallen.[163]

Im Unterschied zu Art. 8 Abs. 2 (b) (xi) IStGH-Statut enthält Art. 8 Abs. 2 (e) (ix) nicht die Strafbarkeit der perfiden Tötung oder Verwundung gegnerischer Zivilisten.[164] Demgegenüber enthält die VStGB-Regelung überhaupt keine Strafbarkeit bei Perfidie gegen Zivilpersonen, sondern ausschließlich gegen feindliche Kämpfer. Um diese Lücke zu füllen wird vorgeschlagen, bei der meuchlerischen Tötung von Zivilpersonen § 8 Abs. 1 Nr. 1 VStGB anzuwenden, bei der meuchlerischen

---

[158] *Cottier*, in: *Triffterer*, Commentary on the Rome Statute, Art. 8 Rn. 130.

[159] *Bothe/Partsch/Solf*, New Rules for Victims of Armed Conflicts, S. 204.

[160] *Garraway*, in: *Lee*, The International Criminal Court, Elements of Crimes and Rules of Procedure and Evidence, S. 168; *Werle*, Völkerstrafrecht, S. 480 (dortige Fn. 665).

[161] *Gimmerthal*, Kriegslist und Perfidieverbot im Zusatzprotokoll I, S. 78 f.

[162] *Parks*, Chicago JIL 4 (2003), 494, 514 und 522. Vgl. JAG Legal Center & School, Legal Lessons Learned from Afghanistan and Iraq, Band 1, S. 66 ff.

[163] *Dinstein*, Israel YHR 34 (2004), 1, 3 f.

[164] Ausführlicher *Zimmermann*, in: *Triffterer*, Commentary on the Rome Statute, Art. 8 Rn. 318.

Verwundung aber §§ 224 Abs. 1 Nr. 3, 226 ff. StGB.[165] Letzteres ist aber kritisch zu hinterfragen, denn man kann § 11 Abs. 1 Nr. 7 VStGB als abschließende *lex specialis* ansehen.

4. Bestimmbarkeit der Norm

Im Hinblick auf den Bestimmtheitsgrundsatz wirft § 11 Abs. 1 Nr. 7 VStGB keine unüberwindbaren Probleme auf. Perfidie ist der Missbrauch des Vertrauens auf eine völkerrechtliche Schutzsituation, Kriegslist die Verwendung einer tatsächlichen Täuschungshandlung. Im Kernbereich sind die Begriffe voneinander abgrenzbar.

Die bestehende „Grauzone ‚nicht verbotener Perfidie‘“[166] im Randbereich der Begriffe wird jedenfalls kriegsvölkerstrafrechtlich nicht gegen das Bestimmtheitsgebot ausfüllbar sein.

B. Verbotene Mittel der Kriegsführung nach § 12 VStGB – einige begriffliche Anmerkungen

§ 12 Abs. 1 VStGB ist ein abstraktes Gefährdungsdelikt, der Eintritt eines Gesundheitsschadens oder eines Todesfalles ist also gerade nicht Tatbestandsmerkmal,[167] sondern nur ein Kriterium für die Strafverschärfung (§ 12 Abs. 2 VStGB).

Der Begriff „Gift“ wird in den Verbrechenselementen zu Art. 8 Abs. 2 (b) (xvii) IStGH-Statut (Ziffer 2) definiert als Substanzen, die aufgrund ihrer toxischen Eigenschaften im gewöhnlichen Verlauf der Dinge schwere Gesundheitsschäden oder den Tod eines Menschen verursachen. Damit sind Stoffe, die anderweitig (z.B. nur auf Tiere) oder unterhalb dieser Schwelle wirken ausgeschlossen (sogenannter enger Giftbegriff).[168] Dieser enge Giftbegriff ist identisch mit jenem in § 224 Abs. 1 Nr. 1 StGB, insofern durch chemische oder chemisch-physikalische

---

[165] *Gropengießer/Kreicker*, Grundlagen der Strafverfolgung völkerrechtlicher Verbrechen in Deutschland, S. 177.

[166] *Bothe/Ipsen/Partsch*, ZaöRV 38 (1978), 1, 26.

[167] *Werle/Nerlich*, HuV-I 2002, 124, 133.

[168] *Hartstein*, in: *Esser/Kühne/Gerding*, Völkerstrafrecht, S. 112; *Werle*, Völkerstrafrecht, Rn. 1227.

Einwirkung des Stoffes dieser geeignet sein muss, ernsthafte gesundheitliche Schäden am Menschen hervorzurufen.[169] Dagegen wird teilweise der sogenannte weite Giftbegriff vertreten, der auch Stoffe umfassen soll, die nur kurzzeitig oder unerheblich auf Menschen (beispielsweise Tränengas) oder auf die Umwelt wirken.[170] Dieser Giftbegriff ist aber abzulehnen, denn nicht nur würde die Ausweitung auf Stoffe, die wenig schwerwiegende Folgen zeitigen, Bestimmtheitserfordernissen angesichts der Strafandrohung nicht gerecht,[171] es ist auch diese Ausweitung sachlich nicht geboten.

Ungeachtet des Verbotes des Einsatzes von Tränengas[172] in bewaffneten Konflikten als *Mittel der Kriegsführung* durch das Chemiewaffen-Übereinkommen[173] und auch durch das Gewohnheitsrecht[174] wäre die Bestrafung *als Kriegsverbrechen* auch bei einem Einsatz als Mittel der Kriegsführung unangebracht.

Entscheidend ist, dass eben die toxische Wirkung als Mittel der Kriegsführung verwendet wird, beispielsweise um feindliche Truppen aus

---

169 *Tröndle/Fischer*, StGB, § 224 Rn. 3. Indessen kann jeder Stoff im Rahmen des § 224 Abs. 1 Nr. 1 StGB die Eigenschaft eines Giftes haben, wenn er nur in hinreichender Menge zugeführt wird; vgl. BGH NJW 2006, 1822, 1823 (Speisesalz); *Tröndle/Fischer*, a.a.O.

170 Vgl. *Werle*, Völkerstrafrecht, Rn. 1228.

171 Vgl. *Garraway*, in: *Lee*, The International Criminal Court, S. 180; *Werle*, Völkerstrafrecht, Rn. 1228.

172 Zu Tränengas und verwandten Stoffen instruktiv *Verwey*, Riot Control Agents and Herbicides in War, S. 19 ff.

173 Art. 1 Abs. 5 i.V.m. Art. 2 Abs. 7; Übereinkommen über das Verbot der Entwicklung, Herstellung, Lagerung und des Einsatzes chemischer Waffen und über die Vernichtung solcher Waffen (Convention on the Prohibition of the Development, Production, Stockpiling and Use of Chemical Weapons and on Their Destruction), BGBl. 1994 II, S. 806 ff. Auch abgedruckt bei AA/DRK/BMVg, Dokumente zum humanitären Völkerrecht, S. 717 ff. Vgl. *Bothe*, in: *Cassese/Gaeta/Jones*, Rome Statute: A Commentary, Band 1, S. 407; *Dinstein*, The Conduct of Hostilities under the Law of International Armed Conflict, S. 75 f.; *Dörmann*, Elements of War Crimes, S. 285 f. Art. 2 Abs. 7 definiert als „riot control agent“: „Any chemical not listed in a Schedule, which can produce rapidly in humans sensory irritation or disabling physical effects which disappear within a short time following termination of exposure.“

174 *Henckaerts*, IRRC 2005, 175, 205 (Rule 75).

Bunkern zu treiben.[175] Umfasst ist davon jedes Vorgehen gegen feindliche Kombattanten/Kämpfer, wenn es einem militärischen Zweck dient auch ein Vorgehen gegen die Zivilbevölkerung, welches über Ordnungszwecke hinausgeht.[176]

Im Bereich der *riot control*, also bei der Wahrnehmung polizeilicher Aufgaben etwa bei der Auflösung einer gewalttätigen Demonstration, ist der Tränengaseinsatz im nationalen Recht zulässig.

Zudem bliebe der Gebrauch von Schusswaffen gegebenenfalls unbestraft, obwohl es sich gegenüber dem Einsatz von Tränengas um das sehr viel schwerwiegendere Mittel handelt. Die US-amerikanische *Executive Order* 11850 lässt den Ersteinsatz von *riot control agents* in „defensiver“ Verwendung allerdings zu.[177] Ein weiteres Problem ergibt sich dadurch, dass das Völkerrecht Streitkräften erlaubt, Tränengas und vergleichbare Stoffe zur *riot control* einzusetzen, aber eben nicht in der Kriegsführung. Hier entsteht aber ein Graubereich; wie ist beispielsweise der Aufstand in einem Kriegsgefangenenlager zu bewerten, wenn die Motivation der Gefangenen unklar ist? Protestieren sie lediglich gegen schlechte Verpflegung, so wäre der Tränengaseinsatz zulässig,[178] nehmen sie hingegen Kampfhandlungen wieder auf, so wäre dieser unzulässig. Dieser doppelte Widerspruch schließt jedenfalls den Einschluss von Tränengas in den Giftbegriff ebenso aus wie den Einschluss in den Begriff der Chemiewaffe für die Zwecke des IStGH-Statuts und des VStGB. Der für ein Kriegsverbrechen notwendige Schweregrad wird hier keineswegs erreicht.[179] Dementsprechend definieren die Verbrechenselemente zu Art. 8 Abs. 2 (b) (xvii) bzw. Art. 8 Abs. 2 (b) (xviii) IStGH-Statut in ihrer jeweiligen Ziffer 2, dass die verwendete Substanz bei gewöhnlichem Verlauf der Dinge zum Tode oder zu schweren Gesundheitsschäden führen muss. Damit wurde beabsichtigt, *riot control agents* aus dem Anwendungsbereich der Kriegsverbrechen herauszunehmen.[180]

---

[175] *Kessler*, HuV-I 2005, 4, 7.

[176] *Kessler*, HuV-I 2005, 4, 7.

[177] JAG Legal Center & School, Operational Law Handbook, S. 20 und Legal Lessons Learned from Afghanistan and Iraq, Band 1, S. 115 f.

[178] *Verwey*, Riot Control Agents and Herbicides in War, S. 288.

[179] Im Ergebnis ebenso *Werle*, Völkerstrafrecht, Rn. 1231.

[180] *Dörmann*, Elements of War Crimes, S. 286.

C. Zur Tatbestandsparallelität sowie Zusammenfassung

I. Zur Deckungsgleichheit der von §§ 11 und 12 VStGB erfassten Tatbestände gegenüber dem IStGH-Statut

Die Generalklausel des Art. 8 Abs. 2 (b) (xx) IStGH-Statut, die Waffen, Geschosse, Stoffe und Methoden der Kriegsführung umfasst, „die geeignet sind, überflüssige Verletzungen oder unnötige Leiden zu verursachen, oder die ... unterschiedslos wirken", ist bis zur Verabschiedung einer Verbotsliste inoperabel.[181] Unter dem Aspekt hinreichender Bestimmtheit ist diese Konsequenz unausweichlich. Dementsprechend gibt es auch keine Parallelvorschrift im VStGB.

II. Zusammenfassung

§ 11 Abs. 1 Nr. 3 VStGB bezieht sich ausschließlich auf gezielte Angriffe auf militärische Ziele. Der Begriff des militärischen Ziels ist im Einzelfall nicht leicht von zivilen Objekten abzugrenzen, namentlich dann, wenn eine Einrichtung sowohl für militärische als auch für zivile Belange relevant wird, wie insbesondere zahlreiche Infrastruktureinrichtungen. Dennoch schließen sich die Begriffe „militärisches Ziel" und „ziviles Objekt" gegenseitig aus und sind auch mit hinreichender Sicherheit voneinander zu scheiden. Die beiden Variablen des insgesamt erwarteten konkreten und unmittelbaren militärischen Vorteils und des Kollateralschadens müssen sich auf denselben Angriff beziehen. Demgemäß ist es ausgeschlossen, auf einer Seite einen kumulativen Effekt zu gewichten und diesen mit nur einem Ausschnitt auf der anderen Seite ins Verhältnis zu setzen. Der Angriff ist als Ganzes zu betrachten und weder künstlich in einzelne Teile zu zerlegen noch in einen operativen oder strategischen Zusammenhang einzubetten, der keinen unmittelbaren Bezug zum konkreten Vorfall mehr hat. Entscheidend ist regelmäßig die taktische Ebene.

Die Bewertung der Verhältnismäßigkeit selbst ist eine Wertungsfrage, die aus der Sicht eines „reasonable commander" zu beantworten ist. Als Wertungsfrage entzieht sie sich tendenziell einer objektiven Nachvollziehbarkeit. Durch Typisierung und Fallbildung können aber im Wege

[181] Vgl. *Werle*, Völkerstrafrecht, Rn. 1239.

eines Näherungsverfahrens abstrakt Evidenzfälle herausgearbeitet werden. Auf solche ist der Tatbestand zu beschränken. Der rechtstechnische Weg, dies konkret für die Verhältnismäßigkeitsregelung im VStGB zu erreichen, ist die teleologische Restriktion des Tatbestandes. Entsprechend dem IStGH-Statut (Art. 8 Abs. 2 (b) (iv)) ist der Tatbestand dahingehend zu ergänzen, dass er nur bei *offensichtlich außer Verhältnis* zum militärischen Vorteil stehenden Kollateralschaden erfüllt ist. Mit § 11 Abs. 3 VStGB verhält es sich entsprechend.

Demgegenüber lassen sich erlaubte Kriegslist und verbotene Perfidie voneinander abgrenzen, indem darauf abgestellt wird, ob nur eine tatsächliche Handlung vorlag oder ob mit der Handlung eine völkerrechtlich begründete Schutzerwartung getäuscht wurde. Verbleibende Fälle eines etwaig noch bestehenden „Graubereiches“ können im Zweifel eine Strafbarkeit nicht begründen.

10. Kapitel: Anmerkungen zu Regelungen des Allgemeinen Teils

Diese Arbeit beschränkt sich in erster Linie auf die objektiven Tatbestände der Kriegsverbrechen und ist fokussiert auf ihre Inkorporierung ins nationale Recht unter Berücksichtigung sowohl ihres völkerrechtlichen Ursprungs als auch der zu berücksichtigenden Bestimmungen des nationalen (Verfassungs-)Rechts. Die Auseinandersetzung mit Unterschieden und Gemeinsamkeiten der Tatbestände der Kriegsverbrechen im nationalen und internationalen Recht war bislang auf den objektiven Tatbestand beschränkt. Obgleich dieser in der geschichtlichen Genese des Kriegsvölkerstrafrechts Regelungen eines allgemeinen Teils weit voraus war und noch ist – vom Prozessrecht ganz zu schweigen – so vermögen doch diese Materien des Allgemeinen Teils und des Prozessrechts sowohl im nationalen als auch im internationalen Recht erheblich auf die Reichweite der Strafbarkeit einzuwirken.[1]

Man stelle sich nur beispielhaft vor Augen, welche Auswirkungen es hätte, schlösse man sich im Rahmen der Reichweite und Wirkung des „Handelns auf Befehl" konsequent entweder der Theorie des *respondeat superior* an, nach der das Befolgen eines Befehls immer die Strafbarkeit eines Soldaten ausschließt oder bezöge man umgekehrt die Position, dass ein Befehl niemals strafausschließend wirken kann.[2] Gleichermaßen ist daher auch für den völkerrechtlichen Vertrag unter dem Aspekt des Bestimmtheitsgrundsatzes eine möglichst genaue Regelung der inneren Tatseite begrüßenswert.[3]

Gleichwohl ist es ein wichtiges Element zu erkennen, dass der Allgemeine Teil des heute geltenden internationalen materiellen Strafrechts, namentlich der Regelungen der Art. 25 ff. IStGH-Statut, in den allermeisten Fällen zu einem ähnlichen Ergebnis führen wird wie die An-

---

1 Vgl. *Ambos*, Internationales Strafrecht, S. 258 zur Bedeutung des Völkerstrafprozessrechts.

2 So etwa das IMT, wonach das Handeln auf Befehl allenfalls ein Strafmilderungsgrund sein kann; zu den gegensätzlichen Positionen ausführlich *Eser*, in: FS *Triffterer*, S. 758 ff. m.w.N.

3 *Ambos*, Der Allgemeine Teil des Völkerstrafrechts, S. 439.

wendung des Allgemeinen Teils des deutschen Strafrechts.[4] Mit anderen Worten sind also die bestehenden Unterschiede nicht überzubetonen. Ob der Anwendungsbereich des Bestimmtheitsgebotes über die Straftatbestände hinaus auch auf Elemente des Allgemeinen Teils oder des Prozessrechts Anwendung findet, bleibt hier unthematisiert. Das VStGB ist im Grundsatz auf Anwendung des vorgefundenen Allgemeinen Teils und Prozessrechts hin gestaltet und in erster Linie in den Tatbeständen völkerrechtlich vorgeprägt.

A. Die ergänzenden Regelungen des Allgemeinen Teils

I. Der subjektive Tatbestand

Die schlichte Verweisung des § 2 VStGB auf den gesamten Allgemeinen Teil des deutschen Strafrechts umfasst damit auch den Vorsatz und somit den Grundsatz, dass der bedingte Vorsatz prinzipiell hinreicht.

Da nun aber die Vorsatzdefinition des Art. 30 IStGH-Statut enger ist, namentlich den bedingten Vorsatz (*dolus eventualis*) nicht umfasst,[5] gibt es die Überlegung, die Verweisungsnorm des § 2 VStGB völkerrechtskonform restriktiv auszulegen.[6] Insoweit zeigt sich eine Parallele zu dem in dieser Arbeit entwickelten Ansatz. Allerdings war es dem Gesetzgeber sehr wohl bewusst, dass die Vorsatzdefinition des deutschen Rechts weiter reicht als derjenige des IStGH-Statuts, indessen sah er die Begehung eines Völkerrechtsverbrechens nach dem VStGB mit bedingtem Vorsatz als ebenso vorwerfbar an, wie „in den sonstigen Fällen des deutschen Rechts“.[7] Demnach scheint für eine derartige Auslegung wenig Raum zu bleiben, dennoch sollte man eine völkerrechtskonforme restriktive Auslegung nicht in Bausch und Bogen verwerfen.

---

4 *Weigend*, in: Gedächtnisschrift *Vogler*, S. 204 f.; *Werle*, JZ 2001, 885, 890.

5 Vgl. *Kreicker*, Völkerstrafrecht im Ländervergleich, S. 133; *Lüder/Vormbaum*, Materialien zum Völkerstrafgesetzbuch, S. 27. Andererseits soll bei einigen Tatbeständen des Kriegsvölkerstrafrechts grobe Fahrlässigkeit (*culpable negligence*) ausreichen; *Cassese*, International Criminal Law, S. 58.

6 *Zimmermann*, NJW 2002, 3068, 3069.

7 *Lüder/Vormbaum*, Materialien zum Völkerstrafgesetzbuch, S. 27.

Was für das in den Gesetzgebungsmaterialien explizit angeführte Beispiel der Folter (§ 7 Abs. 1 Nr. 5 VStGB)[8] als Verbrechen gegen die Menschlichkeit noch eingängig erscheint, wird bei manchen („leichteren") Tatbeständen der Kriegsverbrechen nicht als derart zwingendes Argument erscheinen.

Allerdings wird bei vielen Kriegsverbrechen „wilfulness" als ausreichend erachtet, was wiederum Eventualvorsatz und bewusste Fahrlässigkeit einbezieht.[9]

Wiederum stellt sich diese Frage in vergleichbarer Form auch in anderen Staaten. So war der *Supreme Court of Canada* in der Sache *Regina v. Finta* der Auffassung, dass Kriegsverbrechen einen höheren Grad an *mens rea* verlangten, als dies bei Delikten des nur innerstaatlichen Rechts der Fall sei.[10] Die neue kanadische Regelung im CAHWCA verweist nunmehr allerdings auch für die subjektive Tatseite auf internationales Recht,[11] so dass dieses Erfordernis als nunmehr überholt anzusehen ist. Allerdings übernimmt ein Pauschalverweis auf internationales Recht auch die dortigen ungeklärten und strittigen Fragen, die dann eben einer Klärung vor dem nationalen Gericht bedürfen, wobei immer die Gefahr einer Abweichung durch unterschiedliche Rechtsprechung in den einzelnen Staaten besteht.

Der australische *ICC (Consequential Amendments) Act 2002* verzichtet auf die Übernahme besonderer Absichtserfordernisse wie sie etwa von Art. 8 Abs. 2 (b) (i), (ii), (iii), (ix) und (xiv) IStGH-Statut gefordert werden und erfasst damit auch Taten, die dem IStGH-Statut aus subjektiven Erfordernissen nicht mehr unterfallen.[12]

Mitunter wenig geklärt sind im internationalen materiellen Strafrecht die subjektiven Anforderungen im Kriegsverbrechensrecht.[13] So ist das Verhältnis der allgemeinen Vorsatzdefinition des Art. 30 IStGH-Statut

---

8 *Lüder/Vormbaum*, Materialien zum Völkerstrafgesetzbuch, S. 27.

9 *Satzger*, NStZ 2002, 125, 128; *ders.*, Internationales Strafrecht, § 15 Rn. 66.

10 ILR 104 (1997), 284, 361 ff.; *Arnell*, International Relations 13 (1996/97), 29, 37. Kritisch *Bello/Cotler*, AJIL 90 (1996), 460, 473.

11 *Gut/Wolpert*, Nationale Strafverfolgung völkerrechtlicher Verbrechen in Kanada, S. 44 f.

12 *Biehler/Kerll*, Grundlagen der Strafverfolgung völkerrechtlicher Verbrechen in Australien, S. 34, 76.

13 *Kreß*, Vom Nutzen eines deutschen Völkerstrafgesetzbuchs, S. 22.

zu den in Art. 8 Abs. 2 IStGH-Statut vielfach vorhandenen subjektiven Wendungen („wilful“ und „wilfully“, (a) (i), (iii), (vi); „wantonly“, (a) (iv); „treacherously“, (b) (xi), (e) (ix)) zum Teil unklar.[14] Die Verwendung der Begriffe *intentionally*, *wilfully*, *wantonly*, usw. im IStGH-Statut als synonyme Beschreibung des allgemeinen Vorsatzerfordernisses hat ihre Ursache in der Begriffsübernahme aus den Primärregeln des humanitären Völkerrechts.[15]

Während Tatbestandsirrtum (*mistake of fact*) und direkter Verbotsirrtum (*mistake of law*) nach IStGH-Statut und deutschem Recht dasselbe Ergebnis zeitigen werden,[16] so ergibt sich eine denkbare Diskrepanz beim Erlaubnistatbestandsirrtum, der wohl nach der Statutsregelung nur ein unbeachtlicher *mistake of fact* wäre.[17] Darüber hinaus wird der *mistake of law* im internationalen materiellen Strafrecht auch als Kompensation für einen nicht genügend ausgearbeiteten Bestimmtheitsgrundsatz angesehen.[18]

II. Rechtswidrigkeit – insbesondere Notwehr

Notwehr- und Notstandsituationen lassen sich bei manchen Kriegsverbrechen denken,[19] sind aber bei den Tatbeständen des Völkermordes und der Verbrechen gegen die Menschlichkeit nahezu denknotwendig ausgeschlossen.

Eine Diskrepanz zwischen der *self-defence* bei Kriegsverbrechen (Art. 31 Abs. 1 (c) IStGH-Statut) und dem deutschen Notwehrrecht kann sich aus der Weite der im deutschen Recht anerkannten notwehrfähigen Rechtsgüter ergeben, allerdings erkennt auch die Statutsregelung nicht

---

14 *Dörmann*, IRRC 2000, 771, 775 f.; *Kelt/von Hebel*, in: *Lee*, The International Criminal Court, S. 24 ff.; *Kreß*, Vom Nutzen eines deutschen Völkerstrafgesetzbuchs, S. 22; *Piragoff*, in: *Triffterer*, Commentary on the Rome Statute, Art. 30 Rn. 14 f.

15 *Ambos*, Der Allgemeine Teil des Völkerstrafrechts, S. 801 ff.

16 Vgl. *Ambos*, ZStW 111 (1999), 175, 191.

17 *Ambos*, ZStW 111 (1999), 175, 191 m.w.N.

18 So von *Cassese*, International Criminal Law, S. 147 und 257.

19 Vgl. *Eser*, in: FS *Triffterer*, S. 765 f.

nur Leib und Leben, sondern auch wesentliche militärische Sachwerte als notwehrfähig an.[20]

Die Notwehrreaktion muss nach dem IStGH-Statut aber verhältnismäßig sein, also mit der „least harmful response available“[21] bzw. „reasonably and in a manner proportionate to the danger“[22] auf einen rechtswidrigen und gegenwärtigen Angriff reagieren.

So wird die Notwehrregelung des § 32 StGB regelmäßig durch das Merkmal der Gebotenheit der Notwehrhandlung zu demselben Ergebnis gelangen wie Art. 31 IStGH-Statut mit dem Verhältnismäßigkeitserfordernis; dementsprechend wurde der im Arbeitsentwurf des VStGB noch enthaltene § 3 Abs. 2 AEVStGB mit seiner Verhältnismäßigkeitsregelung[23] gestrichen. Damit wurde für das VStGB konsequent das Motto fortgeführt, im Allgemeinen Teil Abweichungen zum nationalen Recht tunlichst zu vermeiden, hingegen im Besonderen Teil Abweichungen zum IStGH-Statut nach Möglichkeit auszuschließen.[24]

Auch aus einer etwaigen Abweichung von einer zukünftigen IStGH-Rechtsprechung, welche die Notwehr über das Erfordernis der Verhältnismäßigkeit einengen könnte, wäre jedenfalls nicht zu folgern, dass aus dem IStGH-Statut abzuleiten sei, dass „das allgemeine verfassungsrechtliche Verhältnismäßigkeitsprinzip auch für das Notwehrrecht gilt“.[25]

Methodisch ist dem entgegenzuhalten, dass der Schluss aus einer sehr speziellen völkerrechtlichen Regelung für das internationale materielle Strafrecht auf eine Änderungsbedürftigkeit der generellen Notwehrregelung des StGB verfehlt ist, da nicht von einem speziellen *self-contained regime* auf der Ebene des Völkerrechts auf die allgemeine Regelung des nationalen Rechts geschlossen werden kann. Pointiert gesagt: Die möglicherweise vorhandene Notwendigkeit einer Einschränkung des Notwehrrechts für Kriegsverbrechen sagt noch nichts über eine dahinge-

---

[20] Diese Fassung geht auf eine US-amerikanische Forderung zurück, *Ambos*, ZStW 111 (1999), 175, 190.

[21] *Kreß*, Israel YHR 30 (2001), 103, 151 f.

[22] *Dinstein*, The Conduct of Hostilities under the Law of International Armed Conflict, S. 249.

[23] Dazu *Satzger*, Internationales Strafrecht, § 16 Rn. 14; *Werle*, JZ 2001, 885, 891.

[24] Vgl. *Werle*, JZ 2001, 885, 889 f.

[25] So *Lagodny*, ZStW 113 (2001), 800, 819 f.

hende Notwendigkeit für die Alltagskriminalität aus. Man befindet sich hier also in mehrfacher Hinsicht auf verschiedenen Ebenen. Sollte ein Bedarf für eine Einschränkung des nationalen Notwehrrechts für Tatbestände des VStGB bestehen, um eine Diskrepanz zu einer Rechtsprechung des IStGH zu vermeiden, so sollte insoweit eine spezielle Regelung in den allgemeinen Teil des VStGB aufgenommen werden, soweit man der Diskrepanz nicht durch Auslegung des § 32 StGB Herr zu werden vermag. Damit wäre eine spezielle Notwehrregelung für eine spezielle Materie gewährleistet.

Anders dürfte es sich dagegen freilich beim Notwehrexzess verhalten – hier greifen wir allerdings um des Zusammenhanges willen bereits dem Bereich der Schuld vor. Eine §§ 2 VStGB, 33 StGB entsprechende Regelung zum Notwehrexzess fehlt im IStGH-Statut gänzlich, so dass sich hier im Ergebnis Abweichungen in der Strafbarkeitserfassung ergeben können.[26]

III. Schuld

1. Handeln auf Befehl

Beim Handeln auf Befehl nach Art. 33 IStGH-Statut mag man in der Mehrzahl der Kriegsverbrechen von einer offensichtlichen Rechtswidrigkeit der Anordnung auszugehen haben,[27] ebenso bei § 3 VStGB. Indessen wird man dies einer Einzelfallprüfung zu überlassen haben und nicht generell hiervon ausgehen, es also gerade nicht unterstellen dürfen,[28] denn – wir haben es im Verlaufe dieser Arbeit gesehen – nicht alle Kriegsverbrechen sind *prima facie* als solche erkennbar, sondern mitunter erst nach komplexen Erwägungen als solche einzuordnen.[29] Um beispielsweise einen bereits ausführlich besprochenen Punkt noch unter

---

[26] *Satzger*, NStZ 2002, 125, 128; *ders.*, Internationales Strafrecht, § 16 Rn. 21.

[27] *Ambos*, Internationales Strafrecht, S. 171; *Garraway*, IRRC 1999, 785, 791.

[28] So aber *Gaeta*, EJIL 10 (1999), 173, 190 f.

[29] Vgl. auch *Garraway*, IRRC 1999, 785, 791 f., der als weiters Beispiel anführt, dass es für einen Soldaten oft nicht feststellbar ist, welche Munitionsart er ausgehändigt bekommt und wie diese wirkt (im Hinblick auf Art. 8 Abs. 2 (b) (xix) IStGH-Statut).

diesem Aspekt zu betrachten, dürfte bei einer Verhältnismäßigkeitsfrage (§ 11 Abs. 1 Nr. 3 und Abs. 3 VStGB) nicht immer generell von einer *offensichtlichen* Rechtswidrigkeit des Angriffsbefehls auszugehen sein, denn wie wir gesehen haben, bringt die Prüfung der Proportionalität nicht leicht zu beantwortende Wertungsfragen mit sich, die nur in den Evidenzfällen offensichtlich als rechtswidrig erkannt werden können.

Insofern müssen die Regelungen zum Handeln auf Befehl der Komplexität einiger Kriegsverbrechenstatbestände gerecht werden.

2. *Irrtum*

Problematisch kann auch die irrtümliche Bewertung der Verhältnismäßigkeit des militärischen Vorteils durch planende und kommandierende Offiziere sein.[30] In diesem Fall läge ein Urteil über ein normatives Tatbestandsmerkmal vor, denn die Frage der Verhältnismäßigkeit ist die – allerdings in vielen Fällen nur sehr schwer mögliche – Beantwortung einer Rechtsfrage nach Völkerrecht.

Nach Art. 32 IStGH-Statut hebt zwar ein Rechtsirrtum grundsätzlich nicht die subjektiven Tatbestandsmerkmale auf, allerdings soll dies bei dem Irrtum über ein normatives Tatbestandmerkmal anders sein, so dass im Ergebnis bei einem solchen Fall der Vorsatz aufgehoben wäre[31] (Art. 32 Abs. 2 S. 2 Alt. 1 IStGH-Statut). Die Bewertung eines solchen Irrtums steht und fällt mit der Einteilung in die Dichotomie „mistake of fact" (Art. 32 Abs. 1 IStGH-Statut) oder „mistake of law" (Art. 32 Abs. 2 IStGH-Statut).

Der Ausschluss strafrechtlicher Verantwortlichkeit als Folge eines unvermeidbaren Rechtsirrtums mag im Kriegsvölkerstrafrecht Ausnahmecharakter haben, ausgeschlossen ist diese Situation damit aber keineswegs.[32] Ungeachtet der Frage, wie dieser Fall nach Art. 32 IStGH-Statut

---

[30] *Ambos*, Internationales Strafrecht, S. 244.

[31] *Ambos*, Internationales Strafrecht, S. 175 und 244 f., auch unter Hinweis auf die Nr. 3 der Verbrechenselemente zu Art. 8 Abs. 2 (b) (iv) IStGH-Statut. Vgl. *Kelt/von Hebel*, in: *Lee*, The International Criminal Court, S. 36.

[32] *Kreß*, Israel YHR 30 (2000), 103, 147 f. Siehe auch *Dinstein*, The Conduct of Hostilities under the Law of International Armed Conflict, S. 245 unter Bezugnahme auf den *Peleus*-Fall. Dort hieß es (LRTWC, Band 1, S. 1 ff. [Trial of Kapitänleutnant *Heinz Eck* and four others for the killing of members of the crew of the Greek steamship *Peleus*, sunk on the High Seas – „The Peleus

zu behandeln sein wird, so wäre im deutschen Recht bei einem unvermeidbaren Verbotsirrtum nach § 17 StGB schuldhaftes Handeln ausgeschlossen.

Angesichts der Unsicherheiten der Irrtumslehre ist eine Reduktion des Tatbestandes gegenüber einer „Irrtumslösung" vorzugswürdig und auch der Rechtsklarheit wegen angezeigt.[33] Die aufgezeigte Typisierung mit Evidenzlösung scheint daher auch hier vorzugswürdig. Liegt tatsächlich eine evidente Unverhältnismäßigkeit vor, so ist die Unvermeidbarkeit des Irrtums auch regelmäßig ausgeschlossen.

3. Entschuldigender Notstand

Auch wird der entschuldigende Notstand nach § 35 StGB im Allgemeinen zu den gleichen Ergebnissen führen wie die Regelung des Art. 31 Abs. 1 (d) IStGH-Statut, obgleich ein Unterschied in der Reichweite besteht: Es sind nur zum Schutz der eigenen Bewegungsfreiheit unternommene Handlungen von § 35 StGB erfasst, nicht aber von Art. 31 Abs. 1 (d) IStGH-Statut.

Hier ist also das deutsche Recht in der Entschuldigung weitergehend als das IStGH-Statut, was allerdings kaum praktisch werden wird, da ein Völkerrechtsverbrechen in aller Regel nach § 35 Abs. 1 S. 2 StGB gegenüber der eigenen Bewegungsfreiheit „ein deutliches Übergewicht" haben und damit § 35 StGB nicht durchgreifen wird.[34]

IV. Befehlshaberverantwortlichkeit

Hinsichtlich der Befehlshaberverantwortlichkeit geht Art. 28 IStGH-Statut weit über die Regelung des VStGB hinaus.

Während im Statut auch die Fahrlässigkeit (wegen der Tat des Untergebenen) bzw. der eigenen Verhinderung erfasst wird, so werden diese

Trial"]) auf S. 12: „It is quite obvious that no sailor and no soldier can carry with him a library of international law, or have immediate access to a professor in that subject who can tell him whether or not a particular command is a lawful one."

[33] *Kreß*, JZ 2003, 911, 916.

[34] *Lüder/Vormbaum*, Materialien zum Völkerstrafgesetzbuch, S. 30.

Fälle im VStGB nur von dem Annexvergehen des § 13 VStGB erfasst,[35] sind aber kein Kriegsverbrechen nach § 4 VStGB in Verbindung mit dem jeweiligen Tatbestand.

B. Annex: Das VStGB als Spezialgesetz und die Anwendbarkeit auf sogenannte Kindersoldaten

I. Das VStGB als Spezialgesetz

Neben den Tatbeständen des VStGB bleibt das übrige Strafrecht weiter anwendbar, wobei selbstverständlich die Einhaltung der völkerrechtlich verbindlichen Regeln über die Kriegsführung eine Bestrafung ausschließt.[36]

Demnach könnte nach den Gesetzesmaterialien *auch über das VStGB hinaus* eine Bestrafung beispielsweise wegen vorsätzlicher, in der Regel aber nur fahrlässiger[37] Tötung in dem Falle vorgenommen werden, wenn ein Pilot völkerrechtlich gebotene Vorsichtsmaßnahmen (z.B. nach Art. 57 Abs. 2 ZP I) nicht einhielt und deshalb beim Bombenabwurf Zivilpersonen tötete.[38] Das VStGB soll nicht ausnahmslos gegenüber dem übrigen Strafrecht als speziell anzusehen sein, um Strafbarkeitslücken zu vermeiden.[39]

In diesem Zusammenhang ist allerdings eine einschränkende und eine kritische Anmerkung geboten. Zum einen gilt – einschränkend – das Vorhergesagte nur mit der sehr gewichtigen Einschränkung, dass das Weltrechtsprinzip für die Bestrafung über das VStGB hinaus nicht zur Anwendung kommen kann, dass es also für die Anwendung von Straftatbeständen, die ihre Quelle nicht im Völkerrecht, sondern nur im na-

---

35 *Satzger*, NStZ 2002, 125, 129; *ders.*, Internationales Strafrecht, § 16 Rn. 25.

36 Dazu bereits oben, *1. Kapitel A. III.*; *Lüder/Vormbaum*, Materialien zum Völkerstrafgesetzbuch, S. 24.

37 Vgl. *Bremer*, Nationale Strafverfolgung internationaler Verbrechen gegen das humanitäre Völkerrecht, S. 163.

38 *Gropengießer/Kreicker*, Grundlagen der Strafverfolgung völkerrechtlicher Verbrechen in Deutschland, S. 150; *Lüder/Vormbaum*, Materialien zum Völkerstrafgesetzbuch, S. 24; *Werle/Nerlich*, HuV-I 2002, 124, 129.

39 *Lüder/Vormbaum*, Materialien zum Völkerstrafgesetzbuch, S. 24 f.

tionalen Recht haben und durch das Völkerrecht nicht abgedeckt sind, bei der Notwendigkeit eines Anknüpfungspunktes nach §§ 3 ff. StGB verbleibt.[40]

Zum anderen ist – kritisch betrachtet – die Absicht des Verzichts auf eine durchgehende Spezialität nicht unproblematisch. Die gebetsmühlenartige Wiederholung zu jedem neueren Strafgesetz, man wolle Strafbarkeitslücken vermeiden, ist dabei gegen einen anderen Aspekt ins Feld zu führen, nämlich den der Deckungsungleichheit zwischen internationaler und nationaler Ebene. Mag man die Berücksichtigung neuerer Entwicklungen des Völkergewohnheitsrechts im VStGB mit Fug und Recht begrüßen, so schießt die Anwendung des übrigen Strafrechts wohl eher über das Ziel hinaus. Im bewaffneten Konflikt gilt nämlich mit gutem Grunde nicht jede Verletzung von Verhaltensweisen, die durch eine Primärregel des humanitären Völkerrechts gefordert wird, als Kriegsverbrechen. Vielmehr handelt es sich um einen Entstehungsprozess, für den ein gewisser Schweregrad der Tat ebenso unabdingbar ist wie die Orientierung am Willen der Staaten, der sich in einer Rechtsquelle des Völkerrechts manifestiert. Verzichtet man hierauf und wendet das nationale Strafrecht, soweit durch Regeln des Strafanwendungsrechts erlaubt, darüber hinaus an, so schafft man gegenüber der internationalen Ebene (und anderen nationalen Regelungen) neue Deckungsungleichheiten und einen unübersehbaren Flickenteppich, der durch das Völkerrecht nicht geboten ist. Zudem gibt man auch die Idee des VStGB auf, nach der sich der Rechtsunterworfene an einer übersichtlichen Kodifikation orientieren kann, wenn er erfahren will, welches die Grenzen des Strafbaren im bewaffneten Konflikt sind. Die Schließung möglicherweise vorhandener „Strafbarkeitslücken“ und die Schaffung einer „kleinen Münze“ des Kriegsvölkerstrafrechts, die aus guten Gründen im Völkerrecht nicht vorgesehen ist, wiegen diese erheblichen strukturellen Nachteile nicht auf. Meiner Ansicht nach spricht daher vieles für eine durchgängige Einordnung des VStGB als abschließende *lex specialis*, soweit es das Recht der Kriegsverbrechen betrifft. Der Entwicklung „echter“ Kriegsverbrechen auf internationaler Ebene kann man problemlos durch Ergänzung des VStGB Rechnung tragen.[41]

---

[40] Vgl. grundsätzlicher *Dinstein*, in: *Schmitt/Green*, The Law of Armed Conflict: Into the Next Millennium, S. 30.

[41] Wofür man wohl auch immer eine Mehrheit finden wird. Das VStGB selbst wurde ohne Gegenstimmen verabschiedet.

II. Anwendbarkeit auf sogenannte Kindersoldaten

Im IStGH-Statut ist eine merkwürdige Lücke feststellbar: Einerseits ist die Verwendung von Kindersoldaten unterhalb des Lebensalters von 15 Jahren verboten (Art. 8 Abs. 2 (b) (xxvi) und (e) (vii) IStGH-Statut), andererseits hat der IStGH keine Gerichtsbarkeit über Personen, die bei Tatbegehung noch nicht 18 Jahre alt waren (Art. 26 IStGH-Statut). Dementsprechend wäre es möglich, insofern straflos Einheiten aus 16- und 17jährigen Kämpfern zu bilden, ohne der Strafgewalt des IStGH zu unterliegen.[42]

Dies beruht wohl darauf, dass einerseits auch staatliche Armeen Minderjährige rekrutieren, andererseits eine kriegsvölkerstrafrechtliche Verfolgung Minderjähriger wohl nicht für notwendig angesehen wurde, da diese kaum je Haupttäter sein werden – obgleich die Gefährlichkeit und Unberechenbarkeit von Kindersoldaten allgemein bekannt ist. Nach *Clark/Triffterer* liegt hierin unter dem Gesichtspunkt der Komplementarität kein Problem, denn die entsprechende Altersgruppe sei dann eben den nationalen Gerichten zu überlassen, die für diese Aufgabe ohnehin besser geeignet seien.[43] So wäre in Deutschland in dem – unwahrscheinlichen Fall – der Verurteilung eines Kindersoldaten das Jugendgerichtsgesetz anwendbar.

Allerdings verliert der IStGH in jedem Falle für diese Altersgruppe seine Überwachungsfunktion und auch im Falle der Unfähigkeit oder Unwilligkeit der nationalen Strafverfolgungsbehörden kann er nicht eingreifen.

---

42 *Cassese*, International Criminal Law, S. 62, dortige Fn. 17.

43 *Clark/Triffterer*, in: *Triffterer*, Commentary on the Rome Statute, Art. 26 Rn. 11.

Vierter Teil: Zusammenfassung, Ergebnis und Ausblick

11. Kapitel: Zusammenfassung und Ergebnis

Die Tatbestände der Kriegsverbrechen sind in einem Kräfteparallelogramm platziert. Die in ihm wirkenden Kraftfelder sind: Völkerrecht und Landesrecht, Grundrechtsschutz und materielle Strafwürdigkeit. Die teilweise gegensätzlichen, teilweise gleichlaufenden Anforderungen von Völkerrecht, nationalem Recht, Grundrechtsschutz und materieller Gerechtigkeit sind nicht gegeneinander auszuspielen, sondern soweit wie möglich in einen verhältnismäßigen Ausgleich zu bringen.

A. Kriegsvölkerstrafrecht in verfassungsgemäßer Gestalt

Es wurde aufgezeigt, dass es möglich ist, das geltende Kriegsvölkerstrafrecht in deutsches Recht zu transponieren und dabei sowohl den Anforderungen des Völkerrechts als auch dem Bestimmtheitsgrundsatz (Art. 103 Abs. 2 GG) zu genügen. Namentlich ist dies möglich, indem man sich bereits bestehender Instrumente – der restriktiven Auslegung, des Prinzips der praktischen Konkordanz, der Typenbildung und teleologischen Restriktion – bedient und so neue Rechtsentwicklungen in das vorhandene dogmatische und methodische Instrumentarium einbettet.

Sinn und Zweck der vorliegenden Arbeit war es dabei von dem Bestimmtheitsgrundsatz auszugehen, wie wir ihn gegenwärtig im internationalen und nationalen Recht vorfinden, nicht wie er nach einer theoretisch womöglich bestechend geschlossenen und konsequenten, aber ganz unpraktikablen Ansicht sein sollte. Dennoch kamen die Kritiker gegenwärtiger Entwicklungen zu Wort. Diese mitunter wohl begründete Kritik ändert aber nichts an der aufgezeigten großen Entwicklungslinie:

Nach überkommenem theoretischen Anspruch hat der Satz *nullum crimen, nulla poena sine lege* in Völkerrecht und nationalem deutschen Recht einen ganz unterschiedlichen Gehalt, welcher sich im Rahmen der Normbestimmtheit so darstellen soll, dass diese im internationalen

T. Darge, *Kriegsverbrechen im nationalen und internationalen Recht*: Beiträge zum ausländischen öffentlichen Recht und Völkerrecht 216, DOI 10.1007/978-3-642-11642-1_4,

materiellen Strafrecht kaum Berücksichtigung findet, im nationalen Strafrecht hingegen peinlich genau zu beachten ist.

Die Analyse jüngerer Entwicklungen zeigt hingegen, dass der Bestimmtheitsgrundsatz im Völkerrecht mittlerweile fest etabliert ist und mit Institutionalisierung und Weiterentwicklung des Kriegsvölkerstrafrechts eine immer stärkere Position einnimmt. Demgegenüber wird der Bestimmtheitsgrundsatz im nationalen Recht zwar theoretisch hochgehalten, muss aber dann doch zumeist praktischen Erwägungen weithin Raum lassen. Pointiert formuliert kann man daher sagen, dass der Bestimmtheitsgrundsatz im internationalen Recht zwar nicht sehr feinsinnig elaboriert ist, aber tatsächlich berücksichtigt wird, während er im nationalen Recht zwar vielfach theoretisch ausgestaltet ist, aber kaum in praktischem Ansehen steht. Unverkennbar ist jedenfalls die Tendenz, dass sich die Gehalte des Bestimmtheitsgrundsatzes im internationalen und nationalen Recht aufeinander zu bewegen.[1]

I. Kriegsverbrechenstatbestände und Normbestimmtheit

Die Betrachtung einzelner Kriegsverbrechenstatbestände des VStGB lässt der These, wonach einzelne Tatbestände des VStGB mit Rücksicht auf den Bestimmtheitsgrundsatz deutlich enger formuliert wurden, als ihr Pendant im IStGH-Statut,[2] nur einen eingeschränkten Anwendungsbereich. Mitunter verhält es sich sogar umgekehrt, es ist also die IStGH-Statutsregelung präziser als die Regelung des nationalen Rechts, obgleich nur ein nominell „schwächerer" Bestimmtheitsgrundsatz zu befolgen ist. Namentlich ist die Regelung der Verhältnismäßigkeit in Art. 8 Abs. 2 (b) (iv) IStGH-Statut durch ihre Beschränkung auf Fälle evidenter oder offensichtlicher Unverhältnismäßigkeit in einem Maße bestimmbarer als die korrespondierende Regelung in § 11 Abs. 1 Nr. 3

---

[1] Die freilich mit der Ausnahme der näheren Bestimmung des Strafrahmens. Dieses Element ist im nationalen Recht nach wie vor deutlich sichtbar, auf der völkerrechtlichen Ebene aber nach wie vor kaum erkennbar. Indessen lässt auch das nationale Strafrecht dem Strafrichter vielfach einen weit reichenden Spielraum bei der Bestimmung des Strafrahmens, siehe oben *5. Kapitel C. IV.*

[2] So *Kirsch*, in: *Beulke/Müller*, FS Strafrechtsausschuss der BRAK, S. 278; *Werle/Jeßberger*, JZ 2002, 725, 730.

und Abs. 3 VStGB, dass nach der hier vertretenen Ansicht die Übernahme der Statutsformulierung in das VStGB im Wege der Lückenfüllung durch teleologische Restriktion angezeigt ist (siehe oben, *9. Kapitel A. I. 4. c) bb) δ)*).

Die starke Rolle von *nullum crimen sine lege* im IStGH-Statut ist zwar eine Ausprägung des Willens der Vertragsstaaten, ihre Souveränität weitgehend zu wahren und den Spielraum des internationalen Gerichts zu begrenzen,[3] aber dieses rechtspolitische Motiv beeinträchtigt die positive rechtliche Geltung nicht.

Die geradezu klassisch gewordene oder jedenfalls als klassisch angesehene Unterscheidung zwischen einem „schwachen" Bestimmtheitsgrundsatz im Völkerrecht und einem „starken" Bestimmtheitsgrundsatz im bundesdeutschen Straf- und Verfassungsrecht ist zu relativieren.

Zwar ist es nach wie vor so, dass die Normbestimmtheit nach § 1 StGB, Art. 103 Abs. 2 GG einen stärkeren, insbesondere in der Rechtsprechung des BVerfG ausdifferenzierteren Gehalt und deutlichere Konturen hat. Indessen bewegen sich zwei Tendenzen im nationalen und internationalen Recht aufeinander zu und führen zu einer größeren praktischen Ähnlichkeit des Gehaltes von *nullum crimen, nulla poena sine lege certa*.

Zum einen geht die Tendenz jedenfalls in der Rechtsprechung auf der nationalen Ebene dahin, den Bestimmtheitsgrundsatz zwar als Prinzip hochzuhalten, aber dennoch nahezu alle Formulierungen des Gesetzgebers als mit ihm vereinbar zu betrachten. Zum anderen hat auf der internationalen Ebene der Bestimmtheitsgrundsatz tendenziell an Anerkennung und Gehalt hinzugewonnen. Auch diese Entwicklung fand in erster Linie in der Rechtsprechung statt.

Insgesamt handelt es sich also um konvergierende Entwicklungen. Dies ist nicht dahin misszuverstehen, dass sich nationaler und internationaler Gehalt des Bestimmtheitsgrundsatzes jemals decken werden, zumal – wie bereits gesagt – die gewichtige Einschränkung hinzutritt, dass sich der völkerrechtliche Bestimmtheitsgrundsatz nicht auf den Strafrahmen bezieht. Gestärkt wird diese Entwicklung noch dadurch, dass auf internationaler Ebene – jedenfalls was den IStGH angeht – Bemühungen erkennbar sind, den Spielraum des internationalen Strafrichters eher durch

---

[3] *Boot*, Genocide, Crimes against Humanity, War Crimes: Nullum Crimen Sine Lege and the Subject Matter Jurisdiction of the International Criminal Court, S. 362 und 613.

Festlegung von Statutsregelungen und *elements of crimes* einzuschränken, während im nationalen Recht der Spielraum des Richters – namentlich in der Auslegung präzisierungsbedürftiger Tatbestandselemente – tendenziell zunimmt.

Grosso modo ist es so, dass mittlerweile ein Stand erreicht ist, der es als wahrscheinlich erscheinen lässt, dass ein und dieselbe problematische Formulierung sowohl im nationalen als auch im internationalen Recht dieselben Bedenken weckt.

Indessen gibt es als Kehrseite auch eine ähnliche Scheu, den konsequenten zweiten Schritt zu gehen und einen Verstoß gegen den Bestimmtheitsgrundsatz tatsächlich festzustellen.

II. Ablehnung von abstrakten Lockerungen der Normbestimmtheit

Der Bestimmtheitsgrundsatz des nationalen Rechts hat dem Bestimmtheitsgrundsatz im internationalen Recht – sei es im IStGH-Statut, sei es im allgemeinen Völkerstrafrecht – immerhin voraus, dass er sehr viel stärker ausdifferenziert ist. Für und wider eine abstrakte Lockerung von Anforderungen an die Normbestimmtheit bei den Tatbeständen der §§ 8-12 VStGB (abstrakt in dem Sinne, dass es nicht auf eine konkrete Kollision ankommt) lassen sich daher etliche Gründe aufführen. Die wichtigsten sind:

1. Argumente für eine abstrakte Lockerung

- Das Prinzip der Komplementarität, welches einen möglichst weitgehenden Gleichlauf zwischen internationalem und nationalem Tatbestand vorsieht (siehe *5. Kapitel B. III. 2* und bereits *3. Kapitel C. I.*);
- Die der Pönalisierung von Kriegsverbrechen zugrunde liegenden besonders hochwertigen Schutzgüter, die im Völkerrecht zumeist Normen des *ius cogens* darstellen (siehe *6. Kapitel A. II.*);
- Der Adressatenkreis der Kriegsverbrechenstatbestände, der allerdings nach der in dieser Arbeit vertretenen Auffassung allenfalls in seltenen Ausnahmefällen Bestimmtheitslockerungen rechtfertigen kann, da grundsätzlich jedermann Täter eines Kriegsverbrechens sein kann (siehe *6. Kapitel A. II. 3.*);

- Die völkerrechtsfreundliche Auslegung (siehe 6. Kapitel B. II. 2. b)), die allerdings nach der hier zugrunde gelegten Ansicht nicht abstrakt Bestimmtheitsanforderungen zu lockern vermag, sondern erst über die praktische Konkordanz wirksam wird.

2. Argumente gegen eine abstrakte Lockerung

- Ein effektives Kriegsvölkerstrafrecht verlangt nach klaren Normierungen, die sowohl *ex ante* von den Handelnden respektiert werden als auch *ex post* von den Gerichten operabel gemacht werden können (siehe *5. Kapitel B. III. 3* und *6. Kapitel A. I.*);
- Gerade zu den problematischen Merkmalen der §§ 8-12 VStGB existiert mitunter keine oder jedenfalls keine gefestigte entsprechende nationale oder internationale Rechtsprechung (siehe *5. Kapitel C. II. 2. b)*);
- Es handelt sich bei den Kriegsverbrechenstatbeständen durchweg um Verbrechen mit hohen und höchsten Strafandrohungen (siehe insbesondere *5. Kapitel C. IV*);
- Auch ohne eine weitere Lockerung speziell für den Bereich der Kriegsverbrechenstatbestände ist der Bestimmtheitsgrundsatz auch im nationalen Recht ein bereits hinreichend flexibles Prinzip, was eine weitere abstrakte Lockerung für Sonderbereiche entbehrlich macht.

III. Konkrete Auflösung etwaiger Kollisionen durch Auslegung und praktische Konkordanz

Die in dieser Arbeit vertretene Ansicht lehnt eine abstrakte Lockerung von Bestimmtheitsanforderungen für die Tatbestände der Kriegsverbrechen in §§ 8-12 VStGB ab.

Es ist weithin anerkannt, dass die Anforderungen an den Bestimmtheitsgrundsatz nicht dahin zu verstehen sind, dass jedweder Begriff, jedwede Norm schon aus sich selbst heraus abschließend verstanden werden kann. Nahezu jegliche Sprachverwendung ist potentiell mehrdeutig, jedes Verständnis ein Akt der Interpretation, also bereits der Auslegung (*5. Kapitel C. II. 2. a)*).

Damit kommt es aber auf die Bestimmbarkeit, nicht die Bestimmtheit an.

Entscheidend ist, dass die Norm innerhalb ihres möglichen Wortsinnes eine gesicherte Grundlage für eine Auslegung anhand anerkannter Kriterien bietet (vgl. *6. Kapitel B. II.*). Der Ursprung der Kriegsverbrechenstatbestände gebietet eine völkerrechtsnahe und -freundliche Auslegung auch der ins nationale Recht transponierten Normen. Diese Methode der Auslegung ist aber nicht vorschnell gegen den Bestimmtheitsgrundsatz in Stellung zu bringen. Zwischen völkerrechtsfreundlicher Auslegung und Anforderungen an die Normbestimmtheit besteht kein zwingender Widerspruch. Vielfach wird sogar erst die Auslegung „im Lichte des Völkerrechts" den Gehalt einer ins nationale Recht transponierten Völkerrechtsnorm erhellen (*6. Kapitel B. II. 2. b) bb)* und *d)*).

Obgleich auch das Strafrecht keine weite Auslegung verbietet, ist doch bei offen formulierten Normen eine restriktive Auslegung oder eine teleologische Reduktion vorzunehmen, um diese auf einen bestimmbaren Gehalt zurückzuführen (*6. Kapitel B. II. 2. e) aa)* und *bb)*). Lässt die Wortsinngrenze eine solche Zurückführung hingegen nicht mehr zu, verstößt die betreffende Norm gegen Art. 103 Abs. 2 GG.

Etwaige Kollisionen zwischen Bestimmtheitsgrundsatz und Völkerrechtsfreundlichkeit sind über das Prinzip der praktischen Konkordanz aufzulösen.

Es liegt dann eine Kollision zwischen zwei hinreichend konkreten und als Prinzipien hinreichend flexiblen Verfassungsrechtsgütern vor (*6. Kapitel B. III. 2.*), die im Wege des schonenden Ausgleiches einander in der konkreten Problemlösung so zuzuordnen sind, dass ein jedes zu praktisch größtmöglicher Wirksamkeit gelangt. Das Verfahren der praktischen Konkordanz ist ein spezieller Anwendungsbereich der verfassungskonformen Auslegung (*6. Kapitel C.*), die ihrerseits wiederum der systematischen Auslegung zugehört.

Die so mögliche Tatbestandseinschränkung unter Verwendung überkommener dogmatischer Instrumente vermeidet die Entwicklung einer fehlerpotenzierenden und notwendigerweise unausgereiften Sonderdogmatik und wird doch den zentralen Spannungsfeldern zwischen Verfassungsrecht und Völkerrecht, zwischen Grundrechtsschutz und Verfolgungsinteresse, zwischen *ultima ratio* und Effektivität, gerecht. Eine Einbettung auch des Rechts der Kriegsverbrechen in die allgemeinen dogmatischen Grundregeln des nationalen Rechts ist daher angezeigt und möglich. Auch aus diesem Grunde ist eine Vorabmodifikation von Bestimmtheitsanforderungen für einzelne Rechtsgebiete nicht wünschenswert oder notwendig.

B. Die einzelnen problematischen Merkmale

Überblicken wir nochmals in einer kurzen *tour d'horizon* die einzelnen als problematisch erkannten und näher betrachteten Merkmale bzw. Begriffe in den Kriegsverbrechenstatbeständen des VStGB, also den Begriff des internationalen oder nichtinternationalen Konfliktes (*7. Kapitel B. I.*), den Begriff der nach humanitärem Völkerrecht zu schützenden Person (*8. Kapitel A. I.*), die Anforderungen an das Gerichtsverfahren nach § 8 Abs. 1 Nr. 7 VStGB (*8. Kapitel A. II. 2.*), den Tatbestand des Angriffs gegen eine humanitäre Hilfsmission oder eine friedenserhaltende Mission nach § 10 Abs. 1 VStGB (*8. Kapitel B. I.*), die Anforderungen an die Verhältnismäßigkeit zwischen militärischem Vorteil und kollateral verursachtem Schaden (*9. Kapitel A. I.* und *II.*) sowie die Abgrenzung zwischen verbotener Perfidie und erlaubter Kriegslist (*9. Kapitel A. III.*), so zeigt sich, dass sich mit dem im zweiten Teil beschriebenen Instrumentarium die meisten Probleme gut bewältigen lassen. Der einzige Begriff, der nach der in dieser Arbeit vertretenen Auffassung nicht hinreichend bestimmbar ist, ist der der humanitären Hilfsmission.

Ansonsten ermöglicht die Berücksichtigung des entsprechenden Völkerrechts und der methodischen Grundzüge durchweg eine Bestimmbarkeit der Begrifflichkeiten innerhalb der Wortsinngrenze. Die Begriffe des internationalen oder nichtinternationalen bewaffneten Konfliktes und der nach dem humanitären Völkerrecht zu schützenden Person wurden völkerrechtsfreundlich mit erweitertem Spielraum ausgelegt. Zugleich war es notwendig, die jeweils geschützten Personengruppen durch teleologische Restriktion auf die internationale Rechtslage zurückzuführen. Eine weiteres Mal wurde das Instrument der teleologischen Restriktion angewendet, um die Verhältnismäßigkeitsregelungen des VStGB auf Evidenzfälle zu reduzieren und so in Einklang mit dem IStGH-Statut zu bringen. Hier zeigte sich auch, dass das IStGH-Statut an einzelnen Stellen präziser ist als die nationalen Parallelregelungen.

C. Beantwortung der Fragestellungen in Thesen

Die zu Beginn der Arbeit gestellten Fragen (*1. Kapitel C. II.*) – nach erstens Gelingen der Herstellung von Parallelität in den Kriegsverbrechenstatbeständen des VStGB zum IStGH-Statut, zweitens Zurückbleiben oder Hinausgehen der nationalen Regelung gegenüber dem IStGH-Statut, drittens der Begrenzung der Tatbestände durch den – etwaig selbst modifizierten – Bestimmtheitsgrundsatz, viertens Auflösung des Spannungsfeldes zwischen völkerrechtsnaher Interpretation (Art. 25 GG) und verfassungsrechtlichen Gewährleistungen (Art. 103 Abs. 2 GG) und fünftens Auslegung und Grenzen der Auslegung der Kriegsverbrechenstatbestände in diesem Kontext – lassen sich also zusammenfassend wie folgt beantworten:

I. Parallelität der §§ 8-12 VStGB zu Art. 8 IStGH-Statut[4]

Im Vergleich zum IStGH-Statut erscheint das VStGB mit seiner Rezeption neuerer Entwicklungen des Völkergewohnheitsrechts, namentlich der weitgehenden Gleichstellung des nichtinternationalen bewaffneten Konfliktes mit dem internationalen bewaffneten Konflikt, als erschöpfende Kodifikation des geltenden Völkerstrafrechts,[5] jedenfalls gilt dies *cum grano salis*.

---

[4] Für eine erste Orientierung durchaus hilfreich sind synoptische Übersichten, die die entsprechenden Normen in VStGB und IStGH-Statut gegenüberstellen, siehe für die Kriegsverbrechen etwa bei *Lüder/Vormbaum*, Materialien zum Völkerstrafgesetzbuch, S. 41 und sehr viel präziser und ausführlicher bei *Gropengießer/Kreicker*, Grundlagen der Strafverfolgung völkerrechtlicher Verbrechen in Deutschland, S. 164 f., 174 ff., 217, 221 ff. und 488 f. Das Problem derartiger Übersichten liegt darin, dass zwar die parallelen Tatbestände sehr klar identifiziert werden, dass aber trotzdem Abweichungen bestehen können. Diese rühren, wie bereits aufgezeigt wurde, daher, dass unterschiedliche Begriffe verwendet werden oder denselben Begriffen unterschiedliche Gehalte zukommen, andere Auslegungskriterien gewählt werden oder subjektive Tatbestandsmerkmale sich unterscheiden, usw. Wird man auch mit den in dieser Arbeit angesprochenen und veranschaulichten Instrumentarien vielfach Deckungsgleichheit erzielen können, so bedarf dies im Einzelfalle doch einer näheren Betrachtung.

[5] *Gropengießer/Kreicker*, Grundlagen der Strafverfolgung völkerrechtlicher Verbrechen in Deutschland, S. 68.

Die Beschränkung einiger Kriegsverbrechen auf Taten von einer gewissen Erheblichkeit wird angesichts der Zuständigkeitsschwelle des IStGH-Statuts und der damit intendierten Beschränkung auf die schwersten Fälle der Kriegsverbrechen kaum zu Diskrepanzen führen.[6]

II. Abweichungen in der Tatbestandserfassung

Die oft verwendete Formulierung, wonach das VStGB in seiner Tatbestandsfassung enger formuliert sei als das IStGH-Statut, kann für die Kriegsverbrechenstatbestände keinen uneingeschränkten Bestand haben. Abweichungen in einzelnen Formulierungen lassen sich durch Auslegung im Lichte des Völkerrechts nahezu angleichen.

III. Die Einhaltung des Bestimmtheitsgrundsatzes

Auch die Berücksichtigung von Erfordernissen der Normbestimmtheit im VStGB ist nicht durchweg schärfer als im IStGH-Statut (sieht man aber insbesondere von hinreichend präzisen Rechtsfolgeregelungen einmal ab). Mitunter enthält das Statut die engere und unter dem Bestimmtheitsaspekt leichter handhabbare Formulierung. Nahezu alle Begrifflichkeiten der §§ 8-12 VStGB lassen sich sowohl mit ihrem materiell-völkerrechtlichen Gehalt versehen als auch mit Art. 103 Abs. 2 GG in seiner Ausprägung als Bestimmtheitsgrundsatz in Einklang bringen.

IV. Zum Spannungsfeld zwischen Art. 25 und Art. 103 Abs. 2 GG

Kollisionen zwischen Völkerrechtsfreundlichkeit (namentlich völkerrechtsfreundlicher Auslegung) und Bestimmtheitsgrundsatz sind anhand der konkreten Kollision unter Berücksichtigung der anerkannten Auslegungsmethoden und des Prinzips der praktischen Konkordanz aufzulösen.

Zumeist hat die Berücksichtigung der völkerrechtlichen Rechtslage unter Bestimmtheitsaspekten einen präzisierenden Effekt.

---

6 *Satzger*, NStZ 2002, 125, 129; *ders.*, Internationales Strafrecht, § 16 Rn. 27.

V. Die Auslegung der Kriegsverbrechenstatbestände

Die Kriegsverbrechenstatbestände sind anhand der allgemeinen anerkannten Auslegungsmethoden auszulegen. Der völkerrechtsfreundlichen Auslegung kommt dabei wegen der materiellen Verwurzelung der Tatbestände im Völkerrecht besondere Bedeutung zu, allerdings stets im Rahmen der Wortsinngrenze.

Die dem Bestimmtheitsgrundsatz *im Zweifel* gemäße Auslegung ist die restriktive Auslegung, die dem Bestimmtheitsgrundsatz gemäße Art der Rechtsfortbildung die teleologische Reduktion.

12. Kapitel: Ausblick

A. Zur weiteren Entwicklung des Kriegsvölkerstrafrechts

I. Die Implementierung der Kriegsverbrechenstatbestände

Auf der Ebene des Völkerrechts ist für den IStGH in erster Linie zweierlei von Belang: Zum einen bedarf er eines stetigen, zumindest aber gewissen Zuflusses an Fällen, um überhaupt eine eigene Rechtsprechung und Relevanz entwickeln zu können, zum anderen muss namentlich die Verfolgungsbehörde permanent im sensiblen größeren Rahmen von Friedens- und Sicherheitsfragen operieren.[1] Dasselbe gilt auch für die nationalen Kodifikationen und ihre Anwender.

Konkret bedeutet dies, dass sich auch der IStGH in mehreren Spannungsfeldern bewegt: Zum einen wird er dem Prinzip der Komplementarität genügen müssen um souveränitätsorientierte Bedenken sowohl von Vertragsstaaten als auch von Nichtvertragsstaaten auszuräumen, zum anderen wird er ohne „eigene“ Fälle auch keinen maßgeblichen Einfluss auf das Völkerstrafrecht ausüben können; einerseits wird die lückenlose oder zumindest lückenlosere Verfolgung von Völkerrechtsverbrechen der einzige Weg sein, die *culture of impunity* zu überwinden, andererseits kann im Einzelfall die Amnestie oder das Absehen von Verfolgung der bessere Weg sein, um einen Konflikt dauerhaft beizulegen.

Manifestieren werden sich diese Spannungsfelder wohl in der Tat in erster Linie im Kontext der Kriegsverbrechen, da hier staatliche Souveränität vielfach in höchstem Maße unmittelbar betroffen ist und zudem die „Eindeutigkeit“ einiger Kriegsverbrechen nicht so klar auf der Hand liegt wie der ohne weiteres einzusehende Unrechtsgehalt von Völkermord und Verbrechen gegen die Menschlichkeit. Man denke in diesem Zusammenhang nur an die Überlegungen, die zur Frage der Verhältnismäßigkeit angestellt wurden.

---

[1] *Bassiouni*, JICJ 4 (2006), 421, 423 und 426. Dem JStGH ist diese Gratwanderung an vielen Stellen gelungen und er hat einen Beitrag sowohl zum Aufbau einer bosnischen Zivilgesellschaft wie auch zu einer Delegitimierung des *Milošević*-Regimes geleistet; *Akhavan*, AJIL 95 (2001), 7, 9.

II. Tatsächliche Durchsetzung der Strafansprüche

Sicherlich ebenso bedeutend wird es für eine tatsächliche Durchsetzung der Strafansprüche sein, Staaten in das bestehende Verfolgungssystem anhand der komplementären Aufgabenteilung zwischen IStGH und den Vertragsstaaten einzubinden, die diesem bislang ferngeblieben sind. Namentlich die bislang ablehnende Haltung der Vereinigten Staaten, die im Gegensatz zur ganz überwiegenden Rechtstradition dieses Landes als treibende Kraft hinter den Nürnberger Prozessen und der Errichtung des JStGH steht,[2] wurde viel diskutiert.[3] Dabei ist darauf hinzuweisen, dass es wohlverstandenen realpolitischen amerikanischen Interessen entspricht, in der Lage zu sein, eine eigene Verfolgung von Verbrechen gegen das Völkerrecht entsprechend dem Prinzip der Komplementarität vornehmen zu können, um so eine etwaige Verfolgung von US-Bürgern durch den IStGH zu „sperren".[4] Die bloße Existenz des IStGH setzt die Nichtvertragsstaaten unter einen gewissen Druck[5] und

---

[2] *Cerone*, EJIL 18 (2007), 277, 279 ff.; *Goldstone*, Maine L.R. 57 (2005), 554, 560 ff.; *Hafner*, JICJ 3 (2005), 323, 323; *Mundis*, JICJ 2 (2004), 2, 3 und 6. Vgl. Art. 1 Sec. 8 Clause 10 US Constitution und Statement by the President: Signature of the International Criminal Court Treaty, abgedruckt in *Ball*, War Crimes and Justice, S. 198 f. *Wedgwood*, Foreign Affairs 77 No. 6 (November/ December 1998) spricht zustimmend von einer „battle against war crimes"(!). Zur Begründung für die Ablehnung des Internationalen Strafgerichtshofs seitens der USA siehe *Casey*, Fordham Int'l L.J. 840 (2001-2002), 840, 841 ff. (zusammenfassend ergibt sich laut *Casey*, S. 841: „Participation in the ICC regime would be inconsistent with American democracy, inimical to American national interests and would violate the Constitution."). Mittlerweile verbreitet sich in der US-Administration eine mildere Beurteilung des IStGH; vgl. The Economist, May 13th 2006, S. 49, kritisch *Hafner*, JICJ 3 (2005), 323, 332 („Change cannot be expected in the immediate future."). *Cerone*, EJIL 18 (2007), 277, 315, weist darauf hin, dass die Vereinigten Staaten internationale Strafgerichtshöfe bislang insbesondere dann unterstützten, wenn gewährleistet ist, dass wahrscheinlich keine US-Bürger verfolgt werden (JStGH, RStGH) und US-amerikanischer Einfluss auf das Gericht gesichert ist (IMT, IMTFE).

[3] Zusammenfassend *Broomhall*, International Justice and the International Criminal Court, S. 163 ff.; *Schabas*, Introduction to the International Criminal Court, S. 21 ff.; *Orentlicher*, Cornell Int'l L.J. 32 (1999), 489, 490 ff.

[4] *Cassel*, Fordham Int'l L.J. 23 (1999/2000), 378, 379 f., 388 und 396.

[5] Vgl. *Cassel*, Fordham Int'l L.J. 23 (1999/2000), 378, 387.

erzeugt ein weniger rechtliches denn ein politisches Rechtfertigungsbedürfnis.

Von steigender Wichtigkeit – parallel mit dem wirtschaftlichen und machtpolitischen Aufstieg dieser Länder – ist auch die Einbindung Chinas[6] und Indiens,[7] die bislang ebenfalls keine IStGH-Vertragsstaaten sind. Ebenso wichtig ist es aber auch, das Potential der bestehenden nationalen Kodifikationen zu nutzen und sich nicht durchgängig auf vermeintlich vorrangige Zuständigkeiten anderer tatnäherer Staaten zurückzuziehen. Einwänden gegen das Völkerstrafgesetzbuch als lediglich symbolisches Strafrecht im Sinne *Hassemers*[8] wird man letztlich nur begegnen können, wenn man es erfolgreich zur Anwendung bringt.

Im Ergebnis wird daher das *bringing a case to court* nicht nur im Sinne einer Beschreibung des Procederes zu verstehen sein,[9] sondern als Aufforderung, das Potential einer nationalen Verfolgung internationaler Verbrechen tatsächlich zu nutzen.

Ein unzweifelhafter Vorteil des Kriegsrechts – in aller Regel mehr im Staatenkrieg denn im Bürgerkrieg – liegt darin, dass hierarchisch und professionell organisierte Apparate zu seiner Umsetzung verpflichtet sind. Ebenso wie das humanitäre Völkerrecht sich zu seiner Durchsetzung an nationale Streitkräfte wendet, nimmt das Prinzip der Komplementarität die Justizapparate der Vertragsstaaten in die Pflicht.

Man sollte in diesem Zusammenhang nicht vergessen, dass noch Ende der 1980er Jahre von prominenter und sachverständiger Seite prophezeit wurde, ein Internationaler Strafgerichtshof liege in weiter Ferne, sei womöglich niemals zu erreichen.[10] Im Jahre 1998 wurde alsdann erwartet, die nach Art. 126 IStGH-Statut zum Inkrafttreten des Statuts not-

---

[6] *Jianping/Zhixiang*, JICJ 3 (2005), 608, 610 ff. und 618 ff.

[7] Vgl. zu den Gründen für die ablehnende Haltung Indiens *Orentlicher*, Cornell Int'l L.J. 32 (1999), 489, 496; *Ramanathan*, JICJ 3 (2005), 627, 629 ff.

[8] Kritisch zum VStGB im Anschluss an die Überlegungen *Hassemers* insbesondere *Dietmeier*, in: Gedächtnisschrift *Meurer*, S. 340 ff.

[9] In diesem Sinne führt *Wirth*, JICJ 1 (2003), 151, 160 ff. die Formulierung ein.

[10] *Grewe*, in: FS *Doehring*, S. 249.

wendigen 60 Ratifikationen würden gewiss über ein Jahrzehnt auf sich warten lassen.[11]

Die Halbwertzeit dieser Überlegungen hat sich als äußerst gering erwiesen, womit nicht die Weitsichtigkeit der profilierten Vertreter dieser Ansicht angezweifelt werden soll, vielmehr auf die generelle Schwierigkeit einer Voraussage der Entwicklung des Völkerstrafrechts hingewiesen sei.

In diesem Kontext sei noch folgendes Gedankenspiel erlaubt:

Angenommen bereits 1991, i.e. zu Beginn des Zerfalls des jugoslawischen Vielvölkerstaates, hätte es das System zur Verfolgung von Verbrechen gegen das Völkerrecht in seiner heutigen Form gegeben, so wären in Deutschland zahlreiche Fälle nach dem VStGB vor Gericht gekommen, nämlich all jene Fälle, die in Ermangelung einer derartigen Kodifikation tatsächlich nach dem StGB abgeurteilt werden mussten und zusätzliche Fälle, die an den JStGH abgegeben wurden.[12] Überdies wäre es nicht nur nicht auszuschließen, sondern vielmehr sehr wahrscheinlich, dass angesichts des heute erreichten Grades an Bewusstseinsbildung für das Völkerstrafrecht weitere Fälle verfolgt worden wären, die tatsächlich keine weitere Beachtung fanden. Hier beginnt allerdings der Bereich der Spekulation.

---

[11] *Tomuschat*, Die Friedens-Warte 73 (1998), 335, 346 f. zieht eine Parallele zum Seerechtsübereinkommen der Vereinten Nationen, welches dieselbe Ratifikationsschwelle enthält (Art. 308 Abs. 1 Seerechtsübereinkommen) und fast zwölf Jahre auf sein Inkrafttreten zu warten hatte. Vgl. *Dörmann*, IRRC 2000, 771, 771.

[12] Wegen des Vorranges des JStGH, welcher sich sozusagen als Gegenteil des Prinzips der Komplementarität darstellt, das wiederum das IStGH-System prägt. Von 1996 bis 2007 kam die deutsche Justiz über 600 Rechtshilfeersuchen des JStGH nach und leitete über eigene 100 Ermittlungsverfahren ein; *Werle*, Völkerstrafrecht, Rn. 298.

B. Abschließende Stellungnahme

Diese Arbeit beschrieb in ihrem Kernpunkt ein Dilemma. Zwei hehre Prinzipien, die beide in ihrer tatsächlichen Ausgestaltung und praktischen Anwendung durch Kompromisse geschwächt werden – hier die lückenlose Pönalisierung der Kriegsverbrechen, dort der Bestimmtheitsgrundsatz – stehen einander bis zu einem gewissen Grade gegenüber. Wie es der Natur des Dilemmas entspricht, so ist ein Königsweg aus demselben schwer zu finden. Immerhin ermöglicht die Lösung über die Grundsätze der praktischen Konkordanz, wie sie in der Arbeit dargelegt wurden, eine flexible und versöhnliche Herangehensweise.

Was den Bestimmtheitsgrundsatz anbelangt, so ist es angezeigt, nicht dessen freiheitsverbürgende Komponente gegen die zweifellos bestehende Notwendigkeit zur Weiterentwicklung des Völkerstrafrechts auszuspielen, wie dies leider immer noch geschieht.[13] Man mag dem hier herausgestellten Befund – Entwicklung eines stärkeren Bestimmtheitsgrundsatzes im internationalen Recht unter Beibehaltung des ohnehin bereits abgeschwächten Gehalts des Bestimmtheitsgrundsatzes im nationalen Recht – entgegenhalten, er sei strukturell konservativ und stehe der dynamischen Weiterentwicklung der Kriegsverbrechenstatbestände im Wege. Auf diesen Vorwurf wäre lakonisch zu antworten, dass eben *auch* hierin der Sinn und Zweck des Bestimmtheitsgrundsatzes besteht.

Nimmt man diesen auch nach der Berücksichtigung der Besonderheiten des Völkerstrafrechts ernst, so ist er eben in erster Linie ein rechtsstaatlich unabdingbares Hindernis für eine Verurteilung, die sich vom Buchstaben des Gesetzes allzu weit entfernt und durch vertretbare restriktive Auslegung nicht mehr „gerettet“ werden kann.

Die Einführung neuer Tatbestände in das IStGH-Statut verlangt daher nach dem vorgeschriebenen Verfahren, also der Zustimmung der Vertragsstaaten mit Zwei-Drittel-Mehrheit, die Einführung neuer Tatbestände in das VStGB die Zustimmung nach dem grundgesetzlich vorgeschriebenen Verfahren – in beiden Fällen unter Beachtung der jeweiligen Bestimmtheitsanforderungen.

Parallel hierzu ist die völkergewohnheitsrechtliche Weiterentwicklung freilich nicht gehindert, sie geht unabhängig weiter vonstatten. Operabel werden diese Weiterentwicklungen der Tatbestände jenseits des IStGH-

---

13 So auch *Ebert*, in: FS *Müller-Dietz*, S. 175.

Systems anhand der Linie der Komplementarität allerdings nur in engen Grenzen sein.

Freilich ist dieser Preis, der einem rechtsstaatlichen Verfahren zu zollen ist ein vergleichsweise geringer:

Die Rezeption der Nürnberger Prozesse und der Nachfolgeverfahren litt und leidet noch immer[14] an dem niemals ganz ausgeräumten Vorwurf des Verstoßes gegen das Rückwirkungsverbot. Es wäre tragisch, würde derselbe Vorwurf, der damals im Zusammenhang mit dem Agressionsverbrechen ins Feld geführt wurde, heutigentags in Gestalt des Bestimmtheitsgrundsatzes wiederkehren können.

Gewiss mag es sich dabei das eine wie das andere Mal um das rechtliche Gewand einer politischen Kritik handeln, in jedem Falle aber sollte man den Skeptikern das Ansetzen an allen Ausprägungen des Satzes *nullum crimen, nulla poena sine lege* so weit als möglich erschweren, also ihnen keinen Vorwand der rechtlichen Tarnung bieten. Damit entspricht die Beachtung der Grundsätze der Normbestimmtheit auch im Bereich der Kriegsverbrechen nicht nur den Standards, die an ein rechtsstaatliches Verfahren zu stellen sind,[15] sondern auch der politischen Vernunft, die, man mag dies bedauern oder nicht, in unserem Kontext immer mitzubedenken ist. Die Zukunft des Kriegsvölkerstrafrechts wird sich daher sowohl an dem Funktionieren des IStGH-Systems und der nationalen Kodifikationen des Völkerstrafrechts als auch an der rechtsstaatlichen Ausgestaltung der zugrunde zu legenden Normen und der durchzuführenden Verfahren messen lassen müssen.[16]

Ein so ausgestaltetes Kriegsvölkerstrafrecht wird – nicht alleine, dies wäre vermessen, wohl aber im intelligenten Zusammenwirken mir anderen Mechanismen, man denke an die Staatenverantwortlichkeit, die

---

[14] Vgl. *Kreß*, JZ 2006, 981, 983; *Lamb*, in: *Cassese/Gaeta/Jones*, Rome Statute: A Commentary, Band 1, S. 735 ff. und 746.

[15] Vgl. *Krivec*, Von Versailles nach Rom, S. 29; *Meron*, AJIL 99 (2005), 817, 829 und allgemeiner zum Gebot des *fair trial*: *Arbour*, War Crimes and the Culture of Peace, S. 43; *Fairlie*, ICLR 4 (2004), 243, 290 ff. und 318 f.

[16] Siehe *König*, Die völkerrechtliche Legitimation der Strafgewalt internationaler Strafjustiz, S. 208; *Lee*, Fordham Int'l L.J. 25 (2002), 750, 758; vgl. *Schroeder*, NJW 1999, 89, 92 f.

Möglichkeit der Amnestie,[17] Maßnahmen des Sicherheitsrates nach Kapitel VII der UN-Charta – in der Lage sein, einen bleibenden Beitrag zunächst zur Vermeidung, alsdann zur Eindämmung und schließlich zur Aufarbeitung eines bewaffneten Konfliktes zu leisten.

Die vorliegende Arbeit sollte einen bescheidenen Beitrag dazu leisten, das angestrebte Völkerstrafrechtssystem im Bereich der Kriegsverbrechen zu schaffen. Unverzichtbar sind dabei exakt aufeinander abgestimmte Normen, alleine sie können über die Eigenarten der jeweiligen Strafrechtssysteme hinweg eine geschlossene und komplementäre Verfolgung von Kriegsverbrechen gewährleisten. Es war aufzuzeigen, wie dies zugleich völkerrechtskonform und verfassungsgemäß gelingen kann.

Um es mit *Immanuel Kant* zu sagen:[18]

> „Alle Aufgaben auflösen und alle Fragen beantworten zu wollen, würde eine unverschämte Großsprecherei und ein so ausschweifender Eigendünkel sein, daß man dadurch sich sofort um alles Zutrauen bringen müßte."

In diesem Sinne kann die vorliegende Arbeit nicht als abschließend verstanden werden, denn nicht ein jeder möglicherweise unter dem Aspekt der Bestimmtheit subtil zu elaborierender Begriff konnte vorgestellt werden, zumal in einem hochkomplexen Rechtsgebiet, welches gerade in jüngster Zeit in schneller Entwicklung begriffen ist und dabei auch den Gehalt des Bestimmtheitsgrundsatzes selbst verändert. Es sei insoweit namentlich nochmals der Hinweis erlaubt, dass der Dritte Teil als beispielhafte Illustration des Zweiten Teiles zu lesen ist.

---

17 Zu Möglichkeiten und Grenzen dieses Instruments siehe *Bassiouni*, Introduction to International Criminal Law, S. 729 ff.; *Dahm/Delbrück/Wolfrum*, Völkerrecht, S. 1014 ff. und 1155 ff.; *Broomhall*, International Justice and the International Criminal Court, S. 93 ff.; *Kreicker*, Völkerstrafrecht im Ländervergleich, S. 17 f.; *Robinson*, Fordham Int'l L.J. 23 (1999), 275, 279 ff.; *Sadat*, The International Criminal Court and the Transformation of International Law, S. 53 ff.; vgl. *Hillenkamp*, JZ 1996, 179, 180 ff. Berücksichtigt man, dass in Ruanda nach Schätzungen bis zu eine Million Menschen an Völkerrechtsverbrechen beteiligt waren (*Schabas*, The UN International Criminal Tribunals, S. 70 m.w.N.) und bis zu 100.000 als Täter angesehen werden (*Bass*, Stay the Hand of Vengeance, S. 300), so zeigt sich, dass eine umfassende Strafverfolgung aller Täter mitunter ein Ding der Unmöglichkeit ist.

18 *Kant*, Kritik der reinen Vernunft, S. 330.

Wie aber *Kant* fortfährt:[19]

> „Gleichwohl giebt [sic!] es Wissenschaften, deren Natur es so mit sich bringt, daß eine jede darin vorkommende Frage aus dem, was man weiß, schlechthin beantwortlich sein muß, weil die Antwort aus denselben Quellen entspringen muß, daraus die Frage entspringt, und wo es keinesweges [sic!] erlaubt ist, unvermeidliche Unwissenheit vorzuschützen, sondern die Auflösung gefordert werden kann. Was in allen möglichen Fällen Recht oder Unrecht sei, muß man der Regel nach wissen können, weil es unsere Verbindlichkeit betrifft, und wir zu dem, was wir nicht wissen können, auch keine Verbindlichkeit haben."

so ist ihm auch hier zu folgen. Ebenso wenig wie sich der nationale oder internationale Richter der Entscheidung im Einzelfalle durch Nichtbeantwortung der Frage nach Einhaltung des Bestimmtheitsgrundsatzes nach Art eines *non liquet* entziehen kann, vielmehr zu dem je in Rede stehenden Tatbestandsmerkmal einen Standpunkt einnehmen und Folgerungen daraus ziehen muss, so nehmen die allgemeinen Ausarbeitungen für sich in Anspruch, auf sämtliche Kriegsverbrechenstatbestände anwendbar zu sein. Dies selbstredend mit der Einschränkung, dass als Bezugspunkt das gegenwärtig geltende Recht gelten muss und nur in diesem zeitlichen Zusammenhang die geforderte Verbindlichkeit gegeben sein kann. Wir haben gesehen, dass zumindest manche Grenzfrage auf noch ungesichertem Grund zu beantworten ist. Ungeachtet dessen, dass sowohl Kriegsverbrechen als auch Bestimmtheitsgrundsatz althergebrachte Konzepte sind, wirft ihr Aufeinandertreffen neue Probleme auf und beide geraten dadurch in Bewegung. Neue Entwicklungen im Verfassungs- wie im Völkerstrafrecht können – wie dies in der vorliegenden Arbeit bereits angedeutet ist – und werden diese Bezugspunkte in der Zukunft weiter verändern, wie sie es immer schon getan haben.

---

19 *Ibid.*

Summary

War Crimes in National and International Law – With Special Regard to the Principle of Specificity

Whereas the law of war has generally seen a constant and rather slow development, one mechanism of enforcing compliance with the law of war (especially international humanitarian law) has seen a surprisingly rapid development over the last two decades. The law of war has traditionally been the part of international law that is directly addressing the individual and not only the state. Correspondingly, an individual enforcement mechanism exists: international criminal law.

The creation of the Rome Statute (1998) of the International Criminal Court (ICC) and the establishment of the court itself (2002) ushered the whole field of international criminal law into a new phase of its development. For the first time a permanent court will strive to ensure that "the most serious crimes of concern to the international community as a whole" (Preamble of the ICC's Rome Statute) will not go unpunished. In addition to that, the ICC Statute contains an extensive and detailed list of crimes against international law. Both novelties would have been unimaginable at international criminal law's humble beginnings after the First World War and even seemed unlikely when the major war criminals were tried in Nuremberg and Tokyo after the Second World War. The International Criminal Tribunals for the Former Yugoslavia and Rwanda were only created as *ad hoc* tribunals by the UN Security Council on a non-permanent basis following unexpected atrocities in the early 1990s.

Since the ICC Statute is governed by the so-called principle of complementarity, however, as a general rule, it is to be expected that the primary responsibility for punishing aggression, genocide, crimes against humanity and war crimes will still rest with individual states. Complementarity means that the ICC will regularly leave the prosecution of crimes under its statute to individual states. The ICC itself is – again, generally speaking – only the last resort. This envisaged system of penalization of crimes against international law will only be able to work in an efficient and effective manner if the definition of a given crime is identical, or at least almost identical, in both international and national law. Otherwise, international criminal law is in constant danger of being split into a multitude of national regulations that would only partly overlap. In order to avoid such a shattered mosaic, it is necessary to transform crimes from the international to the national level in a way that keeps the substance of the crimes as defined in international law without subjecting them to major adjustments in individual countries. At the same time, such a transformation has to be in conformity with the requirements of the respective national law, especially constitutional law. Otherwise, a national codification might be declared unconstitutional and consequently become wholly inoperable in the respective country. As the success of the principle of complementarity and the success of enforcing international criminal law as a whole depends on the existence of national codifications and the willingness of states to prosecute, ensuring that national codifications are both in line with national constitutional law and at the same time contain the crimes as defined in the Rome Statute is of paramount importance. The current system of international criminal law as coined by the principle of complementarity, therefore, calls for an approach that reconciles the substance of international criminal law with the pre-existing constitutional framework.

Against this background, this paper deals with the transformation of war crimes from the ICC Statute into German law. War crimes are both much more complex than crimes against humanity or genocide and the transformation of war crimes law into national law tends to differ much more from the original definitions in the ICC Statute than the national "versions" of crimes against humanity and genocide.

After an introductory chapter and an outline of the history of international humanitarian law, international criminal law and war crimes prosecution, the thesis is divided into two major parts: a "general part" comprising chapters three to six and a "special part" comprising chapters seven to ten. The "general part" elaborates the principle of specificity in both international and national law and develops an approach towards the interpretation of war crimes that is in line with the guidelines of both international and national law. The "special part" builds on the general one and illustrates the approach described in the "general part" by examining certain war crimes contained in the (2002) German Code of Crimes against International Law (*Völkerstrafgesetzbuch*) that are problematic with a view to the principle of specificity. Chapters eleven and twelve contain a concise summary and a rather positive outlook on the future of war crimes prosecution.

The new German Code of Crimes against International Law is supposed to transform the substance of the ICC Statute and – beyond the statute – the substance of undisputed customary international criminal law into national law. The creation of a written code is without an alternative since the German constitution (*Grundgesetz*) only allows for a criminal court to pass judgements on crimes that were specifically defined in a written code before the crime was committed (principle of *nullum crimen, nulla poena sine lege*, art. 103 sec. 2 *Grundgesetz*). As crimes against international law were traditionally rather loosely defined under international law and the principle of specificity or *Bestimmtheitsgrundsatz* is traditionally upheld by the German Federal Constitutional Court (and much more so by the major part of academic writers), a field of tension is created between two principles of constitutional law: the aforementioned principle of specificity and the principle of interpretation in the light of international law (*Völkerrechtsfreundlichkeit*, art. 25 *Grundgesetz*). The latter principle is one aspect of the general "openness" or "friendliness" of German constitutional law towards international law. Art. 25 notwithstanding, however, international *criminal* law does not become "part of the law of the land" as it is possible in common law-countries. The fact that the "source" of crimes against international law is international law does not alter the need to comply with the substance of the national principle of specificity.

When creating the Code of Crimes against International Law, the major challenge was to incorporate the ICC Statute (and customary international criminal law) as completely as possible into German law while at the same time respecting the principle of specificity. One author aptly writes of "a national codification of international law". While the classical and still dominating position assumes that the principle of *nullum crimen, nulla poena sine lege* is comparatively weak in the common law tradition as well as in international law, the author argues that a converging development is taking place. Since the creation of the ICC Statute, the main body of international criminal law is integrated in a single detailed international treaty and in such a manner that – apart from the lacking definition of sentences – is as (or even more) specific as most national criminal codes are. It can be assumed that the ICC Statute will be the pivot of the future international criminal law system. Therefore, it will influence the development of the whole system in such a way that the principle of specificity will gain more importance. And indeed it already does. In contrast to the strengthening of the principle of specificity in international law, German jurisprudence tends to verbally uphold the principle in a first step, but in a second step almost always declares the disputed law to be in conformity with that principle. This development of *de facto* relaxing the principle of specificity is being heavily criticized by academic circles for decades – but to no avail.

This development can be illustrated by anticipating one of the results of the thesis' second major part. International law defines "intentionally launching an attack in the knowledge that such attack will cause incidental loss of life or injury to civilians or damage to civilian objects or widespread, long-term and severe damage to the natural environment, which would be clearly excessive in relation to the concrete and direct overall military advantage anticipated" as a war crime under art. 8 sec. 2 (b) (iv) of the ICC Statute. The German Code of Crimes against International Law (para 11 sec. 1 (3) and sec. 3), only requires the collateral damage to be excessive in relation to the concrete and direct military advantage anticipated. The crimes are defined in a similar manner, apart from the omission of the word "clearly" in the national codification. Applying the ICC Statute and the German Code to the same case might consequently lead to different results. Surprisingly, and contrary to the classical view, the definition in the ICC Statute is much narrower than the definition in the national Code and much better suited to meet standards of specificity.

This example illustrates that (i) national law is not *per se* designed to be more specific or detailed than international law and (ii) the broader national law even goes beyond what is penalized under international law. The former aspect leads us to reconsider the classical assumption that the standard of specificity in national law is more elaborated than in international law. The latter aspect leads to the consequence that a war crime defined in broader fashion than is permitted under international law cannot be applied universally, i.e. national authorities would be hindered from prosecuting war crimes committed abroad by foreigners.

This dilemma, which can only be described quite shortly here, can be resolved by applying the approach developed in the "general part". The author argues that national law in principle always has to meet the – generally and theoretically higher – standard of specificity prescribed by the German constitution. Constitutional law cannot be substituted by a – again generally and theoretically – lower standard of specificity in international law. The German constitution and legal dogmatics, however, provide for a "backdoor". As mentioned before, according to art. 25 of the German constitution, national law related to, and in this case even derived from, international law has to be interpreted in the light of international law. To be quite clear: in the majority of conflicts, the results will not differ and most definitions in both the ICC Statute and the German Code meet the required principle of specificity governing in international and national law, respectively. It has to be considered, however, that the remaining conflicts which cannot be so easily resolved are often the more complex and practically important ones.

In the dogmatic arsenal of German constitutional law, a conflict between two constitutional principles is usually resolved by putting it to the test of what can be rather inelegantly (from an already inelegant term) translated as "practical concordance" (*praktische Konkordanz*). At the heart of that test is a consideration of both principles under the circumstances of the given case. The aim is to strike a balance between two conflicting constitutional principles, the result being "practical concordance" (a term, by the way, that originally describes in geology the mere fact that two stratums lie on top of each other). The generality of this approach is both its strength and its major weakness. While respecting the fact that no article of the constitution can be interpreted in a way that leaves it without relevance, it seems to be open to discretionary argumentation. This weakness notwithstanding, the approach is both a well-tested and widely accepted instrument to resolve tensions between conflicting constitutional principles.

According to your author, the undisputed weakness should and can be confronted by (i) abstractly identifying the colliding principles, (ii) abstractly weighing the principles, (iii) balancing the principles with a view to the concrete collision at hand. The third step is the most important one.

In the context of war crimes, a comparatively unspecific element can be upheld if the result of its nullity or voidness would be the subsequent inapplicability of a large part of war crimes law. For example: the German Code contains the element of "persons to be protected under international humanitarian law". This term is an innovation of the German Code, it is nowhere to be found in international law and additionally, as such, it has to be considered as being rather unspecific. Some authors suggest that the term probably does not meet the required standard of specificity. Its voidness would, however, not only affect one single war crime, but, since the term is an element of a multitude of war crimes, would render the whole "law of Geneva" inapplicable in German law. Considering that, and further taking into account that the term's substance can be identified by turning to the relevant treaties (such as the Geneva Conventions), this is one example where the concrete balancing of our conflicting principles would result in principally upholding the term, even though it is unnecessarily loose.

Moving away from the specific aspect of "practical concordance", the question of a given element being specific or unspecific can only be answered after its interpretation. In addition to the standard methods of interpretation (grammatical, systematical, teleological, and historical), the interpretation in the light of the element's source – international law – is important. Equally important, on the other hand, is that the principle of specificity cannot be reduced to nothing. In case of ambiguity, specificity persists and a definition has to be applied in a manner favourable to the accused.

Returning to the aforementioned example of the war crime of inflicting (clearly) excessive collateral damage, interpreting the German definition of the crime in the light of international law leads the author to the result that reducing the definition to its core under international law is best suited to maintain that war crime in a constitutional manner. Therefore, the word "clearly" has to be read into the German definition when it is to be applied.

In the present thesis, a comprehensive theory of war crimes interpretation is developed in the "general part", whereas the "special part" is to be read as an illustration and exemplification of the former. In this summary, only few examples could be given. Even though, in the view of the author, the most problematic definitions of the German Code of Crimes against International Law were identified and put to the test, the further development of international criminal law will undoubtedly deliver more questions. The aim of the present thesis is to contribute to their anticipation and to the creation of a coherent system of international criminal law.

Anhang: Texte

1. Liste „eigentlicher“ Kriegsverbrechen der Commission des responsabilités des auteurs de la guerre (1919)

2. Die Nuremberg Principles (1946/1950)

3. Kriegsverbrechen im JStGH-Statut (1993)

4. Kriegsverbrechen im RStGH-Statut (1995)

5. Kriegsverbrechen im IStGH-Statut (1998)

6. Kriegsverbrechen im VStGB (2002)

1. Liste „eigentlicher“ Kriegsverbrechen der Commission des responsabilités des auteurs de la guerre (1919)

1. Mord und Massenmord; systematischer Terror.
2. Hinrichtung von Geiseln.
3. Marterung von Zivilpersonen.
4. Vorsätzliches Aushungern der Zivilbevölkerung.
5. Vergewaltigung.
6. Entführung von Mädchen und Frauen zum Zwecke zwangsmäßiger Prostitution.
7. Deportierung der Zivilbevölkerung.
8. Internierung der Zivilbevölkerung unter unmenschlichen Bedingungen.
9. Zwangsarbeit der Zivilbevölkerung im Zusammenhang mit militärischen Operationen des Gegners.
10. Anmaßung der Souveränität während militärischer Besatzung.
11. Zwangsrekrutierung der Bevölkerung besetzter Gebiete.
12. Versuche, die Bevölkerung besetzter Gebiete zu entnationalisieren.
13. Plünderung.
14. Enteignung.
15. Eintreibung illegitimer oder übermäßiger Kontributionen und Requisitionen.
16. Geldentwertung und Ausgabe von Falschgeld.
17. Auferlegung von Kollektivstrafen.
18. Vorsätzliche Sachbeschädigung.
19. Vorsätzliche Bombardierung unbefestigter Ortschaften.
20. Vorsätzliche Zerstörung historischer, dem Gottesdienst, der Wohltätigkeit oder Erziehung dienender Gebäude und Denkmäler.
21. Zerstörung von Handels- und Passagierschiffen ohne vorangehende Warnung und Sicherheitsvorkehrungen für Passagiere oder die Mannschaft.
22. Zerstörung von Fischer- oder Rettungsbooten.
23. Vorsätzliche Bombardierung von Lazaretten.
24. Angriff und Zerstörung von Hospitalschiffen.

25. Verletzung anderer Bestimmungen über das Rote Kreuz.
26. Verwendung giftiger oder erstickender Gase.
27. Verwendung explodierender oder sich ausdehnender Kugeln und anderer unmenschlicher Methoden.
28. Anweisungen, kein Pardon zu geben.
29. Misshandlung von Verwundeten und Kriegsgefangenen.
30. Verwendung von Kriegsgefangenen zu unerlaubten Arbeiten.
31. Missbrauch der Parlamentärflagge.
32. Vergiftung von Brunnen.

2. Die Nuremberg Principles (1946/1950)

Principle I

Any person who commits an act which constitutes a crime under international law is responsible therefore and liable to punishment.

Principle II

The fact that internal law does not impose a penalty for an act which constitutes a crime under international law does not relieve the person who committed the act from responsibility under international law.

Principle III

The fact that a person who committed an act which constitutes a crime under international law acted as Head of State or responsible government official does not relieve him from responsibility under international law.

Principle IV

The fact that a person acted pursuant to order of his government or of a superior does not relieve him from responsibility under international law, provided a moral choice was in fact possible to him.

Principle V

Any person charged with a crime under international law has the right to a fair trial on the facts and law.

Principle VI

The crimes hereinafter set out are punishable as crimes under international law:

(a) Crimes Against Peace:

(i) Planning, preparation, initiation or waging of a war of aggression or a war in violation of international treaties, agreements or assurances.

(ii) Participation in a common plan or conspiracy for the accomplishment of any of the acts mentioned under (i).

(b) War Crimes: Violations of the laws or customs of war which include, but are not limited to, murder, ill-treatment or deportation to slave labour or for any other purpose of the civilian population of or in occupied territory, murder or ill-treatment of prisoners of war, of persons on the seas, killing of hostages, plunder of public or private property, wanton destruction of cities, towns or villages, or devastation not justified by military necessity.

(c) Crimes Against Humanity: Murder, extermination, enslavement, deportation or other inhuman acts done against any civilian population, or persecutions on political, racial or religious grounds, when such acts are done or such persecutions are carried on in execution of or in connection with any crime against peace or any war crime.

Principle VII

Complicity in the commission of a crime against peace, a war crime, or a crime against humanity as set forth in Principle VI is a crime under international law.

3. Kriegsverbrechen im JStGH-Statut (1993)

Article 2
Grave breaches of the Geneva Conventions of 1949

The International Tribunal shall have the power to prosecute persons committing or ordering to be committed grave breaches of the Geneva Conventions of 12 August 1949, namely the following acts against persons or property protected under the provisions of the relevant Geneva Convention:

a) wilful killing;
b) torture or inhuman treatment, including biological experiments;
c) wilfully causing great suffering or serious injury to body or health;
d) extensive destruction and appropriation of property, not justified by military necessity and carried out unlawfully and wantonly;
e) compelling a prisoner of war or a civilian to serve in the forces of a hostile power;
f) wilfully depriving a prisoner of war or a civilian of the rights of fair and regular trial;
g) unlawful deportation or transfer or unlawful confinement of a civilian;
h) taking civilians as hostages.

Article 3
Violations of the laws or customs of war

The International Tribunal shall have the power to prosecute persons violating the laws or customs of war. Such violations shall include, but not be limited to:

a) employment of poisonous weapons or other weapons calculated to cause unnecessary suffering;
b) wanton destruction of cities, towns or villages, or devastation not justified by military necessity;
c) attack, or bombardment, by whatever means, of undefended towns, villages, dwellings, or buildings;

d) seizure of, destruction or wilful damage done to institutions dedicated to religion, charity and education, the arts and sciences, historic monuments and works of art and science;

e) plunder of public or private property.

4. Kriegsverbrechen im RStGH-Statut (1995)

Article 4
Violations of Article 3 common to the Geneva Conventions and of Additional Protocol II

The International Tribunal for Rwanda shall have the power to prosecute persons committing or ordering to be committed serious violations of Article 3 common to the Geneva Conventions of 12 August 1949 for the Protection of War Victims, and of Additional Protocol II thereto of 8 June 1977. These violations shall include, but shall not be limited to:

a) Violence to life, health and physical or mental well-being of persons, in particular murder as well as cruel treatment such as torture, mutilation or any form of corporal punishment;

b) Collective punishments;

c) Taking of hostages;

d) Acts of terrorism;

e) Outrages upon personal dignity, in particular humiliating and degrading treatment, rape, enforced prostitution and any form of indecent insults;

f) Pillage;

g) The passing of sentences and the carrying out of executions without previous judgement pronounced by a regularly constituted court, affording all the judicial guarantees which are recognized as indispensable by civilised peoples;

h) Threats to commit any of the forgoing acts.

...

5. Kriegsverbrechen im IStGH-Statut (1998)

Article 8
War Crimes

1. The Court shall have jurisdiction in respect of war crimes in particular when committed as part of a plan or policy or as part of a large-scale commission of such crimes.
2. For the purpose of this Statute, „war crimes" means:

(a) Grave breaches of the Geneva Conventions of 12 August 1949, namely, any of the following acts against persons or property protected under the provisions of the relevant Geneva Convention:

- (i) Wilful killing;
- (ii) Torture or inhuman treatment, including biological experiments;
- (iii) Wilfully causing great suffering, or serious injury to body or health;
- (iv) Extensive destruction and appropriation of property not justified by military necessity and carried out unlawfully and wantonly;
- (v) Compelling a prisoner of war or other protected person to serve in the forces of a hostile Power;
- (vi) Wilfully depriving a prisoner of war or other protected person of the rights of fair and regular trial;
- (vii) Unlawful deportation or transfer or unlawful confinement;
- (viii) Taking of hostages.

(b) Other serious violations of the laws and customs applicable in international armed conflict, within the established framework of international law, namely, any of the following acts:

- (i) Intentionally directing attacks against the civilian population as such or against individual civilians not taking direct part in hostilities;
- (ii) Intentionally directing attacks against civilian objects, that is, objects which are not military objectives;
- (iii) Intentionally directing attacks against personnel, installations, material, units or vehicles involved in a humanitarian assistance

or peacekeeping mission in accordance with the Charter of the United Nations, as long as they are entitled to the protection given to civilians or civilian objects under the international law of armed conflict;

(iv) Intentionally launching an attack in the knowledge that such attack will cause incidental loss of life or injury to civilians or damage to civilian objects or widespread, long-term and severe damage to the natural environment which would be clearly excessive in relation to the concrete and direct overall military advantage anticipated;

(v) Attacking or bombarding, by whatever means, towns, villages, dwellings or buildings which are undefended and which are not military objectives;

(vi) Killing or wounding a combatant who, having laid down his arms or having no longer means of defence, has surrendered at discretion;

(vii) Making improper use of a flag of truce, of the flag or of the military insignia and uniform of the enemy or of the United Nations, as well as of the distinctive emblems of the Geneva Conventions, resulting in death or serious personal injury;

(viii) The transfer, directly or indirectly, by the Occupying Power of parts of its own civilian population into the territory it occupies, or the deportation or transfer of all or parts of the population of the occupied territory within or outside this territory;

(ix) Intentionally directing attacks against buildings dedicated to religion, education, art, science or charitable purposes, historic monuments, hospitals and places where the sick and wounded are collected, provided they are not military objectives;

(x) Subjecting persons who are in the power of an adverse party to physical mutilation or to medical or scientific experiments of any kind which are neither justified by the medical, dental or hospital treatment of the person concerned nor carried out in his or her interest, and which causes death to or seriously endangers the health of such person or persons;

(xi) Killing or wounding treacherously individuals belonging to the hostile nation or army;

(xii) Declaring that no quarter will be given;

(xiii) Destroying or seizing the enemy's property unless such destruction be imperatively demanded by the necessities of war;

(xiv) Declaring abolished, suspended or inadmissible in a court of law the rights and actions of the nationals of the hostile party;

(xv) Compelling the nationals of the hostile party to take part in the operations of war directed against their own country, even if they were in the belligerent's service before the commencement of the war;

(xvi) Pillaging a town or place, even when taken by assault;

(xvii) Employing poison or poisoned weapons;

(xviii) Employing asphyxiating, poisonous or other gases, and all analogous liquids, materials or devices;

(xix) Employing bullets which expand or flatten easily in the human body, such as bullets with a hard envelope which does not entirely cover the core or is pierced with incisions;

(xx) Employing weapons, projectiles and material and methods of warfare which are of a nature to cause superfluous injury or unnecessary suffering or which are inherently indiscriminate in violation of the international law of armed conflict, provided that such weapons, projectiles and material and methods of warfare are the subject of a comprehensive prohibition and are included in an annex to this Statute, by an amendment in accordance with the relevant provisions set forth in articles 121 and 123;

(xxi) Committing outrages upon personal dignity, in particular humiliating and degrading treatment;

(xxii) Committing rape, sexual slavery, enforced prostitution, forced pregnancy, as defined in article 7, paragraph 2 (f), enforced sterilization, or any other form of sexual violence also constituting a grave breach of the Geneva Conventions;

(xxiii) Utilizing the presence of a civilian or other protected person to render certain points, areas or military forces immune from military operations;

(xxiv) Intentionally directing attacks against buildings, material, medical units and transport, and personnel using the distinctive emblems of the Geneva Conventions in conformity with international law;

(xxv) Intentionally using starvation of civilians as a method of warfare by depriving them of objects indispensable to their survival, including wilfully impeding relief supplies as provided for under the Geneva Conventions;

(xxvi) Conscripting or enlisting children under the age of fifteen years into the national armed forces or using them to participate actively in hostilities.

(c) In the case of an armed conflict not of an international character, serious violations of article 3 common to the four Geneva Conventions of 12 August 1949, namely, any of the following acts committed against persons taking no active part in the hostilities, including members of armed forces who have laid down their arms and those placed hors de combat by sickness, wounds, detention or any other cause:
   (i) Violence to life and person, in particular murder of all kinds, mutilation, cruel treatment and torture;
   (ii) Committing outrages upon personal dignity, in particular humiliating and degrading treatment;
   (iii) Taking of hostages;
   (iv) The passing of sentences and the carrying out of executions without previous judgement pronounced by a regularly constituted court, affording all judicial guarantees which are generally recognized as indispensable.

(d) Paragraph 2 (c) applies to armed conflicts not of an international character and thus does not apply to situations of internal disturbances and tensions, such as riots, isolated and sporadic acts of violence or other acts of a similar nature.

(e) Other serious violations of the laws and customs applicable in armed conflicts not of an international character, within the established framework of international law, namely, any of the following acts:
   (i) Intentionally directing attacks against the civilian population as such or against individual civilians not taking direct part in hostilities;
   (ii) Intentionally directing attacks against buildings, material, medical units and transport, and personnel using the distinctive emblems of the Geneva Conventions in conformity with international law;
   (iii) Intentionally directing attacks against personnel, installations, material, units or vehicles involved in humanitarian assistance or peacekeeping mission in accordance with the Charter of the United Nations, as long as they are entitled to the protection given to civilians or civilian objects under the international law of armed conflict;
   (iv) Intentionally directing attacks against buildings dedicated to religion, education, art, science or charitable purposes, historic monuments, hospitals and places where the sick and wounded are collected, provided they are not military objectives;
   (v) Pillaging a town or place, even when taken by assault;

(vi) Committing rape, sexual slavery, enforced prostitution, forced pregnancy, as defined in article 7, paragraph 2 (f), enforced sterilization, and any other form of sexual violence also constituting a serious violation of article 3 common to the four Geneva Conventions;

(vii) Conscripting or enlisting children under the age of fifteen years into armed forces or groups or using them to participate actively in hostilities;

(viii) Ordering the displacement of the civilian population for reasons related to the conflict, unless the security of the civilians involved or imperative military reasons so demand;

(ix) Killing or wounding treacherously a combatant adversary;

(x) Declaring that no quarter will be given;

(xi) Subjecting persons who are in the power of another party to the conflict to physical mutilation or to medical or scientific experiments of any kind which are neither justified by the medical, dental or hospital treatment of the person concerned nor carried out in his or her interest, and which cause death to or seriously endanger the health of such person or persons;

(xii) Destroying or seizing the property of an adversary unless such destruction or seizure be imperatively demanded by the necessities of the conflict.

(f) Paragraph 2 (e) applies to armed conflicts not of an international character and thus does not apply to situations of internal disturbances and tensions, such as riots, isolated and sporadic acts of violence or other acts of a similar nature. It applies to armed conflicts that take place in the territory of a State when there is protracted armed conflict between governmental authorities and organized armed groups or between such groups.

3. Nothing in paragraph 2 (c) and (e) shall affect the responsibility of a Government to maintain or re-establish law and order in the State or to defend the unity and territorial integrity of the State, by all legitimate means.

…

6. Kriegsverbrechen im VStGB (2002)

Teil 2. Straftaten gegen das Völkerrecht

...

Abschnitt 2. Kriegsverbrechen

§ 8 **Kriegsverbrechen gegen Personen**

(1) Wer im Zusammenhang mit einem internationalen oder nichtinternationalen bewaffneten Konflikt

1. eine nach dem humanitären Völkerrecht zu schützende Person tötet,
2. eine nach dem humanitären Völkerrecht zu schützende Person als Geisel nimmt,
3. eine nach dem humanitären Völkerrecht zu schützende Person grausam oder unmenschlich behandelt, indem er ihr erhebliche körperliche oder seelische Schäden oder Leiden zufügt, insbesondere sie foltert oder verstümmelt,
4. eine nach humanitärem Völkerrecht zu schützende Person sexuell nötigt oder vergewaltigt, sie zur Prostitution nötigt, der Fortpflanzungsfähigkeit beraubt oder in der Absicht, die ethnische Zusammensetzung einer Bevölkerung zu beeinflussen, eine unter Anwendung von Zwang geschwängerte Frau gefangen hält,
5. Kinder unter 15 Jahren für Streitkräfte zwangsverpflichtet oder in Streitkräfte oder bewaffnete Gruppen eingliedert oder sie zur aktiven Teilnahme an Feindseligkeiten verwendet,
6. eine nach dem humanitären Völkerrecht zu schützende Person, die sich rechtmäßig in einem Gebiet aufhält, vertreibt oder zwangsweise überführt, indem er sie unter Verstoß gegen eine allgemeine Regel des Völkerrechts durch Ausweisung oder andere Zwangsmaßnahmen in einen anderen Staat oder in ein anderes Gebiet verbringt,
7. gegen eine nach dem humanitären Völkerrecht zu schützende Person eine erhebliche Strafe, insbesondere die Todesstrafe oder eine Freiheitsstrafe verhängt oder vollstreckt, ohne dass diese Person in einem unparteiischen ordentlichen Gerichtsverfahren, das die völ-

kerrechtlich erforderlichen Rechtsgarantien bietet, abgeurteilt worden ist,

8. eine nach dem humanitären Völkerrecht zu schützende Person in die Gefahr des Todes oder einer schweren Gesundheitsbeschädigung bringt, indem er
   a) an einer solchen Person Versuche vornimmt, in die sie nicht zuvor freiwillig und ausdrücklich eingewilligt hat oder die weder medizinisch notwendig sind noch in ihrem Interesse durchgeführt werden,
   b) einer solchen Person Gewebe oder Organe für Übertragungszwecke entnimmt, sofern es sich nicht um die Entnahme von Blut oder Haut zu therapeutischen Zwecken im Einklang mit den allgemein anerkannten medizinischen Grundsätzen handelt und die Person zuvor nicht freiwillig und ausdrücklich eingewilligt hat, oder
   c) bei einer solchen Person medizinisch nicht anerkannte Behandlungsmethoden anwendet, ohne dass dies medizinisch notwendig ist und die Person zuvor freiwillig und ausdrücklich eingewilligt hat, oder
9. eine nach dem humanitären Völkerrecht zu schützende Person in schwerwiegender Weise entwürdigend oder erniedrigend behandelt,

wird in den Fällen der Nummer 1 mit lebenslanger Freiheitsstrafe, in den Fällen der Nummer 2 mit Freiheitsstrafe nicht unter fünf Jahren, in den Fällen der Nummern 3 bis 5 mit Freiheitsstrafe nicht unter drei Jahren, in den Fällen der Nummern 6 bis 8 mit Freiheitsstrafe nicht unter 2 Jahren und in den Fällen der Nummer 9 mit Freiheitsstrafe nicht unter einem Jahr bestraft.

(2) Wer im Zusammenhang mit einem internationalen oder nichtinternationalen bewaffneten Konflikt einen Angehörigen der gegnerischen Streitkräfte oder einen Kämpfer der gegnerischen Partei verwundet, nachdem dieser sich bedingungslos ergeben hat oder sonst außer Gefecht ist, wird mit Freiheitsstrafe nicht unter drei Jahren bestraft.

(3) Wer im Zusammenhang mit einem internationalen bewaffneten Konflikt

1. eine geschützte Person im Sinne des Absatzes 6 Nr. 1 rechtswidrig gefangen hält oder ihre Heimschaffung ungerechtfertigt verzögert,
2. als Angehöriger einer Besatzungsmacht einen Teil der eigenen Zivilbevölkerung in das besetzte Gebiet überführt,

3. eine geschützte Person im Sinne des Absatzes 6 Nr. 1 mit Gewalt oder durch Drohung mit einem empfindlichen Übel zum Dienst in den Streitkräften einer feindlichen Macht nötigt oder
4. einen Angehörigen der gegnerischen Partei mit Gewalt oder durch Drohung mit einem empfindlichen Übel nötigt, an Kriegshandlungen gegen sein eigenes Land teilzunehmen,

wird mit Freiheitsstrafe nicht unter zwei Jahren bestraft.

(4) Verursacht der Täter durch eine Tat nach Absatz 1 Nr. 2 bis 6 den Tod des Opfers, so ist in den Fällen des Absatzes 1 Nr. 2 die Strafe lebenslange Freiheitsstrafe oder Freiheitsstrafe nicht unter zehn Jahren, in den Fällen des Absatzes 1 Nr. 3 bis 5 Freiheitsstrafe nicht unter fünf Jahren, in den Fällen des Absatzes 1 Nr. 6 Freiheitsstrafe nicht unter drei Jahren. Führt eine Handlung nach Absatz 1 Nr. 8 zum Tod oder zu einer schweren Gesundheitsschädigung, so ist die Strafe Freiheitsstrafe nicht unter drei Jahren.

(5) In minder schweren Fällen des Absatzes 1 Nr. 2 ist die Strafe Freiheitsstrafe nicht unter zwei Jahren, in minder schweren Fällen des Absatzes 1 Nr. 3 und 4 und des Absatzes 2 Freiheitsstrafe nicht unter einem Jahr, in minder schweren Fällen des Absatzes 1 Nr. 6 und des Absatzes 3 Nr. 1 Freiheitsstrafe von sechs Monaten bis zu fünf Jahren.

(6) Nach dem humanitären Völkerrecht zu schützende Personen sind

1. im internationalen bewaffneten Konflikt: geschützte Personen im Sinne der Genfer Abkommen und des Zusatzprotokolls I (Anlage zu diesem Gesetz), namentlich Verwundete, Kranke, Schiffbrüchige, Kriegsgefangene und Zivilpersonen;
2. im nichtinternationalen bewaffneten Konflikt: Verwundete, Kranke, Schiffbrüchige sowie Personen, die nicht unmittelbar an den Feindseligkeiten teilnehmen und sich in der Gewalt der gegnerischen Partei befinden;
3. im internationalen und nichtinternationalen bewaffneten Konflikt: Angehörige der Streitkräfte und Kämpfer der gegnerischen Partei, welche die Waffen gestreckt haben oder in sonstiger Weise wehrlos sind.

§ 9 Kriegsverbrechen gegen Eigentum und sonstige Rechte

(1) Wer im Zusammenhang mit einem internationalen oder nichtinternationalen bewaffneten Konflikt plündert oder, ohne dass dies durch die Erfordernisse des bewaffneten Konflikts geboten ist, sonst in erheblichem Umfang völkerrechtswidrig Sachen der gegnerischen Partei, die der Gewalt der eigenen Partei unterliegen, zerstört, sich aneignet oder

beschlagnahmt, wird mit Freiheitsstrafe von einem Jahr bis zu zehn Jahren bestraft.

(2) Wer im Zusammenhang mit einem internationalen bewaffneten Konflikt völkerrechtswidrig anordnet, dass Rechte und Forderungen aller oder eines wesentlichen Teils der Angehörigen der gegnerischen Partei aufgehoben oder ausgesetzt werden oder vor Gericht nicht einklagbar sind, wird mit Freiheitsstrafe von einem Jahr bis zu zehn Jahren bestraft.

§ 10 Kriegsverbrechen gegen humanitäre Operationen und Embleme

(1) Wer im Zusammenhang mit einem internationalen oder nichtinternationalen bewaffneten Konflikt

1. einen Angriff gegen Personen, Einrichtungen, Material, Einheiten oder Fahrzeuge richtet, die an einer humanitären Hilfsmission oder an einer friedenserhaltenden Mission in Übereinstimmung mit der Charta der Vereinten Nationen beteiligt sind, solange sie Anspruch auf den Schutz haben, der Zivilpersonen oder zivilen Objekten nach dem humanitären Völkerrecht gewährt wird, oder
2. einen Angriff gegen Personen, Gebäude, Material, Sanitätseinheiten oder Sanitätstransportmittel richtet, die in Übereinstimmung mit dem humanitären Völkerrecht mit den Schutzzeichen der Genfer Abkommen gekennzeichnet sind,

wird mit Freiheitsstrafe nicht unter drei Jahren bestraft. In minder schweren Fällen, insbesondere wenn der Angriff nicht mit militärischen Mitteln erfolgt, ist die Strafe Freiheitsstrafe nicht unter einem Jahr.

(2) Wer im Zusammenhang mit einem internationalen oder nichtinternationalen bewaffneten Konflikt die Schutzzeichen der Genfer Konventionen, die Parlamentärflagge oder die Flagge, die militärischen Abzeichen oder die Uniform des Feindes oder der Vereinten Nationen missbraucht und dadurch den Tod oder die schwere Verletzung einen Menschen (§ 226 des Strafgesetzbuches) verursacht, wird mit Freiheitsstrafe nicht unter fünf Jahren bestraft.

§ 11 Kriegsverbrechen des Einsatzes verbotener Methoden der Kriegsführung

(1) Wer im Zusammenhang mit einem internationalen oder nichtinternationalen bewaffneten Konflikt

1. mit militärischen Mitteln einen Angriff gegen die Zivilbevölkerung als solche oder gegen einzelne Zivilpersonen richtet, die an den Feindseligkeiten nicht unmittelbar teilnehmen,
2. mit militärischen Mitteln einen Angriff gegen zivile Objekte richtet, solange sie durch das humanitäre Völkerrecht als solche geschützt sind, namentlich Gebäude, die dem Gottesdienst, der Erziehung, der Kunst, der Wissenschaft oder der Wohltätigkeit gewidmet sind, geschichtliche Denkmäler, Krankenhäuser und Sammelplätze für Kranke und Verwundete, unverteidigte Städte, Dörfer, Wohnstätten oder Gebäude oder entmilitarisierte Zonen sowie Anlagen und Einrichtungen, die gefährliche Kräfte enthalten,
3. mit militärischen Mitteln einen Angriff durchführt und dabei als sicher erwartet, dass der Angriff die Tötung oder Verletzung von Zivilpersonen oder die Beschädigung ziviler Objekte in einem Ausmaß verursachen wird, das außer Verhältnis zu dem insgesamt erwarteten konkreten und unmittelbaren militärischen Vorteil steht,
4. eine nach dem humanitären Völkerrecht zu schützende Person als Schutzschild einsetzt, um den Gegner von Kriegshandlungen gegen bestimmte Ziele abzuhalten,
5. das Aushungern von Zivilpersonen als Methode der Kriegsführung einsetzt, indem er ihnen die für sie lebensnotwendigen Gegenstände vorenthält oder Hilfslieferungen unter Verstoß gegen das humanitäre Völkerrecht behindert,
6. als Befehlshaber anordnet oder androht, dass kein Pardon gegeben wird, oder
7. einen Angehörigen der gegnerischen Streitkräfte oder einen Kämpfer der gegnerischen Partei meuchlerisch tötet oder verwundet,

wird mit Freiheitsstrafe nicht unter drei Jahren bestraft. In minder schweren Fällen der Nummer 2 ist die Strafe Freiheitsstrafe nicht unter einem Jahr.

(2) Verursacht der Täter durch eine Tat nach Absatz 1 Nr. 1 bis 6 den Tod oder die schwere Verletzung einer Zivilperson (§ 226 des Strafgesetzbuches) oder einer nach dem humanitären Völkerrecht zu schützenden Person, wird er mit Freiheitsstrafe nicht unter fünf Jahren bestraft. Führt der Täter den Tod vorsätzlich herbei, ist die Strafe lebenslange Freiheitsstrafe oder Freiheitsstrafe nicht unter zehn Jahren.

(3) Wer im Zusammenhang mit einem internationalen Konflikt mit militärischen Mitteln einen Angriff durchführt und dabei als sicher erwar-

tet, dass der Angriff weit reichende, langfristige und schwere Schäden an der natürlichen Umwelt verursachen wird, die außer Verhältnis zu dem insgesamt erwarteten konkreten und unmittelbaren militärischen Vorteil stehen, wird mit Freiheitsstrafe nicht unter drei Jahren bestraft.

§ 12 Kriegsverbrechen des Einsatzes verbotener Mittel der Kriegsführung

(1) Wer im Zusammenhang mit einem internationalen oder nichtinternationalen bewaffneten Konflikt

1. Gift oder vergiftete Waffen verwendet,
2. biologische oder chemische Waffen verwendet oder
3. Geschosse verwendet, die sich leicht im Körper des Menschen ausdehnen oder flachdrücken, insbesondere Geschosse mit einem harten Mantel, der den Kern nicht ganz umschließt oder mit Einschnitten versehen ist,

wird mit Freiheitsstrafe nicht unter drei Jahren bestraft.

(2) Verursacht der Täter durch eine Tat nach Absatz 1 den Tod oder die schwere Verletzung einer Zivilperson (§ 226 des Strafgesetzbuches) oder einer nach dem humanitären Völkerrecht zu schützenden Person, wird er mit Freiheitsstrafe nicht unter fünf Jahren bestraft. Führt der Täter den Tod vorsätzlich herbei, ist die Strafe lebenslange Freiheitsstrafe oder Freiheitsstrafe nicht unter zehn Jahren.

Literaturverzeichnis

Abbott, Kenneth W., International Relations Theory, International Law, and the Regime Governing Atrocities in International Conflicts, AJIL 93 (1999), S. 361 ff.

Abi-Saab, Georges, The Concept of „War Crimes", in: Yee, Sienho (Hrsg.), International Law in the Post-Cold War World – Essays in Memory of Li Haopei, London u.a. 2001, S. 99 ff.

Ago, Roberto, The First International Communities in the Mediterranean World, BYIL 53 (1982), S. 213 ff.

Ahlbrecht, Heiko, Geschichte der völkerrechtlichen Strafgerichtsbarkeit im 20. Jahrhundert – Unter besonderer Berücksichtigung der völkerrechtlichen Straftatbestände und der Bemühungen um einen Ständigen Internationalen Strafgerichtshof, Baden-Baden 1999

Akhavan, Payam, Beyond Impunity: Can International Criminal Law Prevent Further Atrocities?, AJIL 95 (2001), S. 7 ff.

Aksar, Yusuf, Implementing International Humanitarian Law – From the *Ad Hoc* Tribunals to a Permanent International Criminal Court, London/New York 2004

Alexander, Heather, Justice for Rwanda – Toward a Universal Law of Armed Conflict, Golden Gate University Law Review 34 (2004), S. 427 ff.

Alexy, Robert, Theorie der Grundrechte, unveränderter Neudruck der Ausgabe von 1985, Baden-Baden 2006

Ambos, Kai, Der neue Internationale Strafgerichtshof – Ein Überblick, NJW 1998, S. 3743 ff.

Ambos, Kai, Zur Rechtsgrundlage des Internationalen Strafgerichtshofs – Eine Analyse des Rom-Statuts, ZStW 111 (1999), S. 175 ff.

Ambos, Kai, Aktuelle Probleme der deutschen Verfolgung von „Kriegsverbrechen" in Bosnien-Herzegowina, NStZ 1999, S. 226 ff.

Ambos, Kai/Steiner, Christian, Vom Sinn des Strafens auf innerstaatlicher und supranationaler Ebene, JuS 2001, S. 9 ff.

Ambos, Kai, „Verbrechenselemente" sowie Verfahrens- und Beweisregeln des Internationalen Strafgerichtshofs, NJW 2001, S. 405 ff.

Ambos, Kai, Der Allgemeine Teil des Völkerstrafrechts – Ansätze einer Dogmatisierung, Berlin 2002

Ambos, Kai, Internationales Strafrecht – Strafanwendungsrecht, Völkerstrafrecht, Europäisches Strafrecht, München 2006

Ambos, Kai, Möglichkeiten und Grenzen völkerstrafrechtlichen Rechtsgüterschutzes, in: Neubacher, Frank/Klein, Anne (Hrsg.), Vom Recht der Macht zur Macht des Rechts? – Interdisziplinäre Beiträge zur Zukunft internationaler Strafgerichte, Berlin 2006, S. 111 ff.

Ambos, Kai, Völkerrechtliche Kernverbrechen, Weltrechtsprinzip und § 153 f StPO – Zugleich Anmerkung zu GBA, JZ 2005, 311 und OLG Stuttgart, NStZ 2006, 117, NStZ 2006, S. 434 ff.

Appel, Ivo, Verfassung und Strafe – Zu den verfassungsrechtlichen Grenzen staatlichen Strafens, Berlin 1998

Arbour, Louise, War Crimes and the Culture of Peace, Toronto 2002

Arbour, Louise, Will the ICC Have an Impact on Universal Jurisdiction?, JICJ 1 (2003), S. 585 ff.

Arnell, Paul, War Crimes – A Comparative Opportunity, International Relations 13 (1996), S. 29 ff.

Arnold, Pascal, Der UNO-Sicherheitsrat und die strafrechtliche Verfolgung von Individuen – Die ad hoc Tribunale zur Verfolgung von Kriegsverbrechen im ehemaligen Jugoslawien und in Ruanda sowie das Statut des Internationalen Strafgerichtshofs, Basel/Genf/München 1999

Arnold, Roberta, The Development of the Notion of War Crimes in Non-International Conflicts through the Jurisprudence of the UN Ad Hoc Tribunals, HuV-I 2002, S. 134 ff.

Ascensio, Hervé/Decaux, Emmanuel/Pellet, Alain (Hrsg.), Droit International Pénal, Paris 2000

Ashworth, Andrew, Principles of Criminal Law, 5. Auflage, Oxford/New York 2006

Askin, Kelly Dawn, Crimes within the Jurisdiction of the International Criminal Court, Criminal Law Forum 10 (1999), S. 33 ff.

Atrill, Simon, Nulla poena sine lege in Comparative Perspective: Retrospectivity under the ECHR and US Constitution, Public Law 2005, S. 107 ff.

Auswärtiges Amt/Deutsches Rotes Kreuz/Bundesministerium der Verteidigung (Hrsg.), Documents on International Humanitarian Law – Dokumente zum humanitären Völkerrecht, Sankt Augustin 2006

Ball, Howard, War Crimes and Justice – A Reference Handbook, Santa Barbara, California u.a. 2002

Bantekas, Ilias/Nash, Susan, International Criminal Law, 2. Auflage, London/Sydney/Portland, Oregon 2003

Bärnighausen, Till, Medizinische Humanexperimente der japanischen Truppen für biologische Kriegsführung in China, 1932-1945, Frankfurt am Main 1998

Basham, Arthur L., The Wonder that Was India: A Survey of the Culture of the Indian Sub-Continent before the Coming of the Muslims, 3. Auflage, London 1961

Bass, Gary Jonathan, Stay the Hand of Vengeance – The Politics of War Crimes Tribunals, Princeton/Oxford 2000

Bassiouni, M. Cherif, Das „Vermächtnis von Nürnberg": Eine historische Bewertung fünfzig Jahre danach, in: Hankel, Gerd/Stuby, Gerhard (Hrsg.), Strafgerichte gegen Menschheitsverbrechen – Zum Völkerstrafrecht 50 Jahre nach den Nürnberger Prozessen, Hamburg 1995, S. 15 ff.

Bassiouni, M. Cherif, Universal Jurisdiction for International Crimes: Historical Perspectives and Contemporary Practice, Virginia J. Int'l L. 42 (2001-2002), S. 81 ff.

Bassiouni, M. Cherif, Introduction to International Criminal Law, Ardsley, New York 2003

Bassiouni, M. Cherif (Hrsg.), The Legislative History of the International Criminal Court, insgesamt drei Bände, Volume 1: Introduction, Analysis, and Integrated Text of the Statute, Elements of Crimes and Rules of Procedure and Evidence, Volume 2: An Article-by-Article Evolution of the Statute from 1994-1998, Ardsley, New York 2005

Bassiouni, M. Cherif, The ICC – *Quo Vadis*?, JICJ 4 (2006), S. 421 ff.

Baumann, Jürgen, Die natürliche Wortbedeutung als Auslegungsgrenze im Strafrecht, MDR 1958, S. 394 ff.

Beevor, Antony, Der Spanische Bürgerkrieg, München 2006

von Beling, Ernst, Die strafrechtliche Bedeutung der Exterritorialität, Breslau 1896

von Beling, Ernst, Die Lehre vom Verbrechen, Tübingen 1906

Bello, Judith Hippler/Cotler, Irwin, Regina v. Finta [1994] 1 S.C.R. 701 – Supreme Court of Canada, March 24, 1994, AJIL 90 (1996), S. 460 ff.

Ben Achur, Yahd, Islam et droit international humanitaire, RICR 1980, S. 59 ff

Benison, Audrey I., War Crimes: A Human Rights Approach to a Humanitarian Law Problem at the International Criminal Court, Georgetown Law Journal 88 (1999), S. 141 ff.

Benison, Audrey I., International Criminal Tribunals: Is There a Substantive Limitation on the Treaty Power?, Stanford J. of International Law 37 (2001), S. 75 ff.

Benkel, Jürgen, Ist der Bestimmtheitsgrundsatz unbestimmt?, NZS 6 (1997), S. 58 ff.

Benvenuti, Paolo, The ICTY Prosecutor and the Review of the NATO Bombing Campaign against the Federal Republic of Yugoslavia, EJIL 12 (2001), S. 503 ff.

Bernhardt, Rudolf, Völkerrecht und Landesrecht – Neue Aspekte eines alten Problems, in: Grupp, Klaus/Hufeld, Ulrich (Hrsg.), Recht – Kultur – Finanzen, Festschrift für Reinhard Mußgnug zum 70. Geburtstag am 26. Oktober 2005, Heidelberg 2005

Best, Geoffrey, Humanity in Warfare: The Modern History of the International Law of Armed Conflicts, London 1980

Biehler, Anke/Kerll, Christina, Grundlagen der Strafverfolgung völkerrechtlicher Verbrechen in Australien, in: Eser, Albin/Sieber, Ulrich/Kreicker, Helmut (Hrsg.), Nationale Strafverfolgung völkerrechtlicher Verbrechen, Band 6: Australien, China, England und Wales, Russland und Weißrussland, Türkei, Berlin 2005, S. 19 ff.

Birkenstock, Reinhard Georg, Die Bestimmtheit von Straftatbeständen mit unbestimmten Gesetzesbegriffen am Beispiel der Verletzung des Verkehrsverbots bedenklicher Arzneimittel unter besonderer Berücksichtigung des Bundesverfassungsgerichts, Köln 2004

Blanke, Hermann/Molitor, Claus, Der Internationale Strafgerichtshof, AVR 39 (2001), S. 142 ff.

Bleckmann, Albert, Die Völkerrechtsfreundlichkeit der deutschen Rechtsordnung, DÖV 1979, S. 309 ff.

Bloom, Evan T., Protecting Peacekeepers: The Convention on the Safety of United Nations and Associated Personnel, AJIL 89 (1995), S. 621 ff.

Bluntschli, Johann Caspar, Das moderne Kriegsrecht der civilisirten Staaten – Als Rechtsbuch dargestellt, Nördlingen 1866

Bluntschli, Johann Caspar, Denkwürdiges aus meinem Leben – Band 3: Heidelberg (1861-1881), auf Veranlassung der Familie durchgesehen und veröffentlicht von Rudolf Seyerlen, Nördlingen 1884

Boot, Machteld, Genocide, Crimes against Humanity, War Crimes – Nullum Crimen Sine Lege and the Subject Matter Jurisdiction of the International Criminal Court, Antwerpen/Oxford/New York 2002

Bopp, Georg, Die Entwicklung des Gesetzesbegiffes im Sinne des Grundrechts „Nulla poena, nullum crimen sine lege" – Eine Untersuchung zu Artikel 103 Absatz 2 des Bonner Grundgesetzes, Freiburg im Breisgau 1966

Bothe, Michael/Ipsen, Knut/Partsch, Karl-Josef, Die Genfer Konferenz über humanitäres Völkerrecht – Verlauf und Ergebnisse, ZaöRV 38 (1978), S. 1 ff.

Bothe, Michael/Ipsen, Knut/Partsch, Karl-Josef, New Rules for Victims of Armed Conflicts – Commentary on the Two 1977 Protocols Additional to the Geneva Conventions of 1949, The Hague/Boston/London 1982

Bothe, Michael, Die Zusatzprotokolle und ihre Bedeutung für den Schutz der Opfer, HuV-I 1997, S. 206 ff.

Bothe, Michael, Neue und alte Konzepte der Durchsetzung des Humanitären Völkerrechts, in: Epping, Volker/Fischer, Horst/Heintschel von Heinegg, Wolff (Hrsg.), Brücken bauen und begehen – Festschrift für Knut Ipsen zum 65. Geburtstag, München 2000, S. 23 ff.

Bothe, Michael, The Protection of the Civilian Population and NATO Bombing on Yugoslavia: Comments on a Report to the Prosecutor of the ICTY, EJIL 12 (2001), S. 531 ff.

Bothe, Michael, Targeting, in: Wall, Andru E. (Hrsg.), Legal and Ethical Lessons of NATO's Kosovo Campaign (International Law Studies 78), Newport, Rhode Island 2002, S. 173 ff.

Bothe, Michael, Töten und getötet werden – Kombattanten, Kämpfer und Zivilisten im bewaffneten Konflikt, in: Dicke, Klaus/Hobe, Stephan/Meyn, Karl-Ulrich u.a. (Hrsg.), Weltinnenrecht – Liber amicorum Jost Delbrück, Berlin 2005, S. 67 ff.

Bothe, Michael, Krieg im Völkerrecht, in: Beyrau, Dietrich/Hochgeschwender, Michael/Langewiesche, Dieter (Hrsg.), Formen des Krieges – Von der Antike bis zur Gegenwart (Krieg in der Geschichte, Band 37), Paderborn/München/Wien/Zürich 2007, S. 469 ff.

Bouvier, Antoine, „Convention sur la sécurité du personnel des Nations Unies et du personnel associé“: présentation et analyse, RICR 1995, S. 695 ff.

Braun-Friderici, Dieter, Das Prinzip nulla poena sine lege im englischen Recht, Heidelberg 1954

Bremer, Kathrin, Nationale Strafverfolgung internationaler Verbrechen gegen das humanitäre Völkerrecht – Am Beispiel einer Rechtsvergleichung Deutschlands, der Schweiz, Belgiens und Großbritanniens, Frankfurt am Main 1999

Brierly, James Leslie, Do we Need an International Criminal Court?, BYIL 8 (1927), S. 81 ff.

Broomhall, Bruce, International Justice and the International Criminal Court – Between Sovereignty and the Rule of Law, Oxford u.a. 2003

Brugger, Winfried, Konkretisierung des Rechts und Auslegung der Gesetze, AöR 119 (1994), S. 1 ff.

Bruns, Hans-Jürgen, Urteilsanmerkung zu BVerfG JR 1979, S. 28, JR 1979, S. 28 ff.

Bruns, Hans-Jürgen, Zur strafrechtlichen Relevanz des gesetzesumgehenden Täterverhaltens – Über das Verhältnis der Rechtsfigur der „Gesetzesumgehung“ zu den Grundprinzipien des Art.103 II GG, GA 1986, S. 1 ff.

Buchwald, Axel, Der Fall Tadic vor dem Internationalen Jugoslawientribunal im Lichte der Entscheidung der Berufungskammer vom 2. Oktober 1995, Berlin 2005

Bugnion, François, Droit de Genève et droit de La Haye, RICR 83 (2001), S. 901 ff.

Burchard, Christoph, The Nuremberg Trial and its Impact on Germany, JICJ 4 (2006), S. 800 ff.

Burchards, Wolf, Die Verfolgung von Völkerrechtsverbrechen durch Drittstaaten – Das kanadische Beispiel, Berlin 2005

Burgi, Martin, Vom Grundrecht auf Sicherheit zum Grundrecht auf Opferschutz, in: Depenheuer, Otto/Heintzen, Markus/Jestaedt, Matthias/Axer, Peter (Hrsg.), Staat im Wort – Festschrift für Josef Isensee, Heidelberg 2007, S. 655 ff.

Bydlinski, Franz, Juristische Methodenlehre und Rechtsbegriff, 2. Auflage, Wien/New York 1991

Callies, Rolf-Peter, Strafzwecke und Strafrecht, NJW 1989, S. 1338 ff.

Canfora, Luciano, Caesar – Der demokratische Diktator, Eine Biographie, München 2001

Carnahan, Burrus M./Robertson, Marjorie, The Protocol on „Blinding Laser Weapons“: A New Direction for International Humanitarian Law, AJIL 1996, S. 484 ff.

Casey, Lee A., The Case against the International Criminal Court, Fordham International Law Journal 25 (2002), S. 840 ff.

*Cassel, Dou*glass, The ICC's New Legal Landscape: The Need to Expand U.S. Domestic Jurisdiction to Prosecute Genocide, War Crimes and Crimes against Humanity, Fordham International Law Journal 23 (1999), S. 378 ff.

Cassese, Antonio, On the Current Trends towards Criminal Prosecution and Punishment of Breaches of International Humanitarian Law, EJIL 9 (1998), S. 2 ff.

Cassese, Antonio/Gaeta, Paola/Jones, R.W.D. (Hrsg.), The Rome Statute of the International Criminal Court: A Commentary, zwei Bände, Oxford/New York 2002

Cassese, Antonio, When May Senior State Officials be Tried for International Crimes? Some Comments on the Congo v. Belgium Case, EJIL 13 (2002), S. 853 ff.

Cassese, Antonio, International Criminal Law, Oxford 2003

Cassese, Antonio, The Belgian Court of Cassation v. the International Court of Justice: the *Sharon and others* Case, JICJ 1 (2003), S. 437 ff.

Cassese, Antonio, Is the Bell Tolling for Universality? A Plea for a Sensible Notion of Universal Jurisdiction, JICJ 1 (2003), S. 589 ff.

Cassese, Antonio, International Law, 2. Auflage, Oxford 2005

Cerone, John P., Dynamic Equilibrium: The Evolution of US Attitudes toward International Criminal Courts and Tribunals, EJIL 18 (2007), S. 277 ff.

Churchill, Winston Spencer, Der Zweite Weltkrieg – Mit einem Epilog über die Nachkriegsjahre, Sonderausgabe, 7. Auflage, Bern/München/Wien 2000

Chuter, David, War Crimes – Confronting Atrocity in the Modern World, Boulder, Colorado 2003

Clark, Christopher, Preußen – Aufstieg und Niedergang 1600-1947, 4. Auflage, München 2007

Class, Wilhelm, Generalklauseln im Strafrecht, in: Bockelmann, Paul (Hrsg.), Festschrift für Eberhard Schmidt zum 70. Geburtstag, Göttingen 1961, S. 122 ff.

Classen, Claus Dieter, Art. 103 Abs. 2 GG – Ein Grundrecht unter Vorbehalt?, GA 1998, S. 215 ff.

von Clausewitz, Carl, Vom Kriege – Hinterlassenes Werk des Generals Carl von Clausewitz, Erstdruck Berlin 1832/34, Neuauflage Frankfurt am Main/Leipzig 2005

Clemens, Thomas, Die Verweisung von einer Rechtsnorm auf andere Vorschriften – Insbesondere ihre Verfassungsmäßigkeit, AöR 111 (1986), S. 63 ff.

Cohen, Amichai/Shany, Yuval, A Development of Modest Proportions – The Application of the Principle of Proportionality in the *Targeted Killings* Case, JICJ 5 (2007), S. 310 ff.

Colangelo, Anthony J., Manipulating International Criminal Procedure – The Decision of the ICTY Office of the Independent Prosecutor Not to Investigate NATO Bombing in the Former Yugoslavia, Northwestern University L.R. 97 (2003), S. 1393 ff.

Condorelli, Luigi/Ciampi, Annalisa, Comments on the Security Council Referral of the Situation in Darfur to the ICC, JICJ 3 (2005), S. 590 ff.

Cottier, Michael, The Rome Statute and War Crimes, in: ELSA International (Hrsg.), International Law as we Enter the 21st Century – International Focus Programme 1997-99, Berlin 2001, S. 163 ff.

Cryer, Robert, Prosecutor v. Galić and the War Crime of Terror Bombing, IDF L.R. 75 (2005-2006), S. 75 ff.

Cullen, Anthony, Key Developments Affecting the Scope of Internal Armed Conflict in International Humanitarian Law, Military Law Review 183 (2005), S. 66 ff.

Daase, Christopher, Das humanitäre Völkerrecht und der Wandel des Krieges, in: Haase, Jana/Müller, Erwin/Schneider, Patricia (Hrsg.), Humanitäres Völkerrecht – Politische, rechtliche und strafgerichtliche Dimensionen, Baden-Baden 2001, S. 132 ff.

Dahm, Georg, Beibehaltung oder Abschaffung des Grundsatzes „Nulla poena sine lege"?, Deutsche Landesreferate zum 2. Internationalen Kongress für Rechtsvergleichung, Berlin 1937, S. 514 ff.

Dahm, Georg, Zur Problematik des Völkerstrafrechts, Göttingen 1956

Dahm, Georg, Völkerrecht – Band III, Stuttgart 1961

Dahm, Georg (Begr.)/*Delbrück, Jost/Wolfrum, Rüdiger*, Völkerrecht – Band I/3: Die Formen des völkerrechtlichen Handelns, Die inhaltliche Ordnung der internationalen Gemeinschaft, 2. Auflage, Berlin 2002

Dannecker, Gerhard, Das intertemporale Strafrecht, Freiburg im Breisgau 1993

Dannecker, Gerhard, Die Entwicklung des Wirtschaftsstrafrechts in der Bundesrepublik Deutschland, in: Wabnitz, Heinz-Bernd/Janovsky, Thomas (Hrsg.), Handbuch des Wirtschafts- und Steuerstrafrechts, 2. Auflage, München 2004

Dannecker, Gerhard, Nullum crimen, nulla poena sine lege und seine Geltung im Allgemeinen Teil des Strafrechts, in: Dannecker, Gerhard/Langer, Winrich u.a. (Hrsg.), Festschrift für Harro Otto zum 70. Geburtstag am 1. April 2007, Köln/Berlin/München 2007, S. 25 ff.

Daoust, Isabelle/Coupland, Robin/Ishoey, Rikke, New Wars, New Weapons? The Obligation of States to Assess the Legality of Means and Methods of Warfare, IRRC 84 (2002), S. 345 ff.

David, Eric, La loi belge sur les crimes de guerre, RBDI 1995, S. 668 ff.

David, Eric, Principes de droit des conflits armés, 3. Auflage, Brüssel 2002

Delbrück, Hans, Geschichte der Kriegskunst – Im Rahmen der politischen Geschichte, Band 4: Neuzeit, Neuausgabe des Nachdrucks von 1962 (Erstauflage 1920), Berlin/New York 2000

Delmas-Marty, Mireille, The Contribution of Comparative Law to a Pluralist Conception of International Criminal Law, JICJ 1 (2003), S. 13 ff.

Demarest, Geoffrey B., Espionage in International Law, Denver J. Int'l Law & Policy 24 (1995), S. 321 ff.

Department of the Army (Hrsg.), Counterinsurgency (Field Manual No. 3-24), verfasst von Petraeus, David H./Amos, James F., Washington, DC 2006

Department of the Navy u.a. (Hrsg.), The Commander's Handbook on the Law of Naval Operations, Newport/Quantico/Washington, 2007

Depenheuer, Otto, Der Wortlaut als Grenze – Thesen zu einem Topos der Verfassungsinterpretation, Heidelberg 1988

Detter, Ingrid, The Law of War, 2. Auflage, Cambridge 2003

Diallo, Yolande, African Traditions and Humanitarian Law, zwei Bände, Genf 1976 und 1978

Dietmeier, Frank, Blankettstrafrecht – Ein Beitrag zur Lehre vom Tatbestand, Marburg 2002

Dietmeier, Frank, Völkerstrafrecht und deutscher Gesetzgeber – Kritische Anmerkungen zum Projekt eines „Deutschen Völkerstrafgesetzbuchs“, in: Graul, Eva/Wolf, Gerhard (Hrsg.), Gedächtnisschrift für Dieter Meurer, Berlin u.a. 2002, S. 333 ff.

Dingwall, Joanna, Unlawful Confinement as a War Crime – The Jurisprudence of the Yugoslav Tribunal and the Common Core of International Humanitarian Law Applicable to Contemporary Armed Conflicts, Journal of Conflict and Security Law 9 (2004), S. 133 ff.

Dinstein, Yoram, The Universality Principle and War Crimes, in: Schmitt, Michael N./Green, Leslie C. (Hrsg.), The Law of Armed Conflict: Into the Next Millennium (International Law Studies Volume 71), Newport, Rhode Island 1998, S. 17 ff.

Dinstein, Yoram, Legitimate Military Objectives under the Current Jus in Bello, in: Wall, Andru E. (Hrsg.), Legal and Ethical Lessons of NATO's Kosovo Campaign (International Law Studies Volume 78), Newport, Rhode Island 2002, S. 139 ff.

Dinstein, Yoram, Jus in Bello Issues Arising in the Hostilities in Iraq in 2003, Israel YHR 34 (2004), S. 1 ff.

Dinstein, Yoram, Comments on War, Harvard Journal of Law and Public Policy 27 (2004), S. 877 ff.

Dinstein, Yoram, The Conduct of Hostilities under the Law of International Armed Conflict, Cambridge 2004

Doehring, Karl, Allgemeine Staatslehre – Eine systematische Darstellung, 3. Auflage, Heidelberg 2004

Doehring, Karl, Völkerrecht – Ein Lehrbuch, 2. Auflage, Heidelberg 2004

Dörmann, Knut, Preparatory Commission for the International Criminal Court: The Elements of War Crimes – Grave Breaches and Violations of Article 3 Common to the Geneva Conventions of 12 August 1949, IRRC 2000, S. 771 ff.

Dörmann, Knut, Elements of War Crimes under the Rome Statute of the International Criminal Court – Sources and Commentary, Cambridge 2002

Dörmann, Knut, War Crimes under the Rome Statute of the International Criminal Court, with a Special Focus on the Negotiations on the Elements of Crimes, Max Planck UNYB 7 (2003), S. 341 ff.

Doswald-Beck, Louise, Implementation of International Humanitarian Law in Future Wars, in: Schmitt, Michael N./Green, Leslie C. (Hrsg.), The Law of Armed Conflict: Into the Next Millennium (International Law Studies Volume 71), Newport, Rhode Island 1998, S. 39 ff.

Draper, Gerald I.A.D., Reflections on Law and Armed Conflicts – The Selected Works on the Laws of War by the late Professor Colonel G.I.A.D. Draper, OBE, herausgegeben von Meyer, Michael A./ McCoubrey, Hilaire, Den Haag/Boston/London 1998

Dreier, Horst (Hrsg.), Grundgesetz – Kommentar, Band II: Artikel 20-82, 2. Auflage, Tübingen 2006 und Band III: Artikel 83-146, Tübingen 2000

Dunant, Henri, Erinnerung an Solferino – Von einem Augenzeugen, nebst Vorschlägen zu besserer Pflege der Verwundeten, Leipzig 1864

Dunlap, Charles J., Organized Violence and the Future of International Law – A Practioner's View of the Emerging Issues, ASIL Proc. 93 (1999), S. 6 ff.

Dzida, Boris, Zum Recht der Repressalie nach heutigem Völkerrecht – Eine Bewertung anlässlich der Diskussion innerhalb der International Law Commission über countermeasures im Konventionsentwurf zur Staatenverantwortlichkeit, Frankfurt am Main u.a. 1997

Ebert, Udo, Völkerstrafrecht und Gesetzlichkeitsprinzip, in: Britz, Guido u.a. (Hrsg.), Grundfragen staatlichen Strafens – Festschrift für Heinz Müller-Dietz zum 70. Geburtstag, München 2001, S. 171 ff.

Ehmke, Horst, Prinzipien der Verfassungsinterpretation – 2. Mitbericht, VVDStRL 20 (1963), S. 53 ff.

Eisenberg, Ulrich, Kriminologie, 6. Auflage, München 2005

van Elst, Richard, Implementing Universal Jurisdiction over Grave Breaches of the Geneva Conventions, Leiden Journal of International Law 13 (2000), S. 815 ff.

Endo, Guillaume, Nullum Crimen Nulla Poena Sine Lege Principle and the ICTY and ICTR, Revue Québécoise de Droit International 15 (2002), S. 205 ff.

Engel, Christoph, Völkerrecht als Tatbestandsmerkmal deutscher Normen, Berlin 1989

Engelhart, Marc, Der Weg zum Völkerstrafgesetzbuch – Eine kurze Geschichte des Völkerstrafrechts, Jura 2004, S. 734 ff.

Erb, Volker, Die Schutzfunktion von Art. 103 Abs. 2 GG bei Rechtfertigungsgründen – Zur Reichweite des Grundsatzes „nullum crimen sine lege" unter besonderer Berücksichtigung der „Mauerschützen-Fälle" und der „sozialethischen Einschränkungen" des Notwehrrechts, ZStW 108 (1996), S. 266 ff.

Erickson, Edward J., Bayonets on Musa Dagh: Ottoman Counterinsurgency Operations – 1915, The Journal of Strategic Studies 28 (2005), S. 529 ff.

Eser, Albin, „Defences" in Strafverfahren wegen Kriegsverbrechen, in: Schmoller, Kurt (Hrsg.), Festschrift für Otto Triffterer zum 65. Geburtstag, Wien 1996, S. 755 ff.

Eser, Albin, Das „Internationale Strafrecht" in der Rechtsprechung des Bundesgerichtshofs, in: Roxin, Klaus/Widmaier, Gunter (Hrsg.), 50 Jahre Bundesgerichtshof – Festgabe aus der Wissenschaft, Band IV: Strafrecht, Strafprozessrecht, München 2000, S. 3 ff.

Etcheberry, Alfredo, The Principles of Legality and Non Bis in Idem, in: AIDP (Hrsg.), International Criminal Law: Quo Vadis? – Proceedings of the International Conference held in Siracusa, Italy, 28 November - 3 December 2002, on the Occasion of the 30th Anniversary of ISISC, Ramonville Saint-Agne 2004, S. 337 ff.

Fairlie, Megan, The Marriage of Common and Continental Law at the ICTY and its Progeny, Due Process Deficit, ICLR 4 (2004), S. 243 ff.

Felix, Dagmar, Einheit der Rechtsordnung – Zur verfassungsrechtlichen Relevanz einer juristischen Argumentationsfigur, Tübingen 1998

Fenrick, William J., Attacking the Enemy Civilian as a Punishable Offense, Duke Journal of Comparative and International Law 7 (1997), S. 539 ff.

Fenrick, William J., Should Crimes against Humanity Replace War Crimes?, Columbia Journal of Transnational Law 37 (1999), S. 767 ff.

Fenrick, William J., Targeting and Proportionality during the NATO Bombing Campaign against Yugoslavia, EJIL 12 (2001), S. 489 ff.

von Feuerbach, Paul Johann Anselm, Lehrbuch des gemeinen in Deutschland geltenden peinlichen Rechts, 1. Auflage, Gießen 1801

Fischer, Horst, Untersuchung und Strafverfolgung von Verletzungen des Rechtes des bewaffneten Konfliktes: Nationale Gesetze und Verfahren, internationale Zusammenarbeit auf militärischer und rechtlicher Ebene – Antworten zum Fragebogen der Internationalen Gesellschaft für Wehrrecht und humanitäres Völkerrecht für den XIV. Kongress (Athen/Griechenland 1997), in: Fischer, Horst/Lüder, Sascha Rolf (Hrsg.), Völkerrechtliche Verbrechen vor dem Jugoslawien-Tribunal, nationalen Gerichten und dem Internationalen Strafgerichtshof, Berlin 1999, S. 193 ff.

Fischer, Horst, The Jurisdiction of the International Criminal Court for War Crimes: Some Observations Concerning Differences between the Statute of the Court and War Crimes Provisions in other Treaties, in: Epping, Volker/Fischer, Horst/Heintschel von Heinegg, Wolff (Hrsg.), Brücken bauen und begehen – Festschrift für Knut Ipsen zum 65. Geburtstag, München 2000, S. 77 ff.

Fleck, Dieter (Hrsg.), Handbuch des humanitären Völkerrechts in bewaffneten Konflikten, München 1994

Fleck, Dieter, International Accountability for Violations of the Jus in Bello: The Impact of the ICRC Study on Customary International Humanitarian Law, Journal of Conflict and Security Law 11 (2006), S. 179 ff.

Fletcher, George P./Ohlin, Jens David, Reclaiming Fundamental Principles of Criminal Law in the Darfur Case, JICJ 3 (2005), S. 539 ff.

Forsthoff, Ernst, Recht und Sprache – Prolegomena zu einer richterlichen Hermeneutik, Halle (Saale) 1940

Frulli, Micaela, A Turning Point in International Efforts to Apprehend War Criminals – The UN Mandates Taylor's Arrest in Liberia, JICJ 4 (2006), S. 351 ff.

Gaeta, Paola, The Defence of Superior Orders: The Statute of the International Criminal Court versus Customary International Law, EJIL 10 (1999), S. 172 ff.

Gardam, Judith Gail, Proportionality and Force in International Law, AJIL 87 (1993), S. 391 ff.

Gärditz, Klaus Ferdinand, Weltrechtspflege – Eine Untersuchung über die Entgrenzung staatlicher Strafgewalt, Berlin 2006

Gardot, André, Le droit de la guerre dans l'oeuvre des capitaines français du XVIe siècle, RCADI 72 (1948), S. 397 ff.

Gareis, Sven Bernhard, Die Kriege der Zukunft: Charakteristika, Reaktionsweisen und strategische Erfordernisse, HuV-I 2002, S. 151 ff.

Garraway, Charles, Superior Orders and the International Criminal Court: Justice Delivered or Justice Denied, IRRC 1999, S. 785 ff.

Gassner, Ulrich M., Gesetzgebung und Bestimmtheitsgrundsatz, ZG 11 (1996), S. 37 ff.

Geiger, Hansjörg, Internationaler Strafgerichtshof und Aspekte eines neuen Völkerstrafgesetzbuches, in: Bizer, Johann/Lutterbeck, Bernd/Rieß, Joachim (Hrsg.), Umbruch von Regelungssystemen in der Informationsgesellschaft – Freundesgabe für Alfred Büllesbach, Stuttgart 2002 (nur als elektronische Ressource: www.alfred-buellesbach.de), S. 327 ff.

Geiger, Rudolf, Grundgesetz und Völkerrecht – Die Bezüge des Staatsrechts zum Völkerrecht und Europarecht, 3. Auflage, München 2002

Geitmann, Roland, Bundesverfassungsgericht und „offene Normen" – Zur Bindung des Gesetzgebers an Bestimmtheitserfordernisse, Berlin 1971

Gentry, John A., Norms and Military Power: NATO's War against Yugoslavia, Security Studies 15 (2006), S. 187 ff.

Gerland, Heinrich, Art. 116 – Nulla poena sine lege, in: Nipperdey, Hans Carl, Die Grundrechte und Grundpflichten der Reichsverfassung – Kommentar zum zweiten Teil der Reichsverfassung, Band 1: Allgemeine Bedeutung der Grundrechte und die Artikel 102-117, Berlin 1929, S. 368 ff.

Gilbertson, Tristan, War Crimes, Victoria University of Wellington Law Review 25 (1995), S. 315 ff.

Gimmerthal, Michael, Kriegslist und Perfidieverbot im Zusatzprotokoll vom 10. Juni 1977 zu den vier Genfer Rotkreuz-Abkommen von 1949 (Zusatzprotokoll I), Bochum 1990

Gioia, Federica, State Sovereignty, Jurisdiction, and „Modern" International Law: The Principle of Complementarity in the International Criminal Court, Leiden Journal of International Law 19 (2006), S. 1095 ff.

Glaser, Stefan, Die Gesetzlichkeit im Völkerstrafrecht, ZStW 76 (1964), S. 514 ff.

Glaser, Stefan, Droit international pénal conventionnel, Brüssel 1970

Goldstone, Richard J., The Future of International Criminal Justice, Maine Law Review 57 (2005), S. 554 ff.

Green, Leslie Claude, Cicero and Clausewitz or Quincy Wright: The Interplay of Law and War, Journal of Legal Studies 9 (1998/99), S. 59 ff.

Green, Leslie Claude, The Contemporary Law of Armed Conflict, 2. Auflage, Manchester 2000

Greenwood, Christopher, The Development of International Humanitarian Law by the International Criminal Tribunal for the Former Yugoslavia, Max Planck UNYB 2 (1998), S. 97 ff.

Grewe, Wilhelm G., Epochen der Völkerrechtsgeschichte, Baden-Baden 1984

Grewe, Wilhelm G., Rückblick auf Nürnberg, in: Hailbronner, Kai/ Ress, Georg/Stein, Torsten (Hrsg.), Staat und Völkerrechtsordnung – Festschrift für Karl Doehring, Berlin/Heidelberg/New York u.a. 1989, S. 229 ff.

Grewe, Wilhelm G., Fontes historiae iuris gentium – Quellen zur Geschichte des Völkerrechts, drei Bände: Band I: 1380 v. Chr. bis 1493, Berlin/New York 1995, Band II: 1493 bis 1815, ebenda 1988, Band III/1 und III/2: 1815 bis 1945, ebenda 1992

Gropengießer, Helmut/Kreicker, Helmut, Nationale Strafverfolgung völkerrechtlicher Verbrechen, Band 1: Deutschland (Grundlagen der Strafverfolgung völkerrechtlicher Verbrechen in Deutschland), in: Eser, Albin/Kreicker, Helmut (Hrsg.), National Prosecution of International Crimes, Freiburg i. Br. 2003

Grotius, Hugo, De iure belli ac pacis libri tres, fotomechanischer Neudruck der Ausgabe Leiden 1939, Aalen 1993

Grünwald, Gerald, Bedeutung und Begründung des Satzes „Nulla poena sine lege", ZStW 76 (1964), S. 1 ff.

Grünwald, Gerald, Die Entwicklung der Rechtsprechung zum Gesetzlichkeitsprinzip, in: Haft, Fritjof, Strafgerechtigkeit – Festschrift für Arthur Kaufmann zum 70. Geburtstag, Heidelberg 1993, S. 433 ff.

Gusy, Christoph, Anmerkung zu BVerfG, JZ 1995, S. 778 ff., JZ 1995, S. 782 f.

Gut, Till/Wolpert, Max, Prosecution of International Crimes in Canada, in: Eser, Albin/Sieber, Ulrich/Kreicker, Helmut (Hrsg.), National Prosecution of International Crimes, Band 5: Canada, Estonia, Greece, Israel, United States of America, Berlin 2005, S. 19 ff.

Haaß, Dieter, „Nulla poena sine lege" im nationalen und internationalen Recht, Heidelberg 1955

Haensel, Carl, Die Auslegung des Kontrollratsgesetzes Nr. 10, NJW 1947/48, S. 55 ff.

Hafner, Gerhard, An Attempt to Explain the Position of the USA towards the ICC, JICJ 3 (2005), S. 323 ff.

Hankel, Gerd, Die Leipziger Prozesse: Deutsche Kriegsverbrechen und ihre strafrechtliche Verfolgung nach dem Ersten Weltkrieg, Hamburg 2003

Hassemer, Winfried, Symbolisches Strafrecht und Rechtsgüterschutz, NStZ 1989, S. 553 ff.

Hassemer, Winfried, Gesetzesbindung und Methodenlehre, ZRP 2007, S. 213 ff.

Hattenhauer, Hans, Europäische Rechtsgeschichte, 4. Auflage, Heidelberg 2004

Hazan, Pierre, The revolution by the ICTY, JICJ 2 (2004), S. 533 ff.

van Heeck, Stefan, Die Weiterentwicklung des formellen Völkerstrafrechts – Von den *ad hoc* Tribunalen der Vereinten Nationen zum ständigen Internationalen Strafgerichtshof unter besonderer Berücksichtigung des Ermittlungsverfahrens, Berlin 2006

Hegenbarth, Rainer, Symbolische und instrumentelle Funktionen moderner Gesetze, ZRP 1981, S. 201 ff.

Hein, Susanne, Der Fall Priebke und die italienische Strafjustiz, DRiZ 1996, S. 476 ff.

Henckaerts, Jean-Marie, Study on Customary International Humanitarian Law: A Contribution to the Understanding and Respect for the Rule of Law in Armed Conflict, IRRC 2005, S. 175 ff.

Hennings, Herbert, Die Entstehungsgeschichte des Satzes nulla poena sine lege, Göttingen 1933

Henzelin, Marc, Droit international pénal et droit pénaux étatiques – Le choc des cultures, in: Henzelin, Marc (Hrsg.), Le droit pénal à l'épreuve de l'internationalisation, Paris/Genf/Brüssel 2002, S. 69 ff.

Herde, Robert, Command Responsibility – Die Verfolgung der „Zweiten Garde" deutscher und japanischer Generäle im alliierten Prozessprogramm nach dem Zweiten Weltkrieg, Baden-Baden 2001

Herdegen, Matthias, Völkerrecht, 6. Auflage, München 2007

Hermsdörfer, Willibald, Zum Anpassungsbedarf des deutschen Strafrechts an das Statut des Internationalen Strafgerichtshofs, HuV-I 1999, S. 22 ff.

Hermsdörfer, Willibald, Auswirkung der Errichtung des Internationalen Strafgerichtshofs auf das deutsche Recht, DRiZ 2000, S. 70 ff.

Herzberg, Rolf Dietrich, Wann ist die Strafbarkeit „gesetzlich bestimmt" (Art. 103 Abs. 2 GG)?, in: Hefendehl, Roland (Hrsg.), Empirische und dogmatische Fundamente, kriminalpolitischer Impetus – Symposium für Bernd Schünemann zum 60. Geburtstag, Köln/Berlin/München 2005, S. 31 ff.

Hesse, Konrad, Grundzüge des Verfassungsrechts der Bundesrepublik Deutschland, 20. Auflage, Heidelberg 1995

Hillenkamp, Thomas, Verfahrenshindernisse von Verfassungs wegen, NJW 1989, S. 2841 ff.

Hillenkamp, Thomas, Offene oder verdeckte Amnestie – Über Wege strafrechtlicher Vergangenheitsbewältigung, JZ 1996, S. 179 ff.

Hoffmann, Gerhard, Strafrechtliche Verantwortlichkeit im Völkerrecht – Zum gegenwärtigen Stand des völkerrechtlichen Strafrechts, Frankfurt am Main/Berlin 1962

Holland, Thomas Erskine, The Laws of War on Land (Written and Unwritten), Oxford 1908

Hollweg, Carsten, Das neue internationale Tribunal der UNO und der Jugoslawienkonflikt, JZ 1993, S. 980 ff.

Hoyer, Andreas, Internationaler Strafgerichtshof und nationalstaatliche Souveränität, GA 2004, S. 321 ff.

Huet, André/Koering-Joulin, Renée, Droit pénal international, 3. Auflage, Paris 2005

Hunt, David, The International Criminal Court – High Hopes, „Creative Ambiguity" and an Unfortunate Mistrust in International Judges, JICJ 2 (2004), S. 56 ff.

Internationaler Militärgerichtshof, Der Prozess gegen die Hauptkriegsverbrecher vor dem internationalen Militärgerichtshof – Nürnberg 14. November 1945 - 1. Oktober 1946, insgesamt 42 Bände, Band I: Einführungsband, Band II: Verhandlungsniederschriften 14. November 1945 - 30. November 1945, Band III: Verhandlungsniederschriften 1. Dezember 1945 - 14. Dezember 1945, Band V: Verhandlungsniederschriften 9. Januar - 21. Januar 1946, Nürnberg 1947

Internationaler Militärgerichtshof, Das Urteil von Nürnberg, mit einem Vorwort von Jörg Friedrich (Hrsg.), 6. Auflage, München 2005

Ipsen, Knut, A Review of the Main Legal Aspects of the Tokyo Trial and their Influence on the Development of International Law, in: Hosoya, Chihiro/Andō, Nisuki/Ōnuma, Yasuaki/Minear, Richard H. (Hrsg.), The Tokyo War Crimes Trial – An International Symposium, Tokyo 1986, S. 37 ff.

Ipsen, Knut, Völkerrecht, 5. Auflage, München 2004

Isensee, Josef/Kirchhof, Paul (Hrsg.), Handbuch des Staatsrechts der Bundesrepublik Deutschland, insgesamt zehn Bände, Band V: Allgemeine Grundrechtslehren, 2. Auflage, Heidelberg 2000 und Band VII: Normativität und Schutz der Verfassung – Internationale Beziehungen, Heidelberg 1992

JAG Legal Center & School (Hrsg.), Legal Lessons Learned From Afghanistan and Iraq – Volume I: Major Combat Operations (11 September 2001 - 1 May 2003), Charlottesville, Virginia 2004

JAG Legal Center & School (Hrsg.), Operational Law Handbook, Charlottesville, Virginia 2007

Jäger, Friedrich, Das Internationale Tribunal über Kriegsverbrechen im ehemaligen Jugoslawien – Anspruch und Wirklichkeit, Wien 2005

Jäger, Herbert, Versuch über Makrokriminalität, StV 1988, S. 172 ff.

Jäger, Herbert, Makroverbrechen als Gegenstand des Völkerstrafrechts – Kriminalpolitisch-kriminologische Aspekte, in: Hankel, Gerd/Stuby, Gerhard (Hrsg.), Strafgerichte gegen Menschheitsverbrechen – Zum Völkerstrafrecht 50 Jahre nach den Nürnberger Prozessen, Hamburg 1995, S. 325 ff.

Jakobs, Günther, Vergangenheitsbewältigung durch Strafrecht? Zur Leistungsfähigkeit des Strafrechts nach einem politischen Umbruch, in: Isensee, Josef (Hrsg.), Vergangenheitsbewältigung durch Recht – Drei Abhandlungen zu einem deutschen Problem, Berlin 1992, S. 37 ff.

Jarass, Hans D./Pieroth, Bodo, Grundgesetz für die Bundesrepublik Deutschland – Kommentar, 9. Auflage, München 2007

Jefferson, Michael, Criminal Law, 7. Auflage, Harlow u.a. 2006

Jeffries, John Calvin, Jr., Legality, Vagueness, and the Construction of Penal Statutes, Virginia L.R. 71 (1985), S. 189 ff.

Jescheck, Hans-Heinrich, Die Verantwortlichkeit der Staatsorgane nach Völkerstrafrecht – Eine Studie zu den Nürnberger Prozessen, Bonn 1952

Jescheck, Hans-Heinrich, Der strafrechtliche Schutz der internationalen humanitären Abkommen – Gutachten, erstattet für den VI. Internationalen Strafrechtskongreß in Rom, ZStW 65 (1953), S. 458 ff.

Jescheck, Hans-Heinrich/Weigend, Thomas, Lehrbuch des Strafrechts – Allgemeiner Teil, 5. Auflage, Berlin 1996

Jescheck, Hans-Heinrich, The General Principles of International Criminal Law Set out in Nuremberg, as Mirrored in the ICC Statute, JICJ 2 (2004), S. 38 ff.

Jestaedt, Matthias, Die Abwägungslehre – Ihre Stärken und ihre Schwächen, in: Depenheuer, Otto/Heintzen, Markus/Jestaedt, Matthias/Axer, Peter (Hrsg.), Staat im Wort – Festschrift für Josef Isensee, Heidelberg 2007, S. 253 ff.

Jianping, Lu/Zhixiang, Wang, China's Attitude towards the ICC, JICJ 3 (2005), S. 608 ff.

Joecks, Wolfgang/Miebach, Klaus (Hrsg.), Münchener Kommentar zum Strafgesetzbuch, Band 1: §§ 1-51 StGB, München 2003, Band 5: Nebenstrafrecht I, München 2007, Band 6/2: Nebenstrafrecht III, Völkerstrafgesetzbuch, im Erscheinen, voraussichtlich München 2009

Kadelbach, Stefan, Kapitel 15: Keine Strafe ohne Gesetz, in: EMRK/GG – Konkordanzkommentar zum europäischen und deutschen Grundrechtsschutz, herausgegeben von Grote, Rainer/Marauhn, Thilo, Tübingen 2006

Kaiser, Günther, Kriminologie – Ein Lehrbuch, 3. Auflage, Heidelberg 1996

Kämmerer, Jörn Axel, Kriegsrepressalie oder Kriegsverbrechen? – Zur rechtlichen Beurteilung der Massenexekutionen von Zivilisten durch die deutsche Besatzungsmacht im Zweiten Weltkrieg, AVR 37 (1999), S. 283 ff.

Kant, Immanuel, Kritik der reinen Vernunft, Zweite Auflage 1787, in: Kant's gesammelte Schriften, Erste Abteilung: Werke, dritter Band, herausgegeben von der Königlich Preußischen Akademie der Wissenschaften, Berlin 1911

Kant, Immanuel, Zum ewigen Frieden – Ein philosophischer Entwurf, in: Kant's gesammelte Schriften, Erste Abteilung: Werke, achter Band, herausgegeben von der Königlich Preußischen Akademie der Wissenschaften, Berlin und Leipzig 1923

Kaufmann, Arthur, Das Schuldprinzip – Eine strafrechtlich-rechtsphilosophische Untersuchung, 2. Auflage, Heidelberg 1976

Kaul, Hans-Peter, Durchbruch in Rom – Der Vertrag über den Internationalen Strafgerichtshof, VN 46 (1998), S. 125 ff.

Kaul, Hans-Peter, Völkerrechtlicher Vertrag und staatliches Recht – Am Beispiel des Statuts über den Internationalen Strafgerichtshof, in: Geiger, Rudolf (Hrsg.), Völkerrechtlicher Vertrag und staatliches Recht vor dem Hintergrund zunehmender Verdichtung der internationalen Beziehungen, Baden-Baden 2000

Kaul, Hans-Peter, Der Aufbau des Internationalen Strafgerichtshofs – Probleme und Perspektiven, in: Marauhn, Thilo (Hrsg.), Recht, Politik und Rechtspolitik in den internationalen Beziehungen 2005, S. 15 ff.

Kaul, Hans-Peter, Construction Site for More Justice: The International Criminal Court after Two Years, AJIL 99 (2005), S. 370 ff.

Kaul, Hans-Peter, Der Internationale Strafgerichtshof – Stand und Perspektiven, in: Neubacher, Frank/Klein, Anne (Hrsg.), Vom Recht der Macht zur Macht des Rechts? – Interdisziplinäre Beiträge zur Zukunft internationaler Strafgerichte, Berlin 2006, S. 93 ff.

Keen, Maurice H., The Laws of War in the Late Middle Ages, Aldershot 1993

Keller, Rainer, Grenzen, Unabhängigkeit und Subsidiarität der Weltrechtspflege, GA 2006, S. 25 ff.

Kelsen, Hans, Collective and Individual Responsibility in International Law with Particular Regard to the Punishment of War Criminals, California Law Review 31 (1943), S. 531 ff.

Kessler, Hans Wolfram, Krieg ohne Tränen? Reizstoff für die Bundeswehr – Zur Änderung des deutschen Ausführungsgesetzes zum Chemiewaffenübereinkommen, HuV-I 2005, S. 4 ff.

Kirchhof, Paul, Die Bestimmtheit und Offenheit der Rechtssprache, Berlin/New York 1987

Kiriakaki, Ines, Das Humanexperiment als völkerstrafrechtliches Verbrechen – Vom Nürnberger Kodex zum Rom-Statut, ZStW 118 (2006), S. 229 ff.

Kirsch, Stefan, Die Überstellung an den Internationalen Strafgerichtshof, in: Beulke, Werner/Müller, Eckard (Hrsg.), Festschrift zu Ehren des Strafrechtsausschusses der Bundesrechtsanwaltskammer, Neuwied 2006, S. 271 ff.

Kittichaisaree, Kriangsak, International Criminal Law, Oxford/New York 2001

Kleinheyer, Gerd, Vom Wesen der Strafgesetze in der neueren Rechtsentwicklung – Entwicklungsstufen des Grundsatzes „nulla poena sine lege“, Tübingen 1968

Klip, André, Complementarity and Concurrent Jurisdiction, in: AIDP (Hrsg.), International Criminal Law: Quo Vadis? – Proceedings of the International Conference held in Siracusa, Italy, 28 November - 3 December 2002, on the Occasion of the 30th Anniversary of ISISC, Ramonville Saint-Agne 2004, S. 173 ff.

Kohlmann, Günther, Der Begriff des Staatsgeheimnisses (§ 93 StGB und § 99 Abs. 1 StGB a.F.) und das verfassungsrechtliche Gebot der Bestimmtheit von Strafvorschriften (Art. 103 Abs. 2 GG), Köln-Marienburg 1969

Koller, David S., The Moral Imperative: Toward a Human Rights-Based Law of War, Harvard Int'l L.J. 46 (2005), S. 231 ff.

König, Kai-Michael, Die völkerrechtliche Legitimation der Strafgewalt internationaler Strafjustiz, Baden-Baden 2002

Kontorovic, Eugene, The Piracy Analogy: Modern Universal Jurisdiction's Hollow Foundation, Harvard Int'l L.J. 45 (2004), S. 183 ff.

Krahl, Matthias, Die Rechtsprechung des Bundesverfassungsgerichts und des Bundesgerichtshofs zum Bestimmtheitsgrundsatz im Strafrecht (Art. 103 Abs. 2 GG), Frankfurt am Main 1986

Kravetz, Daniela, The Protection of Civilians in War – The ICTY's Galić case, Leiden Journal of International Law 17 (2004), S. 521 ff.

Kreicker, Helmut, Nationale Strafverfolgung internationaler Verbrechen – Völkerstrafrecht im Ländervergleich, Berlin 2006

Kreß, Claus, Friedenssicherungs- und Konfliktvölkerrecht auf der Schwelle zur Postmoderne – Das Urteil des Internationalen Straftribunals für das ehemalige Jugoslawien (Appeals Chamber) im Fall Tadíc vom 2. Oktober 1995 [HRLJ 1995, 437], EuGRZ 1996, S. 638 ff.

Kreß, Claus, Der Jugoslawien-Strafgerichtshof im Grenzbereich zwischen internationalem bewaffneten Konflikt und Bürgerkrieg, in: Fischer, Horst/Lüder, Sascha Rolf (Hrsg.), Völkerrechtliche Verbrechen vor dem Jugoslawien-Tribunal, nationalen Gerichten und dem Internationalen Strafgerichtshof – Beiträge zur Entwicklung einer effektiven internationalen Strafgerichtsbarkeit, Berlin 1999, S. 15 ff.

Kreß, Claus, Zur Methode der Rechtsfindung im Allgemeinen Teil des Völkerstrafrechts – Die Bewertung von Tötungen im Nötigungsnotstand durch die Rechtsmittelkammer des Internationalen Straftribunals für das ehemalige Jugoslawien im Fall Erdemovic, ZStW 111 (1999), S. 597 ff.

Kreß, Claus, Vom Nutzen eines deutschen Völkerstrafgesetzbuchs, Baden-Baden 2000

Kreß, Claus, Völkerstrafrecht in Deutschland, NStZ 2000, S. 617 ff.

Kreß, Claus, War Crimes Committed in Non-International Armed Conflict and the Emerging System of International Criminal Justice, Israel YHR 30 (2000), S. 103 ff.

Kreß, Claus, Völkerstrafrecht und Weltrechtspflegeprinzip im Blickfeld des Internationalen Gerichtshofs – Zum Votenstreit der Richter des IGH im Haftbefehlsfall (Demokratische Republik Kongo gegen Belgien), ZStW 114 (2002), S. 818 ff.

Kreß, Claus, Anmerkung zur Entschließung des Generalbundesanwaltes beim BGH vom 21.03.2003, JZ 2003, S. 911 ff.

Kreß, Claus, Versailles – Nürnberg – Den Haag: Deutschland und das Völkerstrafrecht, JZ 2006, S. 981 ff.

Krey, Volker, Keine Strafe ohne Gesetz – Einführung in die Dogmengeschichte des Satzes „nullum crimen, nulla poena sine lege“, Berlin/New York 1983

Krivec, Boris, Von Versailles nach Rom – Der lange Weg von Nullum crimen, nulla poena sine lege, Bedeutung und Entwicklung des strafrechtlichen Gesetzesvorbehalts im völkerrechtlichen Strafrecht, Hamburg 2005, nur als elektronische Ressource: www.sub.uni-hamburg.de/opus/volltexte/2005/2521/pdf/DissertationNullumCrimen.pdf

Krüger, Herbert, Das Prinzip der Effektivität, oder: Über die besondere Wirklichkeitsnähe des Völkerrechts, in: Constantopoulos, Dimitri S./Eustathiades, Constantin Th./Fragistas, Charalambos N., Grundprobleme des internationalen Rechts – Festschrift für Jean Spiropoulos, Bonn 1957, S. 265 ff.

Kuhlen, Lothar, Die verfassungskonforme Auslegung von Strafgesetzen, Heidelberg 2006

Kuhlen, Lothar, Zum Verhältnis von Bestimmtheitsgrundsatz und Analogieverbot, in: Dannecker, Gerhard/Langer, Winrich u.a., Festschrift für Harro Otto zum 70. Geburtstag am 1. April 2007, Köln/Berlin/München 2007, S. 89 ff.

Kuhn, Marco, Die Umweltschädigung im bewaffneten Konflikt als Kriegsverbrechen, Bochum 1997

Kühne, Hans-Heiner/Esser, Robert/Gerding, Marc (Hrsg.), Völkerstrafrecht, Osnabrück 2007

Kunig, Philip, Das Rechtsstaatsprinzip – Überlegungen zu seiner Bedeutung für das Verfassungsrecht der Bundesrepublik Deutschland, Tübingen 1986

Kunig, Philip, Zur „hinreichenden Bestimmtheit" von Norm und Einzelakt, Jura 1990, S. 495 ff.

Kunisch, Johannes, Friedrich der Große – Der König und seine Zeit, 3. Auflage, München 2005

Lagodny, Otto/Nill-Theobald, Christiane, Anmerkung zu BGH 3 StR 215/98 vom 30.04.1999, JR 2000, S. 205 ff.

Lagodny, Otto, Legitimation und Bedeutung des Ständigen Internationalen Strafgerichtshofes, ZStW 113 (2001), S. 800 ff.

Landrum, Bruce D., The Yamashita War Crimes Trial, Military Law Review 149 (1995), S. 293 ff.

Larenz, Karl, Methodenlehre der Rechtswissenschaft, 6. Auflage, Berlin/Heidelberg/New York 1991

Laufhütte, Heinrich Wilhelm/Rissing-van Saan, Ruth/Tiedemann, Klaus (Hrsg.), Leipziger Kommentar – Großkommentar zum Strafgesetzbuch, Erster Band: Einleitung, §§ 1 bis 31, 12. Auflage, Berlin 2007

Laufs, Adolf, Rechtsentwicklungen in Deutschland, 5. Auflage, Berlin/New York 1996

Laursen, Andreas, NATO, the War over Kosovo, and the ICTY Investigation, American University Int'l L.R. 17 (2002), S. 765 ff.

Lauterpacht, Hersch, The Law of Nations and the Punishment of War Crimes, BYIL 21 (1944), S. 58 ff.

Lauterpacht, Hersch, The Problem of the Revision of the Law of War, BYIL 29 (1952), S. 360 ff.

Lee, Roy S. (Hrsg.), The International Criminal Court – Elements of Crimes and Rules of Procedure and Evidence, Ardsley, New York 2001

Lee, Roy S., An Assessment of the ICC Statute, Fordham Int'l L.J. 25 (2002), S. 750 ff.

Lehner, Moris, Zur Bestimmtheit von Normen, NJW 1991, S. 890 ff.

Lemmel, Hans-Peter, Unbestimmte Strafbarkeitsvoraussetzungen im Besonderen Teil des Strafrechts und der Grundsatz nullum crimen sine lege, Hamburg 1970

Lenckner, Theodor, Wertausfüllungsbedürftige Begriffe im Strafrecht und der Satz „nullum crimen sine lege“, JuS 1968, S. 249 ff. und 304 ff.

Lepper, Steven J., War Crimes and the Protection of Peacekeeping Forces, Akron Law Review 28 (1995), S. 411 ff.

Levie, Howard S., Terrorism in War – The Law of War Crimes, Newport 1993

Levie, Howard S., War Crimes, in: The Law of Military Operations – Liber Amicorum Professor Jack Grunawalt, International Law Studies Volume 72, herausgegeben von Schmitt, Michael N., Newport, Rhode Island 1998, S. 95 ff.

Liebscher, Viktor, Amerikanisches Strafrecht – Zugleich eine Buchbesprechung, ZfRV 20 (1979), S. 41 ff.

Linares, Filadelfo, Einblicke in Hugo Grotius' Werk „Vom Recht des Krieges und des Friedens“, Hildesheim/Zürich/New York 1993

Lippman, Matthew, Aerial Attacks on Civilians and the Humanitarian Law of War – Technology and Terror from World War I to Afghanistan, California Western International Law Journal 33 (2002), S. 1 ff.

Lisher II, James R., „Shock and Awe“: Should Developed States be Subject to a Higher Standard of Care in Target Selection?, IDF L.R. 2 (2005-2006), S. 149 ff.

Liszt, Franz von, Die deterministischen Gegner der Zweckstrafe, ZStW 13 (1893), S. 22 ff.

Lüder, Sascha Rolf, The Legal Nature of the ICC and the Emergence of Supranational Elements in International Criminal Justice, RICR 84 (2002), S. 79 ff.

Lüder, Sascha Rolf/Vormbaum, Thomas (Hrsg.), Materialien zum Völkerstrafgesetzbuch – Dokumentation des Gesetzgebungsverfahrens, Münster 2002

Mackmin, Sara, Why Do Professional Soldiers Commit Acts of Personal Violence that Contravene the Law of Armed Conflict?, Defence Studies 7 (2007), S. 65 ff.

Maierhöfer, Christian, „Aut dedere – aut iudicare“ – Herkunft, Rechtsgrundlagen und Inhalt des völkerrechtlichen Gebotes zur Strafverfolgung oder Auslieferung, Berlin 2006

Mandel, Michael, Politics and Human Rights in International Criminal Law – Our Case against NATO and the Lessons to be Learned from it, Fordham Int'l L.J. 25 (2001), S. 95 ff.

Mangakis, Georgios-Alexandros, Über die Wirksamkeit des Satzes „nulla poena sine lege", ZStW 81 (1969), S. 997 ff.

von Mangoldt, Hermann, Das Kriegsverbrechen und seine Verfolgung in Vergangenheit und Gegenwart, JIAÖR 1 (1948), S. 283 ff.

von Mangoldt, Hermann/Klein, Friedrich/Starck, Christian, Kommentar zum Grundgesetz, drei Bände, Band 3: Artikel 83 bis 146, 5. Auflage, München 2005

Maogoto, Jackson Nyanmya, War Crimes and Realpolitik – International Justice from World War I to the 21st Century, Boulder, Colorado 2004

Marauhn, Thilo, Environmental Damage in Times of Armed Conflict – Not „Really" a Matter of Criminal Responsibility?, IRRC 2000, S. 1029 ff.

Martins, Mark S., „War Crimes" during Operations other than War – Military Doctrine and Law Fifty Years after Nuremberg – and beyond, Military Law Review 149 (1995), S. 145 ff.

Maunz, Theodor/Dürig, Günter (Begr.), Grundgesetz – Kommentar, insgesamt sechs Bände, Band III (Art. 17-27) und Band VI (Art. 100-146), herausgegeben von Herzog, Roman/Scholz, Rupert/Herdegen, Matthias u.a., Stand: 48. Lieferung (November 2006), München 2006

Maurach, Reinhart, Deutsches Strafrecht – Besonderer Teil, ein Lehrbuch, 4. Auflage, Karlsruhe 1964

Maurer, Hartmut, Staatsrecht I – Grundlagen, Verfassungsorgane, Staatsfunktionen, 5. Auflage, München 2007

Mayer, Hellmuth, Die gesetzliche Bestimmtheit der Tatbestände, in: Materialien zur Strafrechtsreform, Band 1, Bonn 1954, S. 259 ff.

Meltzer, Bernard D., „War Crimes" – The Nuremberg Trial and the Tribunal for the former Yugoslavia, Valparaiso University Law Review 30 (1996), S. 895 ff.

Meron, Theodor, The Geneva Conventions as Customary Law, AJIL 81 (1987), S. 348 ff.

Meron, Theodor, International Criminalization of Internal Atrocities, AJIL 89 (1995), S. 554 ff.

Meron, Theodor, The Continuing Role of Custom in the Formation of International Humanitarian Law, AJIL 90 (1996), S. 238 ff.

Meron, Theodor, War Crimes Law for the Twenty-First Century, in: Schmitt, Michael N./Green, Leslie C., The Law of Armed Conflict: Into the Next Millennium (International Law Studies 71), Newport, Rhode Island 1998, S. 325 ff.

Meron, Theodor, Revival of Customary Humanitarian Law, AJIL 99 (2005), S. 817 ff.

Merten, Detlef/Papier, Hans-Jürgen (Hrsg.), Handbuch der Grundrechte in Deutschland und Europa – Band I: Entwicklung und Grundlagen und Band II: Grundrechte in Deutschland: Allgemeine Lehren I, Heidelberg 2004 und 2006

Meyer-Goßner, Lutz, Strafprozessordnung, 50. Auflage, München 2007

Meyrowitz, Henri, Le principe de l'égalité des belligérents devant le droit de la guerre, Paris 1970

Möller, Christina, Völkerstrafrecht und Internationaler Strafgerichtshof – Kriminologische, straftheoretische und rechtspolitische Aspekte, Münster u.a. 2003

Montesquieu, Baron de (Charles de Secondat), De l'esprit des lois, herausgegeben von Versini, Laurent (Originalausgabe: Genf 1748), zwei Bände, Paris 1995

Montgomery, Tony, Legal Perspective from the EUCOM Targeting Cell, in: Wall, Andru E. (Hrsg.), Legal and Ethical Lessons of NATO's Kosovo Campaign (International Law Studies Volume 78), Newport, Rhode Island 2002, S. 189 ff.

Mosler, Hermann, Die Kriegshandlung im rechtswidrigen Krieg, JIAÖR 1 (1948), S. 335 ff.

von Münch, Ingo/Kunig, Philip (Hrsg.), Grundgesetz – Kommentar, drei Bände, Band 2 (Art. 20 bis Art. 69), 5. Auflage, München 2001 und Band 3 (Art. 70 bis Art. 146 und Gesamtregister), 5. Auflage, München 2003

Mundis, Daryl, The United States of America and International Justice – Has Lady Liberty Lost her Way?, JICJ 2 (2004), S. 2 ff.

Münkler, Herfried, The Wars of the 21st Century, IRRC 2003, S. 7 ff.

Münkler, Herfried, Der Wandel des Krieges – Von der Symmetrie zur Asymmetrie, 2. Auflage, Weilerswist 2006

Murphy, John F., Some Legal (and a Few Ethical) Dimensions of the Collateral Damage Resulting from NATO's Kosovo Campaign, in:

Wall, Andru E. (Hrsg.), Legal and Ethical Lessons of NATO's Kosovo Campaign (International Law Studies Volume 78), Newport, Rhode Island 2002, S. 229 ff.

Naucke, Wolfgang, Über Generalklauseln und Rechtsanwendung im Strafrecht, Tübingen 1973

Naucke, Wolfgang, Die strafjuristische Privilegierung staatsverstärkter Kriminalität, Frankfurt am Main 1996

Naucke, Wolfgang, Eine leblose Vorschrift: Art. 103 II GG, KritV Sonderheft 2000 – Winfried Hassemer zum 60. Geburtstag, S. 132 ff.

Neubacher, Frank, How Can it Happen that Horrendous State Crimes are Perpetrated? – An Overview of Criminological Theories, JICJ 4 (2006), S. 787 ff.

Neubacher, Frank, Strafzwecke und Völkerstrafrecht, NJW 2006, S. 966 ff.

Niehoff, Martina, Die von internationalen Strafgerichtshöfen anwendbaren Normen des Völkerstrafrechts, Frankfurt am Main/Berlin/Bern/Wien u.a. 1999

Nuernberg Military Tribunals, Trials of War Criminals before the Nuernberg Military Tribunals under Control Council Law No. 10 – Nuernberg October 1946 - April 1949, Band I: „The Medical Case", Washington 1950, Band III: „The Justice Case", Washington 1951, Band IV: „The Einsatzgruppen Case",„The RuSHA Case", Washington 1950, Band VIII: „The I.G. Farben Case", Washington 1952, Band XI: „The High Command Case",„The Hostage Case", Washington 1950

Oehler, Dietrich, Internationales Strafrecht – Geltungsbereich des Strafrechts, Internationales Rechtshilferecht, Recht der Gemeinschaften, Völkerstrafrecht, 2. Auflage, Köln/Berlin/Bonn/München 1983

Oellers-Frahm, Katrin, Das Institut des Internationalen Strafgerichtshofs zur Verfolgung von Kriegsverbrechen im ehemaligen Jugoslawien, ZaöRV 54 (1994), S. 416 ff.

Olson, James Stuart/Roberts, Randy, My Lai – A Brief History with Documents, Boston/New York 1998

Olusanya, Olaoluwa, Sentencing War Crimes and Crimes against Humanity under the International Criminal Tribunal for the Former Yugoslavia, Groningen 2005

Oppenheim, Lassa, International Law – A Treatise, Band 2: War and Neutrality, 2. Auflage, London/New York/Bombay/Kalkutta 1912

Orentlicher, Diane F., Politics by other Means: The Law of the International Criminal Court, Cornell Int'l L.J. 32 (1999), S. 489 ff.

Ormerod, David, Smith & Hogan Criminal Law, 11. Auflage, Oxford/ New York 2005

Ostendorf, Heribert, Die – widersprüchlichen – Auswirkungen der Nürnberger Prozesse auf die westdeutsche Justiz, in: Hankel, Gerd/ Stuby, Gerhard (Hrsg.), Strafgerichte gegen Menschheitsverbrechen – Zum Völkerstrafrecht 50 Jahre nach den Nürnberger Prozessen, Hamburg 1995, S. 73 ff.

Papier, Hans-Jürgen/Möller, Johannes, Das Bestimmtheitsgebot und seine Durchsetzung, AöR 122 (1997), S. 177 ff.

Park, Tido, Die Vereinbarkeit des § 370a AO n.F. mit dem Bestimmtheitsgebot des Art. 103 Abs. 2 GG, wistra 2003, S. 328 ff.

Parks, W. Hays, Air War and the Law of War, Air Force L.R. 32 (1990), S. 1 ff.

Parks, W. Hays, Special Forces' Wear of Non-Standard Uniforms, Chicago JIL 4 (2003), S. 493 ff.

Paust, Jordan J., Nullum crimen and Related Claims, The Denver Journal of International Law and Policy 25 (1997), S. 321 ff.

Paust, Jordan J., It's no Defense: Nullum crimen, International Crime and the Gingerbread Man, Albany Law Review 60 (1997), S. 657 ff.

Pawlowski, Hans-Martin, Methodenlehre für Juristen – Theorie der Norm und des Gesetzes – Ein Lehrbuch, 3. Auflage, Heidelberg 1999

Penna, L. Rao, Conduite de la guerre et traitement reservé aux victimes des conflits armés, règles écrites ou coutumières en usage dans l'Inde ancienne, RICR 1989, S. 346 ff.

Peters, Karl, Beschränkung der Tatbestände im Besonderen Teil, ZStW 77 (1965), S. 470 ff.

Pfanner, Toni, David gegen Goliath oder asymmetrische Kriegsführung, HuV-I 2005, S. 165 ff.

Pictet, Jean (Hrsg.), The Geneva Conventions of 12. August 1949 – Commentary, insgesamt vier Bände, Band 3: Geneva Convention relative to the Treatment of Prisoners of War, Genf 1960 und Band 4: Geneva Convention relative to the Protection of Civilian Persons in Time of War, Genf 1958

Pictet, Jean, La première Convention de Genève, RICR 1989, S. 289 ff.

Pomorski, Stanisław, American Common Law and the Principle Nullum Crimen Sine Lege, 2. Auflage, Mouton/Den Haag/Paris/Warschau 1975

Provost, René, Reciprocity in Human Rights and Humanitarian Law, BYIL 65 (1994), S. 383 ff.

von Puttkamer, Ellinor, Die Haftung der politischen und militärischen Führung des Ersten Weltkriegs für Kriegsurheberschaft und Kriegsverbrechen, AVR 1 (1948/49), S. 424 ff.

Quéguiner, Jean-François, Dix ans après la création du Tribunal pénal international pour l'ex-Yougoslavie – Evolution de l'apport de sa jurisprudence au droit international humanitaire, IRRC 2003, S. 271 ff.

Radbruch, Gustav, Gesetzliches Unrecht und übergesetzliches Recht, SJZ 1946, S. 105 ff.

Ramanathan, Usha, India and the ICC, JICJ 3 (2005), S. 627 ff.

Ransiek, Andreas, Gesetz und Lebenswirklichkeit – Das strafrechtliche Bestimmtheitsgebot, Heidelberg 1989

Ratner, Steven R., Belgium's War Crimes Statute: A Postmortem, AJIL 97 (2003), S. 888 ff.

Rau, Markus, Der aktuelle Fall: Die belgische Justiz als Wächter über die Menschenrechte? Das Urteil der „Cour de cassation de Belgique" im Fall Sharon vom 12. Februar 2003, HuV-I 2003, S. 92 ff.

Rau, Markus, Das Ende der Weltrechtspflege? Zur Abschaffung des belgischen Gesetzes über die universelle Verfolgung völkerrechtlicher Verbrechen, HuV-I 2003, S. 212 ff.

Redslob, Robert, Histoire des grands principes du droit des gens, Paris 1923

Republikanischer Anwältinnen- und Anwälteverein/Holtfort-Stiftung (Hrsg.), Strafanzeige ./. Rumsfeld u.a., Berlin 2005

Rigaux, François, Internationale Tribunale nach den Nürnberger Prozessen, in: Hankel, Gerd/Stuby, Gerhard, Strafgerichte gegen Menschheitsverbrechen – Zum Völkerstrafrecht 50 Jahre nach den Nürnberger Prozessen, Hamburg 1995

Röben, Volker, Außenverfassungsrecht – Eine Untersuchung zur auswärtigen Gewalt des offenen Staates, Tübingen 2007

Roberts, Adam/Guelff, Richard, Documents on the Laws of War, 3. Auflage, Oxford 2000

Robertson (Jr.), Horace B., The Principle of the Military Objective in the Law of Armed Conflict, in: The Law of Military Operations – Liber Amicorum Professor Jack Grunawalt, International Law Studies Volume 72, herausgegeben von Schmitt, Michael N., Newport, Rhode Island 1998, S. 197 ff.

Robinson, Darryl/von Hebel, Hermann, War Crimes in Internal Conflicts: Art. 8 of the ICC Statute, YIHL 2 (1999), S. 139 ff.

Robinson, Mary, Genocide, War Crimes, Crimes against Humanity, Fordham International Law Journal 23 (1999), S. 275 ff.

Roggemann, Herwig, Die Internationalen Strafgerichtshöfe – Einführung – Rechtsgrundlagen – Dokumente, 2. Auflage, Berlin 1998

Ronzitti, Natalino, Is the *non liquet* of the Final Report by the Committee Established to Review the NATO Bombing Campaign against the Federal Republic of Yugoslavia Acceptable?, IRRC 2000, S. 1017 ff.

Rousseau, Jean-Jacques, Vom Gesellschaftsvertrag oder Grundsätze des Staatsrechts, neu übersetzt und herausgegeben von Brockard, Hans, Stuttgart 1983

Sachs, Michael (Hrsg.), Grundgesetz – Kommentar, 4. Auflage 2007

Sadat, Leila Nadya, The International Criminal Court and the Transformation of International Law – Justice for the New Millenium, Ardsley, New York 2002

Sandoz, Yves/Swinarski, Christophe/Zimmermann, Bruno (Hrsg.), Commentary on the Additional Protocols of 8 June 1977 to the Geneva Conventions of 12 August 1949, Genf 1987

Sassòli, Marco/Bouvier, Antoine A., Un droit dans la guerre? – Cas, documents et supports d'enseignement relatifs à la pratique contemporaire du droit international humanitaire, zwei Bände: Volume I: Présentation du droit international humanitaire, Volume II: Cas et documents, Plans de cours, Genf 2003

Satzger, Helmut, Die Europäisierung des Strafrechts – Eine Untersuchung zum Einfluß des Europäischen Gemeinschaftsrechts auf das deutsche Strafrecht, Köln u.a. 2001

Satzger, Helmut, Das neue Völkerstrafgesetzbuch – Eine kritische Würdigung, NStZ 2002, S. 125 ff.

Satzger, Helmut, Die Internationalisierung des Strafrechts als Herausforderung für den strafrechtlichen Bestimmtheitsgrundsatz, JuS 2004, S. 943 ff.

Satzger, Helmut, Internationales und Europäisches Strafrecht, 2. Auflage, Baden-Baden 2008

Scalia, Damien, Constat sur le respect du principe *nulla poena sine lege* par les tribunaux pénaux internationaux, RIDC 58 (2006), S. 185 ff.

Schabas, William A., Perverse Effects of the Nulla Poena Principle: National Practice and the Ad Hoc Tribunals, EJIL 2000, S. 521 ff.

Schabas, William A., An Introduction to the International Criminal Court, 2. Auflage, Cambridge/New York 2004

Schabas, William A., The UN International Criminal Tribunals – The Former Yugoslavia, Rwanda and Sierra Leone, Cambridge 2006

Schätzel, Walter, Die riskante Kriegshandlung, in: Festschrift für Richard Thoma zum 75. Geburtstag am 19. Dezember 1949 – Dargebracht von Freunden, Schülern und Fachgenossen, Tübingen 1950

Scheffer, David J., Arresting War Criminals: Mission Creep or Mission Impossible?, Case Western Reserve Journal of International Law 35 (2003), S. 319 ff.

Schindler, Dietrich/Toman, Jiri (Hrsg.), The Law of Armed Conflicts – A Collection of Conventions, Resolutions and other Documents, 4. Auflage, Leiden/Boston 2004

Schlink, Bernhard, Abwägung im Verfassungsrecht, Berlin 1976

Schlunck, Angelika, Die Umsetzung des Statuts des Internationalen Strafgerichtshofs in das deutsche Recht unter Berücksichtigung der Rechtshilfe, HuV-I 1999, S. 27 ff.

Schmalenbach, Kirsten, Die Auslieferung mutmaßlicher deutscher Kriegsverbrecher an das Jugoslawien-Tribunal in Den Haag, AVR 36 (1998), S. 285 ff.

Schmidhäuser, Eberhard, Strafgesetzliche Bestimmtheit: eine rechtsstaatliche Utopie, in: Selmer, Peter/von Münch, Ingo (Hrsg.), Gedächtnissschrift für Wolfgang Martens, Berlin/New York 1987, S. 231 ff.

Schmidt-Bleibtreu, Bruno/Klein, Franz (Hrsg.), Kommentar zum Grundgesetz, 10. Auflage, München 2004

Schmitt, Carl, Das internationalrechtliche Verbrechen des Angriffskrieges und der Grundsatz „Nullum crimen, nulla poena sine lege", herausgegeben von Quaritsch, Helmut, Berlin 1994

Schmitt, Michael N., The Principle of Discrimination in 21st Century Warfare, Yale Human Rights & Development L.J. 2 (1999), S. 143 ff.

Schmitt, Michael N., Targeting and Humanitarian Law: Current Issues, Israel YHR 34 (2004), S. 59 ff.

Schneider, Peter, Prinzipien der Verfassungsinterpretation – 1. Bericht, VVDStRL 20 (1963), S. 1 ff.

Schönke, Adolf (Begr.)/*Schröder, Horst*, Strafgesetzbuch – Kommentar, 27. Auflage, München 2006

Schottländer, Adolf, Die geschichtliche Entwicklung des Satzes: Nulla poena sine lege, Breslau 1911

Schreiber, Hans-Ludwig, Gesetz und Richter – Zur geschichtlichen Entwicklung des Satzes nullum crimen, nulla poena sine lege, Frankfurt am Main 1976

Schroeder, Friedrich-Christian, Der BGH und der Grundsatz nulla poena sine lege, NJW 1999, S. 89 ff.

Schünemann, Bernd, Nulla poena sine lege?, Berlin/New York 1978

Schünemann, Bernd, Das Strafrecht im Zeichen der Globalisierung, GA 2003, S. 299 ff.

Schwabach, Aaron, Environmental Damage Resulting from the NATO Military Action against Yugoslavia, Columbia J. of Environmental L. 25 (2000), S. 117 ff.

Schweitzer, Michael, Staatsrecht III – Staatsrecht, Völkerrecht, Europarecht, 8. Auflage, Heidelberg 2004

Schwengler, Walter, Völkerrecht, Versailler Vertrag und Auslieferungsfrage – Die Strafverfolgung wegen Kriegsverbrechen als Problem des Friedensschlusses 1919/20, Stuttgart 1982

Seel, Paul, Unbestimmte normative Tatbestandsmerkmale im Strafrecht und der Grundsatz nullum crimen sine lege (Art. 103 II GG), München 1965

Seiler, Christian, Auslegung als Normkonkretisierung, Heidelberg 2000

Shahabuddeen, Mohamed, Does the Principle of Legality Stand in the Way of Progressive Development of Law?, JICJ 2 (2004), S. 1007 ff.

Shamash, Hamutal Esther, How Much is Too Much? An Examination of the Principle of Jus in Bello Proportionality, IDF L.R. 2 (2005-2006), S. 103 ff.

Silagi, Michael, Die allgemeinen Regeln des Völkerrechts als Bezugsgegenstand in Art. 25 GG und Art. 26 EMRK, EuGRZ 7 (1980), S. 632 ff.

Simon, Eric, Gesetzesauslegung im Strafrecht – Eine Analyse der höchstrichterlichen Rechtsprechung, Berlin 2005

Sirak, Michael, Legal Battles, Jane's Defence Weekly (JDW), 14th January 2004, S. 24 ff.

Smith, Hugh, On Clausewitz – A Study of Military and Political Ideas, Houndmills, New York 2005

Solis, Gary D., Military Justice, Civilian Clemency: The Sentences of Marine Corps War Crimes in South Vietnam, Transnational Law & Contemporary Problems 10 (2000), S. 59 ff.

Sommaruga, Cornelio, Unité et pluralité des emblèmes, RICR 1992, S. 347 ff.

Stadtmüller, Georg, Geschichte des Völkerrechts – Teil I: Bis zum Wiener Kongreß, Hannover 1951

Stein, Torsten, Proportionality Revisited – Überlegungen zum Grundsatz der Verhältnismäßigkeit im internationalen Recht, in: Dicke, Klaus/Hobe, Stephan/Meyn, Karl-Ulrich u.a., Weltinnenrecht – Liber amicorum Jost Delbrück, Berlin 2005

Stern, Klaus, Das Staatsrecht der Bundesrepublik Deutschland, Band III/1 und III/2: Allgemeine Lehren der Grundrechte, München 1988 und 1994

Stuckenberg, Carl-Friedrich, Rechtsfindung und Rechtsfortbildung im Völkerstrafrecht, GA 2007, S. 80 ff.

Sunzi, The Art of War, Oxford 1963

Swaak-Goldman, Olivia Q., Recent Developments in International Criminal Law – Trying to Stay Afloat Between Scylla and Charybdis, ICLQ 54 (2005), S. 691 ff.

Swart, Mia, Legality as Inhibitor: The Special Place of nullum crimen sine lege in the Jurisprudence of International Criminal Tribunals, SAYIL 30 (2005), S. 33 ff.

Taylor, Telford, Die Nürnberger Prozesse – Kriegsverbrechen und Völkerrecht, Zürich 1950

Thukydides, Der Peloponnesische Krieg, herausgegeben und übersetzt von Landmann, Georg Peter, 2. Auflage, Düsseldorf 2006

Ticehurst, Rupert, La clause de Martens et le droit des conflits armés, RICR 1997, S. 133 ff.

Tiedemann, Klaus, Verfassungsrecht und Strafrecht, Heidelberg 1991

Tomuschat, Christian, Das Strafgesetzbuch der Verbrechen gegen den Frieden und die Sicherheit der Menschheit – Code of Crimes against the Peace and Security of Mankind, Entwurf der International Law Commission, EuGRZ 1998, S. 1 ff.

Tomuschat, Christian, Das Statut von Rom für den Internationalen Strafgerichtshof, Die Friedens-Warte 73 (1998), S. 335 ff.

Tomuschat, Christian, Schädigung der Umwelt als Verbrechen nach Völkerstrafrecht, in: Arndt, Hans-Wolfgang (Hrsg.), Völkerrecht und deutsches Recht – Festschrift für Walter Rudolf zum 70. Geburtstag, München 2001, S. 105 ff.

Tomuschat, Christian, The Duty to Prosecute International Crimes Committed by Individuals, in: Cremer, Hans-Joachim u.a. (Hrsg.), Tradition und Weltoffenheit des Rechts – Festschrift für Helmut Steinberger, Berlin u.a. 2002, S. 315 ff.

Tomuschat, Christian, Völkerrechtliche Aspekte bewaffneter Konflikte, Heidelberg 2004

Triepel, Heinrich, Völkerrecht und Landesrecht, Leipzig 1899

Triffterer, Otto, Dogmatische Untersuchungen zur Entwicklung des materiellen Völkerstrafrechts nach Nürnberg, Freiburg im Breisgau 1966

Triffterer, Otto, Völkerstrafrecht im Wandel?, in: Vogler, Theo u.a. (Hrsg.), Festschrift für Hans-Heinrich Jescheck zum 70. Geburtstag, Berlin 1985

Triffterer, Otto, Bestandsaufnahme zum Völkerstrafrecht, in: Hankel, Gerd/Stuby, Gerhard (Hrsg.), Strafgerichte gegen Menschheitsverbrechen – Zum Völkerstrafrecht 50 Jahre nach den Nürnberger Prozessen, Hamburg 1995, S. 169 ff.

Triffterer, Otto (Hrsg.), Commentary on the Rome Statute of the International Criminal Court – Observers' Notes, Article by Article, Baden-Baden 1999

Triffterer, Otto, Der lange Weg zur internationalen Strafgerichtsbarkeit, ZStW 114 (2002), S. 321 ff.

Triggs, Gillian, Implementation of the Rome Statute for the International Criminal Court: A Quiet Revolution in Australian Law, Sydney Law Review 25 (2003), S. 507 ff.

Tröndle, Herbert/Fischer, Thomas, Strafgesetzbuch, 54. Auflage, München 2007

Turns, David, War Crimes without War? – The Applicability of International Humanitarian Law to Atrocities in Non-international Armed Conflicts, African Journal of International and Comparative Law 7 (1995), S. 804 ff.

United Nations War Crimes Commission (Hrsg.), Law Reports of Trials of War Criminals, Band 1: „The Peleus Trial",„The Essen Lynching Case" und andere Verfahren, London 1947

Vandermeersch, Damien, The ICC Statute and Belgian Law, JICJ 2 (2004), S. 133 ff.

Vandermeersch, Damien, Prosecuting International Crimes in Belgium, JICJ 3 (2005), S. 400 ff.

Veit, Barbara, Die Rezeption technischer Regeln im Strafrecht und Ordnungswidrigkeitenrecht unter besonderer Berücksichtigung ihrer verfassungsrechtlichen Problematik, Düsseldorf 1989

Verdross, Alfred, Die völkerrechtswidrige Kriegshandlung und der Strafanspruch der Staaten, Berlin 1920

Verwey, Will D., Riot Control Agents and Herbicides in War – Their Humanitarian, Toxicological, Ecological, Military, Polemological, and Legal Aspects, Leyden 1977

Vitzthum, Wolfgang (Hrsg.), Völkerrecht, 4. Auflage, Berlin 2007

Vogel, Klaus, Die Verfassungsentscheidung des Grundgesetzes für eine internationale Zusammenarbeit – Ein Diskussionsbeitrag zu einer Frage der Staatstheorie sowie des geltenden deutschen Staatsrechts, Tübingen 1964

Volkmann, Uwe, Qualifizierte Blankettnormen, ZRP 1995, S. 220 ff.

Vöneky, Silija, Der Lieber's Code und die Wurzeln des modernen Kriegsvölkerrechts, ZaöRV 62 (2002), S. 423 ff.

Voon, Tania, Pointing the Finger: Civilian Casualties of NATO Bombing in the Kosovo Conflict, American University Int'l L.R. 16 (2001), S. 1083 ff.

Voß, Monika, Symbolische Gesetzgebung – Fragen zur Rationalität von Strafgesetzgebungsakten, Ebelsbach am Main 1989

Wagner, J. Martin, U.S. Prosecution of Past and Future War Criminals and Criminals against Humanity: Proposals for Reform Based on the Canadian and Australian Experience, Virginia Journal of International Law 29 (1988-89), S. 887 ff.

Wank, Rolf, Die Auslegung von Gesetzen – Eine Einführung, 3. Auflage, Köln/Berlin/München 2005

Watkin, Kenneth W., Combatants, Unprivileged Belligerents and Conflict in the 21st Century, IDF L.R. 1 (2003), S. 69 ff.

von Weber, Hellmuth, Zur Geschichte der Analogie im Strafrecht, ZStW 56 (1937), S. 653 ff.

Wedgwood, Ruth, Fiddling in Rom – America and the International Criminal Court, Foreign Affairs 77 No. 6 (November/December 1998), S. 20 ff.

Weigend, Thomas, Das Völkerstrafgesetzbuch – Nationale Kodifikation internationalen Rechts, in: Triffterer, Otto (Hrsg.), Gedächtnisschrift für Theo Vogler, Heidelberg 2004, S. 197 ff.

Weigend, Thomas, The Harmonization of General Principles of Criminal Law: The Statutes and Jurisprudence of the ICTY, ICTR, and the ICC: An Overview, in: AIDP (Hrsg.), International Criminal Law: Quo Vadis? – Proceedings of the International Conference held in Siracusa, Italy, 28 November - 3 December 2002, on the Occasion of the 30th Anniversary of ISISC, Ramonville Saint-Agne 2004, S. 319 ff.

Welzel, Hans, Auf welche Bestandteile einer Strafvorschrift bezieht sich der Satz: nulla poena sine lege?, JZ 1952, S. 617 f.

Welzel, Hans, Das deutsche Strafrecht – Eine systematische Darstellung, 11. Auflage, Berlin 1969

Wendt, Rudolf, Der Garantiegehalt der Grundrechte und das Übermaßverbot – Zur maßstabsetzenden Kraft der Grundrechte in der Übermaßprüfung, AöR 104 (1979), S. 414 ff.

Werle, Gerhard, Menschenrechtsschutz durch Völkerstrafrecht, ZStW 109 (1997), S. 808 ff.

Werle, Gerhard, Anmerkung zu BGH 3 StR 215/98 vom 30.04.1999, JZ 1999, S. 1181 ff.

Werle, Gerhard, Völkerstrafrecht und geltendes deutsches Strafrecht, JZ 2000, S. 755 ff.

Werle, Gerhard, Konturen eines deutschen Völkerstrafrechts – Zum Arbeitsentwurf eines Völkerstrafgesetzbuches, JZ 2001, S. 885 ff.

Werle, Gerhard/Jeßberger, Florian, Das Völkerstrafgesetzbuch, JZ 2002, S. 725 ff.

Werle, Gerhard/Nerlich, Volker, Die Strafbarkeit von Kriegsverbrechen nach deutschem Recht, HuV-I 2002, S. 124 ff.

Werle, Gerhard, Völkerstrafrecht, 2. Auflage, Tübingen 2007

Wessels, Johannes (Begr.)/*Beulke, Werner*, Strafrecht Allgemeiner Teil – Die Straftat und ihr Aufbau, 37. Auflage, Heidelberg 2007

Wex, Peter, Die Grenzen normativer Tatbestandsmerkmale im Hinblick auf den Bestimmtheitsgrundsatz „Nullum crimen sine lege“, Berlin (West) 1969

Wilkitzki, Peter, Die völkerrechtlichen Verbrechen und das staatliche Strafrecht (Bundesrepublik Deutschland), ZStW 99 (1987), S. 455 ff.

Wilson, Barbara, Le Tribunal pénal international pour l'ex-Yougoslavie – Quelques considérations sur le principe *nullum crimen sine lege* et la notion de „crime contre l'humanité" à la lumière de l'article 5 du Statut de ce Tribunal, AJP 6 (1997), S. 22 ff.

Wirth, Steffen, Germany's New International Crimes Code: Bringing a Case to Court, JICJ 1 (2003), S. 151 ff.

Woesner, Horst, Generalklausel und Garantiefunktion der Strafgesetze, NJW 1963, S. 273 ff.

Wolfrum, Rüdiger, The Decentralized Prosecution of International Offences through National Courts, Israel YHR 24 (1994), S. 182 ff.

Wolfrum, Rüdiger, The Attack of September 11, 2001, the Wars against the Taliban and Iraq: Is There a Need to Reconsider International Law on the Recourse to Force and the Rules in Armed Conflict?, Max Planck UNYB 7 (2003), S. 1 ff.

Wolfrum, Rüdiger, Der Schutz der Umwelt im bewaffneten Konflikt, in: Grupp, Klaus (Hrsg.), Recht – Kultur – Finanzen, Festschrift für Reinhard Mußgnug zum 70. Geburtstag am 26. Oktober 2005, Heidelberg 2005, S. 295 ff.

Wolfrum, Rüdiger, Internationale Verbrechen vor internationalen und nationalen Gerichten: Die Verfolgungskompetenzen des Internationalen Gerichtshofs – Ein Fortschritt oder ein Rückschritt in der Entwicklung?, in: Arnold, Jörg u.a. (Hrsg.), Menschengerechtes Strafrecht – Festschrift für Albin Eser, München 2005, S. 977 ff.

Wright, Quincy, The Law of the Nuremberg Trial, AJIL 41 (1947), S. 38 ff.

Zander, Jens-Peter, Das Verbrechen im Kriege: ein völkerrechtlicher Begriff – Ein Beitrag zur Problematik des Kriegsverbrechens, Würzburg 1969

Zappalà, Salvatore, The German Federal Prosecutor's Decision not to Prosecute a Former Uzbek Minister – Missed Opportunity or Prosecutorial Wisdom?, JICJ 4 (2006), S. 602 ff.

de Zayas, Alfred M., Die Wehrmacht-Untersuchungsstelle – Dokumentation alliierter Kriegsverbrechen im Zweiten Weltkrieg, 7. Auflage, München 2001

Zemmali, Ameur, De quelques idées humanitaires de l'Imam Al-Awazai (707-774), RICR 1990, S. 126 ff.

Zielke, Andreas, Amnestie für in der DDR begangene Straftaten? – Gnade vor Recht?, KJ 23 (1990), S. 460 ff.

Zimmermann, Andreas, Auf dem Weg zu einem deutschen Völkerstrafgesetzbuch – Entstehung, völkerrechtlicher Rahmen und wesentliche Inhalte, ZRP 2002, S. 97 ff.

Zimmermann, Andreas, Bestrafung völkerrechtlicher Verbrechen durch deutsche Gerichte nach In-Kraft-Treten des Völkerstrafgesetzbuchs, NJW 2002, S. 3068 ff.

Zimmermann, Andreas, The Second Lebanon War: *Jus ad bellum, jus in bello* and the Issue of Proportionality, Max Planck UNYB 11 (2007), S. 99 ff.

Zimmermann, Martin, Antike Kriege zwischen privaten Kriegsherren und staatlichem Monopol auf Kriegführung, in: Beyrau, Dietrich/ Hochgeschwender, Michael/Langewiesche, Dieter (Hrsg.), Formen des Krieges – Von der Antike bis zur Gegenwart (Krieg in der Geschichte, Band 37), Paderborn/München/Wien/Zürich 2007, S. 51 ff.

Zippelius, Reinhold, Juristische Methodenlehre, 9. Auflage, München 2005

Zippelius, Reinhold/Würtenberger, Thomas, Deutsches Staatsrecht – Ein Studienbuch, 31. Auflage 2005

Zoglin, Katie, The Future of War Crimes Prosecutions in the Former Yugoslavia – Accountability or Junk Justice?, HRQ 27 (2005), S. 41 ff.

Sachregister

Max-Planck-Institut für ausländisches öffentliches Recht und Völkerrecht

Beiträge zum ausländischen öffentlichen Recht und Völkerrecht

Hrsg.: A. von Bogdandy, R. Wolfrum

Bde. 27–59 erschienen im Carl Heymanns Verlag KG Köln, Berlin (Bestellung an: Max-Planck-Institut für Völkerrecht, Im Neuenheimer Feld 535, 69120 Heidelberg); ab Band 60 im Springer-Verlag Berlin, Heidelberg, New York, London, Paris, Tokyo, Hong Kong, Barcelona

---

216 Tobias *Darge*: **Kriegsverbrechen im nationalen und internationalen Recht.** 2010. xxxv, 499 Seiten. Geb. € 94,95

215 Markus *Benzing*: **Das Beweisrecht vor internationalen Gerichten und Schiedsgerichten in zwischenstaatlichen Streitigkeiten.** 2010. L, 846 Seiten. Geb. € 139,95

214 Urs *Saxer*: **Die internationale Steuerung der Selbstbestimmung und der Staatsentstehung.** 2010. XLII, 1140 Seiten. Geb. € 169,95

213 Rüdiger *Wolfrum*, Chie *Kojima* (eds.): **Solidarity: A Structural Principle of International Law.** 2010. XIII, 238 Seiten. Geb. € 69,95

212 Ramin S. *Moschtaghi*: **Die menschenrechtliche Situation sunnitischer Kurden in der Islamischen Republik Iran.** 2010. XXIII, 451 Seiten. Geb. € 94,95

211 Georg *Nolte* (ed.): **Peace through International Law. The Role of the International Law Commission.** 2009. IX, 195 Seiten. Geb. € 64,95 zzgl. landesüblicher MwSt.

210 Armin *von Bogdandy*, Rüdiger *Wolfrum*, Jochen *von Bernstorff*, Philipp *Dann*, Matthias *Goldmann* (eds.): **The Exercise of Public Authority by International Institutions.** 2010. XIII, 1005 Seiten. Geb. € 149,95 zzgl. landesüblicher MwSt.

209 Norman *Weiß*: **Kompetenzlehre internationaler Organisationen.** 2009. XVIII, 540 Seiten. Geb. € 99,95

208 Michael *Rötting*: **Das verfassungsrechtliche Beitrittsverfahren zur Europäischen Union.** 2009. XIV, 317 Seiten. Geb. € 79,95

207 Björn *Ahl*: **Die Anwendung völkerrechtlicher Verträge in China.** 2009. XIX, 419 Seiten. Geb. € 89,95

206 Mahulena *Hofmann*: **Von der Transformation zur Kooperationsoffenheit?** 2009. XIX, 585 Seiten. Geb. € 99,95

205 Rüdiger *Wolfrum*, Ulrike *Deutsch* (eds.): **The European Court of Human Rights Overwhelmed by Applications: Problems and Possible Solutions.** 2009. VIII, 128 Seiten. Geb. € 59,95 zzgl. landesüblicher MwSt.

204 Niels *Petersen*: **Demokratie als teleologisches Prinzip.** 2009. XXVII, 280 Seiten. Geb. € 79,95

203 Christiane *Kamardi*: **Die Ausformung einer Prozessordnung sui generis durch das ICTY unter Berücksichtigung des Fair-Trial-Prinzips.** 2009. XVI, 424 Seiten. Geb. € 89,95

202 Leonie F. *Guder*: **The Administration of Debt Relief by the International Financial Institutions.** 2009. XVIII, 355 Seiten. Geb. € 84,95 zzgl. landesüblicher MwSt.

201 Silja *Vöneky*, Cornelia *Hagedorn*, Miriam *Clados*, Jelena *von Achenbach*: **Legitimation ethischer Entscheidungen im Recht.** 2009. VIII, 351 Seiten. Geb. € 84,95

200 Anja Katarina *Weilert*: **Grundlagen und Grenzen des Folterverbotes in verschiedenen Rechtskreisen.** 2009. XXX, 474 Seiten. Geb. € 94,95

199 Suzette V. *Suarez*: **The Outer Limits of the Continental Shelf.** 2008. XVIII, 276 Seiten. Geb. € 79,95 zzgl. landesüblicher MwSt.

198 Felix *Hanschmann*: **Der Begriff der Homogenität in der Verfassungslehre und Europarechtswissenschaft.** 2008. XIII, 370 Seiten. Geb. € 84,95

197 Angela *Paul*: **Kritische Analyse und Reformvorschlag zu Art. II Genozidkonvention.** 2008. XVI, 379 Seiten. Geb. € 84,95

196 Hans Fabian *Kiderlen*: **Von Triest nach Osttimor.** 2008. XXVI, 526 Seiten. Geb. € 94,95

195 Heiko *Sauer*: **Jurisdiktionskonflikte in Mehrebenensystemen.** 2008. XXXVIII, 605 Seiten. Geb. € 99,95

194 Rüdiger *Wolfrum*, Volker *Röben* (eds.): **Legitimacy in International Law.** 2008. VI, 420 Seiten. Geb. € 84,95 zzgl. landesüblicher MwSt.

193 Doris *König*, Peter-Tobias *Stoll*, Volker *Röben*, Nele *Matz-Lück* (eds.): **International Law Today: New Challenges and the Need for Reform?** 2008. VIII, 260 Seiten. Geb. € 69,95 zzgl. landesüblicher MwSt.

192 Ingo *Niemann*: **Geistiges Eigentum in konkurrierenden völkerrechtlichen Vertragsordnungen.** 2008. XXV, 463 Seiten. Geb. € 94,95

191 Nicola *Wenzel*: **Das Spannungsverhältnis zwischen Gruppenschutz und Individualschutz im Völkerrecht.** 2008. XXXI, 646 Seiten. Geb. € 99,95

190 Winfried *Brugger*, Michael *Karayanni* (eds.): **Religion in the Public Sphere: A Comparative Analysis of German, Israeli, American and International Law.** 2007. XVI, 467 Seiten. Geb. € 89,95 zzgl. landesüblicher MwSt.

189 Eyal *Benvenisti*, Chaim *Gans*, Sari *Hanafi* (eds.): **Israel and the Palestinian Refugees.** 2007. VIII, 502 Seiten. Geb. € 94,95 zzgl. landesüblicher MwSt.

188 Eibe *Riedel*, Rüdiger *Wolfrum* (eds.): **Recent Trends in German and European Constitutional Law.** 2006. VII, 289 Seiten. Geb. € 74,95 zzgl. landesüblicher MwSt.

187 Marcel *Kau*: **United States Supreme Court und Bundesverfassungsgericht.** 2007. XXV, 538 Seiten. Geb. € 99,95 zzgl. landesüblicher MwSt.

186 Philipp *Dann*, Michał *Rynkowski* (eds.): **The Unity of the European Constitution.** 2006. IX, 394 Seiten. Geb. € 79,95 zzgl. landesüblicher MwSt.

185 Pál *Sonnevend*: **Eigentumsschutz und Sozialversicherung.** 2008. XVIII, 278 Seiten. Geb. € 74,95

184 Jürgen *Bast*: **Grundbegriffe der Handlungsformen der EU.** 2006. XXI, 485 Seiten. Geb. € 94,95

183 Uwe *Säuberlich*: **Die außervertragliche Haftung im Gemeinschaftsrecht.** 2005. XV, 314 Seiten. Geb. € 74,95

182 Florian *von Alemann*: **Die Handlungsform der interinstitutionellen Vereinbarung.** 2006. XVI, 518 Seiten. Geb. € 94,95

181 Susanne *Förster*: **Internationale Haftungsregeln für schädliche Folgewirkungen gentechnisch veränderter Organismen.** 2007. XXXVI, 421 Seiten. Geb. € 84,95

180 Jeanine *Bucherer*: **Die Vereinbarkeit von Militärgerichten mit dem Recht auf ein faires Verfahren gemäß Art. 6 Abs. 1 EMRK, Art. 8 Abs. 1 AMRK und Art. 14 Abs. 1 des UN Paktes über bürgerliche und politische Rechte.** 2005. XVIII, 307 Seiten. Geb. € 74,95

179 Annette *Simon*: **UN-Schutzzonen – Ein Schutzinstrument für verfolgte Personen?** 2005. XXI, 322 Seiten. Geb. € 74,95

178 Petra *Minnerop*: **Paria-Staaten im Völkerrecht?** 2004. XXIII, 579 Seiten. Geb. € 99,95

177 Rüdiger *Wolfrum*, Volker *Röben* (eds.): **Developments of International Law in Treaty Making**. 2005. VIII, 632 Seiten. Geb. € 99,95 zzgl. landesüblicher MwSt.

176 Christiane *Höhn*: **Zwischen Menschenrechten und Konfliktprävention. Der Minderheitenschutz im Rahmen der Organisation für Sicherheit und Zusammenarbeit in Europa (OSZE).** 2005. XX, 418 Seiten. Geb. € 84,95

175 Nele *Matz*: **Wege zur Koordinierung völkerrechtlicher Verträge. Völkervertragsrechtliche und institutionelle Ansätze.** 2005. XXIV, 423 Seiten. Geb. € 84,95

174 Jochen Abr. *Frowein*: **Völkerrecht – Menschenrechte – Verfassungsfragen Deutschlands und Europas. Ausgewählte Schriften.** Hrsg. von Matthias *Hartwig*, Georg *Nolte*, Stefan *Oeter*, Christian *Walter*. 2004. VIII, 732 Seiten. Geb. € 119,95

173 Oliver *Dörr* (Hrsg.): **Ein Rechtslehrer in Berlin. Symposium für Albrecht Randelzhofer.** 2004. VII, 117 Seiten. Geb. € 54,95

172 Lars-Jörgen *Geburtig*: **Konkurrentenrechtsschutz aus Art. 88 Abs. 3 Satz 3 EGV. Am Beispiel von Steuervergünstigungen.** 2004. XVII, 412 Seiten (4 Seiten English Summary). Geb. € 84,95

171 Markus *Böckenförde*: **Grüne Gentechnik und Welthandel. Das Biosafety-Protokoll und seine Auswirkungen auf das Regime der WTO.** 2004. XXIX, 620 Seiten. Geb. € 99,95

170 Anja *v. Hahn*: **Traditionelles Wissen indigener und lokaler Gemeinschaften zwischen geistigen Eigentumsrechten und der public domain.** 2004. XXV, 415 Seiten. Geb. 84,95

169 Christian *Walter*, Silja *Vöneky*, Volker *Röben*, Frank *Schorkopf* (eds.): **Terrorism as a Challenge for National and International Law: Security versus Liberty?** 2004. XI, 1484 Seiten. Geb. € 169,95 zzgl. landesüblicher MwSt.

MIX
Papier aus verantwortungsvollen Quellen
Paper from responsible sources
FSC® C105338

If you have any concerns about our products,
you can contact us on
ProductSafety@springernature.com

In case Publisher is established outside the EU,
the EU authorized representative is:
Springer Nature Customer Service Center GmbH
Europaplatz 3, 69115 Heidelberg, Germany

Printed by Libri Plureos GmbH
in Hamburg, Germany

Finding Our Way

A NEWLYWED COUPLE'S PEACE CORPS
ODYSSEY IN 1960s KOREA

Steven Gallon

A Peace Corps Writers Book

For Kristen, David and their families

CONTENTS